U0052880

吳榮曾 劉華祝 等 注譯

新譯漢書（八）傳四

三民書局 印行

國家圖書館出版品預行編目資料

新譯漢書(八)傳㈣／吳榮曾,劉華祝等注譯.——初版一刷.——臺北市: 三民, 2013
面； 公分.——(古籍今注新譯叢書)

ISBN 978-957-14-5655-3 (平裝)

1.漢書 2.注釋

622.101 101003246

© 新譯漢書(八)傳㈣

注譯者 吳榮曾 劉華祝等
責任編輯 三民古籍編輯小組
美術設計 陳宛琳

發行人 劉振強
著作財產權人 三民書局股份有限公司
發行所 三民書局股份有限公司
地址 臺北市復興北路386號
電話 (02)25006600
郵撥帳號 0009998-5
門市部 (復北店) 臺北市復興北路386號
(重南店) 臺北市重慶南路一段61號

出版日期 初版一刷 2013年6月
編號 S 033560
行政院新聞局登記證局版臺業字第〇二〇〇號

有著作權・不准侵害

ISBN 978-957-14-5655-3 (平裝)

http://www.sanmin.com.tw 三民網路書店
※本書如有缺頁、破損或裝訂錯誤，請寄回本公司更換。

新譯漢書 目次

第八冊

卷六十九

趙充國辛慶忌傳第三十九

【題解】本傳敘述西漢兩位通曉軍事、以威信制服夷狄的將領趙充國、辛慶忌的事跡。趙充國，少有志節，勤學兵法，智勇兼備，熟悉匈奴與羌族事務。武、昭時期，在與匈奴、羌族的戰爭中屢立戰功，逐步升遷為漢軍的重要將領。與大將軍霍光迎立宣帝，封營平侯。將兵屯守邊郡，匈奴不敢犯境。七十六歲時仍主動請纓去平定羌人之亂，他力排眾議，反對用武力征服，極力主張屯田備羌、疲羌，分化瓦解羌人的聯盟，擊敵之疲。他的謀劃最終得到了君臣上下的理解和支持，順利地完成了對羌人的軍事行動。官至後將軍、衛尉。罷官就第後，仍參議朝廷邊事。傳內詳載趙充國事羌之計與屯田之策，很有價值。辛慶忌，破羌將軍辛武賢之子，屯田西域。為張掖、酒泉太守，頗有威信。為人恭儉，但酷愛車馬。辛慶忌雖不及充國，其行軍禦敵之法大略相似。酒泉太守辛武賢，辛慶忌之父，與趙充國不睦，是此傳傳主的關聯人。王莽時，權貴讒陷辛氏，慶忌三子及宗親皆遭誅殺，辛氏從此衰敗。

趙充國，字翁孫，隴西❶上邽❷人也，後徙金城❸令居❹。始為騎士，以六郡❺良家子❻善騎射補羽林❼。為人沉勇有大略❽，少好將帥之節❾，而學兵法，通知❿

四夷⓫事。

武帝時，以假司馬⓬從貳師將軍⓭擊匈奴，大為虜⓮所圍。漢軍乏食數日，死傷者多，充國迺與壯士百餘人潰圍⓯陷陳⓰，貳師引兵隨之，遂得解。身被二十餘創，貳師奏狀，詔徵充國詣⓱行在所⓲。武帝親見視其創，嗟歎之，拜為中郎⓳，遷車騎將軍⓴長史㉑。

昭帝時，武都氐人反㉒，充國以大將軍㉓護軍都尉㉔將兵擊定之，遷中郎將㉕，將屯上谷㉖。還為水衡都尉㉗。擊匈奴，獲西祁王㉘，擢為後將軍㉙，兼水衡如故。

【章旨】以上為第一部分，寫趙充國少有志節，勤學兵法，智勇兼備，通曉匈奴、羌族事務。在武帝和昭帝時期，屢立戰功，逐步升遷為漢軍的重要將領。

【注釋】❶隴西　郡名。戰國秦昭襄王二十八年（西元前二七九年）置，因在隴山之西得名。治狄道，今甘肅臨洮南。❷上邽　古縣名。在今甘肅天水縣西南。❸金城　郡名。漢始元六年（西元前八一年）置。治允吾，今甘肅永靖西北。❹令居　古地名。西漢置縣。治今甘肅永登西北，地當湟水流域通向河西走廊的要衝。❺六郡　指天水、隴西、安定、北地、上郡、西河等迫近戎狄的六郡。❻良家子　醫、巫、商賈、百工之外家世清白的平民子女。❼羽林　漢武帝時始置，初宿衛建章宮，後為皇帝的護衛。❽大略　遠大的謀略。❾節　氣節；節操。❿通知　通曉。⓫四夷　古代華夏族對四方少數民族的統稱。含有輕蔑之意。⓬假司馬　軍官名。漢制，大將軍營五部，每部有軍司馬一人。秩比千石。假司馬即軍假司馬，軍司馬的副職。參見陳直《漢書新證》。⓭貳師將軍　李廣利（西元前?—約前八八年），中山（今河北定州）人。武帝寵姬李夫人之弟。詳見卷六十一〈李廣利傳〉。⓮虜　對敵人的蔑稱。此指匈奴。⓯潰圍　突破包圍。⓰陷陳　即「陷陣」。攻入敵人的營壘或陣地。陳，通「陣」。⓱詣　到。⓲行在所　專指天子巡行所到之地。⓳中郎　官名。掌侍衛，守門戶，出充車騎，秩比六百石，屬光祿勳。⑳車騎將軍　將軍名號。僅次於大將軍、驃騎將軍的軍銜。㉑長史　官名。秦置。漢因之。漢代三公、大將軍、車騎將軍、前後左右將軍等皆置，為所在掾屬之長，秩皆千石。㉒武都氐人反　發生在昭帝元鳳二年（西元前七九年）。武都，郡名。漢元鼎六年（西元前一一一年）置。治武都，今甘肅武都東北。氐，古代西部民族。㉓大將軍　漢代將軍最高稱號，多由貴戚擔任，統兵征戰並掌握政權，職位極高。此時霍光任此職。㉔護軍都尉　官名。秦稱護軍。護即監領之意。入漢或置護軍中尉、護軍將軍。後公孫敖以護軍都尉從大將軍衛青擊匈奴，遂為常制。秩比二千石。㉕中郎將　官名。秩比二千石，光祿勳的屬官。掌宿衛宮殿，出充車騎。㉖上谷　郡名。戰國秦置。治沮陽，今河北懷來東南。㉗水衡都尉　官名。武帝元鼎二年（西元前一一五年）始置，秩二千石。掌管鑄錢和皇室財物等。㉘西祁王　匈奴的王號。㉙後將軍　將軍名號。漢代設前、後、左、右將軍，均位比九卿。

【語　譯】趙充國，字翁孫，是隴西郡上邽縣人，後來遷居金城郡令居縣。他起初擔任騎兵，因為是六郡良家子中善於騎射的人，補入羽林軍。為人沉著勇敢而且有謀略，從小就仰慕將帥的志節，因而學習兵法，通曉四方外族的事務。

武帝時，他以軍假司馬的身分隨從貳師將軍李廣利攻打匈奴，被敵人大軍包圍。漢軍斷糧多日，死傷很多，趙充國和一百多名勇士突破包圍，衝垮敵人的陣地，貳師將軍領兵相隨，才得以解圍。趙充國身受二十幾處傷，貳師將軍向皇上奏報他的情況，皇上下詔徵召趙充國到他的臨時住地。武帝親自接見並察看了他的傷痕，為之感歎，任命他為中郎將，又調升車騎將軍長史。

昭帝時，武都郡的氐人反叛，趙充國以大將軍護軍都尉的身分領兵出擊，平定了反叛，調任中郎將，帶兵屯駐在上谷。回京任水衡都尉。後又出擊匈奴，俘獲西祁王，提拔為後將軍，仍兼任水衡都尉。

與大將軍霍光❶定冊❷尊立宣帝，封營平❸侯。本始❹中，為蒲類將軍❺征匈奴，斬虜數百級，還為後將軍、少府❻。匈奴大發十餘萬騎，南旁❼塞❽，至符奚盧山⑨，欲入為寇。亡者題除渠堂⑩降漢言之，遣充國將四萬騎屯緣邊九郡⑪。單于⑫聞之，引去。

是時，光祿大夫義渠安國⑬使行諸羌⑭，先零⑮豪⑯言願時渡湟水⑰北，逐民所不田處畜牧。安國以聞⑱。充國劾⑲安國奉使不敬⑳。是後，羌人旁緣㉑前言㉒，抵冒㉓渡湟水，郡縣不能禁。元康三年㉔，先零遂與諸羌種㉕豪二百餘人解仇㉖交質㉗盟詛㉘。上聞之，以問充國，對曰：「羌人所以易制者，以其種自有豪，數相攻擊，勢不壹㉙也。往三十餘歲，西羌反時㉚，亦先解仇合約㉛攻令居，與漢相距㉜，五六年迺定。至征和三年㉝，先零豪封煎等通使匈奴，匈奴使人至小月氏㉞，傳告諸羌曰：『漢貳師將軍眾十餘萬人降匈奴。羌人為漢事苦㉟。張掖、酒泉㊱本我地，地肥美，可共擊居之。』以此觀匈奴欲與羌合，非一世也。間者㊲匈奴困於西方㊳，聞烏桓㊴來保塞㊵，恐兵復從東方㊶起，數使使㊷尉黎、危須㊸諸國，設㊹以子女㊺貂裘，欲沮解㊻之。其計不合㊼。疑匈奴更遣使至羌中，道從沙陰㊽地，出鹽澤㊾，過長阬㊿，入窮水塞(51)，南抵屬國(52)，與先零相直(53)。臣恐羌變未止此，且復結聯他種，宜及未然(54)為之備。」後月餘，羌侯狼何果遣使至匈奴藉(55)兵，欲擊鄯善(56)、敦煌(57)以絕漢道。充國以為「狼何，小月氏種，在陽關(58)西南，勢不能獨造此計，疑匈奴使已至羌中，先零、罕、开(59)迺解仇作約。到秋馬肥，變必起矣。宜遣使者行邊兵豫(60)為備，敕視(61)諸羌，毋令解仇，以發覺其謀」。於是兩府(62)復白遣義渠安國行視(63)諸羌，分別善惡。安國至，召先零諸豪三十餘人，以尤桀黠(64)，皆斬之。縱兵擊其種人，斬首千餘級。於是諸降羌及歸義羌侯楊玉(65)等恐怒(66)，亡所信鄉(67)，遂劫略(68)小種，背畔(69)犯塞，攻城邑，殺長吏(70)。安國以騎都尉(71)將騎三千屯備(72)羌，至浩亹(73)，為虜所擊，失亡車重(74)兵器甚眾。安國引還(75)，至令居，以聞。是歲，神爵元年(76)春也。

【章　旨】以上為第二部分，寫漢宣帝時羌人反叛漢朝的原因，以及趙充國對漢、羌關係走勢的分析判斷和應對之策。

【注　釋】❶霍光　（西元前？—前六八年），字子孟，河東平陽（今山西臨汾）人。霍去病異母弟。詳見卷六十八〈霍光傳〉。❷定冊　亦作「定策」。古時尊立天子，書其事於簡策，以告宗廟，因稱大臣等謀立天子為「定策」。❸營平　邑名。在今山東濟南東。❹本始　漢宣帝的年號，西元前七三—前七〇年。❺蒲類將軍　漢代將軍出征時，往往加上各種稱號，「蒲類」即其一。蒲類，一、古西域國名。在今新疆維吾爾自治區東部巴里坤湖（漢名蒲類海）附近。曾為匈奴右部地，後屬姑師。漢宣帝神爵二年（西元前六〇年），漢軍破姑師，分置車師前後國、蒲類前後國等共八國。二、古湖泊名。漢名蒲類海。❻少府　官名。秩中二千石，列位九卿。執掌供養皇帝的池澤收入和皇室手工業製造。案：本始年間以後，少府皆有姓名，亦未有以將軍兼少府者。《漢書補注》引劉敞說，以為「少時」之誤。王先謙駁之，認為「此少府，乃長信少府，故不見〈公卿表〉。」可從。❼旁　通「傍」。靠近。❽塞　邊塞。❾符奚盧山　地名。今地不詳。❿題除渠堂　匈奴人，逃亡而投降於漢朝。後被封為言兵鹿奚盧侯。參見〈匈奴傳〉。⓫緣邊九郡　指漢代北邊的五原、朔方、雲中、代郡、雁門、定襄、北平、上谷、漁陽等九郡。⑫單于　匈奴君主的稱號。⑬義渠安國　姓義渠，名安國。⑭羌　古代西部的民族之一。⑮先零　羌族的一支，當時居住在今甘肅、青海一帶。⑯豪　首領；頭目。⑰湟水　水名。發源於今青海海晏包呼圖山，東流經西寧至蘭州西入黃河。⑱以聞　將此事奏聞朝廷。⑲劾　彈劾；檢舉揭發罪狀。⑳不敬　漢代罪名之一。此處猶言「失職」。先零豪要求至湟水北岸，是企圖與匈奴聯合，侵擾內地，控制河西走廊。安國不察，竟將其要求轉奏皇上，所以趙充國彈劾他。㉑旁緣　依據。㉒前言　指義渠安國同意他們渡過湟水，並轉奏皇上。㉓抵冒　觸犯；冒犯。此指違反朝廷禁令，因為朝廷並未准其要求。㉔元康三年　西元前六三年。元康，漢宣帝的年號，西元前六五—前六一年。㉕種　種族。此指羌族的分支或部落。㉖解仇　消除怨仇。㉗交質　交換人質。㉘盟詛　結盟立誓。㉙壹　統一。㉚往三十餘歲二句　據卷六〈武帝紀〉，西羌反事在元鼎五年（西元前一一二年），至元康三年（西元前六三年），應為四十九年。西羌，西漢時對羌人的泛稱。㉛合約　共訂盟約。㉜距　通「拒」。抗拒；違抗。㉝征和三年　征和，漢武帝的年號，西元前九二—前八九年。三年，原作「五年」。「征和」無五年。《漢書補證》引王先慎說，當是「征和三年之誤」。據改。㉞小月氏　古族名。漢文帝初年，月氏西遷至西域者稱大月氏，一小部分入南山（今祁連山）與羌人雜居，稱小月氏。後來又與漢人雜居，有「湟中月氏胡」、「義從胡」等之稱。㉟羌人為漢事苦　指征和三年李廣利征匈奴，命羌人服役。事詳卷六十一〈李廣利傳〉。㊱張掖酒泉　皆郡名。漢元鼎六年（西元前一一一年）分武威郡置張掖郡。治觻得，今甘肅張掖西北。漢元狩二年（西元前一二一年）以原匈奴昆邪王地置酒泉郡。治祿福，今甘肅酒泉。㊲間者　不久以前。㊳匈奴困於西方　指本始三年（西元前七一年）匈奴被烏孫所敗。㊴烏桓　古族名。也作烏丸。東胡族的一支，西元前二世紀因居於烏桓山（今內蒙古阿魯科爾沁旗西北烏聯山）而得名，起初屈從於匈奴，西元前一世紀勢力漸強，與匈奴、漢朝等相抗衡。㊵保塞　謂居邊守塞。㊶東方　代指漢朝。㊷使使　派遣使者。前「使」用作動詞。㊸尉黎危須　皆西域小國。尉黎在今新疆維吾爾自治區尉黎北。危須在今新疆焉耆一帶。㊹設　應許。㊺子女　男女人口。㊻沮解　破壞瓦解。㊼其計不合　謂西域諸國不與匈奴合謀。㊽沙陰　指今甘肅張掖以北的沙漠。㊾鹽澤　即今新疆羅布泊。㊿長阬　古長城的凹口，在今甘肅酒泉北。《漢書補注》引沈欽韓說，以為即「遮虜障」。在今內蒙古額濟納旗東南。(51)窮水塞　在今甘肅張掖北。(52)屬國　附屬國。漢朝在邊郡置屬國，安置附漢的少數民族，設屬國都尉管理。(53)相直　相對。(54)未然　還沒有成為事實。指計謀尚未實現。(55)藉　通「借」。(56)鄯善　古西域國名。本名樓蘭。故址在今新疆鄯善東南。漢昭帝時改稱鄯善。(57)敦煌　郡名。漢元鼎六年（西元前一一一年）分酒泉郡置。治敦煌縣，今甘肅敦煌西。(58)陽關　地名。在今甘肅敦煌西南。(59)罕幵　罕，羌的一種。幵，羌的一種，又分大幵、小幵。顏師古注引蘇林曰：「〈地理志〉天水有罕幵縣，蓋以此二種羌來降，處之此地，因以名縣也。而今之羌姓有罕幵者，總是罕幵之類，合而言之，因為姓耳。」(60)豫　通「預」。預先。(61)敕視　告示。敕，皇帝的詔令。視，通「示」。(62)兩府　丞相、御史大夫二府。(63)行視　巡行視察。(64)桀黠　兇悍而狡猾。(65)楊玉　羌人首領，曾歸順於漢，漢封其為歸義羌侯。(66)恐怒　顏師古注曰：「恐中國泛怒，不信其心，而納向之。」《漢書補注》引劉奉世曰：「恐怒，且恐且怒也。羌未有變，而漢吏無故誅殺其人，故楊玉等『亡所信鄉』。」王念孫認為，「顏、劉二說皆非也。『恐怒』二字義不相屬，『恐』當為『怨』字之誤也。」(67)亡所信鄉　無可相信與歸向。言欲信匈奴而不及聯謀，欲向漢朝而已為所擊。亡，通「無」。鄉，通「向」。(68)劫略　以威力脅迫。(69)畔　通「叛」。(70)長吏　一、稱地位較高的官員。〈景帝紀〉：「吏六百石以上，皆長吏也。」二、指郡縣長官的輔佐。〈百官公卿表〉：「〔縣〕有丞、尉，秩四百石至二百石，是為長吏。」(71)騎都尉　武官。掌騎兵。位次於將軍。(72)屯備　駐防。(73)浩亹　縣名。在今甘肅永登西南。(74)車重　輜重車。運載軍用器械、糧秣等的車輛。(75)引還　率軍退回。(76)神爵元年　西元前六一年。神爵，漢宣帝的年號，西元前六一－前五八年。爵，通「雀」。

【語　譯】趙充國因為與大將軍霍光定策擁立宣帝有功，封為營平侯。本始年間，任蒲類將軍征伐匈奴，殺敵數百人，回師後任後將軍、少府。後來，匈奴出動十多萬騎兵，向南迫近漢朝邊塞，到達符奚盧山，想入侵寇掠。匈奴人題除渠堂逃亡降漢，報告了這一情況，漢朝派趙充國率領四萬騎兵駐守沿邊九郡。匈奴單于聽到這個消息，撤兵離去。

這時，光祿大夫義渠安國出使巡行羌族各部落，先零羌首領希望允許他們在一定的季節渡過湟水北岸，讓羌民在沒有耕種的土地上放牧。義渠安國把他的請求呈奏朝廷。趙充國彈劾義渠安國做使臣失職，犯了「不敬」罪。此後，羌人根據以前的要求，違反禁令渡過湟水，郡縣官吏不能制止。元康三年，先零羌便跟羌族各部落首領二百多人消除以前的仇恨，交換人質，訂立盟約。皇上知道了，就此事徵詢趙充國的看法，趙充國回答說：「羌人之所以容易控制，是因為各部落都有自己的頭領，經常互相攻擊，不能團結一心。三十多年前，西羌反叛時，也是先消除舊仇、訂立盟約，聯合進攻令居，與漢朝對抗，五六年以後才平定。到征和三年，先零羌首領封煎等和匈奴互通使節，匈奴派人到小月氏，轉告羌族各部落說：『漢朝貳師將軍的軍隊十多萬人投降了匈奴。羌人以前被漢軍強迫服役，吃盡了苦。張掖、酒泉本來是我們的地方，土地肥美，我們可以合力共同進攻、占領它。』由此看來，匈奴企圖與羌人聯合，已經不止一代了。不久以前，匈奴在西方受到挫折，聽說烏桓來保衛漢朝邊塞，恐怕戰爭又要從東方發起，多次派使者到尉黎、危須等國，許諾給他們男女人口和貂裘皮衣，企圖破壞瓦解他們和漢朝的關係。這個計謀沒有得逞。我懷疑匈奴會再派使者到羌族中去，取道沙陰，經過鹽澤、長阬，進入窮水塞，南面直抵我們的屬國，與先零羌相對。我擔心羌族的變亂不止於此，他們還會和其他種族聯合，應該在他們的計謀沒有實現之前就做好準備。」過了一個多月，羌侯狼何果然派遣使者到匈奴借兵，企圖襲擊鄯善、敦煌以阻斷漢朝和西域的通道。趙充國認為「狼何所部，原是小月氏種族，在陽關西南，根據形勢分析，他不可能單獨做出這個計劃，我懷疑匈奴的使臣已經到達羌族各部落之中，先零羌、罕羌、幵羌才化解舊仇、訂立盟約。等到秋天馬匹肥壯了，變亂一定會發生。應當派遣使者巡視邊防部隊，預先做好準備，告誡羌族各部落，不要讓他們消除舊仇的計劃實現，以揭發匈奴的陰謀」。這時丞相、御史兩府又報告宣帝，請求派遣義渠安國巡視羌族各部落，區別他們誰好誰壞。義渠安國到達後，召集先零羌首領三十多人，認為他們特別兇悍狡猾，把他們全殺了。又放縱士兵襲擊他們的部落，殺了一千多人。這時已歸降漢朝的羌人和歸義羌侯楊玉等既恐慌又憤怒，不知道該相信誰，無所歸屬，就脅迫羌族的小部落一同反叛，侵犯漢朝邊塞，攻奪城邑，殺死官吏。義渠安國以騎都尉的身分率領三千騎兵防備羌人，兵至浩亹，遭到敵人襲擊，損失了很多車輛、輜重、兵器。義渠安國率軍退回，到令居後，將軍情奏聞朝廷。這時是神爵元年春天。

1 時充國年七十餘，上老❶之，使御史大夫丙吉❷問誰可將者，充國對曰：「亡踰❸於老臣者矣。」上遣問焉，曰：「將軍度❹羌虜何如，當用幾人？」充國曰：

「百聞不如一見❺。兵難隃度❻，臣願馳至金城，圖上方略❼。然羌戎小夷，逆天背畔，滅亡不久，願陛下以屬❽老臣，勿以為憂。」上笑曰：「諾。」

2 充國至金城，須❾兵滿萬騎，欲渡河❿，恐為虜所遮⓫，即夜遣三校⓬銜枚⓭先渡，渡輒營陳⓮，會⓯明，畢⓰，遂以次盡渡。虜數十百騎來，出入軍傍⓱。充國曰：「吾士馬新倦，不可馳逐。此皆驍騎⓲難制，又恐其為誘兵也。擊虜以殄滅為期⓳，小利不足貪。」令軍勿擊。遣騎候⓴四望陿㉑中，亡虜。夜引兵上至落都㉒，召諸校司馬，謂曰：「吾知羌虜不能為兵矣。使虜發數千人守杜㉓四望陿中，兵豈得入哉！」充國常以遠斥候㉔為務，行必為戰備，止必堅營壁，尤能持重㉕，愛士卒，先計而後戰。遂西至西部都尉府㉖，日饗㉗軍士，士皆欲為用。虜數挑戰，充國堅守。捕得生口㉘，言羌豪相數責㉙曰：「語汝亡反，今天子遣趙將軍來，年八九十矣，善為兵。今請欲壹鬭而死，可得邪！」

3 充國子右曹㉚中郎將卬，將期門佽飛、羽林孤兒㉛、胡越騎㉜為支兵㉝，至令居。虜並出絕㉞轉道㉟，卬以聞。有詔將八校尉㊱與驍騎都尉、金城太守合疏捕㊲山間虜，通轉道津渡㊳。

4 初，罕、开豪靡當兒使弟雕庫來告都尉㊴曰先零欲反，後數日果反。雕庫種人頗在先零中，都尉即留雕庫為質。充國以為亡罪，迺遣歸告種豪：「大兵誅有罪者，明白自別，毋取并滅。天子告諸羌人，犯法者能相捕斬，除罪。斬大豪有罪者一人，賜錢四十萬，中豪十五萬，下豪二萬，大男㊵三千，女子及老小千錢，又以其所捕妻子財物盡與之。」充國計欲以威信招降罕开及劫略者，解散虜謀，徼㊶極㊷迺擊之。

【章旨】以上為第三部分，寫已年逾七旬的趙充國主動請纓，率兵去平定羌人的叛亂。他計劃招降罕羌、开羌及被脅迫反叛的部落，分化、粉碎敵人的陰謀，待敵疲憊不堪之時再出兵。

【注釋】❶老　意動用法。以為老。❷丙吉　（西元前？—前五五年），字少卿，魯國（今山東曲阜）人。詳見卷七十四〈丙吉傳〉。❸踰　超過。❹度　估計。❺百聞不如一見　多次聽說還不及一次看到。意即耳聞是虛，眼見為實。❻隃度　遙測。隃，通「遙」。❼圖上方略　顏師古注曰：「圖其地形，并為攻討方略，俱奏上也。」吳恂《漢書注商》認為顏注不妥，「圖，謀也。言至金城觀察形勢，再謀上攻討方略也。」可從。❽屬　委；交給。❾須　等待。❿河　古代對黃河的專稱。⓫遮　阻攔；阻截。⓬校　秦漢軍隊編制單位，亦稱營。以校尉領之，少者數百人，多者千餘人。⓭銜枚　橫銜枚於口中，以防喧譁或叫喊。枚，形如筷子，兩端有帶，可繫於頸上。⓮營陳　指軍隊的結營布陣。陳，通「陣」。⓯會　恰好；正好。⓰畢　指營陣畢。⓱傍　通「旁」。⓲驍騎　勇猛的騎兵。⓳以殄滅為期　以消滅為目的。期，希望。轉指目的。⓴候　偵察。㉑四望陿　峽谷名。在今青海樂都境內。陿，通「峽」。㉒落都　山名。在今青海樂都。㉓杜　杜塞；阻擊。㉔斥候　偵察；候望。亦指偵察、候望的人。㉕持重　穩重；謹慎。㉖西部都尉府　漢代在邊郡設有東、西部都尉掌管軍事。西部都尉屬金城郡。在今青海樂都西。㉗饗　用酒食款待。㉘生口　俘虜。㉙相數責　互相多次責備。㉚右曹　加官名。受理尚書事務。㉛期門佽飛羽林孤兒　皆皇帝的護衛。期門，官名。漢武帝時置，掌執兵扈從護衛。武帝喜微行，多與西北六郡良家子能騎射者期約在殿門會合，故稱。佽飛，漢武官名。少府屬下左弋，武帝太初元年改名為「佽飛」，掌弋射。羽林孤兒，漢武帝建羽林騎，取從軍死事之子孫養於羽林，官教以五兵，號曰「羽林孤兒」。㉜胡越騎　由歸附胡人、越人組成的騎兵。㉝支兵　支隊。㉞絕　截斷。㉟轉道　運糧路線。㊱八校尉　校尉，武官名。地位次於將軍。八校尉，指統兵守衛長安地區的八校的長官，有中壘、屯騎、步兵、越騎、長水、胡騎、射聲、虎賁等八校尉。㊲疏捕　搜捕。㊳津渡　渡口。㊴都尉　指金城郡西部都尉。㊵大男　青壯年男子。㊶徼　偵察。㊷極　指倦極。

【語　譯】這時趙充國七十多歲了，皇上認為他老了，派御史大夫丙吉去問他誰可以做統帥，趙充國回答說：「沒有超過老臣我的了。」皇上又派人問他，說：「將軍估計羌人的實力怎樣，應當用多少人？」趙充國說：「百聞不如一見。軍事難以遙測，我願意馳赴金城觀察形勢，制定出作戰計劃再上奏皇上。羌人是個小族，竟敢違逆天意背叛漢朝，不久就會滅亡，請陛下將此事交給老臣，不要為此憂慮。」皇上笑著說：「好。」

2 趙充國到達金城，等騎兵達到一萬人，準備渡過黃河，擔心遭到羌人阻擊，便在夜間派三校士兵銜枚先行渡河，過河後立即結營布陣，到天明時，營陣正好建成，於是大軍依次全部渡過黃河。這時，敵人來了近百名騎兵，在漢軍營壘旁邊往來出沒。趙充國說：「我們的兵馬正疲倦，不可驅馳追逐。這些都是驍勇的騎兵，難以制服，又恐怕他們是誘敵之兵。攻擊敵人以消滅為目的，小利不能貪。」命令軍隊不要出擊。他派騎兵到四望陿偵察，沒有發現敵兵。趙充國在夜間帶兵登上落都山，召集諸校司馬，對他們說：「我知道羌人不懂得用兵了。假如他們派幾千人駐守在四望陿中，我軍怎能進來呢！」趙充國打仗，總要派人到遠處偵察，行軍時做好戰鬥準備，宿營時修築堅固的營壘，特別穩重謹慎，愛護士卒，先制定計劃然後作戰。於是西進到達西部都尉府，他每天犒勞軍士，士兵們都願意為他效力。敵人多次挑戰，趙充國堅守不出。漢軍抓到一個俘虜，說羌人各部落的首領多次互相責怨說：「告訴你們不要反，現在天子派趙將軍來，他年紀八九十了，善於用兵。現在想跟他決鬥，以死相拼，辦得到嗎！」

3 趙充國的兒子右曹中郎將趙卬，率領期門佽飛、羽林孤兒、胡越騎兵作為後援，到達令居。敵軍一起出動截斷了漢軍的糧道，趙卬奏聞皇上。宣帝命令他率領八校尉與驍騎都尉、金城郡太守共同搜捕山裡的敵人，打通糧道和渡口。

4 當初，罕羌和幵羌的首領靡當兒派弟弟雕庫來告訴西部都尉說先零羌準備反叛，過了幾天先零羌果然反了。雕庫部落的人有許多在先零羌中，西部都尉便扣留雕庫作為人質。趙充國認為雕庫無罪，就把他放了，讓他回去告訴部落首領：「漢朝大軍只殺有罪的人，你們要跟他們劃清界線，不要自取共同滅亡。天子告諭羌人，犯法的人如能捕殺其他有罪的人，可以免罪。殺死有罪的大首領一人賞錢四十萬，中等首領一人十五萬，小首領一人二萬，壯年男子一人三千，女子或老小一人一千，同時還把被捕殺者的妻子財物全部賞給他。」趙充國的計劃是想用威信招降罕羌、幵羌以及其他被脅迫反叛的部落，分化敵人，粉碎他們的陰謀，等到敵人疲憊不堪時，再全力打擊帶頭叛亂的先零羌。

1 時上已發三輔[1]、太常徒弛刑[2]，三河[3]、潁川[4]、沛郡[5]、淮陽[6]、汝南[7]材官[8]，金城、隴西、天水[9]、安定[10]、北地[11]、上郡[12]騎士、羌騎[13]，與武威[14]、張掖、酒泉太守各屯其郡者，合六萬人矣。酒泉太守辛武賢奏言：「郡兵[15]皆屯備南山[16]，北邊空虛，勢不可久。或曰至秋冬迺進兵，此虜在竟[17]外之冊。今虜朝夕為寇，土地寒苦，漢馬不能冬[18]，屯兵在武威、張掖、酒泉萬騎以上，皆多羸[19]瘦。可益馬食，以七月上旬齎[20]三十日糧，分兵並出張掖、酒泉合擊罕、幵在鮮水[21]上者。虜以畜產為命，今皆離散，兵即分出，雖不能盡誅，亶[22]奪其畜產，虜其妻子，復引兵還，冬復擊之，大兵仍[23]出，虜必震壞。」

2 天子下其書充國，令與校尉以下吏士知羌事者博議。充國及長史董通年以為

「武賢欲輕引萬騎，分為兩道出張掖(24)，回(25)遠千里。以一馬自佗(26)負三十日食，為米二斛四斗，麥八斛(27)，又有衣裝兵器，難以追逐。勤勞(28)而至，虜必商(29)軍進退，稍引去，逐水屮，入山林。隨而深入，虜即據前險，守後阸(30)，以絕糧道，必有傷危之憂，為夷狄笑，千載不可復(31)。而武賢以為可奪其畜產，虜其妻子，此殆(32)空言，非至計(33)也。又武威縣、張掖日勒(34)皆當北塞，有通谷(35)水草。臣恐匈奴與羌有謀，且欲大入，幸能要杜(36)張掖、酒泉以絕西域(37)，其郡兵尤不可發。先零首為畔逆，它種劫略(38)。故臣愚冊(39)，欲捐(40)罕、幵闇昧(41)之過，隱而勿章(42)，先行先零之誅以震動之，宜悔過反善，因赦其罪，選擇良吏知其俗者拊循(43)和輯(44)，此全師保勝安邊之冊」。天子下其書。公卿議者咸以為先零兵盛，而負(45)罕、幵之助，不先破罕、幵，則先零未可圖也。

3 上迺拜侍中(46)樂成(47)侯許延壽(48)為強弩將軍，即(49)拜酒泉太守武賢為破羌將軍，賜璽書(50)嘉納(51)其冊。以書敕讓(52)充國曰：

4 「皇帝問(53)後將軍，甚苦暴露(54)。將軍計欲至正月迺擊罕羌，羌人當獲麥，已遠(55)其妻子，精兵萬人欲為酒泉、敦煌寇。邊兵少，民守保不得田作(56)。今張掖以東粟石百餘(57)，芻槀束數十(58)。轉輸並起，百姓煩擾。將軍將萬餘之眾，不早及秋共水草之利爭其畜食[59]，欲至冬，虜皆當畜食[60]，多藏匿山中依險阻，將軍士寒[61]，手足皸瘃[62]，寧有利哉？將軍不念中國[63]之費，欲以歲數而勝微[64]，將軍誰不樂此者[65]！

5 「今詔破羌將軍武賢將兵六千一百人，敦煌太守快將二千人，長水校尉[66]富昌[67]、酒泉候[68]奉世[69]將婼[70]、月氏兵四千人，亡慮[71]萬二千人。齎三十日食，以七月二十二日擊罕羌，入鮮水北句廉[72]上，去酒泉八百里，去將軍可千二百里。將軍其引兵便道[73]西並進，雖不相及，使虜聞東方北方兵並來，分散其心意，離其黨與[74]，雖不能殄滅[75]，當有瓦解者。已詔中郎將卬將胡越佽飛射士、步兵二校，益[76]將軍兵。

6 「今五星出東方，中國大利，蠻夷大敗[77]。太白[78]出高，用兵深入敢戰者吉，弗敢戰者凶。將軍急裝[79]，因天時，誅不義，萬下必全，勿復有疑。」

7 充國既得讓[80]，以為將任兵[81]在外，便宜有守[82]，以安國家。迺上書謝罪，因陳兵利害，曰：

8 「臣竊[83]見騎都尉安國前幸賜書，擇羌人可使使罕，諭告以大軍當至，漢不誅罕，以解其謀。恩澤甚厚，非臣下所能及。臣獨私美[84]陛下盛德至計亡已[85]，故遣开豪雕庫宣天子至德[86]，罕、开之屬皆聞知明詔。今先零羌楊玉，此羌之首帥名王[87]，將騎四千及煎鞏[88]騎五千，阻石山木[89]，候便為寇，罕羌未有所犯。今置先零，先擊罕，釋[90]有罪，誅亡辜，起壹難[91]，就[92]兩害，誠非陛下本計[93]也。

9 「臣聞兵法『攻不足者守有餘[94]』，又曰『善戰者致人，不致於人[95]』。今罕羌欲為敦煌、酒泉寇，宜飭[96]兵馬，練戰士，以須[97]其至，坐得致敵之術，以逸擊勞，取勝之道也。今恐二郡兵少不足以守，而發之行攻，釋[98]致虜之術而從為虜所致之道，臣愚以為不便。先零羌虜欲為背畔，故與罕、开解仇結約，然其私心不能亡恐漢兵至而罕、开背之也。臣愚以為其計常欲先赴[99]罕、开之急，以堅其約，先擊罕羌，先零必助之。今虜馬肥，糧食方饒，擊之恐不能傷害，適[100]使先零得施德於罕羌，堅其約，合其黨。虜交堅黨合，精兵二萬餘人，迫脅諸小種，附著者稍[101]眾，莫須[102]之屬不輕得離也。如是，虜兵寖[103]多，誅之用力數倍，臣恐國家憂累[104]繇[105]十年數，不二三歲而已。

10 「臣得蒙天子厚恩，父子俱為顯列[106]。臣位至上卿[107]，爵為列侯[108]，犬馬之齒[109]七十六，為明詔填溝壑[110]，死骨不朽，亡所顧念。獨思惟兵利害至孰[111]悉也，於臣之計，先誅先零已，則罕、开之屬不煩兵而服矣。先零已誅而罕、开不服，涉[112]

正月擊之，得利之理，又其時也。以今進兵，誠不見其利，唯[113]陛下裁察[114]。」

11 六月戊申[115]奏，七月甲寅[116]璽書報從充國計焉。

12 充國引兵至先零在所。虜久屯聚，解弛[117]，望見大軍，棄車重，欲渡湟水，道阸狹[118]，充國徐行驅之。或曰逐利行遲[119]，充國曰：「此窮寇[120]不可迫也。緩之則走不顧，急之則還致死[121]。」諸校皆曰：「善。」虜赴水溺死者數百，降及斬首五百餘人，鹵[122]馬牛羊十萬餘頭，車四千餘兩[123]。兵至罕地，令軍毋燔聚落芻牧田中[124]。罕羌聞之，喜曰：「漢果不擊我矣！」豪靡忘使人來言：「願得復還故地。」充國以聞，未報[125]。靡忘來自歸[126]，充國賜飲食，遣還諭種人。護軍以下皆爭之，曰：「此反虜，不可擅遣。」充國曰：「諸君但欲便文自營[127]，非為公家[128]忠計也。」語未卒[129]，璽書報，令靡忘以贖論[130]。後罕竟不煩兵而下。

【章　旨】以上為第四部分，寫酒泉太守辛武賢建議立即兵分兩路出擊，遠襲罕羌和开羌。宣帝讚許這一計劃，同時下詔責備趙充國，命他帶兵西進，配合辛武賢的行動。趙充國以國家利益為重，力主分清首惡與脅從，先討伐先零羌，罕羌和开羌將不攻自破。這一計劃最終得到宣帝的批准。果如趙充國所料，先零羌潰逃，罕羌不煩兵而下。

【注　釋】❶三輔　漢景帝二年（西元前一五五年）分內史為左、右內史，與主爵中尉（不久改主爵都尉）同治長安城中，所轄皆京畿之地，故合稱「三輔」。武帝太初元年（西元前一〇四年）改左、右內史、主爵都尉為京兆尹、左馮翊、右扶風。

轄境相當今陝西中部地區。後世政區分劃雖時有更改，但直至唐，習慣上仍稱這一地區為「三輔」。❷太常徒弛刑　太常徒，西漢有陵寢各縣之官吏，皆由太常任免，諸陵寢中有徒及弛刑，故總稱為「太常徒」。弛刑，解除刑具之徒。❸三河　指河內、河東、河南三郡。❹潁川　郡名。秦王政十七年（西元前二三〇年）置。以潁水得名。治陽翟，今河南禹州。❺沛郡　郡名。漢高帝改泗水郡置郡。治相縣，今安徽淮北西北。❻淮陽　郡名。漢高帝十一年（西元前一九六年）置。治陳縣，今河南淮陽。❼汝南　郡名。漢高帝四年（西元前二〇三年）置。治上蔡，今河南上蔡西南。❽材官　步兵。❾天水　郡名。西漢元鼎三年（西元前一一四年）置。治平襄，今甘肅通渭西北。❿安定　郡名。西漢元鼎三年（西元前一一四年）置。治高平，今寧夏固原。⓫北地　郡名。戰國秦置。西漢治馬嶺，今甘肅慶陽西北。⓬上郡　郡名。戰國魏文侯置。治膚施，今陝西榆林東南。⓭羌騎　漢朝收編的羌族騎兵。⓮武威　郡名。漢元狩二年（西元前一二一年）以原匈奴休屠王地置。治武威，今甘肅民勤東北。⓯郡兵　指各郡的常備兵。⓰南山　祁連山脈東段，在今甘肅、青海兩省界。⓱竟　通「境」。疆界。⓲能　通「耐」。忍受；禁得起。⓳羸　弱。⓴齎　攜帶。㉑鮮水　青海的古名。㉒亶　通「但」。㉓仍　頻仍；頻繁。㉔張掖　其下奪「酒泉」二字。因上文提到「分兵並出張掖、酒泉。」㉕回　迂迴；迂曲。㉖佗　通「馱」。牲口負物。㉗斛　容器名。一斛十斗。二斛四斗，即二石四斗。陳直《漢書新證》云：「是指漢代大斗而言。麥八斛為一部分補充戍卒食糧，其餘為馬糧。」㉘勤勞　辛勞；疲勞。㉙商　計算。㉚阸　險要之地。㉛復　報復。㉜殆　近；接近。㉝至計　最好的計策、辦法。㉞日勒　縣名。屬張掖郡，在今甘肅永昌西北。㉟通谷　往來無阻的山谷。㊱要杜　遮攔堵塞。要，通「邀」。遮攔；攔截。㊲西域　漢以來對玉門關、陽關以西地區的總稱。狹義專指蔥嶺以東而言，廣義則凡通過狹義西域所能到達的地區。㊳它種劫略　其他部族是被威力脅迫。㊴冊　通「策」。計謀；計策。㊵捐　放棄；不計較。㊶闇昧　愚昧；昏庸。㊷章　通「彰」。公開。㊸拊循　安撫。拊，古「撫」字。㊹和輯　和睦團結。輯，通「集」。㊺負　恃；依賴。㊻侍中　列侯以下至郎中的加官，可入侍禁中，應對顧問，親近皇帝。㊼樂成　縣名。在今河南鄧州西南。㊽許延壽　昌邑（今山東金鄉）人，宣帝許皇后的叔父。㊾即　就地。㊿璽書　秦以後專指蓋有皇帝印章的詔書。(51)嘉納　讚許並採納。多為上對下而言。(52)讓　責備；批評。(53)問　問候；慰問。(54)暴露　日曬夜露。暴，通「曝」。曬。(55)遠　謂徙於遠處。用作動詞。(56)田作　耕作。(57)粟石百餘　一石粟價值百餘錢。(58)芻槀束數十　乾草一束價值數十錢。芻，牲畜吃的草。槀，乾枯。(59)畜食　牲畜，糧食。一說是牲畜所食，即草。(60)畜食　積聚糧食。畜，通「蓄」。儲藏。(61)將軍士寒　《漢書補注》引王念孫曰：當據《北堂書鈔》，作「將軍將士寒」。(62)皸瘃　手足的皮膚凍裂。瘃，凍瘡。(63)中國　指國家、朝廷。(64)歲數而勝微　言歷數年而僅獲小勝。

65將軍誰不樂此者　言凡為將軍者，皆樂此。66長水校尉　官名。漢武帝初置，為北軍八校尉之一。秩二千石，有丞、司馬。長水，胡名。一說為地名。常以通曉胡事者為之。所掌為常備精兵，屯戍京師，兼任征伐。67富昌　人名，不知其姓。居延漢簡有富昌之名。68候　軍中任偵察之事者。69奉世　人名。70婼　羌的一種。71亡慮　大略；大約。亡，通「無」。72句廉　河岸曲折之處，即河灣。73便道　近便之路。74黨與　同黨之人。此指罕羌的部族。75殄滅　消滅；滅絕。76益　增加；增援。77今五星出東方三句　古人以為金、木、水、火、土五星相聚在同一個天區，在其下用兵必勝，漢在東，羌在西，五星出東方，則漢兵必勝。78太白　金星。古人以為太白乃用兵之象，太白出而高，用兵深入敵戰者就得利，不敢戰者則凶。79急裝　急速整裝。80得讓　受到責備。81任兵　帶兵；用兵。82便宜有守　依據有利情況堅持自己的意見。便宜，指有利國家，合乎時宜之事。83竊　私自；私下。謙詞。84美　讚美。85亡已　無已；無止境。86至德　最高的道德；盛德。87名王　指古代少數民族聲名顯赫的王。88煎鞏　羌族的一支。89阻石山木　依仗山上的木石固守。阻，依靠。90釋　放置。91起壹難　樹立一個仇敵。起，樹立。難，仇敵。92就　成就；造成。93本計　本來的意圖。94攻不足者守有餘　出自《孫子·形》：「守則不足，攻則有餘。」曹操注：「吾所以守者，力不足也；所以攻者，守有餘也。」這裡引用時，已改文意，意謂對弱敵則攻，對強敵則守。95善戰者致人二句　見《孫子·虛實》。人，這裡是指敵人。致人，招致敵人，可引申為調動敵人。致於人，被敵人所調動。96飭　整頓。97須　等待。98釋　放棄。99赴　赴急；往救急難。100適　恰好。101稍　逐漸。102莫須　羌的一種。103寖　同「浸」。漸漸。104憂累　禍患。累，憂患。105繇　通「由」。106顯列　高位。107上卿　周制天子及諸侯皆有卿，分上中下三等，最尊貴者謂「上卿」。此泛指朝廷大臣。108列侯　爵位名。秦制爵分二十級，徹侯位最高。漢承秦制，為避漢武帝劉徹諱，改徹侯為通侯，或稱「列侯」。109犬馬之齒　謙稱自己的年齡。犬馬，臣子對君上的自卑之稱。110填溝壑　謂拋屍於溝谷。111孰　通「熟」。112涉　至；到。113唯　表示希望、祈請。114裁察　裁斷審察。115六月戊申　神爵元年夏曆六月二十八日。116七月甲寅　神爵元年夏曆七月初五日。117解弛　懈怠鬆弛。解，通「懈」。118陿狹　狹隘；狹窄。119逐利行遲　意謂逐利宜速，今行太遲。120窮寇　陷於困境的敵人。121還致死　回頭拼死。122鹵　通「虜」。虜獲。123兩通「輛」。124令軍毋燔聚落芻牧田中　命令漢軍不得燒毀聚落及在田中割草放牧。燔，焚燒。聚落，村落；人們聚居的地方。芻牧，割草放牧。125未報　尚未得到批覆的詔書。126歸　歸降；歸順。127但欲便文自營　意謂只想符合法統，自圖安全。營，謀求。128公家　指朝廷、國家或官府。129卒　盡；完。130以贖論　以立功贖罪論處。

【語　譯】這時，皇上已派出三輔、太常所轄弛刑徒組成的軍隊，三河、潁川、沛郡、淮陽、汝南等郡的步兵，金城、隴西、天水、安定、北地、上郡等郡的騎兵和收編的羌族騎兵，以及武威、張掖、酒泉太守的地方部隊，合計六萬人。酒泉太守辛武賢向皇帝上奏說：「地方軍都駐守在南山，北邊空虛，這種形勢不能持久。有人說要等到秋冬季節才進兵，這是敵人在邊境之外時的對策。現在敵人早晚來侵犯，這裡的氣候寒冷，漢朝的馬不耐嚴冬，駐軍在武威、張掖、酒泉的馬有一萬多匹，都很瘦弱。可以增加馬的飼料，在七月上旬攜帶三十天的口糧，從張掖、酒泉分兩路出發，合擊在鮮水周圍的罕羌、幵羌。敵人靠牲畜生活，現在他們都已經分散，我們立即分兵出擊，雖然不能把他們殺盡，但可以奪取他們的牲畜，俘虜他們的妻子兒女，然後撤兵回來，到冬天再出擊，大軍一起出發，敵人必定崩潰。」

2 天子把辛武賢的奏書批交趙充國，命令他與校尉以下將士中熟悉羌族情況的人廣泛討論。趙充國和長史董通年認為「辛武賢想輕率地帶領一萬騎兵，分兩路從張掖出發，迂迴遠行千里。一匹馬馱負三十天的口糧，計有米二斛四斗，麥子八斛，還有服裝兵器，難以追擊敵人。辛辛苦苦地趕到那裡，敵人一定會計算我軍的行進速度，逐漸撤退，尋找有水草的地方，潛入山林之中。如果追隨深入，敵人就會據守前後險關要隘，切斷我們的糧道，我軍必有傷亡的危險，被敵人譏笑，永遠不能挽回。而辛武賢認為可以奪取他們的牲畜財產，俘虜他們的妻子兒女，這些和說空話差不多，不是上策。再者，武威縣和張掖郡的日勒縣都地處北方邊境，有通達外地的山谷和水草。我擔心匈奴和羌人有陰謀，準備大舉進攻，我們幸而能夠守住張掖、酒泉，切斷了他們去西域的通道，二郡的常備軍尤其不能調動。先零羌首先發動叛亂，其他部落是受其脅迫而隨從的。所以臣的愚見認為，不計較罕羌和幵羌的愚昧盲從之過，不公開他們的罪行，先討伐先零羌來震懾他們，他們應當悔過向善，我們趁勢赦免他們的罪過，選派熟悉當地習俗的賢明官吏去安撫團結他們，這是保全軍力、確保勝利而安定邊境的計策」。宣帝把這封奏書批交大臣們討論。公卿大臣和議事者都認為先零羌兵力強盛，又依仗罕羌、幵羌的幫助，不先擊破罕羌和幵羌，就無法對付先零羌。

3 皇上便任命侍中樂成侯許延壽為強弩將軍，就地任命酒泉太守辛武賢為破羌將軍，頒賜詔書讚許並採納他的謀劃。又下詔責問趙充國說：

4 「皇帝問候後將軍，出征在外日曬夜露，辛苦了。將軍計劃到正月才攻擊罕羌，那時羌人已經收完了麥子，把妻子兒女遷置到遠處，出動精兵萬人侵犯酒泉、敦煌。這兩個郡的邊防軍少，百姓參加守衛就不能耕作了。現在張掖以東地區每石粟漲到一百多錢，乾草每束幾十錢。到處運輸軍糧，百姓煩擾。將軍率領一萬多名士兵，不及早乘秋天雙方共有水草之利的時機奪取他們的牲畜糧食，卻要等到冬天，那時敵人都儲備了糧食，大都藏匿在山中依仗險阻據守，將軍的將士寒冷，手腳都凍裂了，這難道有利嗎？將軍不考慮朝廷的費用，想用幾年時間來爭取微小的勝利。做將軍的誰不樂於此道！

5 「現在命令破羌將軍辛武賢領兵六千一百人，敦煌太守快領兵二千人，長水校尉富昌、酒泉候奉世率領婼羌、月氏兵四千人，約計一萬二千人。攜帶三十天口糧，定於七月二十二日出擊罕羌，進入鮮水北岸曲折地帶，那裡距酒泉八百里，距離將軍駐地大約一千二百里。將軍應當領兵從便道向西並進，雖然不能會合，也可以讓敵人聽到漢軍從東方、北方同時出兵前來，渙散他們的鬥志，分化他們的黨羽，即使不能全殲，也應當能瓦解一部分。朕已命令中郎將趙卬帶領胡越騎兵佽飛射士、步兵二校，前去增援將軍。

6 「現在五星相聚在東方，象徵著中國大勝，蠻夷大敗。太白星高高地出現在天空，象徵著用兵深入勇敢戰鬥的人吉利，畏怯不敢戰鬥的人凶險。將軍趕快整裝，順應天意，討伐不義，一切都會順利，不要再有疑慮。」

7 趙充國接到這封責備自己的詔書，認為將軍帶兵在外，應當根據情況堅持自己的意見，以安定國家。於是上書謝罪，乘機闡述用兵的利害得失，他說：

8 「臣私下看過陛下賜給騎都尉義渠安國的詔書，命令他挑選羌人中可以派往罕羌的使者，告訴他們漢朝大軍將至，漢軍不殺罕羌，以粉碎他們的謀劃。陛下恩澤深厚，不是臣下所能想到的。臣內心對陛下的盛德妙計讚美不已，所以遣返开羌首領雕庫宣明天子的盛德，罕羌和开羌的屬下都知道了皇上聖明的詔示。現在先零羌楊玉，是羌人的首帥名王，率領本族的四千騎兵和煎鞏的五千騎兵，憑藉山中的樹木險石藏身固守，找機會侵擾，而罕羌並沒有侵犯我們。現在對先零羌擱置不問，而先去攻打罕羌，釋放了罪犯，去殺戮無辜，又樹立一個敵人，造成兩方面的禍害，這的確不是陛下本來的意圖啊。

9 「臣聽兵書上說『進攻的力量不足，防守卻有餘』，又說『善於作戰的人能掌握戰爭主動權，能調動敵人，而不被敵人所調動』。現在罕羌想入侵敦煌、酒泉，那我們就應該整頓兵馬，訓練戰士，等待他們到來，這是坐等敵人前來的辦法，是以逸擊勞的取勝之道。現在擔心這兩個郡因兵少而不能勝任防守，卻要用他們發動進攻，放棄調動敵人的辦法而聽從被敵人調動的主張，臣認為不妥。先零羌想發動叛亂，所以與罕羌、幵羌消除舊仇，訂立盟約，但是內心不能不擔憂漢兵一到而罕羌、幵羌背叛他。臣認為先零羌的計劃是一直在找機會先幫助罕羌、幵羌解除急難，以鞏固他們之間的聯盟，我們先攻擊罕羌，先零羌必然會幫助他。現在敵人馬匹肥壯，糧草充足，進攻恐怕不能傷害他們，正好使先零羌有機會施恩於罕羌，鞏固他們的盟約，聚合他們的黨羽。敵人盟約鞏固，團結加強，精兵有二萬多人，以此脅迫各小部落，依附他們的人逐漸增加，像莫須那樣的小部落就不可能輕易脫離了。這樣，敵人的兵力就會逐漸增多，消滅他們就要用數倍於現在的力量，臣恐怕國家的憂患可能是幾十年，不只二三年而已。

10 「臣承蒙天子厚恩，父子都官位顯赫。我位至上卿，爵為列侯，今年已經七十六歲了，為聖明的詔令而拋屍山谷，死骨不朽，沒有什麼可眷念的。一心想的是我對軍事的利害知道得太清楚了，臣的謀劃是：先征伐先零羌，那麼罕羌、幵羌這些部落可以不用兵而征服。如果先零羌已誅而罕羌、幵羌仍不歸服，到正月再攻打他們，既符合用兵獲利的道理，也是用兵的時機。現在就進兵，實在看不出它的好處，請陛下審察裁斷。」

11 六月二十八日趙充國上奏書，七月五日就得到批覆詔書，同意趙充國的計劃。

12 趙充國領兵到達先零所在的地方。敵人屯兵時間長了，懈怠鬆弛，望見大軍到來，丟棄車輛輜重，想渡過湟水逃走，道路狹窄，趙充國慢慢前進追趕他們。有人說追擊敵人速度要快，這樣進軍太慢了，趙充國說：「這是窮寇，不能逼得太急。我軍慢慢追，敵人就會不顧一切逃命，追急了就會回過頭來拚命。」部將們都說：「好。」敵人渡水淹死的有幾百人，投降和斬首的有五百多人，俘獲馬牛羊十萬多頭，車四千多輛。軍隊到了罕羌的地盤，趙充國命令部隊不許焚燒村落和在田裡割草放牧。罕羌聽說此事，高興地說：「漢朝果然不打我們了！」罕羌首領靡忘派人來說：「希望能讓我們回故地。」趙充國把這個請求奏報皇上，還沒有得到批覆。靡忘親自來歸附，趙充國賜給飲食，派他回去向自己的族人宣傳漢朝的恩德。護軍以下軍官都和趙充國爭論，說：「這是反叛朝廷的敵人，不能擅自放他回去。」趙充國說：「諸君只想著依照法令條文辦事來保全自己，不是為國家效忠的計議。」話沒說完，皇上的璽書就到了，准許靡忘按立功贖罪論處。後來罕羌果真沒有用兵就歸順了。

1 其秋，充國病，上賜書曰：「制詔❶後將軍：聞苦腳脛❷、寒泄❸，將軍年老加疾，一朝之變❹不可諱，朕甚憂之。今詔破羌將軍詣屯所，為將軍副，急因天時大利，吏士銳氣，以十二月擊先零羌。即❺疾劇，留屯毋行，獨遣破羌、彊弩將軍。」時羌降者萬餘人矣。充國度其必壞，欲罷騎兵屯田❻，以待其敝。作奏未上，會得進兵璽書，中郎將卬懼，使客諫充國曰：「誠令兵出，破軍殺將以傾國家，將軍守之可也。即利與病，又何足爭？一旦不合上意，遣繡衣❼來責將軍，將軍之身不能自保，何國家之安？」充國歎曰：「是何言之不忠也！本用吾言，羌虜得至是邪？往者舉可先行羌者，吾舉辛武賢，丞相御史復白遣義渠安國，竟沮敗❽羌。金城、湟中❾穀斛八錢，吾謂耿中丞❿，糴二百萬斛穀，羌人不敢動矣⓫。

耿中丞請糴百萬斛，迺得四十萬斛耳。義渠再使，且費其半。失此二冊⑫，羌人故敢為逆。失之豪氂，差以千里⑬，是既然矣。今兵久不決，四夷卒⑭有動搖，相因⑮而起，雖有知者不能善其後，羌獨足憂⑯邪！吾固以死守之，明主可為忠言。」遂上屯田奏曰：

2 「臣聞兵者，所以明德除害也，故舉得於外，則福生於內，不可不慎。臣所將吏士馬牛食，月用糧穀十九萬九千六百三十斛，鹽千六百九十三斛，茭⑰藁⑱二十五萬二百八十六石⑲。難久不解，繇⑳役不息。又恐它夷卒有不虞㉑之變，相因並起，為明主憂，誠非素定廟勝之冊㉒。且羌虜易以計破，難用兵碎也，故臣愚以為擊之不便。

3 「計度㉓臨羌㉔東至浩亹，羌虜故田及公田，民所未墾，可二千頃㉕以上，其間郵亭㉖多壞敗者。臣前部㉗士入山，伐材木大小六萬餘枚，皆在水次㉘。願罷騎兵，留弛刑應募㉙，及淮陽、汝南步兵與吏士私從者㉚，合凡萬二百八十一人，用穀月二萬七千三百六十三斛，鹽三百八斛，分屯要害處。冰解漕㉛下，繕鄉亭，浚溝渠，治湟陿㉜以西道橋七十所，令可至鮮水左右。田事出㉝，賦人二十晦㉞。至四月草生，發郡騎及屬國胡騎伉健㉟各千，倅㊱馬什二㊲，就草，為田者遊兵㊳。

以充入金城郡，益積畜(39)，省大費。今(40)大司農(41)所轉穀至者，足支萬人一歲食。謹上田處(42)及器用簿，唯陛下裁許。」

4 上報曰：「皇帝問後將軍，言欲罷騎兵萬人留田，即如將軍之計，虜當何時伏誅，兵當何時得決？孰計(43)其便，復奏。」充國上狀(44)曰：

5 「臣聞帝王之兵，以全取勝，是以貴謀而賤戰。戰而百勝，非善之善者也(45)，故先為不可勝以待敵之可勝(46)。蠻夷習俗雖殊於禮義之國，然其欲避害就利，愛親戚，畏死亡，一也。今虜亡(47)其美地薦草(48)，愁於寄託(49)遠遯(50)，骨月(51)離心，人有畔志，而明主般師(52)罷兵，萬人留田，順天時，因地利，以待可勝之虜，雖(53)未即伏辜(54)，兵決(55)可期月(56)而望。羌虜瓦解，前後降者萬七百餘人，及受言去者(57)凡七十輩(58)，此坐支解(59)羌虜之具也。

6 「臣謹條(60)不出兵留田便宜(61)十二事。步兵九校，吏士萬人，留屯以為武備，因田致穀，威德並行，一也。又因排折(62)羌虜，令不得歸肥饒之墬，貧破其眾(63)，以成羌虜相畔之漸，二也。居民得並田作(64)，不失農業，三也。軍馬一月之食，度支田士一歲，罷騎兵以省大費，四也。至春省(65)甲士(66)卒，循河湟漕穀至臨羌，以眎羌虜，揚威武，傳世折衝(67)之具，五也。以閒暇時下所伐材，繕治郵亭，充入金城，六也。兵出，乘危徼幸[68]，不出，令反畔之虜竄於風寒之地，離[69]霜露疾疫[70]瘃墯[71]之患，坐得必勝之道，七也。亡經阻[72]遠追死傷之害，八也。內不損威武之重，外不令虜得乘間[73]之勢，九也。又亡驚動河南[74]大开、小开[75]使生它變之憂，十也。治湟陿中道橋，令可至鮮水，以制西域，信威[76]千里，從枕席上過師[77]，十一也。大費既省，繇役豫[78]息，以戒不虞，十二也。留屯田得十二便，出兵失十二利。臣充國材[79]下，犬馬齒衰[80]，不識長冊[81]，唯明詔博詳公卿議臣采擇。」

7 上復賜報曰：「皇帝問後將軍，言十二便，聞之。虜雖未伏誅，兵決可期月而望，期月而望者，謂今冬邪，謂何時也？將軍獨不計虜聞兵頗罷，且[82]丁壯[83]相聚，攻擾田者及道上屯兵，復殺略[84]人民？將何以止之？又大开、小开前言曰：『我告漢軍先零所在，兵不往擊，久留，得亡[85]效五年時[86]不分別人[87]而并擊我？』其意常恐。今兵不出，得亡變生，與先零為一？將軍孰計復奏。」充國奏曰：

8 「臣聞兵以計為本，故多筭勝少筭[88]。先零羌精兵今餘不過七八千人，失地遠客，分散飢凍。罕、开、莫須又頗暴略其羸弱畜產，畔還者不絕，皆聞天子明令相捕斬之賞。臣愚以為虜破壞可日月冀[89]，遠在來春，故曰兵決可期月而望。

竊見(90)北邊自敦煌至遼東(91)萬一千五百餘里，乘塞(92)列隧(93)有吏卒數千人，虜數大眾攻之而不能害。今留步士萬人屯田，地勢平易，多高山遠望之便，部曲(94)相保，為塹壘(95)木樵(96)，校聯不絕(97)，便(98)兵弩，飭(99)鬬具(100)。烽火幸通(101)，勢及并力，以逸待勞，兵之利者也。臣愚以為屯田內有亡費之利，外有守禦之備。騎兵雖罷，虜見萬人留田為必禽(102)之具(103)，其土崩(104)歸德(105)，宜不久矣。從今盡三月，虜馬羸瘦，必不敢捐(106)其妻子於它種中，遠涉河山而來為寇。又見屯田之士精兵萬人，終不敢復將(107)其累重(108)還歸故地。是臣之愚計，所以度虜且必瓦解其處，不戰而自破之冊也。至於虜小寇盜，時殺人民，其原未可卒(109)禁。臣聞戰不必勝，不苟(110)接刃(111)；攻不必取，不苟勞眾。誠令兵出，雖不能滅先零，亶能令虜絕不為小寇，則出兵可也。即今同是(112)而釋坐勝之道，從乘危(113)之勢，往終不見利，空內自罷敝(114)，貶重(115)而自損，非所以視(116)蠻夷也。又大兵一出，還不可復留，湟中亦未可空，如是，繇役復發也。且匈奴不可不備，烏桓不可不憂。今久轉運煩費(117)，傾我不虞之用以澹(118)一隅，臣愚以為不便。校尉臨眾(119)幸得承威德，奉厚幣(120)，拊循(121)眾羌，諭以明詔，宜皆鄉風(122)。雖其前辭嘗曰『得亡效五年』，宜亡它心，不足以故(123)出兵。臣竊自惟念(124)，奉詔出塞，引軍遠擊，窮天子之精兵，散車甲於山野，雖亡尺寸之功，媮[125]得避慊[126]之便，而亡後咎餘責，此人臣不忠之利，非明主社稷之福也。臣幸得奮[127]精兵，討不義，久留天誅[128]，罪當萬死。陛下寬仁，未忍加誅，令臣數得孰計。愚臣伏計孰甚，不敢避斧鉞[129]之誅，昧死[130]陳愚，唯陛下省察[131]。」

9 充國奏每上，輒[132]下公卿議臣。初是[133]充國計者什三[134]，中什五，最後什八。有詔詰[135]前言不便[136]者，皆頓首服。丞相魏相[137]曰：「臣愚不習兵事利害，後將軍數畫[138]軍冊，其言常是，臣任[139]其計可必用也。」上於是報充國曰：「皇帝問後將軍，上書言羌虜可勝之道，今聽將軍，將軍計善。其上留屯田及當罷者人馬數。將軍強食，慎兵事，自愛！」上以破羌、強弩將軍數言當擊，又用[140]充國屯田處離散，恐虜犯之，於是兩從其計，詔兩將軍與中郎將卬出擊。強弩出，降四千餘人，破羌斬首二千級，中郎將卬斬首降者亦二千餘級，而充國所降復得五千餘人。詔罷兵，獨充國留屯田。

【章　旨】以上為第五部分，寫公卿大臣大多數人都主張立即進兵，並得到宣帝的支持。趙充國力排眾議，反對用武力征服，極力主張屯田備羌、疲羌，分化瓦解羌人的聯盟，擊敵之疲。他的謀劃最終得到了君臣上下的理解和支持，從而順利地完成了對羌人的軍事行動。他認為用兵以謀為本，目的為了伸張正義，消除禍患，積極意義顯而易見。

【注 釋】❶制詔 皇帝的命令。❷苦腳脛 謂小腿酸痛。❸寒泄 痢疾。❹一朝之變 死的委婉說法。❺即 假若。❻屯田 利用軍隊墾殖荒地，收成作為軍糧和軍餉。❼繡衣 指繡衣直指使者。官名。天漢年間，漢武帝派直指使者衣繡衣，持斧杖節，鎮壓民間起事者，糾辦奸滑官吏。後因稱此等特派官員為「繡衣直指」。繡衣，表示地位尊貴。直指，謂處事無私。後亦稱「繡衣使者」。繡衣直指本由侍御史充任，故亦稱「繡衣御史」。❽沮敗 敗壞；挫敗。❾湟中 地區名。指今青海湟水兩岸。漢代為羌、漢、月氏胡等各族雜居地。❿耿中丞 耿壽昌，當時任大司農中丞。曾在邊郡創建「常平倉」，穀賤時高價收入，穀貴時低價出售，以調節穀價。⓫糴二百萬斛穀二句 意謂預先儲備糧食，可以制敵。二百萬，《通鑑》作「三百萬」。⓬二冊 一指出使羌族的使者，充國推薦辛武賢，兩府乃遣義渠安國，致激羌變。一指糴穀，充國要求耿壽昌糴二百萬斛，壽昌只奏請一百萬，而所得才四十萬斛，糴穀太少，大大增加了運輸費用。⓭失之豪氂二句 開始稍微有一點差錯，結果會造成巨大的差別。豪氂，兩種極小的長度單位。豪，通「毫」。陳直《漢書新證》云：「〈司馬遷傳〉引〈太史公自序〉云：『故《易》曰差以豪厘，謬以千里。』顏師古注：『今之《易經》，及彖繫辭，并無此語，所稱易緯則有之。』此語見〈東方朔傳〉。」⓮卒 通「猝」。突然。⓯相因 相襲；相承。⓰羌獨足憂 意謂可憂者不獨在羌。⓱茭 乾草。⓲藁 禾稈。⓳石 重量單位。一百二十斤。⓴繇 通「徭」。㉑不虞 意料不到。㉒廟勝之冊 朝廷制定勝敵之策。廟，廟堂。指朝廷。冊，通「策」。㉓計度 估計。㉔臨羌 縣名。在今青海湟源東南。㉕頃 一百畝。㉖郵亭 古代傳送文書、兼負警衛巡邏的驛站。㉗部 部署；布置。㉘水次 水邊；河邊。㉙應募 或稱應募士。應募從軍者。㉚吏士私從者 指自願到邊地從軍立功的官民。㉛漕 水運。㉜湟陿 地名。今名峽口山，在今青海西寧東。㉝田事出 春天人們出來種田。田事，農田耕作活動。㉞賦人二十晦 分配給每人二十畝。㉟伉健 騎兵身分的名稱。見陳直《漢書新證》。㊱倅 副；次等。㊲什二 十分之二。謂每一千騎給次等馬二百匹。什，通「十」。㊳遊兵 指保衛屯田的騎兵。㊴積畜 積聚；貯存。亦指積聚之物。㊵今 《漢書補注》引王念孫曰，今當作「令」。㊶大司農 官名。漢武帝太初元年（西元前一〇四年）改大農令為大司農，簡稱大農。秩中二千石，列位九卿。執掌全國租賦和財政收支。㊷田處 田處簿。㊸孰計 仔細謀算；周密考慮。㊹狀 文體名。向上級陳述意見或事實的文書。㊺戰而百勝二句 取意於《孫子》。《孫子‧謀攻》云：「是故百戰百勝，非善之善者也；不戰而屈人之兵，善之善者也。」意思是說，百戰百勝，並不是最好的；只有不經過搏殺而使敵人降服，才是最好的。㊻先為不可

勝以待敵之可勝　出自《孫子・形》：「昔之善戰者，先為不可勝以待敵之可勝。」意謂從前善於打仗的人，先創造敵不可勝我的條件，然後等待勝敵的時機。47亡　失去。48薦草　茂盛的牧草。49寄託　亦作「寄托」。依託；安身。50遯　同「遁」。遷移；逃避。51月　同「肉」。52般師　同「班師」。還師。般，通「班」。還。53雖　即使。54伏辜　服罪。55兵決　解決兵事。56期月　有二義：一整月；一整年。此處當指後者。57言去者　投降的羌人中接受趙充國勸導而回去告諭本族人者。58輩　量詞。批；群。59支解　分裂瓦解。60條　條奏；逐條上奏。61便宜　好處。62排折　抗擊；挫敗。63貧破其眾　言使其貧而破之。64居民得並田作　言民田與屯田同時並作，兩不相妨。65省　檢閱。66甲士　披甲的戰士。泛指士兵。67折衝　使敵人的戰車後撤。即制敵取勝。衝，衝車。戰車的一種。68徼幸　同「僥倖」。冒險求勝。69離　同「罹」。遭受。70疾疫　疫病。流行性的傳染病。71瘃墯　因嚴寒瘃凍而斷指。指手足凍傷。72阻　險阻。73乘間　利用機會；趁空子。74河南　指今甘肅蘭州以西黃河之南。75大开小开　羌族的別種。76信威　顯示威力。信，通「伸」。77從枕席上過師　謂橋修成了則行軍就像從枕席上經過一樣安全方便。78豫　預先；事先。79材　通「才」。才能。80齒衰　指年老。81長冊　即長策、良計。82且　將。83丁壯　強壯；健壯。84殺略　亦作「殺掠」。殺戮虜掠。85得亡　能不；莫非；會不會。86五年時　指元康五年（年號未改作神爵以前）義渠安國征先零羌，縱兵殺羌人之時。87不分別人　意謂不把大开、小开與先零羌區別對待。88多算勝少算　出自《孫子・計》：「多算勝，少算不勝。」意謂籌算精細，故能獲勝，謀慮短淺，必然失敗。89冀猶記、記載。90見　知道。91遼東　郡名。戰國燕置。治襄平，今遼寧遼陽。92乘塞　守衛邊疆要塞。93隧　通「燧」。古代邊塞用以守望並置烽火以報軍情的亭障。94部曲　古代軍隊編制單位。大將軍營五部，校尉一人；部有曲，曲有軍候一人。95壍壘　深壕高壘的防禦工事。壍，同塹。溝壕。96樵　通「譙」。譙樓，即瞭望臺。97校聯不絕　言營壘相連不斷。校，指營壘。98便　利。99飭　整治。100鬬具　戰鬥器具。漢代公牘中的習俗語。101逢火幸通　舉烽火傳遞信息。102禽　通「擒」。103具　準備。104土崩　比喻崩潰破敗，無法收拾。105歸德　謂歸順。106捐　捨棄。此謂安置。107將　率領。此指攜帶。108累重　謂妻子兒女。109卒　通「猝」。突然；立刻。110苟　隨便；輕率。111接刃　兵刃相接觸。謂交戰。112同是　謂俱不能止小寇盜。113乘危　登上或踏上危險之地，猶言冒險。114罷敝　疲勞困敝。罷，通「疲」。115重　威重；威望。116視　通「示」。以事或物示人。117煩費　大量耗費。118澹　通「贍」。供給。119臨眾　人名。姓辛，辛武賢之弟。見後文。120厚幣　豐厚的禮物。121拊循　安撫；撫慰。拊，通「撫」。122鄉風　趨從教化。指政治上的歸順或對個人的敬仰。鄉，通「向」。123以故　以此；因此。124惟念　思念；考慮。125媮　苟且。126慊　通「嫌」。嫌疑。127奮　揮動。引申為指揮。128久留天誅　謂沒有及早消滅敵人。天誅，上天的誅罰。此指帝王的征討或誅罰。129斧鉞　斧與鉞。泛指兵器。此指刑罰、殺戮。130昧死　冒死。猶言冒昧而犯死罪。古時臣下上書帝王習用此語，表示敬畏之意。131省察　審察；仔細考察。132輒　就；立即。133是　以為是。意動用法。134什三　十分之三。135詰　責問。136不便　不適宜。137魏相　(西元前？—前五九年)，字弱翁，濟陰定陶(今山東定陶)人。後徙平陵(今陝西咸陽西北)。詳見卷七十四〈魏相傳〉。138畫　謀劃；籌劃。139任　保；擔保。140用　因為。

【語譯】這年秋天，趙充國病了，皇上賜給他書信說：「制詔後將軍：聽說你小腿有病，又染上了痢疾，將軍年老加病，一朝之變不可諱言，朕很擔憂。現在詔令破羌將軍到你的駐地，做將軍的副手，趕緊乘著天時大利，官兵士氣旺盛，在十二月出擊先零羌。如果你病情加重，就留在駐地不要隨軍隊行動，只派破羌將軍、彊弩將軍率軍前往。」這時，羌人投降的已有一萬多人。趙充國估計他們一定衰敗下來，想撤回騎兵，留下步兵屯田，以等待敵人的衰敗。寫好了奏章還未送出，恰好得到進兵的詔書，中郎將趙卬懼怕，讓門客去勸趙充國說：「如果軍隊出擊，損兵折將而傾覆國家，將軍堅持不出兵是可以的。假如出兵只是利與害的問題，又有什麼值得爭論呢？一旦不符合皇上的心意，派遣繡衣御史來責備將軍，將軍之身不能自保，還談什麼國家的安危？」趙充國歎息道：「怎麼說出這種不忠的話啊！如果原先採用我的意見，羌賊能到這個地步嗎？先前舉薦能先行出使羌族的人，我推舉辛武賢，丞相和御史大夫又奏請皇上派遣義渠安國，結果壞了羌事。金城、湟中的穀每斛八錢，我對耿中丞說，只要收購二百萬斛穀，羌人就不敢輕舉妄動了。耿中丞只奏請收購一百萬斛，實際上才收購了四十萬斛。義渠安國第二次出使，用去將近一半。由於這兩次失策，所以羌人才敢叛逆，失之毫釐，差以千里，事情已經如此了。現在對羌人的軍事行動長期不能解決，如果四方外族突然發生變動，一個個乘機而起，就是有智能之士也不能妥善處理遺留問題，難道只有羌人值得擔憂麼！我決心以死堅持我的意見，明主是可以向他進獻忠言的。」於是上屯田奏章說：

2 「臣聽說所謂用兵，是為了伸張正義、消除禍患，因此外部行動得當，內部就產生福利，不能不慎重。臣率領的官兵的口糧和牛馬飼料，每個月需要用糧穀十九萬九千六百三十斛，食鹽一千六百九十三斛，乾草禾稈二十五萬零二百八十六石。羌難長期未能消除，百姓的徭役不能止息。還擔心別的民族有意料不到的變亂，一個個乘機而起，造成聖明君主的憂患，實在不符合朝廷一貫的克敵制勝策略。況且羌人容易用計謀擊破，難以用武力征服，所以臣認為攻打他們是不適宜的。

3 「估計從臨羌向東至浩亹地區，羌人原來的田地和公田，以及百姓沒有開墾的荒地，大約二千頃以上，那裡的郵亭大多已經毀壞。臣以前曾組織士兵進山，砍伐樹木大小六萬多棵，都放在河邊。希望撤回騎兵，留下解除枷鎖的刑徒和應募的士兵，以及淮陽、汝南二郡的步兵和自願隨從到邊境的官吏士人，合計一萬零二百八十一人，每個月需用糧食二萬七千三百六十三斛，鹽三百零八斛，讓他們分別駐紮在要害之地。等到河水解凍，從河道把木材運下來，修繕郵亭，疏通灌溉溝渠，修建湟陿以西沿途的七十座橋梁，讓這條路通到鮮水附近。春天農田耕作開始，每個士兵分給二十畝地耕種。到四月草木生長時，調派各郡騎兵及屬國胡騎、伉健騎各一千人，一千匹好馬配次等馬二百匹，到那兒去放牧，作為保衛屯田的巡邏部隊。屯田和放牧的收入上繳金城郡，以增加軍事儲備，大大節省費用。目前大司農運來的糧食，足夠一萬人吃一年了。現在呈上屯田地區的清單和所需器具用品簿冊，請陛下裁斷決定。」

4 皇上答覆說：「皇帝問候後將軍，你說準備撤回騎兵，留下一萬人屯田，如果按照將軍的計劃，敵人何時才能消滅，對羌人的軍事行動何時才能結束？望周密謀劃妥善方案，再上奏。」趙充國上奏狀說：

5 「臣聽說帝王用兵，是在保全自己的前提下去爭取勝利，所以重視謀略而不輕易用兵。即使百戰百勝，並不是最好的，所以要預先造成一種不可被戰勝的形勢，來等待敵軍有可能被戰勝的時機。蠻夷的風俗習慣雖然不同於禮義之邦，然而他們想避害趨利，熱愛親人，畏懼死亡，這些人之常情還是相同的。現在敵人失去了肥美的土地，茂盛的牧草，為安身、遠徙而愁苦，骨肉異心，人人都有背叛之意，聖明的主上如果撤兵回朝，留下一萬人屯田，順應天時，適應地利，以此等待可以戰勝的敵人，即使不能立即消滅他們，軍事行動也可望在一年內結束。羌人已經瓦解，前後投降的共有一萬零七百餘人，接受了教化回去告諭其族人的還有七十多批，這些就是坐等敵人分裂瓦解的條件。

6 「臣慎重地逐條上奏不出兵而留下步兵屯田的好處十二條。步兵九校，官兵有一萬人，留下屯田作為邊防軍，通過屯田收穫穀物，威信恩德並行，這是第一條。又因此可以抗擊羌敵，使他們不能回到肥饒之地，使其部眾貧困破敗，以造成羌敵相叛之勢，這是第二條。當地居民可以和屯田部隊同時耕作，不影響農業生產，這是第三條。全軍馬匹一個月的食料，估計夠支付屯田士兵一年的食用，撤回騎兵可以節省大量費用，這是第四條。到春天檢閱部隊時，沿黃河、湟水漕運穀物到臨羌，向羌敵展示漢軍的實力，揚威顯武，這是可以傳於後世的制敵取勝的方法，這是第五條。利用空閒時間運下採伐的木材，修繕郵亭，補充金城的建築材料，這是第六條。軍隊出戰，冒著危險僥倖求勝，不出兵，讓反叛的羌敵逃竄於風寒之地，遭受霜露疫病寒凍斷指的痛苦，我軍坐取必勝之道，這是第七條。不經歷險阻、遠途追敵的死傷之害，這是第八條。在內不損威武之重望，在外不令敵人有滋事尋釁的機會，這是第九條。又不會驚動黃河南邊的大幵、小幵，以致發生其他變亂之憂，這是第十條。修治湟陿沿途的橋梁，讓這條路可以抵達鮮水，以控制西域，揚威千里，行軍就像從枕席上經過一樣安全方便，這是第十一條。大量的費用既然可以節省，徭役便可以預先免除，以防備意外變故的發生，這是第十二條。留下步兵屯田有十二條便利，出兵就會失去這十二點好處，臣趙充國才能低下，已經年老，不識良策，望明詔令公卿和議事大臣們廣泛討論、詳細研究後選擇採用。」

7 皇上又賜詔書答覆說：「皇帝問候後將軍，你所說屯田的十二條好處，我知道了。你說敵人雖然沒有殲滅，軍事行動可望在一年內解決，所謂一年，是指今年冬天呢，還是指其他時間？將軍難道不考慮敵人聽到我軍撤回大量騎兵後，將會聚集健壯男子，侵擾我們屯田的士兵和沿路的駐軍，又來殺戮擄掠我們的百姓嗎？你打算怎樣制止敵人？又大幵、小幵以前曾說：『我們向漢軍報告先零羌的所在地，漢軍卻不前去攻打，長期駐紮，該不會像元康五年時那樣不把我們和先零區別對待，一併打擊我們？』他們常常這樣擔心。現在軍隊不出擊，他們能不發生變化，與先零羌合在一起？將軍周密考慮後再上奏。」趙充國又上奏書說：

8 「臣聽說用兵以謀略為本，所以運籌深遠的人能戰勝謀慮短淺的人。先零羌的精兵現在剩下不過七八千人，他們失去故土逃亡在外，分散各處飢寒交迫。罕羌、幵羌、莫須等部落又經常掠奪他們的婦弱老小和牲畜，背叛首領逃回家鄉的人接連不斷，這都是因為聽到了天子捕殺罪犯有賞的聖明詔令。臣愚昧地認為，羌敵的崩潰指日可待，遠不過明年春天，所以說軍事行動可望在一年內結束。臣知道北方邊境從敦煌到遼東有一萬一千五百多里，守衛邊境要塞和烽火臺的將士只有幾千人，敵人多次出動大軍進攻，都不能傷害他們。現在留下步兵一萬人屯田，屯田地區地勢平坦，有許多在高山上瞭望的便利，屯田軍之間互相保護，深挖壕溝，高築營壘、瞭望臺，各兵營相聯不絕，磨礪刀箭，整治戰鬥用具，舉烽火通報消息，力量就能合在一起，以逸待勞，這是軍事上的有利條件。臣認為屯田對內有節約費用的好處，對外有防禦敵人的軍備。騎兵雖然撤回了，敵人看到有一萬人留下來屯田，做決心擒獲他們的準備，他們崩潰歸順的時間就不長了。從現在起滿三個月，敵人的馬就瘦弱不堪了，那時他們一定不敢把妻子兒女安置在別的部落裡，跋山涉水來侵犯我們。又看見有屯田的精兵一萬人，終究不敢攜帶妻子兒女重返故地。這是臣的愚計，所以，我估計敵人將要而且一定會就地瓦解，這是不攻而使敵人自破的謀劃。至於敵人的小規模侵擾，有時殺害我們的百姓，那原本就不是可以立刻禁絕的。臣聽說打仗沒有必勝的把握，不輕率交戰；進攻沒有占領目標的勝算，不隨便興師動眾。如果發兵出擊，雖然不能消滅先零羌，但可以禁絕敵人的小規模侵擾，那麼出兵也是可行的。現在出兵與不出兵的結果都一樣，卻放棄坐待勝利的辦法，採取冒險行動，出兵前往最終也見不到好處，反而白白使內部疲憊，貶損自己的威望，這不是向蠻夷顯示力量的辦法。再者，大軍一旦出動，回來就不可能再駐留此地，湟中兵力也不能空虛，這樣一來，徭役又要重新徵發。而且匈奴不可不防，烏桓也不能不憂慮。現在長期為前線運輸大量耗費，傾盡應付意外事件的儲備供給小小羌地的需要，臣認為這樣做不妥。校尉辛臨眾有幸承受皇上的聲威德行，攜帶豐厚的禮物，來安撫羌族各部，向他們傳達皇上英明的詔示，他們應該都會歸順朝廷。雖然大开、小开以前曾說過『不要像元康五年』的話，但不會有別的想法，不值得因為此事出兵。臣也曾私下考慮過，我奉命出塞，如果率兵遠擊羌人，用盡天子的精兵，把戰車士兵布滿山野，即使沒有一點功勞，也可以避免苟安的嫌疑，不會承擔事後的批評指責，但這是臣子不忠的私利，不是聖明君主和國家的福祐。我有幸得以指揮精兵，討伐不義，沒有及早消滅敵人，罪該萬死。陛下寬厚仁慈，不忍心施加處罰，幾次命臣仔細謀劃。我已經考慮得很成熟了，不敢逃避死罪，冒死陳奏愚見，請陛下明察。」

9 趙充國的奏章每次送上，立即就交給公卿和議事大臣們討論。最初贊同趙充國意見的人只有十分之三，到了中期有十分之五，最後達到十分之八。皇上下詔責問原來說趙充國的計劃不適宜的人，都叩頭認錯誠服。丞相魏相說：「臣愚笨，不懂得軍事利害，後將軍幾次提交的軍事計劃，他所說的常對，我擔保他的計劃一定是可用的。」皇上於是答覆趙充國說：「皇帝問候後將軍，你上書陳奏羌人可勝之道，現在聽從將軍的，將軍的計劃很好。望你奏上留下屯田和應當撤回的人員馬匹數字。將軍努力吃飯，慎重考慮軍事，自愛！」皇上因為破羌將軍和強弩將軍幾次建議應當出擊羌敵，又因為趙充國屯田地區分散，恐怕敵人侵擾，於是採納兩方面的謀劃，詔令兩位將軍和中郎將趙卬領兵出擊。強弩將軍出兵，收降四千多人，破羌將軍斬殺二千人，中郎將趙卬斬殺收降的也有二千多人，而趙充國所收降的又有五千多人。詔令罷兵，只留趙充國屯田。

1 明年五月，充國奏言：「羌本可❶五萬人軍，凡斬首七千六百級，降者三萬一千二百人，溺河湟飢餓死者五六千人，定計❷遺脫與煎鞏、黃羝❸俱亡者不過四千人。羌靡忘等自詭❹必得，請罷屯兵。」奏可，充國振旅❺而還。

2 所善浩星賜❻迎說❼充國，曰：「眾人皆以破羌、強弩出擊，多斬首獲降，虜以破壞。然有識者以為虜勢窮困，兵雖不出，必自服矣。將軍即見❽，宜歸功於二將軍出擊，非愚臣所及。如此，將軍計未失也。」充國曰：「吾年老矣，爵位已極，豈嫌伐❾一時事以欺明主哉！兵勢❿，國之大事，當為後法⓫。老臣不以餘命壹為陛下明言兵之利害，卒⑫死，誰當復言之者？」卒⑬以其意對。上然其計，罷遣辛武賢歸酒泉太守官，充國復為後將軍衛尉⑭。

3 其秋，羌若零、離留、且種、兒庫⑮共斬先零大豪猶非、楊玉首，及諸豪弟澤、陽雕、良兒、靡忘皆帥⑯煎鞏、黃羝之屬四千餘人降漢。封若零、弟澤二人為帥眾王，離留、且種二人為侯，兒庫為君，陽雕為言兵侯，良兒為君，靡忘為獻牛君。初置金城屬國以處降羌。

4 詔舉可護羌校尉者，時充國病，四府⑰舉辛武賢小弟湯。充國遽⑱起奏：「湯使酒⑲，不可典⑳蠻夷。不如湯兄臨眾。」時湯已拜㉑受節㉒，有詔更用臨眾。後臨眾病免，五府㉓復舉湯，湯數醉酗㉔羌人，羌人反畔，卒如充國之言。

5 初，破羌將軍武賢在軍中時與中郎將卬宴語㉕，卬道：「車騎將軍張安世始嘗不快上㉖，上欲誅之，卬家將軍㉗以為安世本持橐簪筆㉘事孝武帝數十年，見謂㉙忠謹，宜全度㉚之。安世用是㉛得免。」及充國還言兵事，武賢罷歸故官，深恨，上書告卬泄省中㉜語。卬坐禁止而入至充國莫府㉝司馬㉞中亂屯兵，下吏㉟，自殺。

6 充國乞骸骨㊱，賜安車㊲駟馬㊳、黃金六十斤，罷就第。朝庭㊴每有四夷大議，常與參㊵兵謀㊶，問籌策㊷焉。年八十六，甘露二年㊸薨，諡曰壯侯。傳子至孫欽，欽尚㊹敬武公主㊺。主亡子，主教欽良人㊻習㊼詐有身㊽，名它人子㊾。欽薨，子岑嗣㊿侯，習為太夫人(51)。岑父母求錢財亡已，忿恨相告。岑坐非子免，國除。元始(52)中，修功臣後，復封充國曾孫伋(53)為營平侯。

【章　旨】以上為第六部分，寫羌亂平定後，趙充國班師回朝，堅持按自己的看法，向宣帝陳述用兵的利害得失，辛武賢因此被免去將軍職務。辛武賢挾怨告發趙充國之子趙卬洩露朝廷機密，趙卬獲罪自殺。趙充國八十六歲去世，子孫們繼承了他的爵位。

【注　釋】❶可　大約。❷定計　楊樹達《漢書窺管》曰：「猶今言確實計算。」即按實數計算。❸黃羝　羌的一種。❹自詭　責成自己；自己口頭保證。詭，責；責成。❺振旅　整隊班師。❻浩星賜　人名。姓浩星，名賜。❼說　勸說。❽即見　言即見天子。❾嫌伐　言以伐功為嫌。伐，自我誇耀。❿兵勢　用兵布陣。⓫法　效法。⓬卒　通「猝」。突然。⓭卒　終究；終於。⓮衛尉　官名。漢九卿之一，掌守衛宮門，主南軍。秩中二千石。⓯若零離留且種兒庫　皆羌族各部小頭目。⓰帥　通「率」。率領。⓱四府　指丞相、御史大夫、車騎將軍、前將軍之府。⓲遽　急；速。⓳使酒　酗酒。⓴典　主持；主管。㉑拜　接受官職。㉒節　符節。古代命官遣將的憑證。㉓五府　四府加後將軍府。㉔酗　同「酗」。撒酒瘋。㉕宴語　閒談。㉖不快上　不為皇帝所滿意。《漢紀》作「不快之意」，文義較明。㉗卬家將軍　指趙充國。㉘持橐簪筆　謂侍從之臣拿著公文袋和筆，以備顧問。橐，公文袋。㉙見謂　被認為。見，被。㉚全度　保全救護。㉛用是　因此。㉜省中　禁中；宮中。㉝莫府　即幕府。本指將帥在外的營帳。此指將軍府署。莫，通「幕」。㉞司馬　軍司馬。大將軍營五部，部設校尉一人，比二千石；軍司馬一人，比千石。其不置校尉之部，但置軍司馬一人。㉟下吏　交給執法官吏審訊。㊱乞骸骨　官吏自請退職，意謂使骸骨得歸葬故鄉。㊲安車　古代可以坐乘的小車。古車立乘，此為坐乘，故稱安車。供年老的高級官員及貴婦人乘用。高官告老還鄉或徵召有重望的人，往往賜乘安車。安車多用一馬，禮尊者則用四馬。㊳駟馬　指駕一車之四馬。㊴朝庭　同「朝廷」。㊵與參　參與；參加。㊶兵謀　軍事計謀；用兵的謀略。㊷籌策　猶籌算。謀劃；揣度料量。㊸甘露二年　西元前五二年。甘露，漢宣帝的年號，西元前五三－前五〇年。㊹尚　專指娶公主為妻。㊺敬武公主　漢元帝的妹妹。㊻良人猶美人。㊼習　人名。㊽詐有身　假裝懷孕。有身，懷孕。身，通「娠」。㊾名它人子　以他人子代替。㊿嗣　繼承。(51)太夫人　漢制，列侯之母稱太夫人。(52)元始　漢平帝年號，西元一—五年。(53)伋　一九四五年甘肅出土〈三老掾趙寬碑〉記復封趙充國曾孫纂，不作「伋」。

【語譯】第二年五月，趙充國上奏說：「羌人本來大約有五萬人的軍隊，被斬殺的有七千六百人，投降的有三萬一千二百人，淹死在黃河、湟水和飢餓而死的有五六千人，確實估計逃脫和跟隨煎鞏、黃羝一起逃亡的不過四千人。羌人首領靡忘等保證一定能制服這些人，請撤回屯田兵。」奏章被批准，趙充國整軍回師。

2 趙充國的好友浩星賜迎接並勸說趙充國，說：「一般人都認為破羌將軍、強弩將軍率軍出擊，斬首、收降了很多敵人，敵人因此而崩潰。然而有見識的人認為敵人已勢窮力竭，軍隊即使不出擊，也一定會自己歸服。將軍見到皇上，應歸功於兩位將軍率軍出擊，說不是愚臣所能做到的。這樣，將軍的謀劃之功也不會失去。」趙充國說：「我年老了，爵位已達極點，豈能為了迴避誇耀功勞的嫌疑而欺騙聖明的主上呢！用兵布陣，是國家的大事，應當給後世樹立榜樣。老臣不趁著餘年一心為陛下說明用兵的利害，一旦突然死去，還有誰再來說這些話呢？」他終於按照自己的心意回答了皇上。皇上認為他的意見是對的，免去辛武賢破羌將軍的官職，仍舊擔任酒泉太守，趙充國還擔任後將軍衛尉。

3 這年秋天，羌人首領若零、離留、且種、兒庫共同斬殺了先零羌大首領猶非、楊玉，和其他羌族部落的首領弟澤、陽雕、良兒、靡忘一同率領煎鞏、黃羝部落四千多人投降漢朝。漢朝封若零、弟澤二人為帥眾王，離留、且種二人為侯，兒庫為君，陽雕為言兵侯，良兒為君，靡忘為獻牛君。開始設置金城屬國用來安置投降的羌人。

4 皇上下詔讓大臣推薦能勝任護羌校尉的人選，當時趙充國有病，四府舉薦辛武賢的小弟辛湯，趙充國急忙上奏書說：「辛湯喝酒好耍酒瘋，不能主管蠻夷事務。不如用辛湯的哥哥辛臨眾。」當時辛湯已經接受了任命，符節也領了。皇上又下詔改用辛臨眾。後來辛臨眾因病免職，五府又推舉辛湯，辛湯經常酗酒罵羌人，羌人反叛，終於如趙充國所說。

5 當初，破羌將軍辛武賢在軍中時曾和中郎將趙卬閒談，趙卬說：「車騎將軍張安世為宣帝所不滿，皇上想殺他，我家將軍認為張安世原本是攜帶公文袋和筆的侍衛近臣，侍奉武帝幾十年，被認為忠誠謹慎，應當保全他。張安世因此得以幸免。」到趙充國回朝向宣帝闡述軍事問題時，辛武賢被免去將軍職務，任原職酒泉太守，深懷怨恨，上書告發趙卬洩露宮中機密。趙卬因違反禁令，擅自進入趙充國幕府軍司馬處，破壞了屯兵制度，被交給執法官吏審判，趙卬就自殺了。

6 趙充國請求退休，皇上賜予安車駟馬、黃金六十斤，退休回家。朝廷每當有關於四方民族大事的討論，常請他參與軍事籌劃，向他詢問計策。他活到八十六歲，在甘露二年去世，謚號為壯侯。爵位傳給兒子，又傳給孫子趙欽，趙欽娶了敬武公主。公主沒有兒子，便教趙欽的良人習假稱有了身孕，把別人的孩子當作自己的兒子。趙欽去世，兒子趙岑繼承爵位，習做了太夫人。趙岑的親生父母貪求錢財沒有得到滿足，忿怒怨恨之下，告發了此事。趙岑因不是趙欽之子而被免去爵位，侯國被撤消。平帝元始年間，查訪功臣後代，又封趙充國的曾孫趙伋為營平侯。

初，充國以功德與霍光等列❶，畫未央宮❷。成帝時，西羌嘗有警，上思將帥之臣，追美❸充國，迺召黃門郎❹揚雄❺即❻充國圖畫而頌之，曰：

「明靈❼惟宣，戎有先零。先零昌狂❽，侵漢西疆。漢命虎臣❾，惟後將軍。整我六師❿，是討是震。既臨其域，諭以威德。有守⓫矜功⓬，謂之弗克⓭。請奮其旅，于罕之羌。天子命我，從之鮮陽⓮。營平⓯守節，婁⓰奏封章⓱。料敵制勝，威謀靡亢⓲。遂克西戎⓳，還師於京。鬼方⓴賓服㉑，罔有不庭㉒。昔周之宣㉓，有方㉔有虎㉕。詩人歌功，迺列于雅㉖。在漢中興，充國作武。赳赳桓桓㉗，亦紹㉘厥㉙後。」

充國為後將軍，徙杜陵㉚。辛武賢自羌軍還後七年，復為破羌將軍，征烏孫㉛至敦煌，後不出㉜，徵㉝未到，病卒。子慶忌至大官。

【章　旨】以上為第七部分，作者引用漢成帝時揚雄在趙充國畫像旁的題辭，表達了對這位著名將領的讚揚和欽佩。

【注　釋】❶等列　處於同等地位；同列。❷畫未央宮　漢宣帝為了表揚有功德的大臣，於甘露三年（西元前五一年）將霍光、趙充國等十一人的像畫在未央宮麒麟閣上。❸追美　追憶前功而推獎讚美。❹黃門郎　官名。即黃門侍郎。漢承秦置。即郎官給事於黃門（宮門）之內者。亦稱給事黃門侍郎或侍郎給事黃門。無員數。掌侍從皇帝，顧問應對。❺揚雄　（西元前五三－一八年），字子雲，西漢蜀郡成都（今屬四川）人。詳見卷八十七〈揚雄傳〉。❻即　就。在畫側題頌。❼明靈　聖明神靈。❽昌狂　猖狂。狂妄而放肆。昌，通「猖」。❾虎臣　比喻勇武之臣。❿整我六師　出自《詩・大雅・常武》。整，整備。六師，即天子六軍。周制一萬二千五百人為師。後以為天子軍隊之稱。⓫守　指酒泉太守辛武賢。⓬矜功　猶恃功、自負功高。⓭克　戰勝。⓮鮮陽　鮮水之北。陽，水之北稱陽。⓯營平　即營平侯趙充國。⓰婁　通「屢」。屢次。⓱封章　言機密事之章奏皆用皁囊重封以進，故名封章。亦稱封事。⓲靡亢　沒有對手。亢，通「抗」。⓳西戎　這裡是指羌族。⓴鬼方　族名。商周時西北部族。這裡是指羌族。㉑賓服　歸順；服從。㉒不庭　不朝於王庭者；不朝於王庭。庭，歸附。㉓周之宣　周宣王姬靜。西元前八二八－前七八二年在位。北伐玁狁，南征荊蠻、舉證夷、徐戎。史稱中興。㉔方　方叔。曾率兵進攻楚國，北伐玁狁。㉕虎　召虎。率兵戰勝淮夷。二人都是周宣王的大臣。㉖雅　指《詩經》中〈大雅・江漢〉、〈小雅・采芑〉等篇。㉗赳赳桓桓　皆雄壯威武貌。㉘紹　繼。㉙厥　其；他們。這裡指方叔、召虎。㉚杜陵　縣名。在今陝西西安東南。㉛烏孫　中亞古游牧部族。漢武帝時居住在今伊犁河、納倫河流域，都赤谷城（一說在今納倫河上游）。詳見卷九十六下〈烏孫國傳〉。㉜不出　謂沒有出塞。㉝徵　徵召。

【語譯】當初，趙充國因為與霍光的功勞相等，宣帝把他的像畫在未央宮中。成帝時，西羌曾有叛亂的警報，皇上思念將帥之臣，追憶趙充國以前的功勞而推獎讚美他，於是召見黃門侍郎揚雄在趙充國的畫像旁邊題辭，歌頌他，揚雄的題辭說：

「聖明宣帝時，西部先零羌。先零逞兇狂，侵犯漢西疆。漢命勇武臣，唯有後將軍。整備六師軍，討伐震羌敵。將軍抵金城，明諭以威德。貪功太守言，非戰不能勝。請求率勁旅，先攻打罕羌。天子命充國，出兵鮮水北。營平侯守節，多次奏封章。料敵又制勝，威謀無人抗。終於平西戎，凱旋回京城。鬼方終歸附，無不朝漢皇。昔日周宣王，方、虎為良將。詩人頌其功，〈大雅〉、〈小雅〉列華章。宣帝稱中興，充國做武將。雄赳赳、氣昂昂，方、虎之風漢時揚。」

趙充國做了後將軍之後，把家遷到了杜陵。辛武賢從出征西羌回酒泉任太守，過了七年，又擔任破羌將軍，出征烏孫國到了敦煌，後來沒有出塞，朝廷徵召他，還沒有到職，就病逝了。他的兒子辛慶忌做到大官。

1 辛慶忌，字子真，少以父任❶為右校丞❷，隨長羅❸侯常惠❹屯田烏孫赤谷城❺，與歙侯❻戰，陷陳卻敵。惠奏其功，拜為侍郎❼，遷校尉，將吏士屯焉耆國❽。還為謁者❾，尚未知名。元帝初，補金城長史❿，舉茂材⓫，遷郎中車騎將⓬，朝廷多重之者。轉為校尉，遷張掖太守，徙酒泉，所在著名。

2 成帝初，徵為光祿大夫，遷左曹⓭中郎將，至執金吾⓮。始武賢與趙充國有隙，後充國家殺⓯，辛氏至慶忌為執金吾，坐子殺趙氏，左遷⓰酒泉太守。歲餘，大將軍王鳳[17]薦慶忌「前在兩郡[18]著功迹，徵入，歷位[19]朝廷，莫不信鄉[20]。質行[21]正直，仁勇得眾心，通於兵事，明略威重[22]，任[23]國柱石。父破羌將軍武賢顯名前世，有威西夷。臣鳳不能久處慶忌之右」。迺復徵為光祿大夫、執金吾。數年，坐小法[24]左遷雲中太守，復徵為光祿勳[25]。

3 時數有災異，丞相[26]司直何武[27]上封事曰：「虞[28]有宮之奇[29]，晉獻[30]不寐；衛青[31]在位，淮南[32]寢謀[33]。故賢人立朝[34]，折衝[35]厭[36]難，勝於亡形[37]。司馬法曰：『天下雖安，忘戰必危[38]。』夫將不豫設，則亡以應卒[39]；士不素厲[40]，則難使死敵[41]。是以先帝建列將之官，近戚主內，異姓距[42]外，故姦軌[43]不得萌動而破滅，誠萬世之長冊也。光祿勳慶忌行義修正[44]，柔毅[45]敦厚，謀慮深遠。前在邊郡，數破敵獲虜，外夷莫不聞。迺者[46]大異[47]並見，未有其應。加以兵革[48]久寢。春秋大災未至而豫禦之[49]，慶忌宜在爪牙[50]官以備不虞[51]。」其後拜為右將軍諸吏散騎給事中[52]，歲餘徙為左將軍。

4 慶忌居處恭儉，食飲被服[53]尤節約，然性好輿馬，號[54]為鮮明[55]，唯是[56]為奢。為國虎臣，遭世承平[57]，匈奴、西域親附，敬其威信。年老卒官。長子通為護羌校尉，中子[58]遵函谷關[59]都尉，少子茂[60]水衡都尉出為郡守，皆有將帥之風。宗族支屬(61)至二千石(62)者十餘人。

元始中，安漢公王莽(63)秉政，見慶忌本大將軍鳳所成，三子皆能，欲親厚之。是時莽方立威柄(64)，用甄豐(65)、甄邯(66)以自助，豐、邯新貴，威震朝廷。水衡都尉茂自見名臣子孫，兄弟並列，不甚詘事(67)兩甄。時平帝幼，外家(68)衛氏不得在京師，而護羌校尉通長子次兄(69)素與帝從舅(70)衛子伯相善，兩人俱游俠(71)，賓客甚盛。及呂寬事(72)起，莽誅衛氏。兩甄搆言(73)諸辛陰與衛子伯為心腹，有背恩不說安漢公之謀。於是司直陳崇(74)舉奏其宗親隴西辛興等侵陵(75)百姓，威行州郡。莽遂按(76)通父子、遵茂兄弟及南郡太守辛伯等，皆誅殺之。辛氏繇(77)是廢。慶忌本狄道(78)人，為將軍，徙昌陵(79)。昌陵罷，留長安(80)。

【章　旨】以上為第八部分，寫辛慶忌在宣、元、成時期的升遷、任職等情況，所在著名。為人恭儉，但酷愛車馬。年老卒官。宗族支屬至二千石者十餘人。王莽時，權貴讒言誣陷辛氏，慶忌三子及宗親皆遭誅殺，辛氏從此衰敗。

【注　釋】❶任　即任子。漢代選拔官吏的一種制度。凡吏二千石以上任職滿三年者，得任其同產（兄弟）若子一人為郎。❷右校丞　官名。將作大匠屬官有左右前後中校令、丞，主領工徒修作事。❸長羅　侯國名。漢宣帝置。治今河南長垣東北。❹常惠　（西元前？—前四七年），太原（今山西太原）人。官至右將軍，封長羅侯。詳見卷七十〈常惠傳〉。❺赤谷城　在今中亞吉爾吉斯國伊什提克。❻歙侯　烏孫官名。❼侍郎　漢代郎官。武帝時始見其名。屬光祿勳。任職者或以軍功，或以儒術、學問侍奉皇帝。秩比四百石，無員數。❽焉耆國　西域國名。王治員渠城（一名南阿城，今新疆焉耆西南）。地處絲綢之路北道。轄境相當今焉耆、和靜地。詳見卷九十六下〈焉耆國傳〉。❾謁者　官名。漢制，郎中令屬官有謁者，少府屬官亦有中書謁者令。❿長史　官名。漢代邊郡在丞之外另置長史，佐太守掌兵馬，秩六百石。⓫茂材　即秀才。亦作「茂才」。漢時開始與孝廉並為舉士的科名，東漢時避光武帝諱改稱。⓬郎中車騎將　郎中車將、郎中騎將。⓭左曹　加官。《漢舊儀》曰：「左曹，日上朝謁，秩二千石。」⓮執金吾　官名。漢武帝時改中尉為執金吾，為督巡三輔治安的長官。⓯殺　衰落；衰微。⓰左遷　降官；貶職。⓱王鳳　（西元前？—前二二年），字孝卿，魏郡元城（今河北大名）人。元帝皇后王政君之兄。詳見卷九十八〈元后傳〉。⓲兩郡　張掖郡和酒泉郡。⓳歷位　謂任職、在職。⓴信鄉　信賴。鄉，通「向」。㉑質行　品德操行。㉒威重　威嚴莊重。㉓任　堪。㉔小法　小過錯。㉕光祿勳　官名。本名郎中令，漢承秦置。執掌宮殿門戶宿衛。漢武帝太初元年（西元前一〇四年）更名光祿勳，秩中二千石，位列九卿。㉖丞相　官名。亦略稱為「司直」。西漢武帝時始置。丞相屬官之首，幫助丞相檢舉不法。㉗何武　（西元前？—三年），字君公，西漢蜀郡郫縣（今四川郫縣）人。詳見卷八十六〈何武傳〉。㉘虞　春秋時小國。㉙宮之奇　虞國大夫。㉚晉獻　春秋時晉獻公。他想伐虞，因虞有賢人宮之奇而夜不能眠。㉛衛青　（西元前？—前一〇六年），字仲卿，本姓鄭，河東平陽（今山西臨汾）人。其父以縣吏給事平陽侯家，與主家婢女衛氏私通，生青，遂冒衛姓。武帝時任大司馬大將軍。詳見卷五十五〈衛青傳〉。㉜淮南　指淮南王劉安（約西元前一七九—前一二二年）。西漢宗室。淮南厲王劉長之子。文帝八年吳楚七國反，陰謀舉兵響應，因國相反對未遂。詳見卷四十四〈淮南王傳〉。㉝寢謀　停止謀劃；停止施行計劃。寢，止息。㉞立朝　指在朝為官。㉟折衝　卻敵。㊱厭　抑。㊲勝於亡形　顏師古注曰：「未有禍難之形，豫勝之也。」㊳天下雖安二句　出自《司馬法・仁本篇》。㊴卒　通「猝」。㊵厲　磨礪。㊶死敵　猶死戰。㊷距　通「拒」。抵禦。㊸姦軌　作亂或盜竊的壞人。㊹修正　遵行正道。㊺柔毅　和柔而沉毅。㊻迺者　近時。㊼異　災異；怪異。㊽兵革　兵器和甲冑的總稱。此處指戰爭。㊾春秋大災未至而豫禦之　《春秋・莊公十八年》：「公追戎于濟西。」《公羊傳》曰：「此未有伐中國者，言追何？大其未至而預禦之也。」㊿爪牙　比喻武臣。(51)虞　顏師古注曰：「度也。言有寇難非意所度也。」(52)諸吏散騎給事中　皆加官名。(53)被服　指被褥衣履等服用之物。(54)號　標幟。(55)鮮明　華美；華麗。(56)是　此。(57)承平　治平相承；太平。(58)中子　排行居中的兒子。(59)函谷關　古函谷關在今河南靈寶東北。戰國秦置。因關在谷中，深險如函得名。元鼎三年（西元前一一四年）徙關於新安縣（今縣東），去故關三百里，名新關。(60)茂　辛茂。字子淵。由中郎將遷為水衡都尉，見本書〈公卿表〉。(61)支屬　親屬；宗支。(62)二千石　官秩等級。漢制，官吏等級以所得俸祿多少為准。故以「石」名之。二千石為將作大匠、水衡都尉等列卿及郡太守、諸侯王國相一級官員，月俸穀百二十斛，一年得一千四百四十斛。漢人習慣上多稱郡守、國相為二千石。[63]王莽　（西元前四五—二三年），字巨君，魏郡元城（今河北大名）人。新朝皇帝。漢元帝皇后王政君之姪。詳見卷九十九〈王莽傳〉。[64]威柄　威權；權力。[65]甄豐　（西元前？—一〇年），王莽親信。平帝時，封廣陽侯，為少傅。新莽時，為更始將軍、廣新公。[66]甄邯　（西元前？—一二年），王莽親信。平帝時為侍中奉車都尉，封承陽侯。王莽建國後，拜大司馬，封承新公。[67]詘事　屈身侍奉。詘，通「屈」。屈服。[68]外家　外戚。[69]次兄　顏師古注曰：「次兄，其字也。」[70]從舅　堂舅父。[71]游俠　豪爽好結交，輕生重義，勇於排難解紛的人。[72]呂寬事　呂寬是王莽長子王宇的妻兄。他與王宇因反對王莽隔離平帝外家衛氏而被殺，王莽以此為藉口誅殺了衛家。詳見卷九十九〈王莽傳〉。[73]搆言　即構言。進讒言誣陷。[74]陳崇　西漢末南陽（今屬河南）人。平帝時為大司徒司直，頌王莽功德，封南鄉侯。王莽稱帝，封統睦侯。[75]侵陵　亦作「侵淩」。侵犯欺淩。[76]按　立案審查。[77]繇　通「由」。[78]狄道　縣名。在今甘肅臨洮南。[79]昌陵　縣名。在今陝西臨潼東北。鴻嘉元年（西元前二〇年）置，因陵墓未建成，永始元年（西元前一六年）廢。[80]長安　縣名。在今陝西西安西北郊。

【語譯】 辛慶忌，字子真，年輕時由父親保舉做了右校丞，跟隨長羅侯常惠在烏孫國赤谷城屯田，與烏孫歙侯交戰，破陣敗敵。常惠向朝廷奏報他的功勞，任命他為侍郎，晉升校尉，率領官兵駐紮焉耆國。回朝後擔任謁者，這時還不知名。元帝初年，補任金城郡長史，被推舉為茂材，升任郎中車將、騎將，朝廷大臣多器重他。轉任校尉，調任張掖郡太守，又調任酒泉郡太守，所到之處都很有名。

2 成帝初年，徵召他為光祿大夫，遷升左曹中郎將，官至執金吾。當初辛武賢與趙充國有嫌隙，後來趙充國家衰落了，辛家至辛慶忌時任執金吾，因兒子殺趙家的人而獲罪，降為酒泉郡太守。過了一年多，大將軍王鳳舉薦辛慶忌，說他「以前在張掖、酒泉兩郡任太守時功績卓著，應詔入朝後，在所擔任的職位上，沒有人不信賴。品德高尚，公正剛直，仁愛勇敢，深得人心，精通軍事謀略，威嚴莊重，堪稱國家柱石。父親破羌將軍辛武賢名聲顯揚於前世，威震西方各族。臣王鳳的職位不能久居辛慶忌之上」。於是朝廷又徵召辛慶忌擔任光祿大夫、執金吾。幾年以後，因犯了小罪過降為雲中郡太守，後來又徵召為光祿勳。

3 當時多次出現自然災害和怪異的自然現象，丞相司直何武上密封奏書說：「虞國有宮之奇在，晉獻公就睡不著覺；衛青在位，淮南王的反謀不得不暫停。所以賢人在朝中，就能夠防範威懾敵人而抑制禍亂，戰勝敵人於無形之中。《司馬法》上說：『天下雖然安定，忘記了備戰就一定有危險。』將領如果不預先設置，就無法應付突然事變；士卒平時不訓練，戰時就難以和敵人拼命。因此先帝在時，設置列位將軍，近親大臣在朝內主政，異姓武將在外邊禦敵，所以，奸邪不軌的活動沒有發生就破滅了，這實在是維護萬世安寧的長久之計。光祿勳辛慶忌品行道義高尚，善良正派，溫和沉毅，誠樸寬厚，謀慮深遠。以前在邊郡時，多次破陣擒敵，名聞四方外族。近來許多怪異的事情同時出現，還沒有應驗。加之戰爭很久沒有發生了。《春秋》上說，大亂沒有來臨之前就要防禦，辛慶忌應該安排在重要官位上，以防備意外事情的發生。」此後，朝廷任命辛慶忌為右將軍，加諸吏、散騎、給事中官銜，過了一年多，調任左將軍。

4 辛慶忌日常生活謙恭儉樸，飲食被褥衣履等服用之物非常節省，然而生性喜愛車馬，標幟裝飾華麗，這是他唯一的奢侈。身為國家勇將，遇上昇平治世，匈奴、西域各國親附，敬畏他的威信。年老時在任上去世。長子辛通擔任護羌校尉，次子辛遵為函谷關都尉，少子辛茂由水衡都尉出任郡守，三個兒子都有將帥風度。宗族支屬官至二千石級的有十幾人。

5 元始年間，安漢公王莽執政，看到辛慶忌本是大將軍王鳳所栽培，三個兒子都賢良有才，想親近優待他們。這時王莽剛剛掌權，重用甄豐、甄邯輔助自己，甄豐、甄邯是新貴，威震朝廷。水衡都尉辛茂自認為是名臣的子孫，兄弟都做官，不肯委屈侍奉兩個姓甄的。當時平帝年幼，外祖父衛家不能在京城居住任職，而護羌校尉辛通的長子辛次兄一向跟平帝的堂舅衛子伯相交好，兩人都豪爽仗義，勇於急人之難，賓客很多。到呂寬事件發生，王莽誅殺了衛家。甄豐、甄邯進讒言誣陷辛氏家族暗中與衛子伯結為心腹，有背棄恩義不滿安漢公的陰謀。這時司直陳崇上奏章檢舉辛氏家族中的隴西人辛興等欺淩百姓，威行州郡。王莽便立案審查辛通父子、辛遵、辛茂兄弟和南郡太守辛伯等人，把他們都殺了。辛氏家族從此衰敗。辛慶忌本來是狄道縣人，做了將軍以後，家遷到昌陵。昌陵縣取消後，他留居在長安縣。

贊曰：秦漢已❶來，山東❷出相，山西❸出將。秦將軍白起❹，郿❺人；王翦❻，頻陽❼人。漢興，郁郅❽王圍❾、甘延壽❿，義渠⓫公孫賀⓬、傅介子⓭，成紀⓮李廣⓯、李蔡⓰，杜陵蘇建、蘇武⓱，上邽上官桀⓲、趙充國，襄武⓳廉褒⓴，狄道辛武賢、慶忌，皆以勇武顯聞。蘇、辛父子著節㉑，此其可稱列㉒者也，其餘不可勝數。何則？山西天水、隴西、安定、北地處勢迫近羌胡，民俗修習戰備，高上㉓勇力鞍馬騎射。故秦詩曰：「王于興師，修我甲兵，與子皆行。」㉔其風聲㉕氣俗㉖自古而然，今之歌謠慷慨，風流㉗猶存耳。

【章旨】以上是作者的贊語，論述了趙充國和辛武賢父子以勇武顯聞的原因，秦漢以來，山西地區出良將，因為這裡與羌、胡接鄰，長期處於戰爭環境，民俗崇尚勇武，為名將的產生提供了豐厚的社會土壤。

【注釋】❶已　通「以」。❷山東　地區名。戰國、秦、漢時代，通稱崤山或華山以東為山東，與當時所謂關東含義相同。❸山西　地區名。戰國、秦、漢時代，通稱崤山或華山以西為山西，與當時所謂關中含義相同。❹白起　（西元前？—前二五七年），一稱公孫起。戰國時秦將，昭王時官至大良造，曾攻占楚都郢，在長平大敗趙軍，因功封武安君。後因與昭王不合，被賜死。❺郿　邑名。在今陝西眉縣東。❻王翦　秦名將。破趙、燕，滅楚。封武成侯。❼頻陽　縣名。在今陝西富平東北。❽郁郅　縣名。在今甘肅慶陽。❾王圍　為強弩將軍，著有《射法》五卷，見卷三十〈藝文志〉。❿甘延壽　（西元前？—前二五年），字君況。元帝時，封義成侯。歷任長水校尉、城門校尉、護軍都尉。詳見卷七十〈甘延壽傳〉。⓫義渠　縣名。在今甘肅寧縣西北。⓬公孫賀　（西元前？—前九二年），字子叔。官至丞相，位列侯。詳見卷六十六〈公孫賀傳〉。⓭傅介子　（西元前？—前六五年），詳見卷七十〈傅介子傳〉。⓮成紀　縣名。在今甘肅通渭東北。⓯李廣　（西元前？—前一一九年），西漢名將，匈奴稱譽為「漢飛將軍」。詳見卷五十四〈李廣傳〉。⓰李蔡　（西元前？—前一一八年），李廣堂弟。官至丞相，封樂安侯。詳見〈李廣傳附李蔡傳〉。⓱蘇建蘇武　蘇武，（西元前？—前六〇年），京兆杜陵（今陝西長安）人。蘇建，官至九卿，封平陵侯。蘇武是蘇建次子，官至典屬國，爵關內侯。詳見卷五十四〈蘇建傳〉、〈蘇武傳〉。⓲上官桀　（西元前？—前八〇年），武帝臨終，受封為左將軍、安陽侯，與大將軍霍光等受遺詔輔佐昭帝。孫女為昭帝皇后。參見〈李廣利傳〉、〈戾太子傳〉、〈霍光傳〉等。⓳襄武　縣名。在今甘肅隴西東南。⓴廉褒　字子上，成帝時官執金吾、右將軍等。見卷十九〈百官公卿表〉。㉑著節　以高尚的節操著稱。㉒稱列　稱述標舉。㉓高上　崇尚；提倡。上，通「尚」。㉔秦詩曰四句　引詩見《詩經．秦風．無衣》。王，秦人稱秦君為王。于，猶曰。修，整治。甲兵，鎧甲；兵器。皆行，同行。㉕風聲　教化；好的風氣。㉖氣俗　風氣習俗。㉗風流　猶遺風、流風餘韻。

【語譯】史官評議說：秦漢以來，山東地區出宰相，山西地區出良將。秦國將軍白起是郿縣人，王翦是頻陽人。漢朝興起，郁郅的王圍、甘延壽，義渠的公孫賀、傅介子，成紀的李廣、李蔡，杜陵的蘇建、蘇武，上邽的上官桀、趙充國，襄武的廉褒，狄道的辛武賢、辛慶忌，都以勇武而聲名顯揚。蘇建父子和辛武賢父子都以高尚的節操著稱，這些都是可以稱述標舉的人，其餘的人多得不計其數。為什麼呢？因為山西地區的天水、隴西、安定、北地等郡地勢接近羌和匈奴，民間習俗喜歡研習戰備，崇尚勇力鞍馬騎射。所以〈秦詩〉說：「國王說要舉兵打仗，修好我的盔甲和兵器，跟您一起同行。」那裡的教化、風氣習俗自古以來就是如此，現在的歌謠依然慷慨激昂，流風餘韻猶存呢。

【研析】趙充國是西漢身經百戰的老將。他在七十六歲高齡時親臨前線，主持處理羌人問題。在平定羌亂問題上，當時出現了以辛武賢為代表的主剿派和以趙充國為首的主撫派。公卿大臣大多數人都主張立即進兵，並得到宣帝的支持。趙充國通過實地調查，力排眾議，反對用武力征服，極力主張屯田備羌、疲羌，分化瓦解羌人的聯盟，擊敵之疲。一開始，宣帝和大臣們不理解，他不計個人安危，不謀私利，以國家民族利益為重，甘冒斧鉞之誅，三次上書陳述戰撫利害，堅持自己的正確主張，勸宣帝放棄那些形似有利而實則有害的錯誤計劃。他的謀劃最終得到了君臣上下的理解和支持，從而順利地完成了對羌人的軍事行動。這種精神和勇氣實在難能可貴。「易以計破，難用兵碎」八字，是趙充國處理羌事的大綱。趙充國用兵深得《孫子兵法》之要，重視偵察敵情，「行必為戰備，止必堅營壁」，穩重謹慎，愛護士卒，先計而後戰，是其用兵的綱領。

他在屯田奏書中詳細列舉了屯田十二條好處，出兵追擊的十二條不利。強調屯田的作用不僅可省軍費，息徭役，而且使居民不失農業，又以武備最後達到羌人「不戰而自破」的目的。他認為破羌的目的是為了伸張正義，消除禍亂。十分具體地提出屯田實施的辦法，以及如何節約軍餉開支，甚至連如何發揮屯田戰士作用的具體問題都考慮到了。他提出的「屯田十二便」理論，是對西漢整個西北邊地屯田的經驗總結和概括，足可為後世法。此策上顧國體，下惜民命，老謀深算，「內有亡費之利，外有守禦之備」，以屯田威服羌人，而且功成而無餘毒後患。

本篇在材料的處理上，表現出作者駕馭文字的高超技巧。對趙充國的生平介紹得很簡單，「為人沉勇」四句，是其生平大綱；而詳細記錄了他解決羌人問題的曲折過程，經過反覆爭論，特別是經過事實的比較，他的意見才為大多數人接受，詳略得當。〈辛慶忌傳〉，與前傳以相間成文，前用繁，此用簡；前用實，此用虛；前用正敘，此用旁寫；前用重論，此用輕述。關於辛慶忌的為人、善於用兵等，只用王鳳的薦語、何武的封事盡之。借揚雄頌語作為對趙充國的評語，亦可見作者的匠心。「在漢中興，充國作武」的頌詞，歌頌了趙充國在西漢中興中的武功，充國堪稱漢朝一流名將。

贊語歷敘白起諸人，只為論證「山西出將」一語。而之所以要論證「山西出將」，又只因為趙充國為上邽人、辛慶忌為狄道人。文末引用〈秦詩〉作證，歸之於「風聲氣俗自古而然」，山西天水、隴西、安定、北地四郡地勢迫近羌胡，民俗修習戰備，崇尚勇力鞍馬騎射，為著名將領的成長提供了深厚的社會基礎。這一論斷，頗有史識。

卷七十

傅常鄭甘陳段傳第四十

【題　解】本卷敘述傅介子、常惠、鄭吉、甘延壽、陳湯、段會宗等人的事跡。這是一篇經營西域有功者的類傳。傅介子，昭帝時以駿馬監求使大宛，奉詔責樓蘭、龜茲遮殺漢使，在龜茲誅斬匈奴使者，後又至樓蘭以計刺殺其王安歸。常惠，隨蘇武使匈奴，被拘留十九年。昭帝時以校尉持節護烏孫兵，入至匈奴右谷蠡王庭，取勝。後又擊龜茲。明習邊事，屢次建功。鄭吉，多次隨從出使西域，宣帝時以侍郎帶人屯田渠黎，徵發西域諸國兵和田卒，破車師，奉使護鄯善以西南道。後又迎降匈奴日逐王，由是威震西域。遂並護車師以西北道，號都護。甘延壽，曾任西域都護。元帝時與副校尉陳湯矯制徵發西域兵及屯田吏士，進擊康居，殺匈奴郅支單于。陳湯，元帝時與西域都護發兵擊康居，殺匈奴郅支單于。段會宗，元帝竟寧年間為西域都護，西域敬其威信。成帝陽朔年間復為都護，兩次定烏孫內亂，後病死於烏孫。傳末論西漢事西域有功者作結。

1 傅介子，北地❶人也，以從軍為官。先是龜茲、樓蘭❷皆嘗殺漢使者，語在西域傳。至元鳳❸中，介子以駿馬監求使大宛❹，因詔令責樓蘭、龜茲國。

2 介子至樓蘭，責其王教匈奴遮殺❺漢使：「大兵❻方至，王苟不教匈奴，匈奴使過至諸國，何為不言❼？」王謝服，言：「匈奴使屬❽過，當至烏孫❾，道過龜茲。」介子至龜茲，復責其王，王亦服罪。介子從大宛還到龜茲，龜茲言：「匈奴使從烏孫還，在此。」介子因率其吏士共誅斬匈奴使者。還奏事，詔拜介子為中郎❿，遷平樂監⓫。

3 介子謂大將軍霍光⓬曰：「樓蘭、龜茲數反覆而不誅，無所懲艾⓭。介子過龜茲時，其王近就⓮人，易得也。願往刺之，以威示諸國。」大將軍曰：「龜茲道遠，且驗之於樓蘭。」於是白⓯遣之。

4 介子與士卒俱齎金幣⓰，揚言以賜外國為名。至樓蘭，樓蘭王意不親介子⓱，介子陽引去⓲，至其西界，使譯⓳謂曰：「漢使者持黃金錦繡行賜⓴諸國，王不來受，我去之西國矣。」即出金幣以示譯。譯還報王。王貪漢物，來見使者。介子與坐飲，陳物示之。飲酒皆醉，介子謂王曰：「天子使我私報㉑王。」王起隨介子入帳中，屏語㉒，壯士二人從後刺之，刃交胸㉓，立死。其貴人左右皆散走。介子告諭㉔以「王負漢罪，天子遣我來誅王，當更立前太子質在漢者。漢兵方至，毋敢動，動，滅國矣！」遂持王首還詣闕㉕，公卿將軍議者咸嘉其功。上迺下詔曰：「樓蘭王安歸常為匈奴間㉖，候遮㉗漢使者，發兵殺略衛司馬安樂、光祿大夫忠、期門郎遂成等三輩㉘，及安息㉙、大宛使，盜取節印獻物㉚，甚逆天理。平樂監傅介子持節使誅斬樓蘭王安歸首，縣之北闕㉛，以直報怨㉜，不煩師眾。其封介子為義陽㉝侯，食邑七百戶㉞。士刺王者皆補侍郎。」

介子薨，子敞有罪不得嗣，國除。元始㉟中，繼功臣世㊱，復封介子曾孫長為義陽侯。王莽敗，迺絕。

【章旨】以上是〈傳介子傳〉，重點描寫傳介子兩次出使西域，先後刺殺破壞漢朝與西域諸國友好關係的匈奴使者和樓蘭王安歸，使漢朝與西域之間的交通恢復正常。

【注釋】❶北地　郡名。治馬嶺（今甘肅慶陽西北）。❷龜茲樓蘭　皆漢西域國名。龜茲在天山山脈南麓，在今新疆輪臺、拜城一帶，當漢通西域北道交通線上，屬西域都護府。樓蘭在今新疆羅布泊西南，王居扜泥城（今新疆若羌治卡克里克），今尚存古城遺址。後改稱鄯善。❸元鳳　漢昭帝年號（西元前八〇－前七五年）。❹以駿馬監求使大宛　駿馬監，太僕所屬駿馬廄監，其秩次於駿馬令丞。大宛，古西域國名。在今中亞費爾干納盆地。王治貴山城（今中亞卡散賽）。以產汗血馬著稱。❺遮殺　即截殺。❻大兵　指漢朝大軍。❼何為不言　謂樓蘭王如果真的沒有與匈奴串通，為什麼不向漢朝報告匈奴使者出使西域的情況，匈奴使者已經到過哪些國家，現在到了哪個國家。❽屬　近；剛剛。❾烏孫　西域城邦名。最初在敦煌、祁連之間，西元前一世紀西遷至今伊犁河和伊塞克湖一帶，都赤谷城（今吉爾吉斯國伊什提克）。❿中郎　官名。為近侍之官，掌守門戶，出充車騎。其長稱中郎將，亦通稱中郎。屬郎中令（光祿勳）。⓫平樂監　〈功臣表〉作「平樂廄監」。太僕屬官，掌平樂觀馬政。平樂，漢代宮觀名，在上林苑。⓬霍光　詳見本書卷六十八〈霍光傳〉。⓭懲艾　被懲創而戒懼，也指從失敗中吸取教訓。艾，通「乂」。⓮近就　親近。顏師古曰：「附近而親就，言不相猜阻也。」⓯白　告訴；稟告。此指霍光報告漢昭帝。⑯齎金幣　攜帶財物。齎，攜帶。幣，本指繒帛。古時以束帛為祭祀或贈送賓客的禮物，曰幣。後來稱其他聘享的禮物，如車馬玉帛等，亦曰幣。⑰意不親介子　心中不想親近傅介子。意，心想；心中願意。親，親近。⑱陽引去　假裝帶隨行人員離開。陽，通「佯」。假裝。引，引領；帶領。去，離開。⑲譯　譯員。此謂樓蘭的譯人（胡三省說）。⑳行賜　顏師古曰：「遍往賜之。」行，普遍。㉑私報　顏師古注曰：「謂密有所論。」私，私下。報，告訴；稟告。㉒屏語　顏師古曰：「屏人而獨共語也。」即密談。㉓刃交胸　指刀刃刺穿了胸部，在胸前交叉。㉔告諭　曉示；告知。㉕闕　宮門前的樓觀。這裡借指皇帝所居的宮殿。㉖常為匈奴間　謂樓蘭王曾經為匈奴人充當間諜，刺探漢朝的情報。常，通「嘗」。曾經。間，候伺；刺探。㉗候遮　候望並阻攔。候，候望；偵查。㉘衛司馬句　衛司馬，官名。衛尉屬官，執掌宮殿門戶的守衛。光祿大夫，官名。光祿勳屬官，掌論議。期門郎，官名。漢武帝時置，掌執兵送從護衛。輩，指一批人；一類人。安樂、忠、遂成，皆為人名。忠，即王忠，參見本書卷九十四〈匈奴傳〉。㉙安息　音譯帕提亞。亞洲西部的古國。西元前二世紀後半葉領有全部伊朗高原及「兩河流域」，是羅馬帝國與漢朝貿易、交通必經之地。漢武帝時開始派使者到達此國，以後遂有往來。㉚節印獻物　節印，指漢使者所持的節和印。獻物，指安息、大宛使者欲獻給漢朝的物品。㉛縣之北闕　縣，通「懸」。北闕，指未央宮北門前的闕門。㉜以直報怨　此為《論語・憲問》載孔子之言，謂以公平正直來報答怨恨。㉝義陽　鄉名。在今河南唐河縣境東南。㉞食邑七百戶　〈功臣表〉作「七百五十九戶」。㉟元始　漢平帝年號（西元一—五年）。㊱繼功臣世　恢復功臣的爵位，使他的後人承襲爵位。

【語　譯】傅介子，北地郡人，因為從軍而做了官。在此之前，龜茲、樓蘭等國都曾殺死過漢朝使者，有關情況詳細記載在〈西域傳〉中。到元鳳年間，傅介子以駿馬監的身分請求出使大宛國，因此皇上下詔要他去譴責樓蘭、龜茲國。

2　傅介子到達樓蘭國，指責樓蘭王教唆匈奴截殺漢朝使者，他說：「漢朝大軍就要到了，如果你沒有教唆匈奴殺漢朝使者，那麼匈奴使者出訪要到各國，為什麼不告訴我們？」樓蘭王謝罪屈服，說：「匈奴使者剛剛過去，應該到了烏孫國，路上經過龜茲國。」傅介子來到龜茲，又譴責它的國王，國王也服了罪。傅介子從大宛返回到龜茲，龜茲國王說：「匈奴使者從烏孫國返回，在這裡。」傅介子便率領他的官兵共同誅殺了匈奴使者。返回朝廷後奏報這件事情，皇上下詔書任命傅介子為中郎，升任平樂監。

3 傅介子對大將軍霍光說：「樓蘭、龜茲多次反叛而未受到懲處，沒有什麼使它們引為警戒。我出使龜茲時，龜茲王對人沒有戒心，好接近，容易得手。我願意前去刺殺他，藉以向各國顯示漢朝的威力。」大將軍說：「龜茲國路程遙遠，暫且在樓蘭試試吧。」於是稟告皇上派遣傅介子去了。

4 傅介子與士兵都攜帶金銀財物，對外宣揚說要把這些東西賞賜給外國。到了樓蘭國，樓蘭王心中不想與傅介子親近，傅介子假裝帶隨行人員離開，走到樓蘭國的西部邊界上，傅介子對樓蘭國的翻譯說：「漢朝使者攜帶黃金錦緞來遍賜各國，樓蘭王不來接受，我離開這裡到西邊各國去了。」隨即拿出金銀財寶展示給翻譯看。翻譯返回報告國王。國王貪圖漢朝的財物，便來見漢朝使者。傅介子與樓蘭王坐下來飲酒，陳列財物，展示給他看。都喝醉了，傅介子對樓蘭王說：「漢朝天子派我私下向大王稟告事情。」樓蘭王起身跟隨傅介子進入帷帳中，屏退從人密談，漢朝兩位勇士從後面刺殺樓蘭王，刀刃在胸前交叉，樓蘭王當即死去。他的官員和隨從人員都逃散了。傅介子對樓蘭人宣告說「樓蘭王對漢朝有罪，天子派遣我來誅殺他，應該改立現在漢朝做人質的前太子為王。漢朝的軍隊就要到了，不要妄動，妄動，就消滅你們的國家！」傅介子就帶著樓蘭王的頭顱返回朝廷，公卿、將軍等所有議政的人都稱頌他的功勞。皇上就下詔書說：「樓蘭王安歸曾經為匈奴人充當間諜，刺探漢朝的情報，候望並截殺漢朝使者，派兵殺害了衛司馬安樂、光祿大夫忠、期門郎遂成等三批人，以及安息、大宛出使漢朝的使者，劫取漢朝使者的符節、印綬和安息、大宛的貢獻物品，極端違背天理。平樂監傅介子持節出使並斬下樓蘭王安歸的頭顱，懸掛在北闕上，以正道回報了怨恨，不需要興師動眾。茲封傅介子為義陽侯，享用七百戶的租稅。刺殺樓蘭王的士兵都補遷為侍郎。」

5 傅介子去世，兒子傅敞因為有罪不能繼承爵位，封國被免除。元始年間，讓功臣的後人繼承爵位，又封傅介子的曾孫傅長為義陽侯。王莽覆滅後，才斷絕了。

1 常惠，太原❶人也。少時家貧，自奮應募，隨移中監蘇武❷使匈奴，并見❸拘留十餘年，昭帝時迺還。漢嘉其勤勞④，拜為光祿大夫⑤。

2 是時，烏孫公主⑥上書言：「匈奴發騎田⑦車師⑧，車師與匈奴為一，共侵烏孫，唯天子救之！」漢養士馬，議欲擊匈奴。會昭帝崩，宣帝初即位。本始二年⑨，遣惠使烏孫。公主及昆彌⑩皆遣使，因惠言：「匈奴連發大兵擊烏孫，取車延、惡師⑪地，收其人民去，使使脅⑫求公主，欲隔絕漢。昆彌願發國半精兵，自給人馬五萬騎，盡力擊匈奴。唯天子出兵以救公主、昆彌！」於是漢大發十五萬騎，五將軍⑬分道出，語在匈奴傳⑭。

3 以惠為校尉⑮，持節護⑯烏孫兵。昆彌自將翖侯以下五萬餘騎從西方入至右谷蠡庭⑰，獲單于父行及嫂、居次⑱，名王⑲、騎將以下三萬九千人，得馬、牛、驢、羸、橐佗⑳五萬餘匹，羊六十餘萬頭，烏孫皆自取鹵㉑獲。惠從吏卒十餘人隨昆彌還，未至烏孫，烏孫人盜惠印綬節。惠還，自以當誅㉒。時漢五將皆無功，天子以惠奉使克獲，遂封惠為長羅㉓侯。復遣惠持金幣還賜烏孫貴人有功者，惠因奏請龜茲國嘗殺校尉賴丹，未伏誅，請便道擊之，宣帝不許。大將軍霍光風惠以便宜從事㉔。惠與吏士五百人俱至烏孫，還過，發西國㉕兵二萬人，令副使發龜茲東國二萬人，烏孫兵七千人，從三面攻龜茲。兵未合㉖，先遣人責其王以前殺漢使狀。王謝曰：「迺我先王時為貴人姑翼㉗所誤耳，我無罪。」惠曰：「即如此，縛姑翼來，吾置㉘王。」王執姑翼詣惠，惠斬之而還。

4 後代蘇武為典屬國㉙，明習外國事，勤勞數有功。甘露㉚中，後將軍趙充國㉛薨，天子遂以惠為右將軍㉜，典屬國如故。宣帝崩，惠事元帝，三歲薨，諡曰壯武侯㉝。傳國至曾孫，建武㉞中迺絕。

【章　旨】以上為〈常惠傳〉，記載其經營西域的兩次重要行動。他後來擔任典屬國，明習外國事務，屢次建功。

【注　釋】❶太原　郡名。治晉陽（今山西太原西南）。❷栘中監蘇武　栘中監，官名。太僕屬官。掌鞍馬鷹犬射獵用物。以馬廄在栘園之中，故稱栘中。蘇武，本書卷五十四有其傳。❸見　被。❹勤勞　功勞。❺光祿大夫　官名。屬光祿勳，秩比二千石。❻烏孫公主　名解憂，楚王劉戊之孫，嫁給烏孫岑陬。岑陬死，翁歸靡繼位。解憂公主又按照烏孫習俗嫁給翁歸靡。參見卷九十六〈西域傳〉。❼田　通「畋」。打獵。❽車師　亦稱姑師，古西域國名。約在漢元帝初元元年（西元前四八年），漢分其地為車師前、後兩部等，後來皆屬西域都護。車師前部治交河城（今新疆吐魯番西交河古城遺址）。後部治務塗谷（今新疆吉木薩爾南山中）。❾本始二年　西元前七二年。本始，漢宣帝年號（西元前七三－前七〇年）。❿昆彌　烏孫國稱王為昆彌。⓫車延惡師　皆西域國名。⓬脅　威脅；威迫。⓭五將軍　指祁連將軍田廣明、蒲類將軍趙充國、武牙將軍田順、度遼將軍范明友、前將軍韓增。⓮匈奴傳　即本書卷九十四。⓯校尉　武官。位次於將軍。⓰護　總領。也可解作監督、監視。⓱昆彌自將翖侯句　翖侯，烏孫職官名。翖即翕。右谷蠡庭，右谷蠡駐地，在匈奴西部。右谷蠡，是匈奴單于以下王號，分左、右谷蠡王。⓲父行及嫂居次　父行，父輩。居次，匈奴公主的稱號。⓳名王　匈奴諸王中之著名者。⓴橐佗　亦作「橐駝」。即駱駝。㉑鹵　通「虜」。掠奪。㉒自以當誅　使者失其印綬與節乃辱命之事，故以為當誅。㉓長羅　侯國名。在今河南長垣北。㉔風惠以便宜從事　風，通「諷」。暗示；委婉示意。便宜從事，不待上奏，根據有利情況自行決斷處置。

㉕西國　指龜茲西邊的邦國。㉖合　兩軍交戰。㉗姑翼　人名。㉘置　放；赦免。㉙典屬國　官名。秦漢時掌管少數民族事務。漢成帝時併入大鴻臚。㉚甘露　漢宣帝年號（西元前五三—前五〇年）。㉛趙充國　本書卷六十九有其傳。㉜右將軍　武官。漢代將軍有大將軍、車騎將軍、前、後、左、右將軍等。右將軍為其一。㉝壯武侯　本書〈功臣表〉作「壯侯」。㉞建武　漢光武帝年號（西元二五—五六年）。

【語　譯】 常惠，太原郡人。年輕時家境貧困，自告奮勇應徵，跟隨栘中監蘇武出使匈奴，一起被匈奴拘留十多年，到漢昭帝時才返回。漢朝嘉獎他的功勞，任命為光祿大夫。

2 這時，烏孫解憂公主上書朝廷說：「匈奴發動騎兵在車師田獵，車師與匈奴聯合為一體，共同侵犯烏孫，希望天子救援我們！」漢朝練兵養馬，商議要去攻打匈奴。正遇上昭帝逝世，漢宣帝剛剛登位。本始二年，漢朝派遣常惠出使烏孫。烏孫解憂公主及昆彌都向漢朝派遣使者，並通過常惠向朝廷說：「匈奴接連發動大軍攻打烏孫國，奪取車延、惡師等地，虜掠那裡的百姓離去，還派使者脅迫要求公主，想要烏孫脫離漢朝。昆彌願意調動全國的半數精兵，自己組織五萬名騎兵，盡力攻打匈奴。希望天子出兵以救援公主、昆彌！」於是，漢朝大規模調動了十五萬騎兵，由五位將軍率領，分道出發，詳細情況在〈匈奴傳〉。

3 任命常惠為校尉，持節監督、總領烏孫國的軍隊。昆彌親自統率翎侯以下五萬多騎兵，從西方攻入匈奴右谷蠡王庭，俘虜單于父輩及其嫂、公主，另俘虜匈奴名王、騎將以下三萬九千人，繳獲馬、牛、驢、騾、駱駝五萬多匹，羊六十多萬頭，烏孫把繳獲品都占為己有。常惠帶領十幾名官兵跟隨昆彌回來，還沒到烏孫國，烏孫人就盜走了常惠的印綬和節。常惠返回朝廷，自以為應當受到懲罰。當時漢朝五位將軍都沒有功勞，天子認為常惠奉命出使，並能獲勝，就封常惠為長羅侯。又派遣常惠帶金銀財寶返回烏孫賞賜給上次烏孫有功的貴人，常惠趁機奏請說龜茲國曾經殺死校尉賴丹，兇手還沒有被誅殺，請求順道攻打龜茲，宣帝不同意。大將軍霍光暗示常惠相機行事。常惠和官兵五百人都到了烏孫，返回時路過龜茲，調動龜茲西面邦國的軍隊二萬人，命令副使調動龜茲東面邦國的軍隊二萬人，烏孫國的軍隊七千人，從三面攻打龜茲。軍隊還沒有交戰，常惠先派人責問龜茲王以前殺害漢朝使者的罪狀。龜茲王謝罪說：「那是我先王時被貴人姑翼所迷誤了，我沒有罪過。」常惠說：「如果這樣，把姑翼捆綁送來，我便赦免你。」龜茲王捆綁姑翼到常惠這裡，常惠斬殺姑翼後回國。

4 後來，常惠接替蘇武擔任典屬國，了解熟悉外國事務，辛勤勞苦，多次立功。甘露年間，後將軍趙充國去世，天子便任命常惠為右將軍，典屬國一職仍由他擔任。宣帝逝世後，常惠事奉漢元帝，三年後去世，諡號叫壯武侯。封國傳到他的曾孫，建武年間才斷絕。

1 鄭吉，會稽❶人也，以卒伍從軍，數出西域，由是為郎。吉為人彊執❷，習外國事。自張騫❸通西域，李廣利❹征伐之後，初置校尉，屯田渠黎❺。至宣帝時，吉以侍郎田渠黎，積穀❻，因發諸國兵攻破車師❼，遷衛司馬，使護鄯善以西南道❽。

2 神爵❾中，匈奴乖亂❿，日逐王先賢撣⓫欲降漢，使人與吉相聞⓬。吉發渠黎、龜茲諸國五萬人迎日逐王，口萬二千人、小王將十二人隨吉至河曲⓭，頗有亡者，吉追斬之，遂將詣京師。漢封日逐王為歸德⓮侯。

3 吉既破車師，降日逐⓯，威震西域，遂并護車師以西北道，故號都護⓰。都護之置自吉始焉。

4 上嘉其功效，迺下詔曰：「都護西域騎都尉鄭吉，拊循⓱外蠻，宣明威信，迎匈奴單于從兄⑱日逐王眾，擊破車師兜訾城⑲，功效茂著。其封吉為安遠⑳侯，食邑千戶。」吉於是中西域而立莫府㉑，治烏壘城㉒，鎮撫諸國，誅伐懷集㉓之。漢之號令班㉔西域矣，始自張騫而成於鄭吉。語在西域傳。

吉薨㉕，諡曰繆㉖侯。子光嗣，薨，無子，國除。元始中，錄㉗功臣不以罪絕者，封吉曾孫永為安遠侯。

【章　旨】以上為〈鄭吉傳〉，記載他屯田西域、收降日逐王的重要歷史事件中的作用。重點強調從他開始，漢朝在西域設置都護一職，為長期有效地控制西域諸國提供了保障。

【注　釋】❶會稽　郡名。治吳縣（今江蘇蘇州）。❷彊執　言性格堅強而執著。❸張騫　本書卷六十一有其傳。❹李廣利　本書卷六十一有其傳。❺渠黎　亦作渠犁，漢代時西域小國名。在今新疆庫爾勒一帶。❻吉以侍郎二句　侍郎，官名。漢代屬郎中令（光祿勳），職掌宿衛侍從皇帝。田，屯田。積穀，儲存穀物。❼攻破車師　此為地節二年（西元前六八年）事。❽鄯善以西南道　指鄯善以西南道諸國。鄯善，西域國名。本名樓蘭，建都扜泥城（今新疆若羌）。❾神爵　漢宣帝年號（西元前六一—前五八年）。爵，通「雀」。❿乖亂　矛盾與混亂。乖，矛盾；不一致；衝突。⓫日逐王先賢撣　日逐王，匈奴王號。先賢撣，人名，匈奴握衍朐鞮單于堂兄，被封為日逐王，因與單于有矛盾，故率其部眾歸降漢朝。⓬相聞　互通信息。⓭河曲　大約指今甘肅境內黃河曲流處。⓮歸德　據〈功臣表〉，地在汝南郡。今址不詳。⓯日逐　指匈奴日逐王。⓰都護　官名。漢代設在西域的最高長官。初為加官，以騎都尉、諫大夫使護西域三十六國（後增至五十餘國），有副校尉。新莽時，西域不通，都護亦廢。西漢時治烏壘城（今新疆輪臺東野雲溝附近）。都護始設時間，有宣帝地節二年（西元前六八年）、神爵二年（西元前六〇年）和神爵三年（西元前五九年）三說。都護的語意是，總領並監督西域南北二道各國。都，總；全部。⓱拊循　撫慰；安撫。拊，通「撫」。⓲從兄　堂兄。⓳兜訾城　西域地名。今址不詳。⓴安遠　侯國名。在汝南郡慎縣。㉑中西域而立莫府　謂在西域諸國的中部設立幕府。中西域，指處於西域諸國之中。莫府，即幕府。

古代將帥的營帳。軍旅無固定住所，以帳幕為府署，故稱幕府。㉒烏壘城　在今新疆輪臺東北。㉓誅伐懷集　謂對不服從漢朝號令的小國，用武力征伐，使之歸順；對未有意對抗漢朝的小國，則用友好的政策安撫，使之聽從。懷，安撫；使歸向。集，通「輯」。和好。㉔班　通「頒」。頒布；傳布。㉕吉薨　鄭吉於宣帝黃龍元年（西元前四九年）去世。㉖繆　通「穆」。㉗錄　登記。

【語　譯】鄭吉，會稽郡人，作為士兵而從軍，多次出征西域，因此做了郎官。鄭吉為人堅強執著，熟悉外國事務。自從張騫打通與西域的交通，李廣利征伐大宛之後，漢朝開始設置校尉，在渠黎實行屯田。到漢宣帝時，鄭吉以侍郎身分屯田渠黎，儲存糧食，趁勢調動各國兵力攻破車師，升職任衛司馬，出使總領並監督鄯善以西南道各國。

2　神爵年間，匈奴內部出現矛盾和混亂，日逐王先賢撣想要歸降漢朝，派人與鄭吉取得聯繫。鄭吉調動渠黎、龜茲等國五萬人去迎接日逐王，歸降漢朝的一萬二千人、小王將十二人跟隨鄭吉到達河曲，途中有不少人逃亡，鄭吉追上殺掉他們，於是帶領他們到達京城長安。漢朝封日逐王為歸德侯。

3　鄭吉攻破車師，又收降日逐王，從此聲威震懾西域，於是又總領並監督車師以西北道各國，因而號稱都護。都護的設置從鄭吉開始。

4　皇上嘉獎他的功勞，就頒下詔書說：「都護西域騎都尉鄭吉，安撫外族，宣揚朝廷威信，迎接匈奴單于的堂兄日逐王的部眾歸降，攻破車師兜訾城，功勞卓著。茲封鄭吉為安遠侯，享用封邑內一千戶的租稅。」鄭吉於是在西域的中部設立幕府，治所在烏壘城，鎮撫西域各國，或武力征討，或安撫感化，使他們服屬漢朝。漢朝的號令能夠在西域頒行，是從張騫開始，而完成於鄭吉。詳細記載在〈西域傳〉。

5　鄭吉去世後，諡號稱繆侯。他的兒子鄭光繼承爵位，鄭光去世，沒有兒子，封國被取消。元始年間，登記不是因為犯罪而斷絕了爵位的功臣後代，封鄭吉的曾孫鄭永為安遠侯。

甘延壽，字君況，北地郁郅❶人也。少以良家子善騎射為羽林❷，投石拔距絕於等倫❸，嘗超踰羽林亭樓，由是遷為郎。試弁❹，為期門❺，以材力愛幸。稍遷至遼東❻太守，免官。車騎將軍許嘉薦延壽為郎中諫大夫❼，使西域都護騎都尉❽，與副校尉陳湯共誅斬郅支單于❾，封義成❿侯。薨⓫，諡曰壯侯。傳國至曾孫⓬，王莽敗，迺絕。

【章旨】以上記載甘延壽。因其在西域的功勳是與陳湯共同建立的，故有關事件的具體敘述合併於下面的〈陳湯傳〉。

【注釋】❶郁郅　縣名。屬北地郡，在今甘肅慶陽。❷少以良家子善騎射為羽林　良家子，清白人家的子女。漢制，凡從軍不在七科讁（《史記・大宛列傳》張守節《正義》引張晏曰：「吏有罪一，亡命二，贅婿三，賈人四，故有市籍五，父母有市籍六，大父母有籍七：凡七科。」）以內者，謂之良家子。羽林，皇帝禁衛軍的名稱。❸投石拔距絕於等倫　謂甘延壽的軍事訓練成績超過周圍的人。投石拔距，皆為軍事訓練活動。投石，即以手投擲石塊。拔距，顏師古注：「有人連坐相把據地，距以為堅而能拔取之，皆言其有手掣之力。今人猶有拔爪之戲，蓋拔距之遺法。」類似今天的拔河。距，通「拒」。絕，超越。等倫，同輩。❹弁　徒手搏鬥。❺期門　官員。漢武帝建元三年（西元前一三八年）置，掌護衛天子。平帝元始元年（西元元年）更名虎賁郎。❻遼東　郡名。治襄平（今遼寧遼陽）。❼車騎將軍許嘉句　車騎將軍，將軍名號，次於大將軍、驃騎將軍之後。許嘉，人名。漢成帝許皇后之父。諫大夫，光祿勳屬官，掌論議。❽使西域都護騎都尉　〈元帝紀〉顏師古注：「言延壽及湯本充西域之使，故先言使而後序其官職及姓名。」騎都尉，武官。掌騎兵。❾郅支單于　匈奴單于。詳見卷九十四〈匈奴傳〉。❿義成　侯國名。在今安徽懷遠東北。⓫薨　據〈景武昭宣元成功臣表〉，甘延壽薨於河平四年（西元前二五年）。⓬曾孫　名相。建武四年（西元二八年）為兵所殺。

【語譯】甘延壽，字君況，北地郡郁郅縣人。年輕時因為是清白人家的兒子，又善於騎射，被選拔為羽林騎士，在投石、拔距等軍事訓練中，成績大大超越同輩人，還曾經翻越過羽林郎營房的亭樓，因此被提拔為郎官。通過徒手搏鬥測試，成為期門郎，憑藉才能勇力而得到皇上的寵愛。他逐漸升職到遼東太守，後被罷免官職。車騎將軍許嘉推薦延壽為郎中諫大夫，作為出使西域的都護騎都尉，與副校尉陳湯共同誅殺郅支單于，被封為義成侯。去世後，諡號為壯侯。封國傳承到曾孫，王莽政權覆滅，才斷絕。

1 陳湯，字子公，山陽瑕丘❶人也。少好書，博達善屬文❷。家貧匄貸❸無節，不為州里所稱。西至長安求官，得太官獻食丞❹。數歲，富平侯張勃❺與湯交，高❻其能。初元二年❼，元帝詔列侯舉茂材❽，勃舉湯。湯待遷，父死不犇❾喪，司隸奏湯無循行❿，勃選舉故不以實⓫，坐削戶二百。會薨，因賜諡曰繆⓬侯。湯下獄論。後復以薦為郎，數求使外國。久之，遷西域副校尉，與甘延壽俱出。

2 先是，宣帝時匈奴乖亂，五單于爭立⓭，呼韓邪單于與郅支單于⓮俱遣子入侍，漢兩受之。後呼韓邪單于身入稱臣朝見，郅支以為呼韓邪破弱降漢，不能自還，即西收右地⓯。會漢發兵送呼韓邪單于，郅支由是遂西破呼偈、堅昆、丁令⓰，兼三國而都之。怨漢擁護呼韓邪而不助己，困辱漢使者江迺始⓱等。初元四年⓲，遣使奉獻，因求侍子，願為內附⓳。漢議遣衛司馬谷吉⓴送之。御史大夫貢禹、博士匡衡以為春秋之義「許夷狄者不壹而足」㉑，今郅支單于鄉化未醇㉒，所在絕遠，宜令使者送其子至塞而還。吉上書言：「中國與夷狄有羈縻㉓不絕之義，今既養全其子十年，德澤甚厚，空絕而不送，近從塞還，示棄捐不畜㉔，使無鄉從㉕之心。棄前恩，立後怨，不便㉖。議者見前江迺始無應敵之數，知勇俱困，以致恥辱，即豫㉗為臣憂。臣幸得建彊漢之節，承明聖之詔，宣諭厚恩，不宜敢桀㉘。若懷禽獸㉙，加無道於臣，則單于長嬰大罪㉚，必遁逃遠舍㉛，不敢近邊。沒㉜一使以安百姓，國之計，臣之願也。願送至庭㉝。」上以示朝者，禹復爭，以為吉往必為國取悔生事㉞，不可許。右將軍馮奉世㉟以為可遣，上許焉。既至，郅支單于怒，竟殺吉等。自知負漢，又聞呼韓邪益彊，遂西奔康居㊱。康居王以女妻郅支，郅支亦以女予康居王。康居甚尊敬郅支，欲倚其威以脅諸國。郅支數借兵擊烏孫，深入至赤谷城㊲，殺略民人，毆㊳畜產，烏孫不敢追，西邊空虛，不居者且千里。郅支單于自以大國，威名尊重，又乘勝驕，不為康居王禮，怒殺康居王女及貴人、人民數百，或支解投都賴水中㊴。發民作城㊵，日作五百人，二歲迺已。又遣使責闔蘇、大宛諸國歲遺㊶，不敢不予。漢遣使三輩至康居求谷吉等死㊷，郅支困辱使者，不肯奉詔，而因都護上書言：「居困戹，願歸計彊漢㊸，遣子入侍。」其驕嫚[44]如此。

3 建昭三年[45]，湯與延壽出西域。湯為人沉勇有大慮[46]，多策謀，喜奇功。每過城邑山川，常登望。既領外國，與延壽謀曰：「夷狄畏服大種[47]，其天性也。西域本屬匈奴，今郅支單于威名遠聞，侵陵烏孫、大宛，常為康居畫計，欲降服之。如得此二國[48]，北擊伊列[49]，西取安息，南排月氏、山離烏弋[50]，數年之間，城郭諸國[51]危矣。且其人剽悍[52]，好戰伐，數取勝，久畜[53]之，必為西域患。郅支單于雖所在絕遠，蠻夷無金城[54]強弩之守，如發屯田吏士，毆從[55]烏孫眾兵，直指其城下，彼亡則無所之[56]，守則不足自保[57]，千載之功可一朝而成也。」延壽亦以為然，欲奏請之，湯曰：「國家[58]與公卿議，大策非凡所見[59]，事必不從。」延壽猶與[60]不聽。會其久病，湯獨矯制[61]發城郭諸國兵、車師戊己校尉[62]屯田吏士。延壽聞之，驚起，欲止焉。湯怒，按劍叱延壽曰：「大眾已集會，豎子欲沮眾[63]邪！」延壽遂從之，部勒行陳[64]，益置揚威、白虎、合騎之校[65]，漢兵胡兵合四萬餘人，延壽、湯上疏自劾奏矯制，陳言兵狀。

4 即日引軍分行，別為六校，其三校從南道踰葱領[66]徑大宛，其三校都護自將，發溫宿國[67]，從北道入赤谷，過烏孫，涉康居界，至闐池[68]西。而康居副王抱闐[69]

將數千騎，寇赤谷城東，殺略大昆彌千餘人，敺畜產甚多。從後與漢軍相及，頗寇盜後重(70)。湯縱胡兵擊之，殺四百六十人，得其所略民四百七十人，還付大昆彌，其馬牛羊以給軍食。又捕得抱闐貴人伊奴毒(71)。

5 入康居東界，令軍不得為寇(72)。間呼其貴人屠墨見之(73)，諭以威信，與飲盟(74)遣去。徑引行，未至單于城(75)可六十里，止營。復捕得康居貴人貝色子男開牟以為導(76)。貝色子即屠墨母之弟，皆怨單于，由是具知郅支情。

6 明日引行，未至城三十里，止營。單于遣使問漢兵何以來，應曰：「單于上書言居困阸，願歸計彊漢，身入朝見。天子哀閔(77)單于棄大國，屈意康居，故使都護將軍(78)來迎單于妻子，恐左右驚動，故未敢至城下。」使數往來相荅報。延壽、湯因讓(79)之：「我為單于遠來，而至今無名王大人見將軍受事者(80)，何單于忽(81)大計，失客主之禮也！兵來道遠，人畜罷(82)極，食度(83)且盡，恐無以自還，願單于與大臣審計策。」

7 明日，前至郅支城都賴水上，離城三里，止營傅陳(84)。望見單于城上立五采幡織(85)，數百人披甲乘城(86)，又出百餘騎往來馳城下，步兵百餘人夾門魚鱗陳(87)，講習用兵。城上人更(88)招漢軍曰：「鬬來！」百餘騎馳赴營，營皆張弩持滿指之，騎引卻。頗遣吏士射城門騎、步兵，騎、步兵皆入。延壽、湯令軍聞鼓音皆薄[89]城下，四面圍城，各有所守，穿塹[90]，塞門戶，鹵楯[91]為前，戟弩[92]為後，卬[93]射城中樓上人，樓上人下走。土城外有重木城[94]，從木城中射，頗殺傷外人。外人發薪燒木城。夜，數百騎欲出外，迎射殺之。

8 初，單于聞漢兵至，欲去，疑康居怨己，為漢內應，又聞烏孫諸國兵皆發，自以無所之。郅支已出，復還，曰：「不如堅守。漢兵遠來，不能久攻。」單于乃被甲在樓上，諸閼氏夫人數十皆以弓射外人[95]。外人射中單于鼻，諸夫人頗死。單于下騎[96]，傳戰大內[97]。夜過半，木城穿[98]，中人[99]卻入土城，乘城呼。時康居兵萬餘騎分為十餘處，四面環[100]城，亦與相應和。夜，數犇營[101]，不利，輒卻。平明[102]，四面火起，吏士喜，大呼乘之[103]，鉦[104]鼓聲動地。康居兵引卻。漢兵四面推鹵楯，並入土城中。單于男女百餘人走入大內。漢兵縱火，吏士爭入，單于被創死。軍候假丞杜勳[105]斬單于首，得漢使節二及谷吉等所齎帛書。諸鹵獲以畀得者[106]。凡斬閼氏、太子、名王以下千五百一十八級，生虜百四十五人，降虜千餘人，賦予城郭諸國所發十五王[107]。

9 於是延壽、湯上疏曰：「臣聞天下之大義[108]，當混為一[109]，昔有唐虞[110]，今有彊漢。匈奴呼韓邪單于已稱北藩[111]，唯郅支單于叛逆，未伏其辜[112]，大夏[113]之西，以為彊漢不能臣[114]也。郅支單于慘毒行於民，大惡通于天。臣延壽、臣湯將義兵[115]，行天誅，賴陛下神靈，陰陽並應，天氣精明，陷陳克敵[116]，斬郅支首及名王以下。宜縣頭槀街[117]蠻夷邸間，以示萬里，明犯彊漢者，雖遠必誅。」事下有司。丞相匡衡、御史大夫繁延壽[118]以為「郅支及名王首更歷諸國，蠻夷莫不聞知。月令春『掩骼埋胔』之時[119]，宜勿縣」。車騎將軍許嘉[120]、右將軍王商[121]以為「春秋夾谷之會[122]，優施[123]笑君，孔子誅之，方盛夏，首足異門而出。宜縣十日迺埋之」。有詔將軍議是。

初，中書令石顯嘗欲以姊妻延壽[124]，延壽不取[125]。及丞相、御史亦惡其矯制，皆不與[126]湯。湯素貪，所鹵獲財物入塞多不法[127]。司隸校尉移書道上[128]，繫吏士按驗之[129]。湯上疏言：「臣與吏士共誅郅支單于，幸得禽[130]滅，萬里振旅[131]，宜有使者迎勞道路[132]。今司隸反逆[133]，收繫按驗，是為郅支報讎也！」上立出吏士，令縣道具酒食以過軍[134]。既至，論功，石顯、匡衡以為「延壽、湯擅興師[135]矯制，幸得不誅，如復加爵土[136]，則後奉使者爭欲乘危徼幸[137]，生事於蠻夷，為國招難，漸[138]不可開」。元帝內嘉[139]延壽、湯功，而重違[140]衡、顯之議，議久不決。

11

故宗正劉向[141]上疏曰：「郅支單于囚殺使者吏士以百數，事暴揚[142]外國，傷威毀重，群臣皆閔[143]焉。陛下赫然欲誅之，意未嘗有忘。西域都護延壽、副校尉湯承聖指，倚神靈，總[144]百蠻之君，攬[145]城郭之兵，出百死，入絕域[146]，遂蹈康居，屠五重城[147]，搴歙侯之旗[148]，斬郅支之首，縣[149]旌萬里之外，揚威昆山[150]之西，掃谷吉之恥，立昭明[151]之功，萬夷慴伏[152]，莫不懼震。呼韓邪單于見郅支已誅，且喜且懼，鄉風馳義[153]，稽首來賓[154]，願守北藩，累世稱臣。立千載之功，建萬世之安，群臣之勳莫大焉。昔周大夫方叔、吉甫為宣王誅獫狁而百蠻從[155]，其詩曰：『嘽嘽焞焞，如霆如雷，顯允方叔，征伐獫狁，蠻荊來威[156]。』易曰：『有嘉折首，獲匪其醜[157]。』言美誅首惡之人，而諸不順者皆來從也。今延壽、湯所誅震，雖易之折首、詩之雷霆不能及也。論大功者不錄小過，舉大美者不疵細瑕。司馬法[158]曰『軍賞不踰月』，欲民速得為善之利也。蓋急武功，重用人也。吉甫之歸，周厚賜之，其詩曰：『吉甫宴喜，既多受祉，來歸自鎬，我行永久[159]。』千里之鎬猶以為遠，況萬里之外，其勤[160]至矣！延壽、湯既未獲受祉之報，反屈捐命[161]之功，久挫於刀筆之前[162]，非所以勸有功厲戎士[163]也。昔齊桓公前有尊周之功[164]，後有滅項之罪[165]，君子以功覆過而為之諱。行事[166]貳師將軍李廣利[167]捐五萬之師，靡[168]億萬之費，經四年之勞，而厪[169]獲駿馬三十匹，雖斬宛王毋鼓[170]之首，猶不足以復[171]費，其私罪惡[172]甚多。孝武以為萬里征伐，不錄其過，遂封拜兩侯[173]、三卿、二千石百有餘人。今康居國彊于大宛，郅支之號重於宛王，殺使者罪甚於留馬，而延壽、湯不煩漢士，不費斗糧，比於貳師，功德百之[174]。且常惠隨[175]欲擊之烏孫，鄭吉迎自來之日逐[176]，猶皆裂土受爵。故言威武勤勞則大於方叔、吉甫，列功覆過則優於齊桓、貳師，近事之功則高於安遠、長羅[177]，而大功未著，小惡數布，臣竊痛之！宜以時解縣通籍[178]，除過勿治，尊寵爵位，以勸有功。」

12 於是天子下詔曰：「匈奴郅支單于背畔[179]禮義，留殺漢使者、吏士，甚逆道理，朕豈忘之哉！所以優游[180]而不征者，重動師眾，勞將率，故隱忍[181]而未有云也。今延壽、湯睹便宜，乘時利，結城郭諸國，擅興師矯制而征之，賴天地宗廟[182]之靈，誅討郅支單于，斬獲其首，及閼氏貴人名王以下千數。雖踰義干法[183]，內不煩一夫之役，不開府庫之藏[184]，因敵之糧以贍軍用[185]，立功萬里之外，威震百蠻，名顯四海。為國除殘，兵革之原息，邊竟[186]得以安。然猶不免死亡之患，罪當在於奉憲[187]，朕甚閔之！其赦延壽、湯罪，勿治。」詔公卿議封焉。議者皆以為宜如軍法捕斬單于令。匡衡、石顯以為「郅支本亡逃失國，竊號絕域，非真單于」。元帝取安遠侯鄭吉故事[188]，封千戶，衡、顯復爭。迺封延壽為義成[189]侯，賜湯爵關內侯[190]，食邑各三百戶，加賜黃金百斤。告上帝、宗廟，大赦天下。拜延壽為長水校尉[191]，湯為射聲校尉[192]。

13 延壽遷城門校尉[193]，護軍都尉，薨於官。成帝初即位，丞相衡復奏「湯以吏二千石奉使[194]，顓[195]命蠻夷中，不正身以先下[196]，而盜所收康居財物，戒官屬曰絕域事不覆校[197]。雖在赦前，不宜處位[198]」。湯坐免。

14 後湯上書言康居王侍子[199]非王子也。按驗，實王子也。湯下獄當死。太中大夫谷永上疏訟湯[200]曰：「臣聞楚有子玉得臣，文公為之仄席而坐[201]；趙有廉頗、馬服[202]，彊秦不敢窺兵井陘[203]；近漢有郅都、魏尚[204]，匈奴不敢南鄉沙幕[205]。由是言之，戰克之將，國之爪牙[206]，不可不重也。蓋『君子聞鼓鼙之聲，則思將率之臣[207]』。竊見關內侯陳湯，前使副西域都護，忿郅支之無道，閔[208]王誅之不加，策慮愊億[209]，義勇奮發，卒興師奔逝[210]，橫厲[211]烏孫，踰集都賴[212]，屠三重城，斬郅支首，報十年之逋[213]誅，雪邊吏之宿恥[214]。威震百蠻，武暢西海[215]，漢元[216]以來，征伐方外之將，未嘗有也。今湯坐言事非是，幽囚久繫，歷時[217]不決，執憲之吏欲致之大辟[218]。昔白起[219]為秦將，南拔郢都[220]，北阬趙括[221]，以纖介[222]之過，賜死杜郵[223]，秦民憐之，莫不隕涕。今湯親秉鉞，席卷喋血[224]萬里之外，薦功祖廟[225]，告類上帝[226]，介冑之士[227]靡不慕義。以言事為罪，無赫赫之惡。周書曰：『記人之功，忘人之過，宜為君者也。』[228]夫犬馬有勞於人，尚加帷蓋之報[229]，況國之功臣者哉！竊恐陛下忽於鼓鼙之聲，不察周書之意，而忘帷蓋之施，庸臣遇湯[230]，卒[231]從吏議，使百姓介然[232]有秦民之恨，非所以厲死難之臣[233]也。」書奏，天子出[234]湯，奪爵為士伍[235]。

後數歲，西域都護段會宗[236]為烏孫兵所圍，驛騎上書，願發城郭燉煌兵[237]以自救。丞相王商[238]、大將軍王鳳及百僚議數日不決。鳳言「湯多籌策，習外國事，可問」。上召湯見宣室[239]。湯擊郅支時中寒病，兩臂不詘申[240]。湯入見，有詔毋拜，示以會宗奏。湯辭謝，曰：「將相九卿皆賢材通明，小臣罷癃[241]，不足以策大事。」上曰：「國家有急，君其毋讓。」對曰：「臣以為此必無可憂也。」上曰：「何以言之？」湯曰：「夫胡兵五而當漢兵一，何者？兵刃朴鈍，弓弩不利。今聞頗得漢巧，然猶三而當一。又兵法曰『客倍而主人半然後敵[242]』，今圍會宗者人眾不足以勝會宗，唯陛下勿憂！且兵輕行五十里，重行三十里[243]，今會宗欲發城郭燉煌，歷時迺至，所謂報讎之兵，非救急之用也。」上曰：「奈何？其解[244]可必乎？度[245]何時解？」湯知烏孫瓦合[246]，不能久攻，故事[247]不過數日，因對曰：「已解矣！」詘指計其日，曰：「不出五日，當有吉語[248]聞。」居四日，軍書到，言已解。大將軍鳳奏以為從事中郎[249]，莫府事壹決於湯[250]。湯明法令，善因事為勢，納說多從。常受人金錢作章奏，卒以此敗[251]。

16 初，湯與將作大匠解萬年[252]相善。自元帝時，渭陵[253]不復徙民起邑。成帝起初陵[254]，數年後，樂霸陵曲亭[255]南，更營之。萬年與湯議，以為「武帝時工楊光以所作數可意[256]自致將作大匠，及大司農中丞耿壽昌造杜陵[257]賜爵關內侯，將作大匠乘馬延年以勞苦秩中二千石[258]。今作初陵而營起邑居，成大功，萬年亦當蒙重賞。子公[259]妻家在長安，兒子生長長安，不樂東方，宜求徙，可得賜田宅，俱善[260]」。湯心利之，即上封事[261]言：「初陵，京師之地，最為肥美，可立一縣。天下民不徙諸陵三十餘歲矣，關東富人益眾，多規[262]良田，役使貧民，可徙初陵，以彊京師，衰弱諸侯，又使中家[263]以下得均貧富。湯願與妻子家屬徙初陵，為天下先。」於是天子從其計，果起昌陵[264]邑，後[265]徙內郡國民。萬年自詭[266]三年可成，後卒不就[267]，群臣多言其不便[268]者。下有司議，皆曰：「昌陵因卑為高，積土為山，度便房[269]猶在平地上，客土[270]之中不保幽冥之靈，淺外不固，卒徒工庸以鉅萬數[271]，至難[272]脂火夜作，取土東山，且與穀同賈[273]。作治數年，天下偏被其勞，國家罷敝[274]，府臧空虛，下至眾庶，敖敖[275]苦之。故陵因天性，據真土[276]，處勢高敞，旁近祖考[277]，前又已有十年功緒[278]，宜還復故陵[279]，勿徙民。」上迺下詔罷昌陵，語在成紀[280]。丞相御史請廢昌陵邑中室[281]，奏未下，人以問湯：「第宅不徹[282]，得毋復發徙？」湯曰：「縣官[283]且順聽群臣言，猶且復發徙之也。」

17 時成都侯商新為大司馬衛將軍[284]輔政，素不善湯。商聞此語，白[285]湯惑眾，下獄治，按驗諸所犯。湯前為騎都尉王莽[286]上書言：「父早死，獨不封，母明君共養皇太后[287]，尤勞苦，宜封。」竟為新都侯[288]。後皇太后同母弟苟參為水衡都尉[289]，死，子伋為侍中，參妻欲為伋求封，湯受其金五十斤，許為求比[290]上奏。弘農[291]太守張匡坐臧百萬以上，狡猾不道，有詔即訊[292]，恐下獄，使人報湯。湯為訟罪，得踰冬月，許謝錢二百萬，皆此類也。事在赦前。後東萊[293]郡黑龍冬出，人以問湯，湯曰：「是所謂玄門[294]開。微行[295]數出，出入不時，故龍以非時出也。」又言當復發徙，傳相語者十餘人。丞相、御史奏「湯惑眾不道，妄稱詐歸異於上，非所宜言，大不敬」。廷尉增壽[296]議，以為「不道無正法[297]，以所犯劇易為罪[298]，臣下承用失其中[299]，故移獄廷尉，無比者先以聞[300]，所以正刑罰，重人命也。明主哀憫百姓，下制書罷昌陵勿徙吏民，已申布。湯妄以意相謂且復發徙，雖頗驚動，所流行[301]者少，百姓不為變，不可謂惑眾。湯稱詐，虛設不然之事，非所宜言，大不敬也」。制曰：「廷尉增壽當[302]是。湯前有討郅支單于功，其免湯為庶人，徙邊。」又曰：「故將作大匠萬年佞邪不忠，妄為巧詐，多賦斂，煩繇役，興卒暴之作[303]，卒徒蒙[304]辜，死者連屬[305]，毒流眾庶，海內怨望。雖蒙赦令，不宜居京師。」於是湯與萬年俱徙敦煌。

18 久之，敦煌太守奏：「湯前親誅郅支單于，威行外國，不宜近邊塞。」詔徙安定[306]。

19 議郎耿育上書言便宜[307]，因冤訟湯曰：「延壽、湯為聖漢揚鉤深致遠[308]之威，雪國家累年之恥，討絕域不羈之君，係萬里難制之虜，豈有比哉！先帝嘉之，仍[309]下明詔，宣著其功，改年垂歷[310]，傳之無窮。應是，南郡[311]獻白虎，邊陲無警備。會先帝寢疾，然猶垂意[312]不忘，數使尚書責問丞相，趣[313]立其功。獨丞相匡衡排而不予，封延壽、湯數百戶，此功臣、戰士所以失望也。孝成皇帝承建業之基，乘征伐之威，兵革不動，國家無事，而大臣傾邪，讒佞在朝，曾不深惟本末之難[314]，以防未然之戒，欲專主威，排妒有功，使湯塊然[315]被冤拘囚，不能自明，卒以無罪，老棄敦煌。正當西域通道，令威名折衝之臣旋踵及身[316]，復為郅支遺虜所笑，誠可悲也！至今奉使外蠻者，未嘗不陳郅支之誅以揚漢國之盛[317]。夫援[318]人之功以懼敵，棄人之身以快讒，豈不痛哉！且安不忘危，盛必慮衰，今國家素無文帝累年節儉富饒之畜[319]，又無武帝薦延梟俊禽敵之臣[320]，獨有一陳湯耳！假使異世不及陛下，尚望國家追錄其功，封表其墓[321]，以勸後進也。湯幸得身當聖世，功曾未久，反聽邪臣鞭逐[322]斥遠，使亡逃分[323]竄，死無處所。遠覽[324]之士，莫不計度[325]，以為湯功累世不可及，而湯過人情所有[326]，湯尚如此，雖復破絕筋骨，暴露形骸，猶復制於脣舌，為嫉妒之臣所係虜耳。此臣所以為國家尤戚戚[327]也。」書奏，天子還湯，卒於長安。

死後數年，王莽為安漢公[328]秉政，既內德湯舊恩，又欲諂皇太后[329]，以討郅支功尊元帝廟稱高宗。以湯、延壽前功大賞薄，及候丞杜勳不賞，迺益封延壽孫遷千六百戶，追諡湯曰破胡壯侯，封湯子馮為破胡侯，勳為討狄侯。

【章旨】以上為〈陳湯傳〉。記載陳湯與甘延壽在西域矯制發兵，殺匈奴郅支單于，既報漢朝使者被殺之仇，又使漢朝的聲威震動各蠻夷。其功勳卓著，而遭際坎坷，反映西漢後期政治走向腐朽沒落。

【注釋】❶山陽瑕丘　山陽，郡名。治昌邑（今山東金鄉西北）。瑕丘，縣名。在今山東兗州東北。❷博達善屬文　博聞通達，擅長撰寫文章。博，通達、多聞。達，通達。屬文，撰寫文章。❸匄貣　乞討；乞求。匄，同「丐」。乞求。貣，求乞。❹太官獻食丞　官名。主獻食於天子。太官，屬少府。❺富平侯張勃　富平，侯國名。在今山東陽信東南。張勃，人名。張安世孫，張湯曾孫。❻高　以……為高；認為……高。❼初元二年　西元前四七年。初元，漢元帝年號（西元前四八－前四四年）。❽茂材　漢代舉用人才的一種科目，即秀才，因避光武帝劉秀的名諱，故改稱茂材。❾犇　古「奔」字。❿司隸奏湯無循行　司隸，即司隸校尉。官名。負責督察京師附近地區的治安。循行，行為舉止符合道德倫理規範。循，宋祁疑為「修」字。⓫選舉故不以實　漢代，舉薦人才時故意隱瞞實情，舉薦人需要受相應的處罰。⓬繆　通「謬」。以其錯舉人，故曰謬。⓭五單于爭立　漢宣帝五鳳元年（西元前五七年），匈奴內訌，諸王爭相自立為單于，遂分裂為屠耆單于、呼韓邪單于、呼揭單于、車犁單于、烏藉單于，彼此互相殘殺。詳見本書卷九十四下〈匈奴傳下〉。⓮呼韓邪單于與郅支單于　皆為匈奴單于名。郅支單于為呼韓邪單于之兄。⓯右地　指匈奴西部地區。⓰呼偈堅昆丁令　皆古族、古國名。服虔注：「呼偈，小國名，在匈奴北。」西漢時，呼偈活動於阿爾泰山脈一帶，堅昆活動於俄羅斯西伯利亞葉尼塞河上游及其以西一帶，丁令主要活動於俄羅斯西伯利亞貝加爾湖一帶。⓱江迺始　人名。⓲初元四年　西元前四五年。初元，漢元帝第一個年號（西元前四八－前四四年）。⓳內附　歸附漢朝。⓴谷吉　人名。長安（今陝西西安）人。㉑御史大夫貢禹　貢禹（西元前一二四－前四四年），字少翁，琅邪人。元帝時代陳萬年為御史大夫。屢次上書言朝廷得失。本書卷七十二有其傳。博士，官名。戰國時始立博士，秦漢相承，諸子、詩賦、術數、方技都立博士。西漢屬太常。漢武帝建元五年（西元前一三六年）置《五經》博士。匡衡，生卒年不詳，字稚圭，東海承人。元帝建昭中代韋玄成為丞相，封樂安侯。本書卷八十一有其傳。許夷狄者不壹而足，語見《春秋公羊傳．文公九年》、〈襄公二十九年〉。顏師古注：「言節制之，不皆稱其所求也。」即不能讓夷狄的要求都得到滿足。㉒鄉化未醇　指歸心漢朝的誠意不真實。鄉化，嚮往教化。指歸心漢朝。鄉，通「嚮」。醇，真實之意。㉓羈縻　籠絡。羈，馬籠頭。縻，牛紖。㉔棄捐不畜　拋棄而不再撫養。棄捐，拋棄；廢棄不用。畜，撫養。㉕鄉從　謂嚮化而從命。鄉，通「嚮」。㉖便　有利；適宜。㉗豫　通「預」。預先。㉘不宜敢桀　顏師古曰：「言郅支畏威，當不敢桀黠也。」桀，兇暴狡詐。㉙懷禽獸　其下疑有「心」字（宋祁說）。謂懷有禽獸一樣的心思。㉚長嬰大罪　猶言長負大罪（吳恂說）。嬰，負被之義。顏師古曰：「嬰猶帶也。」㉛舍　止；住。㉜沒　通「歿」。死亡。㉝庭　指匈奴單于庭。㉞取悔生事　招致災禍，生惹事端。取，招致。悔，災禍。㉟馮奉世　字子明，上黨潞縣（今山西潞城）人。學《春秋》，善兵法。宣帝時為光祿大夫、水衡都尉。元帝時為執金吾。本書卷七十九有其傳。㊱康居　古西域國名。在烏孫西，約在今巴爾喀什湖和鹹海之間。王都在卑闐城（約在今塔什干一帶）。㊲赤谷城　西域烏孫國都。在今中亞吉爾吉斯國伊什提克。㊳毆　通「驅」。以下同此。㊴支解投都賴水中　截掉人的四肢而投入都賴水中。支解，謂截斷人的四肢。支，通「肢」。都賴水，郅支境內的河水名，即今中亞塔拉斯河。㊵作城　即建築郅支城，故址在今中亞江布林，塔拉斯河西岸。㊶責闔蘇大宛諸國歲遺　責令闔蘇、大宛等國每年進貢財物。責，責令；要求。闔蘇，西域古國名。顏師古注：「胡廣云康居北可一千里有國名奄蔡，一名闔蘇。然則闔蘇即奄蔡也。」西漢時大約分布於今裏海至黑海一帶，從事游牧。歲遺，謂每年奉獻財物。㊷死　通「屍」。屍體。㊸願歸計彊漢　顏師古注：「故為此言以調戲也。歸計謂歸附而受計策也。」㊹驕嫚　驕傲、忤慢。㊺建昭三年　西元前三六年。建昭，漢元帝第三個年號（西元前三八－前三四年）。㊻沉勇有大慮　沉著勇敢，有遠大抱負。㊼種　族類；種類。㊽二國　指烏孫、大宛。一說當依《漢紀》作「三國」。㊾伊列　西域古族、古國名。西漢時活動於今中亞卡拉於達一帶。㊿月氏山離烏弋　皆為西域古族、古國名。月氏，漢文帝時，月氏大部分人從敦煌祁連間西遷至塞種地區（今新疆西部伊犁河流域及其迤西一帶），稱大月氏。因遭烏孫攻擊，又西遷大夏（今阿姆河上游）。約當西漢後期，貴霜翎侯兼併各部，建立貴霜王朝。山離烏弋，即烏弋山離，大約在今阿富汗西部。山離烏弋不在西域三十六國之內。51城郭諸國　顏師古注：「謂西域國為城郭者，言不隨畜牧遷徙，以別於匈奴也。」52剽悍　矯捷勇猛。剽，輕捷。悍，勇猛。53畜　包容；容忍。54金城　謂堅固的城郭。55毆從　即驅從。顏師古曰：「驅帥之，令隨從也。」即統率。56無所之　沒有什麼地方可跑。之，往。57保　保全；保護。58國家　指天子。59非凡所見　言非凡庸之人所能理解。顏師古注：「言凡庸之人，不能遠見，故壞其事也。」60猶與　即猶豫。與，通「豫」。61矯制　假託皇帝的命令而行事。62戊己校尉　官名。西漢元帝屯田車師時始置，居車師前王庭，掌管屯田事務，為屯田區最高長官，屬西域都護。戊己於方位居中，該校尉居西域之中，故名戊己校尉。63豎子欲沮眾　豎子，猶言小子。沮眾，言阻礙眾人行動。沮，阻止；敗壞。64部勒行陳　部署約束軍隊的行列。部勒，部署約束。行陳，軍隊行列。陳，通「陣」。65益置揚威白虎合騎之校　益，增加。校，本指軍營，亦指軍隊編制單位，其長官曰校尉。揚威、白虎、合騎，為各校之名。顏師古注：「一校則別為一部軍，故稱校耳。湯特新置此等諸校名，以為威聲也。」66葱領　即葱嶺。古代對今帕米爾高原和崑崙山、天山西段的統稱。67溫宿國　西域古國。國都在溫宿城（今新疆烏什一帶）。68闐池　湖水名。即今中亞哈薩克斯坦伊塞克湖。69抱闐　人名。70後重　謂跟在部隊後面的輜重。重，輜重。71伊奴毒　人名。72為寇　指抄掠、搶掠。73間呼其貴人屠墨見之　祕密召見康居國貴人屠墨。間，祕密。屠墨，人名。74飲盟　飲血盟誓。古代會盟，雙方口含牲畜之血或以血塗口旁，表示信守誓言。75單于城　指郅支城。76捕得句　貝色，人名。子男，兒子。

開牟，人名。導，嚮導。(77)哀閔　哀憐；同情。閔，通「憫」。(78)將軍　統率軍隊。(79)讓　責備。(80)名王大人見將軍受事者　名王大人，指貴族高官。名王，諸王之貴者。將軍受事者，謂統率軍隊根據詔命辦事的人。這裡是甘延壽、陳湯自稱。(81)忽　忽略；忘記。(82)罷　通「疲」。疲憊；疲勞。(83)度　估計。(84)傅陳　布置陣式。傅，通「敷」。布置；分布。陳，通「陣」。以下同此。(85)五采幡織　五彩顏色的旗幟。采，通「彩」。幡，旗幡。織，通「幟」。旗幟。(86)乘城　謂登城守備。乘，登上。(87)夾門魚鱗陳　在城門兩側排成魚鱗陣。魚鱗陣，如魚鱗般的依次排列之隊形。(88)更　輪番；輪流；更替。(89)薄　迫近。(90)穿塹　掘平壕溝。穿，掘土。塹，壕溝、護城河。(91)鹵楯　古代防身武器，即大盾牌。鹵，通「櫓」。楯，通「盾」。(92)戟弩　古代武器名。戟，兼有戈、矛性能，既能直刺，又能橫擊。弩，用機栝發射箭的弓。(93)卬　通「仰」。仰身朝上。(94)重木城　雙層木城。重，雙層。(95)諸閼氏句　閼氏，匈奴單于妻子之號。外人，指漢兵。(96)下騎　下樓騎馬。(97)傳戰大內　顏師古注：「言且戰且行而入內室。」傳戰，即轉戰。大內，單于的內室。楊樹達《漢書窺管》認為此處「大內」二字乃因下文「走入大內」而衍。(98)木城穿　謂重木城被火燒穿。(99)中人　指木城中的匈奴人。(100)環　圍繞。(101)犇營　謂猛攻漢軍營地。犇，通「奔」。衝；跑。此指奔跑攻擊。(102)平明　天剛亮的時候。(103)乘之　謂攻上土城。乘，登上，這裡指通過攻擊而登上。(104)鉦　又名「金」、「鐲」。似鐘而狹長，用銅製造，中空，有柄，無舌，打擊作聲。古代行軍作戰時作為號令工具，止軍、退軍則鳴鉦，進攻則擂鼓。此處「鉦」字當為衍文。(105)軍候假丞杜勳　軍候，小武官。假，代理。丞，主官副手。杜勳，人名。(106)諸鹵獲以畀得者　虜獲的財物皆歸獲得者所有。畀，給予。(107)賦予城郭諸國所發十五王　謂將俘虜的匈奴人分給發兵助戰的西域十五國國王。賦予，頒予；給予。城郭諸國所發十五王，指發兵的西域諸國之王。(108)大義　正道；大原則。(109)混為一　合而為一；統一。混，合。(110)唐虞　古史言陶唐氏（堯）與有虞氏（舜）皆以揖讓有天下，以唐虞時為太平盛世。(111)藩　王朝的屬國。(112)伏其辜　受到他應有的懲罰。伏，受到（懲罰）。辜，罪。(113)大夏　中亞古地名和國名。古希臘人稱為巴克特里亞。地在興都庫什山與阿姆河上游之間（今阿富汗北部）。原隸屬他國，西元前三世紀中葉獨立，建都巴克特拉（《史記》作藍氏城），西元前三、二世紀間國力強盛，約於西元前一三〇年為大月氏入據，後歸附他國，西元八世紀為阿拉伯人所併。參見卷九十六〈西域．大月氏國傳〉附〈大夏傳〉。(114)以為彊漢不能臣　謂郅支以為漢朝不能使他臣服。臣，使臣服。(115)義兵　正義的軍隊。(116)陷陳克敵　攻破敵陣，打敗敵人。陷，攻破。陳，通「陣」。克，打敗；戰勝。(117)縣頭槀街　縣，通「懸」。懸掛。槀街，漢代長安街名。當時屬國邸第皆聚於此街。(118)繁延壽　又作「李延壽」，見本書〈百官表〉及〈馮野王傳〉。〈百官表〉云：一作「槃」。(119)月令句　月令，《禮記》篇名。記述每年十二個月的時令、行政及相關事物。骼，指枯骨。胔，肉未爛盡的骨殖。⑫許嘉　昌邑人，宣帝許皇后從弟，為中常侍。元帝即位，襲封平恩侯，奉後父廣漢後，拜衛尉，遷右將軍。永光中徙左將軍兼衛尉，遷大司馬車騎將軍。建始三年（西元前三〇年）免。河平二年（西元前二七年）卒，諡曰共侯。㉑王商　字子威，涿郡蠡吾廣望鄉人。宣帝舅武之子。成帝建始末代匡衡為丞相。詳見卷八十二〈王商傳〉。㉒夾谷之會　《春秋・定公十年》：「公會齊侯於夾谷，孔子攝相事，齊侯奏宮中之樂，俳優侏儒戲於前，孔子歷階而上曰：『匹夫侮諸侯者，罪應誅。』於是斬侏儒，首足異處，齊侯懼，有慚色。」夾谷，地名。清顧炎武說山東淄川（今淄博）有夾谷山，又萊蕪縣南有夾谷，齊魯相公當在此地。參見《日知錄》卷三十一〈夾谷〉條。㉓優施　優人名施。優，倡優；歌舞藝人。㉔石顯句　石顯，人名。卷九十三〈佞幸傳〉有其傳。妻，嫁給某人為妻。㉕取　通「娶」。㉖與　讚許；認可。㉗所鹵獲財物入塞多不法　謂違犯軍法而私自取用所虜獲回來的財物。㉘移書道上　移送文書給沿途的官府。道上，指甘延壽、陳湯返回途中所經過的郡縣官府。㉙繫吏士按驗之　逮捕甘延壽、陳湯手下的官兵並審訊他們。繫，捆綁；逮捕。按驗，按問；審問。㉚禽　通「擒」。㉛振旅　調整頓軍隊凱旋。振，整頓。旅，軍隊。㉜迎勞道路　乃「迎勞於道路」的省略。勞，慰勞。㉝反逆　反而；相反；倒行逆施。㉞令縣道具酒食以過軍　命令縣道準備好慰問的美酒和食品，來迎送這支軍隊，使之順利通過。縣道，縣有蠻夷曰道。漢代習慣以縣、道合稱，猶今習慣以省、市合稱省市。具，準備。過軍，迎送軍隊，使之順利通過。㉟興師　調動軍隊。興，調動；發動。㊱如復加爵土　如果又給予封爵賞賜。如，如果；若。加，加封、封賞。爵土，爵位和封地。㊲乘危徼幸　企圖通過冒險獲得意外的成功。乘危，冒險。徼幸，同「僥倖」。企圖意外獲得成功或免於不幸。㊳漸　指不良跡象的初端。㊴內嘉　心中讚賞。㊵重違　難以違背。重，難。㊶故宗正劉向　故，原來；過去。劉向原為宗正，此時免官已久，因此稱「故宗正」。宗正，官名。掌管皇族事務。劉向（約西元前七七—前六年），字子政，本名更生。西漢經學家、目錄學家、文學家。漢之宗室，楚元王劉交四世孫。詳見卷三十六〈楚元王傳〉附〈劉向傳〉。㊷暴揚　暴露顯示。暴，暴露；顯露。揚，顯示。㊸閔　憂傷；憂患。㊹總　統領；統管。㊺攬　總持；把持。㊻絕域　極為僻遠的地方。㊼五重城　當作「三重城」，指郅支城，此城有兩重木城，一重土城，共計三重。㊽搴歙侯之旗　搴，拔取。歙侯，當作「翖侯」。㊾縣　通「懸」。㊿昆山　指崑崙山，在今新疆、西藏之間。(151)昭明　顯明；光明。(152)慴伏　因畏懼而屈服。慴，恐懼；畏懼。(153)鄉風馳義　鄉風，歸化。鄉，通「嚮」。馳義，嚮往正義、慕義驅馳而來。(154)稽首來賓　叩頭表示歸服。稽首，下跪拱手叩頭至地。賓，歸服；順從。(155)周大夫方叔句　方叔吉甫，皆為周宣王大臣。吉甫，即尹吉甫。獫狁，匈奴古稱。百蠻，指南方各部族。(156)嘽嘽焞焞五句　出自《詩經・小雅・采芑》。顏師古注：「言車徒既眾且盛，有如雷霆，故能克定獫狁而令荊土之蠻亦畏威而來也。」嘽嘽焞焞，形容軍車眾多雄壯。嘽嘽，車馬行走聲。焞焞，雄壯盛大的樣子。霆，雷霆；劈雷。荊，古代楚國的別稱。來威，言畏威而來從。157 有嘉折首二句　出自《易・離卦》爻辭。言王者出征順利，斬殺首惡，俘獲了他的同類。嘉，善。折首，斬首。醜，醜類。158 司馬法　古兵書名。159 吉甫宴喜四句　出自《詩經・小雅・六月》。宴，歡。祉，福。鎬，古地名。不是周都鎬京，而是作戰前線地名，在今寧夏寧武一帶。顏師古注：「此鎬及方皆在周之北。時獫狁侵鎬及方，至於涇陽。吉甫薄伐，自鎬而還。王以燕禮樂之，多受福賜，以其行役有功，日月長久故也。」160 勤　辛勞；辛苦。161 捐命　捐棄其身軀生命。162 久挫於刀筆之前　長時間在小吏面前遭受屈折。挫，屈折。刀筆，指刀筆吏、小吏。163 勸有功厲戎士　通過獎勵有功者，來鼓舞軍隊。勸，獎勵；勉勵。厲，通「勵」。鼓舞；振奮。164 尊周之功　指《左傳・僖公四年》記齊桓公以諸侯之師伐楚，指責楚國不向周王室貢苞茅；僖公五年記齊桓公與宋、陳等諸侯「會于首止，會王太子鄭，謀寧周也。」這些都被稱為齊桓公尊奉周王室的行為。165 滅項之罪　春秋時魯僖公十七年（西元前六四三年），齊國滅項國，《春秋》只書「滅項」；《公羊傳》曰：「齊滅之也。不言齊，為桓公諱也。桓常有繼絕存亡之功，故君子為之諱。」項，國名。在今河南項城東北。166 行事　顏師古曰：「行事謂滅項之事也。」劉攽、王念孫認為「行事」當屬下讀，是往事、成例的意思。《漢紀》改作「近事」，亦為此意。吳恂《漢書注商》認為「『行事』為『近事』之誤。當依《漢紀》正之，蓋『近事』乃斥近之李廣利費巨功微，猶得封侯，與昔之齊桓公以尊周之功，尚克掩滅項之罪，對舉古今，以況陳湯功大罪細而獲譴也。且下云『近事之功，則高於安遠（鄭吉）、長羅（常惠）』，亦以近之陳湯，比前之鄭吉、常惠也。」167 李廣利　人名。西漢外戚，任貳師將軍。曾率軍出師西域，征討大宛。後降匈奴。詳見卷八十一〈李廣利傳〉。168 靡　耗費。169 廑　通「僅」。只有。170 宛王毋鼓　宛王，大宛國的國王。毋鼓，人名。〈西域傳〉作毋寡。鼓、寡，古音相近。171 復　抵償。172 私罪惡　指其侵吞財物、所部士兵死亡者眾多等罪狀。173 兩侯　指李廣利、趙弟。174 百之　言勝其百倍。175 隨　使跟隨。即統率。176 日逐　即匈奴日逐王。177 安遠長羅　安遠侯鄭吉、長羅侯常惠。178 解縣通籍　解縣，解除未了之罪。縣，通「懸」。通籍，謂記名於門籍，令其可以進出宮門。表示朝廷的信任和重用。漢制，凡可以出入宮門的人，宮門名籍都登記其姓名、性別、年齡、身分等，以備進入宮門時予以核對檢驗。經核對符合者才可以進入宮內。179 畔　通「叛」。180 優游　寬容。181 隱忍　克制忍耐。182 宗廟　祭祀帝王先人之廟。183 踰義干法　超越正道，觸犯法紀。干，觸犯。184 府庫之藏　府庫中所藏的財物和武器。古代府和庫有區別，藏文書或財物的地方叫府，藏戰車兵甲的地方叫庫。藏，所藏之物。185 因敵之糧以贍軍用　利用敵人的糧食來供應軍需。因，借助；利用。贍，供給。186 竟　通「境」。187 罪當在於奉憲　謂執法的官吏依法判定其罪狀。當，判罪。奉憲，執法的官吏。188 故

事　先例或過去的典章制度。189義成　侯國名。在今安徽懷遠東北。190關內侯　爵位名。秦漢二十等爵位中第十九級，僅次於列侯。一般無封地，居京畿。191長水校尉　武官名。漢武帝所置八校尉之一。掌長水宣曲胡騎（即屯駐於宣曲觀的胡騎）。長水，胡人部族名。宣曲，觀名。192射聲校尉　武官名。漢代八校尉之一。掌射士。射聲，謂工射者聞目標之聲即能射中。193城門校尉　官名。主管京師城門屯兵。194湯以吏二千石奉使　陳湯曾為西域副校尉，秩比二千石。195顓　通「專」。獨斷專行。196先下　做下級的表率。先，在前面。這裡指做示範、表率。197絕域事不覆校　言外域之事，漢朝務存寬大，必不查核。覆校，考校、追究。198處位　指處於官位。199侍子　古代諸侯或屬國派遣一個兒子入侍漢天子，稱為侍子，以此表示自己對漢天子的忠誠。200太中大夫谷永上疏訟湯　太中大夫，官名。秦漢時為皇帝親近侍從官員，備顧問應對、奉詔出使，名義上隸屬於郎中令（光祿勳）。谷永，字子雲，谷吉之子。先後為光祿大夫、安定太守、大司馬長史、北地太守等職。本書卷八十五有其傳。訟，為人辨冤。201楚有子玉得臣二句　事見《左傳・僖公二十八年》：子玉帥師與晉文公戰於城濮，楚師敗績。晉師三日館穀，而文公猶有憂色，曰：「得臣猶在，憂未歇也。」子玉得臣，姓成名得臣，字子玉。春秋時期楚國大夫。文公，晉文公。仄席而坐，謂晉文公因憂慮而坐不安穩。《禮記》曰：「有憂者仄席而坐。」仄，同「側」。202廉頗馬服　皆為戰國時趙國名將。馬服，指馬服君趙奢。203井陘　井陘口。戰國時趙之關隘。在今河北井陘西。204郅都魏尚　郅都，曾為中郎將、濟南郡守、中尉，執法嚴酷。後為雁門郡守，匈奴畏懼，不敢靠近雁門塞。詳見卷九十〈酷吏傳〉。魏尚，漢文帝時為雲中郡守，匈奴遠避，不敢靠近雲中郡塞。詳見卷五十〈馮唐傳〉。205南鄉沙幕　謂匈奴不敢南下進犯漢朝邊郡。鄉，通「嚮」。沙幕，即沙漠。206爪牙　指武將。207君子聞鼓鼙之聲二句　語出《禮記・樂記》：「鼓鼙之聲讙，讙以立動，動以進眾。君子聽鼓鼙之聲，則思將率之臣。」言為君主者聽到戰爭爆發，就思念善於征戰的將帥。鼓鼙，擊鼙鼓，常用來比喻戰爭。鼓，擊鼓。鼙，一種軍用小鼓。208閔　擔憂；憂慮。209策慮愊億　策慮，謀劃思慮。愊億，又作「愊臆」。憤懣鬱結。210卒興師奔逝　卒，通「猝」。突然；出乎意外。奔，當為「猋」之誤（王念孫說）。猋，即飆。暴風。飆逝，言行動如暴風飛逝一般迅疾。211橫厲　橫度；穿過。厲，通「歷」。經過。212踰集都賴　遙聚在郅支城都賴水邊。踰，通「遙」。遙遠。213逋　逃亡。214宿恥　過去的恥辱。宿，舊的；過去的。215武暢西海　勇武在西域暢行無阻。暢，暢通；無阻礙。西海，指西域。古時以為中國四周都是海水。此西海即指當時漢朝西界外的西域。216漢元　謂漢朝開始建立之時。元，開始。217時　一季；三個月。218執憲之吏欲致之大辟　執法的官吏想要判定他為死刑。執憲之吏，與前文之「奉憲」含義相同，皆指執法的官吏。大辟，死刑。219白起　戰國時秦將，曾率秦軍攻取楚郢都，戰勝趙將趙括，取得長平之戰的大勝，後被秦王處死於杜郵。220郢都春秋戰國時楚國都城。在今湖北江陵東北。[221]阬趙括　指坑殺趙括的軍隊。阬，通「坑」。挖坑活埋。趙括，戰國時趙將，趙奢之子。因不善於用兵而導致長平之戰大敗，四十萬趙國降卒被白起坑殺。[222]纖介　細微；細小。介，通「芥」。本指小草，常用來比喻微小。[223]杜郵　地名。在今陝西咸陽東北。[224]席卷喋血　席卷，如席之捲。形容軍隊作戰勇猛迅疾，無可抵擋。喋血，猶言踏血。形容激戰而流血很多。喋，通「蹀」。履涉；踐踏。[225]薦功祖廟　進獻功勞於宗廟。薦，進獻。[226]告類上帝　謂以征討郅支單于之事祭告於天神。類，類祭，遇到特殊事件而舉行的非常祭祀。上帝，天帝神。[227]介胄之士　指將士。介，鎧甲。胄，頭盔。[228]周書四句　今存《尚書．周書》無此文，已佚。[229]犬馬二句　顏師古注：「《禮記》稱孔子云：『敝帷弗棄，為薶馬也；敝蓋弗棄，為薶狗也。』」[230]庸臣遇湯　以庸臣之禮對待陳湯。遇，對待。[231]卒　最終。[232]介然　猶耿耿。有心事。[233]厲死難之臣　謂激勵將士為國犧牲。厲，通「勵」。勉勵；激勵。死難，此指為國家而戰死。[234]出　放出獄。[235]士伍　秦漢時期的士伍，指居住在里伍之中，沒有官職、爵位，但在戶籍上登記有姓名的成年男子。[236]段會宗　本卷下文有傳。[237]城郭墩煌兵　指西域城郭諸國及敦煌郡的軍隊。城郭，指西域城郭諸國。墩煌，即「敦煌」，郡名。治敦煌（今甘肅敦煌西）。[238]丞相王商　錢大昕云：「案〈會宗傳〉竟寧、陽朔中再為西域都護，不云為烏孫所圍，惟元延中嘗被圍，其時又非都護。且不與丞相王商、大將軍王鳳同時。此傳云『會宗為烏孫所圍』，似當在陽朔中。又考〈公卿表〉王商於河平四年罷相，以張禹代之。其明年始改元陽朔，使會宗果於陽朔中被圍，則丞相乃張禹非王商矣。以二傳參互考之，當有一誤；或〈會宗傳〉『陽朔』字當為『河平』，或此傳『王商』當為『張禹』也。」[239]宣室　漢代未央宮殿名，是皇帝齋戒之地。[240]不詘申　不能屈伸。詘申，同「屈伸」。彎曲和伸直。[241]罷癃　同「疲癃」。漢代，身有殘疾以及年二十三之後身高不滿六尺二寸（漢尺）的人，稱為罷癃。可以免除徭役。陳湯自稱罷癃，是因為他得了寒病（風溼病），兩臂不能屈伸，屬於身有殘疾的人。[242]客倍而主人半然後敵　言客兵必倍於主人而後才能夠匹敵。[243]兵輕行五十里二句　謂軍隊輕裝和重裝情況下每日行軍的里程。[244]解　指解圍。[245]度　估計。[246]瓦合　謂如碎瓦雜處而不能整齊統一。[247]故事　謂以舊事推測。[248]吉語　好消息。吉，善；好。謂烏孫軍隊解圍之事。[249]從事中郎　官名。漢代大將軍、車騎將軍僚屬，參與謀劃、計議。[250]莫府事壹決於湯　莫府，同「幕府」。指將軍府。事，指文書。壹，完全；全部。[251]敗　敗落；毀壞。[252]將作大匠解萬年　將作大匠，官名。執掌宮室、宗廟、陵寢及其他土木建築。解萬年，人名。[253]渭陵　漢元帝陵墓。在今陝西咸陽東北。[254]初陵　新陵。[255]霸陵曲亭　皆為地名。曲亭屬霸陵縣，在今陝西西安東北。[256]楊光以所作數可意　楊光，人名。可意，謂可天子之意。[257]大司農中丞耿壽昌造杜陵　大司農中丞，官名。大司農的副手，掌管租稅錢穀鹽鐵等事。耿壽昌，宣帝時任大司農中丞，建議在西北各郡設立

「常平倉」，後封關內侯。杜陵，漢宣帝陵墓，在今陝西西安東南。258乘馬延年以勞苦秩中二千石　乘馬延年，姓乘馬，名延年。中二千石，漢代官職品級的一種。漢制，秩二千石者一歲得一千四百四十石，實不滿二千石。中二千石者，一歲得二千一百六十石，舉成數言之，故曰中二千石。中，滿。259子公　陳湯之字。260俱善　謂彼此俱有利。261封事　漢代，臣下向皇帝上書奏事，為防有洩漏，用袋子（囊橐）封緘，由皇帝親自拆閱，稱為封事。262規　分劃、占據之意。顏師古注：「自占為疆界也。」263中家　中等財產的人家。漢代家產十金者為中家。〈文帝紀〉贊曰：「百金，中人十家之產。」264昌陵　漢成帝初陵。265後　疑「復」之訛（王先謙說）。266詭　責成；要求。267後卒不就　後來最終沒有成功。卒，最終。就，成功；完成。268不便　不利；不適宜。269便房　古代帝王貴族墳墓上供弔祭者休息用的小室。270客土　從別處移來的泥土。與下文的「真土」相對。271卒徒工庸以鉅萬數　徒，刑徒。庸，通「傭」。受雇傭的勞動者。鉅萬，萬萬。272難　通「燃」。點燃；燃燒。273賈　通「價」。274罷敝　羸弱疲困。罷，通「疲」。敝，又可作「弊」。275熬熬　同「嗷嗷」。眾口愁苦聲。276真土　本地原來的泥土。與前文的「客土」相對。277祖考　祖先。考，死去的父親。278功緒　功，已成的事。緒，事情的開端。279故陵　指成帝在霸陵曲亭所營之陵。280成紀　指卷十〈成帝紀〉。281御史請廢昌陵邑中室　御史，御史大夫的省稱。室，指為徙民新蓋的屋子。282徹　毀壞。283縣官　指天子。284成都侯商新為大司馬衛將軍　成都，侯國名。在今山東鄄城東南。商，即王商，王莽的叔父。詳見前文注。大司馬衛將軍，官名。漢武帝時廢太尉，設大司馬，加將軍名號之前。後常以貴戚任此職輔政，實權在丞相之上。據〈百官表〉，王商於漢成帝永始二年（西元前一五年）為大司馬衛將軍。285白　指報告天子。286王莽　詳見卷九十九〈王莽傳〉。287母明君共養皇太后　明君，王莽母名渠（見〈王莽傳〉），字明君。共養，同「供養」。288竟為新都侯　竟，終於。沈欽韓說「竟」當作「莽」。新都，侯國名。在今河南新野東南。289苟參為水衡都尉　苟參，人名。水衡都尉，官名。主管上林苑、鹽鐵、鑄錢等事。290比　先例。291弘農　郡名。治弘農（原函谷關址，今河南靈寶東北）。292即訊　顏師古注：「就其所居考問之。」謂就弘農審訊之。293東萊　郡名。治掖縣（今山東萊州）。294玄門　指暗中的門戶。藉以諷喻皇帝微行。玄，青黑色。295微行　指皇帝穿便服化裝出遊。296增壽　人名，姓趙。297無正法　沒有法令明文。298以所犯劇易為罪　宜以此定罪名的輕重（周壽昌說）。劇，事之最要者。易，事之稍平者。299中　正。指定罪適當，既不過輕，又不過重。300無比者先以聞　比，謂相比附，按照同類案例比照處理。聞，指奏聞於天子。301流行　傳播。302當　判決、定罪。303興卒暴之作　卒，通「猝」。突然。暴，暴烈。304蒙　遭受。305屬　接連不斷。306安定　郡名。治高平（今寧夏固原）。307議郎耿育上書言便宜　議郎，官名。光祿勳屬官。掌顧問應對。耿育，人名。漢哀帝時為議郎。便宜，應辦的事情，特指對國家有利的事情。(308)鉤深致遠　謂物在深處，能鉤取之，物在遠方，能招致之。(309)仍　重複；頻繁。(310)改年垂歷　指漢元帝將年號由建昭改為竟（境）寧。按陳湯斬郅支單于在漢元帝建昭三年（西元前三六年），而改元竟寧在西元前三三年，起因是此年正月匈奴呼韓邪單于來朝，與斬郅支單于無關。此處雖為附會，但也有密切關係，呼韓邪單于來朝與郅支單于被斬相關。年，年號。歷，通「曆」。年曆。(311)南郡　郡名。治江陵（今湖北江陵）。(312)垂意　留意；關注。多用於上對下。(313)趣　通「促」。(314)深惟本末之難　深惟，深加思索。本末，根本與枝節。指大與小、重要與次要。難，危難。(315)塊然　孤獨的樣子。顏師古注：「塊然，獨處之意，如土塊也。」(316)令威名折衝之臣旋踵及身　使威名震懾敵人的衝鋒陷陣之臣轉足之間災禍降臨身上。折衝，謂使敵人的戰車折回。指在前線衝鋒陷陣。折，折回。衝，衝車；戰車。旋踵，轉足之間，形容迅速。及身，「禍及其身」的省略。謂災禍降臨於身。(317)盛　一說當從《漢紀》作「威」（王念孫說）。(318)援　引用。(319)畜　通「蓄」。謂府庫積蓄的財物。(320)薦延梟俊禽敵之臣　推薦延用勇猛善戰的賢臣良將。薦延，謂使群臣推薦人才，然後延請任用。梟俊，梟雄俊傑。指傑出人才。(321)封表其墓　謂為其修墓樹碑。(322)鞭逐　鞭打驅逐。謂打擊排擠。(323)分　分散。(324)遠覽　遠見。(325)計度　計算量度。(326)湯功累世不可及二句　謂陳湯的功勞是多少代人也不能比得上的，而他所犯的過失，卻是一般人都可能有的，並不需要進行多嚴重的懲罰。人情，人心世情。(327)戚戚　心中常懷憂懼的樣子。(328)安漢公　漢王莽封號。漢平帝時，王莽獨攬政權，群臣稱頌他「有定國安漢家之大功」。元始元年（西元元年），王莽為太傅，賜號安漢公。(329)讇皇太后　讇，諂媚；巴結奉承。皇太后，指元帝皇后王政君。

【語　譯】陳湯，字子公，山陽郡瑕丘縣人。年輕時喜好讀書，博聞通達，擅長撰寫文章。因家中貧寒，向人乞討，沒有骨氣，不被州里人所稱道。西行到長安求官，得到太官獻食丞的職位。數年後，富平侯張勃與陳湯交往，認為他的才能很高。初元二年，元帝下詔命令列侯推舉茂材，張勃推舉陳湯。陳湯等待升遷，父親死了，也沒有奔喪，司隸校尉上奏說陳湯沒有德行，張勃推選舉薦人才故意不按照實際情況，被削減食邑二百戶。適逢張勃去世，因此賜予諡號為繆侯。陳湯被捕下獄。後來，又通過推薦做了郎官，多次請求出使外國。很久以後，升職為西域副校尉，與甘延壽一同出使西域。

2 在此之前，宣帝時匈奴內部發生內訌和混亂，五位單于爭相自立，呼韓邪單于與郅支單于都遣送兒子到漢朝侍奉天子，漢朝對雙方都予以接受。後來，呼韓邪單于親自到漢朝稱臣朝見，郅支單于以為呼韓邪破敗衰弱，歸降漢朝，已經不回來了，即往西占領了匈奴西邊的領地。適逢漢朝派兵護送呼韓邪單于返回，郅支單于因此就往西攻下呼偈、堅昆、丁令，兼併三國而居住在那裡。郅支單于怨恨漢朝袒護呼韓邪單于而不幫助自己，就困住並羞辱漢朝使者江迺始等。初元四年，郅支單于派遣使者向漢朝進貢，順便請求歸還他侍奉漢天子的兒子，希望歸附漢朝。漢朝討論派遣衛司馬谷吉護送郅支單于的兒子。御史大夫貢禹、博士匡衡認為《春秋》的原則是「不能滿足夷狄的所有要求」，如今郅支單于歸心漢朝的誠意還不真實，他所居處的地方又很僻遠，應該讓使者護送他的兒子到邊塞之後即返回。谷吉上書說：「中國對夷狄有籠絡安撫不絕的責任，現在已經撫養保全他的兒子十年，恩德很深厚，無故斷絕關係而不護送回國，只是送到邊塞就返回，這是表示拋棄他們不再安撫，使他們失去嚮化從命之心。廢棄以前的恩德，樹立日後的怨恨，是不利的。議論者看到此前江迺始缺乏應對敵人的辦法，沒有智慧和勇氣，以致受到恥辱，就預先為我擔憂。我榮幸能夠到西域豎起大漢朝廷的節，遵照聖主的詔命，宣揚傳達朝廷的深厚恩德，料想郅支單于畏懼漢朝的聲威，不會膽敢做出兇暴奸詐之事。如果郅支單于懷藏禽獸之心，加害於我，那麼他就永遠背負大罪，必定逃奔到遙遠的地方居處，不敢靠近邊塞。失去一位使者而使百姓安寧，這是對國家有利的策略，是我所願意的。希望准許我護送其子到單于王庭。」皇上把谷吉的奏疏拿給朝臣看，貢禹再次反對，認為谷吉前往必定會給國家招致災禍，生惹事端，不能答應。右將軍馮奉世認為可以派遣，皇上便同意了谷吉的請求。谷吉到達之後，郅支單于發怒，終究殺死了谷吉等人。郅支單于自知負罪於漢朝，又聽說呼韓邪單于更加強大，便往西投奔康居國。康居王把女兒嫁給郅支單于，郅支單于也把女兒嫁給康居王。康居王非常尊敬郅支單于，想依仗他的聲威來脅迫西域各國。郅支單于多次借康居國的兵力攻打烏孫國，一直打到赤谷城，殺死、虜掠百姓，抓走牲畜，烏孫國不敢追擊，西部邊境空蕩，上千里的範圍內沒有人居住。郅支單于自以為是個大國，有聲威名望，受到尊重，又乘勝而驕傲，對康居王無禮，發怒殺死康居王的女兒以及貴人、數百民眾，有的被肢解投入都賴水中。他徵調百姓修築城池，每天勞作的人有五百個，兩年才完工。又派遣使者責令闔蘇、大宛各國每年都向他進貢財物，各國不敢不給。漢朝派遣三批使者到康居國請求運回谷吉等人的屍骨，郅支單于刁難侮辱使者，不肯接受詔令，卻又通過西域都護上書朝廷說：「我處於困厄之中，願意歸附強大的漢朝，聽從安排，派遣兒子入朝侍奉。」郅支單于的驕橫怠慢就是這樣。

3 建昭三年，陳湯與甘延壽出使西域。陳湯為人沉著勇敢，有遠大抱負，善於出謀劃策，喜好建立奇功。每當經過城邑山川，經常登高遠望。負責外國事務之後，與甘延壽謀劃說：「夷狄畏懼並屈服於強大的民族，這是他們的天性。西域本來隸屬於匈奴，如今郅支單于威名傳遍遠方，侵略欺負烏孫、大宛，經常為康居王出謀劃策，想要降服這些國家。如果他們得到這兩個國家，向北攻打伊列，向西略取安息，向南排擠月氏、山離烏弋，幾年之內，西域各個城郭國家便危險了。而且這個人矯捷勇猛，喜好戰爭攻伐，多次取勝，長時間地容忍他，必定成為西域的禍害。郅支單于雖居處的地方極為僻遠，但是蠻夷沒有堅固的城牆和強勁的弩箭用來防禦，如果調動屯田的官兵，統率烏孫國的士兵，直接攻打到郅支城下，他想要逃亡則沒有可去的地方，想要堅守則不足以自我保全，千年的功業可以在一朝而建成啊。」甘延壽也認為是這樣，想要上奏請示這件事，陳湯說：「皇上將與公卿大臣商議這件事，但是重大的決策不是平庸的人所能理解的，此事必定不被贊同。」甘延壽猶豫不願聽從。恰逢他病了很久，陳湯獨自假託皇帝的詔命調發各城郭國的軍隊、車師戊己校尉屯田官兵。甘延壽聽說後，驚駭起身，想要制止。陳湯發怒，手按寶劍呵叱甘延壽說：「大隊人馬已經集合起來，你小子想要阻止他們嗎！」甘延壽便依從他，部署約束軍隊，增設揚威、白虎、合騎三支部隊，漢朝士兵與西域各國士兵共達四萬餘人，甘延壽、陳湯上疏彈劾自己假託皇帝詔命行事，並陳述說明軍事行動的詳情。

4 當天率領軍隊分頭行動，劃分為六支部隊，其中的三支從南道越過葱嶺直到大宛，另三支由都護親自統率，自溫宿國出發，從北道進入赤谷，經過烏孫，穿過康居邊界，到達闐池以西。康居副王抱闐統率數千騎兵，侵略赤谷城東，殺死、擄掠大昆彌所屬的一千多人，趕走很多牲畜。從背後與漢朝軍隊相接觸，大量侵奪漢軍的輜重。陳湯指揮西域各國的軍隊攻打康居副王，殺死四百六十人，奪回他們所擄掠的烏孫百姓四百七十人，交還給大昆彌，奪回的馬牛羊用來供給軍隊食用。又捉到抱闐的貴人伊奴毒。

況。

5 進入康居東部邊界，命令軍隊不得搶掠。祕密召見康居國貴人屠墨，用漢朝的聲威信譽曉諭他，與他飲血盟誓，然後遣送他離去。率領大軍徑直往前行進，來到近郅支城六十里處，停下紮營。又抓到康居國貴人貝色的兒子開牟做為嚮導。開牟也就是屠墨的舅舅，他們都怨恨單于，因此陳湯能夠完全了解郅支城內的情況。

6 第二天率軍前行，在距離郅支城三十里的地方，停下來紮營。郅支單于派遣使者來問漢朝軍隊為什麼而來，回答說：「單于上書說處境困厄，希望歸附強大的漢朝，聽從安排，並親自入朝拜見天子。天子哀憐單于離棄原來的大國，屈就康居國，所以派遣都護統率軍隊來迎接單于和你妻兒，擔心驚動你身邊的人，所以沒有敢到城下。」使者數次往來相互傳達回話。甘延壽、陳湯因而譴責使者說：「我為了單于遠道而來，但是至今沒有名王大官來會見我們，單于為什麼對歸附大計如此不經意，喪失主人接待客人的禮儀！大軍遠道而來，人員與牲畜都疲乏已極，糧食估計將要吃完，恐怕自己不能返回了，希望單于與大臣周詳地作出決策。」

7 隔天，指揮軍隊向前推進到郅支城都賴水邊，離城三里，安營布陣。遠遠望見單于城上豎立五彩旗幟，數百名士兵身披鎧甲登上城牆守備，又出動一百多名騎兵來回在城下馳奔，一百多名步兵在城門兩側排成魚鱗陣，進行軍事操練。城上的士兵輪流向漢軍挑釁說：「過來鬥啊！」一百多名騎兵向漢軍營地衝過來，營內都張滿弓弩對著他們，騎兵退卻回去。陳湯派遣很多官兵射擊城門邊的騎兵、步兵，那些騎兵、步兵都逃進城內。甘延壽、陳湯命令部隊聽到鼓聲就全部逼近城下，從四面包圍郅支城，各守一處，掘平壕溝，堵塞城門，持盾牌的士兵走在前面，持戟和弩的士兵跟在後面，仰身射殺城內樓上的守軍，樓上的守軍往下逃走。土城外有重木城，從木城中向外射擊，殺傷很多外面的人。木城外的漢軍調來柴火焚燒重木城。夜裡，城中的數百騎兵想要突圍，漢軍迎面射殺他們。

8 起初，郅支單于聽說漢軍到來，想要逃走，他擔心康居王怨恨自己，做漢軍的內應，又聽說烏孫等國都為漢朝出動了軍隊，自己認為無處可去。郅支單于本來已經逃出城，又返回來，說：「不如堅守城。漢軍遠道而來，不可能長時間地攻打下去。」郅支單于就身披鎧甲站在城樓上，各位閼氏夫人共數十人，都用弓箭射擊城外的人。城外人射中了單于的鼻子，各位夫人很多被射死。單于下城樓騎上馬，轉戰到內庭。過了半夜之後，重木城被燒穿，木城中的人撤退進土城，登上土城喊叫抵抗。這時康居國的騎兵一萬多人分布在十幾個地方，從四面圍繞土城，也和城內的人相應和。夜晚，他們多次衝擊漢軍營地，沒有成功，就退回去了。天亮時，土城四面燃起大火，漢軍官兵驚喜，大聲呼喊攻上城去，鉦鼓之聲震動大地。康居騎兵退卻。漢軍士兵從四面推盾牌前進，共同攻入土城中。郅支單于和男女一百多人逃入宮廷內。漢軍士兵放火焚燒宮殿，官兵爭相衝入宮廷，郅支單于受重傷而死。代理軍候丞杜勳砍下單于的腦袋，得到漢朝的兩件使節以及谷吉等所攜帶的帛書。所有繳獲的財物都直接歸繳獲者所有。總共斬下閼氏、太子、名王以下的首級一千五百一十八個，又活捉一百四十五人，投降的俘虜一千多人，這些都分給發兵參戰的十五國國王。

9　於是甘延壽、陳湯上奏疏說：「我們聽說，天下的正道應當統一，從前有唐堯虞舜，現在有強大的漢朝。匈奴呼韓邪單于已經自稱為漢朝北邊的藩屬國，只有郅支單于叛逆，沒有受到應有的懲罰，他逃跑到大夏以西，以為強大的漢朝不能使他臣服。郅支單于對百姓推行殘酷的政策，罪惡巨大上通於天。臣甘延壽、臣陳湯統率正義的軍隊，代上天誅伐他，憑藉陛下神靈，陰陽並應，天氣晴明，攻破敵陣，戰勝敵人，斬下郅支單于以及名王以下各人的首級。應該把他們的頭顱懸掛在槀街蠻夷的府邸之間，以昭示漢朝的聲威於萬里之外，表明冒犯強大漢朝的，即使居處僻遠，也必定受到誅伐。」他們的奏書下交給有關部門討論。丞相匡衡、御史大夫繁延壽認為「郅支單于以及各名王的首級已經傳遍各國，蠻夷沒有不知道的。〈月令〉說春天是『掩埋屍骨』的季節，應該不予懸掛示眾」。車騎將軍許嘉、右將軍王商認為「春秋時期夾谷盟會，優施譏笑魯國國君，孔子誅殺了他，當時正值盛夏，頭和腳從不同的門拖出去。單于等人的頭應該懸掛十天再埋葬他們」。詔令認為將軍的建議正確。

10　起初，中書令石顯曾經想把姊姊嫁給甘延壽，甘延壽沒有娶她。等到丞相、御史也都厭惡他們假託皇帝詔命行事，都不讚許陳湯。陳湯一向貪婪，所虜獲的財物運入塞內後大多私自取用，沒有按照軍法處理。司隸校尉移送文書給沿途的官府，逮捕甘延壽、陳湯手下的官兵並審訊他們。陳湯上奏書說：「我與官兵們共同誅殺郅支單于，幸而能捉拿、消滅他們，從萬里之外整頓軍隊凱旋，應該有使者在途中迎接和慰勞。如今司隸校尉反而逮捕審問官兵，這是為郅支單于報仇啊！」皇上立即釋放被逮捕的官兵，命令縣道準備好慰問的美酒和食品，來迎送這支軍隊，使之順利通過。回到京城之後，評定功勞，石顯、匡衡認為「甘延壽、陳湯假託皇帝詔命調動軍隊，出於僥倖而能夠不被誅罰，如果再封賜給他們爵位和食邑，那麼後來奉命出使的人會爭相冒險，企圖獲得意外的成功，對蠻夷生惹是非，為國家招致災難，這樣的不良現象不能開頭」。元帝心中嘉許甘延壽、陳湯的功勞，而難以違背匡衡、石顯的建議，朝廷討論了很長時間也沒有決斷。

11 前宗正劉向上奏書說：「郅支單于囚禁殺害漢朝使者和官兵數以百計，此事暴露顯示於外國，毀損漢朝的威望，群臣都擔心這件事。陛下發憤想要討伐他，心中不曾忘記過。西域都護甘延壽、副校尉陳湯承順聖明的旨意，憑依神靈，統率各個外國君王，指揮各國軍隊，出生入死，進入極為僻遠之地，終於踏上康居國，毀滅五重城，拔掉歙侯的旗幟，砍下郅支單于的頭顱，在萬里之外懸掛起漢朝的旗幟，在昆侖山以西的地方宣揚漢朝國威，洗刷了谷吉被殺的恥辱，立下卓絕的功勳，所有的夷狄都畏懼屈服，沒有不震驚害怕的。呼韓邪單于見到郅支單于已被誅滅，又高興又害怕，嚮往教化和正義，叩頭歸服，希望鎮守北藩，世代稱臣。陳湯等立下千載的功勞，奠定萬世的安寧，群臣的功勳沒有誰比他更大。從前，周朝的大夫方叔、尹吉甫為周宣王誅殺獫狁，使百蠻歸服，歌頌他的《詩》說：『轟轟隆隆，戰車聲如雷霆，忠誠的方叔，征伐獫狁，威服蠻荊。』《易》說：『出征順利，斬了首惡，俘獲了他的同夥。』稱揚讚美誅殺罪大惡極的人，那些不歸順的就都來歸服了。如今甘延壽、陳湯的征伐引起的震動，即便是《易》的斬殺首惡，《詩》的『雷霆之威』也比不上。評定大功時不要計較小過失，推舉大的美德時，不要挑剔小的缺點。《司馬法》說『軍中的賞賜不能過了一個月之後才辦理』，就是想要百姓盡快得到做好事的利益。這是迅速獎勵軍功，重用人才啊。尹吉甫歸來後，周王重重地賞賜他，記載此事的《詩》說：『吉甫在宴會上多歡喜，接受了很多封賞後，從鎬地凱旋回來，行軍打仗已經很久了。』鎬地在千里之外還認為遙遠，何況康居國是在萬里之外，他們的辛苦大極了！甘延壽、陳湯既未獲得封賞的報答，反而冤屈他們捨生忘死的功勞，使他們長時間受到刀筆小吏的壓制，這不是獎勵功臣激勵戰士的辦法。從前，齊桓公先有尊重周王朝的功勞，後有滅掉項國的罪行，君子用功勞覆蓋罪過而為齊桓公隱諱這件事。最近的事例，貳師將軍李廣利損失五萬人的兵力，耗費億萬的錢財，經過四年的辛勞，而僅僅獲得駿馬三十匹，盡管斬掉大宛國王毋鼓的頭顱，還是不足以抵償損耗，他個人的罪惡還有很多。孝武皇帝認為遠到萬里之外征伐，不記錄他的過失，就封賜了兩個人為侯爵、提升三個人為卿、一百多人為秩二千石的官吏。如今康居國比大宛強大，郅支單于的名聲比大宛國王大，郅支殺害使者的罪過比大宛扣留馬匹的罪過嚴重，而甘延壽、陳湯沒有調動漢朝的兵馬，沒有耗費一斗糧食，和貳師將軍相比，功德是他的百倍。況且常惠統率想要攻打匈奴的烏孫軍隊去進攻匈奴，鄭吉迎接自願來歸降的日逐王，還都被賜爵封邑。所以說甘延壽、陳湯二人，論威武功勞則比方叔、尹吉甫大，論將功補過，則比齊桓公、貳師將軍的情況要好，論近來立事之功，則比安遠侯、長羅侯的功勞高。然而大功未被表彰，小過錯多次被責難，我個人私下很痛心！應該即時解決他們的懸案，通籍宮中，准許出入，免除過錯而不予追究，賜給他們較高的爵位，以勉勵有功之士。」

12 於是天子下詔說：「匈奴郅支單于背叛禮義，扣留殺害漢朝使者、官兵，極為背逆道理，我難道能忘掉嗎！之所以寬容而不討伐他，是因為不能輕易出動大軍，煩勞將帥，所以克制忍耐而沒有採取行動。如今甘延壽、陳湯發現時機適宜，便利用有利的戰機，聯合西域各城邦國，擅自發動軍隊假託朝廷詔命去征討郅支單于，仰賴天地宗廟神靈的佑助，討伐了郅支單于，斬下他的頭顱，以及閼氏、貴人、名王以下一千多人的首級。盡管超出了正道，觸犯了法紀，但是沒有煩勞國內一人服役，沒有取用府庫所藏的財物和兵甲，利用敵人的糧食來供給軍需，立戰功於萬里之外，聲威震懾百蠻，美名傳揚四海。為國家清除殘賊，使戰爭的根源滅熄，邊境得以安寧。然而還不免有死亡的憂患，執法的官吏要依法判定其罪狀，我非常同情他們！茲下令赦免甘延壽、陳湯的罪行，不加追究處治。」又詔令公卿們討論封賞他們的事。討論的人都認為應當按照軍法中的「捕斬單于令」來封賞。匡衡、石顯認為「郅支本來是逃亡而喪失國家的人，在極為僻遠的地方私自號稱單于，不是真正的單于」。元帝依據安遠侯鄭吉以發兵攻打車師之功而封侯的先例，封甘延壽、陳湯食邑一千戶，匡衡、石顯再次反對。就封甘延壽為義成侯，賜陳湯爵關內侯，食邑各三百戶，加賜黃金一百斤。將郅支單于被斬殺這件事祭告上帝、宗廟，大赦天下。任命甘延壽為長水校尉，陳湯為射聲校尉。

13 甘延壽後來被提升為城門校尉，護軍都尉，死在職任上。漢成帝剛即位時，丞相匡衡再次上奏說「陳湯以二千石的官吏奉命出使，在蠻夷中獨斷專行，不端正自身以做部下的表率，反而盜取所繳獲的康居國的財物，告訴部屬說僻遠地域的事情不會被追究。這些事盡管發生在大赦之前，也不應該做官」。陳湯因此罪而被免官。

14 後來陳湯上書說康居王侍子不是康居王的兒子。經核查，確實是康居王的兒子。陳湯因而被捕入獄判處死罪。太中大夫谷永上疏為陳湯分辨冤情說：「我聽說楚國有子玉得臣，晉文公因此憂慮而坐臥不安；趙國有廉頗、馬服君趙奢，強秦不敢出兵攻打趙國的井陘；不久前，我們漢朝有郅都、魏尚，匈奴不敢向南進犯漢朝邊塞。因此說，戰之能勝的將領，是國家的銳利爪牙，不可不重視啊。因為『君子聽到征戰的鼓聲，就思念能充當將帥的大臣』。我看到關內侯陳湯，先前被派遣為副西域都護，憤恨郅支單于不尊王道，擔憂皇上不能施行懲罰，反覆思慮，憤懣鬱結於心中，義勇奮發，猝然發兵，迅疾出征，橫穿烏孫，遠集於都賴水邊，摧毀郅支城三重城牆，斬下郅支單于的頭顱，報復了逃避十年之久的懲罰，洗刷了邊塞將士的舊恥。聲威震懾百蠻，勇武暢行西域，漢朝建立以來，到國外征伐的將領，未曾有過。如今陳湯因為所上奏的事情不真實，長期被監禁，經歷三個月還沒有判決，執法的官吏想要判定他為死刑。以前白起為秦國將領，在南方攻取了楚國郢都，在北方坑殺了趙括的四十萬大軍，因為細小的過錯，賜他自殺於杜郵，秦國百姓哀憐他，沒有不落淚的。如今陳湯親自手執斧鉞，在萬里之外浴血奮戰，席捲西域，獻功宗廟，祭告上帝，將士們沒有不仰慕他的作為的。他因為陳說一件事而犯罪，並沒有明顯的罪惡。〈周書〉說：『記住別人的功績，忘掉別人的過錯，這樣的人適合做國君。』狗和馬對人有功勞，死後還要給以帷幕遮蓋掩埋的報答，何況是國家的有功之臣呢！我擔心陛下疏忽了戰鼓的聲音，不明察〈周書〉的含意，而忘記了報答有功之臣，以庸臣之禮對待陳湯，最終聽從官吏的議決，使百姓耿耿於懷像秦國百姓一樣遺憾，這不是用來激勵將士為國犧牲的辦法啊。」奏書呈給天子之後，天子釋放了陳湯，剝奪他的爵位，成為普通百姓。

15 數年後，西域都護段會宗被烏孫國軍隊所圍困，通過驛騎飛速上奏文書，希望准許調動西域城郭諸國和敦煌郡的軍隊來自救。丞相王商、大將軍王鳳及百官討論數日沒有結果。王鳳說「陳湯謀略多，熟悉外國事務，可以問一問」。皇上在宣室召見陳湯。陳湯攻打郅支單于時得了風溼病，兩臂不能屈伸。陳湯入宮見皇上，皇上下令叫他不用叩拜，把段會宗的奏疏給他看。陳湯推辭並謝罪，說：「將相九卿都是通曉明達的賢才，小臣我是個殘疾人，不配謀劃大事。」皇上說：「國家有危急之事，你就不要謙讓了。」陳湯回答說：「我認為這肯定沒有什麼可擔憂的。」皇上說：「為什麼這樣說？」陳湯說：「五個胡人士兵的戰鬥力才頂得上一個漢朝士兵，為什麼呢？因為他們的兵器鋒刃粗鈍，弓弩不好使。如今聽說他們掌握了不少漢朝的兵器製作技術，但還是三個士兵才頂得上一個漢朝士兵。另外兵法說『遠道而來的軍隊一定要是當地軍隊的兩倍，然後才能夠匹敵』，如今圍困段會宗的烏孫軍隊不足以勝過段會宗，請陛下不用擔憂！況且軍隊輕裝每天可以行進五十里，重裝每天僅行進三十里，如今段會宗想要調動西域城郭諸國和敦煌郡的軍隊去援救，要經歷一段時間才能到達，這是所謂報仇的軍隊，不是救急用的軍隊。」皇上說：「怎麼辦？圍困一定會解除嗎？估計什麼時候解除？」陳湯知道烏孫軍隊是如同碎瓦一樣聚集在一起的散亂之眾，不能長久進攻，按先例推算不會超過數日，因此回答說：「已經解圍了！」屈指計算日子，說：「不超過五天，應當有好消息傳來。」過了四天，軍書到達，說圍困已經解除。大將軍王鳳上奏請求任命陳湯為從事中郎，幕府的文書全都由陳湯裁決。陳湯熟悉法令，善於根據文書的具體情況來處理，他的處理意見多被聽從。他經常接受別人的金錢而替人上章奏，最終因此而把自己毀掉了。

16 起初，陳湯與將作大匠解萬年相友好。從漢元帝時開始，渭陵不再遷徙百姓來建城邑。漢成帝建造初陵，數年後，成帝喜歡霸陵曲亭以南的地方，便更改地方營建。解萬年與陳湯討論，認為「武帝時期工匠楊光因為所建造的工程多次令武帝滿意，便做到了將作大匠，還有大司農中丞耿壽昌建造杜陵，被賜予關內侯的爵位，將作大匠乘馬延年因為勞苦被提拔為秩中二千石的官員。如今建造初陵，並營建城邑，如果大功告成，我解萬年也會蒙受重賞。子公您的妻子家在長安，兒子生長在長安，不喜歡東方老家，應該請求遷徙，可以受賜田土住宅，對咱倆都有好處」。陳湯心裡認為這是好事，就上封事說：「初陵是京師之地，最為肥美，可以設立一個縣。天下百姓不往各先帝陵地遷徙已經有三十多年了，關東的富裕人家越來越多，大都占有良田，奴役貧苦百姓，可以遷徙他們到初陵，來加強京師，削弱諸侯，又使中等以下的人家能夠貧富均勻。我願意與妻兒家屬遷往初陵，做天下人的表率。」當時天子聽從他的建議，果然修築起昌陵邑，然後再遷移內地郡國的百姓。解萬年自己保證三年能夠建成，後來最終沒有完成，群臣大多說這件事不適宜。皇上交給有關人員討論，都說：「昌陵在低地上修築成高陵，積土成山，估計便房還在平地上，從別處移來的泥土保護不住地下的神靈，外面土層很薄，不堅固，參加修築的士兵、刑徒和傭工數以萬萬計，甚至點燃油脂火整夜勞作，從東山取來泥土，幾乎與穀物等價。修建了數年，天下人都受到勞累，國家疲困，倉庫積蓄的財物都用光了，下至普通百姓，被折磨得嗷嗷叫苦。舊陵憑依天然地勢，建在本地原來的泥土上，地勢高而且開闊，旁邊靠近祖先陵墓，前頭又已經有十年修築的基礎，應該恢復舊陵，不要遷徙百姓。」皇上就下詔令停止營建昌陵，詳細情況記錄在〈成帝紀〉。丞相、御史大夫請求廢除昌陵邑中的居室，奏章還沒有批覆下來，有人問陳湯：「住宅還沒有撤毀，莫不是會再次徵調百姓遷徙吧？」陳湯說：「皇上將會聽從群臣的話，還會再次徵調百姓遷移呢。」

17 這時，成都侯王商剛剛擔任大司馬衛將軍輔政，他向來對陳湯不友好。王商聽到這些話，就向皇上報告陳湯蠱惑民眾，把他關進監獄審理，核實他所犯的各種罪狀。陳湯此前曾為騎都尉王莽上書說：「父親早死，單獨沒有受封，母親明君供養皇太后，尤其勞苦，應該封爵。」終於封王莽為新都侯。後來皇太后的同母弟苟參做了水衡都尉，死後，他的兒子苟伋做了侍中，苟參的妻子想要為苟伋請求封爵，陳湯接受了她的黃金五十斤，答應為她尋找先例上書奏請。弘農太守張匡因為貪贓百萬以上而犯罪，詭詐不守王法，詔令就地審訊，張匡擔心被關進監獄，派人告知陳湯。陳湯為他的罪狀辯護，使他得以越過冬季，張匡答應酬謝陳湯錢二百萬，都是這一類的事情。這些事都發生在大赦之前。後來東萊郡有黑龍在冬季出現，有人問陳湯這件事，陳湯說：「這是所謂的玄門打開了。皇上多次微服出行，出入不分時節，所以黑龍在不適當的時節出現了。」

他又說會再次發動百姓遷移到帝陵，相互傳語的有十多人。丞相、御史大夫上奏說「陳湯蠱惑民眾，大逆不道，把怪異的事情胡亂歸到皇帝身上，這不是他所應該說的，犯了大不敬罪」。廷尉趙增壽提交審理意見，認為「不道罪在法令中沒有明確規定，要根據罪犯所犯行的輕重來定罪的大小，臣下援用失去適度標準，所以把案件移交給廷尉審理，沒有案例援以為據的，則先報告皇上，這樣做是為了端正刑罰，重視人命。皇上您聖明，哀憐百姓，下達制書廢除昌陵邑，不再遷移官民，已經申明公布。陳湯胡亂猜測，說會再發動百姓遷徙，盡管驚動很大，但是所傳布的範圍很小，百姓沒有因此騷動，不能說是蠱惑民眾。陳湯說假話，虛造不存在的事，不是他所應該說的，是大不敬」。皇上批覆說：「廷尉趙增壽的判決正確。考慮到陳湯以前有討伐郅支單于的功勞，赦免陳湯降為平民，流放到邊地。」又說：「前將作大匠解萬年諂媚不忠，奸巧胡為，向百姓增收賦稅，增加徭役，工程興建倉猝，士卒、刑徒遭受苦罪，死亡的人接連不斷，危害百姓，全國怨聲載道。盡管蒙受赦免，也不應居住在京城。」於是陳湯與解萬年都被遷徙到敦煌郡。

18 很久之後，敦煌太守上奏說：「陳湯以前親自誅殺郅支單于，聲威流傳外國，不適宜讓他靠近邊塞。」詔令把他遷徙到安定郡。

19 議郎耿育上書陳奏國家應辦的事情，順便為陳湯喊冤申辯說：「甘延壽、陳湯為大漢朝發揚鉤深致遠的國威，洗雪國家多年的恥辱，討伐僻遠地域不馴服的君主，捕獲萬里之外難以制服的敵人，難道有誰比得上嗎！先帝讚賞他，頻頻下達聖明的詔令，表彰他的功勞，更改年號，永遠傳世。上天感應這事，南郡進獻白虎，邊陲沒有警備。正碰上先帝病危，還是關懷不忘，多次派尚書責問丞相，催促評定他們的功勞。只有丞相匡衡抵制而不給封賞，只封賜甘延壽、陳湯幾百戶，這是功臣、戰士失望的原因。孝成皇帝繼承祖宗建立的基業，憑藉先前征戰討伐的聲威，刀兵不動，國家安然無事，但是大臣不公正，毀謗讒佞的人在朝廷做官，根本不深思各種大大小小的危難，以防備尚未發生的事變，只想專斷君主的威權，排擠嫉妒有功的人，使陳湯孤立，遭受冤屈，被囚禁起來，不能自我表白清楚，最終以無罪的身分，年老拋棄到敦煌。敦煌正處在通往西域的道路上，讓威名震懾敵人的衝鋒陷陣之臣轉足之間災禍及身，又被郅支單于的殘餘分子所恥笑，確實是可悲啊！直到今天，奉命出使外國蠻夷地區的人，沒有不陳說郅支單于被誅殺的事，以此來宣揚漢朝國威的強盛。稱引人家的功勞來使敵人害怕，卻拋棄人家的身軀讓奸邪的人痛快，這難道不令人痛心嗎！況且安寧時不應忘掉危難，興盛時一定要想到衰敗，如今國家一向沒有文帝時期那樣多年節儉積蓄下來的富饒財物，又沒有武帝時期那樣經推薦延納重用的勇猛善戰的傑出將領，只有一個陳湯罷了！假使陳湯身處別的時代而趕不上陛下的時代，尚且希望陛下追記他的功勞，為其修墓樹碑，以激勵後來的人。陳湯幸而能夠生活在當今聖明之世，立功還沒有多久，反而聽信奸邪之臣打擊排擠，流放到遠方，使他流亡奔逃，死無葬身之地。有遠見的人士，沒有誰不估量，認為陳湯的功勳幾代人也比不上，而陳湯的過失，卻是一般人都可能有的，陳湯的結局尚且如此，其他人即使再為國家斷絕筋骨，遭受風霜雨雪之苦，還是會遭受讒佞之人的陷害，被嫉妒的奸臣所治罪入獄。這是我最為國家擔憂的原因。」奏書呈上之後，天子讓陳湯回到京城，死在長安。

20 陳湯死後數年，王莽為安漢公，執掌政權，既內心感激陳湯以前幫助他的恩德，又想要諂媚皇太后，就根據討伐郅支單于的功勞，尊稱元帝廟號為高宗。認為陳湯、甘延壽以前所立的功勞很大，而封賞太薄，還有候丞杜勳沒有得到封賞，便增封甘延壽的孫子甘遷食邑一千六百戶，追諡陳湯為破胡壯侯，封陳湯的兒子陳馮為破胡侯，杜勳為討狄侯。

1 段會宗，字子松，天水上邽❶人也。竟寧❷中，以杜陵令五府❸舉為西域都護、騎都尉光祿大夫，西域敬其威信。三歲，更盡還❹，拜為沛郡❺太守。以單于當朝，徙為雁門❻太守。數年，坐法免。西域諸國上書願得會宗，陽朔❼中復為都護。

2 會宗為人好大節⑧，矜⑨功名，與谷永相友善。谷永閔其老復遠出，予書戒曰：「足下以柔遠之令德⑩，復典都護之重職，甚休甚休⑪！若子之材，可優遊都城而取卿相，何必勒功昆山之仄⑫，總領百蠻，懷柔殊俗⑬？子之所長⑭，愚無以喻⑮。雖然，朋友以言贈行⑯，敢不略意⑰。方今漢德隆盛，遠人賓服，傅、鄭、甘、陳之功沒齒不可復見⑱，願吾子因循舊貫⑲，毋求奇功，終更亟⑳還，亦足以復鴈門之踦㉑。萬里之外以身為本。願詳思愚言。」

3 會宗既出，諸國遣子弟郊迎㉒。小昆彌安日㉓前為會宗所立，德之㉔，欲往謁，諸翖侯止不聽，遂至龜茲謁。城郭甚親附㉕。康居太子保蘇匿㉖率眾萬餘人欲降，會宗奏狀，漢遣衛司馬逢迎㉗。會宗發戊己校尉兵隨司馬受降。司馬畏其眾，欲令降者皆自縛，保蘇匿怨望㉘，舉眾亡去。會宗更盡還，以擅發戊己校尉之兵乏興㉙，有詔贖㉚論。拜為金城㉛太守，以病免。

4 歲餘，小昆彌為國民所殺，諸翖侯大亂。徵會宗為左曹中郎將光祿大夫㉜，使安輯㉝烏孫，立小昆彌兄末振將㉞，定其國而還。

5 明年，末振將殺大昆彌㉟，會病死㊱，漢恨誅不加。元延㊲中，復遣會宗發戊己校尉諸國兵，即誅末振將太子番丘㊳。會宗恐大兵入烏孫，驚番丘，亡逃不可得，即留所發兵墊婁㊴地，選精兵三十弩㊵，徑至昆彌所在，召番丘，責以「末振將骨肉相殺，殺漢公主子孫，未伏誅而死，使者受詔誅番丘」。即手劍擊殺番丘。官屬以下驚恐，馳歸。小昆彌烏犁靡㊶者，末振將兄子也，勒兵數千騎圍會宗，會宗為言來誅之意：「今圍守殺我，如取漢牛一毛耳。宛王郅支頭縣槀街，烏孫所知也。」昆彌以下服，曰：「末振將負漢，誅其子可也，獨㊷不可告我，令飲食之㊸邪？」會宗曰：「豫告昆彌，逃匿之，為大罪。即飲食以付我，傷骨肉恩，故不先告。」昆彌以下號泣罷去。會宗還奏事，公卿議會宗權得便宜㊹，以輕兵深入烏孫，即誅番丘，宣明國威，宜加重賞。天子賜會宗爵關內侯，黃金百斤。

6 是時，小昆彌季父卑爰疐㊺擁眾欲害昆彌，漢復遣會宗使安輯，與都護孫建㊻并力。明年，會宗病死㊼烏孫中，年七十五矣，城郭諸國為發喪立祠焉。

【章旨】以上是〈段會宗傳〉，記載段會宗兩次擔任西域都護、多次出使西域，寫他在西域建立的功勳，以及在各國中的崇高威望。

【注釋】❶天水上邽　天水，郡名。治平襄（今甘肅通渭西）。上邽，縣名。在今甘肅天水。據〈地理志〉，上邽不屬天水郡，而屬隴西郡。大約上邽原屬天水郡，後劃歸隴西郡。❷竟寧　漢元帝年號，僅一年（西元前三三年）。❸杜陵令五府　杜陵，縣名。因漢宣帝陵寢在此而名。在今陝西西安東南。五府，指丞相匡衡、御史大夫李延壽、車騎將軍許嘉、大將軍王鳳、右將軍王商的官府。❹更盡還　任期滿了之後回朝。漢代邊吏三年一更換職位，此處的更可作「任期」理解。❺沛郡　郡名。治相縣（今安徽淮北西北）。❻雁門　郡名。治善無（今山西右玉東南）。❼陽朔　漢成帝年號（西元前二四—前二一年）。❽大節　根本節操。❾矜　自誇；誇耀。❿柔遠之令德　安撫遠方的美德。柔遠，能安撫遠方。柔，安撫。令，美好。⓫休　美善。⓬昆山之仄　崑崙山之側。昆山，指崑崙山，在今新疆、西藏之間。仄，通「側」。⓭殊俗　不同的風俗。指蠻夷。⓮子之所長　指段會宗總領百蠻懷柔殊俗之長處。⓯無以喻　不用來曉告。⓰贈行　謂將要分別之時相贈。⓱略意　略陳本意。⓲傅鄭甘陳句　傅鄭甘陳，即傅介子、鄭吉、甘延壽、陳湯。沒齒，猶言沒世，即終身、一輩子。⓳願吾子因循舊貫　吾子，相親愛的稱呼。子，古時對男子的美稱。舊貫，舊的慣例；老辦法。貫，事例。⓴亟　急。㉑雁門之踦　指其被從雁門太守任上罷免。踦，通「奇」。即遇事不利。㉒郊迎　在城郊迎接。郊，城郊。㉓安日　人名。㉔德之　謂對其感激段會宗的恩德。㉕親附　親近依附。㉖保蘇匿　人名。㉗逢迎　顏師古注：「迎之於道，隨所到而逢之，故曰逢迎也。」即在途中迎接。㉘怨望　心中不滿。㉙乏興　「乏軍興」之省文。漢代與軍事有關的一種罪名，所涉事狀不一，其中，屯戍人員接受徵調而不及時前往，或擅自離開所戍守的位置，都是「乏興」。段會宗沒有經過朝廷許可，調發戊己校尉兵跟隨衛司馬受降，使戊己校尉所部屯戍軍隊離開屯戍地點，屬於「乏興」。㉚贖　用金錢穀物贖罪。㉛金城　郡名。治允吾（今甘肅蘭州西）。㉜左曹中郎將光祿大夫　皆官名。左曹，加官。受理尚書事務。中郎將光祿大夫，皆秩比二千石，屬光祿勳。㉝安輯　安撫、平定。輯，通「集」。㉞小昆彌兄末振將　兄，當作「弟」。下文云「小昆彌烏犁靡者，末振將兄子也」，烏犁靡為安日之子，故知此「兄」字乃「弟」之誤。又，〈西域傳・烏孫傳〉，以末振將為安日弟。末振將，人名。㉟大昆彌　名曰雌栗靡。㊱病死　此說誤。末振將實為大昆彌翎侯難栖所殺，見卷九十六下〈西域傳下〉。㊲元延　漢成帝年號（西元前一二—前九年）。㊳誅末振將大子番丘　據〈西域傳〉，誅殺番丘乃元延二年（西元前一一年）事。番丘，人名。㊴墊婁　地名。㊵三十弩　三十個弓弩手。㊶烏犁靡　〈西域傳〉作「安犁靡」。「烏」、「安」古音相近。㊷獨　表示反問。豈；難道。㊸令飲食之　吳恂《漢書注商》認為：「飲食之，蓋殺之之謂也。蠻夷之俗，或以人為犧，故有是稱。」㊹便宜　相機行事給國家帶來的利益、好處。㊺季父卑爰疐　季父，叔父。卑爰疐，人名。㊻孫建　人名。㊼病死　段會宗死於元延三年（西元前一〇年）。

【語　譯】段會宗，字子松，是天水郡上邽縣人。竟寧年間，他以杜陵令的身分，被丞相、御史大夫等五府舉薦為西域都護、騎都尉光祿大夫，西域各國都敬畏他的威信。三年後，任期滿，回朝，被任命為沛郡太守。因為單于要來朝見，就調為鴈門太守。過了數年，因犯法被免職。西域各國上書朝廷，希望段會宗回西域任職。陽朔年間，他再次擔任西域都護。

2 段會宗為人講究節操，看重功名，他與谷永相友好。谷永哀憐他年老了要再次遠出西域，寫信勸誡說：「您因為安撫遠方的美德，再次擔任都護的重要職位，可敬可佩！像您這樣有才能的人，可以在都城輕而易舉地獲得卿相的職位，何必到昆侖山之側去建立功勳，總管百蠻，安撫不同習俗的人們呢？您的長處，不用我來說明。盡管如此，朋友之間以言贈別，不能不大略陳述我的意見。如今漢朝恩德隆盛，邊遠的邦國都來歸服，像傅介子、鄭吉、甘延壽、陳湯等人所建立的功勳，我們終生也不可能再看到了，希望您遵循舊例，不要追求奇特的功勞，任期一到，就立即回朝，也足以彌補在鴈門郡時的不順當了。在萬里之外，保重身體為本。希望仔細考慮我的話。」

3 段會宗出關往西域行進，沿途各國國王都派遣子弟到城郊迎接。烏孫國小昆彌安日是此前由段會宗所立，感激他的恩德，想要前來拜謁，各位翎侯勸阻他，他不聽從，就到龜茲國拜見會宗。各城邦國都非常親近依附。康居國太子保蘇匿率領部眾一萬多人想歸降漢朝，段會宗把情況奏報朝廷，漢朝派遣衛司馬在路上迎接。段會宗調動戊己校尉率兵跟隨衛司馬接受歸降的人。衛司馬害怕康居國的人眾多，想要讓歸降的人都把自己捆綁起來，保蘇匿心中不滿，率領部眾逃走了。段會宗任期滿回朝，因為擅自調動戊己校尉的兵力，犯了乏興之罪，皇帝下詔讓他贖罪。任命他為金城太守，因為生病被免職。

4 一年多後，小昆彌被本國民眾所殺，各位翎侯之間發生爭亂。朝廷徵召段會宗為左曹中郎將光祿大夫，派他前往安撫烏孫國，立小昆彌安日的弟弟末振將為小昆彌，使烏孫國安定下來之後才回來。

5 第二年，末振將殺死大昆彌，恰好自己得病死去，漢朝遺憾沒能懲罰他。元延年間，再次派遣段會宗調動戊己校尉及各城邦國的軍隊，前去誅殺末振將的太子番丘。段會宗擔心大部隊進入烏孫，驚動番丘，逃走了就不能抓到，便把所徵調的部隊駐留在墊婁一帶，挑選精壯的弩箭手三十人，徑直來到昆彌所在的地方，召來番丘，斥責道「末振將骨肉之間相互殘殺，殺死漢朝公主的子孫，沒有受到懲罰就死去，使者接受詔命誅殺番丘」。隨即手舉長劍擊殺番丘。番丘的隨從官員大為驚恐，騎馬奔回去。小昆彌烏犁靡，是末振將兄長的兒子，率領數千騎兵包圍住段會宗，段會宗對他們說明來誅殺番丘的意圖，說：「如今圍困並殺死我，對漢朝來說如同拔掉牛身上的一根毛罷了。大宛王、郅支單于的頭顱懸掛在稾街，烏孫國是知道的。」昆彌以下都屈服，說：「末振將背負漢朝，殺死他的兒子是可以的。難道不能預先告知我，讓我殺掉他嗎？」段會宗說：「如果預先告知你，你讓他逃走或藏起來，就是犯了大罪。如果讓你殺掉他再交給我，就損傷骨肉恩情，所以沒有預先告知。」昆彌以下的人員號哭著罷兵離開。段會宗回朝奏報事情的經過，公卿們討論認為段會宗權宜處理，抓住了有利的機會，率領少數兵力深入烏孫國，就地殺了番丘，宣揚了國家聲威，應該給予重賞。天子賜給段會宗關內侯爵位，黃金一百斤。

6 這時，小昆彌的叔父卑爰疐聚集民眾，想要加害昆彌，漢朝又派遣段會宗出使安撫，與都護孫建共同努力。第二年，段會宗病死在烏孫國中，年紀七十五歲了，城邦各國都為他發喪，並修建祠廟。

贊曰：自元狩❶之際，張騫❷始通西域，至于地節❸，鄭吉建都護之號，訖王莽世，凡十八人，皆以勇略選，然其有功迹者具此❹。廉褒以恩信稱，郭舜以廉平著，孫建用威重顯❺，其餘無稱焉。陳湯儻蕩❻，不自收斂，卒用困窮❼，議者閔之，故備列云。

【章　旨】以上為本卷結語，點明本卷專寫在西域建立卓著功勳的人，並補充了廉褒等數人在西域任職的特點，對陳湯的遭遇表示同情。

【注釋】❶元狩　漢武帝年號（西元前一二二—前一一七年）。❷張騫　本書卷六十一有其傳。❸地節　漢宣帝年號（西元前六九—前六六年）。❹其有功迹者具此　可見此篇乃專寫在西域建立功勳的人。❺廉褒以恩信稱三句　附著廉褒、郭舜、孫建三人治西域的特點。❻儻蕩　放縱；不檢點。❼卒用困窮　最終因此而窘迫艱難。卒，最終；終於。用，因此。困窮，窘迫艱難。

【語譯】史官評議說：自從元狩年間，張騫開始打通西域，到了地節年間，鄭吉建立都護的名號，直到王莽時期，總共有十八人任都護，都是因為勇敢有謀略而選任，然而他們當中有功績的都記載在這裡。此外，廉褒以施恩德有信用而著稱，郭舜以廉潔公平而著稱，孫建以威望持重而突出，其餘的人沒有什麼值得稱道的。陳湯放縱，不注意檢點，最終因此而窘迫艱難，議論的人都哀憐他，所以我詳細地記敘了他的事跡。

【研析】〈傅常鄭甘陳段傳〉的意義主要有以下三點：

第一、本傳記載了西漢時期十八位西域都護中的傑出者，班固以生動簡潔的文筆敘述了他們的主要事跡，表彰他們的功勳，永垂史冊，以激勵後人。

第二、本傳是研究西漢時期中原王朝與西域各國之間關係史的重要資料。

第三、本傳也是了解西漢後期政治狀況的參考資料。本傳於陳湯之事敘述最為詳細，陳湯謀擊郅支單于一節尤為生動。班固著重突出陳湯的目的，主要並不是批評他舉止放縱而不自收斂，而是隱含著對西漢後期政治的不滿。陳湯以累世不可及之功，使漢朝聲威遠震，其遭遇卻極為坎坷，不僅封賞遭人阻撓，遲遲未定，所賞也是很微薄。事後，嫉妒排擠他的大臣屢次以纖介之過欲致之於死地，反映當時朝廷的黑暗。班固幾乎全文引用了劉向、谷永、耿育等人為陳湯申冤的奏疏，藉他們的話語，對朝廷「援人之功以懼敵，棄人之身以快讒」的做法提出了嚴厲批評。其中段會宗被烏孫兵圍困，上奏請求發兵自救一節，班固先寫丞相王商、大將軍王鳳以及百官們，討論數日都沒有結果，而陳湯以罷癃之身屈指之間就解決了，兩相對比，突出反映了那些所謂賢才通明的將相九卿們實在是一些庸碌無能之輩。

卷七十一

雋疏于薛平彭傳第四十一

【題解】本卷以雋不疑、疏廣、于定國、薛廣德、平當、彭宣六人合傳。六人為西漢中晚期大臣，歷任公卿，其共同之處，表現在通曉經術，識大體，行事高雅，善始善終，故班固將他們合為一傳。

1 雋不疑，字曼倩，勃海❶人也。治❷春秋❸，為郡文學❹，進退必以禮，名聞州郡。

2 武帝❺末，郡國盜賊群起。暴勝之❻為直指使者❼，衣繡衣❽，持斧，逐捕盜賊，督課❾郡國，東至海，以軍興❿誅不從命者，威振州郡。勝之素⓫聞不疑賢，至勃海，遣吏請與相見。不疑冠進賢冠⓬，帶櫑具劍⓭，佩環玦⓮，褒衣博帶⓯，盛服⓰至門上謁⓱。門下⓲欲使解劍，不疑曰：「劍者君子武備，所以衛身，不可解。請退。」吏白勝之。勝之開閤⓳延請，望見不疑容貌尊嚴，衣冠甚偉，勝之躧履[20]起迎。登堂坐定，不疑據地[21]曰：「竊[22]伏海瀕，聞暴公子[23]威名舊[24]矣，今乃承顏接辭[25]。凡為吏，太剛則折，太柔則廢，威行施之以恩，然後樹[26]功揚名，永終天祿[27]。」勝之知不疑非庸人[28]，敬納其戒，深接以禮意，問當世所施行。門下諸從事[29]皆州郡選吏[30]，側聽[31]不疑，莫不驚駭。至昏夜，罷去。勝之遂表薦[32]不疑，徵詣公車[33]，拜為青州[34]刺史[35]。

3 久之，武帝崩，昭帝[36]即位，而齊[37]孝王孫劉澤交結郡國豪桀謀反，欲先殺青州刺史。不疑發覺，收捕，皆伏其辜。擢[38]為京兆尹[39]，賜錢百萬。京師吏民敬其威信。每行縣[40]錄囚徒[41]還，其母輒問不疑：「有所平反[42]，活幾何人？」即不疑多有所平反，母喜笑，為飲食語言異於他時；或亡所出，母怒，為之不食。故不疑為吏，嚴而不殘。

4 始元五年[43]，有一男子乘黃犢車，建黃旐[44]，衣黃襜褕[45]，著黃冒[46]，詣[47]北闕[48]，自謂衛太子[49]。公車以聞，詔使公卿[50]將軍[51]中二千石[52]雜識視[53]。長安[54]中吏民聚觀者數萬人。右將軍勒兵[55]闕下，以備非常[56]。丞相[57]御史[58]中二千石至者立莫敢發言。京兆尹不疑後到，叱[59]從吏收縛。或曰：「是非未可知，且安[60]之。」不疑曰：「諸君何患於衛太子！昔蒯聵違命出奔，輒距而不納[61]，春秋是之。衛太子得罪先帝，亡不即死，今來自詣，此罪人也。」遂送詔獄(62)。

天子與大將軍霍光(63)聞而嘉(64)之，曰：「公卿大臣當用經術(65)明於大誼(66)。」繇(67)是名聲重於朝廷，在位者皆自以不及也。大將軍光欲以女妻(68)之，不疑固辭(69)，不肯當。久之，以病免，終於家。京師紀(70)之。後趙廣漢(71)為京兆尹，言：「我禁姦止邪，行於吏民，至於朝廷事，不及不疑遠甚。」廷尉(72)驗治何人(73)，竟得姦詐。本夏陽(74)人，姓成名方遂，居湖(75)，以卜筮(76)為事。有故太子舍人(77)嘗從方遂卜，謂曰：「子狀貌甚似衛太子。」方遂心利其言，幾(78)得以富貴，即詐自稱詣闕。廷尉逮召鄉里識知者(79)張宗祿等，方遂坐誣罔(80)不道，要斬(81)東市(82)。一云(83)姓張名延年。

【章　旨】以上為〈雋不疑傳〉。雋不疑以治《春秋》、為郡文學起家；在京兆尹任上多所平反；援引《春秋》輒拒納蒯聵事例，果斷處理有人冒充衛太子的事件；大將軍霍光要嫁女給雋不疑，不疑固辭。

【注　釋】❶勃海　郡名，治今河北滄州東南。❷治　研究；講習。❸春秋　儒家經典之一。相傳孔子根據魯國的編年史修訂而成。為一編年體史書，起於魯隱公元年（西元前七二二年），迄於魯哀公十四年（西元前四八一年）。❹文學　官名。漢代在州郡或王國設置文學掾、文學史，簡稱文學，掌教育。❺武帝　漢武帝劉徹。詳見卷六〈武帝紀〉。❻暴勝之　漢武帝時大臣，曾任直指使者、御史大夫等職。❼直指使者　官名。皇帝直接派出執行任務的使者。漢武帝末年，民間起事者眾，地方官員督捕不力，於是派直指使者衣繡衣，持斧杖節，興兵鎮壓。直指，表示處事無私。❽繡衣　彩繡的絲綢衣服，古代貴者所穿著。直指使者穿繡衣，表示地位尊貴。❾督課　督察考核。❿軍興　戰時法律制度。⓫素　平時；向來。⓬進賢冠　冠名。漢代儒生的服裝。⓭檑具劍　柄上鑲有蓓蕾形玉飾的長劍。⓮環玦　玉飾。環，玉環。玦，環形而有缺口的玉佩。⓯褒衣博帶　寬衣博帶。褒，衣襟寬大。博，寬大。⓰盛服　服飾齊整。表示嚴肅端莊。⓱上謁　通報姓名。⓲門下　守門的人。⓳閤　側門。⓴躧履　趿拉著鞋；來不及把鞋穿好。匆忙的樣子。㉑據地　以手按地；俯身。㉒竊　自稱。謙詞。㉓暴公子　暴公子，暴勝之的字。㉔舊　久；早。㉕承顏接辭　有幸見面並交談。㉖樹　建立。㉗永終天祿　永遠保持上天賜予的祿位。㉘庸人　平常人。㉙從事　屬吏。㉚州郡選吏　從州郡挑選的精幹官吏。㉛側聽　恭敬地聽。㉜表薦　上書推薦。㉝公車　漢代官署名。為衛尉的下屬機構，設公車令，掌管宮殿司馬門的警衛，受理天下臣民上書及徵召等事宜。㉞青州　州名。漢武帝所置十三州部之一。今渤海與泰山之間的山東東北部一帶。㉟刺史　官名。漢武帝時，把全國分為十三州部，每州部設刺史，負責監察郡國。㊱昭帝　漢昭帝劉弗陵。詳見卷七〈昭帝紀〉。㊲齊　王國名。治今山東淄博東北。㊳擢　提拔。㊴京兆尹　官名。京兆尹是西漢京畿的行政區域之一，在今陝西西安以東至華縣之間。同時西漢管轄京兆尹地區的行政長官也叫京兆尹，職權相當於郡太守。㊵行縣　巡行轄區各縣。㊶錄囚徒　省察並登記囚徒的罪狀，以了解他們是否受到不公正審判或對待。㊷平反　把冤屈誤判的案件糾正過來。㊸始元五年　西元前八二年。始元，漢昭帝年號之一。㊹旐　古代的一種旗。上畫龜蛇。㊺襜褕　古代一種寬大的單衣，為男女通用的非正朝之服。㊻冒　通「帽」。㊼詣　到。㊽北闕　未央宮北面的門樓。這裡指未央宮北門。闕，古代宮殿、祠廟或陵墓前的高臺，通常左右各一，臺上起樓觀，二闕之間有通道。未央宮，宮殿名，故址在今陝西西安西北長安故城內西南隅，常為朝見之處。㊾衛太子　漢武帝太子劉據，衛皇后所生。武帝末年，江充擅權，利用巫蠱之事誣陷衛太子，衛太子舉兵誅殺江充，引發長安城內混戰，最終衛太子兵敗自殺。㊿公卿　三公、九卿等朝廷重臣。(51)將軍　朝廷武官。(52)中二千石　漢代用官員的俸祿表示其職位等級。其中，二千石分為四等，即中二千石，真二千石，二千石，比二千石。這裡中二千石指相當於九卿一級的大臣。(53)雜識視　一起來辨認。雜，共。(54)長安　西漢京城。在今陝西西安西北郊。(55)勒兵　布置軍隊。(56)非常　意外的事件。(57)丞相　官名。三公之一。總領百官，輔佐皇帝，助理萬機。(58)御史　御史大夫。官名，三公之一。丞相之副，主管執法。(59)叱　喝令。(60)安　從容；安穩。(61)昔蒯聵二句　蒯聵是衛靈公太子，輒是蒯聵的兒子。蒯聵得罪於衛靈公而逃到晉國。因此衛靈公便立輒為繼承人，衛靈公死後，蒯聵要回來繼承君位，遭到輒的拒絕。(62)詔獄　關押奉皇帝詔令逮捕的罪人的監獄。(63)霍光　詳見卷六十八〈霍光傳〉。(64)嘉　稱讚。(65)經術　經學；儒家經典。(66)大誼　大原則；要旨。(67)繇　通「由」。(68)妻　動詞，嫁。(69)固辭　堅決辭謝。(70)紀　紀念；

懷念。(71)趙廣漢 詳見卷七十六〈趙廣漢傳〉。(72)廷尉 官名。九卿之一，掌刑獄。(73)何人 代詞。凡不知姓名及所從來者，皆曰何人。(74)夏陽 縣名。治今陝西韓城南。(75)湖 縣名。今河南靈寶西北。(76)卜筮 利用龜甲或蓍草預測吉凶。這裡指利用卜筮推測造成某一結果的根源。(77)太子舍人 官名。太子屬吏。(78)幾 通「冀」。希望。(79)識知者 相識、熟悉的人。(80)誣罔 罪名。欺騙君主和朝廷的行為。(81)要斬 腰斬。刑罰名。(82)東市 長安城中的市場之一。西漢在東市處決死刑犯人。(83)一云 舊本無「云」字。王念孫說當作「一云」。

【語 譯】雋不疑，字曼倩，勃海郡人。他研習《春秋》，被任用為郡中的文學掾，舉止行動必定依循禮儀，在州郡很有名氣。

2 漢武帝末年，郡和王國中盜賊成群作亂。暴勝之擔任直指使者，穿著繡衣，手持斧鉞，追捕盜賊，監督考核郡國官員，向東到達海濱，按照戰時法律制度懲罰不聽從命令者，威震州郡。暴勝之平時聽說雋不疑賢能，到達勃海郡後，便派遣官吏邀請與他相見。雋不疑戴著進賢帽，掛著櫑具劍，佩帶著玉環和玉玦，寬衣博帶，服飾齊整地來到門外，通報姓名。守門人要他把劍解下，雋不疑說：「劍是君子的武備，是用來保護自己的，不能解下。告辭了。」官吏向暴勝之彙報。暴勝之打開側門招請，只見雋不疑容貌莊重嚴肅，衣冠大方，暴勝之來不及把鞋穿好就匆忙起身迎接。登堂坐定後，雋不疑俯身說道：「我住在偏遠的海濱，早就聽說暴公子的威名了，今天才有幸相見並交談。凡是做官，過於剛正便會受到打擊，過於柔弱便會遭到罷免，行使威嚴同時施以恩惠，如此之後才能建立功業，傳播美名，永保天賜的祿位。」暴勝之知道雋不疑不是平常的人，恭敬地接受了他的勸誡，以隆重的禮儀接待他，並詢問當時應該採取的措施。暴勝之門下的僚屬都是州郡挑選的精幹官吏，他們恭敬地聆聽雋不疑的談話，無不感到震撼。直到天黑，雋不疑才告辭離去。暴勝之便上書推薦雋不疑，雋不疑被徵召到公車署，任命為青州刺史。

3 過了很長時間，漢武帝去世了，漢昭帝即位，齊孝王的孫子劉澤勾結各地有勢力的人謀反，想要先殺掉青州刺史。雋不疑發覺了，把他們抓起來，依法予以懲處。雋不疑因此被提拔為京兆尹，獲得一百萬錢的賞賜。京城官民都敬畏他的威信。他每次巡察各縣，審核囚徒罪狀回來，他的母親總是問他：「有沒有案件得到平反，救活了多少人命？」如果雋不疑平反了很多冤案，他的母親就非常高興，飲食、說話都與平時大不一樣；如果沒有什麼案子平反，他的母親就很生氣，並因此不吃東西。所以雋不疑做官，嚴厲卻不殘忍。

4 始元五年，有一個男子乘坐一輛黃色牛犢車，車上插著黃色的旐旗，穿著黃色的寬大單衣，戴著黃色的帽子，來到未央宮北門，自稱是衛太子。公車署的官員向皇帝彙報，皇帝傳下詔令，讓公卿、將軍、中二千石級官吏共同辨認。長安城中聚集圍觀的官民達幾萬人。右將軍把軍隊布置在門樓之下，以防發生意外。前來的公卿大臣都只站著沒有人敢說話。京兆尹雋不疑稍後趕到，喝令隨從官吏逮捕此人。有人說：「真相還不清楚，暫且慢一點吧。」雋不疑說：「各位何必害怕衛太子！以前蒯聵違背君命出逃，輒便拒絕接納他，《春秋》認為輒做得對。衛太子得罪了先帝，逃亡而沒有死掉，如今自己回來，這是有罪的人啊。」便把這個人押送到奉詔關押犯人的監獄。

5 皇帝和大將軍霍光聽說後都非常讚賞，說：「公卿大臣都應當運用經學明白其中的要旨。」因此雋不疑在朝廷名聲顯赫，在位的大臣都自認為趕不上他。大將軍霍光想要把女兒嫁給雋不疑，他堅決推辭，不願接受。過了很久，雋不疑因病免官，在家中去世。京城的人都懷念他。後來趙廣漢擔任京兆尹，他說：「我禁止奸詐、杜絕邪惡，在官民中收到很好的成效；至於處理朝廷大事，遠遠趕不上雋不疑。」廷尉審問這個被捉住的人，終於查清奸詐事實。此人本來是夏陽縣人，姓成，名方遂，住在湖縣，以占卜為生。有個以前做過衛太子舍人的人曾經到成方遂那裡占卜，他對成方遂說：「您的相貌酷似衛太子。」成方遂認為他的話能給自己帶來好處，希望因此能榮華富貴，於是就謊稱自己是衛太子，來到宮門前。廷尉捉拿召集同鄉里認識成方遂的張宗祿等人作證，成方遂被判為誣罔不道之罪，在東市被腰斬。還有一種說法，說此人姓張，名叫延年。

1 疏廣，字仲翁，東海❶蘭陵❷人也。少好學，明春秋，家居教授，學者自遠方至。徵為博士❸太中大夫❹。地節三年❺，立皇太子，選丙吉❻為太傅❼，廣為少傅❽。數月，吉遷御史大夫，廣徙為太傅，廣兄子受字公子，亦以賢良❾舉為太子家令❿。受好禮恭謹，敏而有辭。宣帝⓫幸⓬太子宮，受迎謁⓭應對⓮，及置酒宴，奉觴上壽⓯，辭禮閑雅⓰，上甚讙說⓱。頃之⓲，拜受為少傅。

2 太子外祖父特進⓳平恩⓴侯許伯㉑以為太子少，白使其弟中郎將㉒舜監護太子家。上以問廣，廣對曰：「太子國儲㉓副君㉔，師友必於天下英俊，不宜獨親外家許氏。且太子自有太傅少傅，官屬已備，今復使舜護太子家，視陋㉕，非所以廣太子德於天下也。」上善其言，以語丞相魏相㉖，相免冠謝曰：「此非臣等所能及。」廣繇是見㉗器重，數受賞賜。太子每朝，因進見，太傅在前，少傅在後。父子㉘並為師傅，朝廷以為榮。

3 在位五歲，皇太子年十二，通論語㉙、孝經㉚。廣謂受曰：「吾聞『知足不辱，知止不殆』，『功遂身退，天之道』㉛也。今仕官㉜至二千石，宦成名立，如此不去，懼有後悔，豈如㉝父子相隨㉞出關，歸老故鄉，以壽命終，不亦善乎？」受叩頭曰：「從大人議。」即日父子俱移病㉟。滿三月賜告㊱，廣遂稱篤㊲，上疏乞骸骨㊳。上以其年篤老，皆許之，加賜黃金二十斤，皇太子贈以五十斤。公卿大夫故人邑子㊴設祖道㊵，供張㊶東都門㊷外，送者車數百兩㊸，辭決㊹而去。及道路觀者皆曰：「賢哉二大夫！」或歎息為之下泣。

4 廣既歸鄉里，日㊺令家共具㊻設酒食，請族人故舊賓客，與相娛樂。數問其家金餘尚有幾所㊼，趣㊽賣以共具。居歲餘，廣子孫竊㊾謂其昆弟㊿老人廣所愛信者曰：「子孫幾及君時(51)頗立產業基阯(52)，今日飲食費(53)且盡。宜從丈人(54)所，勸說君買田宅。」老人即以閒(55)暇時為廣言此計，廣曰：「吾豈老誖(56)不念子孫哉？顧(57)自有舊田廬，令子孫勤力其中，足以共(58)衣食，與凡人齊。今復增益之以為贏餘，但教子孫怠墮耳。賢而多財，則損其志；愚而多財，則益其過。且夫富者，眾之怨也；吾既亡以教化子孫，不欲益其過而生怨。又此金者，聖主所以惠養老臣(59)也，故樂與鄉黨(60)宗族共饗(61)其賜，以盡吾餘日(62)，不亦可乎！」於是族人說服。皆以壽終。

【章旨】以上為〈疏廣傳〉，附其姪〈疏受傳〉。疏廣因通曉《春秋》受到朝廷徵用，主張太子師友應當選擇天下賢俊，不宜獨親外戚。疏受敏而有辭，拜太子少傅。兩人在深受皇帝賞識時卻辭官回鄉；回鄉後，把皇帝的賞賜用來與族人故舊賓客一起娛樂，而不為子孫置買田宅。

【注釋】❶東海　郡名。治今山東郯城北。❷蘭陵　縣名。今山東蒼山縣西南。❸博士　官名。太常屬官，掌通古今。漢武帝以後，專掌儒家經典的傳授。❹太中大夫　官名。郎中令（漢武帝時改稱光祿勳）屬官，掌論議。❺地節三年　西元前六七年。地節，漢宣帝年號。❻丙吉　詳見卷七十四〈丙吉傳〉。❼太傅　官名。掌輔導太子。❽少傅　官名。掌輔導太子，地位低於太傅。❾賢良　古代選拔人才的科目之一，由郡國推舉有德行才能的人充任。❿太子家令　官名。太子屬官，掌太子家事。⓫宣帝　漢宣帝劉詢。詳見卷八〈宣帝紀〉。⓬幸　皇帝親臨。⓭迎謁　迎接拜謁。⓮應對　酬對；對答。⓯奉觴上壽　敬酒祝壽。⓰閑雅　嫻雅；文雅大方。⓱讙說　通「歡悅」。⓲頃之　不久。⓳特進　加官名。始設於西漢後期。授予列侯中有特殊地位的人，位在三公下。⓴平恩　侯國名。今河北曲周東南。㉑許伯　許廣漢。㉒中郎將　官名。光祿勳屬官，中郎署的長官。掌守衛宮廷門戶，出充車騎。㉓國儲　皇位繼承人。㉔副君　君主的代表。㉕視陋　顯示淺陋。視，通「示」。㉖魏相　詳見卷七十四〈魏相傳〉。㉗見　受到；被。㉘父子　父子兩代。疏廣與疏受為叔姪關係。㉙論語　孔子言論的彙編，儒家最重要的經典。由孔子門生及再傳弟子集錄整理，是研究孔子及儒家思想的主要資料。㉚孝經　儒家經典，主要宣揚孝道和孝治思想。㉛知足不辱四句　語出《老子》。知止，懂得適可而止。殆，危險。遂，成。㉜仕官　出仕；做官。㉝豈如　哪如；哪裡比得上。㉞相隨　結伴。㉟移病　官員上書稱病。多為居官者求退的婉辭。㊱賜告　漢律規定，二千石官員休病假滿三月當免，賜告是休假期滿准予繼續休假而不免官，以示優容。㊲篤　病情加重。㊳乞骸骨　官吏自請辭官，意即使骸骨得歸葬故鄉。㊴邑子　同邑的人；同鄉。㊵祖道　為出行者祭祀路神，並宴飲送行；餞行。㊶供張　同「供帳」。陳設供宴會用的帷帳、用具、飲食等物。亦稱舉行宴會。㊷東都門　長安城東郭門。㊸兩　通「輛」。㊹辭決　告別；辭訣。㊺日　每天。㊻共具　擺設酒食用具。共，通「供」。㊼幾所　幾許；多少。㊽趣　通「促」。催促。㊾竊　私下。㊿昆弟　兄弟。(51)及君時　在君有生之年。君，指疏廣。(52)基阯　基礎。(53)費　費用；花費。(54)丈人　對老人的尊稱。(55)閒　通「閑」。(56)老誖　年老糊塗。誖，惑；糊塗。(57)顧　考慮到。(58)共　通「供」。(59)老臣　疏廣自稱。(60)鄉黨　鄉親。(61)饗　通「享」。(62)餘日　餘生；殘年。

【語　譯】疏廣，字仲翁，是東海郡蘭陵縣人。從小喜愛讀書，通曉《春秋》，住在家中講授學問，求學的人從遠方而來。被朝廷徵召為博士、太中大夫。地節三年，立皇太子，選用丙吉為太傅，疏廣為少傅。幾個月後，丙吉升遷為御史大夫，疏廣升遷為太傅，疏廣哥哥的兒子疏受字公子，也以賢良身分被推舉做太子家令。疏受喜好禮儀，謙恭謹慎，敏捷而且善於言詞。漢宣帝駕臨太子宮，疏受在迎接、拜謁、回答問題以及擺設酒筵、敬酒祝壽等各個環節，言詞禮節嫻熟而文雅，皇帝非常高興。不久，疏受被任命為少傅。

2 太子外祖父特進平恩侯許廣漢認為太子年少，稟告皇帝，讓他的弟弟中郎將許舜來監護太子家。成帝就此事詢問疏廣，疏廣回答說：「太子是皇位繼承人，君主的代表，師傅、朋友一定要選自天下的傑出人才，不應該只親近外家許氏。況且太子本來就有太傅、少傅，官屬已經齊備，如今再讓許舜監護太子家，這是在顯示淺陋，而不是要向天下宣揚太子的德義。」皇上很讚賞他的話，便說給丞相魏相聽，魏相脫帽表示歉意說：「這可不是我們所能比得上的。」疏廣從此受到器重，多次獲得賞賜。太子每次上朝，他們都隨同進見皇帝，太傅走在前面，少傅跟在後邊。父子兩輩同時做太子師傅，朝廷大臣都認為很榮耀。

3 疏廣在職五年，皇太子已經十二歲，能通曉《論語》、《孝經》。疏廣對疏受說：「我聽說『知道滿足就不會受辱，知道適可而止就不會危險』，『功成身退是自然規律』。現在我們做官已做到二千石的級別，功成名就，達到這種地步還不告退，恐怕會有後患，不如我們父子兩輩人結伴出關，辭官回鄉養老，享盡天年，這樣不是很好嗎？」疏受叩頭說：「聽從大人的吩咐。」當日叔姪都上書稱病休假。三個月期滿，朝廷准予續假，疏廣於是報稱病情加重，上書請求辭官。皇帝認為他們確實年邁，都批准了他們的請求，加賜黃金二十斤，皇太子贈送黃金五十斤。公卿大夫、老朋友、同鄉在東都門外為他們設帳餞行，送行的車輛達幾百輛，疏氏叔姪與他們道別而去。道路兩旁觀看的人都說：「這兩位大夫多麼賢明呀！」有的感慨得流下了眼淚。

4 疏廣回到家鄉以後，每天讓家人擺設宴席，請來本家族人及親朋老友，共同娛樂。多次詢問家中還剩多少黃金，催促賣掉以便供辦酒食。過了一年多，疏廣的子孫私下對疏廣的兄弟老人中疏廣所親愛信任的人說：「子孫們盼望趁他老人家在世時多打下些產業基礎，可如今每天吃喝喝錢都快花光了。最好請您老出面，去勸說他老人家置買田地房屋。」老人就利用閒暇時向疏廣提起這個想法，疏廣說：「我難道年老糊塗得不顧念我的子孫了嗎？考慮到自己原來就有田地房屋，如果子孫們在其中辛勤勞作，已足以供給衣食，過上平常人的生活。如今再增加產業讓他們有盈餘，只會使子孫變得懶惰。賢能的人擁有過多的財產，就會磨損志氣；愚蠢的人擁有過多的財產，就會增加過錯。況且富人，是眾人所怨恨的；我既然沒有什麼可以教化子孫的，也不想增加他們的過錯而招致怨恨。再說，這些黃金是聖明的君主賞賜供養我的，所以我很高興與鄉親、族人共同分享皇帝的恩賜，度過我的晚年，不也可以嗎！」同族的人因此都由衷地佩服他。疏廣、疏受都終老天年。

1 于定國，字曼倩，東海郯❶人也。其父于公為縣獄史❷，郡決曹❸，決獄平，羅文法❹者于公所決皆不恨❺。郡中為之生立祠，號曰于公祠。

2 東海有孝婦，少寡，亡子，養姑❻甚謹，姑欲嫁之，終不肯。姑謂鄰人曰：「孝婦事❼我勤苦，哀其亡子守寡。我老，久絫❽丁壯❾，奈何？」其後姑自經❿死，姑女告吏：「婦殺我母。」吏捕孝婦，孝婦辭不殺姑。吏驗治⓫，孝婦自誣服⓬。具獄⓭上府⓮，于公以為此婦養姑十餘年，以孝聞，必不殺也。太守⓯不聽，于公爭之，弗能得，乃抱其具獄，哭於府上，因辭疾去。太守竟論⓰殺孝婦。郡中枯旱三年。後太守至，卜筮其故，于公曰：「孝婦不當死，前太守彊斷之，咎黨⓱在是乎？」於是殺牛自祭孝婦冢，因表⓲其墓，天立大雨，歲熟⓳。郡中以此大敬重于公。

3 定國少學法於父，父死，後定國亦為獄史，郡決曹，補⓴廷尉史㉑，以選與御史中丞從事㉒治反者獄，以材高舉侍御史㉓，遷御史中丞。會㉔昭帝崩，昌邑王㉕

徵即位，行淫亂，定國上書諫。後王廢，宣帝立，大將軍光領尚書事㉖，條奏㉗群臣諫昌邑王者皆超遷㉘。定國繇是為光祿大夫㉙，平尚書事㉚，甚見任用。數年，遷水衡都尉㉛，超為廷尉。

4 定國乃迎師學春秋，身執經，北面㉜備弟子禮。為人謙恭，尤重經術士，雖卑賤徒步往過㉝，定國皆與鈞禮㉞，恩敬甚備㉟，學士咸稱焉。其決疑平法，務在哀鰥㊱寡，罪疑從輕，加審慎之心。朝廷稱之曰：「張釋之㊲為廷尉，天下無冤民；于定國為廷尉，民自以不冤。」定國食酒至數石㊳不亂，冬月治請讞㊴，飲酒益精明。為廷尉十八歲，遷御史大夫。

5 甘露㊵中，代黃霸㊶為丞相，封西平㊷侯。三年，宣帝崩，元帝㊸立，以定國任職㊹舊臣，敬重之。時陳萬年㊺為御史大夫，與定國並位八年，論議無所拂㊻。後貢禹㊼代為御史大夫，數處駁議㊽，定國明習政事，率常㊾丞相議可㊿。然上始即位，關東連年被災害，民流入關，言事者(51)歸咎於大臣。上於是數以朝日(52)引見丞相、御史，入受詔，條責(53)以職事，曰：「惡吏負賊(54)，妄意(55)良民，至亡辜(56)死。或盜賊發，吏不亟(57)追而反繫亡家(58)，後不敢復告，以故寖(59)廣。民多冤結(60)，州郡不理，連上書者交(61)於闕廷(62)。二千石選舉不實，是以在位多不任職。民田有災害，吏不肯除[63]，收趣[64]其租，以故重[65]困。關東流民飢寒疾疫，已詔吏轉漕[66]，虛[67]倉廩開府臧[68]相振救[69]，賜寒者衣，至春猶恐不贍[70]。今丞相、御史將欲何施以塞[71]此咎？悉意[72]條狀[73]，陳朕過失。」定國上書謝罪。

6 永光元年[74]，春霜夏寒，日青亡光，上復以詔條責曰：「郎[75]有從東方來者，言民父子相棄。丞相、御史案事[76]之吏匿不言邪？將從東方來者加增之也？何以錯繆[77]至是[78]？欲知其實。方今年歲[79]未可預知也，即有水旱，其憂不細。公卿有可以防其未然，救其已然者不[80]？各以誠[81]對，毋有所諱。」定國惶恐，上書自劾，歸侯印，乞骸骨。上報曰：「君相[82]朕躬[83]，不敢怠息[84]，萬方[85]之事，大錄[86]于君。能毋過者，其唯聖人。方今承周秦之敝，俗化陵夷[87]，民寡[88]禮誼[89]，陰陽不調，災咎之發，不為一端而作，自聖人推類[90]以記，不敢專也，況於非聖者[91]乎！日夜惟思所以[92]，未能盡明。經曰：『萬方有罪，罪在朕躬。』[93]君雖任職，何必顓[94]焉？其勉察郡國守相群牧[95]，非其人者毋令久賊民。永執綱紀[96]，務悉[97]聰明，強食慎疾。」定國遂稱篤，固辭。上迺賜安車[98]駟馬[99]、黃金六十斤，罷就第。數歲，七十餘薨，諡[100]曰安侯。

7 子永嗣[101]。少時，耆[102]酒多過失，年且三十，乃折節[103]修行，以父任[104]為侍中[105]

中郎將、長水校尉[106]。定國死，居喪如禮，孝行聞。由是以列侯為散騎[107]光祿勳[108]，至御史大夫。尚[109]館陶[110]公主施。施者，宣帝長女，成帝[111]姑也，賢有行[112]，永以選尚焉。上方欲相之，會永薨。子恬嗣。恬不肖[113]，薄於行[114]。

8 始定國父于公，其閭門[115]壞，父老方共治之。于公謂曰：「少[116]高大閭門，令容駟馬高蓋車。我治獄多陰德[117]，未嘗有所冤，子孫必有興者。」至定國為丞相，永為御史大夫，封侯傳世云。

【章旨】以上為〈于定國傳〉，敘述于定國及其父親于公的主要事跡。于公只做過縣獄史和郡決曹等基層官吏，治獄「未嘗有所冤」，贏得郡中百姓的尊敬。于定國少學法於父，也從獄史和郡決曹起家，官至廷尉、御史大夫、丞相。于定國決獄，有其父之風，以故「民自以不冤」。此傳以于公起始，又以于公結束，用以勸誡為官者，有其深意。

【注釋】❶郯　縣名。治今山東郯城北。❷獄史　官名。縣的屬吏，負責審理訴訟事務。❸決曹　官名。郡的屬吏，掌訴訟。❹羅文法　觸犯法律。羅，通「罹」。觸犯。文法，法律。❺恨　怨。❻姑　丈夫的母親；婆母。❼事　侍奉。❽絫　通「累」。拖累。❾丁壯　少壯的人；青壯年。❿自經　自縊；上吊自殺。⓫驗治　查驗處治。⓬自誣服　自行承認妄加於自己的不實之詞，表示服罪。⓭具獄　據以定罪的全部文書。⓮府　郡府。⓯太守　官名。郡的行政長官。⓰論　判決。⓱黨　通「儻」。或許；大概。⓲表　立標柱以示表彰。⓳熟　豐收。⓴補　官有缺位，選員補充。㉑廷尉史　官名。廷尉屬官。掌刑獄。㉒御史中丞從事　官名。御史中丞屬官。御史中丞，御史大夫屬官，外督部刺史，內領侍御史，受公卿章奏，糾察百官。㉓侍御史　官名。御史中丞屬官。受公卿奏事，舉劾按章。㉔會　遇到；正趕上。㉕昌邑王　劉賀，武帝之孫。詳見卷六十三〈武五子傳〉。㉖領尚書事　兼管尚書事務。尚書，少府屬官，掌殿內文書。㉗條奏　逐條上奏。㉘超遷　越級升遷。㉙光祿大夫　官名。光祿勳屬官。掌論議。㉚平尚書事　參與平議尚書事務。㉛水衡都尉　官名。掌上林苑，兼管稅收、鑄錢等。㉜北面　面向北。古禮，臣拜君，卑幼拜尊長，皆面向北行禮。這裡指拜人為師，行弟子敬師之禮。㉝過　拜訪。㉞鈞禮　待以平等之禮。㉟備　周到。㊱鰥　老而無妻的人。㊲張釋之　詳見卷五十〈張釋之傳〉。㊳石　容量單位。一石相當於現在的二十公升。㊴讞　疑獄平議。㊵甘露　漢宣帝年號之一，西元前五三—前五〇年。㊶黃霸　詳見卷八十九〈循吏傳〉。㊷西平　侯國名。今河南西平西。㊸元帝　漢元帝劉奭。詳見卷九〈元帝紀〉。㊹任職　盡職；稱職。㊺陳萬年　詳見卷六十六〈陳萬年傳〉。㊻無所拂　不相違背。㊼貢禹　詳見卷七十二〈貢禹傳〉。㊽駮議　異議。㊾率常　經常；通常。㊿議可　指皇帝贊同于定國的意見。51言事者　上書議論政事的人。52朝日　皇帝坐朝聽政之日。漢代皇帝五日一上朝。53條責　分條列舉責備。54負賊　因抓不到盜賊而在考核政績時列為下等。負，蒙受；承擔。55妄意　臆測；隨意懷疑。56亡辜　無辜；無罪。57亟　急；立刻。58亡家　失物之家；受害之家。59寖　通「浸」。逐漸。60冤結　冤屈；冤氣鬱結。61交錯；錯雜。62闕廷　朝廷；京城。63除　減免。64趣　通「促」。催促；加緊。65重　加重；更加。66轉漕　轉運糧餉。陸運為轉，水運為漕。67虛　清空；全部發出。68府臧　府庫。臧，通「藏」。69振救　賑濟救助。70贍　充足。71塞　彌補；抵償。72悉意　盡心。73條狀　列舉情狀。74永光元年　西元前四三年。永光，漢元帝年號之一。75郎　官名。郎中令（武帝以後改稱光祿勳）屬官。掌持戟守衛宮殿門戶，皇帝出行則充車騎。西漢前期有郎中、中郎，武帝以後又有侍郎、議郎。郎或郎官是其總稱。76案事　辦理其事。77錯繆　互相矛盾；錯雜。78至是　到這種地步。79年歲　收成。80不　通「否」。81誠　如實；誠心。82相　輔佐。83朕躬　皇帝自稱。84怠息　懈怠偷閒。85萬方　各地諸侯；全國各地。86大錄　總錄；總領。87陵夷　衰敗；頹廢。88寡　缺少。89禮誼　禮義；禮法道義。90推類　類推；按類排比進行推究。91非聖者　常人。92所以　所由；導致災害的原因。93經曰三句　語出《論語・堯曰》。94顓　通「專」。獨自承擔。95群牧　眾多官員。96綱紀　綱常法度；法紀。97悉　全部；用盡。98安車　可以坐乘的小車。古時站立乘車，此為坐乘，故稱安車，供年老的大臣及貴婦人乘用。大臣告老還鄉或朝廷徵召有很高名望的人，往往賜乘安車。安車多用一匹馬，禮尊者則用四匹馬。99駟馬　共駕一車的四匹馬。100謚　謚號。古代皇帝、貴族、大臣、傑出官員或其他有地位的人死後，根據其生前事跡所加的帶有褒貶意義的稱號。101嗣　繼承爵位。102者　通「嗜」。特別愛好。103折節　努力克制自己，改變平素的志趣、行為。104任　保舉。105侍中　加官名。本職之外加此稱號，即可侍從皇帝左右，出入宮廷，與聞朝政。106長水校尉　官名。掌管駐守長安西北郊的宣曲胡騎。秩二千石。107散騎　加官名。皇帝出行時，散騎騎馬護衛。108光祿勳　官名。九卿之一。掌宮殿掖門戶。

原名郎中令，漢武帝時改稱光祿勳。⑩尚　娶公主為妻。⑪館陶　縣名。今河北館陶。⑪成帝　漢成帝劉驁。詳見卷十〈成帝紀〉。⑫有行　有德行。⑬不肖　子不似父。⑭薄於行　品行不好，舉止輕薄。⑮閭門　里門。⑯少　稍微。⑰陰德　暗中做的有益於他人的事；在人世間所做的而在陰間可以記功的好事。

【語　譯】于定國，字曼倩，是東海郡郯縣人。他父親于公先後做過縣中的獄史和郡中的決曹，審理案件很公平，那些觸犯法律的人，凡經于公判決的，都沒有怨恨。郡中在于公生前就為他建立祠堂，名叫于公祠。

2　東海郡有個孝順的媳婦，年紀很輕就成了寡婦，沒有兒子，贍養婆母非常恭謹，婆母想把她嫁出去，她始終不同意。婆母對鄰居說：「孝婦侍奉我不辭辛勞，可憐她無子而守寡。我這麼老了，還要長期拖累年輕健康的人，怎麼辦？」後來婆母上吊自殺了，婆母的女兒向官府控告：「媳婦殺死了我的母親。」官吏逮捕了孝婦，孝婦辯說沒有殺婆母。官吏不斷查驗審問，孝婦只好承認妄加於自己的不實之詞，表示服罪。案件審結，上報到郡府，于公認為這位媳婦供養婆母十幾年，因孝順而聞名，肯定不會殺害婆母。郡太守不聽從他的意見，于公與太守爭辯，沒能成功，便抱著所有的案卷，在府上痛哭，接著便稱病辭職。太守最終判決殺死了孝婦。郡中連續大旱三年。新太守上任之後，占卜尋找大旱的原因，于公說：「孝婦不應當判死罪，前任太守強行判決，過錯大概出在這裡吧？」於是太守殺牛親自祭祀孝婦的墳墓，並在墳前立表，表彰她的孝行，天上立刻下起了大雨，當年獲得豐收。郡中人因此非常敬重于公。

3　于定國從小向他的父親學習法律，他的父親去世後，于定國也先後做縣中獄史和郡中決曹，遞補廷尉史，又被推選與御史中丞從事一起審理謀反案件，因為才能高超又被推舉為侍御史，提升為御史中丞。恰巧昭帝去世，昌邑王被徵召即位，他荒淫放縱，于定國上書勸諫。後來昌邑王被廢黜，漢宣帝即位，大將軍霍光兼領尚書事務，逐條上奏曾勸諫過昌邑王的朝臣，都得到越級升遷。于定國因此做了光祿大夫，參與平議尚書事務，很受重用。幾年後，他升遷為水衡都尉，隨後又越級升為廷尉。

4　于定國便求師學習《春秋》，親手拿著經書，面朝北對著老師，盡弟子的禮節。他為人謙遜恭敬，尤其尊重經學之士，即使是地位卑下的人徒步前來拜訪，于定國都平等相待，給予恩惠和禮敬，無微不至，儒學之士都稱讚他。他判決疑案，執法公平，力求同情鰥寡孤獨的人，證據不足的罪行，從輕處罰，更添一分小心謹慎。朝廷大臣稱讚他說：「張釋之做廷尉，天下沒有受冤屈的百姓；于定國做廷尉，百姓都認為自己不會受冤屈。」于定國飲酒喝到幾石也不會昏亂，冬天審核地方上報的疑難案件，飲酒後更加精細明察。他做廷尉十八年後，升遷為御史大夫。

5 甘露年間，于定國接替黃霸做丞相，被封為西平侯。三年後，漢宣帝去世，漢元帝即位，因為于定國是稱職的老臣，很敬重他。當時陳萬年任御史大夫，和于定國共事八年，兩人的意見從來不相違背。後來貢禹接替陳萬年做御史大夫，多次提出不同意見，由於于定國熟悉政務，他的意見經常得到皇帝的認可。然而，皇帝剛剛即位，關東連年遭受災害，流民湧入關內，上書言事的人把罪責歸咎於大臣。因此皇帝多次在上朝之日接見丞相、御史大夫，入朝接受詔令，皇上針對職責逐條加以責備，說：「惡劣的官吏害怕抓不到盜賊而影響政績，隨意猜疑好人，甚至無罪而被處死。有時發生盜賊案件，官吏不立刻追捕罪犯，反而拘禁受害人家，致使以後沒人敢於告發犯罪，因而盜賊越來越多。百姓有很多的冤屈，州郡卻不接受處理，以致到朝廷上告的人接連不斷。二千石級官吏的選舉不實，因此在位的官吏多數不稱職。老百姓田地遭受災害，官吏不肯減免他們的負擔，反而加緊催收他們的租稅，百姓因此更加困苦不堪。關東流民飢寒交迫，疾病流行，已經命令官吏水陸兩路運送糧食，清空糧倉，打開府庫，以賑濟百姓，向受凍的人賞賜衣服，還擔心不足以維持到春天。現在丞相、御史大夫想要採取什麼措施來彌補這些罪過？盡心思考，列舉情狀，指出我的過失。」于定國上書謝罪。

6 永光元年，春天降霜，夏天寒冷，太陽昏暗沒有光彩，皇帝又下詔分條責備說：「有個從東方回來的郎官，說那裡的百姓因饑荒而父子分離。是丞相、御史大夫、主管官吏隱匿不說呢？還是從東方回來的人有意誇大事實呢？為什麼如此相互矛盾？我想了解其中實情。目前今年的年成還無法預料，如果發生了水旱災害，憂患就不小。公卿大臣中有沒有可以防範未來災害和救濟已發生災害的辦法？各自誠心回答，不要有所隱諱。」于定國惶恐不安，上書自我檢討，歸還列侯符印，請求辭官還鄉。皇帝答覆說：「您輔佐我，不敢懈怠偷閒，總領處理全國各地事務。只有聖人才會沒有過錯。如今繼承了周、秦兩朝的弊病，風俗敗壞，百姓缺少禮義，陰陽不調和，災禍的發生，不是一方面的原因造成的，即使是聖人也要把災禍分門別類，歸於不同原因，而不敢獨自承擔責任，何況不是聖人呢！我日夜思考災禍的原因，還是不能全部了解。經書上說：『如果天下諸侯有過錯，罪責都應該由我一個人承擔。』您雖然擔任丞相，何必單獨承擔責任呢？請您盡心考察各地郡太守和王國相等眾多官員，不稱職的人不要讓他們長期殘害百姓。您要永遠掌握法紀，竭盡聰明才智，努力加餐，謹防生病。」于定國聲稱病重，堅決請求辭職。皇帝於是賞賜給他一輛四匹馬拉的安車和六十斤黃金，免職回家。幾年後去世，享年七十多歲，諡號為「安侯」。

7 兒子于永繼承侯爵。于永年輕的時候，嗜好飲酒，有許多過失，年近三十歲時，才改正以前的過失，修養品行，由父親保舉做侍中中郎將、長水校尉。于定國死後，他遵循禮制守喪，以孝敬的行為受到人們的稱讚。因此以列侯的身分擔任散騎光祿勳，升遷到御史大夫。他娶館陶公主劉施為妻。劉施是漢宣帝的長女，漢成帝的姑姑，賢慧有品行，于永被挑選娶了她。皇帝正想任命他做丞相，恰好于永去世了。他的兒子于恬繼承侯爵。于恬不像他父親，舉止輕薄。

8 當初，于定國的父親于公在世時，他的里門壞了，里中父老正在一起修繕。于公對他們說：「稍稍把里門修得高大些，讓它能容納四匹馬拉的高蓋車。我審理案件積了很多陰德，未曾冤枉過誰，我的子孫中一定有興盛的。」後來于定國做了丞相，于永做了御史大夫，並且封侯，世代相傳。

薛廣德，字長卿，沛郡相❶人也。以魯詩❷教授楚國❸，龔勝、舍❹師事焉。

蕭望之❺為御史大夫，除❻廣德為屬❼，數與論議，器❽之，薦廣德經行❾宜充本朝❿。為博士，論石渠⓫，遷諫大夫⓬，代貢禹為長信少府⓭、御史大夫。

廣德為人溫雅⑭有醞藉⑮。及為三公⑯，直言諫爭⑰。始拜旬日間，上幸甘泉⑱，郊泰畤⑲，禮畢，因留射獵。廣德上書曰：「竊見關東困極，人民流離。陛下日撞亡秦⑳之鐘，聽鄭衛之樂㉑，臣誠悼之。今士卒暴露㉒，從官勞倦，願陛下亟㉓反㉔宮，思與百姓同憂樂，天下幸甚。」上即日還。其秋，上酎㉕祭宗廟，出便門㉖，欲御樓船㉗，廣德當㉘乘輿㉙車，免冠頓首㉚曰：「宜從橋。」詔曰：「大夫㉛冠。」廣德曰：「陛下不聽臣，臣自刎，以血汙車輪，陛下不得入廟矣。」上不說。先敺㉜光祿大夫張猛㉝進㉞曰：「臣聞主聖臣直。乘船危，就橋安，聖主不乘危。御史大夫言可聽。」上曰：「曉人不當如是邪！」乃從橋。

後月餘，以歲惡㉟民流，與丞相定國、大司馬㊱車騎將軍㊲史高㊳俱乞骸骨，皆賜安車駟馬、黃金六十斤，罷。廣德為御史大夫，凡十月免。東歸沛，太守迎之界上。沛以為榮，縣其安車㊴傳子孫。

【章旨】以上為〈薛廣德傳〉。薛廣德曾教授《魯詩》，官至博士、御史大夫。其主要事跡，一為上書諫射獵，一為諫御樓船。

【注釋】❶沛郡相　沛郡，郡名。治相縣。相，縣名，今安徽濉溪西北。❷魯詩　漢初魯人申培公所傳授的《詩經》。屬今文經學，西漢時傳授最廣。❸楚國　王國名。治今江蘇徐州。❹龔勝舍　龔勝和龔舍。詳見卷七十二〈兩龔傳〉。❺蕭望

之　詳見卷七十八〈蕭望之傳〉。❻除　授予官職；任用為官。❼屬　屬員；屬官。❽器　動詞。認為能成大器。❾經行　即「經明行修」。通曉經學，品行端正。❿宜充本朝　適合在朝廷任職。⓫石渠　閣名。西漢皇帝藏書之處，在長安未央宮殿北。⓬諫大夫　官名。光祿勳屬官。掌論議。⓭長信少府　官名。掌皇太后宮。⓮溫雅　溫和文雅。⓯醞藉　寬容有涵養。⓰三公　漢代丞相、御史大夫與太尉合稱三公。⓱諫爭　即諫諍。直言規勸。⓲甘泉　宮名。在今陝西淳化西北甘泉山上。⓳郊泰畤　祭祀泰一天神。郊，祭天之禮。泰，最高天神泰一。畤，祭壇。泰畤在甘泉宮附近。⓴亡秦　滅亡了的秦朝。㉑鄭衛之樂　春秋戰國時鄭、衛兩國的民間音樂，因不同於正統的雅樂，被儒家斥為「亂世之音」。後來泛指淫靡的音樂。㉒暴露　露在外面，無所遮蔽。㉓亟　急。㉔反　通「返」。㉕酎　經過多次釀製的醇酒。㉖便門　長安城南面西頭第一門。㉗樓船　有樓的大船，古代多用作戰船。㉘當　通「擋」。阻攔。㉙乘輿　泛指皇帝用的器物。㉚頓首　叩頭。㉛大夫　對薛廣德的敬稱。㉜先敺　前導官；在前面開路的人。㉝張猛　張騫的孫子。㉞進　進言。㉟歲惡　年成不好；莊稼歉收。㊱大司馬　官名。掌武事。西漢一朝，經常授予掌權的外戚，多與大將軍、驃騎將軍、車騎將軍等聯稱，也有不兼將軍稱號的。㊲車騎將軍　武官名。㊳史高　外戚，漢宣帝祖母史良娣之兄史恭之子。㊴縣其安車　把安車存放不用，以示榮耀。縣，通「懸」。

【語　譯】薛廣德，字長卿，沛郡相縣人。他在楚國教授《魯詩》，龔勝、龔舍都拜他為師。蕭望之做御史大夫期間，任用薛廣德做他的屬官，多次與他討論政務，很器重他，推薦薛廣德，說他通曉經學、品行端正，適合在朝廷任職。薛廣德被任用為博士官，在石渠閣討論經學，升遷為諫大夫，後來接替貢禹做長信少府、御史大夫。

薛廣德為人溫和文雅，寬容有涵養。等到他位列三公，能夠直言勸諫。在他剛出任御史大夫十天左右時，皇帝駕臨甘泉宮，祭祀泰一天神，祭禮完畢，想趁機留下來打獵。薛廣德上書說：「我看見關東地區非常困苦，百姓流離失所。陛下每天撞擊已經滅亡的秦朝的樂鐘，欣賞著荒淫輕浮的鄭衛樂曲，我確實感到悲哀。現在士兵忍受日曬雨淋，隨從的官吏辛勞疲倦，希望陛下盡快返回皇宮，思考與百姓同憂共樂，普天之下都會感到莫大的幸福。」皇帝當天就回到了皇宮。這年秋天，皇帝獻醇酒祭祀宗廟，出了便門，想要乘樓船，薛廣德擋住皇帝的車駕，脫帽叩頭說：「應當從橋上過。」皇帝下令說：「請您戴上帽子。」薛廣德說：「陛下不聽我的意見，我將自殺，讓血沾汙車輪，您就無法進入宗廟了。」皇帝很不高興。先行官光祿大夫張猛進言說：「我聽說君主聖明大臣就耿直。乘船危險，從橋上走安全，聖明的君主不應該冒風險。御史大夫的話值得聽從。」皇帝說：「勸說別人不應該這樣嗎！」於是改從橋上過。

此後一月有餘，因為年成不好，百姓流離失所，薛廣德和丞相于定國、大司馬車騎將軍史高，一起請求辭職還鄉，每人被賜予一輛四匹馬拉的安車和六十斤黃金，免除官職。薛廣德任御史大夫，共十個月免職。向東回到沛郡，太守到邊界上迎接。沛郡人都以此為榮，他把安車存放起來傳給子孫。

1　平當，字子思，祖父以訾❶百萬，自下邑❷徙平陵❸。當少為大行治禮丞❹，功次❺補大鴻臚文學❻，察廉❼為順陽長❽，栒邑令❾。以明經❿為博士，公卿薦當論議通明，給事中⓫。每有災異⓬，當輒傅⓭經術，言得失。文雅雖不能及蕭望之、匡衡⓮，然指意略同。

2　自元帝時，韋玄成⓯為丞相，奏罷太上皇⓰寢廟園⓱，當上書言：「臣聞孔子曰：『如有王者，必世而後仁。』⓲三十年之間，道德和洽⓳，制禮興樂，災害不生，禍亂不作。今聖漢受命⓴而王，繼體承業㉑二百餘年，孜孜不怠㉒，政令清矣。然風俗未和，陰陽未調，災害數見，意者㉓大本有不立與㉔？何德化休徵㉕不應之久也！禍福不虛，必有因而至者焉。宜深迹㉖其道而務修其本。昔者帝堯㉗

南面而治，先『克明俊德，以親九族[28]』，而化及萬國。孝經曰：『天地之性人為貴，人之行莫大於孝，孝莫大於嚴父，嚴父莫大於配天。則周公其人也。』[29]夫孝子善述[30]人之志，周公[31]既成文武[32]之業而制作禮樂，修嚴父配天之事。知文王不欲以子臨[33]父，故推而序[34]之，上極於后稷[35]而以配天。此聖人之德，亡以加於孝也。高皇帝[36]聖德受命，有天下，尊太上皇，猶周文武之追王太王[37]、王季[38]也。此漢之始祖，後嗣所宜尊奉以廣盛德，孝之至也。書云：『正稽古建功立事，可以永年，傳於亡窮。』」[39]上納其言，下詔復太上皇寢廟園。

3 頃之，使行[40]流民幽州[41]，舉奏刺史二千石勞倈[42]有意者，言勃海鹽池可且勿禁，以救民急。所過見稱[43]，奉使者十一人為最[44]，遷丞相司直[45]。坐法，左遷[46]朔方[47]刺史。復徵入為太中大夫給事中，絫遷[48]長信少府、大鴻臚、光祿勳。

4 先是[49]，太后[50]姊子衛尉[51]淳于長[52]白言昌陵[53]不可成，下有司[54]議。當以為作治連年，可遂就[55]。上既罷昌陵，以長首建忠策，復下公卿議封長。當又以為長雖有善言，不應[56]封爵之科[57]。坐前議不正，左遷鉅鹿[58]太守。後上遂封長。當以經明禹貢[59]，使行河[60]，為騎都尉[61]，領河隄。

5 哀帝[62]即位，徵當為光祿大夫諸吏散騎[63]，復為光祿勳，御史大夫，至丞相。

以冬月[64]，賜爵關內侯[65]。明年春，上使使者召，欲封當。當病篤，不應召[66]。室家[67]或謂當：「不可強起受侯印為子孫邪？」當曰：「吾居大位，已負素餐[68]之責[69]矣，起受侯印，還臥而死，死有餘罪。今不起者，所以為子孫也。」遂上書乞骸骨。上報曰：「朕選於眾，以君為相，視事[70]日寡[71]，輔政未久，陰陽不調，冬無大雪，旱氣為災，朕之不德，何必君罪？君何疑而上書乞骸骨，歸關內侯爵邑？使尚書令[72]譚賜君養牛[73]一，上尊酒[74]十石。君其勉致醫藥以自持[75]。」後月餘，卒。子晏以明經歷位[76]大司徒，封防鄉[77]侯。漢興，唯韋、平[78]父子至宰相。

【章旨】以上為〈平當傳〉。平當的主要事跡有，根據孝道，主張恢復太上皇寢廟園；奉使前往幽州巡視流民，舉措得宜；因反對封淳于長為列侯而觸旨，被排擠出朝廷；因通曉〈禹貢〉而負責巡察黃河河道；以尸位素餐為恥，在病重期間不接受列侯印綬等。

【注釋】❶訾　通「貲」。家貲；家產。❷下邑　縣名。今安徽碭山東。❸平陵　縣名。今陝西咸陽西北。漢昭帝陵墓名平陵，在此置縣，故名。❹大行治禮丞　官名。大行令屬官，掌禮儀。大行，即大行令，大鴻臚屬官。❺功次　任職的資歷。❻大鴻臚文學　官名。大鴻臚屬官。掌文書經義。❼察廉　又作「舉廉」。漢代選拔人才的科目，由郡國薦舉廉潔之士，經過考察，任以官職。❽順陽長　順陽縣的長官。秦漢時期，治萬戶以上縣者稱令，不足萬戶者為長。順陽，縣名，今河南淅川南。❾栒邑令　栒邑縣的長官。栒邑，縣名，今陝西旬邑東北。❿明經　通曉儒家經典。⓫給事中　加官名。侍從皇帝左右，備顧問應對，參議政事，因執事於殿中，故名。⓬災異　自然災害或某些異常的自然現象，古時被認為是對執政者的警示。⓭傅　通「附」。依傍；比附。⓮匡衡　詳見卷八十一〈匡衡傳〉。⓯韋玄成　詳見卷七十三〈韋賢傳〉。⓰太上皇　漢高祖劉邦的父親劉太公。⑰寢廟園　漢代皇帝去世後，安葬於陵園；陵園外附近立廟，為祭祀場所；陵園內建寢，收藏死者衣冠遺物。⑱孔子曰三句　語出《論語・子路》。若有人受天命而稱王，一定要經過三十年才能實現仁政。世，三十年。⑲和洽　和諧融洽。⑳受命　接受天命。㉑繼體承業　子孫相繼傳承先世基業。㉒孜孜不怠　勤勉努力，毫不懈怠。㉓意者　大概；或許；恐怕。㉔與　通「歟」。㉕休徵　吉祥徵兆。㉖迹　探索；考察。㉗帝堯　唐堯。傳說中的古代聖王。㉘克明二句　語出《尚書・虞書・堯典》。能夠尊顯品德高尚的人，使九族和睦相處。克，能。明，彰顯。九族，親族，上自高祖，下至玄孫。㉙孝經曰六句　性，生。嚴，尊敬。配天，祭天時以祖先配享。㉚述　繼承；遵循。㉛周公　周文王之子姬旦，輔佐周武王伐紂滅商，分封於魯。㉜文武　周文王和周武王。文，周文王姬昌，周武王的父親。武，周武王姬發，周文王之子，伐紂滅商，建立周王朝。㉝臨　居高望下。㉞序　次序；輩分。㉟后稷　周朝的始祖。㊱高皇帝　漢高祖劉邦。詳見卷一〈高帝紀〉。㊲太王　周文王的祖父古公亶父。㊳王季　周太王古公亶父的少子季歷，周文王的父親。㊴書云四句　顏師古說出《今文尚書・泰誓》。正確地考察古道，建立功業，可以使國運長久，永遠傳遞下去。書，《尚書》，即上古之書，是儒家的重要經典之一，保存了商周時期的重要史料。㊵行　巡視；視察。㊶幽州　州名。漢武帝所置十三州部之一。今河北北部、遼寧至朝鮮大同江流域。㊷勞倈　慰問、勸勉前來的人；以恩德招之使來。㊸見稱　受人稱讚。㊹最　政績考評中名列前茅。㊺丞相司直　官名。丞相屬官。幫助丞相檢舉不法。㊻左遷　貶職。㊼朔方　郡名。治今內蒙古杭錦旗西北黃河南岸。㊽絫遷　多次受到提拔。絫，通「累」。㊾先是　在此之前。㊿太后　漢元帝皇后王政君，漢成帝的母親，王莽的姑姑。詳見卷九十八〈元后傳〉。(51)衛尉　官名。九卿之一。掌宮門衛屯兵。(52)淳于長　詳見卷九十三〈佞幸傳〉。(53)昌陵　漢成帝所建初陵，因勞民傷財，多年不成，後作罷。在今陝西西安東。(54)有司　有關官員；主管官員。(55)遂就　完成。(56)應　符合；相應。(57)科　漢代法律形式之一，係對某一方面的實施細則。(58)鉅鹿　郡名。治今河北平鄉西南。(59)禹貢　《尚書》中的一篇。假託夏禹平治水土，把全國分為九州，分別記錄各州的山川分布、物產狀況和貢賦情況。(60)行河　巡察黃河河道。河，黃河。(61)騎都尉　官名。皇帝近侍。(62)哀帝　漢哀帝劉欣。詳見卷十一〈哀帝紀〉。(63)諸吏散騎　諸吏、散騎均為加官。諸吏掌檢舉不法，散騎則在皇帝出行時騎馬護從。(64)冬月　農曆十月。(65)關內侯　爵位名。為秦漢二十等爵中的第十九級，僅次於列侯。按照當時慣例，丞相當為列侯；而根據禮制，冬月不宜冊封列侯，所以平當出任丞相，先賜爵關內侯。(66)應召　接受召見。(67)室家　泛指家庭中的人。(68)素餐　無功受祿；不勞而食。(69)責　通「債」。(70)視事　處理政務。(71)寡　不多；少。(72)尚書令　官名。少府屬官。掌殿內文書。(73)養牛　御廄所養的牛。(74)上尊酒　上等酒。(75)自持　自我保養；自己維持。(76)歷位　曾經擔任過的職位。⑰防鄉　地名。⑱韋平　韋賢和平當。

【語　譯】平當，字子思，祖父因為家產超過百萬，被從下邑縣遷徙到平陵縣。平當年輕時做過大行治禮丞，依照任職的功勞資歷遞補為大鴻臚文學，因廉潔被舉薦做順陽縣長、栒邑縣令。由於精通經學，被任用做博士官，公卿推薦平當闡述意見通達明瞭，加官為給事中。每當出現災異，平當便比附經書，分析政治得失。盡管文雅比不上蕭望之、匡衡，但主旨大體相同。

2 漢元帝時，韋玄成擔任丞相，上奏章廢除了太上皇的陵園寢廟，平當上書說：「我聽孔子說過：『若有人受天命而稱王，一定要經過三十年才能實現仁政。』三十年之間，可以使道德和諧融洽，創建、復興禮樂制度，使災害不發生，禍亂不出現。如今聖明的漢朝承受天命而治理天下，子孫相繼傳承先代基業已經兩百多年，勤勉努力，毫不懈怠，政令已經清明了。然而，風俗還沒有和順，陰陽還沒有協調，災害經常出現，或許是治國的根本還沒有確立吧？為什麼道德感化的吉祥徵兆這麼長時間還沒有應驗呢！禍和福不是憑空出現的，一定會隨著某種原因而來。應該深入地考察其中的規律，努力遵循根本原則。從前唐堯南面稱帝，首先『能夠彰顯品德高尚的人，使九族和睦相處』，然後再使道德教化普及到天下百姓。《孝經》說：『天地間的生命，人是最寶貴的；人的所作所為，沒有比孝更重要的了；孝行中沒有比尊敬父親更重要的了；尊敬父親，沒有比祭祀上天時讓父親配享更重要的了。周公就是這樣做的人。』孝子善於遵循前人的志向，周公完成周文王、周武王的事業之後，便創建禮樂制度，實行尊敬父親而在祭天時讓先父配享的做法。周公知道周文王不想讓兒子位居父親之上，所以按順序往上推，追溯到始祖后稷，讓后稷在祭天時配享。這說明在聖人的品德中，孝是最重要的。漢高祖以神聖的品德，受命於天，擁有天下，尊稱父親為太上皇，就像周文王、武王追尊他們的先人太王、王季一樣。太上皇是漢朝的始祖，子孫後代應該尊敬恭奉他，以推廣高尚的品德，這是孝的最高境界。《尚書》說：『正確地考察古道，建立功業，可以使國運長久，永遠傳遞下去。』」皇帝採納了平當的建議，下令恢復太上皇的寢廟和陵園。

3 不久，平當奉命去幽州巡視流民，向皇帝彙報以恩德招撫流民的刺史和二千石官員，建議勃海郡的鹽池可暫時向百姓開放，允許私自煮鹽，以救濟百姓眼前的急難。平當所巡視的地方都稱讚他，在奉命到各地巡視的十一名使者中成績最大，升遷為丞相司直。犯法獲罪，降職為朔方刺史。又被徵召入京，擔任太中大夫給事中，屢次獲得提拔，歷任長信少府、大鴻臚、光祿勳。

4 在此之前，太后姊姊的兒子衛尉淳于長進言說昌陵難以建成，皇帝交給有關官員討論。平當認為已經營建多年，可以建成。皇帝廢除昌陵以後，認為淳于長首先說出忠直之言，再次下令讓公卿討論給淳于長封爵。平當又認為淳于長儘管有好的建議，但是不符合封爵的規定。平當因上次的議論不正而被皇帝怪罪，貶職為鉅鹿太守。後來皇帝終於冊封淳于長為列侯。平當由於精通〈禹貢〉，皇帝便派他巡視黃河河道，被任命為騎都尉，管理黃河大堤。

5 漢哀帝即位後，徵召平當做光祿大夫加諸吏、散騎，再次擔任光祿勳，升為御史大夫，一直到丞相。在那年冬天，賜爵為關內侯。第二年春天，皇帝派使者召見平當，要冊封他為列侯。平當病情嚴重，沒有接受召見。家中有人對平當說：「不能夠勉強起來接受封侯為子孫打算嗎？」平當說：「我身居高位，已經欠下不勞而食的債了，起身接受列侯的符印，回來臥床而死，至死也無法抵其罪。現在不起身應召，就是為子孫著想啊。」於是上書請求辭官還鄉。皇上答覆說：「我從眾臣中選拔您做丞相，您上任沒有幾天，輔助我處理政務時間不長，陰陽不調和，冬天不下雪，旱氣造成災害，這是由於我德行淺薄，怎麼是您的過錯呢？您何必考慮那麼多，還上書請求退職、歸還關內侯的爵位和奉邑呢？現在派遣尚書令譚賞賜您一頭養牛，十石上等酒。您應當盡力求醫服藥來保養自己。」此後一個多月，平當去世了。兒子平晏因為通曉經學，逐級升遷為大司徒，被封為防鄉侯。漢朝建立以來，只有韋賢和平當，都是父子兩代官至宰相。

彭宣，字子佩，淮陽❶陽夏❷人也。治易❸，事張禹❹，舉為博士，遷東平❺

太傅。禹以帝師見尊信，薦宣經明有威重，可任政事，繇是入為右扶風❻，遷廷尉。以王國人，出為太原❼太守。數年，復入為大司農❽、光祿勳、右將軍❾。哀帝即位，徙為左將軍❿。歲餘，上欲令丁、傅⓫處爪牙官⓬，迺策宣曰：「有司數奏言諸侯國人不得宿衛⓭，將軍不宜典兵馬，處大位。朕唯將軍任漢將之重，而子又前取⓮淮陽王女，婚姻不絕，非國之制。使光祿大夫曼賜將軍黃金五十斤、安車駟馬，其上左將軍印綬⓯，以關內侯歸家。」

宣罷數歲，諫大夫鮑宣⓰數薦宣。會元壽元年⓱正月朔⓲日蝕⓳，鮑宣復言⓴，上迺召宣為光祿大夫，遷御史大夫，轉㉑為大司空㉒，封長平㉓侯。

會哀帝崩，新都㉔侯王莽㉕為大司馬，秉政專權。宣上書言：「三公鼎足㉖承君，一足不任，則覆亂美實。臣資性淺薄，年齒老眊㉗，數伏疾病，昏亂遺忘，願上大司空、長平侯印綬，乞骸骨歸鄉里，竢寘溝壑㉘。」莽白太后，策宣曰：「惟君視事日寡，功德未效，迫於老眊昏亂，非所以輔國家，綏㉙海內也。使光祿勳豐冊詔君，其上大司空印綬，便㉚就國。」莽恨宣求退，故不賜黃金安車駟馬。宣居國數年，薨，諡曰頃侯。傳子至孫，王莽敗，迺絕。

【章　旨】以上為〈彭宣傳〉。彭宣因精通《易》而為博士，歷右扶風、廷尉、御史大夫、大司空等職；因王莽專權，上書願辭去官爵。

【注　釋】❶淮陽　王國名。治今河南淮陽。❷陽夏　縣名。治今河南太康。❸易　也稱《易經》或《周易》，儒家經典之一。分〈經〉、〈傳〉兩部分，〈經〉據傳為周文王所作，由卦、爻兩種符號重疊演成六十四卦、三百八十四爻，依據卦象推測吉凶。❹張禹　詳見卷八十一〈張禹傳〉。❺東平　王國名。治今山東東平東。❻右扶風　西漢京畿長安以西地區，相當於郡級行政區劃，治今陝西西安西北。其行政長官也稱右扶風，職權相當於郡太守。❼太原　郡名。治今山西太原西南。漢朝制度，諸侯國的人不能在京師任職。❽大司農　官名。九卿之一。掌錢穀、租賦、鹽鐵等事。❾右將軍　武官名。掌兵及征伐。❿左將軍　武官名。掌兵及征伐。⓫丁傅　外戚，丁太后（哀帝母）和傅太后（哀帝祖母）的家族。⓬爪牙官　比喻武臣。⓭宿衛　在宮禁中值宿，擔任警衛。⓮取　通「娶」。⓯印綬　官印和上面繫的絲帶。古時官印上繫有絲帶，佩帶在身。⓰鮑宣　詳見卷七十二〈鮑宣傳〉。⓱元壽元年　西元前二年。元壽，漢哀帝年號之一。⓲朔　農曆每月第一天稱「朔」。⓳日蝕　日食。⓴復言　舊本作「復上言」，下句之首無「上」字。王先謙說「上」屬下句。㉑轉　改任。元壽二年，御史大夫改稱大司空。㉒大司空　官名。原名御史大夫，三公之一。掌執法。㉓長平　縣名。治今河南西華東北。㉔新都　侯國名。治今河南新野。㉕王莽　詳見卷九十九〈王莽傳〉。㉖鼎足　鼎有三足，古時多用來喻朝廷三公。㉗眊　通「耄」。指八九十歲的年紀。㉘竢寘溝壑　等待死亡。竢，通「俟」。等待。寘溝壑，又作「填溝壑」。填屍於溝壑，婉指死亡。㉙綏　安撫。㉚便　立即；直接。

【語　譯】彭宣，字子佩，淮陽國陽夏縣人。他研習《易經》，拜張禹為師，被推舉為博士官，轉任東平國的太傅。張禹因為是皇帝的老師而受到尊敬、信任，他推薦說彭宣通曉經典，威嚴穩重，可以委任政事，因此彭宣進京擔任右扶風，升遷為廷尉。因為是王國出生的人，被調出京城擔任太原太守。幾年後，又進京先後擔任大司農、光祿勳、右將軍。哀帝即位後，轉任左將軍。過了一年多，皇帝想讓丁、傅兩家外戚出任武臣，便下策書給彭宣說：「有關部門多次上奏說，諸侯國中的人不能在宮中擔任警衛，將軍您不適宜管理兵馬，居於高位。我考慮到您擔任漢朝將領這麼重要的職位，您的兒子此前又娶了淮陽王的女兒，婚姻關係親密，不合國家制度。今派光祿大夫曼賜給將軍您五十斤黃金和四匹馬駕的安車，請您交上左將軍的印綬，以關內侯的身分回家吧。」

彭宣被罷官幾年後，諫大夫鮑宣多次推薦彭宣。恰巧元壽元年正月初發生日食，鮑宣再次進言，皇帝便徵召彭宣做光祿大夫，升任御史大夫，轉任大司空，被封為長平侯。

又遇上哀帝去世，新都侯王莽擔任大司馬，執掌朝政，獨攬大權。彭宣上書說：「三公如同鼎之三足，承受君命，如果有一足不勝任，就會傾覆鼎中的美食。我資質淺薄，年老多病，糊塗健忘，希望上交大司空、長平侯的官綬，請求辭職回鄉，等待填屍溝壑。」王莽稟報太后，給彭宣下策書說：「您任職日數不多，功德還沒施展，迫於年老糊塗，難以輔佐國家，安撫天下。今派光祿勳豐給您傳下詔書，請交上大司空的印綬，馬上回到您的封國去。」王莽怨恨彭宣請求辭職，所以沒有賜給他黃金和四匹馬駕的安車。彭宣居住在封國幾年後去世，謚號為頃侯。侯爵傳給兒子，直到孫子，王莽失敗後，才斷絕。

贊曰：雋不疑學以從政，臨事不惑，遂立名迹❶，終始可述。疏廣行止足❷之計，免辱殆之絫❸，亦其次也。于定國父子哀鰥❹哲獄❺，為任職❻臣。薛廣德保縣車之榮，平當逡遁❼有恥，彭宣見險而止，異乎「苟患失之❽」者矣。

【章旨】以上是作者對所傳人物的評論。作者以極簡練的文字對六人的特點分別加以概括，實為對貪戀官位、患得患失者之針砭。

【注釋】❶名迹　聲名與業跡。❷止足　知止知足，不貪得無厭。❸絫　通「累」。拖累。❹哀鰥　哀恤鰥寡。❺哲獄　知獄情。❻任職　稱職；盡職。❼逡遁　也作「逡巡」、「逡循」。退避；退讓。❽苟患失之　語出《論語・陽貨》。大意是說，為了苟且保住官位，便會無所不為。而平當、彭宣等人與此完全不同。

【語　譯】史官評議說：雋不疑以學問精深而從政，面臨大事明辨不疑，因此成就聲名業跡，一生都值得追述。疏廣實踐「知足知止」的信條，避免遭受恥辱和危險，也與雋不疑相差無幾。于定國父子哀憐鰥寡，明察案情，是盡職盡責的大臣。薛廣德保住了告老還鄉的榮耀，平當退讓有節，能知恥，彭宣發現危險及時止步，這與那些害怕失去官位的人是完全不同的。

【研　析】本篇六位傳主，加上疏廣之子疏受、于定國之父于公，實際上記錄了八位人物的事跡，所涉時間從漢武帝末到西漢末年，各人行事也不盡相同。班固將這些人合為一卷，大意是要反映他們善始善終，為官正直、稱職，又能知所守，不刻意追求地位與榮華，故能免屈辱、享天年，可以說反映了班固本人的一種人生追求。茲就篇中史事所反映的儒者參政與法家的儒家化問題，略予剖析。

法家主張法律至上、嚴刑峻法，而儒家強調教化為先、刑法為輔；法家主張在法律面前人人平等，而儒家則主張法律應維護家族倫理與尊卑秩序；法家強調法律嚴格按法律條文規定處置罪犯，秦律及繼承秦律的漢律，在對犯罪的處理上並不考慮親情倫理及社會地位。如當時法律規定父子必須分家，而儒家強調數代同居共財；又如秦律規定，父親可以不通過兒子的同意支配兒子的財物，但養父私取養子的財物則以偷盜定罪，但在儒家看來，親父、養父，名分相同，理應一視同仁。

漢武帝強化中央集權，否定漢朝前期「無為而治」的政策，全面繼承並發展秦朝專制集權制度，包括秦朝以嚴密法律控制社會的做法，在漢初《九章律》的基礎上，因事定律，形成篇章文字繁多複雜的法律文本。如本書〈刑法志〉所說：「律令凡三百五十九章，大辟四百九條，千八百八十二事，死罪決事比萬三千四百七十二事。文書盈於几閣，典者不能徧睹。」武帝晚年，長期開邊拓土造成經濟凋敝、民不聊生，社會矛盾激化，民眾暴動不斷，所謂「郡國盜賊群起」，於是又置直指刺史，「衣繡衣，持斧，逐捕盜賊，督課郡國」。局勢儼然如秦末動盪，一味的高壓，就意味著漢帝國的崩潰。但漢武帝晚年下詔罪己，昭帝、宣帝時期，續行休養生息政策，局勢趨於安定。

漢政權成功避免秦朝暴政而亡的命運，不只因為有前期「無為而治」的政治經驗可資借鑒，也在於漢武帝尊重儒學，儒家關於德政、緩刑的理念得到宣揚。一些儒生進入官場，對現實中繼亡秦覆轍的政治舉措，進行了一定程度的批評，並引起統治者的警醒，這也是漢武帝下詔罪己的一個背景。本篇〈雋不疑傳〉，謂繡衣直指刺史暴勝之奉命至勃海郡，按最為嚴厲的軍事法令「誅不從命者」，長於《春秋經》、在該郡擔任文化官員的雋不疑以儒者盛裝相見，說以「凡為吏，太剛則折，太柔則廢，威行施之以恩，然後樹功揚名，永終天祿」。實際上就是要求將法家的法治與儒家的德治結合起來，恩威並重。雋不疑本人後來歷任青州刺史、京兆尹，工作性質均與法律罪囚有關，其為吏「嚴而不殘」，正是法家原則與儒家理念的結合。

不僅以儒家經學出身的官員在實際行為中，將法律吏治與儒教仁政相結合，舒緩社會緊張。在朝廷尊崇儒學、以儒者為太子師傅的背景下，原本純屬法家的官僚也積極接受儒學薰陶，在實踐中改變法家剛性的為政風格，更多考慮情理、體察人心。于定國之父為縣獄史、郡決曹，于定國「少學法於父，父死，後定國亦為獄史，郡決曹」，法學家傳。定國父于公為東海孝婦平反昭雪，成為古代最有名的斷獄公正的故事，但所奉行的不過是法家以事實為依據、以法律為準繩的原則，並非儒者據理緣情依律的主張。定國當上最高司法長官廷尉後，「迎師學《春秋》，身執經，北面備弟子禮。為人謙恭，尤重經術士，雖卑賤徒步往過，定國皆與鈞禮，恩敬甚備，學士咸稱焉。其決疑平法，務在哀鰥寡，罪疑從輕，加審慎之心」。執法實踐上顯然受到儒家理念的影響。以儒家經典的說法做為判案定罪的依據，即所謂經義決獄，更是法律儒家化的具體表現。雋不疑在偽衛太子一案中引《春秋》中的事例而臨機處斷，成功避免一場政治危機，使得執政者霍光加以表彰：「公卿大臣當用經術明於大誼。」

在儒家理念的影響下，漢帝國掌握刑獄的官員，以人命為重，以「活人」為目的，在剛性的制度規定下，無疑有助於緩和社會矛盾。當然，漢代法律的儒家化，主要還體現在執法者在具體案件審理中，緣情依律，而在具體的法律條文中體現儒家的主張，要到魏晉時代才水到渠成。至於法家的法治理念合理，還是儒家的教化主張合理，在此不予置評。

卷七十二

王貢兩龔鮑傳第四十二

【題解】本卷為王吉、貢禹、龔勝與龔舍、鮑宣五人合傳。五人都通曉儒家經典，砥礪名節，關心國計民生，敢於犯顏諫諍，而不苟合取容，故合為一傳。開篇述及商周之際的隱士伯夷、叔齊，稱讚二人「不降其志，不辱其身」；接下來又提到漢興以來幾位隱士潔身自好的事跡；然後轉入正題，具體敘述王、貢、兩龔、鮑五人的主要事跡；又以成帝至王莽時「明經飭行」的「清名之士」收尾。

1 昔武王❶伐紂❷，遷九鼎❸於雒邑❹，伯夷、叔齊❺薄❻之，餓死首陽❼，不食其祿，周❽猶稱盛德焉。然孔子賢此二人，以為「不降其志，不辱其身❾」也。而孟子亦云：「聞伯夷之風者，貪夫廉，懦夫有立志❿。」「奮乎百世之上，百世之下莫不興起，非賢人而能若是乎⓫！」

2 漢興有園公、綺里季、夏黃公、角里先生，此四人者，當秦之世，避而入商雒深山⑫，以待天下之定也。自高祖⑬聞而召之，不至。其後呂后⑭用留侯⑮計，使皇太子⑯卑辭⑰束帛⑱致禮⑲，安車⑳迎而致之。四人既至，從太子見，高祖客而敬焉，太子得以為重，遂用自安。語在留侯傳㉑。

3 其後谷口㉒有鄭子真，蜀㉓有嚴君平，皆修身自保，非其服弗服，非其食弗食。成帝㉔時，元舅㉕大將軍㉖王鳳㉗以禮聘子真，子真遂不詘㉘而終。君平卜筮㉙於成都㉚市，以為「卜筮者賤業，而可以惠眾人。有邪惡非正之問，則依蓍㉛龜為言利害。與人子言依於孝，與人弟言依於順，與人臣言依於忠，各因勢導之以善，從吾言者，已過半矣」。裁㉜日閱㉝數人，得百錢足自養，則閉肆下簾㉞而授老子㉟。博覽亡不通，依老子、嚴周㊱之指著書十萬餘言。揚雄㊲少時從游學㊳，以而仕京師顯名，數為朝廷在位賢者稱君平德。杜陵㊴李彊素善雄，久之為益州㊵牧㊶，喜謂雄曰：「吾真得嚴君平矣。」雄曰：「君備禮以待之，彼人可見而不可得詘也。」彊心以為不然。及至蜀，致禮與相見，卒㊷不敢言以為從事㊸，乃歎曰：「揚子雲誠㊹知人！」君平年九十餘，遂以其業終，蜀人愛敬，至今稱焉。及雄著書言當世士，稱此二人。其論曰：「或問：君子疾㊺沒世而名不稱，盍勢諸名卿㊻可幾㊼？曰：君子德名㊽為幾。梁、齊、楚、趙之君非不富且貴也，惡虖㊾

成其名？谷口鄭子真不詘其志，耕於巖石之下，名震於京師，豈其卿？豈其卿？楚兩龔[50]之絜[51]，其清[52]矣乎！蜀嚴湛冥[53]，不作苟見[54]，不治苟得[55]，久幽而不改其操[56]，雖隨、和[57]何以加諸[58]？舉茲以旃[59]，不亦寶乎！」

4 自園公、綺里季、夏黃公、甪里先生、鄭子真、嚴君平皆未嘗仕，然其風聲[60]足以激貪厲俗[61]，近古之逸民[62]也。若王吉、貢禹、兩龔之屬[63]，皆以禮讓進退[64]云。

【章　旨】以上為本卷的「引言」。稱述伯夷、叔齊的節操，列舉園公、綺里季、夏黃公、甪里先生以及鄭子真、嚴君平等西漢前期隱逸之士的事跡。

【注　釋】❶武王　周武王姬發，周文王之子，於西元前十一世紀中期討滅商朝，建立周朝。❷紂　商朝末代君主，統治殘暴。❸九鼎　相傳為夏禹所鑄。象徵國家政權。❹雒邑　即洛邑，在今河南洛陽東北白馬寺之東。本為商邑，西周成王時由周公主持擴建，稱「成周」。❺伯夷叔齊　商朝末年孤竹國君的兩個兒子，兄弟二人相互讓國出走，逃到周國。周武王伐紂，二人叩馬勸阻。武王滅商後，他們恥食周粟，採薇而食，餓死於首陽山。❻薄　鄙薄；輕視。❼首陽　山名。其地有多種說法：今山西永濟西南；今河南偃師西北；今河北盧龍東南；今山西和順東南；今甘肅隴西西南。❽周　周朝。周武王滅商朝之後所建。❾不降二句　不降低自己的志向，不屈辱自己的身分。語出《論語・微子》。❿聞伯夷之風三句　語出《孟子・萬章下》。廉，廉潔。⓫奮乎百世三句　語出《孟子・盡心下》。奮，奮發；奮起。⓬商雒深山　山名。今陝西商縣東之商山。⓭高祖　漢高祖劉邦。高祖是劉邦的廟號。詳見卷一〈高帝紀〉。⓮呂后　漢高祖劉邦的皇后呂雉。詳見卷三〈高后紀〉。⓯留侯　張良。詳見卷四十〈張良傳〉。留，侯國名，治今山東微山西南。一說治今江蘇沛縣東南。⓰皇太子　漢惠帝劉盈，漢高祖與呂后之子。詳見卷二〈惠帝紀〉。⓱卑辭　言詞謙恭。⓲束帛　捆為一束的五匹帛。古代常用作聘問、饋贈的禮物。⓳致

禮　表示禮遇。⑳安車　供年老大臣乘用的車子。㉑留侯傳　即卷四十〈張良傳〉。㉒谷口　地名，一名瓠口，在今陝西禮泉東北。㉓蜀　郡名。治今四川成都。㉔成帝　漢成帝劉驁。詳見卷十〈成帝紀〉。㉕元舅　長舅；大舅。㉖大將軍　武官名。掌兵權及征伐。㉗王鳳　漢元帝皇后王政君之弟，漢成帝的長舅，時任大司馬大將軍。㉘詘　曲意遷就。㉙卜筮　利用龜甲或著草預測吉凶。㉚成都　縣名。治今四川成都。㉛蓍　多年生草本植物，一本多莖，古人常用以卜筮。㉜裁　通「才」。僅僅；不過。㉝閱　接待。㉞閉肆下簾　關閉鋪子，降下竹簾，停止營業。肆，市中鋪位。㉟老子　一名《道德經》，先秦道家經典。㊱嚴周　即莊周，戰國時期道家代表人物。漢代人避漢明帝劉莊之諱而改稱嚴周。㊲揚雄　一作楊雄。詳見卷八十七〈揚雄傳〉。㊳游學　交遊問學。㊴杜陵　縣名。今陝西長安東北。因漢宣帝墓杜陵在此而得名。㊵益州　州名。漢武帝所置十三州部之一。在今四川、雲南、貴州一帶。㊶牧　州的長官。漢武帝時各州設刺史，負責檢察。漢成帝改刺史為州牧，成為高於郡的行政長官。㊷卒　終於；最終。㊸從事　州、郡屬官。㊹誠　確實。㊺疚　憂慮。㊻盍勢諸名卿　何不因名卿之勢以求名。盍，反詰疑問，何不。勢，憑藉權勢。諸，之於。㊼幾　庶幾；差不多。㊽德名　自己修養品德，就會留下好名聲。㊾惡虖　疑問詞。在哪裡。㊿楚兩龔　指龔勝和龔舍。本卷有傳。(51)絜　通「潔」。廉潔。(52)清　清白。(53)蜀嚴湛冥　蜀郡嚴君平，深沉清靜。嚴，嚴君平。(54)不作苟見　不苟且炫耀自己。(55)不治苟得　不苟且獲取私利。(56)操　品行；操守。(57)隨和　隨侯之珠，和氏之璧。(58)加諸　超過他。諸，之，指嚴君平等人。(59)舉茲以旃　推舉此人而任用他。以，用。旃，之焉。(60)風聲　聲望。(61)激貪厲俗　抑制貪婪之風，勸勉良好的世俗。厲，通「勵」。(62)逸民　避世隱居的人。(63)儔　類；輩。(64)進退　出仕或隱退。

【語譯】從前，周武王討伐商紂王，把九鼎搬到雒邑，伯夷、叔齊鄙視這種行為，餓死在首陽山，不肯吃周朝的糧食，周朝仍然以崇高的德行稱讚他們。孔子把這兩人看作賢人，認為他們「不降低自己的志向，不辱沒自己的身分」。孟子也說：「聽到伯夷風範的人，貪婪的人會變得廉潔，懦弱的人會下定決心。」「在百代之前奮發有為，使百代以後的人無不因感動而奮起，不是賢人能夠這樣嗎！」

2 漢朝建立後，有園公、綺里季、夏黃公、甪里先生，這四個人，在秦朝時逃進商雒深山，等待天下的安定。高帝聽說後去徵召他們，他們不肯來。後來呂后採用留侯張良的計策，讓皇太子言詞謙卑地送去一束帛表示禮敬，用安車把他們接來。四人來到之後，隨從太子見漢高祖，漢高祖把他們當作貴客而加以尊敬，太子靠他們提高了威望，終於穩定了自己的地位。此事記載在〈留侯傳〉中。

3 此後，谷口有鄭子真，蜀郡有嚴君平，都修身自保，不是自己該穿的衣服不穿，不是自己該吃的食物不吃。漢成帝時，皇帝的大舅大將軍王鳳按照應有的禮節聘請鄭子真，鄭子真始終不曲意遷就，直到去世。嚴君平在成都市場以卜筮為生。他認為「卜筮雖是低下的職業，但可以使眾人得到好處。有人求問邪惡不正當的事，就利用龜甲和蓍草對他講明利害。對做兒子的人講話則遵循孝敬之道，對做弟弟的人講話則遵循恭順之道，對做臣下的人講話則遵循盡忠之道，分別根據情況用善意來開導他們。聽從我的勸告的人，已經超過半數了」。每天只接待幾個人，得到一百枚錢足夠養活自己，就關閉店鋪，降下竹簾，講授《老子》。他博覽群書，無所不通，依照老子、莊周的主張寫下了十多萬字的著作。揚雄年輕時曾與他交遊問學，後來到京城做官，名聲顯著，經常對朝廷中有才德的大臣稱讚嚴君平的品德。杜陵人李彊平時與揚雄關係很好，過了很長時間以後被任命為益州牧，高興地對揚雄說：「我真能夠得到嚴君平了。」揚雄說：「你要禮節周到地對待他，你可以見到他，但不可能讓他屈從你。」李彊心裡不以為然。等到了蜀郡，送上禮品，與嚴君平相見，最終也不敢說讓嚴君平做他的從事，於是歎息說：「揚子雲確實有眼力！」嚴君平活到九十多歲，直到去世始終以卜筮為業，蜀郡人尊敬愛戴他，至今還稱頌他。等到揚雄著書談論當代人士時，所稱讚的就是鄭子真、嚴君平這兩個人。他評論說：「有人問：君子以至死而名聲不被人稱頌而感到憂慮，為什麼不憑藉高官顯貴的權勢來追求美名，這樣名聲不就差不多了嗎？回答說：君子自己修養品德，就會留下好名聲。梁、齊、楚、趙等國的君主並非不富貴，但他們的名聲在哪裡呢？谷口鄭子真不降低自己的志向，在山岩下面耕種，名聲震動京城，難道他是公卿大員嗎？難道他是公卿大員嗎？楚地的『兩龔』很廉潔，多麼清雅高尚！蜀郡嚴君平深沉清靜，不苟且炫耀自己，不苟且獲取私利，長期隱居而不改變自己的品行，即使是隨侯之珠、和氏之璧又怎能超過他呢？推薦和任用這種人，他們不也是國家的珍寶嗎！」

4 園公、綺里季、夏黃公、甪里先生、鄭子真、嚴君平都不曾做官，但是，他們的聲望足以抑制貪婪之風，勸勉良好的世俗，他們都接近古代的隱逸之民。至於王吉、貢禹、兩龔等人，都能根據守禮謙讓的原則決定做官或隱退。

1 王吉，字子陽，琅邪❶皋虞❷人也。少好學明經❸，以郡吏舉孝廉❹為郎❺，補若盧右丞❻，遷雲陽❼令。舉賢良❽為昌邑❾中尉❿，而王⓫好游獵，驅馳國中，動作亡節⓬，吉上疏諫，曰：

2 「臣聞古者師⓭日行三十里，吉⓮行五十里。詩⓯云：『匪風發兮，匪車揭兮，顧瞻周道，中心制兮⓰。』說⓱曰：是非古之風也，發發者；是非古之車也，揭揭者。蓋傷之也。今者大王幸⓲方與⓳，曾⓴不半日而馳二百里，百姓頗廢耕桑，治道牽馬。臣愚以為民不可數變㉑也。昔召公㉒述職㉓，當民事㉔時，舍㉕於棠下而聽斷焉。是時人皆得其所，後世思其仁恩，至乎不伐甘棠，甘棠之詩㉖是也。

3 「大王不好書術㉗而樂逸游，馮式撙銜㉘，馳騁不止，口倦乎叱咤㉙，手苦於箠轡㉚，身勞乎車輿；朝則冒㉛霧露，晝則被㉜塵埃，夏則為大暑之所暴炙，冬則為風寒之所匽薄㉝。數以耎脆㉞之玉體犯勤勞之煩毒㉟，非所以全壽命之宗㊱也，又非所以進仁義之隆㊲也。

4 「夫廣夏㊳之下，細旃㊴之上，明師居前，勸誦在後，上論唐虞㊵之際，下及殷周(41)之盛，考仁聖之風，習治國之道，訢訢(42)焉發憤忘食，日新厥德(43)，其樂豈徒銜橛之間(44)哉？休則俛仰詘信(45)以利形(46)，進退步趨(47)以實下(48)，吸新吐故(49)以練臧(50)，專意積精以適神(51)，於以養生，豈不長哉？大王誠留意如此，則心有堯舜之志，體有喬松(52)之壽，美聲廣譽登而上聞，則福祿其輳(53)而社稷(54)安矣。

5 「皇帝(55)仁聖，至今思慕(56)未怠，於宮館囿(57)池弋獵(58)之樂未有所幸。大王宜夙夜(59)念此，以承聖意。諸侯骨肉，莫親(60)大王，大王於屬(61)則子也，於位(62)則臣也，一身而二任之責加焉，恩愛行義孅介(63)有不具者，於以上聞，非饗國(64)之福也。臣吉愚戇(65)，願大王察之。」

6 王賀雖不遵道，然猶知敬禮吉，乃下令曰：「寡人(66)造行(67)不能無惰，中尉甚忠，數輔吾過(68)。使謁者(69)千秋賜中尉牛肉五百斤，酒五石(70)，脯(71)五束。」其後復放從自若(72)。吉輒諫爭，甚得輔弼(73)之義。雖不治民，國中莫不敬重焉。

7 久之，昭帝崩，亡嗣(74)。大將軍霍光(75)秉政，遣大鴻臚(76)宗正(77)迎昌邑王。吉即奏書戒王曰：「臣聞高宗(78)諒闇(79)，三年不言。今大王以喪事徵，宜日夜哭泣悲哀而已，慎毋有所發(80)。且何獨喪事，凡南面之君何言哉？天不言，四時行焉，百物生焉(81)。願大王察之。大將軍仁愛勇智，忠信之德天下莫不聞，事孝武皇帝二十餘年未嘗有過。先帝[82]棄群臣[83]，屬[84]以天下，寄幼孤[85]焉。大將軍抱持幼君襁褓[86]之中，布政施教，海內晏[87]然，雖周公[88]、伊尹[89]亡以加也。今帝崩亡嗣，大將軍惟思可以奉宗廟者，攀援[90]而立大王，其仁厚豈有量哉！臣願大王事之敬之，政事壹[91]聽之，大王垂拱南面[92]而已。願留意，常以為念。」

8 王既到，即位二十餘日以行淫亂廢[93]。昌邑群臣坐在國時不舉奏王罪過，令漢朝不聞知，又不能輔道[94]，陷王大惡，皆下獄誅。唯吉與郎中令[95]龔遂以忠直數諫正得減死，髡[96]為城旦[97]。

9 起家[98]復為益州刺史[99]，病去官，復徵為博士[100]諫大夫[101]。是時宣帝[102]頗修武帝故事[103]，宮室車服盛於昭帝。時外戚[104]許、史、王氏[105]貴寵，而上躬親政事，任用能吏。吉上疏言得失，曰：

10 「陛下躬聖質[106]，總萬方，帝王圖籍[107]日陳于前，惟思世務，將興太平。詔書每下，民欣然若更生[108]。臣伏而思之，可謂至恩，未可謂本務[109]也。

11 「欲治之主[110]不世出[111]，公卿幸得遭遇[112]其時，言聽諫從，然未有建萬世之長策[113]，舉明主於三代[114]之隆者也。其務在於期會[115]簿書[116]，斷獄聽訟而已，此非太平之基也。

12 「臣聞聖王宣德[117]流化[118]，必自近始。朝廷不備，難以言治；左右不正，難以化遠。民者，弱而不可勝，愚而不可欺也。聖主獨行於深宮，得則天下稱誦之，失則天下咸[119]言之。行發於近，必見於遠。故謹選左右，審擇所使；左右所以正身[120]也，所使所以宣德也。詩云：『濟濟多士，文王以寧。』[121]此其本也。

13 「春秋[122]所以大一統[123]者，六合[124]同風[125]，九州[126]共貫[127]也。今俗吏所以牧民者，非有禮義科指可世世通行者也，獨設刑法以守之。其欲治者，不知所繇，以意穿鑿[128]，各取一切[129]，權譎自任[130]，故一變之後不可復修也。是以百里不同風，千里不同俗，戶異政，人殊服[131]，詐偽萌生[132]，刑罰亡極[133]，質樸日消，恩愛寖[134]薄。孔子曰：『安上治民，莫善於禮。』[135]非空言也。王者未制禮之時，引先王禮宜於今者而用之。臣願陛下承天心，發大業，與公卿大臣延及儒生，述舊禮，明王制，敺一世之民躋[136]之仁壽之域[137]，則俗何以不若成康[138]，壽何以不若高宗[139]？竊[140]見當世趨務[141]不合於道者，謹條奏[142]，唯陛下財擇[143]焉。」

14 吉意以為：「夫婦，人倫[144]大綱，夭壽之萌[145]也。世俗嫁娶太早，未知為人父母之道而有子，是以教化不明而民多夭。聘妻送女亡節[146]，則貧人不及，故不舉子[147]。又漢家列侯[148]尚[149]公主[150]，諸侯則國人承[151]翁主[152]，使男事[153]女，夫詘於婦，逆陰陽之位，故多女亂。古者衣服車馬貴賤有章[154]，以褒有德而別尊卑；今上下僭差[155]，人人自制[156]，是以貪財誅[157]利，不畏死亡。周之所以能致治[158]，刑措[159]而不用者，以其禁邪於冥冥[160]，絕惡於未萌也。」又言：「舜、湯[161]不用三公九卿之世[162]而舉皋陶[163]、伊尹，不仁者遠。今使俗吏得任子弟[164]，率多驕驁[165]，不通古今，至於積功[166]治人，亡益於民。此伐檀[167]所為作也。宜明選求賢，除[168]任子之令。外家及故人可厚以財，不宜居位。去角抵[169]，減樂府[170]，省尚方[171]，明視[172]天下以儉。古者工不造琱瑑[173]，商不通侈靡[174]，非工商之獨賢，政教使之然也。民見儉則歸本[175]，本立而末[176]成。」其指如此。上以其言迂闊[177]，不甚寵異[178]也。吉遂謝病[179]歸琅邪。

15 始吉少時學問[180]，居長安[181]。東家有大棗樹垂吉庭中，吉婦取棗以啖[182]吉。吉後知之，乃去[183]婦。東家聞而欲伐其樹，鄰里共止之，因固請吉令還婦。里中為之語曰：「東家有樹，王陽婦去；東家棗完，去婦復還。」其厲志[184]如此。

16 吉與貢禹為友，世稱「王陽在位，貢公彈冠[185]」，言其取舍[186]同也。元帝[187]初即位，遣使者徵貢禹與吉。吉年老，道病卒，上悼之，復遣使者弔祠[188]云。

17 初，吉兼通五經[189]，能為騶氏春秋[190]，以詩、論語[191]教授，好梁丘賀[192]說易，令子駿受焉。駿以孝廉為郎。左曹[193]陳咸[194]薦駿賢父子，經明行修[195]，宜顯以厲俗。光祿勳[196]匡衡[197]亦舉駿有專對[198]材。遷諫大夫，使責淮陽憲王[199]。遷趙[200]內史[201]。吉坐昌邑王被刑後，戒子孫毋為王國吏，故駿道病，免官歸。起家復為幽州[202]刺史，遷司隸校尉[203]。奏免丞相匡衡，遷少府[204]。八歲，成帝欲大用之，出駿為京兆尹[205]，試以政事。先是京兆有趙廣漢、張敞、王尊、王章[206]，至駿皆有能名，故京師稱曰：「前有趙、張，後有三王。」而薛宣[207]從左馮翊[208]代駿為少府，會御史大夫[209]缺，谷永[210]奏言：「聖王不以名譽加於實效。考績用人之法，薛宣政事已試。」上然其議。宣為少府月餘，遂超御史大夫，至丞相。駿乃代宣為御史大夫，並居位。六歲病卒，翟方進[211]代駿為大夫。數月，薛宣免，遂代為丞相。眾人為駿恨不得封侯。駿為少府時，妻死，因不復娶，或問之，駿曰：「德非曾參[212]，子非華、元[213]，亦何敢娶？」

18 駿子崇以父任為郎，歷刺史、郡守[214]，治有能名。建平三年[215]，以河南[216]太守[217]徵入為御史大夫數月。是時成帝舅安成恭侯[218]夫人放寡居，共養長信宮[219]。坐祝詛[220]下獄，崇奏封事[221]，為放言。放外家[222]解氏與崇為昏[223]，哀帝[224]以崇為不忠誠，策詔崇曰：「朕以君有累世之美，故踰列次[225]。在位以來，忠誠匡國未聞所繇，反懷詐諼[226]之辭，欲以攀[227]救舊姻之家，大逆之辜[228]，舉錯專恣[229]，不遵法度，亡以示百僚。」左遷[230]為大司農[231]，後徙衛尉[232]左將軍[233]。平帝[234]即位，王莽[235]秉政，大司空[236]彭宣[237]乞骸骨[238]罷，崇代為大司空，封扶平侯。歲餘，崇復謝病乞骸骨，皆避王莽，莽遣就國。歲餘，為傅婢[239]所毒，薨，國除。

19 自吉至崇，世名清廉，然材器[240]名稱[241]稍[242]不能及父，而祿位彌隆[243]。皆好車馬衣服，其自奉養極為鮮明，而亡金銀錦繡之物。及遷徙去處，所載不過囊衣[244]，不畜積[245]餘財。去位家居，亦布衣疏食[246]。天下服其廉而怪其奢，故俗傳「王陽能作黃金[247]」。

【章　旨】以上為〈王吉傳〉。王吉事跡，主要體現在諫諍：勸諫昌邑王循禮向道；上疏宣帝，關注禮制和選舉。其論說，引經據典，言詞懇切而又溫文爾雅。傳末附載王吉之子王駿、王駿之子王崇的事跡。

【注　釋】❶琅邪　郡名。今山東諸城。❷皋虞　侯國名。今山東即墨東北。❸明經　通曉儒家經典。❹孝廉　漢代選拔人才的科目，由郡國薦舉孝悌廉潔之士，經過考察，任以官職。❺郎　官名。郎中令（武帝以後改稱光祿勳）屬官。❻若盧右丞　少府屬官。主治府庫兵器。❼雲陽　縣名。今陝西淳化西北。❽賢良　漢代選拔人才的科目，由郡國薦舉有才德的人充任。❾昌邑　王國名。治今山東金鄉西北。❿中尉　官名。掌王國軍政。⓫王　昌邑王劉賀，漢武帝之孫，漢昭帝之侄。詳見卷六十三〈武五子傳〉。⓬動作亡節　舉止不合禮節。⓭師　軍隊。⓮吉　喜慶之事。⓯詩　《詩經》。中國古代第一部詩歌總集。收集了周朝初年（西元前十一世紀）到春秋中期（西元前六世紀）的詩歌三百零五篇，分「風」、「雅」、「頌」三大類。「風」採自民間樂曲，「雅」是王都附近的樂曲，「頌」是祭祖祀神的樂曲。所有詩歌均可歌唱，但樂譜今已不傳。形式以四言為主，採用了賦、比、興的藝術表現手法。漢代將《詩》列入儒家經典，稱為《詩經》。⑯匪風發兮四句　語出《詩・檜風・匪風》。見此飄風疾驅，則顧念哀傷，懷念周道。匪，代詞，彼；那。風發，狂風大作。車揭，車馬疾驅。顧瞻，眷顧；懷念。制，通「怛」。悲傷。⑰說　解說；注釋。⑱幸　駕臨。⑲方與　縣名。今山東魚臺西。⑳曾　竟然。㉑數變　頻繁打擾。㉒召公　西周初年大臣姬奭。㉓述職　供職；任職。㉔民事　農事；農業生產。㉕舍　止息；停留。㉖甘棠之詩　即《詩・召南・甘棠》。此詩表達對召公的思念之情。㉗書術　詩書術數。㉘馮式撙銜　憑倚車軾，控制馬勒。馮，通「憑」。倚靠。式，通「軾」。車前橫木。撙，操縱；駕馭。銜，馬勒；馬嚼子。㉙叱咤　大聲吆喝；喝斥。咤，通「吒」。㉚箠轡　馬鞭和韁繩。泛指御馬之具。㉛冒　不顧；頂著。㉜被　遭受；蒙受。㉝匽薄　壓迫。匽，通「偃」。薄，迫。㉞耎脆　柔軟脆弱。耎，柔軟。㉟煩毒　煩擾。㊱宗　尊貴。㊲隆　高；鼎盛。㊳廣夏　高大的房屋。夏，通「廈」。㊴細旃　精緻的氈毯。旃，同「氈」。㊵唐虞　唐堯、虞舜，傳說中的古代帝王。㊶殷周　商朝和周朝。㊷訢訢　高興。訢，通「欣」。㊸日新厥德　每天提高品德修養。厥，其。㊹銜橛之間　馳騁遊獵。銜，馬勒。橛，車鉤心。㊺俛仰詘信　即「俯仰屈伸」。俛，通「俯」。低頭。仰，抬頭。詘，通「屈」。彎曲。信，通「伸」。伸直。㊻形　身體。㊼進退步趨　前後行走。㊽實下　使下肢堅實。㊾吸新吐故　導引養生之術。吐出濁氣，吸納新氣。㊿練臧　調養五臟。臧，通「臟」。五臟。(51)適神　調適精神。適，調和。(52)喬松　指仙人伯喬及赤松子。(53)轃　通「臻」。來到。(54)社稷　古代帝王或諸侯所祭祀的土神與穀神。這裡指封國。(55)皇帝　指漢昭帝劉弗陵。詳見卷七〈昭帝紀〉。(56)思慕　懷念；追慕。這裡指思念去世不久的漢武帝。(57)囿　皇帝或諸侯放養禽獸進行遊獵的園林。(58)弋獵　射獵。弋，射箭。(59)夙夜　從早到晚；日夜。(60)莫親　沒有誰更親。(61)於屬　按照親屬關係屬於子輩。(62)於位　按照官位。(63)孅介　細微。孅，通「纖」。(64)饗國　國君在位。饗，通「享」。(65)愚戇　自謙之詞。愚笨戇直。(66)寡人　帝王或諸侯自稱。(67)造行　修養品行。(68)數輔吾過　多次幫助糾正我的過錯。(69)謁者　官名。掌傳達通報。(70)石　容量單位。一石約相當於今天的二十公升。(71)脯　乾肉。(72)放從自若　與原來一樣放縱。從，通「縱」。(73)輔弼　輔佐；輔助。(74)亡嗣　沒有後代做繼承人。(75)霍光　詳見卷六十八〈霍光傳〉。(76)大鴻臚　官名。九卿之一。掌賓禮，負責接待諸侯及四方歸義蠻夷。(77)宗正　官名。九卿之一。掌皇室親族事務。(78)高宗　商王武丁。(79)諒闇　帝王居喪。(80)有所發　發起並舉辦眾事。(81)天不言三句　語出《論語・陽貨》孔子曰：「天何言哉？四時行焉，百物生焉。天何言哉？」四時，四季。(82)先帝　指漢武帝劉徹。詳見卷六〈武帝紀〉。(83)棄群臣　拋棄群臣。指皇帝去世。(84)屬　通「囑」。囑咐；委託。(85)幼孤　指漢武帝的兒子劉弗陵。武帝去世時，弗陵年八歲，即位為昭帝，霍光輔政。(86)襁褓　背負嬰兒的寬帶和包裹嬰兒的被子。(87)晏　安定。(88)周公　西周初年大臣，周文王之子姬旦，輔佐周武王伐紂滅商，分封於魯。(89)伊尹　商朝初年大臣，曾輔佐商湯伐滅夏朝。(90)攀援　援引提拔。(91)壹　專心；專一。(92)垂拱南面　處尊位而不親理政務。垂拱，垂衣拱手，比喻不親理政務。南面，古代以坐北朝南為尊位，所以帝王、諸侯朝見群臣，都面向南而坐，因此用「南面」表示居尊位。(93)廢　被廢黜。(94)輔道　輔導；輔佐引導。(95)郎中令　官名。掌宮殿掖門戶。此是諸侯王國官名。朝廷郎中令已在武帝時改稱光祿勳。(96)髡　刑罰名。犯罪者被剪去長髮。(97)城旦　刑罰名。犯罪者服四年苦役。(98)起家　從家中徵召出來，授以官職。(99)刺史　官名。漢武帝時，把全國分為十三州部，每州部設刺史，負責監察郡國。(100)博士　官名。太常屬官，掌通古今。漢武帝以後，專掌儒家經典的傳授。(101)諫大夫　官名。郎中令屬官，掌議論。(102)宣帝　漢宣帝劉詢。詳見卷八〈宣帝紀〉。(103)故事　先例；舊業。(104)外戚　皇帝后妃的親屬。(105)許史王氏　指漢宣帝皇后許氏家族、祖母史氏家族、母親王氏家族。(106)躬聖質　本身具有神聖的本質。(107)圖籍　地圖和戶籍。(108)更生　重獲新生；再生。(109)本務　政務之本。(110)欲治之主　想要治理好國家的君主。(111)不世出　不是每代都有；世間不常有。(112)遭遇　碰上；遇到。(113)長策　良策；長遠的方略。(114)三代　夏、商、周三個朝代。(115)期會　定期彙報；期限。(116)簿書　官府中的文書簿冊。(117)宣德　宣揚聖德。(118)流化　傳播教化。(119)咸　都；全。(120)正身　端正自身。(121)詩云三句　語出《詩・大雅・文王》。人才眾多，周文王才能使國家安定。濟濟，眾多。文王，周文王。(122)春秋　儒家經典之一。相傳孔子根據魯國的編年史修訂而成。為一編年體史書，起於魯隱公元年（西元前七二二年），迄於魯哀公十四年（西元前四八一年）。(123)大一統　重視全國統一。大，重視；尊重。一統，統一。(124)六合　天地與四方。泛指天地或宇宙。(125)同風　教化、風俗相同。(126)九州　古代分中國為九州。後以「九州」泛指天下、全國。(127)共貫　貫通；連貫。(128)穿鑿　牽強附會。(129)一切　權宜；臨時。(130)權譎自任　任意玩弄權謀、欺詐。(131)殊服　不同的服飾。(132)萌生　出現；發生。(133)亡極　沒有限度；沒有止境。(134)寖　通「浸」。逐漸。(135)孔子曰三句　語出《孝經》。(136)躋　登上。(137)域　境界；境地。(138)成康　周成王和周康王。他們在位的時代被稱為盛世。(139)高宗　商王武丁。據《古文尚書》，武丁在位五十九年；據《今文尚書》，則武丁在位百年。(140)竊　自稱的謙詞。(141)趨務　熱衷追求。趨，通「趣」。(142)條奏　逐條陳奏。(143)財擇　權衡選擇。財，通「裁」。(144)人倫　人與人之間親疏、尊卑、長幼等關係。(145)萌　源頭；最初原因。(146)亡節　沒有節制。(147)舉子　養育子女。(148)列侯　爵位名。秦制，爵分二十級，徹侯位最高。漢承秦制，為避漢武帝劉徹諱，改稱通侯，又稱列侯。(149)尚　娶皇帝之女為妻。(150)公主　皇帝之女。天子嫁女，天子不親主婚，必使諸侯同姓者主之，故謂之公主。(151)承　國人娶諸侯之女為妻。(152)翁主　諸侯王之女。諸侯嫁女，其父自主婚，故曰翁主。翁，父親。(153)事　侍奉。(154)章　區別。(155)僭差　逾越制度；

錯亂。(156)自制　各自為制；自立制度。(157)誅　責求；需索。(158)致治　使國家在政治上安定清平。(159)刑措　廢除刑罰。(160)冥冥　尚無徵兆出現。(161)湯　商湯。商朝的開國之君。(162)世　子孫後代。(163)皐陶　傳說為虞舜之臣，掌刑獄之事。(164)任子弟　子弟以父兄任為郎。(165)驚　與「儆」同。(166)積功　積累功勞資歷。(167)伐檀　《詩經》中的一篇，見《詩・魏風》。批評不任用有才德的人。(168)除　廢除。(169)角抵　古代的一種藝術表演，類似於今天的摔跤。(170)樂府　中央管理音樂的機構。(171)尚方　主管製造、儲藏、供應皇帝及皇宮所用刀劍、衣食、日用玩好器物的機構。(172)視　通「示」。展示。(173)琱琢　雕刻的紋飾。這裡指精雕細刻的器物。(174)侈靡　奢侈品。(175)歸本　回歸農業生產。本，農業。(176)末　工商業。(177)迂闊　不切合實際；脫離現實。(178)寵異　皇帝給予的特別的尊崇或寵愛。(179)謝病　託病引退。(180)學問　求學問師。(181)長安　地名。西漢京城。在今陝西西安西北郊。(182)啖　使食；給吃。(183)去　休棄。(184)厲志　激勵意志；磨練意志。(185)彈冠　彈去冠上的灰塵。比喻相友善者援引入仕，準備做官。(186)取舍　追求與放棄。這裡指志向和情趣。(187)元帝　漢元帝劉奭。詳見卷九〈元帝紀〉。(188)弔祠　祭奠死者並慰問家屬。(189)五經　儒家的五部經典：《詩經》、《尚書》、《儀禮》、《周易》、《春秋》。(190)騶氏春秋　西漢時期《春秋》注家之一，已佚。(191)論語　孔子言論的彙編，儒家最重要的經典。由孔子門生及再傳弟子集錄整理，是研究孔子及儒家思想的主要資料。(192)梁丘賀　詳見卷八十八〈儒林傳〉。(193)左曹　加官。典樞機，受尚書事。(194)陳咸　詳見卷六十六〈陳萬年傳〉。(195)行修　品行端正。(196)光祿勳　官名。九卿之一。掌宮殿掖門戶。原名郎中令，漢武帝時改稱光祿勳。(197)匡衡　詳見卷八十一〈匡衡傳〉。(198)專對　見問即對，隨機應答，無所疑。(199)淮陽憲王　宣帝之子劉欽。詳見卷八十〈宣元六王傳〉。淮陽，王國名，治今河南淮陽。(200)趙　王國名。治今河北邯鄲。(201)內史　官名。掌管王國民政。(202)幽州　州名。漢武帝所置十三州部之一。今河北北部、遼寧至朝鮮大同江流域。(203)司隸校尉　官名。監察百官及督察京畿地區治安。(204)少府　官名。九卿之一。掌山海池澤之稅，以給宮中用度，為皇帝私府。(205)京兆尹　官名。京兆尹是西漢京畿的行政區域之一，在今陝西西安以東至華縣之間。同時西漢管轄京兆尹地區的行政長官也叫京兆尹，職權相當於郡太守。(206)趙廣漢張敞王尊王章　詳見卷七十六〈趙尹韓張兩王傳〉。(207)薛宣　詳見卷八十三〈薛宣傳〉。(208)左馮翊　官名。左馮翊是西漢京畿的行政區域之一，在今陝西西安以北至洛川、黃龍、韓城之間。同時西漢管轄左馮翊地區的行政長官也叫左馮翊，職權相當於郡太守。(209)御史大夫　官名，三公之一。丞相之副，主管執法。(210)谷永　詳見卷八十五〈谷永傳〉。(211)翟方進　詳見卷八十四〈翟方進傳〉。(212)曾參　孔子弟子，以德行著稱。(213)華元　曾參的兩個兒子。他們對父親非常孝敬，因此曾參在妻子死後，便決定不再續娶。(214)郡守　太守。官名。郡的行政長官。(215)建平三年　西元前四年。建平，漢哀帝的年號之一。(216)河南　郡名。治今河南洛陽東北。(217)太守　官名。郡的行政長官。218安成恭侯　漢元帝王皇后的弟弟王崇。安成，侯國名，治今河南汝南東南。219長信宮　在長樂宮內，漢元帝王皇后（成帝之母）所居。故址在今陝西西安西北漢長安城內。220祝詛　祝告鬼神，使加禍於別人。祝，通「呪」。221封事　密封的奏章。222外家　女子出嫁後稱娘家為外家。223為昏　有姻親關係。昏，通「婚」。224哀帝　漢哀帝劉欣。詳見卷十一〈哀帝紀〉。225踰列次　越級提拔。226詐諼　欺詐；弄虛作假。諼，詐言。227攀　攀附；高攀。228辜　罪。229舉錯專恣　行為放縱；任意胡為。錯，通「措」。230左遷　貶職；降級。231大司農　官名。九卿之一。掌錢穀、租賦、鹽鐵等事。232衛尉　官名。九卿之一。掌宮門衛屯兵。233左將軍　武官名。朝廷武官。234平帝　漢平帝劉衎。詳見卷十二〈平帝紀〉。235王莽　詳見卷九十九〈王莽傳〉。236大司空　官名。原名御史大夫，三公之一。掌執法。237彭宣　詳見卷七十一〈彭宣傳〉。238乞骸骨　官吏自請辭官，意即使骸骨得歸葬故鄉。239傅婢　侍婢。近幸之婢。240材器　才能、度量與見識。241名稱　名望；聲望。242稍　逐漸。243彌隆　更高；更盛。244囊衣　一袋衣服。有底曰囊，無底曰橐。245畜積　積蓄；儲蓄。畜，通「蓄」。246布衣疏食　穿布衣服，吃粗米飯。指普通百姓的生活。247王陽能作黃金　大意是說，王吉無所求取，不營產業，而車輛衣服都很華麗，所以傳言說他自己能製造黃金來供應各項開銷。作，製造。

【語　譯】王吉，字子陽，琅邪郡皋虞縣人。年輕時好學，通曉儒家經典，以郡吏的身分被舉薦為孝廉，擔任郎官，補若盧右丞之缺，提升為雲陽縣令。被舉薦為賢良，擔任昌邑國的中尉。昌邑王嗜好出遊打獵，在王國中策馬奔馳，舉止不合禮節。王吉上疏勸諫說：

2 「我聽說，古時候軍隊出征每天走三十里，喜慶之事每天走五十里。《詩經》上說：『那風在猛烈地吹，那車在快速地跑，我懷念周朝的正道，內心十分悲傷。』意思是說：那猛烈的風，不是古時的風；那奔馳的車，不是古時的車。大概是為此而悲傷吧。現在大王駕臨方與縣，連半天都不到就奔馳了兩百里，百姓多荒廢耕作來為大王修路牽馬。我認為老百姓不應該頻繁受到打擾。從前召公履行職責，在農忙時節，就駐留在棠樹下聽獄斷案。那時，人人都生活安定，後代思念他的仁愛恩德，甚至連他所止息的棠樹也不肯砍伐，〈甘棠〉詩講的就是這件事。

3 「大王不喜歡詩書卻愛好放縱遊樂，倚靠著車軾，操縱著馬勒，不停地奔馳，嘴巴因吆喝而疲倦，雙手因揚鞭勒馬而受苦，身體因坐車顛簸而勞累；早晨披著濃霧冒著露水，白天蒙受著飛揚的塵土，夏天被火熱的太陽曬烤，冬天被刺骨的寒風折磨。經常用柔弱而尊貴的身體去承受辛勞與煩擾，這不能保全尊貴的生命，也不能達到仁義的最高境界。

4 「住在高大的房屋之下，坐在精緻的氈毯之上，前面坐著賢明的老師，後面有勸勉誦讀的士人，講論從唐堯虞舜時代到商朝周朝的鼎盛時期的歷史，考察仁君聖主的風範，探討治理國家的道理，高高興興地勤奮努力，以至於廢寢忘食，每天提高自己的品德，那種快樂難道僅僅是馳騁遊獵所能比的？休息時就俯仰屈伸以利於身體，前後行走以堅實下肢，吐故納新以調養五臟，集中意念以調適精神。用這種方法來養生，怎能不延年益壽？大王如果真能如此用心，那麼心裡就會有堯舜的志向，身體就會有伯喬、赤松子的壽命，美好的名聲就會傳遍四方並被皇帝聽到，那麼，福祿就會一起到來，封國就會安穩。

5 「皇帝仁愛而聖明，至今還在思念去世不久的先帝，未曾懈怠，對於遊玩於宮館園林、射箭打獵等娛樂活動也不曾參加。大王您應該日夜掛念這些事，以順承皇帝的心意。諸侯同族之中，沒有誰比大王與皇帝的關係更親。大王您從親屬關係上說是皇帝的子輩，從官位上說是皇帝的大臣，一身負擔著兩種職責，如果在恩愛仁義方面有絲毫欠缺，被朝廷知道，那可不是您作為國君的福分了。我愚蠢直率，希望大王考慮我的意見。」

6 昌邑王劉賀雖然不遵循正道，但還是知道對王吉敬重並以禮相待，因此下令說：「我的修養品行不可能沒有怠惰之處，中尉非常忠心，多次幫助我改正過錯。派遣謁者千秋賞賜中尉牛肉五百斤，酒五石，乾肉五捆。」此後還是像原來一樣放縱。王吉總是勸諫，很能盡到輔佐的職責。他雖然不處理民政事務，但昌邑國中沒有誰不敬重他。

7 過了很久，昭帝去世，沒有後代做繼承人。大將軍霍光執掌朝政，派遣大鴻臚和宗正迎接昌邑王。王吉立即上書告誡昌邑王說：「我聽說商王高宗居喪期間，三年不說話。現在，大王您因皇帝去世而被徵召入京，應該日夜哭泣悲哀，小心不要興辦什麼事。況且，何止是居喪時如此，凡是治理天下的君主需要說什麼呢？

上天不說話，四季交替運行，百物按時生長。希望大王明白這個道理。大將軍仁愛勇敢智慧，忠誠可信的品德天下無人不知，侍奉孝武皇帝二十多年從未發生過錯。先帝去世時，把國家委託給他，把幼小的君主交給他。大將軍懷抱幼小的君主，發布政令，施行教化，四海之內平安無事，即使周公、伊尹也不會比他更好了。現在皇帝去世，沒有後代做繼承人，大將軍思考可以奉祀宗廟的人，援引並擁立大王您，他的仁愛忠厚怎麼能夠衡量呢！我希望大王任用他、尊敬他，政事一概聽從他的安排，您不必親理政務，居於尊位就可以了。希望您留意，經常想到這些。」

8 昌邑王到京城後，即位二十多天即因行為淫亂而被廢黜。昌邑國的群臣犯下在王國時不舉報昌邑王的罪過，使朝廷無從了解，又不能輔佐引導昌邑王，使昌邑王陷於大惡，他們因此全部被捕下獄，判處死刑。只有王吉與郎中令龔遂，因為忠誠正直多次規勸糾正昌邑王的過失而免除死刑，處以髡為城旦的刑罰。

9 王吉從家中被重新起用做益州刺史，因病離職。又被徵召做博士、諫大夫。當時宣帝在很多方面遵循武帝先例，宮室、車駕、禮服都超過了昭帝時代。這時外戚許家、史家、王家富貴受寵，皇帝親自處理政務，任用能幹的官吏。王吉上疏談論政治得失說：

10 「陛下具有神聖的品質，總理萬方事務，全國的地圖與戶籍每天擺在面前，思考當代的重要事務，將要建立太平盛世。每次傳下詔書，老百姓都高興得好像重獲新生。臣低頭沉思，這可稱得上是最大的恩惠，但不能稱其為治國的根本。

11 「想要治理好國家的君主世間並不常有，公卿們有幸遇到這種好時機，皇帝願意聽取和採納臣民的意見，可沒有誰能提出長治久安的良策，擁戴英明的君主達到三代那樣的盛世。他們只關注定期上報文書簿冊和審理訴訟。這不是建立太平盛世的基礎啊。

12 「臣聽說聖王宣揚聖德，傳播教化，一定從近處開始。朝廷德行不完備，就難以談到治國；左右親信不正直，就難以教化遠方。至於百姓，弱小卻不可戰勝，愚昧卻不可欺騙。聖明的君主在深宮獨自行事，做得正確了，天下人就稱頌他，出現失誤，天下人都議論他。行動從近處發生，必定能被遠方看見。所以要謹慎地選擇左右親信，仔細地選擇所使用的人；左右親信是用來幫助君主端正自身的，所使用的人是用來宣傳聖德的。《詩經》上說：『人才眾多，周文王因此而使國家安定。』這就是治國的根本。

13 「《春秋》之所以重視天下統一，在於統一使天下有共同的風俗禮儀，各地貫通如一。現在普通官吏治理百姓，並沒有可以世世通行的禮義規範，只是設立刑法來防守。那些想治理百姓的官吏，不知道根據什麼，只是根據自己的想法穿鑿附會，各自採取權宜的手段，隨意玩弄權謀詭詐，所以一經改變之後就不能再恢復正道。因此百里之間風氣不同，千里之間習俗有別，家家各自為政，人人服飾不同，欺詐虛偽大量發生，刑罰沒有限度，樸實淳厚的品質一天天消失，仁惠慈愛的情感漸漸淡薄。孔子說：『使國君安全並治理好民眾，沒有什麼比禮更好的了。』這不是空話啊。君主在沒有創建禮制的時候，就援引先王禮制中適合於今天的。臣希望皇帝您順承天意，建立聖王之業，與公卿大臣及儒生們，遵循過去的禮制，闡明聖王的法度，驅使引導天下百姓進入仁愛長壽的境界，那麼，社會風尚怎麼會不如周朝的成王、康王時代，壽命又怎麼會不如商高宗？我看到當代所熱衷追求但不符合道義的地方，恭敬地分條陳奏，希望皇帝您權衡選擇。」

14 王吉認為：「夫妻關係是人倫關係的根本，是壽命長短的最初原因。世間習俗嫁女娶妻過早，還不懂得做父母的道理就生育子女，因此教化效果不明顯，百姓大多壽命很短。娶妻嫁女過度鋪張，貧窮的人家無力承擔，所以不願養育子女。還有皇帝之家講究列侯『尚』娶公主，在諸侯國則講究國人『承』娶翁主，使男方侍奉女方，丈夫服事妻子，陰陽位置顛倒，所以多次發生婦女造成的禍亂。古時候衣服、車馬都根據身分的貴賤而有所區別，用以褒揚有德行的人和區別地位的高低；現在上下禮制錯亂，人人各搞一套，因此貪財逐利，不怕死亡。周朝之所以能夠達到使天下太平、廢除刑罰的境界，是因為它能夠在奸邪尚在醞釀時就加以禁止，在罪惡還未萌發時就加以斷絕。」他又說：「虞舜和商湯不任用三公九卿的子孫，而是提拔皋陶和伊尹，殘暴的人就遠遠離開了。現在讓普通官吏保舉子弟做官，這些子弟大多驕縱傲慢，不懂古今的事理，至於積累功勞資歷來治理百姓，對百姓毫無益處。〈伐檀〉之詩就是因此而作的。應該公開選拔有才德的人士，廢除保舉子弟的法令。外戚之家和老朋友可以多給些錢財，不應該讓他們占據官位。拋棄角抵之戲，裁減樂府人員，精簡尚方機構，明確地向天下展示節儉作風。古時候，工匠不製造精雕細刻的器物，商人不販運奢侈物品，並不是那時的工匠和商人特別賢德，而是政令和教化促使他們這樣做。百姓看到提倡節儉，就回歸到農業生產的本業，本業牢固了工商末業才會有所成就。」他的主要思想就是這樣。皇帝認為他的話空泛不切實際，不太重用他。王吉於是託病辭官，回到琅邪。

15 王吉年輕時求師問學，住在長安。東邊鄰居有棵大棗樹，樹枝垂到王吉的庭院中，王吉的妻子摘了棗子給王吉吃。王吉後來知道了，便休棄妻子。東邊鄰居聽說後，要砍掉那棵棗樹，四鄰共同勸阻，同時堅決請求王吉迎回妻子。這件事被里中居民編成幾句打油詩：「東鄰有棵棗樹，子陽趕走媳婦；東鄰棗樹保全，被休之妻復還。」王吉就是這樣激勵自己的志向。

16 王吉與貢禹是好朋友，當時人們稱說「王子陽在位，貢先生也準備做官」，這是說他們的志向和情趣相同。元帝剛即位，就派使者徵召貢禹與王吉。王吉年老，在路上病死，皇帝很悲傷，又派使者前去祭奠和慰問家屬。

17 當初，王吉兼通《五經》，能夠解說騶氏《春秋》，傳授《詩經》和《論語》；他喜愛梁丘賀對《易經》的解說，讓兒子王駿去學習。王駿以孝廉的身分擔任郎官。左曹陳咸推薦王駿父子均有賢德，通曉經典，品行端正，應該表揚他們來激勵世俗。光祿勳匡衡也舉薦王駿有隨機應答的才能。王駿被提升為諫大夫，奉命去責備淮陽憲王。又升任趙國內史。王吉因受昌邑王牽連被定罪處以刑罰後，告誡子孫不要做王國的官吏，所以王駿在上任途中聲稱有病，免官回家。從家中又被起用為幽州刺史，升任司隸校尉。奏請罷免丞相匡衡的職位，升任少府。八年後，成帝要重用王駿，便派他出任京兆尹，以考察他處理政務的能力。此前京兆尹先後有趙廣漢、張敞、王尊、王章，直到王駿，都以才幹出名，因此京城人稱讚說：「前有趙、張，後有三王。」此時薛宣從左馮翊調任少府，接替王駿的職位，正巧御史大夫出缺，谷永上奏章說：「聖明的君主不應把虛名放到實際政績之上。根據考察政績選用人才的原則，薛宣處理政務的實際能力已經經過檢驗。」皇帝同意他的意見。薛宣擔任少府一個多月，便越級升任御史大夫，直到做丞相。王駿於是接替薛宣擔任御史大夫，兩人同居高位。六年後王駿病死，翟方進接替王駿擔任御史大夫。幾個月後，薛宣免官，翟方進因此接替他做了丞相。眾人為王駿不能封侯而遺憾。王駿擔任少府時，妻子死了，就不再續娶，有人問他，王駿說：「我的道德比不上曾參，我的兒子也比不上曾參的兒子曾華和曾元，我又怎麼敢再娶妻呢？」

18 王駿的兒子王崇，由父親保舉做了郎官，歷任刺史、郡太守，處理政務有能幹的名聲。建平三年，從河南太守任上調入朝廷，做了幾個月的御史大夫。當時成帝的舅舅安成恭侯的夫人放，守寡獨居，在長信宮侍奉皇太后。她因犯祝詛罪而被捕入獄，王崇呈上密封奏章，替放說情。放的娘家解氏與王崇有姻親關係，因此哀帝認為王崇不忠誠，下詔書對王崇說：「我因為你家連續幾代都有好名聲，所以越級提拔你。你上任以來，忠誠輔國的行為不曾聽誰說起，反而想用欺詐不實之辭，攀附援救原有婚姻關係的親戚，所犯下的大逆之罪，行為放縱，不遵守法度，不能做百官的表率。」貶職為大司農，後來調任衛尉、左將軍。平帝即位，王莽掌權，大司空彭宣請求辭官而免職，王崇接替彭宣擔任大司空，封為扶平侯。過了一年多，王崇也託病請求辭職，都是為了避開王莽，王莽遣送他回到封國。一年多後，被所親信的婢女毒死，封國被撤銷。

19 從王吉到王崇，祖孫三代都以清廉而為人稱道，但是每一代的才能、見識與名聲都漸漸比不上他的父輩，而官位和俸祿卻更高。他們都喜愛車馬衣服，為自己購置使用的車馬衣服都非常華美，但沒有金銀錦繡等貴重物品。等到因升遷調轉時搬家，車上裝的不過是一袋衣服，從不積蓄多餘的財產。離職後住在家中，穿布衣，吃粗米飯。所有的人都佩服他們的廉潔，而又對他們做官時車馬衣服的奢侈感到奇怪，所以世俗傳說「王子陽能自己製造黃金」。

1 貢禹，字少翁，琅邪人也。以明經絜行❶著聞❷，徵為博士，涼州❸刺史，病去官。復舉賢良為河南令❹。歲餘，以職事為府官❺所責，免冠謝❻。禹曰：「冠壹[7]免，安[8]復可冠[9]也！」遂去官。

2 元帝初即位，徵禹為諫大夫，數虛己[10]問以政事。是時年歲不登[11]，郡國多困。禹奏言：

3 「古者宮室有制，宮女不過九人，秣馬[12]不過八匹；牆塗[13]而不琱[14]，木摩[15]而不刻[16]，車輿器物皆不文畫[17]；苑囿不過數十里，與民共之。任賢使能，什一而稅[18]，亡它賦斂繇戍之役[19]，使[20]民歲不過三日。千里之內自給[21]，千里之外各置貢職[22]而已。故天下家給人足，頌聲並作。

4 「至高祖、孝文、孝景皇帝[23]，循古節儉，宮女不過十餘，廄馬百餘匹。孝文皇帝衣綈[24]履革[25]，器亡琱文[26]金銀之飾。後世爭為奢侈，轉轉[27]益甚，臣下亦相放效[28]，衣服履絝[29]刀劍亂[30]於主上，主上時臨朝入廟，眾人不能別異[31]，甚非其宜。然非自知奢僭[32]也，猶魯昭公[33]曰：『吾何僭矣[34]？』

5 「今大夫僭諸侯，諸侯僭天子，天子過天道，其日久矣。承衰救亂[35]，矯復古化[36]，在於陛下。臣愚以為盡如太古難，宜少[37]放古[38]以自節焉。論語曰：『君子樂節禮樂。』[39]方今宮室已定，亡可奈何矣，其餘盡可減損。故時[40]齊[41]三服官[42]輸物不過十笥[43]，方今齊三服官作工各數千人，一歲費數鉅萬[44]。蜀[45]廣漢[46]主金銀器，歲各用五百萬。三工官(47)官費五千萬，東西織室(48)亦然。廄馬食粟將萬匹。臣禹嘗從之東宮(49)，見(50)賜杯案(51)，盡文畫金銀飾，非當所以賜食(52)臣下也。東宮之費亦不可勝計。天下之民所為大饑餓死者，是也。今民大飢而死，死又不葬，為犬豬所食。人至相食，而廄馬食粟，苦其大肥，氣盛怒至，乃日步作之(53)。王者受命於天，為民父母，固(54)當若此乎？天不見邪？武帝時，又多取好女至數千人，以填(55)後宮。及棄天下(56)，昭帝幼弱，霍光專事，不知禮正(57)，妄多臧(58)金錢財物，鳥獸魚鱉牛馬虎豹生禽，凡百九十物，盡瘞臧(59)之。又皆以後宮女置於園陵(60)，大失禮，逆天心，又未必稱(61)武帝意也。昭帝晏駕(62)，光復行之。至孝宣皇帝時，陛下惡有所言(63)，群臣亦隨故事，甚可痛也！故使天下承化(64)，取(65)女皆大過度，諸侯妻妾或至數百人，豪富吏民畜(66)歌者至數十人，是以內多怨女(67)，外多曠夫(68)。及眾庶葬埋，皆虛地上以實地下(69)。其過自上生，皆在大臣循故事之辠也。

6 「唯陛下深察古道，從其儉者，大減損乘輿(70)服御(71)器物，三分去二。子產多少有命(72)，審察後宮，擇其賢者留二十人，餘悉歸之。及諸陵園女亡子者(73)，宜悉遣。獨杜陵(74)宮人數百，誠可哀憐也。廄馬可亡過數十匹。獨舍(75)長安城南苑地以為田獵之囿，自城西南至山[76]西至鄠[77]皆復其田[78]，以與貧民。方今天下饑饉，可亡[79]大自損減以救之，稱[80]天意乎？天生聖人，蓋為萬民，非獨使自娛樂而已也。故詩曰：『天難諶斯，不易惟王。』[81]『當仁不讓[82]』，獨可以聖心參諸天地[83]，揆[84]之往古，不可與臣下議也。若其阿意順指[85]，隨君上下。臣禹不勝拳拳[86]，不敢不盡愚心。」

7 天子納善其忠，乃下詔令太僕[87]減食穀馬，水衡[88]減食肉獸，省宜春下苑[89]以與貧民，又罷角抵諸戲及齊三服官。遷禹為光祿大夫[90]。

8 頃之[91]，禹上書曰：「臣禹年老貧窮，家訾[92]不滿萬錢，妻子穅豆[93]不贍[94]，裋褐[95]不完。有田百三十畝，陛下過意[96]徵臣，臣賣田百畝以供車馬。至，拜為諫大夫，秩八百石[97]，奉錢[98]月九千二百，廩食[99]太官[100]，又蒙賞賜四時[101]雜繒緜絮衣服酒肉諸果物，德厚甚深。疾病侍醫[102]臨治，賴陛下神靈，不死而活。又拜為光祿大夫，秩二千石，奉錢月萬二千。祿賜愈多，家日以益富，身日以益尊，誠非屮茅愚臣[103]所當蒙也。伏自念終亡以報厚德，日夜慙愧而已。臣禹犬馬之齒[104]八十一，血氣衰竭，耳目不聰明，非復能有補益，所謂素餐尸祿[105]洿[106]朝之臣也。自痛去家三千里，凡有一子，年十二，非有[107]在家為臣具棺椁[108]者也。誠恐一旦顛仆[109]氣竭，不復自還[110]，洿席薦[111]於宮室，骸骨棄捐，孤魂不歸。不勝私願，願乞骸骨，及身生[112]歸鄉里，死亡所恨。」

9 天子報曰：「朕以生[113]有伯夷之廉，史魚[114]之直，守經據古，不阿當世，孳孳[115]於民，俗之所寡[116]，故親近生，幾[117]參國政。今未得久聞生之奇論[118]也，而云欲退，意豈有所恨與[119]？將在位者與生殊[120]乎？往者嘗令金敞[121]語生，欲及生時祿[122]生之子，既已諭矣，今復云子少[123]。夫以王命辨護[124]生家，雖百子何以加？傳[125]曰『亡懷土[126]』，何必思故鄉？生其強飯慎疾以自輔。」後月餘，以禹為長信少府[127]。會御史大夫陳萬年[128]卒，禹代為御史大夫，列於三公[129]。

10 自禹在位，數言得失，書數十上。禹以為古民亡賦算[130]口錢[131]，起武帝征伐四夷，重[132]賦於民，民產子三歲則出口錢，故民重困[133]，至於生子輒殺，甚可悲痛。宜令兒七歲去齒[134]乃出口錢，年二十乃算[135]。

11 又言古者不以金錢為幣，專意於農，故一夫不耕，必有受其飢者。今漢家鑄錢，及諸鐵官[136]皆置吏卒徒[137]，攻山取銅鐵，一歲功[138]十萬人已上，中農[139]食[140]七人，是七十萬人常受其飢也。鑿地數百丈，銷陰氣之精[141]，地臧[142]空虛，不能含氣出雲[143]，斬伐林木亡有時禁[144]，水旱之災未必不繇此也。自五銖錢[145]起已來七十餘年，民坐盜鑄錢[146]被刑[147]者眾，富人積錢滿室，猶亡厭足。民心動搖，商賈求利，東西南北各用智巧，好衣美食，歲有十二之利[148]，而不出租稅。農夫父子暴露中野[149]，不避寒暑，捽屮[150]杷土[151]，手足胼胝[152]，已奉[153]穀租，又出稾[154]稅，鄉部[155]私求[156]，不可勝供[157]。故民棄本逐末[158]，耕者不能半。貧民雖賜之田，猶賤賣以賈[159]，窮則起為盜賊。何者？末利深[160]而惑於錢也。是以姦邪不可禁，其原皆起於錢也。疾[161]其末者絕其本，宜罷採珠玉金銀鑄錢之官，亡復以為幣。市井[162]勿得販賣，除[163]其租銖[164]之律，租稅祿賜皆以布帛及穀。使百姓壹[165]歸於農，復古道便[166]。

12 又言諸離宮[167]及長樂宮[168]衛可減其太半[169]，以寬繇役[170]。又諸官[171]奴婢十萬餘人戲游亡事，稅良民以給之，歲費五六鉅萬，宜免為庶人，稟食[172]，令代關東戍卒，乘[173]北邊亭塞[174]候望[175]。

13 又欲令近臣自諸曹[176]侍中[177]以上，家亡得[178]私販賣，與民爭利，犯者輒免官削爵，不得仕宦。禹又言：

14 「孝文皇帝時，貴廉絜[179]，賤貪汙，賈人[180]、贅壻[181]及吏坐臧者皆禁錮[182]不得為吏。賞善罰惡，不阿親戚，罪白者[183]伏其誅[184]，疑者[185]以與民[186]，亡贖罪[187]之法。故令行禁止，海內大化，天下斷獄四百，與刑錯[188]亡異。武帝始臨天下，尊賢用士，闢地廣境[189]數千里。自見功大威行，遂從耆欲[190]，用度不足，乃行壹切之變[191]，使犯法者贖罪，入穀者補吏，是以天下奢侈，官亂民貧，盜賊並起，亡命者[192]眾。郡國恐伏其誅，則擇便巧史書[193]習於計簿[194]能欺上府[195]者，以為右職[196]；姦軌[197]不勝，則取勇猛能操切[198]百姓者，以苛暴威服下者，使居大位。故亡義而有財者顯於世，欺謾[199]而善書[200]者尊於朝，誖逆[201]而勇猛者貴於官。故俗皆曰：『何以孝弟[202]為？財多而光榮。何以禮義為？史書而仕宦。何以謹慎為？勇猛而臨官。』故黥[203]劓[204]而髡鉗[205]者猶復攘臂[206]為政於世，行雖犬彘[207]，家富勢足，目指氣使[208]，是為賢耳。故謂居官而置[209]富者為雄桀[210]，處姦而得利者為壯士，兄勸其弟，父勉其子，俗之壞敗，乃至於是！察其所以然者，皆以犯法得贖罪，求士不得真賢，相守[211]崇[212]財利，誅不行之所致也。

「今欲興至治[213]，致太平，宜除贖罪之法。相守選舉不以實，及有臧[214]者，輒行其誅，亡但[215]免官，則爭盡力為善，貴孝弟，賤賈人，進真賢，舉實廉，而天下治矣。孔子，匹夫[216]之人耳，以樂道正身不解[217]之故，四海之內，天下之君，微[218]孔子之言亡所折中[219]。況乎以漢地之廣，陛下之德，處南面之尊，秉萬乘之權[220]，因天地之助，其於變世易俗，調和陰陽[221]，陶冶[222]萬物，化正天下，易於決流抑隊[223]。自成康以來，幾且[224]千歲，欲為治者甚眾，然而太平不復興者，何也？以其舍[225]法度而任私意，奢侈行而仁義廢也。

16 「陛下誠深念高祖之苦[226]，醇法[227]太宗[228]之治，正己以先下[229]，選賢以自輔，開進[230]忠正，致誅[231]姦臣，遠放[232]諂[233]佞，放出園陵之女，罷倡樂[234]，絕鄭聲[235]，去甲乙之帳[236]，退偽薄之物[237]，修節儉之化，驅天下之民皆歸於農。如此不解，則三王[238]可侔[239]，五帝[240]可及。唯陛下留意省察[241]，天下幸甚。」

17 天子下其議，令民產子七歲乃出口錢，自此始。又罷上林[242]宮館希[243]幸御[244]者，及省建章[245]、甘泉[246]宮衛卒，減諸侯王廟衛卒省其半。餘雖未盡從，然嘉其質直之意。禹又奏欲罷郡國廟，定漢宗廟迭毀之禮[247]，皆未施行。

18 為御史大夫數月卒，天子賜錢百萬，以其子為郎，官至東郡[248]都尉[249]。禹卒後，上追思其議，竟下詔罷郡國廟，定迭毀之禮。然通儒[250]或非之。語在韋玄成傳[251]。

【章旨】以上為〈貢禹傳〉。貢禹事跡，也主要體現在上疏勸諫，內容涉及宮室、輿服、苑囿、賦稅徭役以及刑法和選舉等諸多方面，以選賢誅奸、提倡節儉、關注民生為指歸。

【注釋】❶絜行　操行清白。絜，通「潔」。❷著聞　著名；聞名。❸涼州　州名。漢武帝所設十三州部之一。在今甘肅、寧夏、青海湟水流域及內蒙古納林河一帶。❹河南令　河南縣令。河南，縣名，今河南洛陽西郊澗水東岸。令，縣的長官，萬戶以上大縣長官稱令，不足萬戶小縣長官稱長。❺府官　郡太守。府，太守之府。❻免冠謝　脫冠謝罪。❼壹　一旦。❽安疑問詞。如何；怎能。❾冠　戴上冠。❿虛己　虛心。⓫年歲不登　收成不好；莊稼歉收。⓬秣馬　用糧食飼養馬匹。秣，用粟餵養。⓭塗　粉刷。⓮琱　通「彫」。用彩畫裝飾。⓯摩　通「磨」。打磨光滑。⓰刻　雕刻。⓱文畫　雕飾彩畫。⓲什一而稅　徵收十分之一的稅。⓳繇戍之役　傜役和兵役。繇，通「傜」，勞役。戍，守衛邊疆。⓴使　役使。㉑千里之內自給　京城周圍千里以內的賦稅供皇帝享用。㉒貢職　貢賦；貢品。㉓孝文孝景皇帝　漢文帝劉恆、漢景帝劉啟。詳見卷四〈文帝紀〉、卷五〈景帝紀〉。㉔綈　一種厚實而粗糙的絲織品。㉕革　生皮。㉖琱文　飾以彩繪、花紋。㉗轉轉　漸漸。㉘放效模仿；效法。放，通「仿」。㉙絝　通「褲」。㉚亂　混淆。㉛別異　區分；分辨。㉜奢僭　奢侈逾禮，不合法度。㉝魯昭公春秋時期魯國的君主。㉞吾何僭矣　語出《春秋公羊傳・昭公二十五年》。何休注：「失禮成俗，不自知也。」㉟承衰救亂承繼衰世而拯救混亂的局面。㊱矯復古化　矯正恢復古代的風俗。㊲少　稍。㊳放古　仿古；仿效古代。㊴論語曰二句　語出《論語・季氏》稱孔子之語：「益者三樂……樂節禮樂，樂道人之善，樂多賢友。」節禮樂，凡所動作，皆得禮樂之節。㊵故時　過去；從前。㊶齊　齊地。今山東半島一帶。㊷三服官　主管製作天子之服的機構，在齊地。㊸筍　盛衣服的方形竹器。㊹鉅萬　億。表示數目之多。㊺蜀　郡名。治今四川成都。㊻廣漢　郡名。治今四川金堂東。㊼三工官　少府下屬機構，包括考工室、右工室和東園匠。㊽東西織室　少府下屬機構，掌皇室絲織。㊾從之東宮　隨從皇帝去往東宮。東宮，太后所居的長樂宮，因在未央宮東面，故稱東宮。㊿見　被。[51]杯案　盛酒的杯子和盛食物的案。這裡指飲食。案，木製盛食物的矮腳托盤。[52]食　通「飼」。給人吃。[53]日步作之　每天蹓馬以消散其過盛的營養。[54]固　本來。[55]填　充實；填充。[56]棄天下　皇帝死亡的婉辭。[57]禮正　禮儀之正道。[58]臧　通「藏」。埋藏於墓中。[59]瘞臧　埋葬；殉葬。[60]園陵　皇帝的墓地。[61]稱　符合。[62]晏駕　車駕晚出。皇帝死亡的婉辭。[63]惡有所言　有所顧慮而不願意說。[64]承化　接受風氣；受到影響。[65]取　通「娶」。[66]畜　蓄養；私養。[67]怨女　到結婚年齡而未有婚配的女子。這裡指幽居深宮的宮女。[68]曠夫　成年而未娶妻的男子。[69]虛地上以實地下　大量消耗家產用於為死者陪葬。[70]乘輿　皇帝用的器物。[71]服御　服飾車馬等。[72]子產多少有命　大意是說，兒女多少，是命中注定的，與妃嬪數量沒有關係。[73]亡子者　沒有生育兒女的宮女。[74]杜陵　漢宣帝的陵墓。在今陝西西安東南。[75]舍　保留。[76]山　終南山。[77]鄠　縣名。治今陝西戶縣北。[78]復其田　把它們恢復為農田。[79]亡　通「毋」。不要；不用。[80]稱　符合；滿足。[81]故詩曰五句　語出《詩・大雅・大明》。前一句的大意是，天命無常，不能信任，只有王位是不可改變的。後一句的大意是，上帝在監視著你，不可懷有二心。諶，誠。易，改變。臨，從上面監視。女，通「汝」。你。82當仁不讓　語出《論語·衛靈公》。以仁為己任，雖師亦無所遜。泛指遇到應該做的事主動去做，絕不推諉。83參諸天地　領會天地之道。諸，之於。參，領會；琢磨。84揆　考量；揣度。85阿意順指　曲意迎合他人的旨意。86不勝拳拳　非常誠懇。87太僕　官名。九卿之一。掌管皇帝車馬。88水衡　水衡都尉，官名。掌上林苑，兼管稅收、鑄錢等。89宜春下苑　即宜春苑。在今陝西西安東南曲江。90光祿大夫　官名。光祿勳屬官。掌論議。91頃之　不久。92家訾　家產。訾，通「資」。93穰豆　指粗糧。94贍　充足；足夠。95裋褐　貧賤之人所穿的粗布衣服。96過意　過分看重。97秩八百石　漢代用官員的俸祿表示其職位等級。秩，官員的等級。98奉錢　俸祿。99稟食　官府供給口糧。100太官　少府屬官。主管膳食。101四時　四季。102侍醫　皇帝的醫生。103屮茅愚臣　淺陋微賤之臣，大臣對皇帝自稱的謙詞。屮，通「草」。104犬馬之齒　大臣對皇帝卑稱自己的年齡。105素餐尸祿　空食俸祿而不盡其職，無所事事。106洿　通「汙」。玷汙；弄髒。107非有　沒有。108棺槨　棺與槨。泛指棺材。槨，套在棺材外面的大棺。109蹎仆　跌倒。110不復自還　指死亡。111席薦　席子和襯在下面的草墊。112及身生　趁在沒死之前。113生　先生。114史魚　春秋時期衛國大夫史鰌。以忠直著稱。115孳孳　同「孜孜」。勤勉；不懈怠。116俗之所寡　世間少有。117幾　通「冀」。希望。118奇論　非凡的言論。119與　通「歟」。120殊　志趣不同。121金敞　金日磾弟金倫之孫。詳見卷六十八〈金日磾傳〉。122祿　賜予爵祿。123少　年幼。124辨護　照顧；維護。125傳　對經典的解說。126亡懷土　不要懷念故土。亡，通「毋」。語出《論語·里仁》孔子曰：「君子懷德，小人懷土。」127長信少府　官名。掌皇太后宮。128陳萬年　人名。漢宣帝、元帝時大臣。詳見卷六十六〈陳萬年傳〉。129三公　漢代丞相、御史大夫與太尉合稱三公。130賦算　徵收算賦。算，算賦，漢代所徵收的一種人頭稅，凡年齡在十五歲至五十六歲（一說六十歲，不同時期有所變化）的人口，每人每年繳納一百二十錢。131口錢　漢代所徵收的一種人頭稅。凡年齡在七歲（一說一歲或三歲，不同時期有所變化）至十四歲的人口，每人每年繳納二十錢（一說二十三錢）。132重　加重。133重困　加重困苦。134去齒　兒童換去乳牙。135算　徵收算賦。136鐵官　漢武帝以後，實行鹽鐵官營，在各地設置鐵官，主管冶煉鑄造鐵器。137吏卒徒　鐵官的管理者和勞動者。卒是定期服役的百姓，徒是刑徒。138功　人力。139中農　中等勞力的農夫。140食　供養。141陰氣之精　陰氣的精華。古人認為天陽地陰，銅鐵等礦藏是陰氣的精華。142地臧　地下的儲藏。臧，通「藏」。143含氣出雲　蘊含元氣吐出雲霧。古人認為雲霧也是地氣生成。144亡有時禁　不顧時令禁忌。古人認為不同季節都有與之相應的禁忌，比如春天不能砍伐樹林、捕殺鳥獸等。145五銖錢　漢武帝時期開始鑄造的一種銅錢，重五銖，上面鑄「五銖」二字。146盜鑄錢私自鑄造錢幣，是一種犯罪行為。(147)被刑　被處以刑罰。(148)十一之利　十分之一的利潤。(149)中野　田野之中。(150)捽屮　拔草。捽，拔取。屮，通「草」。(151)杷土　用手鬆土。(152)胼胝　手掌和腳底因長期勞動摩擦而生出繭子。(153)奉　供；繳納。(154)稾禾稈。(155)鄉部　縣的下級行政單位。(156)私求　國家正常賦稅以外的攤派加徵。(157)不可勝供　多得難以承擔。(158)棄本逐末　放棄農業，追逐工商利潤。(159)賤賣以賈　把田地低價出賣轉而經營商業。(160)深　多；豐厚。(161)疾　痛恨。(162)市井　市場。城邑中集中買賣貨物的場所。(163)除　廢除。(164)租銖　以貨幣形式徵收賦稅。(165)壹　專心。(166)復古道便　恢復、遵循古代的辦法，更為妥當。(167)離宮　京城之外供皇帝出巡時居住的宮室。(168)長樂宮　太后所居，故址在今陝西西安西北漢長安城內。(169)太半三分之二。(170)寬繇役　減輕傜役負擔。繇，通「傜」。(171)諸官　秦漢時期中央公卿各府下設的經營性或事務性機構，在京城的稱「中都官」，在地方的稱「都官」，由大量奴婢和刑徒充當勞動力。(172)稟食　由官府提供口糧。(173)乘　登。(174)北邊亭塞　北方邊境用於防禦的崗亭、堡壘。(175)候望　觀察敵情。(176)諸曹　又稱左右曹，加官名。受尚書事，典樞機。(177)侍中　加官名。本職之外加此稱號，即可侍從皇帝左右，出入宮廷，與聞朝政。(178)亡得　不許；不能。(179)廉絜　廉潔。(180)賈人　商人。(181)贅壻　就婚於女家的男子。(182)禁錮　禁止做官或參與政治活動。(183)罪白者　犯罪事實清楚的。(184)伏其誅　受到應得的懲罰。(185)疑者　犯罪事實不清楚的。(186)與民　從輕處罰。(187)贖罪　以財物抵償刑罰。(188)刑錯　刑罰擱置不用。(189)闢地廣境　開拓疆域，擴展領土。(190)從者欲　放縱欲望。從，通「縱」。者，通「嗜」。(191)壹切之變　權宜地改變制度。(192)亡命者　脫離戶籍而逃亡的人。(193)便巧史書　熟悉並善於舞文弄法。史書，公文的寫作。(194)計簿　官府登記戶口、賦稅、人事等內容的帳冊。(195)上府上司；上級官府。(196)右職　高職；重要職務。(197)姦軌　違法作亂的人或事。(198)操切　脅迫；苛求。(199)欺謾　欺詐誑騙。(200)善書　擅長官樣文書的人。(201)誖逆　悖逆；違背法律。誖，亂。(202)弟　通「悌」。指弟對兄長恭順。(203)黥　刑罰名。刺刻面額，染以黑色，作為懲罰的標記。(204)劓　刑罰名。割去鼻子。(205)髡鉗　刑罰名。剃去鬢髮，用鐵圈束項。(206)攘臂　捋起衣袖，露出胳膊。形容激動、振奮。(207)彘　豬。(208)目指氣使　用眼神和氣色示意以指使別人，形容態度驕橫。(209)置　通「致」。(210)桀通「傑」。(211)相守　地方長官。相，諸侯相。守，郡太守。(212)崇　崇尚；重視。(213)至治　指安定昌盛、教化大行的政治局面或時世。(214)臧　通「贓」。貪汙受賄。(215)亡但　不止。(216)匹夫　平民百姓。(217)不解　不懈。解，通「懈」。(218)微　無；沒有。(219)亡所折中　沒有用來判斷事物的準則。折，判斷。(220)萬乘之權　周制，天子之地縱橫各千里，能出兵車一萬乘，因以「萬乘」指天子。乘，輛。(221)調和陰陽　使陰陽有序、風調雨順。(222)陶冶　燒製陶器和冶煉金屬。這裡指培育、教化。(223)決流抑隊　決開即將宣洩的流水，推下即將墜落的物體。指非常容易做到的事。抑，推抑；推下。隊，通「墜」。墜落。(224)幾且　將近。225 舍　放棄；丟開。226 苦　開國創業之艱難。227 醇法　完全效法；專心仿效。228 太宗　漢文帝劉恆的廟號。詳見卷四〈文帝紀〉。229 先下　為臣下做出表率。230 開進　起用。231 致誅　給予懲罰。232 遠放　疏遠與驅逐。233 讇　通「諂」。234 倡樂　歌舞雜技表演。235 鄭聲　原指春秋戰國時期鄭國的音樂，不同於傳統的雅樂。後來泛指淫樂、靡靡之音。236 甲乙之帳　皇帝的眾多宴飲閒居之所。帳，帷帳。237 偽薄之物　浮華輕巧的東西；各種奢侈玩好。238 三王　指夏、商、周三代的開國之君。即夏禹、商湯、周文王與周武王。239 侔　並列；齊等。240 五帝　傳說中的五個上古帝王，有多種說法。《史記》以黃帝、顓頊、帝嚳、堯、舜為五帝。241 省察　認真思考；仔細考察。242 上林　苑名。為秦漢時期帝王射獵、遊樂之所。在今陝西藍田以西、周至以東終南山北麓一帶。243 希　通「稀」。少。244 幸御　皇帝駕臨、使用。245 建章　宮殿名。漢武帝時建。在今陝西西安西北長安故城中。246 甘泉　宮殿名。又名林光宮、雲陽宮。在今陝西淳化西北甘泉山上。247 宗廟迭毀之禮　古代宗廟制度。天子設七廟供奉七代祖先，諸侯設五廟供奉五代祖先。對於天子供奉七廟而言，其中始封之君、開國帝王之廟，世世不毀，其餘各代祖先與現在在位君主親屬關係超過高祖的，便毀棄其廟，遷其神主於太廟中。隨著君位代代相傳，親廟也依次而毀，故稱迭毀。248 東郡　郡名。治今河南濮陽西南。249 都尉　官名。輔佐太守掌管郡中軍事。250 通儒　通曉古今、學識淵博的儒者。251 韋玄成傳　附在卷七十三〈韋賢傳〉後。

【語　譯】貢禹，字少翁，琅邪人。以通曉經典、品行高潔而聞名，被徵召做博士官，出任涼州刺史，因病離職。又被推舉為賢良，擔任河南縣令。過了一年多，因為職務上的事受到郡太守的責備，他脫冠謝罪。貢禹說：「冠一旦摘下，怎麼可以再戴上呢！」於是辭官而去。

2 元帝剛即位，徵召貢禹做諫大夫，多次虛心地向他諮詢政務。當時年成不好，各郡和諸侯王國都很貧困。貢禹上奏章說：

3 「古時候宮室有制度，宮女不超過九人，用糧食養馬不超過八匹；牆壁粉刷但不施彩繪，木柱磨光但不雕刻，車輛用品都不用花紋裝飾；苑囿不過幾十里，而且與百姓共同享用。任用有才德有能力的人，賦稅只取收穫物的十分之一，此外不再有其他的賦稅和徭役、兵役，每年役使百姓不超過三天。京城周圍千里以內的賦稅供皇帝享用，千里以外各地按規定進貢。因此，天下家家富裕，人人充足，頌揚之聲同時興起。

4 「到了漢高祖、孝文皇帝、孝景皇帝時代，遵循古代的節儉傳統，宮女不過十多人，廄中只有一百多匹馬。孝文皇帝穿著用綈做的衣服和用生皮做的鞋，所用器物都沒有彩繪、雕刻的花紋或金銀裝飾。後代爭相奢侈，越來越嚴重，臣下也互相仿效，衣服鞋褲及所佩帶的刀劍與皇帝的相混淆，有時皇帝上朝聽政或進入宗廟祭祀，眾人竟不能分辨出來，這非常不適宜。然而人們並不知道自己奢侈得超越了禮制，就像魯昭公所說：『我哪裡僭越了禮制？』」

5 「如今，大夫超越諸侯的禮制，諸侯超越天子的禮制，天子超過了天道，這樣的日子已經很久了。承繼衰世挽救混亂的局面，矯正並恢復古代的風俗，全在於皇帝您。臣的愚見認為，完全像太古一樣很難，應該稍微仿效古代來節制自己。《論語》說：『君子以所作所為完全符合禮樂的節制為快樂。』現在宮室已經建造定型，沒有辦法改變了，其餘的都可以裁減。以前齊地的三服官每年供應給皇帝的衣帽不超過十箱，而現在齊地三服官的工匠有幾千人，一年的費用數以億計。蜀郡、廣漢郡主管製作金銀器，每年的費用各有五百萬。少府下屬的三個工官每年經費達五千萬，東西織室也是這樣。廄中吃粟的馬將近一萬匹。臣曾經跟隨皇帝到東宮，獲賜酒食，酒杯和食案全都裝飾著花紋和金銀，這不是應該賞賜給臣下享用的東西。東宮的費用也多得無法計算。天下百姓之所以遭受嚴重飢餓而死，原因就在這裡。現在百姓因嚴重飢餓而死亡，死了又不能安葬，被豬狗所吃。甚至到了人吃人的地步，而廄中的馬卻在吃粟，苦於養得太肥壯，氣盛發洩時，便每天派人蹓馬以消散牠們過盛的營養。帝王承受天命，做百姓的父母，本來應該這樣嗎？難道上天看不到嗎？武帝在位時，又挑選美女多達數千人，充塞後宮。等到武帝去世，昭帝年幼弱小，霍光獨掌朝政，不懂禮儀的正道，荒唐地用很多金銀財物陪葬，還有鳥獸魚鱉牛馬虎豹等活的動物，共一百九十隻，全都掩埋殉葬。又把後宮的女子全部安置到武帝陵園守墓，這極不符合禮制，違背天意，也未必符合武帝的心願。昭帝去世時，霍光又這樣做。到了宣帝時，皇上有所顧慮不便多說，群臣也按照先例辦事，實在令人痛心！所以使得天下人都接受這種風氣，娶女都大大超過限度，諸侯的妻妾有的多達數百人，有錢有勢的官吏與百姓蓄養歌女多達數十人。因此宮中有很多幽居的怨女，民間有很多成年無妻的男子。現在連普通百姓，也都大量消耗地上家產用來為死者陪葬。這種錯誤都是從上面開始出現的，是大臣們因循先例的罪過。

6 「希望皇帝您深入地考察古道，遵循其節儉的傳統，大量減少皇帝所用車馬衣服器物的數量，三分去掉兩分。兒女的多少是有天命的，應仔細考察後宮女子，選擇有才德的留下二十人，其餘的全部遣送回家。各個陵園的宮女，凡沒有生育兒女的，應該全部遣返回家。僅僅杜陵就有幾百名宮女，真令人覺得可憐。廄中的馬不要超過幾十匹。只留下長安城南的苑囿作為皇上打獵的場所，從城西往南到終南山，往西到鄠縣，都要恢復為農田，分配給貧苦百姓。現在天下鬧饑荒，不主動大量減少各項費用來拯救災荒，難道符合天意嗎？上天降生聖人，是為了千萬百姓，不是讓他獨自享樂。所以《詩經》上說：『天命無常，不能信任，只有王位是不可改變的。』『上帝在監視著你，不可懷有二心。』『遇到應該做的事要主動去做，絕不推諉。』獨自用聖明的心去領會天地之道，考量往古的傳統，不可與臣下討論。他們可能會順著皇帝的旨意，隨聲附和。臣貢禹滿懷懇切之情，不敢不把愚蠢的想法全部說出來。」

7 元帝讚賞並採納他的忠告，便下詔書，命令太僕減少吃糧食的馬匹，水衡都尉減少吃肉的野獸，裁撤宜春下苑，將其中的田地分給貧民，又廢除角抵等遊戲及齊地的三服官。提拔貢禹做光祿大夫。

8 不久，貢禹上書說：「臣年老貧窮，家產不滿萬錢，老婆孩子連糠豆也吃不飽，粗布衣服也不完整。有田地一百三十畝，皇帝您過分看重而徵召我，臣賣掉一百畝田地購置車馬。來到朝廷，被任命為諫大夫，官品是八百石，每月俸祿九千二百，由太官供應口糧，又蒙賞賜四季用的各種絲綢、綿絮以及衣服、酒肉、各種果品，恩德太深厚了。生病時有皇帝侍醫親臨治病，託皇帝神明，我活下來了。又被任命為光祿大夫，官品是二千石，每月俸祿一萬二千。俸祿和賞賜越來越多，家裡一天比一天富足，身分一天比一天尊貴，這實在不是我這個微賤愚蠢之臣所應當承蒙的。我低頭思考，始終無法報答皇帝的恩德，日日夜夜慚愧不已。臣卑賤的年齡已經八十一歲了，血氣衰竭，耳聾眼花，不能再對朝廷有所補益，成了所謂空食俸祿不能盡職而有辱朝廷的人。我自己很感痛心的是離家三千里，家裡只有一個兒子，才十二歲，沒有人在家為我準備棺槨。真擔心一旦跌倒斷氣，再也不能甦醒，弄髒了宮室的席子和草墊，骸骨拋在外地，孤魂回不了故鄉。我禁不住提出個人的願望，希望告老辭職，趁著還沒死，回到故鄉，死了也沒有什麼遺憾的了。」

9 皇帝答覆說：「我因為先生像伯夷那樣廉潔，像史魚那樣忠直，遵守儒家經典，依據古代道統，不迎合世俗，勤勉地為百姓著想，是世間少有的，所以親近先生，希望您參與國政。至今聽到您的非凡言論還不久，您卻說要引退，是心中有什麼遺憾的事呢？還是在位大臣與先生志趣不同？此前曾命令金敞對先生講，想在您健在時賜給您的兒子爵祿，這都已經講明了，現在卻又說兒子年幼。憑著帝王的命令照顧先生的家庭，即使有一百個兒子又怎能比這更好？傳注上說『不要懷念故土』，您何必思念故鄉？希望先生努力加餐，謹防疾病，保重自己。」一個多月後，任命貢禹做長信少府。遇上御史大夫陳萬年去世，貢禹就接替他做御史大夫，成為三公之一。

10 貢禹自從出任官職以來，多次談論政治得失，上書達幾十次。貢禹認為，古代百姓沒有算賦和口錢，這些人頭稅開始於漢武帝征伐四夷，向百姓增加賦稅，百姓所生兒女，從三歲起就要繳納口錢，所以百姓更加困苦，以致有人生下孩子便殺死，非常令人悲痛。應該讓小孩七歲換牙齒後才繳納口錢，到了二十歲才繳納算賦。

11 他又說古代不用金錢做貨幣，專心從事農業生產，所以一個男子不耕種，必定有人要挨餓。現在漢朝鑄造錢幣，各地鐵官都設置官吏、役卒、刑徒，開山採掘銅鐵，一年需要十萬以上的人力。中等勞力的農夫可供養七個人，這就相當於使七十萬人經常挨餓。在地下開鑿幾百丈深，消耗了陰氣的精華，地下的儲藏空虛，不能涵養元氣產生雲霧，又砍伐林木，不顧時令禁忌，水旱災害未必不是由此引起的。自從開始使用五銖錢以來七十多年，百姓因盜鑄私錢犯法受刑的人非常多，富人積蓄了滿屋的錢幣，還不滿足。民心動搖，經營商業以謀取暴利，走南闖北各自發揮自己的聰明才智，穿著華美的衣服，吃著美味佳餚，每年獲取十分之二的利潤，卻不繳納租稅。而農家父子都在田野中經受日曬雨淋，不避嚴寒酷暑，拔草扒土，手腳都磨出老繭，已經供奉穀租，又要繳納秸稈，還有地方官吏的額外索取，多得無法承擔。因此百姓都放棄農業而追逐工商之利，耕種的農民不到人口的一半。貧民即使把田地賜給他，還是賤價賣掉轉而經營商業，貧困至極便起事當盜賊。為什麼會這樣呢？因為商業利潤豐厚，人們受到金錢的迷惑啊。因此，奸邪無法禁止，根源都是由錢引起的。痛恨這種衰敗的現象就必須斬斷它的根本，應該廢除開採珠玉金銀和鑄錢的官署，不要再用它們做貨幣。城邑中的買賣場所不准許販賣，廢除用錢幣納稅的法令，租稅的繳納和官吏的俸祿、賞賜都用布帛和穀物。使百姓專心從事農業生產，恢復古代的治國之道，更為妥當。

12 他又說各處離宮和長樂宮的衛士可裁減三分之二，從而減輕百姓的徭役負擔。各都官的奴婢有十多萬人，遊戲無事，卻徵收良民的租稅來供養他們，每年耗費錢財達五六億，應該把他們赦免為普通百姓，由官府發給口糧，派他們代替關東地區的守邊士卒，登上北方邊塞的崗亭去瞭望敵情。

13 又想命令諸曹、侍中以上親近的大臣，家中不得私自從事販賣活動，與百姓爭利。違反了的就要免官削爵，不能再做官。貢禹又說：

14 「孝文帝時，推崇廉潔，鄙視貪汙，商人、贅婿和犯有貪贓罪的官員，都受到禁錮，不能再做官。賞善罰惡，不偏袒親戚，罪行已清楚的人受到應有懲罰，罪行有疑問的人從輕處罰，沒有用財物贖罪的法令。所以有令能行，有禁能止，影響廣泛而深入，全國只判了四百個案件，與刑罰擱置不用沒有多大差別。武帝開始治理天下時，尊重和任用有才德的人士，開拓疆域，擴展領土達數千里。看到自己功勞很大，威權得以行使，便放縱欲望，國家用度不足，便權宜地改變制度，使犯法的人可以用財物贖罪，繳納穀物可以做官，因此奢侈之風盛行，官府混亂，百姓貧困，盜賊四起，很多人脫離戶籍而逃亡。各郡和各王國擔心受到責罰，就選擇那些善於舞文弄法、熟悉官府帳冊、能欺騙上級官府的人，擔任重要職位；不能有效禁止違法作亂的事，便挑選那些勇猛而能脅迫百姓的人，那些苛酷殘暴以威勢壓制下級的人，讓他們身居高位。所以不講道義而有錢財的人在世人面前炫耀，欺詐誆騙擅長官樣文書的人在朝廷受到尊重，為非作歹而勇猛的人受到官府的重視。所以人們都說：『孝悌有什麼用？錢多才光榮。禮義有什麼用？舞文弄法才能做官。謹慎有什麼用？勇猛才能掌權。』所以受過黥、劓、髡鉗等刑罰的人都捋起袖子，精神振奮地處理政務，行為即使豬狗不如，只要有財有勢，能夠驕橫地役使別人，就被稱為賢能。所以把做官而致富的人說成雄傑，把用奸邪手段獲利的人說成壯士。兄長勸勉弟弟，父親鼓勵兒子，風俗的敗壞，竟然到了這種地步！考察造成這種局面的原因，都是因為犯法可以用財物贖罪，尋找人才得不到真正的賢人，王國和郡的長官崇尚財富利益，刑罰不能實行造成的。

15 「現在要開創安定昌盛、教化大行的政治局面，建立太平盛世，就應該廢除贖罪的法令。王國和郡的長官選舉人才不按實際德才或貪贓受賄的，就處以刑罰，而不僅僅免除官職，那麼，他們就會競相盡力做好事，崇尚孝敬恭順，鄙視商人，推薦真正有才德的人，選拔真正廉潔的人，天下便治理好了。孔子只是一個平民百姓，因為愛好正道，端正自身，從不放鬆，竟使得四海之內的人和天下的君主，沒有孔子的言論就找不到用來判斷是非的準則。何況憑藉漢朝廣大的疆土，您的德行，處在皇帝的崇高地位，掌握著天子的最高權力，又依靠天地的幫助，這對於改變世道和風俗，調和陰陽，培育萬物，教化匡正天下，就像決開即將宣洩的流水、推下即將墜落的物體那樣容易。從周成王、周康王時代以來，將近一千年了，想治理好國家的人很多，但是太平盛世沒有重新興起，原因是什麼呢？就是因為他們拋棄法度而聽任個人意志，奢侈之風盛行而仁義之道被廢止。

16 「皇帝您一定要深刻地思考高祖開國創業的艱難，專心效法太宗文帝的治國方法，端正自己而為臣下做出表率，選拔才德之士輔佐自己，開門引進忠誠正直的人，依法懲處奸詐之臣，疏遠驅逐諂媚奉承的人，放出守園陵的宮女，取消歌舞雜技表演，禁止淫蕩的樂曲，撤除眾多宴飲閒居的帷帳，不用浮華奢侈的物品，提倡節儉的教化，促使天下百姓都從事農業。這樣經過不懈的努力，就能夠與三王並列，向五帝看齊。希望皇帝您認真思考，天下人都深感慶幸。」

17 皇帝把他的意見交給群臣討論。下令百姓生育子女長到七歲才出口錢，七歲繳納口錢的制度就是從這時開始的。又廢除了上林苑中皇帝很少光顧的一些宮館，裁減了建章宮和甘泉宮的衛士，諸侯王國宗廟的衛士裁減了一半。其他建議雖沒全部聽從，但很稱許他的直率質樸。貢禹又上奏，想廢除設在各郡和王國的宗廟，制定漢朝親廟依次毀棄的宗廟禮儀，都沒有實施。

18 貢禹擔任御史大夫幾個月後便去世了，皇帝賞賜了一百萬錢，任用他的兒子做郎官，後來官至東郡都尉。貢禹去世後，皇帝回想起他的建議，終於下令廢除了郡和王國的宗廟，制定了漢朝宗廟依次毀棄的制度。但有些通儒不贊成這種做法。有關情況記載在〈韋玄成傳〉。

1 兩龔皆楚人也，勝字君賓，舍字君倩。二人相友，並著名節❶，故世謂之楚兩龔。少皆好學明經，勝為郡吏，舍不仕。

2 久之，楚❷王入朝，聞舍高名❸，聘舍為常侍❹，不得已隨王。歸國固辭，願卒學❺，復至長安。而勝為郡吏，三舉孝廉，以王國人不得宿衛❻，補吏。再❼為尉❽，壹為丞❾，勝輒至官迺去。州舉茂才❿，為重泉⓫令，病去官。大司空何武⓬、執金吾⓭閻崇薦勝，哀帝自為定陶⓮王固已聞其名，徵為諫大夫。引見，勝薦龔舍及亢父⓯甯壽、濟陰⓰侯嘉，有詔皆徵。勝曰：「竊⓱見國家徵醫巫，常為駕⓲，徵賢者宜駕。」上曰：「大夫乘私車來邪？」勝曰：「唯唯⓳。」有詔為駕。龔舍、侯嘉至，皆為諫大夫。甯壽稱疾不至。

3 勝居諫官，數上書求見，言百姓貧，盜賊多，吏不良，風俗薄，災異⓴數見，不可不憂。制度泰㉑奢，刑罰泰深，賦斂泰重，宜以儉約先下。其言祖述㉒王吉、貢禹之意。為大夫二歲餘，遷丞相司直㉓，徙光祿大夫，守右扶風㉔。數月，上知勝非撥煩[25]吏，乃復還勝光祿大夫諸吏給事中[26]。勝言董賢[27]亂制度，繇是逆上指。

4 後歲餘，丞相王嘉[28]上書薦故廷尉[29]梁相等，尚書[30]劾奏嘉「言事恣意，迷國罔上[31]，不道」。下將軍中朝[32]者議。左將軍公孫祿、司隸[33]鮑宣、光祿大夫孔光[34]等十四人皆以為嘉應[35]迷國不道法。勝獨書議曰：「嘉資性邪僻，所舉多貪殘吏。位列三公，陰陽不和，諸事並廢，咎皆繇嘉，迷國不疑。今舉相等，過微薄。」日暮議者罷。明旦復會，左將軍祿問勝：「君議亡所據，今奏當上，宜何從？」勝曰：「將軍以勝議不可者，通劾[36]之。」博士夏侯常見勝應[37]祿不和，起至勝前謂曰：「宜如奏[38]所言。」勝以手推常曰：「去！」

5 後數日，復會議可復[39]孝惠、孝景廟不，議者皆曰宜復。勝曰：「當如禮。」常復謂勝：「禮有變。」勝疾言[40]曰：「去！是時之變[41]！」常恚，謂勝曰：「我視君何若[42]？君欲小與眾異，外以采名，君乃申徒狄[43]屬耳！」

6 先是常又為勝道高陵[44]有子殺母者，勝白之。尚書問：「誰受[45]？」對曰：「受夏侯常。」尚書使勝問常。常連恨[46]勝，即應曰：「聞之白衣[47]，戒君勿言也。奏事不詳[48]，妄作觸罪[49]。」勝窮，無以對尚書，即自劾奏與常爭言，洿辱朝廷。事下御史中丞[50]。召詰問，劾奏：「勝吏二千石，常位大夫，皆幸得給事中，與論議；不崇禮義，而居公門[51]下相非恨，疾言辨訟，媿謾亡狀[52]，皆不敬。」制曰：「貶秩各一等。」勝謝罪，乞骸骨。上乃復加賞賜，以子博為侍郎[53]，出勝為渤海[54]太守。勝謝病不任之官，積六月免歸。

7 上復徵為光祿大夫。勝常稱疾臥，數使子上書乞骸骨，會哀帝崩。

8 初，琅邪邴漢亦以清行[55]徵用，至京兆尹，後為太中大夫[56]。王莽秉政，勝與漢俱乞骸骨。自昭帝時，涿郡[57]韓福以德行徵至京師，賜策書[58]束帛遣歸。詔曰：「朕閔勞以官職之事，其務修孝弟以教鄉里[59]。行道舍傳舍[60]，縣次[61]具[62]酒肉，食[63]從者及馬。長吏[64]以時存問[65]，常以歲八月賜羊壹頭，酒二斛[66]。不幸死者，賜複衾[67]一，祠以中牢[68]。」於是王莽依故事，白遣勝、漢。策曰：「惟元始二年[69]六月庚寅[70]，光祿大夫、太中大夫耆艾[71]二人以老病罷。太皇太后[72]使謁者僕射[73]策詔之曰：蓋聞古者有司[74]年至則致仕[75]，所以恭讓而不盡其力也。今大夫年至矣，朕愍以官職之事煩大夫，其上[76]子若孫若同產[77]、同產子[78]一人。大夫其修身守道，以終高年。賜帛及行道舍宿，歲時羊酒衣衾，皆如韓福故事。所上子男皆除為郎。」於是勝、漢遂歸老于鄉里。漢兄子曼容亦養志自修[79]，為官不肯過六百石，輒自免去，其名過出於漢。

9 初，龔舍以龔勝薦，徵為諫大夫，病免。復徵為博士，又病去。頃之，哀帝遣使者即[80]楚拜舍為太山[81]太守。舍家居在武原[82]，使者至縣請舍，欲令至廷[83]拜授印綬[84]。舍曰：「王者以天下為家，何必縣官[85]？」遂於家受詔，便道[86]之官。既至數月，上書乞骸骨。上徵舍，至京兆東湖[87]界，固稱病篤[88]。天子使使者收印綬，拜舍為光祿大夫。數賜告[89]，舍終不肯起，乃遣歸。

10 舍亦通五經，以魯詩[90]教授。舍、勝既歸鄉里，郡二千石[91]長吏初到官皆至其家，如師弟子之禮。舍年六十八，王莽居攝[92]中卒。

11 莽既篡國，遣五威將帥[93]行[94]天下風俗，將帥親奉羊酒存問勝。明年[95]，莽遣使者即拜[96]勝為講學祭酒[97]，勝稱疾不應徵。後二年，莽復遣使者奉璽書[98]，太子師友[99]祭酒印綬，安車駟馬[100]迎勝，即拜，秩上卿[101]，先賜六月祿直以辦裝，使者與郡太守、縣長吏、三老[102]官屬、行義諸生[103]千人以上入勝里致詔[104]。使者欲令勝起迎，久立門外。勝稱病篤，為牀室中戶西南牖下[105]，東首[106]加朝服拕紳[107]。使者入戶，西行南面立，致詔付璽書，遷延再拜[108]奉印綬，內[109]安車駟馬，進謂勝曰：「聖朝未嘗忘君，制作[110]未定，待君為政，思聞所欲施行，以安海內。」勝對曰：

「素愚，加以年老被病，命在朝夕，隨使君[111]上道，必死道路，無益萬分。」使者要說[112]，至以印綬就加勝身，勝輒推不受。使者即上言：「方盛夏暑熱，勝病少氣，可須[113]秋涼迺發。」有詔許。使者五日一與太守俱問起居，為勝兩子及門人[114]高暉等言：「朝廷虛心待君以茅土之封[115]，雖疾病，宜動移至傳舍，示有行意，必為子孫遺大業。」暉等白使者語，勝自知不見聽，即謂暉等：「吾受漢家厚恩，亡以報，今年老矣，旦暮入地[116]，誼[117]豈以一身事二姓[118]，下見故主哉？」勝因敕[119]以棺斂喪事：「衣周[120]於身，棺周於衣。勿隨俗動吾冢，種柏，作祠堂。」語畢，遂不復開口飲食，積十四日死，死時七十九矣。使者、太守臨斂，賜複衾祭祠如法。門人衰絰[121]治喪者百數。有老父來弔，哭甚哀，既而曰：「嗟乎！薰[122]以香自燒，膏[123]以明自銷。龔生竟夭天年，非吾徒也。」遂趨而出，莫知其誰。勝居彭城[124]廉里[125]，後世刻石表其里門。

【章旨】以上為〈兩龔傳〉。此傳敘述龔勝、龔舍的事跡，或分或合，又由龔勝而附載邴漢及其兄子邴曼容的事跡，連類而及，順其自然。龔勝的諫言，其主旨與王吉、貢禹一脈相承，終因指斥董賢而招致哀帝的不滿。龔舍則有更多的隱士色彩。

【注釋】❶名節　名聲與節操。❷楚　王國名。治今江蘇徐州。❸高名　盛名；名氣很大。❹常侍　官名。皇帝或諸侯王的侍從。⑤卒學　完成學業。⑥宿衛　在宮禁中值宿，擔任警衛。這裡指在朝廷做官。漢朝制度，諸侯國的人不能在京師任職。⑦再　兩次。⑧尉　官名。縣尉。主管軍事、治安。⑨丞　官名。縣丞。縣令、長的輔佐。⑩茂才　漢代選拔人才的科目之一。由郡國薦舉優異之才。本名「秀才」，因避光武帝劉秀之諱而改稱「茂才」。⑪重泉　縣名。今陝西蒲城南。⑫何武　詳見卷八十六〈何武傳〉。⑬執金吾　官名。原名中尉，漢武帝改名執金吾。掌督巡京師治安。⑭定陶　王國名。治今山東定陶西北。漢哀帝即位之前為定陶王。⑮亢父　縣名。今山東濟寧。⑯濟陰　郡名。治今山東定陶西北。⑰竊　謙稱自己。⑱駕　官府準備車馬。⑲唯唯　恭敬的應答聲。⑳災異　自然災害和某些異常的自然現象。古人認為這些現象都與當政者的措施或行為有關。㉑泰　通「太」。過分。㉒祖述　效法；闡發。㉓司直　官名。丞相屬官。輔佐丞相檢舉不法。㉔守右扶風　代行右扶風的官職。右扶風，西漢京畿的行政區域之一，在今陝西西安以西至寶雞、千陽、隴縣一帶。同時西漢管轄右扶風地區的行政長官也叫右扶風，職權相當於郡太守。㉕撥煩　處理繁忙的政務。㉖給事中　加官名。侍從皇帝左右，備顧問應對，參議政事，因執事於殿中，故名。㉗董賢　詳見卷九十三〈佞幸傳〉。㉘王嘉　詳見卷八十六〈王嘉傳〉。㉙廷尉　官名。九卿之一。掌刑獄。㉚尚書　官名。少府屬官，掌殿內文書。㉛迷國罔上　迷惑朝廷，欺騙皇上。㉜中朝　漢代朝廷官員自武帝以後有中朝、外朝之分。三公九卿等以丞相為首的正規官職稱外朝官，皇帝的近臣如大司馬、前後左右將軍、侍中、常侍、給事中等稱中朝官或內朝官。㉝司隸　即司隸校尉。官名，監察百官及督察京畿地區治安。㉞孔光　詳見卷八十一〈孔光傳〉。㉟應　符合。㊱通劾　一併彈劾。㊲應　回答；回應。㊳奏　指尚書的奏章。㊴復　恢復。㊵疾言　言詞激烈直率。㊶時之變　時人的想法在改變，而不是禮制在改變。㊷何若　何似；像什麼。㊸申徒狄　商朝末年人，耿介正直，不忍見紂王亂政，抱石投河而死。㊹高陵　縣名。治今陝西高陵西南。㊺誰受　聽誰說的。㊻連恨　龔勝與夏侯常多次爭吵。恨，通「很」。爭訟。一說，連連稱恨。㊼白衣　普通百姓。㊽不詳　未經核實；不準確。㊾妄作觸罪　任意胡為而犯罪。㊿御史中丞　官名。御史大夫之副，在殿中蘭臺，掌圖籍祕書，外督部刺史，內領侍御史員十五人，受公卿奏事，舉劾按章。(51)公門　官府；朝廷。(52)媠謾亡狀　懈怠不敬，不成體統。媠，通「惰」。謾，通「慢」。(53)侍郎　郎中令（武帝以後改稱光祿勳）屬官。掌持戟守衛宮殿門戶，皇帝出行則充車騎。(54)渤海　郡名。治今河北滄州東南。(55)清行　純潔的品行。(56)太中大夫　官名。光祿勳屬官。掌論議。(57)涿郡　郡名。治今河北涿州。(58)策書　皇帝命令的一種，主要用於賜爵封土和任免大臣。(59)鄉里　縣以下的行政單位。縣下為鄉，鄉下為里。里是最基層的行政單位。(60)舍傳舍　在傳舍住宿。傳舍，設在交通要道，為過往官員及有公幹的人提供食宿和車馬的機構。(61)縣次　各縣依次。(62)具　準備。(63)食　供給食物。(64)長吏　地方長官。(65)存問問候；慰問。66斛　容量單位名。一斛即一石，約相當於現在的二十公升。67複衾　夾被；中有綿絮的大被。68中牢　以豬、羊二牲為供品。69元始二年　西元二年。元始，漢平帝年號之一。70六月庚寅　農曆六月初十日。庚寅為以天干、地支表示的日期。71耆艾　泛指老年人。72太皇太后　皇帝的祖母，即漢元帝皇后王政君。此時元帝庶孫漢平帝在位。詳見卷九十八〈元后傳〉。73謁者僕射　官名。光祿勳屬官。總管謁者的長官。謁者，官名，掌傳達通報。74有司　有關官員。75致仕　年老辭官回鄉。76上　呈報。77同產　同父或同母的兄弟姊妹。這裡指兄弟。78同產子　兄弟之子。79養志自修　修養品德，不慕榮利。80即　就近；去往。81太山　即泰山，郡名。治今山東泰安東。82武原　縣名。今江蘇邳州西北。83廷　縣庭。84印綬　官印和上面繫的絲帶。古時官印上繫有絲帶，佩帶在身。85縣官　縣署。86便道　取順路。87湖　縣名。當時屬京兆尹。治今河南靈寶西北。88病篤　病情加重。89賜告　漢律規定，二千石官員休病假滿三月當免，賜告是休假期滿准予繼續休假而不免官，以示優容。90魯詩　漢初魯人申培公所傳授的《詩經》。屬今文經學，西漢時傳授最廣。91二千石　郡太守與都尉官秩均為二千石。92居攝　因皇帝年幼，由大臣代居其位處理政務，稱「居攝」。王莽在廢漢之前曾居攝。93五威將帥　官名。西漢末王莽代漢建立新朝，設置五威將，每一將各置前、後、左、右、中五帥，統稱五威將帥。著五色衣冠，周行四方，奉符命，齎印綬，以威天下。94行　巡視；視察。95明年　第二年。96即拜　到家中任命為官。即，就。97講學祭酒　官名。王莽新朝所設。首席講學官。98璽書　用印章封記的皇帝詔書。99太子師友　官名。太子屬官。100安車駟馬　四匹馬拉的安車。101上卿　周制，天子及諸侯皆有卿，分上中下三等，最尊貴者稱「上卿」。102三老　掌教化之官，郡、縣、鄉均有設置。103行義諸生　躬行仁義的書生。104致詔　傳達詔令。105室中戶西南牖下　房中門的西邊、南窗的下面。牖，窗。106東首　頭朝東。107加朝服拕紳　將朝服蓋在身上，又把大帶放在朝服上。因生病臥床，不能穿朝服、束大帶接受詔令，又不能不表示尊重，所以如此。拕，同「拖」。牽引；置放。紳，束朝服的大帶子。《論語·鄉黨》記載，孔子生病。國君前來探望，孔子就是這樣做的。108遷延再拜　後退，拜了又拜，表示尊敬。109內　通「納」。讓進來。110制作　禮樂方面的典章制度。111使君　對使者的尊稱。112要說　以要挾的口氣勸說。113須　待。114門人　弟子；門生。115茅土之封　授予爵位和封土。天子分封王、侯時，用代表方位的五色土築壇，按封地所在方位取一色土，包以白茅而授之，作為受封者得以有國建社的表徵。116旦暮入地　即將死亡。旦暮，遲早；即將。117誼　通「義」。道理；道義。118二姓　兩個王朝；兩姓君主。119敕　吩咐；命令。120周　包裹。121衰絰　喪服。喪服胸前當心處所綴麻布稱「衰」，亦作「縗」。圍在頭上和纏在腰門的散麻繩稱「絰」。122薰　芳草。123膏　油脂。124彭城　縣名。今江蘇徐州。125廉里　里名。

【語　譯】兩龔都是楚國人，龔勝字君賓，龔舍字君倩。二人互相友好，都有名聲和氣節，所以世人稱他們是「楚兩龔」。兩人年輕時都好學，通曉經術，龔勝擔任郡吏，龔舍沒有做官。

2 過了很久，楚王進京朝拜皇帝，聽說龔舍名氣很大，聘請他擔任常侍，不得已跟隨楚王。回到楚國後堅決請辭，希望完成學業，又回到長安。龔勝做郡吏，三次被推舉為孝廉，但因為王國的人不能在朝廷任職，補缺做地方官吏。他兩次出任縣尉，一次出任縣丞，總是到任後便辭職。州裡推舉他為秀才，擔任重泉縣令，因病離職。大司空何武、執金吾閻崇推薦龔勝，而哀帝在做定陶王時早已聽到龔勝的名聲，便徵召他做諫大夫。在召見他時，龔勝又推薦龔舍以及亢父縣的甯壽、濟陰郡的侯嘉，皇帝下令全都徵召。龔勝說：「我看到朝廷徵召巫醫時經常為他們準備車馬，徵召賢人也應該準備車馬。」皇帝問：「您是乘私車來的嗎？」龔勝說：「是是。」皇帝下令由官府準備車馬。龔舍、侯嘉來到京城，都做了諫大夫。甯壽稱病沒有來。

3 龔勝身為諫官，多次上書求見，談到百姓貧窮，盜賊很多，官吏不良，風俗浮薄，災害與異常現象多次出現，不可不擔憂。制度過於奢侈，刑罰過於嚴酷，賦稅過於沉重，應該以節儉的作風做臣下的表率。他的言論遵循王吉、貢禹的主張。擔任諫大夫兩年多，升任丞相司直，改任光祿大夫，代行右扶風之職。幾個月後，皇帝了解到他不是善於處理繁忙政務的官吏，便恢復了他的光祿大夫職位，並加官諸吏、給事中。龔勝又談論董賢破壞制度，因此違背了皇帝的心意。

4 一年多以後，丞相王嘉上書推薦前廷尉梁相等人。尚書彈劾王嘉「議論政事毫無顧忌，迷惑朝廷，欺騙皇帝，犯不道之罪」。皇帝交給將軍和中朝官們討論。左將軍公孫祿、司隸校尉鮑宣、光祿大夫孔光等十四人都認為王嘉所犯符合迷惑朝廷、不道之罪。龔勝獨自寫出意見說：「王嘉本性邪僻，所推薦的多是貪婪殘暴的官吏。他身居三公之列，陰陽不和，各種政務荒廢，過錯都是由他引起，迷惑朝廷之罪沒有疑問。他今天推薦梁相等人，屬於小過錯。」天晚了，討論停止。第二天清早繼續會集，左將軍公孫祿問龔勝：「您的意見沒有什麼根據，現在奏章要呈交上去，應該聽從誰的意見？」龔勝說：「將軍認為我的意見不對，就一起彈劾吧。」博士夏侯常看到龔勝對公孫祿的回答話不投機，起身走到龔勝面前說：「應該照尚書奏章的意見。」

龔勝用手推開夏侯常說：「走開！」

5 幾天後，又會同討論是否可以恢復孝惠帝和孝景帝的廟，討論的人都說應該恢復。龔勝說：「應當按照禮制。」夏侯常又對龔勝說：「禮制是有變化的。」龔勝言詞激烈地說：「走開！這是時人的想法在改變！」夏侯常很生氣，對龔勝說：「我看您像什麼人呢？您想與大家的意見略有差異，在外面沽名釣譽，您是中徒狄一類的人！」

6 此前夏侯常曾對龔勝說，高陵縣有兒子殺死母親的事，龔勝彙報了這件事。尚書問：「聽誰說的？」回答說：「聽夏侯常說的。」尚書讓龔勝詢問夏侯常。夏侯常已與龔勝多次爭吵，就回答說：「道聽塗說的，我告誡你不要講。你不經核實就向上彙報，任意胡為自取罪過。」龔勝無路可走，沒法回答尚書，只好彈劾自己曾與夏侯常爭吵，汙辱了朝廷。事情交給御史中丞處理。御史中丞把他們召來質問，然後上奏章彈劾：「龔勝是二千石級官吏，夏侯常是大夫級官吏，都榮幸地加官給事中，參與討論朝政；他們卻不尊重禮義，在公庭中互相非難，激烈爭吵，傲慢失禮，不成體統，都犯了不敬之罪。」皇帝下令說：「每人各貶官秩一級。」龔勝謝罪，請求辭官還鄉。皇上便又大加賞賜，任他的兒子龔博做侍郎，派龔勝出京做渤海太守。龔勝推辭有病，沒去上任，滿六個月，免職回家。

7 皇帝又徵召他做光祿大夫。龔勝一直稱病臥床，多次讓兒子上書為他請求辭官，正遇上哀帝去世。

8 當初，琅邪郡的邴漢也因為品行純潔被徵召做官，一直做到京兆尹，後來任太中大夫。王莽掌權後，龔勝與邴漢都請求辭官回鄉。早在漢昭帝時，涿郡人韓福因為德行高尚被徵召到京師，賜給策書和一束帛送回家鄉。皇帝下詔說：「我不忍心用官職政務來勞累您，請您盡力講求孝悌之行以教化鄉里。沿途住在傳舍中，所經各縣依次提供酒肉飲食，並為隨從人員和馬匹提供食物。當地長官要按時慰問，每年八月按常例賜給一頭羊、兩斛酒。如果不幸死亡，賜給複衾一床，並用中牢祭祀。」此時王莽便按照韓福的先例，稟告遣送龔勝與邴漢。所賜策書說：「元始二年六月庚寅日，光祿大夫和太中大夫兩位老人因為年老多病免官。太皇太后派遣謁者僕射傳下詔命：據說古代官員年紀到了便辭官回鄉，謙恭禮讓且不耗盡精力。現在兩位大夫已經到了年紀，我不忍心用官職政務來煩勞兩位大夫，請呈報一名兒子或孫子，或者兄弟、兄弟之子。兩位大夫請修養品德，遵守道義，安享晚年。所賞賜的帛、沿途的住宿、每年按時給予的羊酒衣衾，都按韓福的先例。所呈報的子弟都任命為郎官。」於是龔勝、邴漢都告老還鄉。邴漢哥哥的兒子邴曼容也修養品德，不慕榮利，做官不肯超過六百石的級別，到了這個級別就辭官離職，他的名聲超過了邴漢。

9 當初，龔舍因為龔勝推薦，被徵召做諫大夫，因病免官。又被徵召做博士官，再次因病離職。不久，哀帝派遣使者前往楚國任命龔舍為泰山太守。龔舍家住武原縣，使者到了縣署，派人去請龔舍，想讓他到縣庭來接受任命和印綬。龔舍說：「帝王以天下為家，何必非到縣庭呢？」因此在家裡接受了任命，取順路前去赴任。到任幾個月之後，上書請求辭官回鄉。皇帝徵召龔舍到京城去，走到京兆尹東部湖縣境內，堅決稱說病重。皇帝派使者收回印綬，任命龔舍做光祿大夫。多次准予續休病假，龔舍始終不肯起身，只好把他遣送回家。

10 龔舍也通曉《五經》，主要傳授《魯詩》。龔舍、龔勝回到家鄉後，郡的二千石級長官初到任，都到他們家中拜訪，按照弟子拜見老師的禮節。龔舍六十八歲，在王莽居攝期間去世。

11 王莽篡奪漢朝政權後，派遣五威將帥巡視天下風俗，將帥親自帶著羊酒慰問龔勝。第二年，王莽派使者前往龔勝家中任命他做講學祭酒，龔勝稱病不接受徵召。又過了兩年，王莽再派使者帶著璽書和太子師友祭酒的印綬，以及四匹馬駕的安車，前往龔勝家中任以官職，品級是上卿，並預先賜給六個月的俸祿來置辦行裝，使者與郡太守、縣的長官和三老、躬行仁義的書生等一千多人，進入龔勝所居住的里傳達詔命。使者想叫龔勝起身迎接，在門外站了很長時間。龔勝稱病重，便把床放在房中門西邊的南窗下，頭朝東，蓋上朝服，把紳帶放在朝服上。使者進門，向西邊走，朝南站立，傳達詔命，交付璽書，後退，拜了兩拜，捧上印綬，叫四匹馬駕的安車進來，走上前對龔勝說：「聖朝從未忘記您，禮樂制度還沒有制定好，等待您去處理政務，想聽聽您的意見，看應該採取什麼措施來使全國安定。」龔勝回答說：「我一向愚蠢，加上年老生病，快要死了，跟隨使者大人上路，一定會死在路上，沒有一點兒好處。」使者用要挾的口氣勸說，甚至把印綬放在龔勝身上，龔勝總是推辭不接受。使者立即上奏說：「現在正是盛夏酷暑，龔勝生病，氣息微弱，可以等到秋天涼爽後才出發。」詔令表示同意。使者每五天便與太守到龔勝家去探問一次，對龔勝的兩個兒子和門生高暉等人說：「朝廷虛心地準備封土賜爵，等待您的到來，雖然病重，也該移動到傳舍，表示有出發的意思，一定會給子孫留下大的基業。」高暉等把使者的話稟告龔勝，龔勝自知使者不會聽從自己，便對高暉等說：「我承蒙漢朝的厚恩，沒有什麼能夠報答，現在老了，即將入土，按道義，怎能一身侍奉兩姓君主，到地下面對過去的君主呢？」龔勝於是吩咐他們準備棺木喪事事宜說：「衣服能裹住身體，棺木能容下衣服，就可以了。不要按照世俗的辦法擾動我的墳墓來種柏樹、修祠堂。」說完，便不再開口飲食，過了十四天後去世，死時七十九歲。使者和太守親臨操辦喪事，賜給複衾，按照禮節祭祀。門生穿著喪服治喪的數以百計。有個老翁來弔喪，哭得很悲哀，哭完後說：「唉！香草因為有香氣而燒掉自己，油脂因為能照明而銷毀自己。龔先生竟然夭折了他的天年，算不上是我的同類。」於是快步走出去，沒有人知道他是誰。龔勝居住在彭城縣的廉里，後代在他居住的里門前刻了石碑來表彰他。

1 鮑宣，字子都，渤海高城❶人也。好學明經，為縣鄉嗇夫❷，守束州丞❸。後為都尉太守功曹❹，舉孝廉為郎，病去官，復為州從事❺。大司馬衛將軍王商❻辟❼宣，薦為議郎❽，後以病去。哀帝初，大司空何武除宣為西曹掾❾，甚敬重焉，薦宣為諫大夫，遷豫州❿牧。歲餘，丞相司直郭欽奏：「宣舉錯煩苛⓫，代二千石⓬署吏⓭聽訟，所察過詔條⓮。行部⓯乘傳⓰去法駕⓱，駕一馬，舍宿鄉亭⓲，為眾所非。」宣坐免。歸家數月，復徵為諫大夫。

2 宣每居位，常上書諫爭，其言少文多實⑲。是時帝祖母傅太后⑳欲與成帝母㉑
俱稱尊號，封爵親屬，丞相孔光、大司空師丹㉒、何武、大司馬㉓傅喜㉔始執正義㉕，
失傅太后指，皆免官。丁、傅㉖子弟並進，董賢貴幸。宣以諫大夫從其後，上書
諫曰：

3 「竊見孝成皇帝時，外親㉗持權，人人牽引所私以充塞㉘朝廷，妨賢人路，
濁亂天下，奢泰亡度，窮困百姓，是以日蝕且十，彗星四起。危亡之徵，陛下所
親見也，今奈何反覆㉙劇㉚於前乎？朝臣亡有大儒骨鯁㉛，白首耆艾，魁壘㉜之士；
議論通古今，喟然㉝動眾心，憂國如飢渴者，臣未見也。敦㉞外親小童及幸臣董
賢等在公門省戶㉟下，陛下欲與此共承㊱天地，安海內，甚難。今世俗謂不智者
為能，謂智者為不能。昔堯放四罪㊲而天下服，今除一吏而眾皆惑；古刑人尚服，
今賞人反惑。請寄㊳為姦，群小㊴日進，國家空虛，用度不足。民流亡，去城郭，
盜賊並起，吏為殘賊，歲增於前。

4 「凡民有七亡㊵：陰陽不和，水旱為災，一亡也；縣官㊶重責㊷更賦㊸租稅，
二亡也；貪吏並公㊹，受取不已，三亡也；豪強大姓蠶食亡厭㊺，四亡也；苛吏
繇㊻役，失農桑時㊼，五亡也；部落㊽鼓鳴㊾，男女遮迣㊿，六亡也；盜賊劫略(51)，

取民財物，七亡也。七亡尚可，又有七死：酷吏毆[52]殺，一死也；治獄深刻[53]，二死也；冤陷亡辜，三死也；盜賊橫發[54]，四死也；怨讎[55]相殘，五死也；歲惡[56]飢餓，六死也；時氣疾疫[57]，七死也。民有七亡而無一得，欲望國安，誠難；民有七死而無一生，欲望刑措，誠難。此非公卿守相[58]貪殘成化[59]之所致邪？群臣幸得居尊官，食重祿[60]，豈有肯加惻隱[61]於細民[62]，助陛下流[63]教化者邪？志但在營私家，稱[64]賓客，為姦利而已。以苟容曲從[65]為賢，以拱默尸祿[66]為智，謂如臣宣等為愚。陛下擢[67]臣巖穴[68]，誠冀有益豪毛，豈徒欲使臣美食大官，重高門[69]之地哉？

5 「天下乃皇天[70]之天下也，陛下上為皇天子，下為黎庶[71]父母。為天牧養[72]元元[73]，視之當如一[74]，合尸鳩之詩[75]。今貧民菜食[76]不厭[77]，衣又穿空[78]，父子夫婦不能相保，誠可為酸鼻。陛下不救，將安所[79]歸命[80]乎？奈何獨私養外親與幸臣董賢，多賞賜以大萬[81]數，使奴從賓客漿酒霍肉[82]，蒼頭廬兒[83]皆用致富！非天意也。及汝昌侯傅商[84]亡功而封。夫官爵非陛下之官爵，乃天下之官爵也。陛下取非其官，官非其人，而望天說民服，豈不難哉？

6 「方陽侯孫寵、宜陵侯息夫躬[85]辨足以移眾[86]，彊可用獨立，姦人之雄，或世[87]尤劇[88]者也，宜以時罷退。及外親幼童未通經術者，皆宜令休就師傅[89]。急徵故大司馬傅喜使領外親。故大司空何武、師丹、故丞相孔光、故左將軍彭宣，經皆更[90]博士，位皆歷三公，智謀威信，可與建教化，圖安危。龔勝為司直，郡國皆慎選舉，三輔[91]委輸[92]官不敢為姦，可大委任也。陛下前以小不忍[93]退武等，海內失望。陛下尚能容亡功德者甚眾，曾[94]不能忍武等邪？治天下者當用天下之心為心，不得自專快意而已也。上之皇天見譴[95]，下之黎庶怨恨，次有諫爭之臣，陛下苟欲自薄[96]而厚惡臣[97]，天下猶不聽也。臣雖愚戇，獨不知多受祿賜，美食太官[98]，廣田宅，厚妻子，不與惡人結仇怨以安身邪？誠迫大義，官以諫爭為職，不敢不竭愚。惟陛下少留神明，覽五經之文，原[99]聖人之至意，深思天地之戒。臣宣吶鈍於辭[100]，不勝惓惓[101]，盡死節[102]而已。」

7 上以宣名儒，優容[103]之。

8 是時郡國地震，民訛言[104]行籌[105]，明年正月朔[106]日蝕。上乃徵孔光，免孫寵、息夫躬，罷侍中諸曹黃門郎[107]數十人。宣復上書言：

9 「陛下父事天[108]，母事地，子養黎民。即位已來，父[109]虧明[110]，母[111]震動，子[112]訛言相驚恐。今日蝕於三始[113]，誠可畏懼。小民正月朔日尚恐毀敗器物，何況於日虧乎！陛下深內自責，避正殿[114]，舉直言，求過失，罷退外親及旁仄[115]素餐之人，徵拜孔光為光祿大夫，發覺孫寵、息夫躬過惡，免官遣就國，眾庶歙然[116]，莫不說喜[117]。天人同心，人心說則天意解[118]矣。乃二月丙戌[119]，白虹虷日[120]，連陰不雨，此天有憂結[121]未解，民有怨望未塞[122]者也。

10 「侍中駙馬都尉[123]董賢本無葭莩[124]之親，但以令色[125]諛言[126]自進[127]，賞賜亡度[128]，竭盡府臧[129]。并合三第[130]尚以為小，復壞暴室[131]。賢父子坐使天子使者將作[132]治第，行夜[133]吏卒皆得賞賜。上冢有會，輒太官為供。海內貢獻當養一君，今反盡之賢家，豈天意與民意邪？天不可久負[134]，厚之如此，反所以害之也。誠欲哀賢，宜為謝過[135]天地，解讎[136]海內，免遣就國，收乘輿器物，還之縣官。如此，可以父子終其性命；不者，海內之所仇，未有得久安者也。

11 「孫寵、息夫躬不宜居國[137]，可皆免以視[138]天下。復徵何武、師丹、彭宣、傅喜，曠然[139]使民易視[140]，以應天心，建立大政，以興太平之端。

12 「高門去省戶[141]數十步，求見出入，二年未省[142]，欲使海瀕[143]仄陋[144]自通，遠矣。願賜數刻之間[145]，極竭毣毣[146]之思，退入三泉[147]，死亡所恨。」

13 上感大異，納宣言，徵何武、彭宣，旬月[148]皆復為三公。拜宣為司隸。時哀帝改司隸校尉但為司隸，官比司直。

14 丞相孔光四時行[149]園陵，官屬以令行馳道[150]中，宣出逢之，使吏鉤止[151]丞相掾史[152]，沒入其車馬，摧辱宰相。事下御史中丞。侍御史[153]至司隸官[154]，欲捕從事[155]，閉門不肯內[156]。宣坐距閉使者，亡人臣禮，大不敬，不道，下廷尉獄。博士弟子濟南[157]王咸舉幡[158]太學[159]下，曰：「欲救鮑司隸者會此下。」諸生會者千餘人。朝日[160]，遮[161]丞相孔光自言，丞相車不得行，又守闕[162]上書。上遂抵[163]宣罪減死一等，髡鉗。宣既被刑，乃徙之上黨[164]，以為其地宜田牧，又少豪俊[165]，易長雄[166]，遂家于長子[167]。

15 平帝即位，王莽秉政，陰有篡國之心，乃風[168]州郡以辠法案誅[169]諸豪桀，及漢忠直臣不附己者，宣及何武等皆死。時名捕[170]隴西[171]辛興，興與宣女壻許紺俱過[172]宣，一飯去，宣不知情，坐繫獄，自殺。

【章旨】以上為〈鮑宣傳〉。鮑宣犯顏諫諍，指斥外戚及幸臣，以「七亡七死」之說痛陳時弊，甚至直言皇帝用非其人。

【注釋】❶高城　縣名。今河北鹽山東南。❷嗇夫　官名。鄉嗇夫是鄉的長官。掌賦役、獄訟等。此外還有一些專門機構如倉庫、工官、鹽鐵等等也設有嗇夫。❸守東州丞　代理東州縣丞。東州，縣名，今河北大成西南。❹功曹　官名。太守或都尉的屬吏。掌管人事，參與一郡政務。❺州從事　刺史的屬吏。❻王商　詳見卷八十二〈王商傳〉。❼辟　徵聘授官。❽議郎　光祿勳屬官。郎官的一種，掌議論。❾西曹掾　官名。大司空屬官。❿豫州　州名。漢武帝所設十三州部之一。在今淮河以北、伏牛山以東的河南東部和安徽北部一帶。⓫舉錯煩苛　施政措施繁雜苛細。錯，通「措」。⓬二千石　郡太守和王國相等地方長官。⓭署吏　任命屬吏。⓮過詔條　超出詔令規定的條款。即超越權限處理政務。⓯行部　巡視所轄區域。⓰乘傳　乘坐傳車。傳，傳車；傳舍提供的車駕。⓱去法駕　減少制度所規定的馬匹數量。⓲亭　設在道路上負責治安和傳遞官府文書的機構。⓳少文多實　缺少文采但內容充實。⓴傅太后　漢哀帝的祖母，漢元帝的昭儀（妃嬪稱號）。哀帝即位前是定陶王，傅太后是「王太后」，哀帝即位後，傅太后也想被尊稱為「皇太后」。詳見卷九十七下〈外戚傳〉。㉑成帝母　漢元帝皇后王政君。詳見卷九十八〈元后傳〉。㉒師丹　詳見卷八十六〈師丹傳〉。㉓大司馬　官名。掌武事。西漢一朝，經常授予掌權的外戚，多與大將軍、驃騎將軍、車騎將軍等連稱，也有不兼將軍稱號的。㉔傅喜　傅太后的堂弟。詳見卷八十二〈傅喜傳〉。㉕執正義　堅持公正地發表議論。義，通「議」。㉖丁傅　外戚。哀帝祖母傅太后的家族和母親丁太后的家族。㉗外親　外戚。皇帝的母親、妻妾的家族。㉘塞　滿。㉙覆　通「複」。又。㉚劇　嚴重。㉛骨鯁　剛直。㉜魁壘　高超；特別突出。㉝喟然　歎息的樣子。㉞敦　重用。㉟省戶　宮禁門戶。㊱共承　恭敬地承奉。共，通「恭」。㊲放四罪　放逐四大惡人。四罪，傳說唐堯時代的四大惡人共工、驩兜、三苗、鯀。㊳請寄　請託；以私事相託。㊴群小　眾多小人。㊵七亡　造成百姓無法繼續進行農業生產的七種原因。㊶縣官　官府。㊷重責　嚴厲催取。㊸更賦　漢制，二十三歲至五十六歲的男子，每年要為官府服役一個月，稱為踐更。出錢代役，稱為更賦。㊹並公　打著公家的名義。並，通「傍」。依。㊺亡厭　不滿足。亡，通「無」。㊻繇　通「傜」。㊼失農桑時　失去農業生產的時機；貽誤農時。㊽部落　聚居的村落。㊾鼓鳴　擊鼓作為發生盜賊事件的警報。㊿遮迣　也作「遮列」或「遮迾」。列隊遮攔。(51)劫略　以威勢脅迫；搶劫掠奪。(52)毆　打。(53)治獄深刻　審理案件時有意重判，刑罰殘酷。(54)橫發　突然興起。(55)讎　通「仇」。(56)歲惡　年成不好。(57)時氣疾疫　時疫；流行病。(58)守相　郡守和王國相；二千石級地方長官。(59)成化　成為風氣。(60)重祿　優厚的俸祿。(61)惻隱　同情；憐憫。(62)細民　小民；普通百姓。(63)流　傳播。(64)稱　滿足。(65)苟容曲從　曲意遷就以求保全自己。(66)拱默尸祿　空食俸祿，無所作為。(67)擢　提拔。(68)巖穴　山洞。指偏僻的地方。(69)高門　殿名。在未央宮中，常為朝見之處。這裡指朝廷的官位。(70)皇天　對天和天神的尊稱。(71)黎庶　黎民；百姓。(72)牧養　養育；撫養。(73)元元　百姓；庶民。(74)如一　相同；一致；沒有差別。(75)尸鳩之詩　即〈鳲鳩〉，《詩·曹風》中的一篇，其詩為：「鳲鳩在桑，其子七兮；淑人君子，其儀一兮。」大意是說，鳲鳩對牠所養育的眾多幼鳥都同樣對待，善人君子布德施惠，對百姓也應當一視同仁。鳲鳩，布穀鳥。(76)菜食　指吃蔬菜等素食。(77)厭飽足。(78)穿空　破爛不堪。空，孔。(79)安所　哪裡；誰。(80)歸命　投靠；託付命運。(81)大萬　鉅萬；億。(82)漿酒藿肉　視酒如漿，視肉如藿。藿，豆葉，貧人所食。(83)蒼頭廬兒　奴僕、侍從。(84)傅商　傅太后之弟傅幼君的兒子。(85)息夫躬　詳見卷四十五〈息夫躬傳〉。(86)移眾　讓眾人改變立場；迷惑眾人。(87)或世　欺騙世人。或，通「惑」。(88)尤劇　尤其嚴重。(89)休就師傅　辭去官職，從師學習。(90)更　經歷。(91)三輔　西漢把京畿地區分為三個郡級行政區，分別為京兆尹（管轄長安以東）、左馮翊（管轄長安以北）、右扶風（管轄長安以西）。(92)委輸　轉運物資。(93)小不忍　小有不快，不能容忍。(94)曾　如何；怎麼。(95)見譴　顯示責罰。見，通「現」。(96)自薄　輕視自己。(97)厚惡臣　優待邪惡之臣。(98)美食太官　從太官領取美食。(99)原推究；推求。(100)吶鈍於辭　言語遲鈍；不善於言詞。吶，通「訥」。(101)惓惓　同「拳拳」。懇切。(102)盡死節　冒死盡臣下之節。(103)優容　寬容。(104)訛言　謠傳。(105)行籌　人們手持一枚穀稈或麻稈，聲稱為西王母傳行詔籌。(106)朔　農曆每月初一稱為「朔」。(107)黃門郎　即黃門侍郎，官名。出入宮禁，侍從皇帝，傳達詔命。(108)父事天　像對待父親一樣侍奉天。下文「母事地，子養黎民」依此類推。(109)父　天。(110)虧明　光明受損。(111)母　地。(112)子　百姓。(113)三始　正月一日為一歲之始，一月之始，一天之始。(114)避正殿　避開正殿，表示對異常天象的敬畏。(115)旁仄　近側；左右。這裡指皇帝身邊親近之人。仄，通「側」。(116)歙然　和洽；安定。(117)說喜　喜悅；歡樂。(118)解　高興；開心。(119)丙戌　用天干與地支表示的日期。(120)白虹奸日　天上有像虹一樣的白氣穿過太陽。奸，通「干」。沖犯。(121)憂結　憂慮鬱積。(122)塞　遏止；平息。(123)駙馬都尉　官名。掌副車之馬。(124)葭莩　蘆葦裡的薄膜。比喻親戚關係極為疏遠淡漠。(125)令色　美麗的姿容。(126)諛言　諂媚的話。(127)自進　不經薦舉，自謀仕進。(128)亡度　沒有節制。(129)府臧　府庫中的財物。臧，同「藏」。(130)并合三第　將三所府第併為一處。(131)暴室　主管織作染練的官署。(132)將作　將作大匠，官名。掌治宮室。(133)行夜　巡夜。這裡指為董賢府第巡夜。(134)負　違背。(135)謝過　承認罪過，請求諒解。(136)解讎　消除怨仇。(137)居國　享有封邑。(138)視　通「示」。顯示；讓人看。(139)曠然　豁然；頓時。(140)易視　改變看法。易，改。(141)省戶　大臣辦公的官署。(142)未省　不被省視；沒有得到皇帝召見。(143)海瀕　海濱；遙遠偏僻之地。(144)仄陋　地位卑微的人。(145)數刻之間　幾刻的時間。刻，漏刻，古代的時間單位，一晝夜為一百刻。間，空隙。(146)毣毣　誠實懇切的樣子。(147)三泉　三重之泉，地下深處。(148)旬月　十天至一個月。表示時間短。(149)行　巡視。(150)馳道　供皇帝車駕專行的道路。臣下奉命可以在馳道中行走的，只能走旁道，不得在中央三丈寬的範圍內行走。(151)鉤止　拘留；扣押。鉤，留。(152)掾史　丞相屬官。(153)侍御史　官名。御史大夫屬官，由御史中丞統領。掌舉劾非法，督察郡縣。(154)官　官署；辦公的地方。(155)從事司隸屬官。156內　通「納」。接納；允許進入。157濟南　郡名。治今山東章丘西北。158幡　長條形旗子。159太學　國學。古代設於京城的最高學府。漢武帝時立《五經》博士，招收博士弟子，傳授儒家經典。160朝日　皇帝坐朝聽政之日。漢代皇帝五日一上朝。161遮　阻攔。162守闕　在宮門等候。163抵　定罪；給予相應的處罰。164上黨　郡名。治今山西長子西南。165豪俊　才智傑出的人物。166易長雄　容易稱雄為長。長，為首。雄，稱雄。167長子　縣名。今山西長子西南。168風　通「諷」。暗示。169案誅　查明罪行而處以死刑。170名捕　指名逮捕。171隴西　郡名。治今甘肅臨洮。172俱過　一起拜訪。

【語譯】 鮑宣，字子都，渤海郡高城縣人。好學，通曉經術，擔任縣、鄉的嗇夫，代理束州縣丞。後來擔任郡都尉和太守的功曹，被推舉以孝廉的身分做郎官，因病離職，又被任命為州刺史的從事。大司馬衛將軍王商徵聘鮑宣，舉薦他做議郎，後來因病離職。哀帝初年，大司空何武任命鮑宣做西曹掾，很敬重他，推舉他做諫大夫，升任豫州牧。過了一年多，丞相司直郭欽上奏章說：「鮑宣的舉措繁雜苛細，經常代替二千石級長官任命官吏和審理訴訟，所督察的範圍超過了詔令的規定。他巡視所轄地域時乘坐傳車，卻減少法定的馬匹數，只駕一匹馬，又在鄉亭住宿，受到人們的非議。」鮑宣因此被免官。回家住了幾個月，又被徵召做諫大夫。

2 鮑宣每次身居官位，都經常上書直言規勸，他的言論缺少文采但很有實際內容。當時哀帝的祖母傅太后想要與成帝的母親王太后同樣被尊稱為「皇太后」，讓自己的親屬獲得封土爵位，丞相孔光、大司空師丹、何武、大司馬傅喜開始都堅持公正地發表議論，違反了傅太后的心意，全部被罷免。哀帝母親丁太后和祖母傅太后的娘家子弟都獲提拔，董賢地位尊貴且受到皇帝的寵愛。鮑宣以諫大夫的身分，緊隨孔光等人之後，上書勸諫說：

3 「我看到成帝在位時，外戚掌權，人人憑藉私人關係互相引薦，充斥朝廷，妨礙了有才德的人被任用的途徑，使天下汙濁混亂，奢侈驕縱，毫無節制，弄得百姓貧窮困苦，因此日食出現了將近十次，彗星也多次出現。這些危亡的徵兆，是皇帝您親眼看到的，現在為什麼比從前又更加嚴重了呢？朝廷大臣中，沒有剛直的大儒、白髮的老人和特別突出的人士；議論能貫通古今，感歎能打動眾人，如飢似渴地為國分憂，這種人臣還沒有見到。尊崇外戚中的年輕人和寵臣董賢，讓他們在朝廷和官署中任職，您想與這些人一起恭敬地承奉天地，安撫天下百姓，這太難了。如今世俗的人把不聰明的人看作有能力的人，把聰明的人看作沒有能力的人。從前堯帝放逐四大惡人，天下人都信服，現在每任命一個官吏，眾人都困惑不解；古代懲罰人，還能令人信服，現在賞賜人，反而令人困惑。拉關係，做壞事，眾多小人一天天受到提拔，國庫空虛，經費不足。百姓流亡，離開城郭，盜賊四起，官吏殘忍暴虐，這些情況一年比一年嚴重。

4 「百姓共有七亡：陰陽之氣不調和，造成水災旱災，這是一亡；官府嚴厲地催取更賦、租稅，這是二亡；貪官汙吏打著公家名義，不斷勒索，這是三亡；豪強大族不斷侵奪從不滿足，這是四亡；苛酷的官吏徵發徭役，耽誤農時，這是五亡；村落擊鼓聚眾，男女列隊警戒，這是六亡；盜賊搶劫掠奪百姓財物，這是七亡。如果說七亡還可以忍受，又有七死：酷吏毆打殘殺，這是一死；官府審案有意重判，刑罰殘酷，這是二死；冤枉陷害無罪的人，這是三死；盜賊突然發生，這是四死；因怨仇互相殘殺，這是五死；年成不好，忍受飢餓，這是六死；瘟疫疾病，這是七死。百姓有七種損失卻沒有一種獲得，要想使國家安定，實在困難；百姓有七條死路卻沒有一條生路，要想廢除刑罰，實在困難。這難道不是公卿、郡守、王國相貪汙殘暴成風所導致的嗎？群臣有幸能做高官，享受優厚的俸祿，有誰願意對下層百姓有一點憐憫之心、幫助皇帝您傳播教化呢？他們的志向只是經營私人的家業，滿足賓客的要求，謀取不正當的利益罷了。把苟且保全自己、曲意順從權貴當作賢德，把無所作為、空食俸祿當作明智，把像我鮑宣這樣的人稱為愚蠢的人。皇帝您把我從偏遠的山野提拔起來，肯定希望我有一絲一毫的益處，難道僅僅是讓我享受美味佳餚、身居要職、貪戀朝廷的官位嗎？

5 「天下是皇天的天下，皇帝您對上而言是皇天的兒子，對下而言是百姓的父母。為皇天撫育百姓，應該一視同仁，就像〈尸鳩〉所說的那樣。現在貧苦百姓連蔬菜素食都吃不飽，衣服破爛不堪，父子夫婦不能相互照顧，真令人為他們感到悲哀。皇帝您不救他們，他們能把命運託付給誰呢？為什麼只偏心供養外戚和寵臣董賢，賞賜多得數以億計，讓他們的奴僕和賓客把酒肉看作與窮人所喝的水漿、所吃的豆葉一樣輕賤，他們的奴僕和侍從都因此致富！這不是皇天的意願啊。還有汝昌侯傅商，沒有功勞卻獲得封爵。那官爵並不是皇帝您的官爵，而是天下的官爵。皇帝您任用的人並不適合他的官職，所授的官職並不適合那個人，卻希望皇天高興、百姓心服，這難道不是很困難嗎？

6 「方陽侯孫寵、宜陵侯息夫躬，善辯足以迷惑眾人，強橫足以自行其是，是奸人之雄，欺騙世人尤其嚴重，應該及時罷免斥退。還有外戚年少不通經術的人，都應該讓他們辭去官職，從師學習。馬上徵召前大司馬傅喜讓他管理外戚。前大司空何武、師丹，前丞相孔光，前左將軍彭宣，通曉經學，都做過博士官，官位都曾達到三公，有智謀，有威信，可以與他們一起推行教化，商討國家安危大事。龔勝擔任司直時，各郡和王國都謹慎地選舉人才，三輔地區負責運輸物資的官吏不敢做壞事，可以重用他。皇帝您此前因為稍有不快而不能容忍，罷免了何武等人，全國都很失望。皇帝您對於那麼多沒有功勞和品德的人尚且能夠容忍，怎麼不能寬容何武等人呢？治理天下的人應該把天下人的意願當作自己的意願，不能自作主張以圖一時快意。上有皇天顯現的譴責，下有黎民百姓的怨恨，其次還有直言勸諫的大臣，皇帝您如果想輕視自己而優待邪惡之臣，天下人還是不會聽從的。臣雖然愚蠢直率，難道不知道多享受些俸祿賞賜，吃太官供給的美味，增加田地住宅，為妻室兒女謀取厚利，不與惡人結仇怨來使自己安身嗎？實在是被大義所驅使，懂得做官應該以直言勸諫作為應盡的職責，不敢不把自己愚蠢的想法全部說出來。希望皇帝您稍稍運用您那神聖的智慧，閱讀《五經》，推求聖人的深遠用意，深刻地領會天地的警示。臣鮑宣言詞笨拙，難以表達自己的懇切之情，冒死獻上臣下的一片忠心。」

7 皇帝因為鮑宣是名儒，寬容了他的激烈言詞。

8 當時許多郡和王國發生地震，百姓謠傳說要給西王母傳行詔籌，第二年正月初一又發生了日食。皇上於是徵召孔光，罷免了孫寵、息夫躬，又罷免了侍中、諸曹、黃門侍郎等幾十人。鮑宣又上書說：

9 「陛下像對待父親一樣侍奉天，像對待母親一樣侍奉地，像對待兒子一樣撫育百姓。您即位以來，作為父親的天光明受損，作為母親的地發生震動，作為兒子的百姓傳播謠言互相驚恐。如今日食發生在三始，確實令人感到畏懼。普通百姓在正月初一這一天還害怕毀壞器物，何況是太陽發生虧食呢！陛下您內心深深地自責，離開正殿處理朝政，舉薦敢於直言的人，請臣下指陳過失，罷免尸位素餐的外戚和身邊親近之人，徵召並任命孔光為光祿大夫，發覺了孫寵、息夫躬的過錯罪惡，把他們罷免官職遣回封國，百姓安定，無不喜悅。天與人是同心的，人感到快樂，天也感到高興。就在二月丙戌日，又發生了白虹沖日的天象，連日陰天卻不下雨，這說明皇天還有憂慮鬱積沒能解除，百姓還有怨恨沒能平息。

10 「侍中、駙馬都尉董賢，與皇帝本來沒有絲毫親戚關係，只是憑著美好的姿容和諂媚的話語不經薦舉而爬上高位，對他賞賜沒有限度，用盡了國庫的財物。把三所府第合併一處賜給他，還認為太小了，又拆毀暴室官署來擴建。董賢父子坐在那裡指使皇帝的使者、將作大匠為他修建府第，為他巡夜的吏卒都得到朝廷的賞賜。他上墳聚會，總是由太官供應所需物品。全國的貢獻本應供養君主一人，現在反而全都送到董賢家中，這難道是天意與民意嗎？天意是不能長久違背的，這樣優待他反而會害了他。如果確實哀憐董賢，就應該為他向天地謝罪，消除全國的怨恨，免掉他的官職，遣送他回封國，收回皇帝使用的器物，歸還給朝廷。只有這樣，他們父子才能保住性命；否則，被全國所仇恨的人，沒有誰能得到長久平安的。

11 「孫寵、息夫躬不應該作為列侯享有封邑，應該全部罷黜，讓天下人都看見。再徵召何武、師丹、彭宣、傅喜，使百姓頓時改變看法，從而順應天心，建立國家大政，為太平盛世開創一個良好的開端。

12 「皇帝所在的高門殿距離大臣辦公的省署，不過幾十步遠，求見皇帝的奏章進進出出，兩年來還沒有誰被召見過，想讓偏遠之處地位卑微的人向皇帝表達自己的意見，那就更遙不可及了。希望皇帝您賜給我幾刻的時間，讓我把心裡話全部說出來，回來葬身九泉之下，也沒有什麼遺憾的了。」

13 皇帝被重大的災異所觸動，採納了鮑宣的建議，徵召何武、彭宣，十天到一個月之內都回到了三公的職位。任命鮑宣做司隸。當時哀帝把司隸校尉改稱司隸，級別相當於司直。

14 丞相孔光四季巡視皇帝園陵，下屬官員按照命令在馳道中行走，鮑宣出門碰上了，讓隨從官吏拘留了丞相的屬官，沒收了他們的車馬，凌辱了丞相。此事交給御史中丞處理。侍御史前往司隸官府，要逮捕司隸從事，鮑宣關上大門，不肯讓他們進入。鮑宣由於抗拒阻攔朝廷使者，沒有人臣禮節，犯了大不敬，不道之罪，被逮捕羈押在廷尉所轄監獄。博士弟子濟南人王咸在太學前舉起幡，說：「想救鮑司隸的人集合在這幡下。」太學生聚會的達一千多人。等到上朝的那天，他們攔住丞相孔光表達意見，丞相的車駕無法前進，太學生們又守候在宮門給皇帝上書。皇帝於是判決鮑宣減死罪一等，處以髡鉗的刑罰。鮑宣受刑以後，就遷移到上黨郡，他認為這裡適宜耕種放牧，又缺少才智傑出的人物，容易為長稱雄，於是就在長子縣安家。

15 平帝即位，王莽掌握政權，暗中有篡國的企圖，就暗示各州郡的官員尋找罪過殺戮當地豪傑和不依附自己而忠誠耿直的漢朝大臣，鮑宣和何武等人都因此死去。當時點名逮捕隴西郡的辛興，辛興與鮑宣的女婿許紺一起拜訪鮑宣，吃了一頓飯就走了，鮑宣並不知情，犯罪被捕入獄，自殺。

1 自成帝至王莽時，清名❶之士，琅邪又有紀逡王思❷，齊❸則薛方子容，太原❹則郇越臣仲、郇相稚賓，沛郡❺則唐林子高、唐尊伯高，皆以明經飭行❻顯名於世。

2 紀逡、兩唐❼皆仕王莽，封侯貴重，歷公卿位。唐林數上疏諫正，有忠直節。唐尊衣敝履空❽，以瓦器❾飲食，又以歷遺❿公卿，被⓫虛偽名。

3 郇越、相，同族昆弟⓬也，並舉⓭州郡孝廉茂材，數病，去官。越散其先人訾⓮千餘萬，以分施九族⓯州里⓰，志節尤高。相王莽時徵為太子四友⓱，病死，莽太子遣使襚⓲以衣衾，其子攀棺不聽，曰：「死父遺言，師友之送勿有所受，今於皇太子得託友官，故不受也。」京師稱之。

4 薛方嘗為郡掾祭酒⑲，嘗徵不至。及莽以安車迎方，方因使者辭謝曰：「堯舜在上，下有巢由⑳。今明主方隆唐虞之德，小臣欲守箕山之節㉑也。」使者以聞，莽說其言，不強致㉒。方居家以經教授，喜屬文㉓，著詩賦數十篇。

5 始隃麋㉔郭欽，哀帝時為丞相司直，奏免豫州牧鮑宣、京兆尹薛修等，又奏董賢，左遷盧奴㉕令，平帝時遷南郡㉖太守。而杜陵蔣詡元卿為兗州㉗刺史，亦以廉直為名。王莽居攝，欽、詡皆以病免官，歸鄉里，臥不出戶，卒於家。

6 齊栗融客卿、北海㉘禽慶子夏、蘇章游卿、山陽㉙曹竟子期皆儒生，去官不仕於莽。莽死，漢更始㉚徵竟以為丞相，封侯，欲視致㉛賢人，銷㉜寇賊。竟不受侯爵。會赤眉㉝入長安，欲降竟，竟手劍格死㉞。

7 世祖㉟即位，徵薛方，道病卒。兩龔、鮑宣子孫皆見㊱褒表㊲，至大官。

【章旨】以上作者列舉自成帝至王莽時有清美聲望的人士。

【注釋】❶清名　清美的聲譽。❷紀逡王思　紀逡，字王思。並列其人籍貫和姓、名、字。下面依此類推。❸齊　郡名。治今山東淄博東北。❹太原　郡名。治今山西太原西南。❺沛郡　郡名。治今安徽濉溪西北。❻飭行　使行為嚴謹合禮。飭，謹。❼兩唐　即前面提到的唐林、唐尊。❽衣敝履空　身披破舊的衣服，腳踏磨穿的爛鞋。空，穿孔。❾瓦器　粗糙的陶器。窮人所用的器物。❿以歷遺　把陶鬲作為禮物贈送。歷，通「鬲」。一種烹飪器。⓫被　通「披」。覆蓋。⓬昆弟　兄弟。⓭並

舉 同時受到舉薦。⓮訾 通「資」。財產。⓯九族 上自高祖下至玄孫的九代同姓宗族。一說包括父族四、母族三、妻族二在內的親屬。⓰州里 鄉里；同鄉。⓱太子四友 官名，王莽新朝設置。掌輔導太子。⓲襚 贈送死者衣服。⓳郡掾祭酒 官名。郡守屬官。⓴巢由 巢父和許由。相傳為唐堯時代的隱士，堯讓位於二人，二人都不接受。後來常用來指隱居不仕者。㉑箕山之節 隱居不仕的節操。相傳唐堯要讓帝位給許由，許由不接受，隱居在箕山。箕山，其地說法不一，一說在今山西左權東；一說在河南登封東南。㉒強致 強行徵召。㉓屬文 撰寫文章。㉔隃麋 縣名。今陝西千陽東。㉕盧奴 縣名。今河北定州。㉖南郡 郡名。治今湖北江陵。㉗兗州 州名。漢武帝所置十三州部之一。在今山東西南部和河南東部一帶。㉘北海 郡名。治今山東昌樂東南。㉙山陽 郡名。治今山東金鄉西北。㉚更始 王莽末年，綠林、平林等義軍擁立漢宗室劉玄為帝，改年號為「更始」，攻入長安，建立政權。因此劉玄也被稱為「更始帝」。㉛視致 通過展示從而招來。視，通「示」。給人看；展示。㉜銷 消除；消滅。㉝赤眉 王莽末年的農民起義軍，曾在與王莽的軍隊作戰時，把眉毛塗成紅色以便與敵軍相區別，故稱「赤眉軍」。㉞手劍格死 手執利劍，格鬥而死。㉟世祖 東漢開國皇帝光武帝劉秀的廟號。㊱見 受到；被。㊲褒表 嘉獎表彰。

【語譯】從成帝到王莽時期，有清美聲望的人士，琅邪郡還有紀逡字王思，齊郡有薛方字子容，太原郡有郇越字臣仲、郇相字稚賓，沛郡有唐林字子高、唐尊字伯高，他們都因為通曉經術、舉止謹慎而著名於世。

2 紀逡、兩唐都在王莽的新朝做過官，獲得封侯，受到重用，歷任公卿高位。唐林多次上書規勸匡正，有忠直的氣節。唐尊身穿破舊的衣服，腳踩磨損的爛鞋，用粗糙的陶器飲食，並把陶鬲作禮物送給公卿大臣，披上了虛偽的名聲。

3 郇越和郇相是同族兄弟，同時被州、郡推舉，分別為孝廉和秀才，多次稱病辭官。郇越把父祖先輩留下的上千萬財產分發施捨給親族和鄰里，志向和節操非常高尚。郇相在王莽時被徵召為太子四友。因病去世，王莽太子派使者贈送衣服衾被，他兒子抱住棺材不接受，對使者說：「父親遺言，師友的饋贈不要接受，我父親對太子而言，託名為友官，所以不能接受。」京城的人稱讚他的舉動。

4 薛方做過郡掾祭酒，朝廷曾經徵召他，他沒有去京城。等到王莽派安車迎接他，薛方就通過使者婉言謝絕說：「唐堯和虞舜居帝位時，民間還有巢父和許由隱居不仕。現在英明的君主正在推崇堯舜的盛德，小臣我也想保持箕山許由的節操。」使者向王莽彙報，王莽很喜歡他說的話，就不再強行徵召。薛方在家中用經書教授學生，喜歡撰寫文章，著有幾十篇詩賦。

5　當初，隃麋縣人郭欽在哀帝時做丞相司直，曾經上奏章罷免了豫州牧鮑宣、京兆尹薛修等，又上奏章彈劾董賢，被貶為盧奴縣令，平帝時升任南郡太守。杜陵人蔣詡字元卿擔任兗州刺史，也以廉潔正直聞名。王莽居攝期間，郭欽、蔣詡都因病被免官，回到家鄉，臥床養病不出門，死在家中。

6　齊郡人栗融字客卿，北海郡人禽慶字子夏、蘇章字游卿，山陽郡人曹竟字子期，都是儒生，辭官不為王莽供職。王莽死後，漢更始帝徵召曹竟做丞相，封為列侯，想讓賢人們看到從而前來做官，消滅賊寇。曹竟不接受列侯的爵位。遭遇赤眉軍攻入長安，赤眉軍想讓曹竟投降，曹竟手執利劍格鬥而死。

7　世祖光武帝即位，徵召薛方，薛方在路上病死。兩龔和鮑宣的子孫都受到嘉獎表彰，做到大官。

贊曰：易❶稱「君子之道，或出或處，或默或語❷」，言其各得道之一節，譬諸草木，區以別矣。故曰山林之士❸往而不能反❹，朝廷之士入而不能出❺，二者各有所短。春秋列國卿大夫及至漢興將相名臣，懷祿耽寵❻以失其世❼者多矣！是故清節❽之士於是為貴。然大率❾多能自治而不能治人。王、貢之材，優於龔、鮑。守死善道❿，勝實蹈⓫焉。貞而不諒⓬，薛方近之。郭欽、蔣詡好遯不汙⓭，絕紀、唐矣⓮！

【章　旨】以上是作者對所傳人物的評論。總括全篇主旨，指出「或出或處，或默或語」，都「各得道之一節」，都有值得稱道之處。

【注　釋】❶易　也稱《易經》或《周易》，儒家經典之一。分經、傳兩部分，經據傳為周文王所作，由卦、爻兩種符號重疊演成六十四卦、三百八十四爻，依據卦象推測吉凶。❷君子之道三句　語出《易・繫辭上》。大意是說，君子的處世方式雖各不相同，但殊途同歸，共遵大道。出，出仕做官。處，隱居。默，沉默。語，說話。❸山林之士　隱居山林的士人。❹往而不能反　潔身自好卻不問世事。反，通「返」。❺入而不能出　進入仕途卻不能脫俗。❻懷祿耽寵　留戀爵祿，貪戀榮寵。❼失其世　《論語・季氏》孔子曰：「天下有道，則禮樂征伐自天子出；天下無道，則禮樂征伐自諸侯出。自諸侯出，蓋十世希不失矣；自大夫出，五世希不失矣；陪臣執國命，三世希不失矣。」失其世，即喪失其世祿。這裡指失去爵祿乃至性命。❽清節　高潔的節操。❾大率　大概；大體上。❿守死善道　誓死堅持正確道路。⓫實蹈　實踐。⓬貞而不諒　堅守正道而不拘泥於小事情上的誠信。⓭好遯不汙　善於逃避濁亂而不汙其節。⓮絕紀唐矣　超過了紀逡和兩唐。

【語　譯】史官評議說：《易經》上說「君子之道，有的出仕做官，有的隱居不仕，有的保持沉默，有的發表議論」，這是說每個人都得到大道的一個方面。這正像草木一樣，種類不同，各有分別。所以說，山林中的隱士超脫世俗卻不過問世事，朝廷上的官員置身於政事卻不能超脫凡俗，二者各有所短。從春秋時期各國的卿大夫，直到漢朝建立以來的將相名臣，因貪戀功名利祿而喪失爵祿和生命的人有很多啊！節操高潔的人因此而很受推崇。然而，這些人大概有很多只能修養自身的品德卻不能治理別人。王吉、貢禹的才能，比兩龔、鮑宣優越。誓死堅持正確的道路，龔勝實踐了這一原則。君子堅守正道而不拘泥於小事情上的誠信，薛方接近這個標準。郭欽、蔣詡善於逃避亂世而不玷汙名節，超過了紀逡和兩唐啊！

【研　析】本篇傳主五人，附載人物甚多，體例上屬於人物類傳。內容主要是反映所載人物無論出處，均能潔身自好，「不詘其志」、「不改其操」，不隨波逐流，特立獨行，對現實政治持一種批判的精神。茲略加分析。

在先秦諸子中，法家對社會持一種進步觀點，相信社會發展中的問題總能找到辦法解決，儒家的創始人孔子，則以批評「禮崩樂壞」的現實為出發點構建其思想，以恢復周公禮教為其政治目標，「是古非今」成為儒家學派的一種性格。儒、法在先秦就是觀點截然對立的兩種學派，秦漢帝國是按法家的制度設計支撐的，這又為儒者批評現實提供了太多理由。秦始皇按李斯建議，「收去《詩》《書》百家之語以愚百姓，使天下無以古非今」，儒學成為漢帝國主流意識形態前，儒者對於現實的批評從未停止。如陸賈批評漢高祖欲馬上治天下；如賈誼上書文帝，稱「竊惟事勢，可為痛哭者一，可為流涕者二，可為長太息者六，若其它背理而傷道者，難遍以疏舉」；又如董仲舒對於奴婢與土地兼併問題的尖銳意見。就西漢這個特定的時代來說，法家、儒家總體上還涇渭分明，對現實持批評態度的官員都有著儒家經學背景，體現著儒家「是古非今」的學術性格，本篇所記人物，無不如此。習慣一絲不苟地按制度辦事的法家官吏即漢代所謂「文法吏」，則鮮見有批評現實的記錄。

當儒學在漢武帝時成為官方認可的主流政治思想後，儒學成為「利祿之途」，置身官場，儒者也會發生分化，逢迎、苟容者，懷祿耽寵，比比皆是。仍能「不違時宜」，仍能秉持學術理念，堅持個人人格，對現實持批評態度者，如鳳毛麟角。因此，本篇所記述的人物，上書諫爭，言時政得失，就不僅出於儒家學術態度，更因為個人的人格操守，按班固的話說，「是故清節之士於是為貴」。「清節」、「節操」，或者如東漢士大夫所強調的「名節」，以及後來知識分子所稱道的「氣節」，成為一部分置身官場的儒者與專制制度保持適當距離、維護個人尊嚴的思想武器。

具體到篇中人物行事，又略有不同。王吉當宣帝「躬親政事，任用能吏」之朝，所言朝政得失，只能從整齊風俗、重夫婦人倫、禁工商游食等大處籠統言之。而貢禹在好儒術的元帝時進用，批評的問題具體，批評的語氣尖刻。對於王吉，宣帝「以其言迂闊，不甚寵異」；對於貢禹，元帝「納善其忠」，好言相撫，亦能採納其意見，有所改變，「餘雖未盡從，然嘉其質直之意」。龔勝當成帝朝居諫官之位，更是梗直剛正，不惜得罪眾人而堅持己見。鮑宣當成帝之時，甚至敢於直接批評皇帝寵幸董賢的行為。當鮑宣因「距閉使者」而被定性為「亡人臣禮，大不敬，不道」，下獄當死時，太學生濟南王咸於太學樹旗，聚眾千餘人，請願相救，在朝廷對批評採取包容態度的氛圍中，知識分子的群體意識隱隱形成，成為東漢後期士大夫以群體抗衡朝廷的先聲，是頗為值得注意的現象。

這就牽涉到專制政體下，君主或掌權者對於批評的接受問題。遇到善於納諫、致力調整社會矛盾的君主，批評者可以暢所欲言，批評也卓見成效，反之則不免被冷落，甚至遭受殺身之禍。王吉感時不遇，「遂謝病歸琅邪」。鮑宣後不容於王莽，終被殺害。在西漢末年王莽誅除異己的政治風暴中，不少人選擇了遠離政治的辦法，去官歸隱、修身自保，聚徒講學、養志衡門者大有人在，以不合作的態度表達對現實的不滿。或許真得美慕古人的幸運，在體系化中生活的現代知識分子，遠離現實，則果何所逃乎，何所歸乎？

卷七十三

韋賢傳第四十三

【題解】本傳記載了以通曉儒家經典顯名的韋氏三代人的事跡。韋賢五世祖韋孟，曾為楚元王、夷王及楚王戊太傅，因劉戊荒淫無道而去位。韋賢兼通諸經，長於治《詩》，歷博士、給事中、光祿大夫詹事、大鴻臚、長信少府至丞相，封扶陽侯，年老致仕。韋賢子玄成，少承家學，歷諫大夫、大河都尉、河南太守、未央衛尉、太常、少府、太子太傅至御史大夫、丞相。因韋玄成任丞相時，參與了對歷代宗廟該如何祭祀的討論，本傳後半篇作者以很大篇幅詳細記載了當時以及後世多位大臣對此問題的不同看法，以及相關措施改來換去的過程，從中可以看出宗廟制度在封建王朝的運作上所具有的意義與影響。韋玄成議宗廟之禮，引經據典，甚得大體。

1 韋賢，字長孺，魯國❶鄒❷人也。其先韋孟，家本彭城❸，為楚元王❹傅❺，傅子夷王及孫王戊。戊荒淫不遵道，孟作詩風諫。後遂去位，徙家於鄒，又作一篇。其諫詩曰：

2 「肅肅[6]我祖，國自豕韋[7]，黼衣[8]朱紱[9]，四牡[10]龍旂[11]。彤弓[12]斯征，撫寧[13]遐荒[14]，總齊[15]群邦，以翼[16]大商[17]，迭彼大彭[18]，勳績惟光。至于有周[19]，歷世會同[20]。王赧[21]聽譖，寔絕我邦[22]。我邦既絕，厥政斯逸[23]，賞罰之行，非繇[24]王室。庶尹群后[25]，靡扶靡衛[26]，五服[27]崩離，宗周以隊[28]。我祖斯微[29]，遷于彭城。在予小子[30]，勤誒厥生[31]，阸此嫚秦[32]，耒耜[33]以耕。悠悠[34]嫚秦，上天不寧，迺眷南顧[35]，授漢于京[36]。

3 「於赫[37]有漢，四方是征，靡適不懷[38]，萬國逌[39]平。迺命厥弟[40]，建侯於楚，俾[41]我小臣，惟傅是輔。兢兢[42]元王，恭儉淨壹[43]，惠此黎民，納彼輔弼[44]。饗國漸世[45]，垂烈于後[46]，迺及夷王，克奉厥緒[47]。咨[48]命不永[49]，唯王[50]統祀[51]，左右陪臣[52]，此惟皇士[53]。

4 「如何我王，不思守保[54]，不惟[55]履冰[56]，以繼祖考[57]！邦事是[58]廢，逸游是娛，犬馬繇繇[59]，是放是驅[60]。務[61]彼鳥獸，忽[62]此稼苗，烝民[63]以匱，我王以媮[64]。所弘[65]非德，所親非俊[66]，唯囿是恢[67]，唯諛[68]是信。睮睮[69]諂夫，咢咢[70]黃髮[71]，

5 如何我王，曾[72]不是察？既藐[73]下臣，追欲從逸[74]，嫚[75]彼顯祖[76]，輕茲削黜[77]。

「嗟嗟[78]我王，漢之睦親[79]，曾[80]不夙夜[81]，以休令[82]聞[83]！穆穆[84]天子，臨爾

下土，明明[85]群司[86]，執憲靡顧[87]。正遐繇近[88]，殆其怙茲[89]，嗟嗟我王，曷不此思[90]？

6 「非思非鑒，嗣其罔則[91]。彌彌[92]其失，岌岌[93]其國。致冰匪霜[94]，致隊靡嫚[95]。瞻惟我王，昔靡不練[96]。興國救顛，孰違悔過[97]？追思黃髮，秦繆[98]以霸。歲月其徂[99]，年其逮耇[100]，於昔君子，庶[101]顯于後。我王如何，曾不斯覽[102]！黃髮不近[103]，胡不時監[104]？」

7 其在鄒詩曰：

8 「微微[105]小子[106]，既耇且陋，豈不牽位[107]，穢[108]我王朝。王朝肅清[109]，唯俊之庭。顧瞻余躬[110]，懼穢此征[111]。

9 「我之退征[112]，請于天子，天子我恤[113]，矜我髮齒[114]。赫赫天子，明悊[115]且仁，縣車[116]之義，以洎[117]小臣。嗟我小子，豈不懷土[118]？庶[119]我王寤[120]，越[121]遷于魯[122]。

10 「既去[123]禰祖[124]，惟懷惟顧。祁祁[125]我徒，戴負[126]盈[127]路。爰[128]戾[129]于鄒，鬋茅[130]作堂，我徒我環[131]，築室于牆。

11 「我既遷逝，心存我舊。夢我瀆上[132]，立于王朝。其夢如何？夢爭王室[133]。其爭如何？夢我王弼[134]。寤其外邦[135]，歎其喟然[136]。念我祖考，泣涕其漣[137]。微微老夫[138]，咨既遷絕[139]，洋洋[140]仲尼，視我遺烈[141]。濟濟[142]鄒魯，禮義唯恭，誦習弦歌[143]，于異他邦。我雖鄙耇，心其好而[144]，我徒侃[145]爾，樂亦在而。」

12 孟卒于鄒。或曰其子孫好事，述先人之志而作是詩也。

【章旨】以上是第一部分，為〈韋孟傳〉。韋孟曾任楚國太傅，因楚王劉戊荒淫而辭官。傳中載詩二篇，敘韋氏淵源，並諷諫楚王。

【注釋】❶魯國　王國名。治今山東曲阜。❷鄒　縣名。今山東鄒縣東南。❸彭城　郡名。治今江蘇徐州。❹楚元王　漢高祖之弟劉交。詳見卷三十六〈楚元王傳〉。楚，王國名，治今江蘇徐州。❺傅　太傅，諸侯王國官名。掌輔導諸侯王。❻肅肅　恭敬嚴肅。❼豕韋　豕韋氏，古部族名。❽黼衣　古代禮服名。用黑白兩色繡有斧形花紋。❾朱紱　圍於禮服前面的紅色大巾（蔽膝）。紱，又作「韍」。❿四牡　四匹雄馬。這裡指四匹雄馬拉的車。⓫龍旂　繡有龍形的旗幟。⓬彤弓　朱漆弓。古代天子用以賞賜有功諸侯或大臣，受賜者有權征伐不服從者。⓭撫寧　安撫平定。⓮遐荒　邊遠荒僻之地。⓯總齊　總領、整齊；統一。⓰翼　佐助。⓱大商　商朝。⓲迭彼大彭　與大彭交替。迭，交互。大彭，古封國名。⓳有周　周朝。有，詞頭，無實義。⓴歷世會同　累世參與諸侯盟會。㉑王赧　即周赧王，東周末代王。㉒寔絕我邦　於是廢除了我祖上的封國。㉓厥政斯逸　周朝的政教於是荒廢。厥，其。逸，放。㉔繇　通「由」。㉕庶尹群后　百官與諸侯。庶尹，眾官之長。群后，諸侯。㉖靡扶靡衛　沒人輔佐與保衛周王朝。靡，無；沒有。㉗五服　古代京畿外圍以五百里為一區劃，由近及遠依次劃分為甸服、侯服、綏服、要服、荒服，合稱五服。服，服事天子之意。㉘宗周以隊　周王室因此滅亡。宗周，即周王室，因周為所封諸侯之宗主國，故名。隊，通「墜」。滅亡。㉙斯微　因此衰微。㉚予小子　對先輩、長輩自稱。㉛勤誒厥生　一生勤苦。誒，歎息。㉜阸此嫚秦　為暴虐的秦朝所困厄。㉝耒耜　古代耕地翻土的農具。㉞悠悠　久長；連綿不盡。㉟眷南顧　回頭看南方。漢高祖在豐沛起兵，在秦的南方。㊱授漢于京　把秦的京城轉交給漢。㊲於赫　讚歎之詞。赫，光明。㊳靡適不懷　漢兵所到之處，沒有不想歸順的。懷，思，來。㊴卣　通「攸」。助詞，無實義。㊵厥弟　他的弟弟。楚元王劉交是漢高祖的弟弟。㊶俾　使。㊷兢兢　謹慎。㊸淨壹　德性純粹。㊹輔弼　輔佐君主的大臣。㊺漸世　沒世。㊻垂烈于後　把功業傳給後嗣。(47)克奉厥緒　能夠遵奉其事業。克，能。厥，其。(48)咨　歎息。(49)永　長。(50)王　大王。指楚王劉戊。(51)統祀　主管祭祀。指繼承王位。(52)陪臣　諸侯的大臣，對天子自稱「陪臣」。意即大臣的大臣，或稱「重臣」。(53)皇士　美士；賢能之士。(54)守保　保持基業。(55)惟　思考。(56)履冰　在薄冰上行走。比喻小心謹慎。(57)祖考　父祖先人。(58)是　助詞。幫助賓語提前。(59)繇繇　眾多。繇，通「悠」。(60)是放是驅　放縱獵犬，驅馬奔馳。放，放犬。驅，驅馬。(61)務　專注；追求。(62)忽　忽略；視而不見。(63)烝民　民眾；百姓。(64)媮　通「愉」。快樂。(65)弘　擴大；弘揚。(66)俊　才能出眾的人。(67)唯囿是恢　只想擴大苑囿。囿，君主畜養禽獸和打獵的地方。是，助詞，幫助賓語提前。恢，擴大。(68)諛　奉承的話。(69)睮睮　諂媚的樣子。(70)咢咢　直言批評。(71)黃髮　老人。老人頭髮變白，然後由白轉黃。(72)曾　竟。(73)藐　疏遠。(74)追欲從逸　縱情玩樂。從，通「縱」。(75)嫚　輕侮；侮辱。(76)顯祖　對祖先的美稱。(77)削黜　削減封地，貶降爵位。(78)嗟嗟　歎詞。表示感慨。(79)睦親　宗族中的近親。睦，親密。(80)曾　竟然；尚。(81)夙夜　日夜從事。(82)休令　美好；美善。(83)聞　傳揚；使聽到。(84)穆穆　莊重嚴肅。(85)明明　明察；明智。(86)群司　百官。(87)執憲靡顧　公正執法，無所顧忌。靡，無。(88)正遐繇近　要整治關係疏遠的人，需從親近的人開始。繇，通「由」。(89)殆其怙茲　依仗在漢朝宗室中的地位，是很危險的。(90)曷不此思　為什麼不思考這些。(91)嗣其罔則　後代沒有效法的對象。嗣，後代。罔，無。(92)彌彌　稍稍；逐漸。(93)岌岌　危險的樣子。(94)致冰匪霜　堅冰之成起於微霜。致，導致；招致。匪，通「菲」。微弱。(95)致隊靡嫚　隕墜之咎由於怠嫚。(96)昔靡不練　往昔之事，無不閱歷。練，閱歷。(97)孰違悔過　誰能離開悔改過錯。孰，誰。違，離開。(98)秦繆　秦穆公，春秋時期秦國國君，五霸之一。秦穆公要偷襲鄭國，百里奚等老臣勸阻，穆公不從，結果為晉國所敗而歸，於是作〈秦誓〉曰：「雖則云然，尚猷詢茲黃髮，則罔所愆。」大意是說，能夠諮詢老臣的意見，就不會發生錯誤。(99)徂　去；流逝。(100)逮耇　年近老邁。(101)庶　庶幾；或許。(102)曾不斯覽　即「曾不覽斯」。竟然對此視而不見。(103)黃髮不近　斥遠老臣。(104)時監　通「是鑑」。即「鑑是」。以此為借鑑。(105)微微　卑微；渺小。(106)小子　對自己的謙稱。(107)牽位　貪戀爵祿。(108)穢　玷汙；汙辱。(109)肅清　嚴肅清明。(110)顧瞻余躬　反觀我自己。(111)懼穢此征　懼怕有辱大王的朝廷而遠行。征，遠行。(112)退征　引退而遠走。(113)我恤　即「恤我」。體諒我；同情我。(114)矜我髮齒　可憐我年老體衰。矜，憐憫。髮齒，頭髮變白，牙齒脫落。(115)悊　通「哲」。聰明；智慧。(116)縣車　縣，同「懸」。即停掛車駕，不再使用。古代七十歲辭官回家，廢車不用，稱為「懸車」。(117)洎　及；到。(118)懷土　懷念故土；思鄉。(119)庶　庶幾；希望。(120)寤　明白；醒悟。(121)越　發語詞。無實義。(122)魯　即魯國鄒縣。魯國與楚國相鄰。(123)去　離開。(124)禰祖　父與祖的廟。這裡指父祖舊居。(125)祁祁　眾多的樣子。(126)戴負　用頭頂著，用肩背著。(127)盈　滿。(128)爰　於是。(129)戾到達。(130)鬋茅　割取茅草。鬋，通「剪」。(131)我環　即「環我」。環繞著我。(132)濱上　地名。韋孟所居彭城故里。(133)夢爭王室　夢見在王室陳言勸諫。(134)弼　通「戾」。違背；拒絕。(135)寤其外邦　夢醒卻在楚國之外。寤，醒。(136)喟然　歎息的樣子。(137)漣　眼淚流下的樣子。(138)老夫　年老男子自稱。(139)咨既遷絕　可歎已經遷移，遠離故鄉。咨，嗟歎。絕，隔絕。(140)洋洋　盛大美好。(141)視我遺烈　向我展示他所遺留的業跡。視，通「示」。烈，業跡。(142)濟濟　眾多的樣子。(143)誦習弦歌　誦讀以學習，依琴瑟而詠歌。(144)而　句末語氣詞，無實義。(145)侃　和樂；平和安適。

【語　譯】韋賢，字長孺，魯國鄒縣人。他的祖先韋孟，原來家在彭城郡，曾任楚元王的太傅，又輔導楚元王的兒子楚夷王及孫子楚王劉戊。劉戊荒淫不守正道，韋孟作詩委婉地勸諫。後來便辭去官職，舉家移居到鄒縣，又作詩一篇。他的勸諫詩說：

2 「我的恭敬而莊重的祖先，在豕韋建國，身穿由黑白兩色繡成斧形花紋的禮服，圍著紅色的蔽膝，乘著四匹雄馬駕的車，樹立起繪有龍紋的旗幟。天子賞賜紅色大弓，可以征討不從命者，安撫平定邊遠荒僻的地方，總領整齊各路諸侯，輔佐商朝，與大彭國交替建立赫赫功勳。進入周朝以後，累世參與諸侯盟會。周赧王聽信讒言，廢除了我祖上的封國。我祖上的封國被廢除，周朝也政令荒廢，周王室已不能行使賞賜與征罰。百官與諸侯，都不輔佐和保衛周王，五服分崩離析，周王室因此滅亡。我祖地位衰微，遷到彭城居住。我這個後代，一生辛勞勤苦，在暴虐的秦朝遭受困厄，親身執耒耜耕種土地。秦的暴政連綿不斷，上天不得安寧，於是把目光轉向南方，把秦的京城轉交給漢朝。

3 「光明的漢朝，征討四方，漢兵所到之處，沒人不想歸順，萬方因此平定。漢高祖於是任命他的弟弟，建立了楚王國，又使小臣我以太傅的身分前來輔佐。元王謹慎、恭敬而又節儉，德性純粹，向百姓施加恩惠，接受輔佐之臣的建議。享國到逝世，把功業傳給後人，等到夷王繼位，能夠遵奉元王的事業。可惜壽命不長，由大王來繼承王位，左右大臣，都是賢能之士。

4 「為什麼我的大王不思考如何保持祖輩的基業，也不考慮像走在薄冰上一樣小心謹慎地繼承父祖的封國爵祿！荒廢王國事務，只想遊玩享樂，犬馬成群，放縱馳騁。專心蓄養鳥獸，不顧莊稼的死活，百姓貧困度日，我的大王卻怏怏樂樂。所弘揚的並不是道德，所親近的並不是才能出眾的人士，只想擴大苑囿，專聽阿諛奉承。哪些是逢迎諂媚的小人，哪些是忠心正直的老臣，我的大王為什麼不能明察分辨？疏遠我等忠臣，縱情尋歡作樂，有辱尊貴的先祖，不怕封土受到削減，爵位遭到貶奪。

5 「可歎我的大王，身為漢朝宗室的近親，竟然不能早起晚睡，勤政修身，使美好的名聲傳揚！莊重嚴肅的天子，從上面注視著您的封國，明察秋毫的百官公正執法，毫不留情。要整治關係疏遠的人，需從親近的人開始，您卻依仗這種親近關係，不知危險將要降臨，可歎我的大王，為什麼對此不假思索？

6 「不能思慮和借鑑，因此不能為後代所效法。過失逐漸增多，國運面臨危險。微霜積累成為堅冰，怠慢積累導致傾覆。眾目所望的大王，往日的教訓無不知曉。振興邦國，挽救顛覆，誰能離開悔改過失？追思老臣的忠告，秦穆公成就了霸業。歲月在流逝，衰老即將來到，效法古代的君子，希望能夠揚名於後世。為什麼我的大王對此視而不見！排斥德高望重的老臣，為什麼不以此為借鑑？」

7 韋孟在鄒縣所寫的詩是：

8 「我卑微渺小，年老見識淺陋，難道不貪戀官位？只是害怕有辱大王的朝堂。大王的朝堂嚴肅清明，只有才德出眾的人才能居官任職。反觀我自己，懼怕有辱大王的朝堂，因此決定遠行。

9 「我要辭官遠行，已向天子請求，天子體諒我，可憐我鬢髮變白，牙齒脫落。光明偉大的天子，英明智慧而又仁慈，把年老辭官還鄉的制度用在小臣我的身上。可歎我這個小臣，難道不懷念故土？希望我的大王醒悟，所以遷到鄰近的魯國居住。

10 「已經離開世代居住的老家，不停地思念，流連張望。眾多弟子攜帶著行李，頭頂肩扛擠滿道路。於是到達鄒縣，割取茅草建造房舍，弟子們圍繞著我，築起房屋和牆垣。

11 「我已遷到新居，心中卻想著過去。有時夢見回到老家瀆上，有時夢見站在大王的朝堂。夢中在做什麼？夢見在朝堂上陳言規勸大王。規勸的結果怎麼樣呢？大王拒絕聽從我的意見。醒來卻在外地，只能深深地歎息。回想起我已故的父祖，眼淚不住地流淌。可歎我這個卑微渺小的老頭子，已經遠離故鄉。偉大的孔子，向我展示他所遺留的業跡。鄒魯人才眾多，恭敬講求禮義，誦讀以學習，依琴瑟而詠歌，與別的地方大不一樣。我雖然鄙陋而衰老，心裡喜歡這個地方，弟子們都平和安適，也在此快快樂樂。」

12 韋孟死在鄒縣。有人說，他的子孫中喜歡多事的人追述先人志向，寫了上面兩首詩。

自孟至賢五世。賢為人質朴少欲，篤志❶於學，兼通禮❷、尚書❸，以詩❹教授，號稱鄒魯大儒。徵為博士❺，給事中❻，進授昭帝❼詩，稍遷❽光祿大夫❾詹事❿，至大鴻臚⓫。昭帝崩，無嗣，大將軍⓬霍光⓭與公卿共尊立孝宣帝⓮。帝初即位，賢以與謀議⓯，安宗廟，賜爵關內侯⓰，食邑⓱。徙為長信少府⓲。以先帝師，甚見尊重。本始三年⓳，代蔡義⓴為丞相㉑。封扶陽㉒侯，食邑七百戶。時賢七十餘，為相五歲。地節三年㉓，以老病乞骸骨㉔，賜黃金百斤，罷歸，加賜第㉕一區。丞相致仕㉖自賢始。年八十二薨，諡曰節侯。

賢四子：長子方山為高寢令㉗，早終；次子弘，至東海㉘太守㉙；次子舜，留魯守墳墓；少子玄成，復以明經㉚歷位至丞相。故鄒魯諺曰：「遺子黃金滿籯㉛，不如一經。」

【章旨】以上是第二部分，為〈韋賢傳〉。敘述韋賢的儒學修養及其歷任官職。韋氏以丞相起家，自韋賢始。

【注　釋】❶篤志　專心一志。❷禮　又稱《士禮》、《儀禮》。儒家經典之一。古代部分禮制的彙編。❸尚書　「尚書」意即上古之書。是儒家的重要經典之一。相傳由孔子編選而成。保存了商周時期的重要史料。有些篇是後人追述補充進去的，如〈堯典〉、〈皋陶謨〉、〈禹貢〉等。❹詩　即《詩經》，中國古代第一部詩歌總集。收集了周朝初年（西元前十一世紀）到春秋中期（西元前六世紀）的詩歌三百零五篇，分「風」、「雅」、「頌」三大類。「風」採自民間樂曲，「雅」是王都附近的樂曲，「頌」是祭祖祀神的樂曲。所有詩歌均可歌唱，但樂譜今已不傳。形式以四言為主，採用了賦、比、興的藝術表現手法。漢代將《詩》列入儒家經典，稱為《詩經》。❺博士　官名。太常屬官，掌通古今。漢武帝以後，專掌儒家經典的傳授。❻給事中　加官名。侍從皇帝左右，備顧問應對，參議政事，因執事於殿中，故名。❼昭帝　漢昭帝劉弗陵。詳見卷七〈昭帝紀〉。❽稍遷　逐漸升遷。❾光祿大夫　官名。光祿勳屬官。掌論議。❿詹事　官名。掌皇后、太子家事。⓫大鴻臚　官名。九卿之一。掌接待賓客及少數民族、外交等事務。⓬大將軍　武官名。掌兵及征伐。⓭霍光　詳見卷六十八〈霍光傳〉。⓮孝宣帝　漢宣帝劉詢。詳見卷八〈宣帝紀〉。⓯與謀議　參與策劃擁立漢宣帝事。⓰關內侯　爵位名。為秦漢二十等爵中的第十九級，僅次於列侯。⓱食邑　享有封邑。可享受封地中的租稅。⓲長信少府　官名。掌皇太后宮。長信，太后宮名。⓳本始三年　西元前七一年。本始，漢宣帝年號之一。⓴蔡義　詳見卷六十六〈蔡義傳〉。㉑丞相　官名。三公之一。總領百官，輔佐皇帝，助理萬機。㉒扶陽　縣名。治今安徽蕭縣西南。㉓地節三年　西元前六七年。地節，漢宣帝年號之一。㉔乞骸骨　官吏自請辭官，意即使骸骨得歸葬故鄉。㉕第　府第；宅院。㉖致仕　年老辭官回鄉。㉗高寢令　守護漢高祖陵園的長官。㉘東海　郡名。治今山東郯城北。㉙太守　官名。郡的行政長官。㉚明經　通曉儒家經典。㉛籯　竹器，筐籠之類的容器。

【語　譯】從韋孟到韋賢，經歷了五代。韋賢為人質樸，欲望很少，專心好學，兼通《禮》與《尚書》，並向人教授《詩經》，號稱鄒魯大儒。他被徵召做博士官，加官給事中，進而教昭帝學習《詩經》。逐漸升任光祿大夫、詹事，直到大鴻臚。昭帝去世，沒有後代繼承帝位，大將軍霍光與公卿們共同擁立宣帝。宣帝當初即位時，韋賢因為參與了商討擁立的事，使漢朝宗廟安定，被授予關內侯的爵位，並享有封邑。改任長信少府。因為曾是先帝的老師，很受尊重。宣帝本始三年，韋賢接替蔡義做丞相。被封為扶陽侯，享受七百戶食邑。韋賢七十多歲時，做了五年丞相。地節三年，因年老生病請求辭官回家，朝廷賜給一百斤黃金，免官回家，又加賜一處府第。丞相年老辭官退休的制度就是從韋賢開始的。八十二歲時去世，諡號為節侯。

韋賢有四個兒子：長子韋方山任高寢令，早年去世；次子韋弘，做到東海太守；三兒子韋舜，留在魯國守護先人墳墓；小兒子韋玄成，也因為通曉儒家經典升官直到丞相。所以鄒魯一帶流傳諺語說：「留給子孫滿箱黃金，不如傳授一部儒經。」

1 玄成，字少翁，以父任❶為郎❷，常侍騎❸。少好學，修父業，尤謙遜下士❹。出遇知識❺步行，輒下從者❻，與載送之，以為常。其接人❼，貧賤者益加敬，繇是名譽日廣。以明經擢為諫大夫❽，遷大河❾都尉❿。

2 初，玄成兄弘為太常丞⓫，職奉宗廟，典⓬諸陵邑⓭，煩劇⓮多罪過。父賢以弘當為嗣，故敕令自免⓯。弘懷謙⓰，不去官。及賢病篤⓱，弘竟坐宗廟事繫獄⓲，罪未決。室家⓳問賢當為後者，賢恚恨不肯言。於是賢門下生博士義倩等與宗家⓴計議，共矯㉑賢令，使家丞㉒上書言大行㉓，以大河都尉玄成為後。賢薨，玄成在官聞喪，又言當為嗣，玄成深知其非賢雅意㉔，即陽㉕為病狂，臥便利㉖，妄笑語昏亂。徵至長安㉗，既葬，當襲㉘爵，以病狂不應召。大鴻臚㉙奏狀㉚，章㉛下丞相御史㉜案驗㉝。玄成素有名聲，士大夫多疑其欲讓爵辟㉞兄者。案事㉟丞相史㊱迺與玄成書曰：「古之辭讓，必有文義㊲可觀，故能垂榮㊳於後。今子獨壞容貌，蒙恥辱，為狂癡，光曜晻㊴而不宣。微哉！子之所託名也。僕㊵素愚陋，過㊶為宰相執事[42]，願少聞風聲[43]。不然，恐子[44]傷高而僕為小人也。」玄成友人侍郎[45]章亦上疏言：「聖王貴以禮讓為國，宜優養玄成，勿枉[46]其志，使得自安衡門[47]之下。」而丞相御史遂以玄成實不病，劾奏之。有詔勿劾，引拜。玄成不得已受爵。宣帝高其節，以玄成為河南[48]太守。兄弘太山[49]都尉，遷東海太守。

3 數歲，玄成徵為未央[50]衛尉[51]，遷太常。坐與故平通侯楊惲[52]厚善，惲誅，黨友皆免官。後以列侯[53]侍祀孝惠[54]廟，當晨入廟，天雨淖[55]，不駕駟馬車[56]而騎至廟下。有司[57]劾奏，等輩數人皆削爵為關內侯。玄成自傷貶黜父爵，歎曰：「吾何面目以奉祭祀！」作詩自劾責，曰：

4 「赫矣我祖，侯于豕韋，賜命建伯[58]，有殷以綏[59]。厥[60]績既昭[61]，車服有常[62]，朝宗[63]商邑，四牡[64]翔翔[65]。德之令[66]顯，慶[67]流于裔[68]，宗周至漢，群后歷世[69]。

5 「肅肅楚傅[70]，輔翼元、夷[71]。厥駟有庸[72]，惟慎惟祗[73]。嗣王孔佚[74]，越遷于鄒。五世壙僚[75]，至我節侯[76]。

6 「惟我節侯，顯德遐[77]聞。左右[78]昭、宣[79]，五品[80]以訓[81]。既耇致位[82]，惟懿惟奐[83]，厥賜祁祁[84]，百金洎[85]館。國彼扶陽，在京之東，惟帝是留[86]，政謀是從[87]。繹繹[88]六轡[89]，是列是理，威儀[90]濟濟[91]，朝享[92]天子。天子穆穆[93]，是宗是師[94]，四方遐爾95，觀國之煇96。

7 「茅土97之繼，在我俊兄98。惟我俊兄，是讓是形99。於100休101厥102德，於赫有聲，致我小子，越103留於京。惟我小子，不肅104會同105，惰彼車服106，黜此附庸107。

8 「赫赫顯爵，自我隊之；微微108附庸，自我招之。誰能忍媿，寄之我顏109；誰將遐征110，從之夷蠻111。於赫三事112，匪俊匪作113；於蔑114小子，終焉其度115。誰謂華116高？企其齊而117；誰謂德難？厲其庶而118。嗟我小子，于貳其尤119，隊彼令聲120，申此擇辭121。四方群后，我監我視122，威儀車服，唯肅是履123！」

9 初，宣帝寵姬張婕妤124男淮陽憲王125好政事，通法律，上奇其材，有意欲以為嗣。然用126太子127起於細微128，又早失母，故不忍也。久之，上欲感風129憲王，輔以禮讓之臣，乃召拜玄成為淮陽中尉130。是時王未就國，玄成受詔，與太子太傅131蕭望之132及五經諸儒雜論同異於石渠閣133，條奏其對。及元帝134即位，以玄成為少府135，遷太子太傅，至御史大夫。永光136中，代于定國137為丞相。貶黜十年之間，遂繼父相位，封侯故國138，榮當世焉。玄成復作詩，自著復玷缺139之艱難，

10 因以戒示子孫，曰：

「於140肅141君子，既令厥德142，儀服143此恭，棣棣144其則。咨145余小子，既德靡

逮[146]，曾[147]是車服，荒嫚以隊。

11 「明明天子，俊德烈烈[148]，不遂我遺[149]，恤[150]我九列[151]。我既茲恤，惟夙惟夜[152]，畏忌是申[153]，供事靡惰[154]。天子我監[155]，登我三事[156]，顧[157]我傷隊[158]，爵復我舊。

12 「我既此登[159]，望我舊階[160]，先后茲度[161]，漣漣孔懷[162]。司直[163]御事[164]，我熙我盛[165]；群公百僚，我加我慶[166]。于異卿士，非同我心，三事惟艱，莫我肯矜[167]。赫赫三事，力雖此畢[168]，非我所度，退其罔日[169]。昔我之隊，畏不此居；今我度茲[170]，戚戚[171]其懼。

13 「嗟我後人，命其靡常[172]，靖享[173]爾位，瞻仰靡荒[174]。慎爾會同，戒爾車服，無媠[175]爾儀，以保爾域[176]。爾無我視[177]，不慎不整；我之此復[178]，惟祿之幸[179]。於戲[180]後人，惟肅惟栗[181]，無忝[182]顯祖，以蕃[183]漢室！」

14 玄成為相七年，守正持重[184]不及父賢，而文采過之。建昭三年[185]薨，謚曰共[186]侯。初，賢以昭帝時徙平陵[187]，玄成別徙杜陵[188]，病且死，因使者自白曰：「不勝[189]父子恩，願乞骸骨，歸葬父墓。」上許焉。

15 子頃侯寬嗣。薨，子僖侯育嗣。薨，子節侯沈嗣。自賢傳國至玄孫乃絕。玄成兄高寢令方山子安世歷郡守，大鴻臚，長樂衛尉[190]，朝廷稱有宰相之器，會其病終。而東海太守弘子賞亦明詩。哀帝[191]為定陶[192]王時，賞為太傅。哀帝即位，賞以舊恩為大司馬[193]車騎將軍[194]，列為三公[195]，賜爵關內侯，食邑千戶，亦年八十餘，以壽終。宗族至吏二千石者十餘人。

【章旨】以上是第三部分，為〈韋玄成傳〉。敘述韋玄成所承家學及歷任官職。傳內載詩二篇，一為因削爵而自責自勵，一為因爵位恢復而告誡子孫。

【注釋】❶任　保舉。❷郎　官名。郎中令（武帝以後改稱光祿勳）屬官。掌持戟守衛宮殿門戶，皇帝出行則充車騎。西漢前期有郎中、中郎，武帝以後又有侍郎、議郎。郎或郎官是其總稱。❸常侍騎　官名。皇帝出行時，經常騎馬侍從。❹下士　屈身交接賢士。❺知識　所認識的人；熟人。❻下從者　讓隨從的人下車。❼接人　待人。❽諫大夫　官名。郎中令屬官，掌議論。❾大河　郡名。本為濟東國，武帝元鼎元年廢，為大河郡。宣帝甘露二年為東平國。治今山東東平東。❿都尉　官名。輔佐太守掌管郡中軍事。⓫太常丞　官名。太常的屬官。太常，九卿之一，掌宗廟禮儀。⓬典　掌管。⓭陵邑　皇帝陵墓所在地。⓮煩劇　事務繁重。⓯自免　自己請求免官。韋賢想立韋弘為爵位繼承人，恐其獲罪受到罷黜，影響繼承爵位，所以讓他自己請求免官。⓰懷謙　懷著謙讓之心。想把爵位繼承人的身分讓給其他兄弟。⓱篤　加重。⓲繫獄　囚禁於牢獄。⓳室家　同族；本家。⓴宗家　同族。㉑矯　假託；詐稱。㉒家丞　官名。列侯的屬官。㉓大行　即大行令，官名。大鴻臚屬官。掌禮儀。㉔雅意　本意；向來的意思。㉕陽　通「佯」。假裝。㉖便利　大小便。㉗長安　西漢京城。在今陝西西安西北郊。㉘襲　繼承。㉙大鴻臚　官名。九卿之一。掌賓禮，負責接待諸侯及四方歸義蠻夷。㉚奏狀　呈上奏章。㉛章　奏章。㉜御史　即御史大夫。官名。三公之一。丞相之副，主管執法。㉝案驗　查詢驗證。㉞辟　通「避」。迴避。㉟案事　考問情事。即查證韋玄成佯狂一事。㊱丞相史　官名。丞相的屬吏。㊲文義　文辭。㊳垂榮　流傳榮譽。㊴晻　通「暗」。㊵僕　對自己的謙稱。㊶過　錯誤；不恰當。自謙之詞。㊷執事　供役使者。自謙之詞。㊸少聞風聲　稍微聽一聽人們的議論。風聲，指人們對韋玄成佯狂一事的議論。㊹子　對對方的敬稱。㊺侍郎　官名。光祿勳的屬官。掌持戟守衛宮殿門戶，皇帝出行則充車騎。㊻枉　屈。㊼衡門　橫一木於門上。指貧民居住的地方。㊽河南　郡名。治今河南洛陽東北。㊾太山即泰山，郡名。治今山東泰安東。(50)未央　宮名。常為朝見之處。(51)衛尉　官名。九卿之一。掌宮門衛屯兵。(52)楊惲　詳見卷六十六〈楊敞傳〉。(53)列侯　爵位名。秦制，爵分二十級，徹侯位最高。漢承秦制，為避漢武帝劉徹諱，改稱通侯，又稱列侯。(54)孝惠　漢惠帝劉盈。詳見卷二〈惠帝紀〉。(55)淖　泥濘。(56)駟馬車　四匹馬拉的車。(57)有司　主管官員；有關部門。(58)賜命建伯　天子命令立為方伯。伯，方伯；一方諸侯之長。(59)綏　安定。(60)厥　其。指韋賢的先祖。(61)昭　顯揚；顯示。(62)車服有常　車輛服飾有固定的禮儀制度。(63)朝宗　諸侯朝見天子，春曰朝，夏曰宗。(64)四牡　四匹雄馬。這裡指四匹雄馬拉的車。(65)翔翔　安適舒坦。(66)令　美好。(67)慶　福澤。(68)裔　後代。(69)群后歷世　歷代為諸侯。后，君主，這裡指諸侯。(70)楚傅　韋孟曾做楚國太傅。(71)元夷　楚元王和楚夷王。(72)厥驅有庸　車輛有常制。驅，驅馬。庸，常；規則。(73)祗　敬。(74)嗣王孔佚　繼位的楚王放縱享樂。孔，甚。佚，通「逸」。(75)五世壙僚　自韋孟至韋賢五世沒有官職。壙，空。(76)節侯　韋賢死後，謚號為「節侯」。(77)遐　遠。(78)左右　輔佐。(79)昭宣　漢昭帝和漢宣帝。(80)五品　即五教，五常之教，指父義，母慈，兄友，弟恭，子孝這五種倫理道德的教育。(81)訓　教導。(82)致位　年老辭去職位。(83)惟懿惟奐　美好而且顯赫。(84)祁祁　眾多。(85)洎　及。(86)是留　慰留他。(87)是從　聽從他。(88)繹繹　調和的樣子。(89)六轡　一車四馬，有六條轡繩。轡，轡繩。(90)威儀　儀容舉止。(91)濟濟　整齊美好。(92)朝享　朝拜；朝貢。(93)穆穆　端莊恭敬。(94)是宗是師　天子尊敬他，拜他為師。(95)遐爾　通「遐邇」。遠近。(96)煇　光輝。(97)茅土　天子分封王、侯時，用代表方位的五色土築壇，按封地所在方位取一色土，包以白茅而授之，作為受封者得以有國建社的表徵。這裡表示列侯的爵位。(98)兄　指韋弘。(99)是讓是形　有謙讓的志節並且表現於行動。形，見。(100)於　歎詞。下句同。(101)休　美好。(102)厥　其。(103)越　發語詞，無實義。(104)肅　敬。(105)會同　朝會；朝見天子。(106)媠彼車服　指沒有按禮制規定乘車。媠，懈怠；不莊重。(107)黜此附庸　被黜而為附庸。指削爵為關內侯。(108)微微　微賤；渺小。(109)顏　臉面。(110)遐征　遠行。(111)從之夷蠻　隨從前往蠻夷居住的地方。之，去；到。(112)三事　三公之位。(113)匪俊匪作　非才德出眾之人不能擔任其職。(114)蔑　卑微。(115)終焉其度　最終能居此位。度，居。(116)華　華山。(117)企其齊而　踮起腳跟就能與它平齊。(118)厲其庶而　刻苦自勵就有可能達到。(119)于貳其尤　犯了兩次錯誤。貳，兩次過錯，一為與楊惲厚善，二為騎馬去惠帝廟。(120)令聲　美好的聲譽。(121)申此擇辭　陳述這些擇善而從的話語，以勉勵自己。(122)我監我視　以我為鑑，引以為戒。(123)唯肅是履　行為一定要恭敬嚴肅。(124)婕妤　皇帝妃嬪稱號。漢武帝時始置。位視上卿，秩比列侯。(125)淮陽憲王　宣帝之子劉欽。淮陽，王國名，治今河南淮陽。(126)用　由於。(127)太子　即漢元帝劉奭，漢宣帝在民間時與許皇后所生。漢宣帝即位後不久，許皇后被霍光夫人謀殺。詳見卷九十七〈外戚傳〉。(128)細微　指民間。(129)感風　感化勸導。風，通「諷」。130中尉　官名。掌王國軍事。131太子太傅　官名。掌輔導太子。132蕭望之　詳見卷七十八〈蕭望之傳〉。133石渠閣　閣名。西漢皇室藏書之處，在長安未央宮殿北。134元帝　漢元帝劉奭。詳見卷九〈元帝紀〉。135少府　官名。九卿之一。掌山海池澤之稅，以給宮中用度，為皇帝私府。136永光　漢元帝年號之一，西元前四三—前三九年。137于定國　詳見卷七十一〈于定國傳〉。138封侯故國　授予列侯爵位，恢復原來的封國。139玷缺　白玉上的斑點和缺損。這裡指韋玄成自己的過失。140於　歎詞。141肅　敬。142令厥德　完善其品德。143儀服　儀容服飾。144棣棣　雍容嫻雅的樣子。145咨　歎息。146靡逮　不及；沒有達到。147曾　曾經。148烈烈　鮮明燦爛的樣子。149不遂我遺　沒有因此把我拋棄。150恤　安撫；照顧。151九列　九卿之位。這裡指少府。152惟夙惟夜　日日夜夜。153申　約束自己。154靡憜　不懈怠。憜，通「惰」。155監　明察。156三事　三公之位。這裡指丞相。157顧　體諒；考慮。158傷隊　為以前因過失遭貶抑而傷心。159此登　指做丞相。160舊階　父親韋賢也曾做丞相，居此官署，故稱「舊階」。161先后茲度　先父曾居此位。先后，先君。度，居。162孔懷　非常思念。163司直　官名。丞相屬官。幫助丞相檢舉不法。164御事　辦事屬吏。165我熙我盛　歡迎我，推崇我。166我加我慶　讚美我，祝賀我。加，通「嘉」。167莫我肯矜　沒有誰願意憐憫我。168此畢　盡力於此。169罔日　為時不久。170度茲　居此位。171戚戚　憂懼的樣子。172靡常　無常；沒有一定的規律。173靖享　考慮承當。靖，謀。享，當。174靡荒　不要疏忽懈怠。175媠　通「惰」。176域　封邑。177爾無我視　你們不要仿效我。178我之此復　我得以恢復此爵。179惟祿之幸　只是僥倖承蒙天的福祿。180於戲　即「嗚呼」。感歎詞。181栗　通「慄」。懼。182忝　辱。183蕃　通「藩」。護衛。184守正持重　恪守正道，謹慎穩重。185建昭三年　西元前三六年。建昭，漢元帝年號之一。186共　通「恭」。謙遜有禮。187平陵　縣名。今陝西咸陽西北。漢昭帝陵墓名平陵，在此置縣，故名。188杜陵　縣名。今陝西長安東北。因漢宣帝墓名杜陵，在此置縣，故名。189不勝　控制不住；不盡。190長樂衛尉　官名。掌宮門警衛。長樂宮，太后所居，故址在今陝西西安西北漢長安城內。191哀帝　漢哀帝劉欣。詳見卷十一〈哀帝紀〉。192定陶　王國名。治今山東定陶西北。漢哀帝即位之前為定陶王。193大司馬　官名。掌武事。西漢一朝，經常授予掌權的外戚，多與大將軍、驃騎將軍、車騎將軍等聯稱，也有不兼將軍稱號的。194車騎將軍　朝廷武官稱號。195三公　漢代丞相、御史大夫與太尉合稱三公。

【語　譯】韋玄成，字少翁，由父親保舉任郎官，做常侍騎。年輕時好學，繼承父親的學業，非常謙遜，屈身交接賢士。出門遇上所認識的人步行，總是讓隨從的人下車，用車載送所認識的人，經常這樣做。他待人，對貧窮地位低的人更加尊敬，因此聲譽一天天擴大。因為通曉經典而被提拔為諫大夫，升任大河郡都尉。

2 當初，韋玄成的哥哥韋弘擔任太常丞，負責供奉宗廟，管理各處陵墓，事務繁重，多有過失。父親韋賢認為韋弘應當做爵位繼承人，所以讓他自己請求免官。韋弘懷著謙讓之心，不肯辭職。等到韋賢病重時，韋弘終於因為宗廟的事而獲罪下獄，尚未判決。家族中的人詢問韋賢誰應成為繼承人，韋賢憤恨不肯說。這時韋賢的弟子博士義倩等與韋賢同族的人商議，共同假託韋賢的命令，讓家丞上書向大行令報告，立大河郡都尉韋玄成為繼承人。韋賢去世，韋玄成在任上聽到這一消息，又聽說自己被立為繼承人，韋玄成知道這不是韋賢的本意，便假裝瘋狂，臥在床上大小便，胡言亂語，神志不清。韋玄成被徵召到長安，安葬韋賢完畢，他應當繼承爵位，以狂病為由不接受召見。大鴻臚將情況上報，奏章交由丞相和御史大夫查詢驗證。韋玄成一向有名聲，士大夫們大多懷疑他是想迴避而把爵位讓給哥哥。查證此事的丞相史於是寫信給韋玄成說：「古代辭讓，一定要有優美的文辭，所以榮譽流傳後代。現在你只是毀壞容貌，蒙受恥辱，裝瘋賣傻，光彩暗淡而不能顯揚。您以如此所寄託的名聲，太渺小了！我一向愚蠢淺陋，錯誤地當上了丞相的辦事人員，希望您稍稍聽一聽人們的議論。不然的話，恐怕您會被清高所傷而我卻成了小人。」韋玄成的朋友、侍郎章也上書表達意見：「聖明的君主重視用守禮謙讓的精神來治理國家，應該寬容優待韋玄成，不要改變他的志向，使他能夠按自己的意志安於貧賤的生活。」但是丞相和御史大夫卻認為韋玄成根本沒有狂病，因此彈劾他。皇帝傳下詔書，命令不要彈劾，並召見他，授予爵位。韋玄成不得已接受爵位。宣帝讚賞他的節操，任命他做河南郡太守；任命他的哥哥韋弘做太山郡都尉，升任東海郡太守。

3 幾年後，韋玄成被徵召做未央宮衛尉，改任太常。因與前平通侯楊惲交情深厚，楊惲被殺後，同黨和他的朋友都被免官。後來韋玄成以列侯的身分侍從祭祀孝惠帝廟，當時清晨入廟，天下雨，道路泥濘，他沒有駕四馬車而是騎馬來到廟前。主管官員上奏章彈劾，同樣行動的幾個人都被削去列侯爵位，降為關內侯。韋玄成因為自己使父親留下的爵位受到貶降，非常悲傷，歎息說：「我有什麼臉面來供奉祭祀先人！」他寫詩責備自己，詩文是這樣的：

4 「我的祖先多麼顯赫，在豕韋建立侯國，天子命令做方伯，商朝因此得安寧。我祖功績已顯揚，車輛服飾都符合禮制，朝見商朝君王，駕著四匹雄馬拉的車，安適而舒坦。我祖道德美好而顯揚，福澤流傳於後代，從周到漢，世世代代為諸侯。

5 「恭敬嚴肅的楚國太傅，輔佐元王和夷王。車服符合禮制，謹慎而恭敬。後來繼位的楚王放縱享樂，太傅辭官遷徙到鄒縣。五代沒有官職，直到我的父親節侯。

6 「我父節侯，美德彰顯，名傳遠方。輔佐昭帝和宣帝，教導以五常之教。年老辭去官位，美好而榮耀，皇帝給予豐厚的賞賜，包括黃金一百斤和一處府第。封國扶陽在京城東方，皇帝慰留他，聽從他的政治謀略。六條轡繩配合得當，駕車的四匹馬井然有序，儀容舉止整齊美好，前來朝拜漢朝的天子。端莊恭敬的漢朝天子，尊崇節侯，拜他為師，四方遠近之人，都能看到國家的榮光。

7 「應該繼承父親爵位的，是我那才德出眾的兄長。我的兄長有謙讓之心，並且表現於行動。他的品德多麼美好，他的聲望多麼顯赫，使得我繼位留在京城。只因我在朝見天子時不夠恭敬，乘車不合禮制，被貶為關內侯。

8 「顯赫的列侯爵位，從我的手中失落；貶為微小的關內侯，是我的過失所招致。誰能忍受羞愧，請來作為我的顏面；誰要去遠行，請讓我跟他去往蠻夷居住的地方。顯赫的三公官位，非才德出眾之人不能擔當；我雖然微賤，最終也要居此高位。誰說華山高？踮起腳跟就能與它相比；誰說修養品德難？刻苦努力就有可能達到。可歎我兩次犯錯，失掉美好的聲譽，所以說出這些擇善而從的話來勉勵自己。四方眾位列侯，要以我為鑑，吸取教訓，儀容舉止與車駕服飾，都要恭敬嚴肅地遵守禮制！」

9 當初，宣帝寵幸的妃子張婕妤所生的兒子淮陽憲王喜好政事，通曉法律，宣帝對他的才能感到驚奇，有意想把他立為繼承人。但是因為太子是隨從他在民間長大的，又很早就失去母親，所以不忍心把他廢掉。過了很久，宣帝想感化勸導憲王，任用有禮讓之風的大臣輔導他，於是徵召任命韋玄成做淮陽王國的中尉。當時，憲王還沒有去封國居住，韋玄成接受詔命，與太子太傅蕭望之以及精通《五經》的各位儒生，在石渠閣共同討論對《五經》的不同見解，把討論結果逐條寫下來向皇上稟報。等到元帝即位，任命韋玄成做少府，又升為太子太傅，直到御史大夫。元帝永光年間，接替于定國做丞相。他在受到貶官降爵後的十年之內，終於繼承了父親曾經擔任過的丞相職位，被授予列侯的爵位並恢復了在扶陽的封國，在當時非常榮耀。韋玄成又作一首詩，表達自己改正過失恢復爵位的艱難，用來警戒子孫。詩文是這樣的：

10 「恭敬的君子，要完善其品德，舉止服飾要謙恭，雍容嫻雅合乎規則。可歎我自己，道德有所不足，曾因疏忽輕慢，使車駕服飾失落。

11 「英明的天子，品德光輝燦爛，沒有因此把我拋棄，照顧我讓我居九卿之位。我既然受到如此照顧，只有日日夜夜小心謹慎，勤奮工作不敢鬆懈。天子察看清楚，讓我榮登三公之職，體諒我為此前失位而傷心，恢復了當初的封邑和爵位。

12 「我升到丞相職位，巡視舊官署，先父也曾在此任職，深深的懷念使我眼淚不斷流淌。司直與屬吏，對我歡迎推崇；群公與百官，給我讚美祝賀。眾位士大夫，心情與我並不相同，三公很難做，沒有誰願意憐憫我。三公地位顯赫，我雖竭盡全力，仍然不能勝任，離被貶退大概沒有幾天了。過去我失去爵位，只怕不能做三公；今天我居此位，心裡只有畏懼。

13 「我的後人啊，天命沒有規律，慎重考慮承擔你的職位，恭敬看待不要荒忽。朝見天子要謹慎，車駕服飾要嚴肅，舉止儀態不要怠慢，才能保住你的封邑。你們不要效法我，我不夠謹慎和嚴整；我之所以能復舊位，只是僥倖承蒙上天的福祿。後代子孫們，切記嚴肅和敬畏，不要有辱祖先的大德，保衛漢朝江山永固！」

14 韋玄成做了七年丞相，在恪守正道、謹慎穩重方面趕不上父親韋賢，但文章才華超過了父親。建昭三年去世，謚號為共侯。當初，韋賢在昭帝年間被遷徙到平陵縣，韋玄成被另外遷徙到杜陵縣。韋玄成病重將死時，派人向皇帝請求說：「臣控制不住思慕父子的恩情，希望這把老骨頭歸葬到父親墓地。」皇帝同意了。

15 韋玄成的兒子韋寬繼位，謚號為頃侯。韋寬去世，兒子韋育繼位，謚號為僖侯。韋育去世，兒子韋沈繼位，謚號為節侯。封邑從韋賢傳到玄孫，才告結束。韋玄成的哥哥高寢令韋方山，他的兒子韋安世歷任郡太守、大鴻臚、長樂衛尉，朝廷稱讚他有做宰相的才能，這時他卻生病去世，沒能提拔。東海太守韋弘的兒子韋賞，也通曉《詩經》。哀帝做定陶王時，韋賞曾任定陶太傅。哀帝即位後，韋賞因為與皇帝過去有恩情，被任命為大司馬車騎將軍，位居三公，被授予關內侯的爵位，食邑一千戶。他也活了八十多歲，年老而死。韋家同族人做到二千石級官吏的有十多人。

1 初，高帝❶時，令諸侯王都皆立太上皇❷廟。至惠帝尊高帝廟為太祖❸廟，景帝❹尊文帝❺廟為太宗❻廟，行所嘗幸❼郡國各立太祖、太宗廟。至宣帝本始二年❽，復尊孝武❾廟為世宗廟，行所巡狩❿亦立焉。凡祖宗廟在郡國六十八，合百六十七所。而京師自高祖下至宣帝，與太上皇、悼皇考⓫各自居陵旁立廟，并為百七十六。又園中各有寢⓬、便殿⓭。日祭於寢，月祭於廟，時⓮祭於便殿。寢，日四上食；廟，歲二十五祠⓯；便殿，歲四祠。又月一游衣冠⓰。而昭靈后⓱、武哀王⓲、昭哀后⓳、孝文太后⓴、孝昭太后㉑、衛思后㉒、戾太子㉓、戾后㉔各有寢園，與諸帝合，凡三十所。一歲祠，上食二萬四千四百五十五，用衛士四萬五千一百二十九人，祝㉕宰㉖樂人萬二千一百四十七人，養犧牲㉗卒不在數中。

2 至元帝時，貢禹㉘奏言：「古者天子七廟㉙。今孝惠、孝景廟皆親盡㉚，宜毀。及郡國廟不應㉛古禮，宜正定。」天子是㉜其議，未及施行而禹卒。永光四年㉝，乃下詔先議罷郡國廟，曰：「朕聞明王之御世也，遭時為法㉞，因事制宜㉟。往者天下初定，遠方未賓㊱，因嘗所親㊲以立宗廟，蓋建威銷萌㊳，一民㊴之至權㊵也。今賴天地之靈，宗廟之福，四方同軌㊶，蠻貊貢職㊷，久遵而不定，令疏遠卑賤共承㊸尊祀，殆非皇天祖宗之意，朕甚懼焉。傳㊹不云乎？『吾不與祭，如不祭㊺。』」其與將軍、列侯、中二千石㊻、諸大夫㊼、博士、議郎㊽議。」丞相玄成、御史大夫鄭弘㊾、太子太傅嚴彭祖㊿、少府歐陽地餘、諫大夫(51)尹更始等七十人皆曰：「臣聞祭，非自外至者也，繇中出，生於心也。故唯聖人為能饗帝(52)，孝子為能饗親(53)。立廟京師之居，躬親承事，四海之內各以其職來助祭，尊親之大義，五帝三王所共，不易(54)之道也。詩云：『有來雍雍，至止肅肅，相維辟公，天子穆穆。』(55)春秋(56)之義，父不祭於支庶(57)之宅，君不祭於臣僕之家，王不祭於下土(58)諸侯。臣等愚以為宗廟在郡國，宜無修(59)，臣請勿復修。」奏可。因罷昭靈后、武哀王、昭哀后、衛思后、戾太子、戾后園，皆不奉祠，裁置吏卒守焉。

3 罷郡國廟後月餘，復下詔曰：「蓋聞明王制禮，立親廟(60)四；祖宗之廟(61)，萬世不毀，所以明尊祖敬宗，著親親(62)也。朕獲承祖宗之重，惟大禮未備，戰栗(63)恐懼，不敢自顓(64)，其與將軍、列侯、中二千石、二千石、諸大夫、博士議。」

玄成等四十四人奏議曰：「禮，王者始受命[65]，諸侯始封之君[66]，皆為太祖。以下，五廟而迭毀[67]，毀廟之主[68]臧[69]乎太祖，五年而再殷祭[70]，言壹禘壹祫[71]也。祫祭者，毀廟與未毀廟之主皆合食於太祖，父為昭，子為穆，孫復為昭[72]，古之正禮也。祭義[73]曰：『王者禘其祖自出，以其祖配之，而立四廟[74]。』言始受命而王，祭天以其祖配，而不為立廟，親盡也。立親廟四，親親也。親盡而迭毀，親疏之殺[75]，示有終也。周之所以七廟者，以后稷[76]始封，文王[77]、武王[78]受命而王，是以三廟不毀，與親廟四而七。非有后稷始封，文、武受命之功者，皆當親盡而毀。成王[79]成二聖[80]之業，制禮作樂，功德茂盛，廟猶不世[81]，以行為謚[82]而已。禮，廟在大門之內，不敢遠親[83]也。臣愚以為高帝受命定天下，宜為帝者太祖之廟，世世不毀，承後屬盡[84]者宜毀。今宗廟異處，昭穆不序，宜入就太祖廟而序昭穆如禮。太上皇、孝惠、孝文、孝景廟皆親盡宜毀，皇考[85]廟親未盡，如故。」大司馬車騎將軍許嘉等二十九人以為孝文皇帝除誹謗，去肉刑，躬節儉，不受獻，罪人不帑[86]，不私其利，出美人，重絕人類[87]，賓賜[88]長老，收恤孤獨；德厚侔[89]天地，利澤施四海，宜為帝者太宗之廟。廷尉[90]忠[91]以為孝武皇帝改正朔[92]，易服色[93]，攘四夷[94]，宜為世宗之廟。諫大夫尹更始等十八人以為皇考廟上序於昭穆，非正禮，宜毀。

4 於是上重[95]其事，依違[96]者一年，乃下詔曰：「蓋聞王者祖有功而宗有德[97]，尊尊[98]之大義也；存親廟四，親親之至恩也。高皇帝為天下誅暴除亂，受命而帝，功莫大焉。孝文皇帝國為代[99]王，諸呂[100]作亂，海內搖動，然群臣黎庶[101]靡不壹意，北面[102]而歸心，猶謙辭固讓而後即位，削亂秦之迹，興三代[103]之風，是以百姓晏然[104]，咸獲嘉福，德莫盛焉。高皇帝為漢太祖，孝文皇帝為太宗，世世承祀，傳之無窮，朕甚樂之。孝宣皇帝為孝昭皇帝後，於義壹體[105]。孝景皇帝廟及皇考廟皆親盡，其正禮儀。」玄成等奏曰：「祖宗之廟世世不毀，繼祖以下，五廟而迭毀。今高皇帝為太祖，孝文皇帝為太宗，孝景皇帝為昭，孝武皇帝為穆，孝昭皇帝與孝宣皇帝俱為昭，皇考廟親未盡。太上、孝惠廟皆親盡，宜毀。太上廟主宜瘞園[106]，孝惠皇帝為穆，主遷於太祖廟，寢園皆無復修。」奏可。

5 議者又以為清廟之詩[107]言交神[108]之禮無不清靜，今衣冠出游，有車騎之眾，風雨之氣，非所謂清靜也。「祭不欲數，數則瀆，瀆則不敬[109]。」宜復古禮，四時祭於廟，諸寢園日月間祀皆可勿復修。上亦不改也。明年，玄成復言：「古者制禮，別尊卑貴賤，國君之母非適[110]不得配食[111]，則薦[112]於寢，身沒而已。陛下躬至孝，承天心，建祖宗，定迭毀，序昭穆，大禮既定，孝文太后、孝昭太后寢祠園宜如禮勿復修。」奏可。

6 後歲餘，玄成薨，匡衡[113]為丞相。上寢疾[114]，夢祖宗譴罷郡國廟，上少弟楚孝王[115]亦夢焉。上詔問衡，議欲復之，衡深言不可。上疾久不平，衡惶恐，禱高祖、孝文、孝武廟曰：「嗣曾孫皇帝[116]恭承洪業[117]，夙夜不敢康寧[118]，思育休烈[119]，以章[120]祖宗之盛功。故動作接神[121]，必因古聖之經。往者有司以為前因所幸而立廟，將以繫[122]海內之心，非為尊祖嚴親[123]也。今賴宗廟之靈，六合[124]之內莫不附親，廟宜一居京師，天子親奉，郡國廟可止毋修。皇帝祗肅[125]舊禮，尊重神明，即告于祖宗而不敢失。今皇帝有疾不豫[126]，迺夢祖宗見戒[127]以廟，楚王夢亦有其序[128]。皇帝悼懼[129]，即詔臣衡復修立。謹案上世帝王承祖禰[130]之大義[131]，皆不敢不自親。郡國吏卑賤，不可使獨承。又祭祀之義以民為本，間者[132]歲數不登，百姓困乏，郡國廟無以修立。禮，凶年則歲事[133]不舉，以祖禰之意為不樂，是以不敢復。如誠[134]非禮義之中[135]，違祖宗之心，咎盡在臣衡，當受其殃，大被其疾，隊在溝瀆之中。皇帝至孝肅慎，宜蒙祐福。唯高皇帝、孝文皇帝、孝武皇帝省察，右饗[136]皇帝之孝，開賜[137]皇帝眉壽亡疆[138]，令所疾日瘳[139]，平復反常[140]，永保宗廟，天下幸甚！」

7 又告謝[141]毀廟曰：「往者大臣以為在昔帝王承祖宗之休典[142]，取象[143]於天地，天序五行[144]，人親五屬[145]，天子奉天，故率其意[146]而尊其制。是以禘嘗[147]之序，靡有過五[148]。受命之君躬接[149]于天，萬世不墮[150]。繼烈[151]以下，五廟而遷[152]，上陳太祖，間歲[153]而祫。其道應天，故福祿永終[154]。太上皇非受命而屬盡，義則當遷。又以為孝莫大於嚴父[155]，故父之所尊子不敢不承，父之所異子不敢同。禮，公子[156]不得為母信[157]，為後則於子祭，於孫止，尊祖嚴父之義也。寢日四上食，園廟間祀[158]，皆可亡修。皇帝思慕悼懼，未敢盡從。惟念高皇帝聖德茂盛，受命溥將[159]，欽若稽古[160]，承順天心，子孫本支，陳錫無疆[161]。誠以為遷廟合祭，久長之策，高皇帝之意，迺敢不聽？即以今日[162]遷太上、孝惠廟，孝文太后、孝昭太后寢，將以昭祖宗之德，順天人之序，定亡窮之業。今皇帝未受茲福，乃有不能共職[163]之疾。皇帝願復修立承祀，臣衡等咸以為禮不得[164]。如不合高皇帝、孝惠皇帝、孝文皇帝、孝武皇帝、孝昭皇帝、孝宣皇帝、太上皇、孝文太后、孝昭太后之意，罪盡在臣衡等，當受其咎。今皇帝尚未平，詔中朝臣[165]具復毀廟之文。臣衡中朝臣咸復以為天子之祀義有所斷，禮有所承，違統背制，不可以奉先祖，皇天不祐，鬼神不饗。六藝[166]所載，皆言不當，無所依緣[167]，以作其文[168]。事如失指，罪迺在臣衡，當深受其殃。皇帝宜厚蒙祉福，嘉氣日興，疾病平復，永保宗廟，與天亡極[169]，群生[170]百神，有所歸息[171]。」諸廟皆同文。

8 久之，上疾連年，遂盡復諸所罷寢廟園，皆修祀如故。初，上定迭毀禮，獨尊孝文廟為太宗，而孝武廟親未盡，故未毀。上於是迺復申明之，曰：「孝宣皇帝尊孝武廟曰世宗，損益之禮，不敢有與[172]焉。他皆如舊制。」唯郡國廟遂廢云。

9 元帝崩，衡奏言：「前以上體不平，故復諸所罷祠，卒[173]不蒙福。案衛思后、戾太子、戾后園，親未盡。孝惠、孝景廟親盡，宜毀。及太上皇、孝文、孝昭太后、昭靈后、昭哀后、武哀王祠，請悉罷，勿奉。」奏可。初，高后[174]時患臣下妄非議先帝宗廟寢園官，故定著令[175]，敢有擅議者棄市[176]。至元帝改制，蠲除[177]此令。成帝時以無繼嗣，河平元年[178]復復太上皇寢廟園，世世奉祠。昭靈后、武哀王、昭哀后竝食於太上寢廟如故，又復擅議宗廟之命。

10 成帝崩，哀帝即位。丞相孔光[179]、大司空[180]何武[181]奏言：「永光五年[182]制書[183]，高皇帝為漢太祖，孝文皇帝為太宗。建昭五年[184]制書，孝武皇帝為世宗。損益之禮，不敢有與。臣愚以為迭毀之次，當以時定，非令所為擅議宗廟之意也。臣請與群臣雜議(185)。」奏可。於是，光祿勳(186)彭宣(187)、詹事滿昌、博士左咸等五十三人皆以為繼祖宗以下，五廟而迭毀，後雖有賢君，猶不得與祖宗並列；子孫雖欲襃大顯揚而立之，鬼神不饗也。孝武皇帝雖有功烈，親盡宜毀。

11 太僕(188)王舜、中壘校尉(189)劉歆(190)議曰：「臣聞周室既衰，四夷並侵，玁狁(191)最彊，於今匈奴(192)是也。至宣王(193)而伐之，詩人美而頌之曰：『薄伐玁狁，至于太原(194)。』又曰：『嘽嘽推推，如霆如雷，顯允方叔，征伐玁狁，荊蠻來威(195)。』故稱中興。及至幽王(196)，犬戎(197)來伐，殺幽王，取宗器(198)。自是之後，南夷與北夷交侵，中國不絕如綫。春秋紀齊桓(199)南伐楚(200)，北伐山戎(201)，孔子曰：『微管仲，吾其被髮左衽矣。』(202)是故棄桓之過而錄其功，以為伯首(203)。及漢興，冒頓(204)始彊，破東胡(205)，禽(206)月氏(207)，并其土地，地廣兵彊，為中國害。南越(208)尉佗(209)總百粵(210)，自稱帝。故中國雖平，猶有四夷之患，且無寧歲。一方有急，三面救之，是天下皆動而被其害也。孝文皇帝厚以貨賂，與結和親(211)，猶侵暴無已。甚者，興師十餘萬眾，近屯京師及四邊，歲發屯備虜，其為患久矣，非一世之漸也。諸侯郡守連匈奴及百粵以為逆者非一人也。匈奴所殺郡守都尉，略取人民，不可勝數。孝武皇帝愍中國罷勞(212)無安寧之時，乃遣大將軍(213)、驃騎(214)、伏波(215)、樓船(216)之屬，南滅百粵，起七郡[217]；北攘匈奴，降昆邪[218]十萬之眾，置五屬國[219]，起朔方[220]，以奪其肥饒之地；東伐朝鮮，起玄菟[221]、樂浪[222]，以斷匈奴之左臂；西伐大宛[223]，並三十六國，結烏孫[224]，起敦煌[225]、酒泉[226]、張掖[227]，以鬲[228]婼羌[229]，裂匈奴之右肩。單于[230]孤特[231]，遠遁于幕北[232]。四垂[233]無事，斥地遠境[234]，起十餘郡。功業既定，迺封丞相為富民侯，以大安天下，富實百姓，其規橅[235]可見。又招集天下賢俊，與協心同謀，興制度，改正朔，易服色，立天地之祠，建封禪[236]，殊[237]官號，存周後[238]，定諸侯之制[239]，永無逆爭之心，至今累世賴之。單于守藩，百蠻服從，萬世之基也，中興之功未有高焉者也。高帝建大業，為太祖；孝文皇帝德至厚也，為文太宗；孝武皇帝功至著也，為武世宗：此孝宣帝所以發德音也。禮記王制[240]及春秋穀梁傳[241]，天子七廟，諸侯五，大夫三，士二。天子七日而殯[242]，七月而葬；諸侯五日而殯，五月而葬。此喪事尊卑之序也，與廟數相應。其文曰：『天子三昭三穆，與太祖之廟而七；諸侯二昭二穆，與太祖之廟而五。』故德厚者流光[243]，德薄者流卑。春秋左氏傳[244]曰：『名位不同，禮亦異數[245]。』自上以下，降殺以兩[246]，禮也。七者，其正法數，可常數[247]者也。宗不在此數中。宗，變[248]也，苟有功德則宗之，不可預為設數。故於殷，太甲[249]為太宗，太戊[250]曰中宗，武丁[251]

曰高宗。周公為毋逸[252]之戒，舉殷三宗以勸成王。繇是言之，宗無數[253]也，然則所以勸帝者之功德博矣。以七廟言之，孝武皇帝未宜毀；以所宗言之，則不可謂無功德。禮記祀典曰：『夫聖王之制祀也，功施於民則祀之，以勞定國則祀之，能救大災則祀之[254]。』竊觀孝武皇帝，功德皆兼而有焉。凡在於異姓，猶將特祀之，況于先祖？或說天子五廟無見文，又說中宗、高宗者，宗其道而毀其廟。名與實異，非尊德貴功之意也。詩云：『蔽芾甘棠，勿鬋勿伐，邵伯所茇[255]。』思其人猶愛其樹，況宗其道而毀其廟乎？迭毀之禮自有常法，無殊功異德，固以親疏相推及。至祖宗之序，多少之數，經傳無明文，至尊至重，難以疑文虛說定也。孝宣皇帝舉公卿之議，用眾儒之謀，既以為世宗之廟，建之萬世，宣布天下。臣愚以為孝武皇帝功烈如彼，孝宣皇帝崇立之如此，不宜毀。」上覽其議而從之，制曰：「太僕舜、中壘校尉歆議可。」

12 歆又以為：「禮，去事有殺[256]，故春秋外傳[257]曰：『日祭，月祀，時享，歲貢，終王[258]。』祖禰[259]則日祭，曾高[260]則月祀，二祧[261]則時享，壇墠[262]則歲貢，大禘[263]則終王。德盛而游[264]廣，親親之殺也。彌遠則彌尊，故禘為重矣。孫居王父[265]之處，正昭穆，則孫常與祖相代，此遷廟之殺也。聖人於其祖，出於情矣，禮無所不順，故無毀廟[266]。自貢禹建迭毀之議，惠、景及太上寢園廢而為虛[267]，失禮意矣。」

13 至平帝[268]元始[269]中，大司馬王莽[270]奏：「本始元年[271]丞相義[272]等議，謚孝宣皇帝親曰悼園，置邑三百家。至元康元年[273]，丞相相[274]等奏，父為士，子為天子，祭以天子，悼園宜稱尊號曰『皇考』，立廟，益故奉園民滿千六百家，以為縣。臣愚以為皇考廟本不當立，累世奉之，非是。又孝文太后南陵[275]、孝昭太后雲陵園[276]，雖前以禮不復修，陵名未正[277]。謹與大司徒[278]晏[279]等百四十七人議，皆曰孝宣皇帝以兄孫繼統為孝昭皇帝後，以數[280]，故孝元世以孝景皇帝及皇考廟親未盡，不毀，此兩統貳父[281]，違於禮制。案義奏親謚曰『悼』，裁置奉邑，皆應經義；相奏悼園稱『皇考』，立廟，益民為縣[282]，違離祖統，乖繆本義。父為士，子為天子，祭以天子者，乃謂若虞舜、夏禹、殷湯、周文、漢之高祖受命而王者也，非謂繼祖統為後者也。臣請皇高祖考[283]廟奉明園[284]毀勿修，罷南陵、雲陵為縣。」奏可。

【章旨】以上是第四部分，敘述西漢一朝關於宗廟制度的議論和舉措。議者自貢禹、韋玄成、匡衡，到孔光、何武、王舜、劉歆，終至王莽，聚訟紛紜，迄無定制。

【注　釋】❶高帝　漢高祖劉邦。詳見卷一〈高帝紀〉。❷太上皇　漢高祖劉邦的父親劉太公。❸太祖　漢高祖劉邦的廟號。❹景帝　漢景帝劉啟。詳見卷五〈景帝紀〉。❺文帝　漢文帝劉恆。詳見卷四〈文帝紀〉。❻太宗　漢文帝的廟號。❼行所嘗幸　皇帝出巡曾經光顧的地方。❽本始二年　西元前七二年。本始，漢宣帝年號之一。❾孝武　漢武帝劉徹。詳見卷六〈武帝紀〉。❿巡狩　指天子出行，到各郡國視察。⓫悼皇考　漢武帝的孫子，漢宣帝的父親，號史皇孫。⓬寢　寢殿。陵上正殿。漢代皇帝去世後，安葬於陵園；陵園外附近立廟，為祭祀場所；陵園內建寢殿，收藏死者衣冠遺物。⓭便殿　寢殿之側的別殿。⓮時　四季。⓯歲二十五祠　如淳認為，每月初一、十五各祭祀一次，加上臘祭，共二十五次。晉灼認為，根據《漢儀注》，宗廟一年之中有十二祠，包括五月嘗麥，六月、七月三伏、立秋貙婁、嘗粢。八月先夕饋飧、酎祭，十月嘗稻、飲蒸，十一月嘗，十二月臘。此外還有每月用一太牢祭祀，如有閏月增加一次祭祀。總共為二十五祠。⓰游衣冠　漢代制度，每月初一將漢高祖的衣冠從陵墓的寢殿中取出，遊行到祭祀高祖的宗廟中去，稱之為「游衣冠」。⓱昭靈后　漢高祖劉邦的母親。⓲武哀王　漢高祖的哥哥劉伯。⓳昭哀后　漢高祖的姊姊。⓴孝文太后　漢文帝的母親薄太后。詳見卷九十七〈外戚傳〉。㉑孝昭太后　漢昭帝的母親趙婕妤。詳見卷九十七〈外戚傳〉。㉒衛思后　漢武帝皇后衛子夫，戾太子的母親。詳見卷九十七〈外戚傳〉。㉓戾太子　漢武帝太子劉據，衛皇后所生。詳見卷六十三〈武五子傳〉。㉔戾后　戾太子妃史良娣，漢宣帝的祖母。詳見卷九十七〈外戚傳〉。㉕祝　祭祀時主持祝告的人。㉖宰　掌管膳食的人。㉗犧牲　祭祀用的牲畜。㉘貢禹　詳見卷七十二〈貢禹傳〉。㉙天子七廟　古代宗廟制度。天子設七廟供奉七代祖先，即三昭三穆和太祖之廟。具體而言，七廟包括：四親廟（父、祖、曾祖、高祖之廟），二祧（遠祖）和始祖廟。其中始封之君、開國帝王之廟，世世不毀，其餘各代祖先與現在在位君主親屬關係超過高祖的，便毀棄其廟，遷其神主於太廟中。隨著君位代代相傳，親廟也依次而毀。㉚親盡　親屬關係疏遠。㉛應　符合。㉜是　認為對；肯定。㉝永光四年　西元前四十年。永光，漢元帝年號之一。㉞遭時為法　根據時勢創立相應的制度。㉟因事制宜　根據情況採取適當的辦法。㊱賓　服從；歸附。㊲所親　皇帝親自光顧的地方。㊳建威銷萌　建立權威，將逆亂消解於萌芽狀態。㊴一民　統一人們的思想。㊵至權　最好的權宜之策。㊶同軌　制度相同。㊷蠻貊貢職　外族貢獻，表示服從。㊸共承　共同承奉。㊹傳　對經典的解說。㊺吾不與祭二句　語出《論語・八佾》。自己沒有參加祭祀，如同沒有這個祭祀。與，通「預」。參加。㊻中二千石　相當於九卿一級的大臣。㊼大夫　官名。秦漢時期有御史大夫、諫大夫、光祿大夫、大中大夫等，多係中央要職和顧問。㊽議郎　光祿勳屬官。郎官的一種，掌議論。㊾鄭弘　卷六十六附有〈鄭弘傳〉。㊿嚴彭祖　詳見卷八十八〈儒林傳〉。51諫大夫　官名。光祿勳屬官。掌論議。52饗帝　祭祀天帝。饗，通「享」。

(53)饗親　祭祀祖先。(54)易　改變。(55)詩云五句　語出《詩・周頌・雝》。前來祭祀溫文爾雅，來到宗廟恭敬嚴肅，佐助天子禘祭的是百官諸侯，天子此時儀態莊重。雝雝，和。肅肅，敬。相，助。辟公，百官、諸侯。(56)春秋　儒家經典之一。相傳孔子根據魯國的編年史修訂而成。為一編年體史書，起於魯隱公元年（西元前七二二年），迄於魯哀公十四年（西元前四八一年）。(57)支庶　宗法制度中嫡子以外的旁支。(58)下土　京畿以外的地方。(59)修　舉行祭祀。(60)親廟　為父、祖、曾祖、高祖四代關係親密的祖先所立的廟。(61)祖宗之廟　為始祖及祖先中功德非凡的人所立的廟。(62)著親親　彰明熱愛自己親屬的原則。(63)戰栗　因恐懼而發抖。(64)顓　通「專」。獨自決定。(65)始受命　最初接受天命。受命，承受天命，古代帝王自稱受命於天來統治天下。(66)始封之君　被策封的第一代國君。(67)五廟而迭毀　親廟達到五座，便毀棄其中親屬關係最為疏遠的一座。隨著君位代代相傳，親廟也依次更迭毀棄。(68)主　神主；供奉祖先或死者的牌位。(69)臧　通「藏」。保存。(70)再殷祭　兩次大祭祀。殷，大。(71)壹禘壹祫　即上面所說的兩次「殷祭」，禘祭、祫祭各一次。禘，古代帝王在始祖廟裡對祖先的一種盛大祭祀。祫，古時天子宗廟祭禮之一，集合遠近祖先的神主於太祖廟大合祭。(72)父為昭三句　古代宗法制度，宗廟或宗廟中神主的排列次序，始祖居中，以下父子（祖、父）遞為昭穆，左為昭，右為穆。昭，明。穆，美。(73)祭義　〈祭義〉是《禮記》中的一篇，此處引文並不出自該篇，故此「祭義」並非篇名。(74)王者三句　語出《禮記・喪服小記》。大意是說，帝王的始祖來自於天，帝王祭天，便讓始祖配享，只建四座親廟。(75)殺　逐漸降等；依次遞減。(76)后稷　周的始祖。(77)文王　周文王姬昌，周武王的父親。(78)武王　周武王姬發，周文王之子，伐紂滅商，建立周王朝。(79)成王　周武王的兒子姬誦。(80)二聖　即周文王、周武王。(81)不世　不能世代相傳。(82)以行為謚　根據一生的功業確定謚號。(83)遠親　疏遠祖先。(84)屬盡　即親盡。親屬關係疏遠。(85)皇考　即悼皇考，漢宣帝的父親，漢元帝的祖父。(86)帑　通「孥」。重罪之人，妻、子連坐，沒為官奴婢。(87)重絕人類　把斷絕別人後代的事看得很嚴重。(88)賓賜　禮敬、賞賜。(89)侔　等同；齊等。(90)廷尉　官名。九卿之一，掌刑獄。(91)忠　尹忠。(92)改正朔　修改曆法，象徵改朝換代的成功。西漢前期一直沿用秦的《顓頊曆》，以夏曆十月為歲首。漢武帝太初元年（西元前一〇四年）改行《太初曆》，以正月為歲首。(93)易服色　改變所崇尚的衣服、車馬、犧牲等的顏色，象徵改朝換代的成功。古代以五行理論解釋王朝的興替，每個王朝代表五行中的一行，崇尚與之相應的顏色。如秦為水德，崇尚黑色；漢武帝時認為漢為土德，崇尚黃色；西漢末年又認為漢為火德，崇尚赤色。(94)攘四夷　抗拒夷族入侵。攘，驅逐。(95)重　感到難辦。(96)依違　猶豫不決。(97)祖有功而宗有德　以祖先中有大功者稱「祖」，有大德者稱「宗」。(98)尊尊　尊崇應該受到尊崇的人。(99)代　王國名。治今山西平遙西南。(100)諸呂　漢高祖皇后呂后的家族成員。(101)黎庶　百姓。(102)北面　面向北。古代臣拜君、卑幼拜尊長，都面向北行禮。(103)三代　即夏、商、周三個朝代。(104)晏然　安寧；安定。(105)於義壹體　從道義上說是一脈相承的。漢宣帝是漢昭帝的皇位繼承人，根據「為人後者為之子」的原則，不應該再為他的生身父親悼皇考立廟。(106)瘞園　埋藏到陵園中。(107)清廟之詩　出自《詩・周頌》，是祭祀周文王的。其中，「於穆清廟，肅雍顯相」，是說祭祀活動應該肅穆莊嚴。(108)交神　與神靈溝通。指祭祀。(109)祭不欲數三句　語出《禮記・祭法》。數，次數多；頻繁。瀆，輕慢；不敬。(110)適通「嫡」。正妻，即皇后。(111)配食　配享祭祀。(112)薦　進獻祭品。(113)匡衡　詳見卷八十一〈匡衡傳〉。(114)寢疾　生病臥床。(115)楚孝王　漢元帝之弟劉囂。(116)嗣曾孫皇帝　指漢元帝。(117)洪業　大業；帝王之業。(118)康寧　安寧。(119)思育休烈　希望成就美好的事業。育，養。休，美。烈，業。(120)章　彰顯。(121)接神　與神交往。指祭祀。(122)繫　維繫；聯結。(123)嚴親　尊敬親人。(124)六合　天地與四方合稱六合。泛指天地宇宙。(125)祗肅　恭敬。(126)不豫　天子有病的諱稱。(127)見戒　受到責備。(128)序　通「緒」。端緒。(129)悼懼　悲傷恐懼。(130)祖禰　祖廟與父廟；亦泛指祖先。(131)義　景祐本作「禮」。(132)間者　近來。(133)歲事　每年祭祀的事。(134)誠　確實。(135)中　適合；符合。(136)右饗　享受祭獻，佑助降福。右，通「祐」。(137)開賜　開恩賞賜。(138)眉壽亡疆　長壽到永遠。亡，通「無」。疆，境。(139)瘳　痊癒。(140)平復反常　康復如常。反，通「返」。(141)告謝　請罪。(142)休典　美好的法度。休，美。典，法。(143)取象　取法；仿效。(144)五行　指木、火、土、金、水。(145)五屬　指同族之五服，即按親疏關係制定的五等喪服，包括斬衰、齊衰、大功、小功、緦麻。(146)率其意　遵循天的意志。(147)禘嘗　禘禮與嘗禮的合稱。夏祭曰禘，秋祭曰嘗。常用以指天子諸侯歲時祭祖的大典。(148)五　五服。(149)躬接　親身交通。(150)墮　通「隳」。毀棄。(151)繼烈　繼位承業的君主。烈，業。(152)遷　把神主遷到太祖廟。(153)間歲　每隔一年。(154)永終　長久；永久。(155)嚴父　尊敬父親。(156)公子　帝王、諸侯的庶子稱公子。(157)信　通「伸」。尊。這裡指庶子按嫡母的禮節祭祀自己的生母。(158)間祀　定期祭祀。(159)受命溥將　承受廣大的天命。溥，廣。將，大。(160)欽若稽古　恭敬地順從古代法度。欽，敬。若，順。稽，考。(161)陳錫無疆　永遠享受上天的恩賜。陳錫，布施；施予賜給。(162)令日　吉日。令，善。(163)共職　供奉；貢獻。(164)禮不得　不合禮制。(165)中朝臣　漢代朝廷官員自武帝以後有中朝、外朝之分。三公九卿等以丞相為首的正規官職稱外朝官，皇帝的近臣如大司馬、前後左右將軍、侍中、常侍、給事中等稱中朝官或內朝官。(166)六藝　《六經》。儒家的六部經典：《詩》、《書》、《禮》、《樂》、《易》、《春秋》。(167)依緣　根據；憑藉。(168)作其文　指撰寫恢復已毀親廟的文告。(169)與天亡極　與天地同在，永無止境。(170)群生　一切生物。這裡指百姓。(171)歸息　休息；止息。(172)與　給；適用於。(173)卒　終。(174)高后　漢高祖劉邦的皇后呂雉。詳見卷三〈高后紀〉。(175)定著令　制定出來作為法令。皇帝詔令，有些是針對特定情況的，也有些被收入法令彙編，成為以後遵行的法律。

176棄市　刑罰名。在市上處死示眾。177蠲除　廢除。178河平元年　西元前二八年。河平，漢成帝年號之一。179孔光　詳見卷八十一〈孔光傳〉。180大司空　官名。原名御史大夫，三公之一。掌執法。181何武　詳見卷八十六〈何武傳〉。182永光五年　西元前三九年。永光，漢元帝年號之一。183制書　皇帝命令的一種。皇帝關於制度方面的詔書。184建昭五年　西元前三四年。建昭，漢元帝年號之一。185雜議　集議；共同討論。186光祿勳　官名。九卿之一。掌宮殿掖門戶。原名郎中令，漢武帝時改稱光祿勳。187彭宣　詳見卷七十一〈彭宣傳〉。188太僕　官名。九卿之一。掌管皇帝車馬。189中壘校尉　武官名。掌北軍壘門內外。190劉歆　詳見卷三十六〈楚元王傳〉。191獫狁　古代北方少數民族名。192匈奴　古代北方民族之一。戰國時期游牧於燕、趙、秦以北地區。秦漢時期長期威脅中原王朝北部邊境。東漢初年分裂為南北二部，北匈奴在西元一世紀末為漢所敗，部分西遷；南匈奴歸附漢朝。193宣王　西周厲王之子姬靜。194薄伐二句　語出《詩・小雅・六月》。大意是說，征伐獫狁，一直打到太原。薄伐，征伐；討伐。195嘽嘽五句　語出《詩・小雅・采芑》。大意是說，派出龐大的軍隊，像雷霆一樣威武雄壯，英明忠誠的方叔，前去征伐獫狁，荊蠻也懾於威力，前來歸服。嘽嘽，眾多。推推，盛大。顯，明。允，信。方叔，周之卿士，被任命為將帥。196幽王　西周宣王之子姬宮涅。西周末代君主。197犬戎　古族名。戎人的一支。198宗器　宗廟的祭器。象徵王朝的權威。199齊桓　齊桓公，春秋時期齊國的國君，號召諸侯「尊王攘夷」，是春秋時期第一個霸主。齊，國名，西周初年呂尚封國，都臨淄（今山東淄博東北）。春秋時齊桓公首先稱霸。200楚　古國名，羋姓。西周時期都丹陽（今湖北秭歸東南），後遷都於郢（今湖北江陵西北）。春秋時期漸強，楚莊王一度稱霸。戰國時為七雄之一。後為秦所滅。201山戎　古代北方民族名。春秋時期活動於今河北北部一帶。202孔子曰三句　語出《論語・憲問》。大意是說，如果沒有管仲輔佐齊桓公，中原將成為異族的天下。微，無；沒有。被髮左衽，戎狄之服，披散頭髮、大襟向左掩。203伯首　五霸中的第一個。伯，通「霸」。204冒頓　秦末漢初匈奴單于。殺父自立，統一匈奴各部，東破東胡，西逐月氏，北服丁零，南服樓煩、白羊。西漢初年，經常騷擾北方邊境。205東胡　古代少數民族，因居於匈奴北部，故名。後為匈奴冒頓單于所破。206禽　通「擒」。207月氏　古族名。原游牧於今甘肅敦煌、青海祁連山一帶，漢文帝初年，在匈奴的壓迫下，一部分遷至今伊犁河上游流域，漢文帝末年，遭烏孫攻擊，又西遷大夏（今阿姆河上游），稱大月氏。208南越　一作南粵。泛指今廣東、廣西和越南北部一帶。秦末趙佗據有其地，稱南越王。209尉佗　即趙佗，也作尉他。秦朝時任南海郡尉，秦末占據南越地區，自立為王。210百粵　也作百越，我國古代南方越人的總稱。分布在今浙江、福建、廣東、廣西一帶，因部落眾多，故總稱百越。211和親　中原王朝利用婚姻關係與周邊民族首領結親和好。212罷勞　疲勞；疲憊。罷，通「疲」。213大將軍　武官名。將軍的最高稱號，多由貴戚擔任。

這裡指曾任大將軍的衛青。(214)驃騎　武官名。將軍的名號。這裡指曾任驃騎將軍的霍去病。(215)伏波　武官名。將軍的名號。這裡指曾任伏波將軍的路博德。(216)樓船　武官名。將軍的名號。這裡指曾任樓船將軍的楊僕。(217)七郡　當為「九郡」，指漢武帝時平定南越後所建立的九個郡，即南海、蒼梧、鬱林、合浦、交趾、九真、日南、珠厓、儋耳。(218)昆邪　匈奴的一支，活動於今甘肅中部，漢武帝時為驃騎將軍霍去病所敗，率部歸漢。(219)五屬國　匈奴昆邪王率眾四萬餘人歸降，漢朝在沿邊地帶設置五個屬國來安置他們。屬國，漢朝為安置歸附的少數民族而設置的特別行政區劃，各依本族原有舊俗而臣服於中央王朝。(220)朔方　郡名。治今內蒙古杭錦旗西北黃河南岸。(221)玄菟　郡名。治今朝鮮咸鏡南道咸興。(222)樂浪　郡名。治今朝鮮平壤。(223)大宛　西域國名。大約在今中亞費爾干納盆地。盛產汗血名馬。(224)烏孫　西域國名。地在今伊犁河谷。(225)敦煌　郡名。治今甘肅敦煌西。(226)酒泉　郡名。治今甘肅酒泉。(227)張掖　郡名。治今甘肅張掖西北。(228)鬲　通「隔」。阻隔。(229)婼羌　西域國名。在今新疆若羌境。(230)單于　匈奴首領稱號。(231)孤特　孤單；孤立。(232)幕北　漠北。幕，通「漠」。大沙漠。(233)四垂　四境；四邊。垂，通「陲」。(234)斥地遠境　開拓土地，擴大疆土。斥，開。遠，廣。(235)規橅　規劃；規模。(236)封禪　帝王祭天地的大典。在泰山上築土為壇，報天之功，稱封；在泰山下的梁父山上闢場祭地，報地之德，稱禪。(237)殊　區別；變更。(238)存周後　存續周朝的後代。即封周王室的後代為列侯，使之供奉周朝祖宗的祭祀。這被視為漢武帝創建太平盛世、實現儒家政治理想的一項重要舉措。(239)定諸侯之制　指漢武帝採納主父偃的建議，推行推恩令（諸侯王除將王位傳給嫡子而外，還可從封國中劃出采邑分封其他兒子為列侯，從而削弱諸侯王的勢力），以及其他一系列削弱諸侯王勢力、加強中央集權的措施。(240)禮記王制　〈王制〉為《禮記》中的一篇。(241)春秋穀梁傳　《春秋》三傳之一，闡釋《春秋》的著作，相傳為戰國時期穀梁赤所著。(242)殯　停柩待葬。(243)德厚者流光　德澤深厚則影響深遠，子孫得福。流，流風餘福。(244)春秋左氏傳　《春秋》三傳之一，又稱《左傳》或《左氏春秋》，相傳為魯國史官左丘明所作，內容多是用史實來說明《春秋》簡約的經文。(245)名位二句　語出《左傳·莊公十八年》。名號地位不同，禮節也不同。(246)降殺以兩　每級遞減兩個；以二遞減。(247)常數　通常的數量；一定的數量。(248)變　可變化的；非固定的。(249)太甲　商王，商湯之孫，太丁之子。(250)太戊　商王，太庚之子，雍己之弟。(251)武丁　商王，小乙之子。(252)毋逸　《尚書》中的一篇。勸誡不要貪圖安逸。(253)無數　沒有固定的數量。(254)夫聖王之制四句　語出《禮記·祭法》。(255)蔽芾甘棠三句　語出《詩·召南·甘棠》。此詩表達對西周初年召公姬奭的思念之情。蔽芾，樹木茂盛、濃蔭覆蔽的樣子。鬋，通「翦」。邵伯，也作召伯。茇，止息；停留。(256)去事有殺　廢除某事要逐漸降等。去，除。殺，漸。(257)春秋外傳　指《國語》。(258)日祭五句　語出《國語·周語上》。大意是說，地方諸侯根據其與朝廷的遠近、親疏而在祭祀中承擔不同的義務。日祭每天一次，月祀每月一次，時享每季一次，歲貢每年一次，終王只是新王即位時舉行一次。259祖禰　祖廟和父廟。260曾高　曾祖廟與高祖廟。261二祧　帝王親廟中兩位功德特出而保留不遷的遠祖廟。262壇墠　指對未立廟的疏遠祖先的祭祀。壇，築土為壇而祭。墠，掃地而祭。263大禘　每一帝王去世，新王即位，而舉行的重大祭祀，合諸祖神主，外族也來助祭。264游　也作流。指流傳給後人的福澤或對後世的影響。265王父　祖父。根據宗法制度，宗廟或宗廟中神主的排列次序，祖與孫屬於同一序列，祖處昭位，孫也處昭位；祖處穆位，孫也處穆位。266無毀廟　不是拆毀祠廟。毀廟是把親屬關係已經疏遠的親廟中的神主遷出，送到太祖廟，原有祠廟並不拆毀，而是按昭穆次序迎入後輩的神主，昭者入昭，穆者入穆。267虛　通「墟」。廢墟。268平帝　漢平帝劉衎。詳見卷十二〈平帝紀〉。269元始　漢平帝年號。270王莽　詳見卷九十九〈王莽傳〉。271本始元年　西元前七三年。本始，漢宣帝年號之一。272義　蔡義。詳見卷六十六〈蔡義傳〉。273元康元年　西元前六五年。元康，漢宣帝年號之一。274相　魏相。詳見卷七十四〈魏相傳〉。275南陵　漢文帝母薄太后的陵墓。在霸陵之南，故曰南陵。在今陝西西安東。276雲陵園　漢昭帝母趙婕妤的陵墓。在今陝西淳化東南。277正　糾正；改正。278大司徒　官名。原名丞相，漢哀帝時改稱大司徒。三公之一。總領百官，輔佐皇帝，助理萬機。279晏　平晏。王莽心腹。參見〈王莽傳〉。280以數　按照宗廟數額。281兩統貳父　漢宣帝是昭帝之兄劉據的孫子，他繼承漢昭帝為皇帝，從禮制上應該把昭帝看作父親，屬於皇帝的統系，而皇帝的統系是一脈相承的，但是宣帝卻按照對待皇帝的禮節對待從未做過皇帝的生身父親，建立祠廟進行祭祀，這就違反了禮制，形成了兩個統系、兩個父親的局面。282益民為縣　西漢時期，通常在皇帝陵園所在地區設縣，遷徙各地具有一定身分的人（包括二千石官員、富戶、豪強等）前來安家落戶，以供奉山陵，起強幹弱枝之作用。283皇高祖考　指宣帝之父悼皇考，因為宣帝是平帝的曾祖父，所以悼皇考就是平帝的高祖父。考，對已故父親的稱謂。284奉明園　悼皇考的陵園。

【語譯】當初，漢高祖時，命令諸侯王在封國的都城建立太上皇廟。到惠帝時尊稱漢高祖廟為太祖廟，漢景帝時又尊稱漢文帝廟為太宗廟，命令在兩位先帝出巡時曾經光臨的郡國，都建立太祖廟和太宗廟。到了宣帝本始二年，又尊稱漢武帝廟為世宗廟，武帝出行時曾經巡視的郡國也建立世宗廟。總計在六十八個郡國中有一百六十七所祖宗廟。而在京城中，從高祖以下直到宣帝的各個皇帝，以及太上皇、悼皇考，每個陵墓旁都各自立廟，共有一百七十六所。而且每個陵園中各有寢殿、便殿，每天在寢殿祭祀一次，每月在廟中祭祀一次，每季在便殿祭祀一次。每個寢殿，一天要獻食四次；每個廟，一年有二十五次祭祀；每個便殿，一年有四次祭祀。又每個月舉行一次游衣冠的儀式。此外，昭靈后、武哀王、昭哀后、孝文太后、孝昭太后、衛思后、戾太子、戾后也各有寢殿、陵園，與各位皇帝的寢殿、陵園合計，共三十所。一年當中各種祭祀，獻食二萬四千四百五十五次，使用衛士四萬五千一百二十九人，使用祝、宰和樂人一萬二千一百四十七人，餵養祭祀用的牲畜的士卒還不包括在這個數目之中。

2 到元帝時，貢禹上奏章說：「古代天子供奉七座祖廟。現在惠帝和景帝廟親屬關係都已疏遠，應當毀棄。各郡國所立宗廟不符合古代禮制的，也應該加以改正。」皇帝認為他的議論對，還沒來得及實施，貢禹便去世了。永光四年，元帝才下詔書，首先討論廢除各郡國的宗廟，詔書說：「我聽說，英明的君主治理天下，根據時勢創立相應的制度，根據情況採取適當的措施。從前天下剛剛安定，遠方的人還沒有歸服，因而在皇帝曾經光顧的地方建立宗廟，這是為了建立權威，將逆亂消解於萌芽狀態，是統一民心最好的權宜之策。現在憑藉天地的神靈和宗廟的福蔭，天下制度統一，外族也納貢表示歸服，如果還長期因循而不創立新制度，讓關係疏遠或地位低下的人共同供奉尊者的祭祀，大概不符合皇天和祖宗的心意，我深感惶恐。書傳上不是說了嗎？『如果我不親自參加祭祀，就如同沒有這個祭祀一樣。』請與將軍、列侯、中二千石、諸大夫、博士、議郎等討論這個問題。」丞相韋玄成、御史大夫鄭弘、太子太傅嚴彭祖、少府歐陽地餘、諫大夫尹更始等七十人都說：「我們聽說，祭祀不是從外部強加的，而是從內部產生的，是發自內心的。所以只有聖人才能夠祭祀天帝，只有孝子才能夠祭祀祖宗。宗廟建立在京城所在的地方，天子親自主持祭祀，全國各地的官員各自按照其職責前來佐助祭祀，這是尊重祖先的大道理，是五帝三王共同遵守的不可改變的原則。《詩經》說：『前來祭祀溫文爾雅，來到宗廟恭敬嚴肅，佐助天子禘祭的是百官諸侯，天子此時儀態莊重。』根據《春秋》的原則，父親不在旁支庶出的住宅享受祭祀，國君不在臣僕的家中享受祭祀，帝王不在地方諸侯的封國享受祭祀。我們這些大臣認為，在各郡國的宗廟不應舉行祭祀，我們請求不再舉行。」奏章被批准了。乘便廢止了昭靈后、武哀王、昭哀后、衛思后、戾太子、戾后等陵園的祭祀，並裁減了守陵的官吏和士卒。

3 廢止各郡國所立宗廟一個多月後，又下詔書說：「我聽說英明的君主創建禮制：為父、祖、曾祖、高祖建立四座親廟；被尊為『祖』或『宗』的宗廟萬世不毀棄，用來表明尊祖敬宗的原則、彰顯熱愛親人的感情。我繼承祖宗傳下的重任，想到大禮還不完備，非常惶恐不安，不敢自作主張。請與將軍、列侯、中二千石、二千石、諸大夫、博士討論。」韋玄成等四十四人上奏章陳述意見說：「根據《禮經》，承受天命建立王朝的第一代帝王，被封為諸侯的第一代國君，都是太祖。太祖以下的君主，親廟達到五座，便毀棄其中親屬關係最為疏遠的一座，被毀棄之廟的神主都保存在太祖廟中，每五年舉行兩次大祭，即一次禘祭和一次祫祭。祫祭被毀之廟和未毀之廟的神主都在太祖廟一起接受獻食，父親排在左邊的昭位，兒子排在右邊的穆位，孫子再排在昭位，這是古代的正禮。祭義規定說：『帝王的始祖來自於天，帝王祭天，便讓始祖配享，只建四座親廟。』就是說接受天命的第一代帝王，祭祀上天，讓他的祖先配享，而不為他立廟，因為親屬關係已經疏遠了。立四座親廟，是為了表示熱愛自己的親人。關係疏遠後依次毀棄，根據親疏關係逐漸降低等次，表示事物總有個終結。周朝之所以建立七座宗廟，是因為后稷是受封的第一位君主，文王、武王是承受天命的帝王，因此這三人的宗廟永不毀棄，加上四座親廟，便是七座。后稷是受封的第一代君主，文王、武王是接受天命的帝王，沒有如此大功的其他君主，他們的廟都應當在關係疏遠後被毀棄。周成王完成了文王和武王兩位聖王的事業，創建禮樂制度，功德偉大，他的祠廟尚且不能世代相承，只是根據他的功德定下謚號『成』罷了。根據《禮經》，宗廟應設在宮殿大門之內，表明不敢疏遠祖宗。我們這些大臣的愚見認為，高皇帝接受天命平定天下，應為他建立漢朝的太祖廟，永遠不毀棄；他以後的繼承人，親屬關係疏遠便應毀棄。現在宗廟建在不同的地方，沒有按左昭右穆的順序排列，應該遷到太祖廟附近，根據禮制按昭穆順序排列。太上皇、孝惠帝、孝文帝、孝景帝的祠廟都因關係已疏遠而應該毀棄。悼皇考廟因關係還未疏遠應仍舊保留。」大司馬車騎將軍許嘉等二十九人認為，孝文皇帝廢除誹謗罪和肉刑，親身實行節儉，不接受額外的貢獻，重罪之人的妻子兒女不再被沒為官奴婢，不從他們身上謀取私利，放出宮中的美女，把斷絕別人後代的事看得很嚴重，禮敬、賞賜老年人，收養安撫孤獨之人；他的功德與天地一樣深厚，恩澤遍及天下，應為他建立漢朝的太宗廟。廷尉尹忠認為，孝武皇帝改定正朔，變易服色，抗拒外族侵擾，應為他建立世宗廟。諫大夫尹更始等十八人認為，把悼皇考廟排入昭穆順序，不合正禮，應該毀棄。

4 當時漢元帝覺得這件事很難辦，猶豫了一年，才下詔書說：「我聽說帝王把有大功的先人尊崇為『祖』，把有大德的先人尊崇為『宗』，這是尊崇應該受到尊崇的人的大道理；保存四座親廟，這是表達熱愛親人的最深厚感情。高皇帝為天下討伐殘暴，平定混亂，接受天命成為皇帝，功勞之大，無人可比。孝文皇帝被封為代王，呂氏家族發動叛亂，全國動搖不安，然而群臣和百姓無不一心一意，服從和誠心擁戴孝文帝，他還謙虛地堅決推辭，然後才登上帝位，鏟除秦朝暴政的殘餘，振興三代的良好風氣，因此百姓安定，都過上了幸福生活，恩德之盛，無人可比。高皇帝廟號為漢太祖，孝文皇帝廟號為漢太宗，世世代代享受祭祀，永遠流傳下去，我很高興這樣做。孝宣皇帝是孝昭皇帝的繼承人，從道義上說是一脈相承的。孝景皇帝廟和悼皇考廟都已關係疏遠，應按禮制加以糾正。」韋玄成等上奏章說：「祖和宗的廟應該世世代代不毀棄，繼承太祖的以下各位皇帝，親廟達到五座則依次毀棄。現在高皇帝為太祖，孝文皇帝為太宗，孝景皇帝處在昭位，孝武皇帝處在穆位，孝昭皇帝與孝宣皇帝都處在昭位，悼皇考廟的親屬關係尚未疏遠。太上皇廟與孝惠帝廟都已關係疏遠，應當毀棄。太上皇廟的神主應該埋到他的陵園中，孝惠皇帝處在穆位，他的神主可遷到太祖廟中，他們的寢殿、陵園都不必再舉行祭祀。」奏章被批准了。

5 討論的大臣們又認為，〈清廟〉詩提到祭祀的禮儀無不講究清靜，現在把先帝的衣冠取出遊行，乘車騎馬的人很多，又受到風吹雨打，這與所說的清靜完全不同。「祭祀不要太頻繁，頻繁了就會輕慢，輕慢則有失恭敬。」應該恢復古禮，四季在廟中祭祀，各寢殿、陵園中每日每月的祭祀都可以不再舉行。皇帝沒有加以改變。第二年，韋玄成又說：「古代制定禮儀，區分尊卑貴賤，國君的生母如果不是嫡母，就不能與先帝一起享受祭祀，而是把祭品供奉到她的陵寢中，國君死後便停止供奉。皇帝您非常孝順，稟承天意，建立了太祖、太宗之廟，確定了親廟依次毀棄的禮制，排列了昭穆的順序，大禮已經制定了，孝文薄太后和孝昭趙太后的陵寢、陵園，都應該按照禮制不再舉行祭祀。」奏章被批准了。

6 過了一年多，韋玄成去世，匡衡擔任丞相。元帝生病臥床，夢見祖宗譴責他廢除了各郡國的宗廟，他的小弟楚孝王也做了同樣的夢。他下詔詢問匡衡，商議要恢復各郡國宗廟，匡衡深切坦率地指出不能恢復。皇帝的病一直不痊癒，匡衡驚慌恐懼，前往高祖廟、孝文帝廟、孝武帝廟祈禱說：「繼承您的曾孫皇帝，恭敬地承擔天下大業，日日夜夜不敢安寧，只想成就美好的事業，以彰顯祖宗的偉大功勳。所以一舉一動，供奉神靈，都一定遵循古代聖賢傳下的經典。此前有關官員認為，過去在先帝曾經光顧的地方建立宗廟，是為了維繫全國的人心，而不是為了尊崇祖宗和親人。現在依靠祖宗的神靈，天下沒有人不歸服，因此宗廟應該一律建立在京城，由天子親自主持祭祀，各郡國的宗廟可廢止不再祭祀。皇帝恭敬舊禮，尊重神明，馬上向祖宗稟告而不敢失禮。現在皇帝生病不癒，夢見祖宗因廢除各郡國宗廟的事來責備他，楚王的夢中也有這個事端。皇帝悲傷恐懼，命令我匡衡恢復各郡國宗廟的祭祀。我謹慎查考，上古帝王供奉祖先的祭祀，都不敢不親自主持。各郡國官吏職位低賤，不可讓他們獨自主持。又祭祀的要旨是以百姓為根本，近來連年歉收，百姓困苦貧窮，各郡國無力承擔祭祀。根據《禮經》，災荒之年則停止祭祀活動，因為祖先心裡不快樂，因此不敢恢復郡國的宗廟祭祀。如果這樣做確實不合禮制，違反了祖宗的心願，過錯全在我匡衡身上，我應當承擔災禍，身患大病，死在溝渠之中。皇帝非常孝順、嚴肅、謹慎，應該蒙受保佑和幸福。希望高皇帝、孝文皇帝、孝武皇帝仔細考察，享受祭獻，接受皇帝的孝敬並保佑皇帝，開恩賜給皇帝長壽無疆，讓他的疾病一天天痊癒，恢復到平日的健康，永遠保護宗廟，天下將非常幸運！」

7 又向被毀棄的親廟請罪：「此前大臣們認為，古代帝王恭承祖宗的美好法度，取法於天地，上天排列了五行的次序，人類便熱愛五服以內的親屬，天子承受天命，所以順從天的意志，遵循天的制度。因此禘祭和嘗祭的次序，都不超過五服以內的親屬。承受天命的君主，自身與上天相通，他的祠廟永遠不毀。以下繼位承業的君主，祠廟達到五座便應毀棄一座，將神主遷到太祖廟中陳列，隔年舉行一次祫祭。這種辦法符合天意，所以能夠永遠享受福祿。太上皇不是承受天命的國君，而且親屬關係已疏遠，按理應該毀棄他的祠廟。又認為沒有比尊敬父親更大的孝道，所以父親所尊崇的，兒子不敢不尊崇，父親所區別對待的，兒子不敢混同。根據禮制，庶子不能把生母抬到嫡母的地位，庶子做了繼承人，可以祭祀生母，到了孫子一代就應停止祭祀，這是尊崇祖宗和孝敬父親的大道理。寢殿的每天四次獻食，陵廟的定期祭祀，都可不必舉行。皇帝思念先人，悲傷恐懼，不敢全部依從。考慮到高皇帝功德偉大，承受廣大的天命，恭敬地遵循古代聖人的法度，順從上天的意志，他的嫡系和旁系子孫永遠享受上天的賜予。真誠地認為把後代的神主依次遷到太祖廟中合祭，是一種長久的辦法，符合高皇帝的意願，難道敢不聽從嗎？於是選擇吉日，把太上皇和孝惠帝的祠廟以及孝文薄太后和孝昭趙太后的陵寢中的神主遷移，這是為了彰顯祖宗的德行，順從上天和人間的秩序，奠定無窮的基業。現在皇帝沒有從這些做法獲得幸福，卻生病不能供奉祖先。皇帝希望恢復被毀棄的親廟，匡衡等各位大臣都認為恢復已毀親廟不符合禮制。如果我們的意見不符合高皇帝、孝惠皇帝、孝文皇帝、孝武皇帝、孝昭皇帝、孝宣皇帝以及太上皇、孝文太后、孝昭太后的心意，罪過全由匡衡等大臣承擔，應當受到責罰。現在皇帝還沒有康復，命令中朝臣寫出恢復已毀親廟的文告。我匡衡和中朝臣們都再次認為，天子的祭祀按照禮義應該有所毀棄，有所供奉，如果違背傳統和禮制，就不能侍奉祖先，皇天也不保佑，鬼神也不享受祭品。根據《六經》的記載，都說恢復已毀親廟不合禮制，起草這樣的文告找不到合理的依據。如果我們的意見不合旨意，應當承擔由此引起的嚴重禍殃。皇帝應該蒙受幸福，好運氣一天天興旺，疾病早日康復，永遠保護宗廟，與天地共存，永無止境，百姓和眾神都有自己的歸宿。」每座被毀棄的祠廟都用同樣的文告。

8 過了很久，皇帝的疾病一直沒有痊癒，於是就把那些已經毀棄的寢廟陵園全部恢復，都像從前一樣進行各種祭祀活動。當初，皇帝確定依次毀棄的禮制，只尊崇孝文帝廟為太宗廟，孝武帝廟因為親屬關係尚未疏遠而沒有毀棄。皇帝這時便再次申明：「孝宣皇帝尊崇孝武帝廟為世宗廟，以後修改禮制，不敢適用於孝武帝廟。其他宗廟都按照舊的制度。」只有設在各郡和諸侯國的宗廟從此廢棄了。

9 元帝去世後，匡衡上奏章說：「此前因為皇帝身體不好，所以恢復了已毀棄的祠廟，但最終還是沒有受到保佑。據考察，衛思后、戾太子、戾后的園陵，因為親屬關係尚未疏遠，不應毀棄。孝惠帝和孝景帝廟因關係已疏遠，應該毀棄。太上皇、孝文太后、孝昭太后、昭靈后、昭哀后、武哀王的祠廟，請全部毀棄，不要祭祀！」奏章被批准了。當初呂后執政時，擔心大臣對先帝的宗廟、寢殿、陵園的官職妄加指責，所以特別制定法令，誰敢擅自議論便處以棄市之刑。到元帝改革制度時，廢除了這項命令。成帝即位後，因為沒有後嗣，便在河平元年再恢復太上皇的寢殿、祠廟和陵園，規定世世代代供奉祭祀。昭靈后、武哀王、昭哀后都像過去一樣在太上皇寢廟中共同享受祭祀，又恢復了禁止擅自議論宗廟的法令。

10 成帝去世，哀帝即位。丞相孔光、大司空何武上奏章說：「永光五年元帝制書規定，高皇帝廟號為漢太祖，孝文皇帝廟號為太宗。建昭五年元帝制書規定，孝武皇帝廟號為世宗。禮制的變更，不敢適用於他們。我們的愚見認為，親廟依次毀棄的次序應該及時制定，並不是法令上所說的擅議宗廟的意思。我們請求與各位大臣共同討論。」皇帝同意了他們的奏章。當時光祿勳彭宣、詹事滿昌、博士左咸等五十三人都認為從祖宗以下繼位的君主，親廟達到五座，都要依次毀棄，其中雖有賢明的君主，還是不能與祖宗並列；子孫即使想推崇弘揚他們而為他們建立親廟，鬼神也不會享用所供奉的祭品。孝武皇帝雖有功業，親屬關係已疏遠，他的祠廟也應毀棄。

11 太僕王舜、中壘校尉劉歆議論說：「我們聽說，周朝衰弱後，四方外族都來侵擾，其中獫狁力量最強，他們就是現在的匈奴。周宣王時，討伐獫狁，詩人讚美稱頌說：『征伐獫狁，一直打到太原。』又說：『派出龐大的軍隊，像雷霆一樣威武雄壯，英明忠誠的方叔，前去征伐獫狁，荊蠻懾於威力，前來歸服。』所以人們稱此時為中興。到周幽王時，犬戎進攻，殺了幽王，取走了周王宗廟的禮器。從那時以後，南方外族與北方外族交替侵擾，中原國家處在生死存亡的危險之中。《春秋》記載了齊桓公向南討伐楚國，向北討伐山戎的事跡，孔子說：『如果沒有管仲，我們大概都會變成外族了。』因此他不記齊桓公的過錯而記載他的功勞，把他當作五霸之首。到漢朝建立時，匈奴的冒頓單于開始強大，擊破東胡，俘獲月氏王，吞併了他們的土地，疆域廣大，兵力強盛，成為中原的禍害。南越的尉佗總領百越各部，自己稱帝。所以中原雖然平定，還有四方外族的禍患，而且沒有一年是安寧的。一方有危急，三方去援救，使得天下搖動，深受其害。孝文皇帝送給匈奴大量財物，與單于結親和好，匈奴還是不斷地侵擾、搶掠。最嚴重時，甚至發動十多萬軍隊，進攻到我們的京城附近和各處邊境，我們每年都要調發軍隊屯守邊塞，他們造成禍患已經很久了，不是一代積累起來的。諸侯王和郡太守勾結匈奴和百越來圖謀叛逆的也不只一兩個人。匈奴所殺死的郡守、都尉和所虜掠的百姓，數量之大，無法計數。孝武皇帝憐憫中原百姓疲勞不堪而沒有安寧的日子，於是派遣大將軍衛青、驃騎將軍霍去病、伏波將軍路博德、樓船將軍楊僕等，向南消滅百越，建立了七個郡；向北驅逐匈奴，降伏昆邪王十多萬人，設置了五個屬國，建立了朔方郡，以奪取匈奴的肥沃土地；向東討伐朝鮮，建立玄菟郡、樂浪郡，這相當於斬斷了匈奴的左臂；向西討伐大宛，吞併三十六國，與烏孫結盟，建立了敦煌郡、酒泉郡和張掖郡，阻隔了婼羌與匈奴的聯繫，這相當於砍下了匈奴的右肩。匈奴單于身單勢孤，遠遠地逃到大沙漠以北。四方邊境再沒有戰事，漢朝開拓了土地，擴大了疆界，建立了十多個郡。功業已經確定後，封丞相為富民侯，以此來安定天下，使百姓富裕，武帝的治國藍圖呈現在世人面前。他又招集天下的傑出人才，與他們同心協力地商討，創建制度，修改正朔，變更服色，確立對天地的祭祀制度，舉行封禪大典，區別官吏稱謂，存續周朝的後代，規定有關諸侯國的制度，使他們永遠沒有叛逆爭奪的野心，直到現在，幾代人都依賴武帝的制度。使匈奴單于為我們守邊稱臣，各蠻族都歸服，這是萬代的基業，中興的功勳沒有誰比得上他。高祖皇帝開創了漢朝的立國大業，是漢朝的太祖；孝文皇帝德行最深厚，是有文德的太宗；孝武皇帝功勳卓著，是有武功的世宗。這是孝宣皇帝所發布的合乎仁德的言論。根據《禮記·王制》和《春秋穀梁傳》，天子建立七座宗廟，諸侯建立五座，大夫建立三座，士人建立兩座。天子死後七天殯殮，七個月後安葬；諸侯死後五天殯殮，五個月後安葬。這是喪事的尊卑等級，與宗廟數字相對應。《禮記·王制》說：「天子有三座昭廟、三座穆廟，與太祖廟加在一起共七座；諸侯有兩座昭廟、兩座穆廟，與太祖廟加在一起共五座。」所以說，德澤深厚則影響深遠，子孫得福，德澤淺薄則影響不大，子孫所得恩惠也少。《春秋左氏傳》說：「名號地位不同，禮節也有差別。」從上往下，每級遞減兩個，這就是禮制。七，是正規數額，是通常的數目；「宗」所建的廟不在這個數目中。「宗」的數目是不固定的，只要有功德就可以被尊崇為「宗」，不可以預先規定數量。所以在商代，太甲是太宗，大戊是中宗，武丁是高宗。周公所作〈毋逸〉這篇告誡文章，列舉商代三宗來勸勉周成王。由此說來，雖然宗沒有固定的數額，然而用來勸勉帝王建立功德，其效用太廣大了。從七座宗廟的數目看，孝武皇帝的廟不應毀棄；從稱「宗」的角度看，孝武皇帝不能說沒有功德。《禮記》祀典說：『根據聖王制定的祭祀典禮，功德施給百姓的人，要受到祭祀；不怕勞苦使國家安定的人，要受到祭祀；能夠挽救大災難的人，要受到祭祀。』在我們看來，孝武皇帝功勞與道德都兼而有之。即使是外姓人，還要受到特別的祭祀，何況是皇帝的先祖呢？有人說天子只有五座宗廟，卻拿不出文字根據，又說商朝對於中宗和高宗，是尊崇他們的道德而毀棄他們的祠廟。名稱與實際不相適應，這不符合推崇道德與功勞的用意。《詩經》說：『高大茂密的甘棠樹，不要砍伐它，因為召伯曾在下面休息。』思念那個人尚且愛惜與他有關的樹，何況尊崇他的道德怎能毀棄他的祠廟呢？親廟依次毀棄的禮制，本來有通常的原則，如果沒有特殊的功勞和道德，固然應當按照親疏關係推行這一禮制。至於祖與宗的排列次序和數額的多少，經傳上都沒有明文規定，這是最尊崇最重大的問題，不能根據可疑的無稽之談來決定。孝宣皇帝採納公卿的建議，聽取眾多儒生的討論，已經確定世宗廟萬代不毀，並向天下宣布。我們的愚見認為，孝武皇帝有那麼偉大的功業，孝宣皇帝又是這樣尊崇並為他確立世宗的地位，他的祠廟不應毀棄。」皇帝看了他們的建議便聽從了，下詔書說：「同意太僕王舜、中壘校尉劉歆的建議。」

12 劉歆又認為：「根據禮制，廢除某事要逐漸降等，所以《春秋外傳》說：『日祭每天一次，月祀每月一次，時享每季一次，歲貢每年一次，終王只是新王即位時舉行一次。』祖廟和父廟每天祭祀一次，曾祖廟和高祖廟每月祭祀一次，兩座遠祖廟每季祭祀一次，未立廟的疏遠祖先則每年築壇祭祀或掃地祭祀，合祭天地祖先並有外族參加助祭的大禘只在新君即位時舉行一次。道德越盛大，恩澤流傳就越廣，這是熱愛親人的逐漸降等原則。祖先越遙遠，越受尊敬，所以禘祭最隆重。孫子處在祖父的位置，符合昭穆的次序，所以孫子的神主常取代祖父神主的位置，這是把神主遷出原來的祠廟而移到太祖廟時的逐漸降等原則。聖人對祖先的尊敬出於真情，禮制沒有不順從人情的，所以不應毀掉親廟。自從貢禹提出依次毀棄親廟的建議後，惠帝廟、景帝廟及太上皇的寢殿陵園被荒廢而成了廢墟，這就失掉了禮制的本意。」

13 平帝元始年間，大司馬王莽上奏章說：「宣帝本始元年丞相蔡義等建議，給孝宣皇帝父親的陵園上諡號為『悼園』，安置了三百戶人家看守供奉。到了元康元年，丞相魏相等上奏章說，父親是普通人士，兒子做了天子，就按照對待天子的禮節來祭祀，『悼園』應該奉上尊號為『皇考』，建立祠廟，將原來供奉陵園的民戶增加到一千六百家，設立為縣。我的愚見認為，皇考廟本來就不該建立，世世代代祭祀是不對的。還有孝文太后的南陵園，孝昭太后的雲陵園，儘管此前已經按照禮制不再祭祀，但陵名沒有糾正。我謹與大司徒平晏等一百四十七人討論，都說孝宣皇帝以孝昭皇帝哥哥的孫子的身分繼承皇統，成為孝昭皇帝的皇位繼承人，根據親廟數額，在孝元皇帝時認為孝景皇帝以及皇考廟的親屬關係尚未疏遠，而沒有毀棄，這就形成兩個皇統、兩個父親，違背了禮制。據查考，蔡義請上諡號為『悼』，安置供奉陵園的百姓，都符合經典的規定；魏相奏請上諡號為『皇考』，建立祠廟，增加供奉陵園的民戶，設立為縣，這違背了祖先正統，完全不符合禮義。父親是普通人士，兒子做了天子，就按照對待天子的禮儀祭祀父親，這說的是像虞舜、夏禹、商湯、周文王、漢高祖那些受命開國的帝王，不是繼承祖宗正統而即位的帝王。我請求把皇帝的高祖考廟和奉明園毀棄不再祭祀，南陵、雲陵的祭祀也廢止，改為普通的縣。」奏議得到皇帝的批准。

司徒掾❶班彪❷曰：漢承亡秦絕學❸之後，祖宗之制❹因時施宜。自元、成後學者蕃滋❺，貢禹毀宗廟❻，匡衡改郊兆❼，何武定三公❽，後皆數復❾，故紛紛❿不定。何者？禮文缺微⓫，古今異制，各為一家，未易可偏定⓬也。考觀諸儒之議，劉歆博而篤矣。

【章旨】以上是第五部分，班彪評諸儒對宗廟制度的議論。

【注　釋】❶司徒掾　官名。司徒的屬官。❷班彪　班固的父親。著名儒學大師。曾作《史記後傳》六十五篇，後來班固在此基礎上撰成《漢書》。❸絕學　毀滅學術。指秦始皇焚毀《詩》、《書》，禁止百家學說的流傳。❹祖宗之制　祭祀祖宗的制度。❺蕃滋　此指議論眾多。❻毀宗廟　即宗廟迭毀之制。天子七廟中，除始封之君、開國帝王之廟而外，其餘各代祖先與在位君主親屬關係超過高祖的，便毀棄其廟，遷其神主於太廟中。❼郊兆　也泛指祭壇。這裡指祭祀天地的壇址。❽三公指丞相、太尉、御史大夫。三公的官名和職權，西漢時期多次變化。❾數復　多次反覆。❿紛紛　多而雜亂。⓫缺微　殘缺隱諱。⓬偏定　片面論定。

【語　譯】司徒掾班彪說：漢朝建立於已亡的秦朝毀滅學術之後，祭祀祖宗的制度，根據時勢的不同而採取適宜的措施。自從元帝、成帝以來，學者議論紛紛，貢禹建議實行宗廟迭毀之制，匡衡改變郊祀天地的壇址，何武議定三公的名稱和職權，後來都多次反覆，所以雜亂而不確定。為什麼會這樣呢？因為禮書上的記載殘缺模糊，古今制度不同，各成一家之言，不容易片面論定。考察觀覽各位儒者的議論，劉歆的議論最為淵博而切實。

【研　析】本篇是韋賢、韋玄成父子的合傳，二人均以儒學進用。韋賢「兼通《禮》、《尚書》，以《詩》教授，號稱鄒魯大儒」；韋玄成「少好學，修父業，尤謙遜下士」。他們分別在漢宣帝、漢元帝時官至丞相。西漢時父、子相繼為丞相者，並不多見，班固在卷七十一末評論說：「漢興，唯韋、平父子至宰相」。平當在哀帝時任丞相，其子平晏「以明經歷位大司徒」，父子也均是以儒術晉升。西漢後期，儒學修養成為高級官員，特別是宰相人選的主要條件，而當時文化傳播方式不多，父子相承即所謂「家學」，是一個重要的途徑，這是韋、平父子相繼為丞相的政治與文化背景。父子相繼為相，在西漢時還只是特例，但預示著掌握文化傳承的某些家族，有機會世代占據帝國高級官員的位置，成為東漢時一些家族「四世三公」、「四世五公」的前奏。

篇中以相當大的篇幅記錄了韋賢、韋玄成所寫的四首詩，韋賢的二首據說很有可能是韋氏後人「述先人之志而作」。在班固看來，韋玄成「守正持重不及父賢，而文采過之」。今日讀此四首詩，實在是淡乎寡味，但班固將這四首詩完整地記錄下來，確實為了反映韋氏父子的「文采」。漢代尚無今日的「文學」概念，做詩目的在於諷諭、言志，從這一角度來說，這四首詩確也代表了西漢詩歌創作的水平與風格。

本篇對於韋氏父子的政績著墨不多，卻以主要的篇幅，記錄了元帝至西漢末祖宗廟制改革的紛爭，宛如《禮樂志》的別篇。今人看來無甚意義的祖宗廟制，在當時卻關係巨大，茲對影響廟制之爭的文化及政治、經濟因素，略予分疏。

尊祖敬宗，是先秦以來的傳統，在當時人看來，死去的祖先是現世子孫的保護神、是現世子孫與上天溝通的媒介。祖宗之廟正是實現人天交接的場所，並非只是後來儒家禮制所強調的那樣，是維繫現實孝道人倫的一種手段。漢高祖當上皇帝後，尊其父親為太上皇，後又令諸侯王須於封國內立太上皇廟，後漢高祖廟、漢文帝太宗廟、漢武帝世宗廟在皇帝巡視過的各郡國相繼設立，全國一百餘個郡國中，半數以上立有劉氏祖宗之廟，有的郡國還不只一處，加上京師長安的陵廟，多達一七六處，日祭、月祭、歲祭，每月還要展示衣冠，忙得不亦樂乎，所費不貲：「一歲祠，上食二萬四千四百五十五，用衛士四萬五千一百二十九人，祝宰樂人萬二千一百四十七人，養犧牲卒不在數中。」西漢後期，社會矛盾加劇，對廟祭制度加以改革，廢撤立於各郡國的祖宗廟，只於京師設一太廟，分殿宇、按昭穆擺設祖先神位，統一祭祀，如此廟宇建設、日常維護與運作的開銷將大大減少，自然有助於緩和民眾對皇室過度鋪張的不滿情緒。漢宣帝時任御史大夫的貢禹，首倡廟制改革，他給宣帝提意見最多的就是厲行節約，緩解民力：「天生聖人，蓋為萬民，非獨使自娛樂而已！」要求「大減損乘輿服御器物」，並成功地使漢宣帝，將人口稅始征年齡從三歲提高到七歲。貢禹「又奏欲罷郡國廟，定漢宗廟迭毀之禮」，顯然有著同樣的考慮。

廟制改革與對於漢政權性質的認識的轉變，也有很大關係，前期遍地而設的宗廟，在在顯示的是：天下乃劉氏之天下。而儒學在西漢後期，業已深刻影響了漢朝政治，在接受陰陽五行學說的漢代儒者看來，所有人民都是上天關懷的對象，只不過上天選定了某一個兒子世代作天子，代其管理民眾。按漢成帝時鮑宣的說法，「天下乃皇天之天下」。天下乃百姓之天下，非一姓之天下，上天不高興，完全可以通過「易姓」重新選一個兒子來當天子。在這種觀念影響下，貢禹在漢宣帝時「皆未施行」的廟制改革建議，終於在完全服膺儒學的漢元帝時，由韋玄成重新提出，得以實施。在隨後的反覆爭議中，太上皇之廟均在裁撤之列，體現的正是祖宗廟宇乃國家制度建設之一項，並非只是劉氏血親祭祀場所。

改制既定，如何改卻成了問題。對於天子當如何立廟這個新事物，當時儒學典籍中，並無系統而確定的說法。「禮文缺微，古今異制，各為一家」。有主張五廟者，有主張七廟者。最終劉歆七廟主張成為定議，並因此成為後代政權奉行的傳統。班固認為：「考觀諸儒之議，劉歆博而篤。」但在南宋學者葉適看來，劉歆不過「阿徇人情，多設疑慮，依違其說，破壞禮經以彌縫時好」罷了，算不得不易之論。

五廟、七廟之爭，牽涉到按在位皇帝的親緣遠近，「迭毀」哪些祖先之廟的問題，箇中又深含政治意味。從篇中可知，最為關鍵的是要不要將漢武帝世宗廟永久設立，「百世不毀」的問題，也就是當時政治如何評價漢武帝的問題。在其時不少儒者看來，漢武帝窮兵黷武，給民眾造成痛苦，不應在永久紀念之列。哀帝初由孔光、何武提起的又一次討論，一大批儒者官僚主張立五廟，「孝武皇帝雖有功烈，親盡宜毀」。劉歆七廟之議，關鍵也就是要給漢武帝找一個常設的位置，因而大談特談漢武帝偉大的歷史貢獻。七廟之制既定，漢武帝也終於被認定為本朝必須時時紀念的君主。

卷七十四

魏相丙吉傳第四十四

【題解】本卷是宣帝時期的兩位丞相魏相、丙吉的合傳。魏相，起自郡吏，居官抑制豪強，治有能名。大將軍霍光去世後，他上書力主削奪霍氏家族勢力，鞏固皇權，甚得宣帝之意。後任丞相，在任期間多次奏請施行利國之策，頗得宣帝器重。丙吉，起身獄法小吏，武帝時，在治巫蠱之獄中保護皇曾孫（即後來的宣帝），有護育之功。昌邑王被廢後，他將皇曾孫作為新皇的人選推薦給大將軍霍光。宣帝即位後，他不宣己恩，不揚己功，宣帝得知真相後封他為列侯。後丙吉代魏相為丞相，以尚寬大、識大體、知人善任著稱於世。

1 魏相，字弱翁，濟陰❶定陶❷人也，徙平陵❸。少學易❹，為郡卒史❺，舉❻賢良❼，以對策❽高第❾，為茂陵❿令⓫。頃之⓬，御史大夫桑弘羊客詐稱御史止傳⓭，丞⓮不以時謁⓯，客怒縛⓰丞。相疑其有姦⓱，收捕，案⓲致其罪，論棄客市⓳，茂陵大治⓴。

2 後遷[21]河南[22]太守[23]，禁止姦邪，豪彊畏服。會[24]丞相[25]車千秋[26]死，先是[27]千秋子為雒陽武庫令[28]，自見[29]失父，而相治郡嚴，恐久獲罪，乃自免去。相使掾[30]追呼之，遂[31]不肯還。相獨恨[32]曰：「大將軍[33]聞此令[34]去官[35]，必以為我用[36]丞相死不能遇[37]其子。使當世貴人非[38]我，殆[39]矣！」武庫令西至長安，大將軍霍光[40]果以責過相曰：「幼主新立，以為函谷[41]京師之固[42]，武庫精兵[43]所聚，故以丞相弟為關都尉[44]，子為武庫令。今河南太守不深惟[45]國家大策，苟見丞相不在而斥逐其子，何淺薄也！」後人有告相賊殺[46]不辜，事下有司[47]。河南卒[48]戍[49]中都官[50]者二三千人，遮[51]大將軍，自言願復留作一年以贖太守罪。河南老弱萬餘人守關欲入上書，關吏以聞。大將軍用武庫令事，遂下相廷尉[52]獄。久繫[53]踰冬[54]，會赦出。復有詔守[55]茂陵令，遷揚州[56]刺史[57]。考案郡國守相，多所貶退。相與丙吉相善，時吉為光祿大夫[58]，予相書曰：「朝廷已深知弱翁治行[59]，方且[60]大用矣。願少[61]慎事自重，臧器于身[62]。」相心善其言[63]，為霽威嚴[64]。居部二歲，徵為諫大夫[65]，復為河南太守。

3 數年，宣帝[66]即位，徵相入為大司農[67]，遷御史大夫。四歲，大將軍霍光薨[68]，上思其功德，以其子禹為右將軍[69]，兄子樂平侯[70]山復[71]領尚書事[72]。相因[73]平恩侯許伯[74]奏封事[75]，言：「春秋[76]譏[77]世卿[78]，惡宋三世為大夫[79]，及魯季孫之專權[80]，皆危亂國家。自後元[81]以來，祿去王室[82]，政繇[83]冢宰[84]。今光死，子復為大將軍，兄子秉[85]樞機[86]，昆弟[87]諸壻據權勢，在兵官。光夫人顯及諸女皆通籍[88]長信宮[89]，或夜詔門出入，驕奢放縱，恐寖[90]不制[91]。宜[92]有以損奪其權，破散陰謀，以固萬世之基，全功臣之世。」又故事[93]，諸上書者皆為二封，署其一曰副，領尚書者先發副封，所言不善，屏[94]去不奏。相復因許伯白[95]，去副封以防雍蔽[96]。宣帝善之，詔相給事中[97]，皆從其議。霍氏殺許后[98]之謀始得上聞，乃罷[99]其三侯[100]，令就第[101]，親屬皆出補吏[102]。於是[103]韋賢[104]以老病免，相遂代為丞相，封高平[105]侯，食邑八百戶。及霍氏怨相，又憚[106]之，謀矯[107]太后詔，先召斬丞相，然後廢天子。事發覺，伏誅。宣帝始親[108]萬機[109]，厲精為治，練[110]群臣，核名實，而相總領眾職，甚稱上意。

4 元康[111]中，匈奴[112]遣兵擊漢屯田[113]車師[114]者，不能下[115]。上與後將軍趙充國[116]等議，欲因[117]匈奴衰弱，出兵擊其右地，使不敢復擾西域[118]。相上書諫曰：「臣聞之，救亂誅暴，謂之義兵，兵義者王[119]；敵加於己，不得已而起者，謂之應兵，兵應者勝；爭恨小故，不忍憤怒者，謂之忿兵，兵忿者敗；利人土地貨寶者，謂之貪兵，兵貪者破；恃國家之大，矜(120)民人之眾，欲見(121)威於敵者，謂之驕兵，兵驕者滅：此五者，非但人事，乃天道(122)也。間者(123)匈奴嘗有善意，所得漢民輒(124)奉歸之，未有犯於邊境，雖爭屯田車師，不足致意中。今聞諸將軍欲興兵入其地，臣愚(125)不知此兵何名者也。今邊郡困乏，父子共犬羊之裘，食草萊(126)之實(127)，常恐不能自存，難於動兵(128)。『軍旅之後，必有凶年(129)』，言民以其愁苦之氣，傷陰陽(130)之和也。出兵雖勝，猶有後憂，恐災害之變因此以生。今郡國守相多不實選(131)，風俗尤薄(132)，水旱不時。案(133)今年計，子弟殺父兄、妻殺夫者，凡(134)二百二十二人，臣愚以為此非小變也。今左右(135)不憂此，乃欲發兵報纖介(136)之忿於遠夷(137)，殆(138)孔子所謂『吾恐季孫之憂不在顓臾而在蕭牆之內(139)』也。願陛下(140)與平昌侯、樂昌侯(141)、平恩侯及有識者詳議乃可。」上從相言而止。

相明易經，有師法(142)，好觀漢故事及便宜(143)章奏，以為古今異制，方今務在奉行故事而已。數條(144)漢興已(145)來國家便宜行事，及賢臣賈誼(146)、鼂錯(147)、董仲舒(148)等所言，奏請施行之，曰：「臣聞明主在上，賢輔在下，則君安虞(149)而民和睦。臣相幸得備位(150)，不能奉明法，廣教化，理四方，以宣聖德。民多背本趨末(151)，或有饑寒之色，為陛下之憂，臣相罪當萬死。臣相知能淺薄，不明國家大體，時用之宜，惟民終始，未得所繇。竊伏[152]觀先帝聖德仁恩之厚，勤勞天下，垂意[153]黎庶[154]，憂水旱之災，為民貧窮發倉廩[155]，振[156]乏餧[157]；遣諫大夫博士[158]巡行天下，察風俗，舉賢良，平冤獄，冠蓋交道[159]；省諸用，寬租賦，弛[160]山澤波池[161]，禁秣馬[162]酤[163]酒貯[164]積：所以周急[165]繼困，慰安元元[166]，便利百姓之道甚備。臣相不能悉[167]陳[168]，昧死[169]奏故事詔書凡二十三事。臣謹案王法必本於農而務[170]積聚，量入制用[171]以備凶災，亡六年之畜，尚謂之急[172]。元鼎二年[173]，平原[174]、渤海[175]、太山[176]、東郡[177]溥[178]被災害，民餓死於道路。二千石[179]不豫[180]慮[181]其難，使至於此，賴[182]明詔振捄，乃得蒙更生。今歲不登[183]，穀暴騰踊[184]，臨秋收斂猶有乏者，至春恐甚，亡以相恤[185]。西羌[186]未平，師旅在外，兵革[187]相乘[188]，臣竊[189]寒心，宜蚤[190]圖其備。唯[191]陛下留神元元，帥[192]繇先帝盛德以撫海內[193]。」上施行其策。

6 又數表[194]采[195]易陰陽[196]及明堂月令[197]奏之，曰：「臣相幸得備員，奉職不修[198]，不能宣廣教化。陰陽未和，災害未息，咎[199]在臣等。臣聞易曰：『天地以順動，故日月不過[200]，四時[201]不忒[202]；聖王以順動，故刑罰清[203]而民服。』天地變化，必繇陰陽，陰陽之分，以日為紀[204]。日冬夏至，則八風[205]之序立，萬物之性成，各有常職，不得相干。東方之神太昊，乘震執規司春；南方之神炎帝，乘離執衡司夏；西方之神少昊，乘兌執矩司秋；北方之神顓頊，乘坎執權司冬；中央之神黃帝，乘坤艮執繩司下土[206]。茲[207]五帝所司，各有時也。東方之卦不可以治西方，南方之卦不可以治北方。春興兌治則饑[208]，秋興震治則華[209]，冬興離治則泄[210]，夏興坎治則雹。明王謹於尊天，慎于養人，故立羲和[211]之官以乘[212]四時，節授民事[213]。君動靜[214]以道，奉順陰陽，則日月光明，風雨時節，寒暑調和。三者得敘，則災害不生，五穀熟，絲麻遂[215]，屮木茂，鳥獸蕃[216]，民不夭[217]疾，衣食有餘。若是，則君尊民說，上下亡怨，政教不違，禮讓可興。夫風雨不時，則傷農桑；農桑傷，則民饑寒；饑寒在身，則亡廉恥，寇賊姦宄[218]所繇生也。臣愚以為陰陽者，王事之本，群生之命，自古賢聖未有不繇者也。天子之義，必純取法[219]天地，而觀於先聖。高皇帝所述書天子所服第八[220]曰：『大謁者[221]臣章[222]受詔長樂宮[223]，曰：「令群臣議天子所服，以安治天下。」相國臣何[224]、御史大夫臣昌[225]謹與將軍臣陵[226]、太子太傅[227]臣通[228]等議：「春夏秋冬天子所服，當法天地之數，中得人和。故自天子王侯有土之君，下及兆民[229]，能法天地，順四時，以治國家，身亡旤殃，年壽永究[230]，是奉宗廟安天下之大禮也。臣請法之。中謁者[231]趙堯舉[232]春，李舜舉夏，兒[233]湯舉秋，貢禹舉冬，四人各職一時[234]。」大謁者襄章奏，制[235]曰：「可。」』

孝文皇帝[236]時，以二月施恩惠於天下，賜孝弟力田[237]及罷軍卒[238]，祠[239]死事者[240]，頗[241]非時節。御史大夫鼂錯時為太子家令[242]，奏言其狀。臣相伏念陛下恩澤甚厚，然而災氣未息，竊恐詔令有未合當時者也。願陛下選明經[243]通知陰陽者四人，各主一時，時至明言所職，以和陰陽，天下幸甚。」相數陳便宜，上納用焉。

7 相敕[244]掾史[245]案事郡國及休告[246]從家還至府，輒白四方異聞，或有逆賊風雨災變，郡不上[247]，相輒奏言之。時丙吉為御史大夫，同心輔政，上皆重之。相為人嚴毅，不如吉寬。視事[248]九歲，神爵三年[249]薨，諡曰憲侯。子弘嗣，甘露[250]中有罪削爵為關內侯[251]。

【章旨】以上是〈魏相傳〉，重點記述魏相的治政之術並轉載他的重要奏疏。

【注釋】❶濟陰　郡名。治定陶（今山東定陶西北）。❷定陶　縣名。在今山東定陶西北。❸徙平陵　遷居到平陵。平陵，縣名。因漢昭帝陵墓平陵在此而置縣。在今陝西咸陽西北。❹易　即《周易》，也稱《易經》。是我國最古老的一部占卜書，其中也含有一些哲學思想，闡發人們立身處世、齊家治國的社會倫理哲學，是儒家的主要經典。❺郡卒史　官名。為郡級長官的屬吏。❻舉　推舉；舉薦。❼賢良　賢良文學的省稱，為漢代選拔官吏的科目之一。❽對策　天子拿政事或經義設問，問題寫在簡冊上，讓人按問對答，叫做策問，又叫對策（以天子言為策問，以應對者言為對策）。❾高第　凡選士、舉官、考績，成績優秀者稱高第。❿茂陵　縣名。因漢武帝陵墓茂陵在此而置縣。在今陝西興平東北。⓫令　縣令。官名。為一縣的最高行政長官。漢時縣轄區在萬戶以上的長官稱令，萬戶以下者稱長。⓬頃之　不久。⓭御史大夫句　御史大夫桑弘羊的門客冒稱御史留居茂陵縣的傳舍。御史大夫，官名。秦漢時是僅次於丞相的中央最高長官之一，與丞相、太尉合稱三公。主要職責為監察、執法，兼掌重要圖籍文書。桑弘羊，西漢大臣。出身於商人家庭。武帝時任治粟都尉，領大司農，制定和推行鹽鐵官營制度，設立平準、均輸機構控制全國商品，打擊巨商，增加財賦。武帝臨終時授御史大夫，受遺詔與霍光、金日磾等一同輔佐昭帝。客，門客。御史，官名。為御史大夫的屬官，行監察等職，或奉命外出執行指定任務。傳，傳舍。供來往行人休止的處所。這裡指茂陵縣的傳舍。⑭丞　指縣丞。漢代縣級行政機構中設縣令（長）、縣丞和縣尉，皆由中央任命。縣丞是縣令的輔助官員。⑮謁　拜見。⑯縛　捆綁。⑰姦　奸邪；不法之事。⑱案　考問；追究。⑲論棄客市　將客判處棄市。論，定罪。棄市，古代刑罰之一。在鬧市執行死刑，並將屍體暴露街頭示眾。⑳大治　治理得很好。㉑遷　晉升或調動官職。㉒河南　郡名。治雒陽（今河南洛陽東北）。㉓太守　官名。秦置，掌治其郡，為一郡的最高行政長官。漢代沿設。景帝中二年（西元前一四八年）更名為太守。㉔會　適逢。㉕丞相　官名。古代中央政權的最高行政長官，協助皇帝處理國家政務。㉖車千秋　西漢大臣。本作「田千秋」。初為高寢郎，「巫蠱之禍」中，戾太子被江充陷害，他上書為太子申冤，武帝感悟，拜為大鴻臚。後為丞相，封富民侯，謹慎持重，敦厚有智。武帝臨終，受詔命輔佐昭帝。晚年體弱，特准其乘坐小車出入宮廷，故又稱「車千秋」。本書卷六十六有傳。㉗先是　此前。㉘武庫令　官名。掌管武庫所藏兵器。武庫，掌管兵器的官署。設令、丞，掌藏兵器。㉙見　認為。㉚掾　古代行政長官的屬吏的通稱。㉛遂　終於。㉜獨恨　獨自悔恨。㉝大將軍　漢代將軍的最高稱號，多由貴戚擔任，掌握政權，職位很高。此時的大將軍是霍光。㉞此令　指車千秋之子、雒陽武庫令。㉟去官　棄官。㊱用　因為。㊲遇　對待。引申為禮遇。㊳非　非議；責怪。㊴殆　危險。㊵霍光　西漢大臣。霍去病的同父異母弟。受武帝遺命，輔佐年幼的昭帝。昭帝死後，他迎立昌邑王為帝，後又改立宣帝，執政二十餘年。本書卷六十八有傳。㊶函谷　即函谷關。舊址在今河南靈寶東北。㊷固　指關口堅固，易守難攻。㊸兵　武器。㊹關都尉　武官名。鎮守關隘。㊺惟　思考；考慮。㊻賊殺　殺害。賊，殘害。㊼下有司　交付給主管官吏。下，交付。有司，古代設官分職，各有所司，故稱有司。㊽卒　士兵。㊾戍　守衛。㊿中都官　秦漢時京師諸官府及官吏的統稱。這裡指京師諸官府。(51)遮　攔住；攔阻。(52)廷尉　官名。為九卿之一，掌刑獄。(53)繫　拘囚。(54)踰冬　過了冬天。漢制，十二月是行刑的時期，過了冬天，就有減免刑罰的希望。(55)守　代理。(56)揚州　漢武帝時所置十三刺史部之一。轄境相當於今江蘇、安徽兩省南部，浙江全部、福建、江西大部和湖北東部。漢武帝元封五年（西元前一〇六年），為加強中央對地方的監察，將近畿七郡以外的地區分為十三部，每部置一刺史，掌監察一部的郡國長吏和強宗豪右。因十三部中有十一個部名採用〈禹貢〉的州名，故習慣上亦稱「部」為「州」。(57)刺史　官名。漢武帝元封五年（西元前一〇六年）始置。十三部（州）各設刺史一人，常以八月巡視所部郡國，省察治政，黜陟能否，斷理冤獄，以六條督察郡國，歲盡詣京師奏事，官階低於郡守。後地位逐漸提高。58光祿大夫　官名。原稱中大夫，為九卿之一郎中令的屬官。漢武帝太初元年（西元前一〇四年），郎中令更名為光祿勳，中大夫改稱為光祿大夫。掌議論，相當於皇帝顧問，在諸大夫中地位最尊。59治行　治理政務的成績。60方且　即將。61少　稍微。62臧器于身　懷才不露，等待時機。臧，通「藏」。63善其言　即「以其言為善」。善，這裡用作動詞。意動用法。64嚴威嚴　收斂威嚴。65諫大夫　官名。為九卿之一郎中令（光祿勳）的屬官，掌議論。66宣帝　即漢武帝曾孫劉詢，為戾太子劉據之孫。他起自民間，了解社會下情。即位後，強調「王道」、「霸道」雜用，重視吏治，考核實效，嚴行賞罰，使漢朝得以中興。詳見本書卷八〈宣帝紀〉。67大司農　官名。秦代稱「治粟內史」，景帝後元年（西元前一四三年）改稱「大農令」，武帝太初元年（西元前一〇四年）改稱「大司農」。掌管租稅錢穀鹽鐵等事。68薨　古代稱諸侯死為「薨」。69右將軍　武官名。漢代設前、後、左、右將軍，統率軍隊，管理邊防事務。職位相當於九卿。70樂平侯　霍去病之子霍山的爵號。樂平，縣名。在今山東聊城西。71復　又；再。72領尚書事　漢兼官名。即以他官兼領尚書職務。始於霍光以大將軍、大司馬領尚書事。後權臣多兼此職，或以數大臣同領之。尚書，官名。秦時為少府屬官，掌管殿內文書，職位較低。武帝時提高皇權，因尚書在皇帝左右辦事，掌管文書奏章，地位逐漸重要。73因　通過。74平恩侯許伯　即許皇后之父許廣漢，封平恩侯。平恩，縣名。在今河北曲周東南。75封事　密封的奏章。古代臣下上書奏機密事，為防止洩露，用皁囊封緘呈進，也稱「封章」。76春秋　書名。是一部魯國編年史，依年、時、月、日時間順序記載魯國自隱公至哀公凡十二公時期的史事。相傳《春秋》曾經孔子修訂，成為儒家經典之一。77譏　諷刺。78世卿　世襲的卿大夫。79惡宋句　厭惡宋襄公、宋成公、宋昭公三代國政都落在大夫手中。惡，厭惡；憎恨。宋，古國名。周武王滅商後，封商紂王子武庚於商舊都（今河南商丘）。成王時，武庚因發動叛亂被殺，又以其地封紂王庶兄微子，建立宋國。春秋時為十二諸侯之一，至戰國時為齊所滅。三世，指宋襄公、宋成公和宋昭公。80及魯句　魯，古國名。周武王滅商後，封其弟周公旦於魯，建都曲阜（今山東曲阜）。季孫，魯國世襲的卿大夫，為魯桓公的後代，世代執掌政權。81後元　漢武帝的最後一個年號（西元前八八—前八七年）。82祿去王室　君主失去權力。祿，爵祿。引申為權力。去，離開。83繇　通「由」。84冢宰　周代官名，為六卿之首。這裡指大將軍霍光。85秉　執掌；操縱。86樞機　指朝廷的重要職位或機構。87昆弟　兄弟。昆，兄。88通籍　記名於門籍。漢制，將記有姓名、年齡、身分等的竹片掛在宮門外，經核實才能入宮。89長信宮　宮殿名。漢代太后常居此宮，當時是昭帝的上官皇后所居之處。舊址在今陝西西安西北漢長安城東南隅長樂宮內。90寖　逐漸。91不制　顏師古注曰：「不可制御也。」92宜　應該。93故事　舊例。94屏　通「摒」。棄。

95白　報告。用於下級對上級。96壅蔽　阻塞；掩蔽。雍，通「壅」。97給事中　漢加官官名。漢承秦置。給事中即給事禁中之意。凡加此官者，即可侍從皇帝左右，掌顧問應對。98霍氏殺許后　霍光夫人霍顯欲將其女立為宣帝皇后，於是通過侍醫淳于衍毒殺許皇后。詳見本書卷六十八〈霍光傳〉。99罷　解除；免去。100三侯　指博陸侯霍禹、冠陽侯霍雲、樂平侯霍山。101令就第　命令他們回各自的府第居住。就，前往；去。第，府第；住宅。102出補吏　調離京師任地方官。103於是　在這個時候；此時。104韋賢　西漢大儒。初被徵召為博士，曾以《詩》教授昭帝。宣帝時曾任丞相。本書卷七十三有傳。105高平　縣名。在今江蘇泗洪東南。106憚　害怕。107矯　詐稱；假託。108親　親自；親自處理。109萬機　指帝王處理的紛繁事務。110練　熟練；熟悉。111元康　宣帝的年號（西元前六五－前六一年）。112匈奴　北方部族名，也稱「胡」。戰國時活動於長城以北地區，秦漢之際，匈奴勢力強大，戰勝了周圍很多部族，統一了大漠南北廣大地區。漢初，匈奴不斷侵擾漢朝的北部邊境，武帝時期經過大規模征伐匈奴的戰爭，匈奴勢力逐漸衰弱。113屯田　利用軍隊墾種土地，徵取收成作為軍餉。114車師　西域國名。轄境相當於今新疆奇台、哈密、吐魯番、烏魯木齊、昌吉等地區。宣帝時分為車師前、後國及北山六國，屬西域都護府。115下　攻取；攻克。116趙充國　西漢著名將領。武帝、昭帝時曾出擊匈奴，勇敢善戰，任後將軍。宣帝時率軍擊羌，屯田於西北，促進了當地農業的發展。本書卷六十九有傳。117因　乘。118西域　古地區名。我國古代自漢代以後對玉門關、陽關以西地區的總稱。119王　成就王業。動詞。120矜　依恃。121見　通「現」。122天道　天的意志。123間者　不久以前。124輒　總；就。125愚　自謙之辭。126萊　草名。即藜草。127實　果實。128難於動兵　顏師古注曰：「不可以兵事動之。」129軍旅之後二句　引語出自老子《道德經》。130陰陽　古人用陰陽二氣來解釋萬物的生成變化消長，凡天地、日月、四季、晝夜、男女以至氣血等都分別屬於陰陽二氣。陰陽和則萬物順，如果陰陽不和，不論是自然界還是人類社會，就會有異常現象發生。131不實選　指人選不恰當，不稱職。132風俗尤薄　社會風俗尤其鄙薄。尤，尤其。133案　按照；依據。134凡　共。135左右　顏師古注曰：「左右謂近臣在天子左右者。」136纖介　細微。137遠夷　邊遠的少數部族。夷，泛稱四方的少數部族。138殆　大概；恐怕。139吾恐句　引語出自《論語》。魯國大夫季孫氏準備攻打顓臾，孔子對他的弟子冉有、季路說：「我擔心季孫氏的憂患不在於顓臾，而在蕭牆之內。」顓臾，魯國的附庸國。蕭牆，古代宮室用以分隔內外的屏牆。蕭牆之患比喻內部潛在的禍患。140陛下　皇帝的代稱。陛，帝王宮殿的臺階。古時臣子與皇帝說話，不敢直指天子，故呼在陛下的侍者告之，是因卑達尊之意。141平昌侯樂昌侯　即平昌侯王無故和樂昌侯王武，他們都是宣帝的舅父。142師法　經師所傳授之法。特指漢代的經學傳授。某一經的大師被立為博士後，其經說便叫「師法」。143便宜　指利於治國、合乎時宜的辦法或建議。144條　分條列舉。145已通「以」。[146]賈誼　西漢文學家、政治家。十八歲時即通百家之書，以文才聞名郡中。二十歲時被文帝召為博士。力主削弱諸侯王勢力，加強中央集權、勸農重本。本書卷四十八有傳。[147]鼂錯　漢景帝的謀臣，主張採取削弱諸侯王國的政策。七國之亂初起，景帝為平息叛亂，聽從袁盎的建議將其處死。本書卷四十九有傳。[148]董仲舒　西漢時期著名哲學家、經學大師，著有《春秋繁露》等書。武帝採納其「廢黜百家，獨尊儒術」之議，開此後兩千餘年以儒學為正統的先河。本書卷五十六有傳。[149]虞　通「娛」。歡樂。[150]備位　意思是在官位上充數，徒占其位，為任職者的自謙之辭。[151]背本趨末　指棄農從商。顏師古注曰：「本，農業也。末，商賈也。」漢代實行重本抑末政策。[152]伏　敬辭。表示對君王的敬畏。[153]垂意　表示上對下的關心，這裡指先帝關心黎民百姓。[154]黎庶　民眾；黎民百姓。[155]倉廩　儲存糧食的倉庫。[156]振　通「賑」。拯救；賑濟。[157]餒　通「餧」。飢餓。[158]博士　官名。為九卿之一太常的屬官，掌通古今，備顧問。[159]冠蓋交道　形容派遣的官吏很多。冠蓋，官吏的服飾和車輛，代指官吏。冠，禮帽。蓋，車蓋。交道，交相遇於道路。指來往不絕。[160]弛　鬆弛。引申為放開、不禁止。[161]波池　池塘。波，通「陂」。堤岸。[162]秣馬　拿粟米餵馬。[163]酤　賣酒。[164]貯　儲存；收藏。[165]周急　接濟窮急。[166]元元　平民；百姓。[167]悉　盡。[168]陳　陳述。[169]昧死　冒昧而犯死罪。是臣下上書皇帝時的敬畏之辭。[170]務　致力。[171]量入制用　視農業收成好壞節制使用。[172]亡六年之畜二句　出自《禮記・王制》。《禮記・王制》曰：「國無九年之蓄曰不足，無六年之蓄曰急，無三年之蓄曰國非其國也。」亡，通「無」。沒有。畜，通「蓄」。儲備。[173]元鼎二年　即西元前一一五年。元鼎，武帝年號（西元前一一六－前一一一年）。[174]平原　郡名。治平原（今山東平原西南）。[175]渤海　郡名。治浮陽（今河北滄州東南）。[176]太山　即泰山郡。治奉高（今山東泰安東）。[177]東郡　郡名。治濮陽（今河南濮陽西南）。[178]溥　通「普」。普遍。[179]二千石　漢代官吏的俸祿等級，亦是官吏的品級。每月得俸穀一百二十斛。[180]豫　預先。[181]慮　考慮。[182]賴　幸賴；幸虧。[183]登　莊稼成熟。[184]穀暴騰踴　穀價猛漲。[185]恤　救濟。[186]西羌　西漢時對羌人的泛稱，羌人當時分布在今甘肅、青海、四川一帶。因其地居西境，故稱「西羌」。[187]兵革　兵器鎧甲。這裡代指戰爭。[188]相乘　相繼襲來。[189]竊　私自；私下。自謙之辭。[190]蚤　通「早」。[191]唯　語氣助詞。表示希望、勸勉的意思。[192]帥　通「率」。遵循。[193]海內　四海之內。古代傳說我國疆土的四周有海環繞，故稱國境以內為「海內」。[194]表　標記；標明。[195]采　選取。[196]易陰陽　指《易經》中的陰陽之道。[197]明堂月令　指《禮記》中有關明堂、月令的內容。明堂，古代天子宣明政教之所，凡朝會、祭祀、慶賞、選士、養老、教學等大典均於其中舉行。月令，《禮記》的篇名。記述每年夏曆十二個月的時令和相關事物。[198]修　整治。[199]咎　過失。[200]過　超越；超過。[201]四時　春夏秋冬四季。[202]忒　變更；差誤。[203]清　清明；公正。[204]以日為紀　據《尚書・洪範》記載，歲、月、日、星辰、曆數都稱紀，稱為五紀。指從五個方面經紀天時，使它和順，為人所用。205八風　古人認為八正之氣產生八方之風。八正，即八節，指立春、春分、立夏、夏至、立秋、秋分、立冬、冬至。八風之名，各書頗有差異，據《史記・律書》載，八風之名及方位是：不周（西北）風、廣莫（北）風、條（東北）風、明庶（東）風、清明（東南）風、景（南）風、涼（西南）風、閶闔（西）風。206東方之神太昊十句　顏師古注引張晏曰：「木為仁，仁者生，生者圓，故為規。水為禮，禮者齊，齊者平，故為衡。金為義，義者成，成者方，故為矩。水為智，智者謀，謀者重，故為權。土為信，信者誠，誠者直，故為繩。」太昊，即伏羲氏，風姓，傳說中的古帝名，又為神名。震，卦名。八卦之一，象徵雷。規，圓規。司，主管。炎帝，姜姓，傳說中的古帝名。因以火德治民，故稱炎帝。又為神名，司夏之神。離，卦名。八卦之一，象徵火。少昊，己姓，傳說中的古代部落首領名。黃帝之子。因以金德治民，亦稱金天氏。又為神名，司秋之神。兌，卦名。八卦之一，象徵澤。矩，矩尺。顓頊，傳說中的古帝名。五帝之一，相傳為黃帝之孫，號高陽氏。又為神名。司冬之神。坎，卦名。八卦之一，象徵水。黃帝，姓公孫，號軒轅氏。以土德治民，故稱黃帝。又為神名。坤，卦名。八卦之一。象徵地。艮，卦名。八卦之一，象徵山。繩，準繩。207茲　此。208饑　災荒。209華　浮華；華而不實。210泄　洩露。指天地之氣不密閉。211羲和　羲氏、和氏。唐虞時掌管天地四時的官，後成為官名。212乘　治理。213節授民事　顏師古注曰：「各依其時節而授以事。」214動靜　行止。215遂　成；成熟。216蕃　繁殖；滋生。217夭　短命；早死。218姦宄　顏師古注曰：「亂在外為姦，在內為宄。」219法　準則。220天子所服第八　內容乃關於天子衣著服飾的制度，列入詔書第八項。221大謁者　官名。為謁者的首領。謁者，官名。掌賓贊受事。222章　人名。即下文所說的「襄章」。223長樂宮　宮殿名。漢高祖五年（西元前二〇二年）以秦興樂宮改建，漢初皇帝視朝於此，惠帝後朝會移至未央宮，長樂宮改為太后居所。舊址在今陝西西安西北。224何　蕭何。劉邦的功臣，西漢王朝的第一代丞相。本書卷三十九有傳。225昌　指周昌。漢初功臣，為人堅忍伉直，敢直言。本書卷四十二有傳。226陵　指王陵。漢初功臣。本書卷四十有傳。227太子太傅　官名。掌輔導太子。228通　指叔孫通。秦時以文學被徵召為博士，漢朝建後，他雜採古代和秦代制度，與儒生共立朝儀。本書卷四十三有傳。229兆民　指百姓。兆，數詞。古時以萬億為兆，也形容大數目。230究　終極。231中謁者　官名。宮中設此官，常奉使外出視疾護喪，或奉引車駕。232舉　顏師古注引服虔曰：「主一時衣服禮物朝祭百事也。」233兒　通「倪」。姓。234時　季。235制　皇帝的命令。236孝文皇帝　指漢文帝劉恆。孝文是他的諡號。詳見本書卷四〈文帝紀〉。237孝弟力田　是漢代以孝悌之行為民表率和教民務農的鄉官。弟，通「悌」。尊敬兄長。古代推崇的一種美德。238罷軍卒　顏師古注曰：「罷軍卒，卒之疲于軍事者也。一曰，新從軍而休罷者也。」239祠　通「祀」。

祭祀。240死事者　為國事而死的人。241頗　非常。242太子家令　官名。掌管太子家事。243明經　通曉經術。244敕　命令；告誡。漢時凡長官告諭僚屬，尊長告諭子孫，都稱為「敕」。至南北朝以後，才專稱君主的詔命。245掾吏　長官下面分曹辦事的屬吏的通稱。由長官自行選任。也作「掾史」。246告　古代官吏休假稱「告」。247上　上奏朝廷。248視事　治事任職。249神爵三年　西元前五九年。神爵，宣帝的年號（西元前六一—前五八年）。爵，通「雀」。250甘露　宣帝年號（西元前五三—前五〇年）。251關內侯　秦漢二十等爵位中的第十九級，僅次於列侯。

【語　譯】魏相，字弱翁，是濟陰郡定陶縣人，後來遷居平陵。他年輕的時候學習《易經》，做過郡卒史，以賢良文學的身分被舉薦，因對策成績優異，擔任茂陵縣令。過了不久，御史大夫桑弘羊的門客冒稱御史留居茂陵縣的傳舍，縣丞沒有按時去拜見，門客發怒把縣丞捆綁起來。魏相懷疑門客有奸邪不軌之事，就逮捕了他，考問他的實情，已構成犯罪，判處他死刑，並暴屍街頭示眾，經過此事，茂陵縣被治理得很好。

2　後來升任河南郡太守，禁止奸邪的行為，豪強們都害怕敬服。適逢丞相車千秋去世，此前車千秋的兒子擔任雒陽武庫令，自己認為失去了父親，而魏相治郡又嚴，恐怕日久獲罪，就棄官逃走。魏相派手下的掾吏追喊他，他終究不肯回來。魏相獨自悔恨說：「大將軍聽說武庫令棄官而去，一定認為我是因為丞相去世而不能禮遇他的兒子。使當代的權貴非議我，事情危險啊！」武庫令向西跑到長安，大將軍霍光果然以此事責讓魏相說：「幼主剛剛即位，朝廷認為函谷關是京城的堅固屏障，武庫是儲存精銳兵器的地方，所以讓丞相的弟弟擔任關都尉，兒子擔任武庫令。如今河南郡太守不深思國家的大政方針，看到丞相不在世就隨便驅逐他的兒子，見識何等淺薄！」後來有人告發魏相殺害無辜，此事交付有關官吏審查。在京師各官府守衛的河南士兵兩三千人，攔住大將軍，說願意留京再當一年差來贖太守的罪。河南郡老少民眾一萬多人聚集函谷關想要入關上書朝廷，守關的官吏上報朝廷。大將軍霍光以武庫令之事將魏相交付廷尉府監獄。關押了很久，過了冬天，恰逢赦免出獄。朝廷又命令魏相代理茂陵縣令，調升為揚州刺史。魏相考察郡國守相，有多人被降職免官。魏相與丙吉要好，當時丙吉擔任光祿大夫，寫信給魏相說：「朝廷已深知您治理政務的成績，即將重用您。希望您稍微謹慎穩重，懷才不露，等待時機。」魏相認為他說得對，因而收斂威嚴。魏相在揚州刺史部任職兩年，被徵召擔任諫大夫，後來又擔任河南郡太守。

3 過了幾年，宣帝登上皇位，徵召魏相進京擔任大司農，後來調升為御史大夫。四年後大將軍霍光死去，皇上思念他的功德，讓他的兒子霍禹擔任右將軍，姪兒樂平侯霍山仍兼領尚書事務。魏相通過平恩侯許伯呈上密封奏章，說道：「《春秋》諷刺世卿，厭惡宋襄公、宋成公、宋昭公三代國政都落在卿大夫手中，以及魯國季孫氏專擅國政，這些都危害國家。自從後元年間以來，君主失去權柄，大權落在大將軍手中。如今霍光死了，兒子又擔任大將軍，姪兒執掌國家機要部門，兄弟、姊妹夫婿們各據權勢，在軍中任職。霍光的夫人霍顯和她的女兒們都記名於門籍，任意出入長信宮，有時夜晚也詔令宮門禁衛讓她們出入，驕奢放縱，發展下去恐怕不可控制。應該採取措施削弱剝奪他們的權力，粉碎他們的陰謀，以鞏固漢朝的萬代基業，保全功臣的後代。」又按舊例，所有的奏章都應該有兩封，其中之一署明為副本，兼領尚書事務的人先拆開副本，如果認為其中所說的事情不妥，便擱置一旁不上奏皇帝。魏相又通過許伯報告宣帝，取消副本以防止奏章被扣押。宣帝認為他說得很對，詔令魏相為給事中，在殿中供職，一切聽從他的計策。霍氏毒死許皇后之事才得以上報皇帝，於是宣帝免去霍氏三侯的官職，命令他們回到各自的府第居住，霍氏親屬都被調出京師補任地方官吏。此時韋賢因為年老有病免職，魏相便代替他擔任丞相，被封為高平侯，食邑八百戶。霍氏家族怨恨魏相，又害怕他，謀劃詐稱太后的命令，先召見丞相把他殺了，之後廢黜宣帝。事情被發覺，霍氏家族伏法被誅殺。宣帝開始親理政務，勵精圖治，熟悉掌握群臣，審核名實是否相符，魏相則總領朝中大臣，宣帝很滿意。

4 元康年間，匈奴派兵襲擊漢朝在車師國屯田的軍隊，沒有攻下。皇上與後將軍趙充國等商議，準備乘匈奴勢力衰弱，出兵襲擊它的右側地區，使它不敢再侵擾西域。魏相上書勸諫道：「我聽說，為拯救危亂、誅伐暴虐而起兵，叫做義兵，兵為大義而戰能成就王業；敵人侵犯自己，不得已而起兵應戰，叫做應兵，兵為保護自己而戰必然勝利；為小事而爭執懷恨，不能容忍憤怒而用兵，叫做忿兵，兵為憤怒而戰一定失敗；貪圖別人的土地、貨物、財寶而動兵，叫做貪兵，兵為貪利而戰必然被打敗；自恃國家強大，依恃人民眾多，為在敵人面前逞威風而出兵，叫做驕兵，軍隊驕傲自大必然滅亡：這五種兵的結局，不僅決定於人事，也是上天的意志。不久前匈奴曾有友好的表示，將所俘獲的漢民都護送回來，沒有侵犯邊境，雖為屯田車師而爭執，不足以說明他們是有意與漢朝為敵。現在聽說諸位將軍要興兵進攻匈奴國土，我不知此兵以何種名義出師。如今邊郡人民窮困疲憊，父子共穿一件皮衣，吃野草野果，常常害怕活不下去，實在無法動兵。『戰爭過去之後，必然會有荒年』，這是說百姓的愁苦怨氣，傷害了陰陽調和。出兵雖然會勝利，還是會有後顧之憂，恐怕災難禍害由此而生。如今各郡的太守、諸侯國的國相，人選多不合格，社會風俗尤其鄙薄，水旱不按時節。按照今年的統計，子弟殺父兄、妻子殺丈夫的，總計有二百二十二人，我認為這不是一個小的變故。如今皇帝身邊的親近大臣不憂慮此事，而想要發兵報復邊遠少數部族的細微仇恨，這大概就是孔子所說的『我恐怕季孫氏的憂患不在顓與而在蕭牆之內』吧。希望陛下與平昌侯、樂昌侯、平恩侯以及有見識的人詳細商議才行。」宣帝聽從魏相的意見而停止出兵。

5 魏相通曉《易經》，有師法，喜歡閱讀漢朝舊制和有利於國家的文書奏章，認為古今制度不同，當務之急是奉行舊例辦事而已。他多次分條列舉漢朝興起以來所做的有利於國家的事情，以及賢臣賈誼、鼂錯、董仲舒等人的言論，奏請皇上批准施行，他說：「我聽說聖明君主在上，賢良輔臣在下，君主就會安娛而人民和睦。我魏相幸得備位丞相，不能奉行明法，廣施教化，治理四方，以宣明皇上的聖德。百姓多棄農從商，有的百姓面有飢寒之色，成為陛下的憂患，我魏相罪該萬死。我的才智能力淺薄，不明國家大體和當前應採用的措施，想到人民的前途，不知該怎麼辦。我私下看到先帝聖德仁慈的深厚，為天下操勞，關心黎民百姓，憂慮水旱災荒，為貧困的百姓開倉放糧，救濟饑荒；派遣諫大夫、博士巡視天下，視察風俗，推舉賢良之士，整治冤獄，派往各地巡行的官吏們往來不絕；又節省各種費用，減輕租稅，開放山林、湖澤、池塘，禁止用糧食餵馬、釀酒銷售，不准囤積糧食：以上措施用來接濟急難，扶持貧困，撫慰百姓，這些便利百姓的方法都很齊備。我不能詳盡陳述，現冒死呈奏舊例詔書共二十三事。我謹慎地依據聖王法典，認為國家必須以農業為本，致力於儲存糧食，根據收成的多少節制各方面的開支以防備饑荒災害，國家沒有六年的存糧，尚且算是危急。元鼎二年，平原郡、渤海郡、太山郡、東郡普遍遭災，百姓餓死在路上。二千石的官吏不預先考慮到這樣的困境，以至於出現這種局面，幸賴聖明的詔令賑救，百姓才得以生存。今年年景不好，穀價猛漲，到秋收時還有人缺糧，到春天情況恐怕更加危急，沒有辦法救濟。西羌之亂未平，軍隊在外，戰爭不息，我私下感到恐懼，應該及早防備。希望陛下多關心平民百姓，遵循先帝盛德，以安撫天下。」宣帝施行了他的計策。

6 魏相又屢次選摘《易經》中的陰陽學說及《禮記》中有關明堂、月令的內容呈奏皇上，說道：「我魏相幸得為大臣的一員，沒有很好地履行職責，不能宣明傳播教化。陰陽沒有調和，災害沒有平息，過失在我們身上。我聽《易經》上說：『天地按規律運動，日月的運行就沒有異常，四季就沒有差錯；聖王順應國情而治理國家，刑罰就清明公正，百姓就心悅誠服。』天地的變化，是由於陰陽的變化而引起的，陰陽的區分，以日為紀時單位。日復一日，從冬到夏，八風依次而生，萬物的特性形成，各有各的職分，不得相互干擾。東方之神太昊，憑〈震卦〉執圓規掌管春季；南方之神炎帝，憑〈離卦〉執秤桿掌管夏季；西方之神少昊，憑〈兌卦〉執矩尺掌管秋季；北方之神顓頊，憑〈坎卦〉執秤錘掌管冬季；中央之神黃帝，憑〈坤卦〉、〈艮卦〉執準繩掌管大地。這五帝所掌管的事務，各有一定的季節。治理東方的卦不可以用來治理西方，治理南方的卦不可以用來治理北方。春季到來憑〈兌卦〉治理就會出現饑荒，秋季到來憑〈震卦〉治理就會浮華不實，冬季到來憑〈離卦〉治理，天地之氣就不密閉，夏季到來憑〈坎卦〉治理就會出現冰雹。聖明的君王恭謹地尊敬上天，慎重地撫養人民，所以設立羲氏、和氏的官職來掌理天地四時，各按季節授民以事。君主的行止符合正道，奉順陰陽，日月就光明，風雨就及時，寒暑就調和。這三點能依次實現，災害就不會發生，五穀豐登，絲麻成熟，草木茂盛，鳥獸繁殖，百姓不會因疾病早死，衣食有餘。如果是這樣，君主就尊貴，百姓就喜悅，上下沒有怨恨，政教就沒有人違抗，禮讓之風可以興起。如果風雨不按時節，農桑就會受到損害；農桑受到傷害，百姓就會飢寒；百姓飢寒在身，就顧不得廉恥，盜賊歹徒犯法作亂之事就由此而生。我愚笨地認為陰陽是治理國家的根本、萬物的生命，自古以來的聖賢沒有不遵守陰陽準則的。天子之義，必須完全效法天地準則，以先聖為楷模。高皇帝所著述的〈天子所服第八〉說：『大謁者襄章在長樂宮接受詔令，說道：「命令群臣討論天子的服飾，以安定治理天下。」相國蕭何、御史大夫周昌謹慎地同將軍王陵、太子太傅叔孫通等議定：「天子春夏秋冬的服飾，應當效法天地的規律，中得人和。所以上自天子、王侯等有封地的君主，下到百姓，能夠效法天地，順應四時，以安定國家，身無災禍，年壽永終，這是供奉宗廟、安定天下的大禮。臣請效法施行。中謁者趙堯主持春季禮服朝祭等事，李舜主持夏季，兒湯主持秋季，貢禹主持冬季，四人各負責一個季節。」大謁者襄章奏明皇帝，皇帝命令說：「可以。」』文帝時，把二月定為給天下施恩惠的時間，賞賜孝順父母、尊敬兄長又努力耕種的農民及退伍的士兵，祭祀為國事而死難的人，但二月這個時節很不適宜。御史大夫朝錯當時任太子家令，奏明了這個情況。我魏相想到陛下所施的恩澤深厚，然而災氣仍舊沒有平息，私下認為恐怕是由於有些詔令沒有切合時令節氣。希望陛下挑選四個通曉經術、熟知陰陽的人，各自主持一個季節，每到一個季節說明所執掌的事務，以調和陰陽，這是天下百姓的幸運。」魏相幾次陳述有利於國家的方針政策，宣帝採納了他的意見。

7 魏相告誡到地方郡國辦理公務的屬吏以及休假從家中回府的官員，都要及時向他報告各地的新情況，有的郡有叛逆、盜賊、風雨災害等事，郡守沒有上報，他就向皇帝奏明。當時丙吉擔任御史大夫，兩人同心輔政，皇上都很器重。魏相為人威嚴剛毅，不如丙吉寬厚。魏相任職九年，神爵三年去世，諡號為憲侯。兒子魏弘繼承爵位，甘露年間因有罪被削爵為關內侯。

1 丙吉，字少卿，魯國❶人也。治❷律令，為魯獄史❸。積功勞，稍❹遷至廷尉右監❺。坐法❻失官，歸為州從事❼。武帝末，巫蠱事❽起，吉以故廷尉監徵❾，詔治巫蠱郡邸獄❿。時宣帝生數月，以皇曾孫⓫坐衛太子事繫，吉見而憐之。又心知太子無事實，重哀曾孫無辜，吉擇謹厚女徒⑫，令保養曾孫，置閒燥處⑬。吉治巫蠱事，連歲不決。後元二年⑭，武帝疾，往來長楊⑮、五柞宮⑯，望氣⑰者言長安獄中有天子氣，於是上遣使者分條⑱中都官詔獄繫者，亡輕重一切皆殺之。內謁者令郭穰夜到郡邸獄，吉閉門拒使者不納⑲，曰：「皇曾孫在。他人亡辜死者猶不可，況親曾孫乎！」相守至天明不得入，穰還以聞⑳，因劾㉑奏吉。武帝亦寤㉒，曰：「天使之也。」因赦天下。郡邸獄繫者獨賴吉得生，恩及四海矣。曾孫病，幾不全㉓者數㉔焉，吉數敕保養乳母加致醫藥，視遇甚有恩惠，以私財物給㉕其衣食。

2 後吉為車騎將軍㉖軍市令㉗，遷大將軍長史㉘，霍光甚重㉙之，入為光祿大夫給事中。昭帝崩，亡嗣，大將軍光遣吉迎昌邑王賀㉚。賀即位，以行淫亂廢，光與車騎將軍張安世㉛諸大臣議所立，未定。吉奏記㉜光曰：「將軍事孝武皇帝，受襁褓之屬㉝，任㉞天下之寄，孝昭皇帝早崩亡嗣，海內憂懼，欲亟㉟聞嗣主。發喪之日以大誼立後㊱，所立非其人，復以大誼廢之，天下莫不服焉。方今社稷㊲宗廟㊳群生之命在將軍之壹㊴舉。竊伏聽於眾庶㊵，察其所言，諸侯宗室在位列㊶者，未有所聞於民間也。而遺詔所養武帝曾孫名病已在掖庭外家㊷者，吉前使居郡邸時見其幼少，至今十八九矣，通經術，有美材(43)，行安而節和。願將軍詳大議，參以蓍龜(44)，豈(45)宜褒顯，先使入侍(46)，令天下昭然(47)知之，然後決定大策，天下幸甚！」光覽其議，遂尊立皇曾孫，遣宗正(48)劉德(49)與吉迎曾孫於掖庭。宣帝初即位，賜吉爵關內侯。

3 吉為人深厚，不伐(50)善。自曾孫遭遇(51)，吉絕口不道前恩，故朝廷莫能明其功也。地節三年(52)，立皇太子，吉為太子太傅，數月，遷御史大夫。及霍氏誅，上躬親(53)政，省(54)尚書事。是時，掖庭宮婢則(55)令民夫(56)上書，自陳嘗有阿保(57)之功。章下掖庭令(58)考問，則辭引使者丙吉知狀。掖庭令將則詣御史府以視吉(59)。吉識，謂則曰：「汝嘗坐養皇曾孫不謹督(60)笞(61)，汝安(62)得有功？獨渭城(63)胡組、淮陽(64)郭徵卿有恩耳。」分別奏組等共養勞苦狀。詔吉求組、徵卿，已死，有子孫，皆受厚賞。詔免則為庶人，賜錢十萬。上親見問，然後知吉有舊恩，而終不言。上大賢之(65)，制詔丞相：「朕微眇時(66)，御史大夫吉與朕有舊恩，厥(67)德茂(68)焉。詩(69)不云虖？『亡德不報。』其封吉為博陽(70)侯，邑千三百戶。」臨當封，吉疾病，上將使人加紼(71)而封之，及其生存也。上憂吉疾不起，太子太傅夏侯勝(72)曰：「此未死也。臣聞有陰德者，必饗(73)其樂以及子孫。今吉未獲報而疾甚，非其死疾也。」後病果瘉[74]。吉上書固辭，自陳不宜以空名受賞。上報曰：「朕之封君，非空名也，而君上書歸侯印，是顯朕之不德也。方今天下少事，君其專精神，省思慮，近醫藥，以自持。」後五歲，代魏相為丞相。

4 吉本起獄法小吏，後學詩、禮[75]，皆通大義。及居相位，上[76]寬大，好禮讓。掾史有罪臧[77]，不稱職，輒予長休告[78]，終無所案驗[79]。客或謂吉曰：「君侯[80]為漢相，姦吏成其私，然無所懲艾[81]。」吉曰：「夫以三公[82]之府有案吏之名，吾竊陋[83]焉。」後人代吉，因以為故事，公府不案吏，自吉始。

5 於官屬掾史，務掩過揚善。吉馭吏[84]耆[85]酒，數逋蕩[86]，嘗從吉出，醉歐[87]丞相車上。西曹主吏[88]白欲斥[89]之，吉曰：「以醉飽之失去[90]士，使此人將復何所容[91]？西曹地[92]忍之，此不過汙丞相車茵[93]耳。」遂不去也。此馭吏邊郡人，習知邊塞發犇命警備事[94]，嘗出，適見驛騎[95]持赤白囊，邊郡發犇命書馳來至。馭吏因隨驛騎至公車[96]刺取[97]，知虜入雲中[98]、代郡[99]，遽[100]歸府見吉白狀，因曰：「恐虜所入邊郡，二千石長吏[101]有老病不任兵馬者，宜可豫視。」吉善其言，召東曹案邊長吏，瑣科條其人[102]。未已，詔召丞相、御史，問以虜所入郡吏，吉具對。御史大夫卒[103]遽不能詳知，以得譴讓[104]。而吉見[105]謂憂邊思職，馭吏力也。吉乃歎曰：「士亡不可容，能各有所長。嚮使[106]丞相不先聞馭吏言，何見勞勉之有？」掾史繇是益[107]賢吉。

6 吉又嘗出，逢清道[108]群鬭者，死傷橫道，吉過之不問，掾史獨怪之。吉前行，逢人逐牛，牛喘[109]吐舌。吉止駐[110]，使騎吏問：「逐牛行幾里矣？」掾史獨謂丞相前後失問[111]。或以譏吉，吉曰：「民鬭相殺傷，長安令[112]、京兆尹[113]職所當禁備逐捕，歲竟[114]丞相課[115]其殿最[116]，奏行賞罰而已。宰相[117]不親小事，非所當於道路問也。方春少陽[118]用事[119]，未可大熱，恐牛近行，用暑故喘，此時氣[120]失節[121]，恐有所傷害也。三公典調和陰陽，職當憂[122]，是以問之。」掾史乃服，以吉知大體。

7 五鳳三年[123]春，吉病篤[124]。上自臨問吉，曰：「君即有不諱[125]，誰可以自代者？」吉辭謝曰：「群臣行能，明主所知，愚臣無所能識。」上固[126]問，吉頓首[127]曰：「西河[128]太守杜延年[129]明於法度，曉國家故事，前為九卿[130]十餘年，今在郡治有能名。廷尉于定國[131]執憲詳平，天下自以不冤。太僕[132]陳萬年[133]事後母孝，惇厚[134]備[135]於行止。此三人能皆在臣右[136]，唯上察之。」上以吉言皆是而許焉。及吉薨，御史大夫黃霸[137]為丞相，徵西河太守杜延年為御史大夫，會其年老，乞骸骨[138]，病免。以廷尉于定國代為御史大夫。黃霸薨，而定國為丞相，太僕陳萬年代定國為御史大夫，居位皆稱職，上稱吉為知人[139]。

8 吉薨，謚曰定侯。子顯嗣，甘露中有罪削爵為關內侯，官至衛尉[140]太僕。始顯少為諸曹[141]，嘗從祠高廟[142]，至夕牲[143]日，乃使出取齋衣[144]。丞相吉大怒，謂其夫人曰：「宗廟至重，而顯不敬慎，亡吾爵者必顯也。」夫人為言，然後乃已[145]。吉中子[146]禹為水衡都尉[147]，少子高為中壘校尉[148]。

9 元帝[149]時，長安士伍[150]尊上書，言：「臣少時為郡邸小吏，竊見孝宣皇帝以皇曾孫在郡邸獄。是時治獄使者丙吉見皇曾孫遭離[151]無辜，吉仁心感動，涕泣悽惻，選擇復作[152]胡組養視皇孫，吉常從。臣尊日[153]再侍臥[154]庭[155]上。後遭條獄之詔[156]，吉扞拒[157]大難[158]，不避嚴刑峻法。既[159]遭大赦，吉謂守丞[160]誰如[161]，皇孫[162]不當在官[163]，使誰如移書[164]京兆尹，遣與胡組俱送京兆尹，不受，復還。及組日滿當去，皇孫思慕，吉以私錢顧組，令留與郭徵卿並養數月，乃遣組去。後少內嗇夫[165]白吉曰：『食[166]皇孫亡詔令。』時吉得食米肉，月月以給皇孫。吉即時病[167]，輒使臣尊朝夕請問皇孫，視省席蓐燥濕。候伺[168]組、徵卿，不得令晨夜去[169]皇孫敖盪[170]，數奏[171]甘毳[172]食物。所以擁全神靈，成育聖躬[173]，功德已亡量矣。時豈豫知天下之福，而徼[174]其報哉！誠[175]其仁恩內結於心也。雖[176]介之推[177]割肌以存君，不足以比。

孝宣皇帝時，臣上書言狀，幸得下吉，吉謙讓不敢自伐，刪去臣辭，專歸美於組、徵卿。組、徵卿皆以受田宅賜錢，吉封為博陽侯。臣尊不得比組、徵卿。臣年老居貧，死在日暮，欲終不言，恐使有功不著。」吉子顯坐微文(178)奪爵為關內侯，臣愚以為宜復其爵邑，以報先人功德。」先是顯為太僕十餘年，與官屬大為姦利，臧千餘萬，司隸校尉(179)昌案劾，罪至不道(180)，奏請逮捕。上曰：「故丞相吉有舊恩，朕不忍絕。」免顯官，奪邑四百戶。後復以為城門校尉(181)。顯卒，子昌嗣爵關內侯。

成帝(182)時，修廢功(183)，以吉舊恩尤重，鴻嘉元年(184)制詔丞相御史(185)：「蓋聞褒功德，繼絕統(186)，所以重宗廟，廣(187)賢聖之路也。故博陽侯吉以舊恩有功而封，今其祀絕，朕甚憐之。夫善善及子孫，古今之通誼(188)也，其封吉孫中郎將(189)關內侯昌為博陽侯，奉吉後。」國絕三十二歲復續云。昌傳子至孫，王莽(190)時乃絕。

【章旨】以上是〈丙吉傳〉，記述丙吉由小吏至丞相的仕宦經歷，讚美他為人寬厚、不伐己功的德操。

【注釋】❶魯國　諸侯國名。建都魯縣（今山東曲阜）。❷治　研究。❸獄史　官名。掌獄法之事。❹稍　逐漸。❺廷尉右監　官名。為廷尉的屬官。❻坐法　坐罪；因犯法而獲罪。坐，特指辦罪的因由。❼州從事　官名。為州刺史的屬官。❽巫蠱事　古代迷信，稱巫師使用邪術加禍於人為巫蠱。巫蠱事詳見本書卷六十三〈戾太子劉據傳〉。❾徵　徵召。被動用法。❿郡邸獄　郡邸為漢代各郡在首都長安所設府邸。郡邸中所設監獄稱為郡邸獄。郡邸獄設長、丞，為大鴻臚的屬官。⓫皇曾孫指漢宣帝。宣帝為漢武帝的曾孫、衛太子劉據的孫子。⑫徒　囚犯。⑬閒燥處　寬靜高敞之處。⑭後元二年　西元前八七年。後元，漢武帝的年號（西元前八八—前八七年）。⑮長楊　宮殿名。戰國時秦昭王築，漢代沿用。宮中有垂楊數畝，故以為名。舊址在今陝西周至東南。⑯五柞宮　宮殿名。秦置，宮中有五棵柞樹，故以為名。舊址在今陝西周至東南。⑰望氣　古代的一種占卜法，望雲氣附會人事、預言吉凶。⑱條　疏錄；登記。⑲納　放進；使進入。⑳以聞　指上報皇帝。㉑劾　彈劾；檢舉。㉒寤　通「悟」。醒悟。㉓不全　不能保全生命。㉔數　屢次。㉕給　供給。㉖車騎將軍　官名。「車騎」為將軍之號。西漢初地位尚不顯赫，及武帝時，衛青以車騎將軍出擊匈奴，已為僅次於大將軍的高級將領。此外，輔政文官多加此銜，宣帝時張安世以車騎將軍兼大司馬領尚書事，權重一時。東漢時此職權勢更重，位比三公。㉗軍市令　官名。將軍的屬官。負責管理軍中所設的交易場所。㉘長史　官名。設於丞相、將軍等府中，總攬眾事，為諸吏之長。㉙重　推重；器重。㉚昌邑王賀　指漢武帝之子昌邑哀王劉髆的兒子劉賀。漢昭帝死後，他被大臣霍光等擁立為帝，因為行為荒淫放縱，在位僅二十七天即被廢。詳見本書卷六十三〈昌邑哀王劉髆傳〉。昌邑，諸侯國名。治昌邑（今山東巨野東南）。㉛張安世　張湯之子。昭帝時任右將軍等職，封富平侯。後與霍光擁立宣帝即位，任大司馬。其家奴僕眾多，十分富有。本書卷五十九有傳。㉜奏記　把事情寫在簡牘上上陳。㉝受襁褓之屬　指霍光受武帝遺命輔佐年幼的昭帝。襁褓，背負小兒的背帶和布兜。這裡指年幼的昭帝。屬，委託。㉞任　擔當；擔負。㉟亟　急迫。㊱以大誼立後　昭帝無子，按宗法制度，應立支屬子弟繼承皇位，以供奉宗廟，所以說「以大誼立後」。誼，通「義」。㊲社稷　國家。社，土神。稷，穀神。古代常以社稷代指國家。㊳宗廟　帝王、諸侯祭祀祖先的場所。古代帝王把天下據為一家所有，世代相傳，故以宗廟作為皇室、國家的代稱。㊴壹　通「一」。㊵眾庶　百姓。㊶位列　即位置排列。指在位。㊷掖庭外家　顏師古注引晉灼曰：「出郡邸獄，歸在外家史氏，後入掖庭耳。」掖庭，宮中旁舍。妃嬪居住的地方。外家，指宣帝外祖家史氏。㊸材　通「才」。㊹蓍龜　指蓍草和龜甲，都是古時卜筮預測吉凶的用具。㊺豈　通「其」。祈使副詞。這裡表示的是希望、勸勉的意思。㊻入侍　指入宮侍奉太后（昭帝的上官皇后，霍光的外孫女）。㊼昭然　明白的樣子。㊽宗正　官名。為九卿之一，秦代始設，漢代沿設，掌管皇族事務，多由皇族中人擔任。㊾劉德　人名。西漢宗室。㊿伐　誇耀。(51)遭遇　指登上皇帝位。(52)地節三年　西元前六七年。地節，宣帝的年號（西元前六九—前六六年）。(53)躬親　親自；親自去做。(54)省　視察；察看。(55)則　官婢名。(56)民夫　指則在民間的丈夫。(57)阿保　保護養育。(58)掖庭令　官名。掌管掖庭事務。(59)掖庭令句　掖庭令帶領則到御史府給丙吉看。將，帶領。詣，往。視，通「示」。(60)督　顏師古注曰：「督謂視察之。」(61)笞　用鞭、杖、竹板等抽打。(62)安　怎麼；哪裡。疑問代詞。(63)渭城　縣名。在今陝西咸陽東北。(64)淮陽　郡、國名。治陳縣（今河南淮陽）。(65)賢之　即「以之為賢」。賢，這裡用作動詞。意動用法。(66)微眇時　指身分低賤之時。眇，細小；低微。(67)厥　其；他的。(68)茂　美。(69)詩　即《詩經》。我國第一部詩歌總集。收錄上自西周初年、下至春秋中期的詩歌三百零五篇。其內容按音樂特點分為三大類，即「風」、「雅」、「頌」。(70)博陽　縣名。在今河南淮陽西南。(71)紼　通「紱」。繫官印的絲帶。這裡代指侯印。(72)夏侯勝　西漢名儒，《今文尚書》學「大夏侯學」的開創者。初從夏侯始昌學《今文尚書》，又從歐陽生問學，稱「大夏侯」（夏侯建稱「小夏侯」）。宣帝時立為博士。詳見本書卷七十五。(73)饗　通「享」。享有；享受。(74)瘉　通「癒」。病好。(75)禮　即《儀禮》。儒家經典之一。春秋戰國時代一部分禮制的彙編。共十七篇。一說係周公制作，一說孔子訂定。(76)上　通「尚」。崇尚。(77)臧　通「贓」。賄賂、盜竊之物。(78)長休告　顏師古注曰：「長給休假，令其去職也。」(79)案驗　查問驗證。(80)君侯　對列侯的尊稱。(81)懲艾　懲治；懲戒。(82)三公　西漢時期以丞相（後改為大司徒）、太尉（後改為大司馬）、御史大夫（後改為大司空）合稱三公，是協助皇帝掌理朝政的最高長官。(83)陋　鄙陋。(84)馭吏　負責外出車駕、隨行侍從的吏員。(85)耆　通「嗜」。(86)逋蕩　散漫放蕩、擅離職守。逋，走失；脫離。(87)歐　通「嘔」。嘔吐。(88)西曹主吏　西曹的主管官吏。曹，分職治事的部門。下文「東曹」與之類似。(89)斥　顏師古注曰：「斥，棄逐。」(90)去　趨走。(91)何所容　何處容身。(92)地　但。(93)茵　坐褥。(94)犇命警備事　指邊境情況緊急，有信息需快速傳遞。犇，古「奔」字。奔命，顏師古注曰：「有命則奔赴之，言應速也。」(95)驛騎　驛站騎馬傳送文書的人。(96)公車　漢代官署名。屬衛尉，掌管宮殿司馬門的警衛工作。臣民上書和應徵召，都由公車署接待。(97)刺取　探聽消息。(98)雲中　郡名。治雲中（今內蒙古托克托）。(99)代郡　郡名。治代縣（今河北蔚縣東北）。(100)遽　急速。(101)長吏　俸祿六百石以上的官員皆可稱長吏。縣吏四百石至二百石者也可稱長吏。(102)瑣科條其人　顏師古注引張晏曰：「瑣，錄也。欲科條其人老少及所經歷，知其本以文武進也。」科條，分類。(103)卒　通「猝」。突然。(104)讓　責備。(105)見　用在動詞前，表示被動。(106)嚮使　假使；如果。(107)益　更加。(108)清道　顏師古注曰：「清道，謂天子當出，或有齋祠，先令道路清靜。」(109)喘　氣急；喘氣。(110)止駐　停住車駕。(111)前後失問　意思是前者當問而不問，後者不當問而問。(112)長安令　長安縣的縣令。長安，縣名。為當時的都城。在今陝西西安西北。(113)京兆尹　官名。相當於郡守，掌治京畿長安東十二縣，衙署設在長安。所轄地區亦稱京兆尹。(114)歲竟　年終。(115)課　考核。(116)殿最　這裡指考核成績的等級。殿，末等。最，優等。(117)宰相　泛指輔佐君主、統率百官、總攬政務的高官。這裡指丞相。(118)少陽　指春季。因春季陽氣方升。(119)用事　正當時令。(120)時氣　四季的氣候。(121)失節　這裡指氣候失調。(122)職當憂　舊本作「職所當憂」。景祐、殿本無「所」字。(123)五鳳三年　西元前五五年。五鳳，宣帝的年號（西元前五七—前五四年）。124篤　甚；厲害。125不諱　死的委婉迴避說法。126固　堅決；執意。127頓首　叩頭。128西河　郡名。治平定（今內蒙古東勝）。129杜延年　西漢大臣。御史大夫杜周之子。宣帝時曾任御史大夫。本書卷六十有傳。130九卿　秦漢時以奉常（後改為太常）、郎中令（後改為光祿勳）、衛尉、太僕、廷尉、典客（後改為大鴻臚）、宗正、治粟內史（後改為大司農）、少府為九卿，是中央各行政機關的總稱。131于定國　西漢大臣。宣帝時任廷尉，以「決疑平法」著稱。後任御史大夫、丞相。本書卷七十一有傳。132太僕　官名。為九卿之一，掌皇帝輿馬及畜牧之事。133陳萬年　西漢大臣。原為郡吏，後任廣陵太守、太僕等職。因丞相丙吉的推薦，宣帝時曾任御史大夫。134惇厚　淳樸敦厚。135備　齊備；完美。136右　上。古人以右為尊。137黃霸　歷任揚州刺史、潁川太守，治理有方，為政外寬內明，後官至丞相。後世把他和龔遂作為循吏的典型，合稱「龔黃」。本書卷八十九有傳。138乞骸骨　古時官員因年老自請退休的委婉之辭。乞，討求。骸骨，屍骨。意思是使骸骨得以歸葬故鄉。139知人　能識別人的賢愚善惡。140衛尉　官名。漢承秦置，為九卿之一，掌管宮門警衛。141諸曹　加官官名。武帝時設尚書在皇帝左右辦事，掌管文書奏章，稱左右曹，或統稱諸曹。142高廟　祭祀漢高祖劉邦的宗廟。143夕牲　顏師古注曰：「未祭一日，其夕展視牲具，謂之夕牲。」144齋衣　粗布製的素服。145乃已　才罷。指免去對丙顯的懲罰。146中子　次子。中，通「仲」。長子與少子間的諸多兒子都稱仲子。147水衡都尉　官名。漢武帝元鼎二年（西元前一一五年）始置，掌管上林苑，兼保管皇室財物及鑄錢。148中壘校尉　官名。漢武帝時初置，掌管北軍壘門內外，又掌四城，為八校尉之一。149元帝　即漢元帝劉奭。詳見本書卷九〈元帝紀〉。150士伍　有爵之人被免去爵位，而與士卒為伍，稱為「士伍」。151遭離　遭逢。離，通「罹」。152復作　漢代刑律名，也指按此刑律在官府服勞役的罪犯。犯者不戴刑具，刑期一年。153日　白天。154侍臥　因當時宣帝幼小，時常睡臥。155庭　指郡邸庭。156條獄之詔　指漢武帝命令郭穰到長安殺盡郡邸獄之囚犯。157扞拒　抵禦。158難　危難。159既　已經。160守丞　官名。守，代理。丞，郡邸獄之丞。161誰如　人名。162皇孫　即皇曾孫。下同。163不當在官　不應當在官獄。164移書　移送文書。165少內嗇夫　官名。掌管掖庭府藏的小吏。166食　供給食物。167即時病　有病的時候。168候伺　偵查；察看。169去　離開。170敖盪　遊蕩。敖，通「遨」。遊戲。盪，通「蕩」。171奏　進。172甘毳　甘美的食物。毳，通「脆」。甘脆美食。173躬　身體。174徼　希圖；要求。175誠　實在。176雖　即使。177介之推　春秋時晉國人，曾經隨同晉文公流亡，晉文公餓得走不動，介之推割下自己大腿上的肉給他吃。178微文　輕微的法律條文。179司隸校尉　官名。漢武帝征和四年（西元前八九年）置。掌京畿七郡，督捕奸猾，監察百官，職責與州刺史略同。180不道　即「無道」。為漢代刑律名目之一。181城門校尉　官名。主管京師城門駐軍。182成帝　即漢成帝劉驁。詳見本書卷十〈成帝紀〉。183修廢功收錄被停止世襲的功臣，準備予以賜賞。184鴻嘉元年　西元前二〇年。鴻嘉，成帝年號（西元前二〇—前一七年）。185御史　這裡指御史大夫。186絕統　斷絕了的世系。187廣　廣開。動詞。188誼　通「義」。道理；法則。189中郎將　官名。漢承秦置，為九卿之一郎中令（光祿勳）的屬官。漢代皇帝的侍衛分置五官、左、右三署，各置中郎將統率。190王莽　新王朝的建立者。原為西漢末年外戚，後獨攬大權，終至代漢。本書卷九十九有傳。

【語　譯】丙吉，字少卿，是魯國人。他研究法律條文，擔任魯國的獄史。積累功勞，逐漸升遷為廷尉右監。因犯法丟了官，回到家鄉擔任州從事。武帝末年巫蠱事件發生，丙吉因為做過廷尉監被召入京師，奉命到郡邸獄治理因巫蠱事件被關押的犯人。當時宣帝出生才幾個月，因為是皇曾孫，受衛太子事株連被囚禁，丙吉見了很憐憫他。又心知衛太子無犯罪事實，很哀傷皇曾孫無辜，丙吉挑選謹慎厚道的女犯人，讓她們保護撫養皇曾孫，把皇曾孫安置在寬靜高敞的地方。丙吉處理巫蠱事件，幾年得不到解決。後元二年，武帝生病，往來於長楊宮和五柞宮之間，望氣的人說長安監獄中有天子之氣，當時皇上派遣使者分別登記京師官府監獄中的在押犯人，無論罪行輕重一律都殺掉。內謁者令郭穰連夜來到郡邸獄，丙吉閉門不讓使者進去，說道：「皇曾孫在這裡。別人無辜被殺尚且不行，何況是親曾孫呢！」丙吉一直守到天亮，使者無法進入，郭穰回宮報告皇上，並彈劾舉奏丙吉。武帝這時也醒悟了，說道：「天意讓他這樣做。」於是赦免天下罪犯。郡邸獄的在押犯人都是靠丙吉才得以生存下來，丙吉的恩德遍及四海。皇曾孫有病，多次差點不能保全，丙吉屢次吩咐餵養撫育他的乳母增加醫藥，看視照顧很有恩惠，並以自己的財物供給他的衣食費用。

2　後來丙吉擔任車騎將軍的軍市令，調升為大將軍長史，霍光很器重他，讓他擔任光祿大夫兼給事中。昭帝逝世，沒有後代，大將軍霍光派丙吉迎立昌邑王劉賀。劉賀登上皇位後，因行為淫亂被廢黜，霍光與車騎將軍張安世等大臣商議新皇人選，沒有定下來。丙吉把上陳的內容寫在簡牘上給霍光，說道：「將軍事奉孝武皇帝，受輔佐幼主的委託，擔負天下的重任，孝昭皇帝早逝沒有繼承人，天下百姓擔憂害怕，想盡快知道由誰繼承皇位。發喪之日以大義立支屬子弟為後，由於所立的人不適宜，又依據大義廢黜了他，天下人沒有不心服的。如今國家的前途、皇室的安危、百姓的生命在於將軍的決策。我私下聽到民間議論，考察他們的言談，皇族諸侯王在位的人，沒聽說在民間有聲望的。而武帝遺詔所撫養的皇曾孫劉病已先後住在外家和掖庭，我以前被差遣住在郡邸時，見他還幼小，現在已經十八九歲了，通曉經術，有才華，舉止文靜，風度平和。希望將軍與群臣謹慎商議，並參考卜筮之辭，他應當被表彰尊顯，可先讓他入宮侍奉皇太后，讓天下人明白知曉，然後決定大計，這是天下百姓的大幸！」霍光看了他的建議，便擁立皇曾孫，派宗正劉德與丙吉去掖庭迎接他。宣帝剛登上皇位，封丙吉為關內侯。

3 丙吉為人深沉厚道，不誇耀自己的功勞。自從皇曾孫登上皇位後，丙吉絕口不談以前對他的恩惠，所以朝廷不能明白知道他的功德。地節三年，立皇太子，丙吉擔任太子太傅，幾個月後，調任為御史大夫。等到霍氏被誅滅後，皇上親理朝政，視察尚書事務。這時，掖庭有一個名叫則的宮女讓她在民間的丈夫上書，陳述她對宣帝曾有保育養護之功。奏章下交給掖庭令查問，宮女則供說丙吉了解情況。掖庭令帶領則到御史府給丙吉看。丙吉認識她，對她說：「你曾因為撫養皇曾孫不謹慎監護而受到笞刑，你哪裡有功勞？只有渭城的胡組、淮陽的郭徵卿對皇曾孫有恩。」丙吉分別奏明胡組等人養育皇曾孫的勞苦狀況。皇上下令讓丙吉訪求胡組、郭徵卿，都已死去，他們有子孫，都受到重賞。皇上下令赦免則的官婢身分，復為平民，賜給她十萬錢。皇上親自接見則並詢問她，才知道丙吉有舊恩，卻始終不說。皇上認為他非常賢良，於是下詔給丞相說：「在我身分卑賤的時候，御史大夫丙吉對我有舊恩，他的德行善美。《詩經》不是說嗎？『別人的恩德沒有不回報的。』茲封丙吉為博陽侯，食邑一千三百戶。」臨到受封時，丙吉病重，皇上打算派人帶著侯印去賜封他，以趕在他生前。皇上擔心丙吉的病不能好，太子太傅夏侯勝說：「這樣的人不會死。我聽說積有陰德的人，一定會享受他的快樂而延及子孫。如今丙吉沒有獲得報償而病重，這不是他致死的疾病。」後來丙吉果然好了。丙吉上書堅決推辭，說自己不應該以空名受封賞。皇上回答說：「我封賞您，並不是空名，而您上書歸還侯印，這是顯現我的不仁德。現在天下平安少事，您要好好養精神，少思慮，加強治療，自己保重。」五年後，丙吉接替魏相擔任丞相。

4 丙吉本來起身於獄法小吏，後來學習《詩經》、《禮經》，都能通曉大義。到他身為丞相時，崇尚寬大，喜歡禮讓。手下分曹辦事的屬吏有受賄犯罪，不稱職的，丙吉就讓他長期休假，終究不追究查辦。有的門客對他說：「您身為漢朝丞相，奸吏以權謀私，卻沒有給予懲辦。」丙吉說：「堂堂三公府衙有懲辦吏員的名聲，我私下感到鄙陋。」後來別人接替丙吉做丞相，也沿襲這個舊例，公府不懲辦吏員，從丙吉開始。

5 丙吉對於部下屬吏，總是掩蓋他們的過失，表揚他們的賢能。為他駕車的馭吏喜歡喝酒，屢次擅離職守，散漫放蕩，曾經跟他外出時喝醉了酒，嘔吐在丞相的車上。西曹主吏報告說要斥退他，丙吉說：「因為醉酒的過失而趕走一個士人，叫他何處容身呢？西曹姑且容忍他，這不過是弄髒了丞相車上的坐墊而已。」終於沒有趕走他。這位馭吏是邊郡人，熟悉邊塞因情況緊急發特急文書報警的事，他有一次外出，恰好看見驛站的騎兵手提一個有紅白兩色的文書袋，便知道他是邊郡發送特急文書飛馳而來的。馭吏便跟隨他到公車署打探消息，知道敵寇入侵雲中郡和代郡，他急忙回府見丙吉彙報情況，並說：「恐怕敵寇所侵入的邊郡，二千石的長吏中有老病不能勝任軍事的人，應當預先查看一下。」丙吉認為他說得對，便叫東曹查看邊郡長吏的檔案資料，分類記錄他們的經歷。沒多久，皇上下令召見丞相、御史大夫，查問敵寇所入侵的郡中吏員的情況，丙吉一一回答。御史大夫因為突然問及而不能詳知，因此受到責備。丙吉則被稱讚為憂慮邊患、盡思職守，這都是馭吏的功勞。丙吉於是歎息說：「士人沒有不可用的，各有各的長處。假使我不先聽到馭吏的彙報，怎麼能得到皇上的慰勞和勉勵呢？」屬吏由此更加認為丙吉賢明。

6 有一次丙吉外出，碰上清道時眾人鬥毆，死傷的人倒在路上，丙吉經過卻不過問，他的屬吏感到奇怪。丙吉往前行，遇到一個人追趕牛，牛喘著氣吐出舌頭來。丙吉止住車駕，派隨從的騎吏去問那人：「你追趕牛走了幾里？」屬吏們認為丞相當問的不問，不當問的卻要問。有人以此譏諷丙吉，丙吉說：「民眾鬥毆互相殺傷，應由長安縣令、京兆尹禁戒追捕，年終丞相考核他們治績的優劣，奏明皇上執行賞罰罷了。丞相不親理小事，不是我應當在道路上過問的。現在正是春季，天氣不應當很熱，我擔心牛走得不遠因暑熱而喘氣，這是節氣失常，恐怕對大事有所傷害。三公掌管調和陰陽，這是職分內的事，應當憂慮，因此過問。」屬吏們這才心服，認為丙吉識大體。

7 五鳳三年春天，丙吉病得很厲害。皇上親臨問候他，說道：「如果您不幸去世，誰可以接替您的職位？」丙吉辭謝說：「大臣們的品德才能，聖明的君主自然知道，愚臣我無所認識。」皇上執意詢問，丙吉叩頭說：「西河太守杜延年明於法度，通曉國家舊制，以前擔任九卿十多年，現為郡守，治政有聲。廷尉于定國執法審慎公平，天下人都自認沒有冤案。太僕陳萬年事奉後母孝順，為人淳樸敦厚，行為端正。這三個人的能力都在臣之上，希望皇上明察。」皇上認為丙吉的話都對而答應了他。等到丙吉去世，御史大夫黃霸擔任丞相，徵召西河太守杜延年擔任御史大夫，適逢他年老請求退休，因病免職。以廷尉于定國接替他擔任御史大夫。黃霸去世，于定國擔任丞相，太僕陳萬年接替于定國擔任御史大夫，他們在位都稱職，皇上稱讚丙吉善於識別人才。

8 丙吉去世，謚號為定侯。兒子丙顯繼承爵位，甘露年間有罪被削爵為關內侯，丙顯官至衛尉、太僕。當初丙顯年輕的時候擔任諸曹，曾經隨從祭祀高廟，臨到祭祀的前夕查看祭祀用的牲畜和用具時，才派人去取齋戒用的素服。丞相丙吉大怒，對他的夫人說：「宗廟至關重要，丙顯卻不敬重謹慎，將來丟掉我的爵位的人一定是丙顯。」夫人為丙顯求情，才免予懲罰。丙吉的次子丙禹擔任水衡都尉，小兒子丙高擔任中壘校尉。

9 元帝時，長安一個被削爵貶為士伍名叫尊的人上書說：「臣年輕的時候擔任郡邸小吏，親見孝宣皇帝以皇曾孫的身分被囚禁在郡邸獄。當時的治獄使者丙吉見皇曾孫遭遇冤情，丙吉仁心感動，哭泣悲傷，挑選服勞役的犯人胡組照顧皇曾孫，丙吉經常查看。臣白天侍候皇曾孫睡臥在郡邸庭上。後來武帝命令郭穰來長安殺盡郡邸獄之囚犯，丙吉抵禦大難，不避嚴刑峻法。大赦之後，丙吉對郡邸獄守丞誰如說，皇曾孫不應當在郡邸獄，便派誰如移送文書給京兆尹，遣送皇曾孫與胡組一起去京兆尹處，京兆尹不接受，又送回來。等到胡組服刑期滿，應當回去，皇曾孫思念不捨，丙吉自己出錢雇傭胡組，讓她留下與郭徵卿一同撫養皇曾孫幾個月，才打發他離去。後來掌管掖庭府藏的小吏報告丙吉說：『沒有詔令供給皇曾孫的食用。』當時丙吉得到米、肉供給，每月都給予皇曾孫。丙吉有病的時候，就派臣早晚去探望皇曾孫，察看墊席被褥是否乾燥。監督胡組、郭徵卿，不讓他們早晚離開皇曾孫出去遊蕩，丙吉屢次給皇曾孫進獻甘美的食物。所以才能補養精神，使聖體發育成長，功德真是無量啊。當時豈能預知皇曾孫為一代明君，為天下造福，而希圖回報呢！

實在是出自內心的仁慈恩惠。即使是介之推割自己的肉以救晉文公，也不足以與他相比。孝宣皇帝時，臣曾上書奏明這些情況，奏書正好交付到丙吉手中，丙吉謙讓不敢自誇，刪去了臣的這些陳述，把功勞專歸於胡組、郭徵卿。胡組、郭徵卿都因此得到賞賜的田地、住宅、錢財，丙吉被封為博陽侯。臣不能與胡組、郭徵卿相比。臣年老貧窮，早晚要死了，如果終究不說明這些情況，恐怕有功之臣不著名於後世。丙吉的兒子丙顯因為違犯輕微法令被削爵為關內侯，臣愚蠢地認為應該恢復他的爵位和食邑，以報答他父親的功德。」此前丙顯擔任太僕十多年，與屬官勾結為奸，得贓款一千多萬錢，司隸校尉昌追究彈劾，定為「不道」之罪，奏請皇上批准逮捕。皇上說：「前丞相丙吉對我有舊恩，我不忍心斷絕他的後代。」於是免去丙顯的官職，削減食邑四百戶。後來又任命他為城門校尉。丙顯去世，兒子丙昌繼承關內侯的爵位。

成帝時，朝廷收錄被停止世襲的功臣，準備予以賜賞，認為丙吉的舊恩特別深厚，鴻嘉元年，皇上下詔給丞相、御史大夫說：「聽說褒揚有功德的人，繼續斷絕了的世系，這是敬重宗廟、廣開賢聖之路的措施。已故的博陽侯丙吉，因對先帝有舊恩的功德受封，現在他的祭祀斷絕，我非常憐憫。表彰有功德的人要延及他的子孫，是古今的通理，茲封丙吉的孫子中郎將、關內侯丙昌為博陽侯，供奉丙吉的祭祀。」侯國斷絕三十二年復續。丙昌傳給兒子再到孫子，至王莽時才斷絕。

贊曰：古之制名，必繇象類❶，遠取諸❷物，近取諸身。故經❸謂君為元首❹，臣為股肱❺，明其一體，相待而成也。是故君臣相配，古今常道，自然之勢也。近觀漢相，高祖開基，蕭、曹為冠❻，孝宣中興，丙、魏有聲。是時黜陟❼有序，眾職修理❽，公卿❾多稱其位，海內興於禮讓。覽其行事，豈虛虖哉❿！

【章　旨】以上是作者對所述人物的評論。作者讚許魏相、丙吉的為人行事，並稱頌宣帝時期君明臣賢的景象。

【注　釋】❶象類　形象、比類。❷諸　「之於」的合音詞。❸經　指經書。作為典範的書統稱為經。❹元首　頭。❺股肱　大腿和胳膊。❻蕭曹為冠　蕭何、曹參名位在眾臣之上。蕭何，見前注。曹參，劉邦的功臣，繼蕭何為相。本書卷三十九有傳。❼黜陟　進退人才。黜，降職。陟，升官。❽眾職修理　在位官員各司其職，工作做得好且有條理。❾公卿　三公九卿。這裡泛指朝廷高級官員。❿豈虛虖哉　顏師古注曰：「言君明臣賢，所以致治，非徒然也。」豈，難道。

【語　譯】史官評議說：古時對事物的命名，一定根據形象比類，遠取之於物，近取之於身。所以經書稱君主為元首，臣子為股肱，表明他們是一體，相輔相成。因此君臣相配，是古今不變的道理，是自然發展的趨勢。近代以來觀察漢朝的丞相，高祖開國立基，蕭何、曹參名列眾臣之首，宣帝中興，丙吉、魏相聲名卓著。當時人才進退有準則，在位官員各司其職，工作做得好且有條理，朝廷高級官員大多數稱職，四海之內提倡禮節謙讓。觀察他們的行事，難道是虛假的嗎！

【研　析】漢武帝罷黜百家，獨尊儒學，然其明倡儒學，實則兼採百家，王、霸雜用。昭、宣二帝除繼承漢武帝時期的大政方針外，亦延續了武帝王、霸雜用的方略，而以宣帝尤為突出。宣帝時期的統治方略，正如他本人所講的那樣，「漢家自有制度，本以霸王道雜用之」（本書〈元帝紀〉）。宣帝時期是西漢的中興時期，他親政後即著手鞏固中央集權。「上躬親政，省尚書事」（本傳），以密切中朝和外朝之間的關係。「五日一聽事，自丞相以下各奉職而進」（本書〈循吏傳〉）。這不僅使皇帝直接掌握朝政大權，又恢復了漢初丞相既有職又有實權的體制，從而發揮了丞相作為輔臣的作用。魏相、丙吉則是宣帝時期最有名望的兩位丞相。他們二人性格迥異，魏相剛毅威嚴，丙吉則寬厚豁達。二人在治國方略上皆有獨到之處。

魏相於漢昭帝時被舉為賢良，以對策高第為茂陵令，後歷任揚州刺史、河南太守、御史大夫等職。霍光死後，官至丞相。魏相為人嚴毅，剛正不阿，主張整頓吏治、考核實效、輕徭薄賦、與民休息，反對窮兵黷武，諫阻討伐西域。魏相死後，丙吉繼任為相。丙吉起自獄法小吏，為人深沉忠厚，不誇耀自己的長處。任丞相時，處理政務崇尚寬大，講求禮讓。掾史有罪贓，不稱職，就令其長期休假，讓其離職，最終不予查辦。於是以此形成慣例，三公之府不直接查處下屬官員。丙吉死後，黃霸、于定國等先後繼任為相，他們「總綱紀號令」（本書〈黃霸傳〉），「居位皆稱職」（本傳）。宣帝時期的丞相，與武帝時期相比，境遇截然不同。他們善終其位，無一人被黜免或死於非命。所以班固說：「近觀漢相，高祖開基，蕭曹為冠，孝宣中興，丙魏有聲」（本傳）。史家將二人與漢初的蕭何、曹參相提並論，足見後世對他們的稱許。

〈魏相傳〉重點轉載魏相的重要奏疏，反映了他的治國思想。〈丙吉傳〉則重點突出丙吉對宣帝的救護撫育之恩和他識大體、知人善任的丞相之才，稱頌了丙吉掩己之功、推善於人的德操。

卷七十五

眭兩夏侯京翼李傳第四十五

【題　解】本卷記載眭弘、夏侯始昌、夏侯勝、京房、翼奉、李尋等人的言行，是一篇推陰陽、說災異者的合傳。眭弘，昭帝時以災異數起，乃推《春秋》之意，上書建議求賢，禪讓帝位，被霍光以妖言惑眾、大逆不道罪處死。夏侯始昌，通《五經》，明於陰陽。夏侯勝，明於經學，善說災異，參與謀立宣帝，曾以非難宣帝褒尊武帝獲罪，繼因有災異而獲免。京房，長於災變之說，並藉災異而言用人不當，力主實行考功課吏法，後被權臣石顯陷害致死。翼奉，明於經學，好律曆陰陽之占。元帝時上封事極言災異之故，建議徙都洛陽。李尋，好〈洪範〉災異，又學天文月令陰陽，勸哀帝去女寵、遠外親、任用賢能，又建議改元易號，因無實效，被免官流放。西漢學者自董仲舒始，推陰陽、言災異者甚眾，班固選其具有代表性的人物合為一傳。

眭弘，字孟，魯國❶蕃❷人也。少時好俠❸，鬬雞走馬❹，長乃❺變節❻，從嬴公受春秋❼。以明經❽為議郎❾，至符節令❿。

孝昭⓫元鳳三年⓬正月，泰山⓭萊蕪山⓮南匈匈⓯有數千人聲。民視之，有大石自立，高丈五尺，大四十八圍⑯，入地深八尺，三石為足。石立後有白烏⑰數千下集⑱其旁。是時昌邑⑲有枯社木⑳臥復生。又上林苑㉑中大柳樹斷枯臥地，亦自立生，有蟲食樹葉成文字，曰「公孫病已立」。孟推㉒春秋之意，以為「石柳皆陰類，下民㉓之象㉔，泰山㉕者㉖岱宗㉗之嶽㉘，王者易姓㉙告代㉚之處。今大石自立，僵㉛柳復起，非人力所為，此當有從匹夫㉜為天子者。枯社木復生，故㉝廢㉞之家公孫氏當復興者也」。孟意亦不知其所在，即說曰：「先師董仲舒㉟有言，雖有繼體㊱守文㊲之君，不害㊳聖人㊴之受命㊵。漢家堯後㊶，有傳國㊷之運㊸。漢帝宜㊹誰差天下㊺，求索賢人，禪㊻以帝位，而退自封百里㊼，如殷周二王後㊽，以承順天命㊾。」孟使友人內官長賜㊿上此書。時，昭帝幼，大將軍(51)霍光(52)秉政(53)，惡(54)之，下其書廷尉(55)。奏賜、孟妄設祅言(56)惑眾，大逆不道(57)，皆伏誅(58)。後五年，孝宣帝興於民間(59)，即位，徵(60)孟子為郎(61)。

【章　旨】以上是〈眭弘傳〉，重點記述眭弘關於漢家有傳國之運的說法及因此獲罪被殺的經過。

【注　釋】❶魯國　諸侯國名。建都魯縣（今山東曲阜）。❷蕃　縣名。在今山東滕州。❸俠　指抑強扶弱、仗義而為的人或俠義之行。❹走馬　馳馬遊獵。❺乃　才。❻變節　改變志節行為。這裡為褒義。❼從嬴公受春秋　跟隨嬴公學習《春秋》。嬴公，西漢學者，胡母生弟子，以治《春秋》出名，昭帝時任諫大夫。嬴，姓。公，對年長男子的尊稱。春秋，書名。是一部魯國編年史，依年、時、月、日時間順序記載魯國自隱公至哀公凡十二公時期的史事。相傳《春秋》曾經孔子修訂，成為儒家經典之一。❽明經　本意為通曉儒家經典，後來成為漢代選拔人才的科目之一。❾議郎　官名。為九卿之一郎中令（光祿勳）的屬官，掌顧問應對。❿符節令　官名。掌虎符、竹符，為九卿之一少府的屬官。⓫孝昭　指漢昭帝劉弗陵。孝昭是他的謚號。詳見本書卷七〈昭帝紀〉。⓬元鳳三年　即西元前七八年。元鳳，漢昭帝的第二個年號（西元前八〇—前七五年）。⓭泰山　郡名。治博縣（今山東泰安東南），後移至奉高（今山東泰安東北）。⓮萊蕪山　山名。在今山東淄博南。⓯匈匈　通「恟恟」。驚擾不安。恟，恐懼；驚駭。⓰圍　量詞。兩臂合抱或拇指、食指相合為一圍。這裡指後者。⓱白烏　白色的烏鴉。古代認為是吉祥的象徵。⓲集　群鳥棲集於樹；停留。⓳昌邑　縣名。在今山東巨野東南。⓴社木　古代立社植木，作為社的標誌，稱為「社木」。社，即社廟，祭祀土地神之處。㉑上林苑　宮苑名。舊址在今陝西西安西南，秦漢時為帝王射獵遊樂之所。㉒推　推究；推論。㉓下民　平民；百姓。㉔象　象徵。㉕泰山　中國名山，為「五嶽」之首，所存歷代古蹟甚多。其主峰在今山東泰安北。㉖者　代詞。放在主語後面，引出判斷。㉗岱宗　即泰山。古時認為泰山為天下諸山之所宗，故稱「岱宗」。㉘嶽　高峻的大山。㉙易姓　指改朝換代。古代帝王視天下為私有財產，朝代變遷，姓氏亦會改易，稱為「易姓」。㉚告代　新王朝開國之君向天帝報告改朝換代的祭祀活動，為「告天」（帝王祭天）之一種。㉛僵　顏師古注曰：「僵，偃也，偃臥于地。」即倒伏於地。㉜匹夫　普通人。指平民。㉝故　以前。㉞廢　廢黜；衰敗。㉟董仲舒　西漢時期著名哲學家、經學大師，著有《春秋繁露》等書。武帝採納其「廢黜百家，獨尊儒術」之議，開此後兩千餘年以儒學為正統的先河。本書卷五十六有傳。㊱繼體　繼位。㊲守文　遵守先世法度。㊳不害　不妨害。㊴聖人　德能極高的人。對帝王的尊稱。㊵受命　古代帝王為了鞏固自己的統治地位，自稱治理天下的權力是上天授予的，即所謂受命於天、君權神授。㊶漢家堯後　堯的後代受封於劉（今河北唐縣），周宣王時國滅，逃往秦國的子孫便以原國名為氏。漢朝皇帝姓劉，故曰「漢家堯後」。堯，名放勳，陶唐氏，史稱「唐堯」。相傳為遠古的部落聯盟首領。㊷傳國　天子、諸侯之位世代承襲。也指將帝位或王位讓給他人。㊸運　國運；氣數。㊹宜　應當。㊺誰差天下　顏師古注引孟康曰：「誰，問；差，擇也。問擇天下賢人。」㊻禮　禪讓。帝王讓位於他人。相傳堯讓位於舜，舜讓位於禹，史稱「堯舜禪讓」。㊼百里　方圓百里。㊽如殷周二王後　像殷代和周代兩代國王的後代那樣。如，像。殷，朝代名。西元前十六世紀商湯滅夏後建立商朝。國都屢遷，後商王盤庚遷都至殷（今河南安陽小屯村），因而商也被稱為殷。周，朝代名。西元前十一世紀周武王滅商後建立，都鎬（今陝西長安灃河東岸），西元前七七〇年平王東遷至洛邑（今河南洛陽），西元前二五六年亡於秦。史稱東遷以前為西周，以後為東周（又分為春秋、戰國兩個時期）。後，後代；後嗣。㊾天命　古代帝王自稱「受命于天」並將自己的意志假託為天帝的命令，稱為「天命」，作為統治人民的合理根據。50內官長賜　顏師古注曰：「內官，署名。〈百官表〉云：『內官長丞，初屬少府，中屬主爵（即主爵都尉），後屬宗正。』賜者，其長之名。」內官長掌分、寸、尺、丈等事。51大將軍　官名。將軍的最高稱號，漢代多由貴戚擔任，掌握政權，職位甚高。52霍光　西漢大臣。霍去病的同父異母弟。受武帝遺命，輔佐年幼的昭帝。昭帝死後，他迎立昌邑王為帝，後又改立宣帝，執政二十餘年。本書卷六十八有傳。53秉政　執政；掌權。54惡　厭惡；憎惡。動詞。55下其書廷尉　將眭孟的奏疏交付廷尉。下，交付。廷尉，官名。為九卿之一。掌刑辟。56祆言　即「妖言」。蠱惑人心的邪說。57不道　刑罪名。亦稱「無道」，漢代以來以「不道」作為刑律的名目，為十大罪惡之一。58伏誅　因犯法被處死刑。59孝宣帝興於民間　宣帝從平民登上皇帝之位。孝宣帝，即漢宣帝劉詢，為戾太子劉據之孫。他起自民間，了解社會下情。即位後，強調「王道」、「霸道」雜用，重視吏治，考核實效，嚴行賞罰，使漢朝得以中興。詳見本書卷八〈宣帝紀〉。60徵　徵召。61郎　皇帝侍從官的通稱。屬光祿勳（郎中令），無定員，有議郎、中郎、侍郎、郎中等名目，職責為護衛陪從、隨時建議、備顧問及差遣等。

【語譯】眭弘，字孟，是魯國蕃縣人。他年輕時喜好俠義之行，鬥雞取樂，馳馬遊獵，成年後才改變志行，跟隨嬴公學習《春秋》。後來因通曉儒家經典擔任議郎，官至符節令。

孝昭皇帝元鳳三年正月，泰山郡萊蕪山南麓驚擾不安，彷彿有數千人在那裡發出聲響。百姓前去察看，見有一塊巨石自立而起，高達一丈五尺，周長四十八圍，入地深達八尺，下有三石為足。巨石自立於地後，有幾千隻白色烏鴉飛落下來聚集在它的旁邊。當時，昌邑縣有枯死的社木倒而復活。另在上林苑中有一棵大柳樹，枝幹枯斷，倒在地上，也自立而起，重新生長，並有蟲子咬食樹葉而成「公孫病已立」字樣。眭孟根據《春秋》來推究這些異常現象所暗示的天意，認為「石、柳都屬陰類，是平民百姓的象徵；泰山為岱宗之嶽，是朝代更迭時帝王舉行祭典向天帝報告改朝換代的地方。如今巨石自立而起，倒伏於地的柳樹復生，均非人力所為，這預示著將有從平民百姓起而當天子的人。枯死的社木復活，這暗示著從前衰敗之家公孫氏將要復興」。眭孟也不知道這公孫氏所在何處，便解說道：「先師董仲舒說過，雖然有繼位守成之君，卻並不妨礙聖人受天之命而為新君。漢家天子是唐堯的後代，有傳國於人的命數。漢朝皇帝應該訪問天下，選擇賢人，把帝位禪讓給他，自己退位做個方圓百里的封君，就像殷、周二王的後代那樣，以此來承奉和順應天命。」眭孟讓他的友人內官長賜把這封奏疏上奏朝廷。當時，昭帝年幼，大將軍霍光執政，厭惡眭孟的說法，把他的奏疏交付給廷尉查辦。廷尉劾奏賜、眭孟二人胡編亂造，妖言惑眾，犯了大逆不道之罪，結果二人都伏法被殺。五年後，孝宣皇帝從平民登上皇帝之位，他登位後，徵召眭孟的兒子擔任郎官。

1 夏侯始昌，魯❶人也。通五經❷，以齊詩❸、尚書❹教授。自董仲舒、韓嬰❺死後，武帝❻得始昌，甚重❼之。始昌明於陰陽❽，先言柏梁臺❾災日，至期日❿果災。時昌邑王⑪以少子⑫愛⑬，上⑭為選師，始昌為太傅⑮。年老，以壽終⑯。族子⑰勝亦以儒⑱顯名。

2 夏侯勝，字長公。初⑲，魯共王⑳分魯西寧鄉㉑以封子節侯㉒，別屬㉓大河㉔，大河後更名東平㉕，故勝為東平人。勝少孤㉖，好學，從始昌受尚書及洪範五行傳㉗，說災異㉘。後事㉙蕳卿㉚，又從歐陽氏㉛問。為學精孰㉜，所問非一師也。善說禮服㉝。徵為博士㉞、光祿大夫㉟。會㊱昭帝崩，昌邑王㊲嗣立㊳，數出㊴。勝當㊵乘輿㊶前諫㊷曰：「天久陰而不雨，臣下有謀㊸上者，陛下出欲何之㊹？」王怒，謂勝為祅言，縛㊺以屬吏㊻。吏白㊼大將軍霍光，光不舉法㊽。是時，光與車騎將軍㊾張安世㊿謀欲廢昌邑王。光讓(51)安世以為泄語，安世實不言。迺(52)召問勝，勝對言：「在洪範傳[53]曰『皇之不極，厥罰常陰，時則下人有伐上者[54]』，惡察察言[55]，故云臣下有謀。」光、安世大驚，以此益重[56]經術士[57]。後十餘日，光卒[58]與安世白太后[59]，廢昌邑王，尊立宣帝。光以為群臣奏事東宮[60]，太后省政[61]，宜知經術，白令勝用尚書授太后。遷[62]長信少府[63]，賜爵關內侯[64]，以與[65]謀廢立，定策安宗廟[66]，益[67]千戶。

3 宣帝初即位，欲褒[68]先帝[69]，詔丞相[70]御史[71]曰：「朕[72]以渺身[73]，蒙[74]遺德[75]，承聖業，奉宗廟，夙夜[76]惟念[77]。孝武皇帝[78]躬[79]仁誼[80]，厲[81]威武，北征匈奴[82]，單于[83]遠遁，南平氐羌、昆明[84]、甌駱兩越[85]，東定薉、貉[86]、朝鮮[87]，廓[88]地斥[89]境，立郡縣[90]，百蠻[91]率[92]服[93]，款塞[94]自至，珍貢[95]陳[96]於宗廟；協[97]音律，造[98]樂歌，薦[99]上帝，封[100]太山[101]，立明堂[102]，改正朔[103]，易服色[104]；明開聖緒[105]，尊賢顯[106]功，興滅繼絕[107]，褒周之後[108]；備[109]天地之禮[110]，廣[111]道術[112]之路。上天報況[113]，符瑞[114]並應[115]，寶鼎出[116]，白麟獲[117]，海效[118]鉅[119]魚，神人並見[120]，山稱萬歲[121]。功德茂盛，不能盡宣，而廟樂[122]未稱[123]，朕甚悼[124]焉。其[125]與列侯[126]、二千石[127]、博士議。」於是群臣大議廷中，皆曰：「宜如詔書。」長信少府勝獨曰：「武帝雖有攘[128]四夷廣土斥境之功，然多殺[129]士眾[130]，竭[131]民財力，奢泰[132]亡度，天下虛耗[133]，百姓流離，物故[134]者半。蝗蟲大起，赤地數千里[135]，或人民相食，畜[136]積至今未復。亡德澤[137]於民，不宜為立廟樂。」公卿[138]共難[139]勝曰：「此詔書也。」勝曰：「詔書不可用也。人臣之誼，宜直言正論，非苟[140]阿[141]意順指[142]。議已出口，雖死不悔。」於是丞相義[143]、御史大夫廣明[144]劾奏勝非議詔書，毀[145]先帝，不道，及丞相長史[146]黃霸[147]阿縱[148]勝，不舉劾，俱下獄。有司[149]遂請尊孝武帝廟為世宗[150]廟，奏[151]盛德、文始、五行[152]之舞，天下世世獻納[153]，以明[154]盛德。武帝巡狩[155]所幸[156]郡國[157]凡四十九，皆立廟，如高祖[158]、太宗[159]焉。

4 勝、霸既久繫[160]，霸欲從勝受經[161]，勝辭[162]以罪死[163]。霸曰：「朝聞道，夕死可矣[164]。」勝賢其言[165]，遂授之。繫再[166]更[167]冬，講論不怠[168]。

5 至四年[169]夏，關東[170]四十九郡同日地動[171]，或山崩，壞[172]城郭[173]室屋，殺[174]六千餘人。上乃素服，避正殿[175]，遣使者弔問吏民，賜死者棺錢。下詔曰：「蓋[176]災異者，天地之戒[177]也。朕承洪業[178]，託[179]士民之上，未能和[180]群生。曩者[181]地震北海[182]、琅邪[183]，壞祖宗廟，朕甚懼焉。其與列侯、中二千石[184]博問[185]術士[186]，有以應變，補朕之闕[187]，毋[188]有所諱[189]。」因[190]大赦，勝出[191]為諫大夫[192]給事中[193]，霸為揚州[194]刺史。

6 勝為人質樸守正，簡易[195]亡威儀[196]。見[197]時謂上為君[198]，誤相字於前[199]，上亦以是親信之。嘗[200]見，出道上語[201]，上聞而讓勝，勝曰：「陛下所言善，臣故揚之。堯言布[202]於天下，至今見[203]誦。臣以為可傳，故傳耳。」朝廷每有大議，上知勝素[204]直[205]，謂曰：「先生通[206]正言，無懲前事[207]。」

7 勝復為長信少府，遷太子太傅[208]。受詔撰尚書、論語說[209]，賜黃金百斤。年九十卒官[210]，賜冢塋[211]，葬平陵[212]。太后賜錢二百萬，為勝素服五日，以報師傅之恩，儒者以為榮。

8 始[213]，勝每講授，常謂諸生[214]曰：「士病不明經術[215]，經術苟[216]明，其取青紫[217]如俛[218]拾地芥[219]耳。學經不明，不如歸耕。」

9 勝從父子[220]建字長卿。自[221]師事[222]勝及歐陽高[223]，左右采獲[224]，又從五經諸儒[225]問與尚書相出入者，牽引[226]以次[227]章句[228]，具文[229]飾說。勝非[230]之曰：「建所謂章句小儒，破碎[231]大道[232]。」建亦非勝為學疏略，難以應敵。建卒自顓門名經[233]，為議郎博士，至太子少傅[234]。勝子兼為左曹[235]太中大夫[236]，孫堯至長信少府、司農[237]、鴻臚[238]，曾孫蕃郡守[239]、州牧[240]、長樂少府[241]。勝同產弟子[242]賞為梁[243]內史[244]，梁內史子定國為豫章[245]太守。而建子千秋亦為少府[246]、太子少傅。

【章　旨】以上是〈夏侯始昌傳〉和〈夏侯勝傳〉，記載夏侯始昌和夏侯勝的明經學、通陰陽及他們的為官經歷，刻劃了夏侯勝質樸耿直的性格特點。

【注　釋】❶魯　縣名。在今山東曲阜東。❷五經　書名。在《詩》、《書》、《禮》、《易》、《樂》和《春秋》這《六經》中，《樂》沒有傳本，有的學者認為失傳，有的學者認為本無《樂》。因無《樂》經，故後世常稱《五經》，為儒家經典。其中保存有豐富的史料，長期作為宣傳宗法封建思想的理論根據。❸齊詩　今文學派中齊人轅固生所傳（注釋經典）《詩》的著作。漢景帝時立於學官。喜引讖緯，以陰陽災異推論時政。〈藝文志〉謂轅固生為《詩》作傳（應劭注謂「后倉作《齊詩》」），又著錄有《齊后氏傳》等數種。至三國時均已亡佚，清人曾有輯釋《齊詩》的《齊詩遺說考》。❹尚書　先秦時稱《書》，漢初稱《尚書》。尚，通「上」。以其記上古之事，故名。為儒家經典之一，亦是中國古代著名史籍，其中保存商周特別是西周初年的一些重要史料。漢武帝獨尊儒術，置《五經》博士，將其列入必授儒家經典之一，故又名《書經》。❺韓嬰　西漢學者。今文詩學「韓詩學」的開創者，又通《易經》，文帝時為博士，武帝時與董仲舒辯論經義，條理分明，深得武帝讚賞。著有《韓詩內傳》（後亡佚，清人有輯佚本）和《韓詩外傳》。詳見本書卷八十八〈儒林傳〉。❻武帝　即漢武帝劉徹。詳見本書卷六〈武帝紀〉。❼重　器重；推重。❽陰陽　陰陽之術；陰陽學說。「陰」與「陽」是中國古代哲學的一對範疇，指宇宙中通貫物質和人事的兩大對立面。戰國末期以鄒衍為代表的「陰陽家」把「陰陽」變成與「天人感應」說相結合的神祕概念。❾柏梁臺　古臺名。漢武帝元鼎二年（西元前一一五年）建，舊址在今陝西西安西北漢長安城未央宮西部。因「以香柏為之」，故名柏梁臺。❿期日　這裡指預先推定的日期。⓫昌邑王　此指漢武帝之子昌邑哀王劉髆，為李夫人所生。⓬少子　小兒子。⓭愛　受寵愛。⓮上　特指皇上。這裡指武帝。⓯太傅　官名。這裡指諸侯王太傅，掌輔導諸侯王。⓰壽終　指自然死亡。⓱族子　同族兄弟之子。《朱子全書・禮一》曰：「兄弟之子，當稱從子為是。自曾祖而下三代稱從子，自高祖四世而上稱族子。」⓲儒　指儒家學說。⓳初　當初。古書中常用以追述往事。⓴魯共王　指漢景帝之子劉餘。本書卷五十三有傳。共，通「恭」。㉑寧鄉　鄉名。在今山東寧陽。㉒節侯　指魯共王之子、寧陽節侯劉恬。㉓別屬　另屬；改屬。㉔大河　郡名。治無鹽（今山東東平東）。㉕東平　諸侯國名。漢宣帝甘露二年（西元前五二年）改大河郡置。㉖孤　幼年喪父。㉗洪範五行傳　講論〈洪範〉中有關五行問題的著作。楊樹達《漢書窺管》認為作者是漢初最早傳播《今文尚書》的伏生，有關內容見於《尚書大傳》（傳為伏生作，疑為其弟子等著錄所聞而成）。洪範，《尚書》篇名。傳為箕子向周武王所述「天地之大法」。文中提出帝王治國諸項原則，其中以水、火、金、木、土「五行」解釋自然現象。㉘災異　指自然災害和某些特異的自然現象。天人感應論者把天降災異說成是天對人的警示或懲罰。㉙事　事奉；師事。㉚蕳卿　漢武帝時著名學者兒寬的弟子。㉛歐陽氏　伏生弟子歐陽和伯（歐陽生），開創《今文尚書》學「歐陽學」，世世相傳，至歐陽和伯曾孫歐陽高（亦稱歐陽生）時，被立為博士。此處「歐陽氏」，當指歐陽和伯的子孫。㉜精孰　精密純熟。孰，通「熟」。㉝禮服　顏師古注曰：「禮之喪服也。」即關於喪服的禮制。㉞博士　官名。初掌通古今，備顧問，至漢武帝時設《五經》博士，置弟子員，自此以後博士專掌經學傳授。㉟光祿大夫　官名。原稱中大夫，為九卿之一郎中令的屬官。漢武帝太初元年（西元前一〇四年），郎中令更名為光祿勳，中大夫改稱為光祿大夫。掌議論，相當於皇帝顧問，在諸大夫中地位最尊。㊱會　適逢。㊲昌邑王　此指劉賀。昌邑哀王劉髆之子。昭帝死，他被迎立為帝，因行淫亂，旋即被廢。本書卷六十三有傳。㊳嗣立　繼位。嗣，繼承。㊴數出　顏師古注曰：「每出遊戲也。」數，屢次。㊵當　遮擋；擋住。㊶乘輿　帝王所用的車輿。也用為帝王的代稱。㊷諫　規勸。㊸謀　圖謀。㊹何之　到何處去。之，往；到。㊺縛　捆綁。㊻屬吏　將他交付給有關官吏。屬，顏師古注曰：「屬，委也。」㊼白　陳述；報告。用於下屬對上級。㊽舉法　依法進行審訊。㊾車騎將軍　將軍之名號。西漢初地位尚不顯赫，及武帝時，衛青以車騎將軍出擊匈奴，已為僅次於大將軍的高級將領。此外，輔政文官多加此銜，宣帝時張安世以車騎將軍兼大司馬領尚書事，權重一時。東漢時此職權勢更重，位比三公。㊿張安世　張湯之子。昭帝時任右將軍等職，封富平侯。後與霍光擁立宣帝即位，任大司馬、車騎將軍，兼掌尚書事。他為政謹慎，治家嚴格，謙恭自守。本書卷五十九有傳。51讓　責備；責怪。52迺　於是。53洪範傳　即《洪範五行傳》。54皇之不極三句　如果君主不按最高準則行事，天就以久陰不雨表示懲罰和警告，這時就會在下邊的人中出現討伐主上者。這是「天人感應」論的說法。皇，君主。之，置於主語和謂語之間，起取消句子獨立性的作用。不極，不按最高準則行事。極，標準。這裡指至高無上的原則。厥，乃；就。罰常陰，指天以久陰不雨以示懲罰。常，久；永久。伐，攻打；討伐。55惡察察言　顏師古注曰：「惡謂忌諱也。察謂計謀不敢明顯言之也。」56益重　更加重視。57經術士　通曉經術之士。經術，指儒術、經學。58卒　終於。59太后　指昭帝的上官皇后。為左將軍上官桀孫女、霍光外孫女，六歲被立為皇后，昭帝死後，被繼位的昌邑王尊奉為皇太后，宣帝即位後又尊她為太皇太后。本書卷九十七有傳。60東宮　太子所居之宮，也代指太子。61省政　審察政事。省，察看；視察。62遷　調任官職，一般指升官。63長信少府　官名。西漢景帝中六年（西元前一四四年）置。原為長信詹事，掌皇太后宮中事務。漢平帝元始四年（西元四年）更名為長樂少府。顏師古注引張晏曰：「以太后所居宮為號也。居長信宮則曰長信少府，居長樂宮則曰長樂少府也。」64關內侯　爵位名。秦漢二十等爵位的第十九級，僅次於列侯。(65)與　參加；參與。(66)宗廟　帝王或諸侯祭祀祖先的場所。因帝王視天下為私產，故宗廟又成為皇族和國家的代稱。(67)益　增加。(68)褒　讚揚；頌揚。(69)先帝　先代皇帝。這裡指漢武帝。(70)丞相　官名。輔佐皇帝，綜理全國政務。西漢初，一度改稱相國，後仍稱丞相，與太尉、御史大夫合稱三公。(71)御史　指御史大夫。官名。三公之一，位次丞相，掌監察、執法，兼掌重要圖籍文書。(72)朕　古人自稱之詞。本無尊卑之分，秦始皇以後專用為皇帝自稱。(73)渺身　微渺之身。渺，微小。自謙之辭。(74)蒙　承蒙。(75)遺德　先帝遺留給後世的德澤。(76)夙夜　早晚；朝夕。(77)惟念　思念；思慮。惟，思念。(78)孝武皇帝　即漢武帝劉徹。孝武是他的謚號。(79)躬　躬行；親自實行。(80)仁誼　即「仁義」。誼，通「義」。(81)厲　通「勵」。激勵；勉勵。(82)匈奴　北方部族名，也稱「胡」。戰國時活動於長城以北地區，秦漢之際，匈奴勢力強大，戰勝了周圍很多部族，統一了大漠南北廣大地區。漢初，匈奴不斷侵擾漢朝的北部邊境，武帝時期經過大規模的征伐匈奴的戰爭，匈奴勢力逐漸衰弱。宣帝甘露二年（西元前五二年），呼韓邪單于歸漢，次年來朝。此後六七十年間，漢與匈奴之間經濟文化交流頻繁，相處和睦。(83)單于　匈奴君主的稱號。(84)氐羌昆明　皆為古部族名。氐、羌主要分布在今西北地區及四川，昆明大約活動在今雲南洱海以南保山至楚雄一帶。(85)甌駱兩越　皆古越人不同支系名。越人是古代分布在長江中下游以南地區的民族，部落眾多，有「百越」、「百粵」之稱。甌，有西甌、東甌。西甌在秦漢時主要分布在嶺南地區，一說即駱越。東甌亦稱甌越，分布在今浙江南部甌江、靈江流域，相傳是越王句踐的後裔。駱，即駱越，主要分布在今兩廣及越南北部。兩越，指南越和東越。南越主要分布在今兩廣地區，秦代於其地設三郡，秦亡後趙佗自立為南越王，後臣服漢朝。武帝時滅之並於其地設九郡。東越，即閩越，主要分布在今福建北部和浙江南部的部分地區，相傳亦為越王句踐後裔。漢初，首領無諸因功受封為閩越王。武帝時滅之並遷其民於江淮間。(86)薉貉　薉，又作「穢」。皆為古族名。分布在今朝鮮江原道及其以北部分地區。(87)朝鮮　族名、國名。古代朝鮮人主要居於今朝鮮半島，西元前後，朝鮮各部族形成了幾個部落聯盟。朝鮮自古與中國關係密切，《史記》中有殷紂王諸父箕子於殷周之際率族人入朝鮮的記載，朝鮮後來傳說箕子是最早建立王朝和統一國家的人。習慣上稱朝鮮北部地區由中國移民建立的早期政權為古朝鮮。西元前一九四年燕人衛滿滅「箕氏朝鮮」，建立衛氏朝鮮，至西元前一〇八年被漢朝滅亡，漢在其地設四郡。(88)廓　開擴。(89)斥　開拓。(90)郡縣　秦漢時期地方行政區劃名。春秋時，秦、晉、楚等國初於邊地設縣，後逐漸推行於內地，而於新得邊遠地區設郡。郡的面積大於縣，而地位低於縣。戰國時，始於郡下設縣，產生郡縣兩級制。秦朝建立後，取消分封制，確立郡縣制，縣隸屬於郡。(91)百蠻　指四方部族。百，泛指多數。蠻，古稱南方少數民族為「蠻」，也泛指四方各少數民族。(92)率　一概；都。(93)服　歸服；臣服。

94款塞　叩塞門。指外族前來通好歸附。款，叩；敲。塞，關塞。95珍貢　珍奇貴重的貢品。96陳　陳列。97協　和諧；協調。這裡用作動詞，使動用法。98造　創作。99薦　進獻祭品。100封　古代帝王在泰山上舉行的築壇祭天活動。101太山　即泰山。102明堂　天子宣明政教的地方，凡朝會及祭祀、慶賞、選士、養老、教學等大典，均於其中舉行。103改正朔　正，一年之始。朔，一月之始。中國古時改朝換代，新王朝為表示其所謂「應天承運」而興，通常都要改定正朔，所以正朔便指帝王頒行的新曆法，改正朔即改行新曆法。這裡指改用《太初曆》之事。104易服色　易，改變。服色，指車騎服飾與祭祀用牲的顏色。服色歷代各有所尚，新王朝建立後要改用當朝崇尚的服色，如夏尚黑，商尚白，周尚赤。秦始皇根據所謂「五德終始」說推定秦朝受「水德」，水色黑，故秦尚黑。漢武帝時，議者說「漢據土德」，土色黃，故於太初元年易服色，尚黃。105緒　功緒；功業。106顯　顯揚。107興滅繼絕　復興滅亡了的國家，接續斷絕了爵位的世家。指使滅亡了的重新振興。出自《論語・堯曰》：「興滅國，繼絕世。」108褒周之後　元鼎四年（西元前一一三年）冬，武帝封周王室後裔姬嘉為周子南君。109備　完備；齊全。110禮　禮儀制度。111廣　擴大。112道術　指治國理民的方法及其有關學術思想。113報況　報賜。況，顏師古注曰：「況，賜也。」114符瑞　吉祥的徵兆。「天人感應」論者認為德政可以感動上天，上天則以某種祥瑞表示獎勵。115應　應和；感應。指神明對人事的反響。人以精誠的舉動感動神明，神明則以相應的祥瑞禍福應合。116寶鼎出　本書卷六〈武帝紀〉載元鼎元年（西元前一一六年）「得鼎汾水上」，四年（西元前一一三年）「得寶鼎后土祠旁」。鼎，古代烹煮器，多為銅製，亦用為禮器。古代多以鼎為王朝相傳之重器，故稱為寶。117白麟獲　元狩元年（西元前一二二年）武帝至雍縣（今陝西鳳翔西南）時，捕獲一隻白麟。麟，麒麟。古代傳說中的一種仁獸。形狀像鹿，頭上有角，全身鱗甲，尾像牛尾，為祥瑞之物。118效　獻出。119鉅　大。120見　通「現」。出現。121山稱萬歲　元封元年（西元前一一〇年），武帝祭嵩山，隨從者「咸聞呼萬歲者三」。太始三年（西元前九四年），武帝登之罘（今山東煙臺北之之罘島），「浮大海，山稱萬歲」。122廟樂　指在太廟祭祖時用的樂歌。123稱　相稱；配得上。124悼　哀痛。125其　副詞，表示語氣。這裡表示的是希望、勸勉、命令等祈使語氣。126列侯　爵位名。漢初稱徹侯，因避武帝諱而改稱通侯，或稱列侯。秦漢二十等爵的最高一級。127二千石　漢代官吏俸祿等級，亦是官吏的品級。漢代的二千石為列卿與州牧、郡守、王國相一級的官員，所以，二千石也常作為列卿與州牧、郡守、國相以及地位與之相當的官員的泛稱。128攘　驅逐；抵禦。129殺　殺傷。使動用法。130士眾　眾多將士。131竭　盡。132奢泰　奢侈無度。133虛耗　指人力和財物虧減空虛。顏師古注曰：「耗，減也。」134物故　死亡。135赤地數千里　顏師古注曰：「言無五穀之苗。」即五穀不生，一片光赤。136畜　通「蓄」。積聚；儲藏。137德澤　恩惠。138公卿　三公九卿的省稱。這裡泛指朝廷高級官員。[139]難　質問；反駁。[140]苟　苟且；隨便。[141]阿　偏袒；親附。[142]指　通「旨」。旨意；意圖。[143]義　指蔡義。初以通曉經書給事大將軍霍光幕府，曾歷任光祿大夫、少府、御史大夫等職，後官至丞相。本書卷六十六有傳。[144]廣明　指田廣明。初任郎官，後歷任淮陽太守、衛尉、御史大夫等職。本書卷九十有傳。[145]毀　詆毀。[146]丞相長史　官名。漢文帝二年（西元前一七八年）始置，為丞相重要屬官，相府諸史之長，職任無所不監。[147]黃霸　歷任揚州刺史、潁川太守，治理有方，為政外寬內明，後官至丞相。後世把他和龔遂作為循吏的典型，合稱「龔黃」。本書卷八十九有傳。[148]阿縱　偏袒縱容。[149]有司　古代設官分職，各有專司，因稱官吏為「有司」。[150]世宗　廟號的一種。皇帝死後，在太廟立室祭祀，特立名號，叫「廟號」。西漢皇帝僅高帝、文帝、武帝、宣帝有廟號（分別為太祖、太宗、世宗、中宗），各以其「功德」議定，以示尊崇。[151]奏　演奏。[152]盛德文始五行　皆太廟樂舞名。高祖時作《武德舞》，景帝時取改為《昭德舞》，宣帝又取《昭德舞》而為《盛德舞》。相傳舜時有《韶舞》，傳至漢高祖時改名為《文始舞》。《五行舞》本周舞，秦始皇改名為《五行舞》。[153]獻納　進獻以祭。[154]明　彰明。[155]巡狩　即「巡守」。帝王巡查諸侯或地方官所治理的地區。[156]幸　指皇帝親臨某地。[157]郡國　地方行政區劃名稱。漢代實行郡縣制，一郡轄數縣。同時，又進行分封，封爵分王、侯二級。所以，漢代的地方行政區劃，形成實際的郡國並行制。[158]高祖　即漢高祖劉邦。西漢王朝的建立者。詳見本書卷一〈高帝紀〉。[159]太宗　即漢文帝劉恆。太宗是他的廟號。詳見本書卷四〈文帝紀〉。[160]繫　拘囚。被動用法。[161]經　指儒家經典。[162]辭　推辭；不接受。[163]罪死　犯罪當死。[164]朝聞道二句　引自《論語・里仁》。意為：早晨聽懂了聖人的道理，晚上死了也行啊。[165]賢其言　即「以其言為賢」。賢，這裡用作動詞。意動用法。[166]再　兩次。[167]更　經歷。[168]怠　懈怠。[169]四年　指漢宣帝本始四年（西元前七〇年）。[170]關東　古代地區名。戰國、秦漢時通稱函谷關或潼關以東地區。[171]地動　地震。[172]壞　毀壞。[173]城郭　城牆。內城城牆為城，外城城牆為郭。[174]殺　這裡指壓死。[175]上乃素服二句　素服，古人居喪或遭遇其他凶事時穿著的白色冠服。古代帝王遇有非常事變，常穿著素服離開正殿，移到偏殿上朝辦事，以表示警惕。[176]蓋　句首語氣詞。引出下文議論。[177]戒　告誡；警告。[178]洪業　大業。[179]託　託身。[180]和　協調。這裡用作動詞，使動用法。[181]曩者　往日。曩，以往；過去。[182]北海　郡名。治營陵（今山東昌樂東南）。[183]琅邪　郡名。治東武（今山東諸城）。[184]中二千石　指俸祿為中二千石（月俸百八十斛穀）的高級官員，如九卿及京兆尹等官員。[185]博問　廣泛詢問請教。[186]術士　經術士。[187]闕　缺失；失誤。[188]毋　不要。[189]諱　避諱。因有顧忌而不說某些話或避開某些事。[190]因　於是；就。[191]出　指出獄。[192]諫大夫　官名。為九卿之一郎中令（光祿勳）的屬官，掌議論。[193]給事中　漢加官官名。漢承秦置。給事中即給事禁中之意。凡加此官者，即可侍從皇帝左右，掌顧問應對。

(194)揚州　漢武帝時所置十三刺史部之一。轄境相當於今江蘇、安徽兩省南部，浙江全部、福建、江西大部和湖北東部。(195)簡易　指性情平易，不講究禮節客套。(196)威儀　莊嚴的容止。(197)見　指進見皇上。(198)君　對人的尊稱，相當於「您」。臣對君通常只能稱「陛下」，而不能用「君」。(199)誤相字於前　顏師古注曰：「前，天子之前也。君前臣名不當相呼字也。」即在皇上面前稱呼他人的表字，誤失禮儀。臣在皇帝面前不當相互稱字，否則是失禮之舉。(200)嘗　曾經。(201)出道上語　顏師古注曰：「入見天子而以其言為外人道之。」出，指出宮。道，說。(202)布　傳布；流布。(203)見　置於動詞前，表示被動。(204)素　向來；一向。(205)直　耿直；剛直。(206)通　顏師古注曰：「通謂陳道之也。」(207)無懲前事　不要鑑戒於以前曾被拘囚那件事。無，通「毋」。不；不要。懲，懲戒；鑑戒。前事，指因反對為武帝立廟樂而被囚之事。(208)太子太傅　官名。掌輔導太子。(209)尚書論語說　解說《尚書》、《論語》的兩部書。尚書，《尚書說》的省稱。論語，書名。是孔子的弟子和再傳弟子記錄整理而成，約成書於戰國前期。內容記載孔子及弟子的言語行事，集中反映了孔子的政治主張和教育思想，語言簡煉，用意深遠，富有深刻的社會哲理。說，顏師古注曰：「解說其意，若今之義疏也。」(210)卒官　死在官任上。(211)冢塋　墳地；墓地。(212)平陵　縣名、陵名。因漢昭帝的平陵建於此地，故置平陵縣。在今陝西咸陽西北。(213)始　當初。與「初」同為古書中追述往事用語。(214)諸生　學生們。(215)士病不明經術　讀書人怕的是不明經術。病，毛病；缺點。(216)苟　如果。(217)青紫　顏師古注曰：「青紫，卿大夫之服也。」這裡代指高官顯爵。(218)俛　通「俯」。(219)地芥　地上的草芥。比喻輕微、無價值。(220)從父子　堂兄弟。從父，父親的兄弟。即叔父、伯父。(221)自　親自。(222)師事　像老師一樣事奉。師，名詞，用作狀語，意為「像老師一樣」。(223)歐陽高　西漢《今文尚書》「歐陽學」的傳人，與其曾祖歐陽和伯皆被尊稱為歐陽生。宣帝時任博士。(224)左右采獲　顏師古注曰：「言于勝及高兩處采問疑義而得之。」(225)五經諸儒　研究和傳授《五經》的學者。(226)牽引　廣徵博引。(227)次　依次排列。(228)章句　章節和句子；分章析句。(229)具文　一一寫出解說文字。(230)非　非難。(231)破碎　割裂。(232)大道　指聖人之學的要義、主旨。(233)自顓門名經　以學有專長而自成一派，為經學名家。顓門，顏師古注曰：「顓與專同。專門者，自別為一家之學。」(234)太子少傅　官名。古時為儲君而設的師傅之官，以輔導太子為職，與太子太傅同領太子官屬，位次太子太傅。(235)左曹　官名。為漢之加官，所加自列侯、將軍、諸大夫、尚書至郎中，無定員，多至數十人。有此加官者，則擁有特殊權力，為天子近臣。與左曹相應者有右曹，二者合稱左右曹，主受尚書事。(236)太中大夫　官名。為九卿之一光祿勳（郎中令）的屬官，掌論議。(237)司農　即大司農。官名，為九卿之一。秦代稱治粟內史，漢景帝時更名大農令，武帝太初元年更名大司農。掌租稅錢穀鹽鐵和國家的財政收支。(238)鴻臚　即大鴻臚。官名。為九卿之一。秦代稱典客，漢景帝時更名大行令，武帝太初元年更名大鴻臚。掌諸王列侯與內附部族之封拜、朝聘、宴饗、郊迎之禮儀。239郡守　官名。為一郡的最高行政長官。戰國時設郡守，秦、漢沿設。景帝時普遍改稱郡守為太守。240州牧　官名。西漢成帝時改刺史為州牧，後廢置不常。241長樂少府　官名。掌太后宮事。平帝元始四年（西元四年）改長信少府為長樂少府。242同產弟子　同母弟之子，即姪子。同產，指同母兄弟姊妹。243梁　諸侯國名。建都睢陽（今河南商丘南）。244內史　官名。掌諸侯國之民政。245豫章　郡名。治南昌（今江西南昌）。246少府　官名。為九卿之一。掌山海池澤收入和皇室手工業製造，為皇室私府。

【語譯】夏侯始昌，魯縣人。他精通《五經》，以《齊詩》、《尚書》教授生徒。自董仲舒、韓嬰死後，武帝得到夏侯始昌，很敬重他。夏侯始昌通曉陰陽學說，預言柏梁臺將於某日遭災，到他預先推定的那天柏梁臺果然遭災。當時昌邑王劉髆因為是小兒子而得到武帝的寵愛，武帝為他選擇老師，讓夏侯始昌擔任他的太傅。後來夏侯始昌年老，壽終正寢。其同族兄弟之子夏侯勝也以精通儒學聞名天下。

2 夏侯勝，字長公。當初，魯共王分出魯國西部的寧鄉以封其子節侯，寧鄉改屬大河郡，大河郡後來改為東平國，所以夏侯勝為東平國人。夏侯勝幼年喪父，喜好讀書學習，跟隨夏侯始昌學習《尚書》和《洪範五行傳》，講論災異。後來夏侯勝師事蕑卿，又求教於歐陽氏。治學精密純熟，所請教過的不是一師一家。他善於講論關於喪服的禮制。他被朝廷徵召，先後擔任博士、光祿大夫。適逢昭帝逝世，昌邑王劉賀繼位，屢屢出宮遊樂。夏侯勝擋住皇帝的車輿勸諫說：「天氣久陰不雨，臣子中當有圖謀主上者，陛下出宮想到哪裡去？」昌邑王大怒，說夏侯勝妄作妖言，令人將他捆綁起來交付給官吏治罪。官吏向大將軍霍光報告此事，霍光沒令人依法審訊。當時，霍光與車騎將軍張安世合謀要廢掉昌邑王。霍光責怪張安世，認為他洩露了他們的謀劃，張安世確實未曾洩漏。於是，他們召問夏侯勝，夏侯勝回答說：「《洪範五行傳》中說『如果君主不按最高準則行事，天就以久陰不雨表示懲罰和警告，這時就會在下邊的人中出現討伐主上者』。因為不敢明言，所以說臣下有謀。」霍光、張安世聽後大驚，由此更加尊重通曉經術之士。十多天後，霍光終於同張安世請示上官太后，廢黜昌邑王，尊立宣帝。霍光認為群臣要向東宮奏事，太后也要省察政事，應該懂得經術，便請示太后讓夏侯勝給太后講授《尚書》。夏侯勝升任長信少府，賜爵關內侯，以參與廢立皇帝，定策安定皇室，增封一千戶。

3 宣帝剛剛登上皇位，想頌揚先帝，下詔給丞相、御史大夫說：「朕以微眇之身，承蒙先帝遺德，繼承聖業，奉祀宗廟，日夜思慮。孝武皇帝親行仁義，振威揚武，北征匈奴，單于遠逃，南平氐、羌、昆明、甌駱、兩越，東定薉、貉、朝鮮，開拓疆域，增設郡縣，四方部族全都臣服，自動前來叩關通好，各種珍奇的貢品陳列於宗廟之內；協調音律，創作樂歌，祭獻上帝，封祀太山，建造明堂，改定曆法，改易服色；聖明廣開功業之路，尊重賢能之士，顯揚有功之臣，復興滅亡了的國家，接續斷絕了爵位的世家，褒封周天子的後裔；完備敬奉天地之禮，擴大道術之路。上天報賜，吉祥的徵兆一同應合，寶鼎出現，白麟被捕獲，海獻巨魚，神仙同時並現，山呼萬歲。功德隆盛，不能說完道盡，而廟樂未能與其功德相稱，朕非常哀痛。希望你們同列侯、兩千石官員、博士一起議定。」於是，群臣大議於朝廷之中，都說：「應該按詔書旨意辦。」只有長信少府夏侯勝說：「武帝雖然有抵禦四方部族、開拓疆土之功，但使眾多將士遭到殺傷，竭盡人民的財力，奢侈無度，天下貧乏困苦，百姓流離失所，死亡者有一半。蝗蟲大起，吃盡禾苗，數千里土地五穀不生，有的地方出現人吃人的慘劇，原先積儲的粟帛財物至今未能恢復。他對百姓沒有什麼恩惠，不應為他立廟樂。」公卿大臣們一同反駁夏侯勝說：「這是詔書的旨意。」夏侯勝說：「詔書是不可施用的。人臣之義，理應直言正論，不能隨便阿意順旨。我的意見已經說出來了，即使被殺頭也不後悔。」在這種情況下，丞相蔡義、御史大夫田廣明劾奏夏侯勝非議詔書，詆毀先帝，大逆不道，還有丞相長史黃霸偏袒縱容夏侯勝而不彈劾他，兩人都被關進監獄。有關官吏於是請求皇帝尊孝武帝廟為世宗廟，祭祀時演奏《盛德》、《文始》、《五行》等樂舞，天下世世代代進獻以祭，以彰明其盛德。武帝巡守所到過的郡國共四十九個，都立世宗廟，如同高祖、太宗那樣。

4 夏侯勝和黃霸已被長時間關押在監獄，黃霸想跟隨夏侯勝學習儒家經典，夏侯勝以自己犯罪當死加以推辭。黃霸說：「早晨聽懂了聖人的道理，就是晚上死了也行啊。」夏侯勝認為黃霸說得很好，便傳授給他儒家經典。他們被拘囚在獄中，度過了兩個冬天，講論經學從不懈怠。

5 到了本始四年夏天，關東地區四十九郡同日發生地震，有的地方出現了山崩，毀壞城牆房屋，壓死六千餘人。皇上於是穿著白色衣冠，避開正殿不居，派遣使者慰問災區吏民，賜給死者棺錢。皇上下詔書說：「災異是天地對君主的警告。朕承繼祖宗大業，託身於士民之上，而未能使眾生安寧和諧。往日北海郡、琅邪郡發生地震，毀壞祖宗廟宇，朕非常憂懼。希望你們與列侯、中二千石官員廣泛詢問請教經術之士，想出辦法應付災變，補救朕的失誤，不要有什麼避諱。」於是大赦天下，夏侯勝出獄擔任諫大夫、給事中，黃霸擔任揚州刺史。

6 夏侯勝為人質樸正直，性情平易沒有莊嚴的容止。入宮進見時稱皇上為「君」，在皇上面前稱呼他人的表字，誤失禮儀，皇上也因為這個親近信任他。他曾經進見皇帝，出宮後向人講述皇上說的話，皇上聽到了，責備夏侯勝，夏侯勝說：「陛下說的是好話，所以臣出去傳揚。堯說的話傳遍天下，到現在還被人傳誦。臣認為陛下的話可以傳揚，所以便說出去了。」每當朝廷討論大事，皇上知道夏侯勝為人一向質樸耿直，便對他說：「請先生陳述正言，不要以曾被拘囚那件事為鑑戒。」

7 夏侯勝再次擔任長信少府，後來調遷為太子太傅。受皇帝詔令撰成《尚書說》、《論語說》，皇上賜他黃金一百斤。他九十歲時死於官任上，皇上賜給墓地，葬於平陵。上官太后賜錢二百萬，並為夏侯勝素服致哀五日，以報謝師傅之恩，儒者引以為榮。

8 當初，夏侯勝講授經術時，常對學生們說：「讀書人怕的是不通曉經術，如果通曉經術，那他獲取高官顯爵如同俯拾地上的草芥而已。學習經術而不能通曉，不如回家種地。」

9 夏侯勝的堂兄弟夏侯建字長卿。他親自師事夏侯勝和歐陽高，向夏侯勝和歐陽高兩人請教疑義，又向研究和傳授《五經》的學者求教他們所治之學同《尚書》相出入的有關問題，然後廣徵博引，將《尚書》依次分章析句，寫出解說文字，加以緣飾解說。夏侯勝非難他說：「夏侯建是所謂章句小儒，割裂大道。」夏侯建也非難夏侯勝治學粗疏簡略，難以應付論敵。夏侯建終於以其學有專長而自成一派，為經學名家，他擔任議郎、博士，官至太子少傅。夏侯勝的兒子夏侯兼擔任左曹、太中大夫，孫子夏侯堯先後擔任長信少府、大司農、大鴻臚，曾孫夏侯蕃先後擔任郡守、州牧、長樂少府。夏侯勝同母弟之子夏侯賞擔任梁國內史，夏侯賞之子夏侯定國擔任豫章郡太守。而夏侯建之子夏侯千秋也先後擔任少府、太子少傅。

1 京房，字君明，東郡❶頓丘❷人也。治❸易❹，事梁人❺焦延壽。延壽字贛。贛貧賤，以好學得幸❻梁王❼，王共❽其資用❾，令極意❿學。既成，為郡史⓫，察舉⓬補小黃⓭令⓮。以候司先知姦邪，盜賊不得發⓯。愛養吏民，化⓰行縣中。舉最當遷⓱，三老⓲官屬上書願留贛，有詔許增秩留⓳，卒於小黃。贛常曰：「得我道以亡身者，京生也。」其說長於災變，分六十卦，更直日用事⓴，以風雨寒溫為候㉑，各有占驗㉒。房用之尤精。好鍾律㉓，知音聲㉔。初元四年㉕以孝廉㉖為郎。

2 永光㉗、建昭㉘間，西羌㉙反，日蝕，又久青㉚亡光，陰霧不精㉛。房數上疏，先言其將然㉜，近數月，遠一歲，所言屢中㉝。天子說之，數召見問，房對曰：「古帝王以功舉賢，則萬化㉞成，瑞應著㉟，末世以毀譽取人，故功業廢而致㊱災異。宜令百官各試㊲其功，災異可息。」詔使房作其事，房奏考功課吏法㊳。上令公卿朝臣與房會議溫室㊴，皆以房言煩碎㊵，令上下相司㊶，不可許。上意鄉㊷之。時部刺史奏事京師㊸，上召見諸刺史，令房曉㊹以課事，刺史復以為不可行。

唯御史大夫鄭弘[45]、光祿大夫周堪[46]初言不可，後善之[47]。

3 是時中書令[48]石顯[49]顓權，顯友人五鹿充宗[50]為尚書令[51]，與房同經[52]，論議相非。二人用事[53]，房嘗宴見[54]，問上曰：「幽厲[55]之君何以[56]危[57]？所任者何人也？」上曰：「君不明，而所任者巧佞[58]。」房曰：「知其巧佞而用之邪，將[59]以為賢也？」上曰：「賢之[60]。」房曰：「然則[61]今何以知其不賢也？」上曰：「以其時亂而君危知之。」房曰：「若是[62]，任賢必治，任不肖[63]必亂，必然之道也。幽厲何不覺寤[64]而更[65]求賢，曷為[66]卒[67]任不肖以至於是？」上曰：「臨亂之君各賢其臣，令[68]皆覺寤，天下安得[69]危亡之君？」房曰：「齊桓公[70]、秦二世[71]亦嘗聞此君[72]而非笑[73]之，然則任豎刁[74]、趙高[75]，政治日亂，盜賊滿山，何不以幽厲卜[76]之而覺寤乎？」上曰：「唯有道者能以往知來耳。」房因免冠[77]頓首[78]，曰：「春秋紀[79]二百四十二年災異，以視[80]萬世之君。今陛下即位已[81]來，日月失明，星辰逆行，山崩泉湧，地震石隕[82]，夏霜冬雷，春凋秋榮，隕霜不殺[83]，水旱螟蟲，民人饑疫，盜賊不禁，刑人[84]滿市，春秋所記災異盡備[85]。陛下視今為治邪，亂邪？」上曰：「亦極亂耳，尚何道[86]！」房曰：「今所任用者誰與？」上曰：「然幸其瘉於彼，又以為不在此人也[87]。」房曰：「夫前世之君亦皆然[88]

矣。臣恐後之視今，猶今之視前也。」上良久(89)迺曰：「今為亂者誰哉？」房曰：「明主宜自知之。」上曰：「不知也，如知，何故用之？」房曰：「上最所信任，與圖事(90)帷幄(91)之中進退(92)天下之士者是矣。」房指謂石顯，上亦知之，謂房曰：「已諭(93)。」房罷出(94)。

4 後上令房上(95)弟子曉知考功課吏事者，欲試用之。房上中郎(96)任良、姚平，「願以為刺史，試考功法，臣得通籍(97)殿中，為奏事，以防雍(98)塞。」石顯、五鹿充宗皆疾(99)房，欲遠之(100)，建言(101)宜試以房為郡守。元帝於是以房為魏郡(102)太守，秩八百石(103)，居(104)得以考功法治郡。房自請，願無屬刺史(105)，得除用(106)他郡人，自第吏千石以下(107)，歲竟(108)乘傳(109)奏事。天子許焉(110)。

5 房自知數以論議為大臣所非，內與石顯、五鹿充宗有隙(111)，不欲遠離左右(112)，及為太守，憂懼。房以建昭二年(113)二月朔(114)拜(115)，上封事(116)曰：「辛酉(117)以來，蒙氣(118)衰去(119)，太陽精明，臣獨欣然，以為陛下有所定(120)也。然少陰倍力而乘消息(121)。臣疑陛下雖行此道，猶不得如意，臣竊(122)悼懼(123)。守(124)陽平侯鳳(125)欲見(126)未得，至己卯，臣拜為太守，此言上雖明下猶勝之效也(127)。臣出之後，恐必為用事(128)所蔽，身死而功不成，故願歲盡乘傳奏事，蒙哀(129)見許。迺(130)辛巳，蒙氣復乘卦，太陽侵色(131)，此上大夫(132)覆(133)陽(134)而上意疑也。己卯、庚辰之間，必有欲隔絕臣令不得乘傳奏事者。」

6 房未發(135)，上令陽平侯鳳承制(136)詔房，止無乘傳奏事。房意愈恐，去至新豐(137)，因郵(138)上封事曰：「臣前以六月中言遯卦(139)不效(140)。法(141)曰：『道人(142)始去，寒，涌水為災。』至其七月，涌水出。臣弟子姚平謂臣曰：『房可謂知道，未可謂信道也。房言災異，未嘗不中，今涌水已出，道人當逐死(143)，尚復何言！』臣曰：『陛下至仁，於臣尤厚，雖言而死，臣猶言也。』平又曰：『房可謂小忠(144)，未可謂大忠(145)也。昔秦時趙高用事，有正先(146)者，非刺(147)高而死，高威自此成，故秦之亂，正先趣(148)之。』今臣得出守郡，自詭(149)效功，恐未效而死。惟(150)陛下毋使臣塞(151)涌水之異，當(152)正先之死，為姚平所笑。」

7 房至陝(153)，復上封事曰：「乃(154)丙戌小雨，丁亥蒙氣去，然少陰并力而乘消息，戊子益甚，到五十分(155)，蒙氣復起(156)。此陛下欲正(157)消息，雜卦之黨(158)并力而爭，消息之氣不勝。彊弱安危之機(159)不可不察。己丑夜，有還風(160)，盡辛卯，太陽復侵色，至癸巳，日月相薄(161)，此邪陰同力而太陽為之疑也。臣前白九年不改，必有星亡之異(162)。臣願出任良試考功，臣得居內(163)，星亡之異可去。議者知如此於身不利，臣不可蔽，故云使弟子不若試師。臣為刺史又當奏事，故復云為刺史恐太守不與同心，不若以為太守，此其所以隔絕臣也。陛下不違其言而遂聽之，此迺蒙氣所以不解，太陽亡色者也。臣去朝稍[164]遠，太陽侵色益甚，唯陛下毋難還臣[165]而易[166]逆天意。邪說雖安于人[167]，天氣必變，故人可欺，天不可欺也，願陛下察焉。」房去月餘，竟徵下獄。

8 初，淮陽憲王[168]舅張博[169]從房受學，以女妻房[170]。房與相親，每朝見，輒[171]為博道其語[172]，以為上意欲用房議，而群臣惡[173]其害己，故為眾所排[174]。博曰：「淮陽王上親弟，敏達[175]好政[176]，欲為國忠。今欲令王上書求入朝，得佐助房。」房曰：「得無不可[177]？」博曰：「前楚王[178]朝薦士，何為不可？」房曰：「中書令石顯、尚書令五鹿君相與[179]合同[180]，巧佞之人也，事縣官[181]十餘年；及丞相韋侯[182]，皆久亡補於民，可謂亡功矣。此尤不欲行考功者也。淮陽王即[183]朝見，勸上行考功，事善；不然[184]，但言丞相、中書令任事久而不治，可休[185]丞相，以御史大夫鄭弘代之，遷中書令置他官，以鉤盾令[186]徐立代之。如此，房考功事得施行矣。」博具[187]從房記諸所說災異事，因令房為淮陽王作求朝奏草，皆持柬[188]與淮陽王。石顯微司[189]具知之，以[190]房親近[191]，未敢言。及房出守郡，顯告房與張博通謀，非[192]

謗政治，歸惡天子，詿誤[193]諸侯王，語在〈憲王傳〉[194]。初，房見，道幽厲事，出為御史大夫鄭弘言之。房、博皆棄市[195]，弘坐[196]免為庶人[197]。房本姓李，推律[198]自定為京氏，死時年四十一。

【章　旨】以上是〈京房傳〉，著重記載京房以善說災異得幸於元帝，後因試行考功課吏法被權臣陷害身死的經過。

【注　釋】❶東郡　郡名。治濮陽（今河南濮陽西南）。❷頓丘　縣名。在今河南浚縣北。❸治　研究。❹易　即《周易》，也稱《易經》。是我國最古老的一部占卜書，儒家的主要經典。❺梁人　焦延壽為梁國蒙縣（今河南商丘）人，故稱「梁人」。❻得幸　得到寵愛。❼梁王　此時的梁王是梁敬王劉定國，為漢文帝之子梁孝王劉武的後代。❽共　通「供」。供給。❾資用　各種財物費用。❿極意　指毫無牽累，盡其心意。⓫郡史　郡級長官的屬吏。⓬察舉　漢代選官途徑之一。由丞相、列侯、刺史、郡守國相等推舉，經考核後任以官職。始於武帝時，其主要科目有孝廉、賢良文學、秀才等。為漢代重要入仕途徑之一。⓭小黃　縣名。在今河南開封東。⓮令　縣令。一縣的最高行政長官。⓯以候司二句　顏師古注曰：「以其常先知姦邪，故欲為盜賊者，不敢起發。」候司，偵查；探察。司，通「伺」。⓰化　教化；風化。⓱舉最當遷　顏師古注曰：「以課最而被舉，故欲遷為他官也。」最，指政績考核為最優。⓲三老　官名。為掌管教化、幫助地方官推行政令的鄉官。漢代郡、縣、鄉都設有三老。⓳許增秩留　顏師古注曰：「依許留而增其秩。」秩，官吏的俸祿，亦指官吏的品級。⓴分六十卦二句　宋祁曰：「（六十卦）一本曰六十四卦。」顏師古注引孟康曰：「分卦直（值）日之法，一爻主一日，六十四卦為三百六十日。餘四卦，〈震〉、〈離〉、〈兌〉、〈坎〉，為方伯監司之官。所以用〈震〉、〈離〉、〈兌〉、〈坎〉者，是二至二分用事之日，又是四時各專王之氣。各卦主時，其占法各以其日觀其善惡也。」《周易》中象徵自然現象和人事變化的一套符號稱為「卦」。以陽爻、陰爻相配合而成。三個爻組成的卦共八個，《周易》稱為「經卦」，通稱八卦。兩卦（即六個爻）相重成為六十四卦（《周易》稱為「別卦」），卦名有〈乾〉、〈坤〉、〈屯〉、〈蒙〉等六十四個。古人用以占卜吉凶或說明萬物的矛盾的對立和轉化。更，輪流；交替。直日用事，值日主事。在輪到自己負責之日主持事務。直，通「值」。㉑候　徵候；徵兆。㉒占驗　預測吉凶而驗證之。㉓鍾律　即樂律。中國古代樂律為十二律制，即用三分損益法將一個八度分為十二個不完全相等的半音的一種律制（參見後文「十二律」注）。制定樂律的度尺（律尺）以十二律之第一律黃鐘律的管長為準，故亦稱樂律為鐘律。京房在樂律方面，創十三絃「準」以定律，並依八卦原理將十二律擴至六十律。㉔音聲　特指音樂的聲音。㉕初元四年　即西元前四五年。初元，漢元帝年號（西元前四八－前四四年）。㉖孝廉　漢代選拔人才的科目之一。由各郡國在所屬吏民中薦舉。舉為孝廉者往往被任為「郎」。㉗永光　漢元帝的年號（西元前四三－前三九年）。㉘建昭　漢元帝的年號（西元前三八－前三四年）。㉙西羌　即羌。部族名，因居於西方，故稱西羌。㉚青　黑色。這裡指黑暗。㉛精　顏師古注曰：「精謂日光清明也。」㉜言其將然　顏師古注曰：「言且欲有此事。」㉝中　符合。㉞萬化　顏師古注曰：「萬化，萬機之事，施教化者也。一曰萬物之類也。」㉟著　顯著。㊱致　招來。㊲試　考試；考核。㊳考功課吏法　考核官吏功績之法。顏師古注引晉灼曰：「令丞尉治一縣，崇教化亡犯法者輒遷。有盜賊，滿三日不覺者則尉事也。令覺知，自除，二尉負其罪。率相准如此法。」㊴溫室　宮殿名。武帝時建，位於西漢都城長安的未央宮內。㊵煩碎　煩瑣。㊶相司　相互監視探察。㊷鄉　通「向」。㊸京師　首都，指長安。㊹曉　告知。㊺鄭弘　西漢大臣。少時好學，明曉經籍，兼通法律政事，曾任南陽太守、右扶風、御史大夫等職，後因罪免官。本書卷六十六有傳。㊻周堪　夏侯勝的弟子，宣帝時以儒學入仕，曾任太子少傅。元帝時，任光祿大夫、光祿勳等職。㊼善之　即「以之為善」。善，這裡用作動詞。意動用法。意為：認為是好的。㊽中書令　官名。為九卿之一少府的屬官，多選用明習法令舊例者任之。宣帝時，中書宦官地位提高，至元帝時，中書令典機密、參決政事，權力達到頂峰。㊾石顯　西漢大臣。初坐法受腐刑，為中黃門，後代弘恭為中書令。元帝時，政事無大小，都由他決定，貴幸傾朝。成帝即位後失權，被免官徙歸故郡，憂而不食，病死於道。本書卷九十三有傳。㊿五鹿充宗　複姓五鹿。元帝時歷任尚書令、少府，與中書令石顯相友，皆貴幸，權傾一時。(51)尚書令　官名。漢承秦置，為九卿之一少府的屬官，掌機密文書奏章，武帝以後職權漸重。(52)同經　這裡指都研究《易經》。(53)用事　掌權。(54)宴見　顏師古注曰：「以閑宴時而入見天子。」(55)幽厲　指周幽王、周厲王。根據《史記‧周本紀》，周厲王姬胡暴虐，被趕下臺。經過「共和」時期之後，厲王的太子姬靜即位，就是宣王。宣王去世後，其子即位，是為幽王。幽王昏庸無道，政治黑暗，西元前七七一年犬戎攻周，幽王被殺。(56)何以　以何。因為什麼；怎麼。(57)危　指陷於危亡之境。(58)巧佞　巧言諂媚。(59)將　抑或；還是。連詞。(60)賢之　即「以之為賢」。賢，這裡用作動詞。意動用法。意為：認為他賢能。(61)然則　這是代詞「然」與連詞「則」組合成的一個連詞性結構。然，肯定前事。則，引出後事。其意是「（既然）這樣……那麼」。(62)若是　像這樣。(63)不肖　與「賢」相對，指品行不好或品行不好的人。64寤　通「悟」。醒悟。65更　另外。66曷為　為什麼。曷，何；什麼。67卒　終於；始終。68令　假如。69安得　哪裡會有。安，怎麼；哪裡。70齊桓公　春秋時齊國國君，任用管仲為相，厲行改革，富國強兵，以「尊王攘夷」為號召，制止戎狄進攻中原，多次大會諸侯，成為春秋第一霸主。71秦二世　秦始皇之子胡亥。他在位期間任用宦官趙高，加重賦役，大興土木，導致民不聊生，最終引發陳勝、吳廣起義。後被趙高逼迫自殺。72此君　指周幽王、周厲王這類君主。73非笑　譏笑。74豎刁　齊桓公的近臣。管仲死後，他與易牙、開方專權。桓公死，諸子爭立，他與易牙等立公子無虧，太子昭奔宋，齊國因此發生內亂。75趙高　原為趙國人，入秦宮為宦官，官至中車府令，兼行符璽令事。始皇死，他與丞相李斯偽造遺詔，逼死始皇長子扶蘇，立始皇少子胡亥為帝。專擅朝政，後殺李斯，又殺胡亥，立子嬰為帝。不久被子嬰所殺。76卜預料；推測。指借鑑往事預知未來。77免冠　摘下帽子。古人免冠以示謝罪。78頓首　磕頭。79紀　通「記」。記載。80視通「示」。81已　通「以」。82石隕　隕石墜落。83隕霜不殺　指霜降而草木不枯凋。84刑人　指受過肉刑、形體虧損的人。85盡備　顏師古注曰：「言今皆備有之。」86尚何道　還有什麼可說的。尚，還。道，說。87然幸其二句　顏師古注曰：「瘉與愈同，愈猶勝也。言今之災異及政道猶幸勝于往日，又不由所任之人。」88皆然　都是這樣。89良久　很久；許久。90圖事　謀事。這裡指謀議政事。91帷幄　帳幕。後多指軍帳，這裡借指宮廷密室。92進退　進用或黜退。93已諭　顏師古注曰：「言已曉此意。」94罷出　指與皇帝停止議論，出宮而去。95上　呈上。96中郎　官名。為九卿之一郎中令（光祿勳）的屬官。掌守宮殿門戶，出充車騎。97通籍　指記名於門籍，可以進出宮門。籍是二尺長的竹片，上寫姓名、年齡、身分等，掛在宮門外，以備出入時查對。98雍　通「壅」。堵塞。99疾　恨。100遠之　顏師古注曰：「出之，令遠去。」101建言　建議說。102魏郡　郡名。治鄴城（今河北臨漳西南）。103秩八百石　以年俸八百石居官。郡太守秩級為二千石，因京房以郎出任郡太守，故以八百石居官。104居　任職；居官。105無屬刺史　指本人及屬下郡縣官員不受刺史監察。106除用　任用。除，任命；授職。107自第吏千石以下　顏師古注引如淳曰：「令長屬縣，自課第殿最。」自己考評年俸千石以下官吏政績的等次。第，等次。這裡用作動詞，意為品評等次。108歲竟　年終。109乘傳　乘坐驛站的傳車。傳，傳車。驛站的專用馬車。110焉　代詞。相當於「之」。111隙　嫌隙。112左右　指皇帝身邊。113建昭二年　即西元前三七年。114朔　陰曆的每月初一。115拜　授予官職。這裡指京房被任命為魏郡太守。116封事　密封的奏章。古代臣下上書奏機密事，為防止洩露，用皁囊封緘呈進，也稱封章。117辛酉　辛酉日。古人用甲乙丙丁等十天干和子丑寅卯等十二地支分別依次搭配成甲子、乙丑等周而復始的「六十甲子」以記日期。後文己卯、辛巳等皆是。118蒙氣　指陰雲塵霧之氣。119衰去　衰退。120有所定　有所決定。這裡指對採用考功課吏法和黜退佞臣問題有所決定。(121)然少陰句　顏師古注引孟康曰：「房以消息卦為辟。辟，君也。息卦曰太陰，消卦曰太陽，其餘卦曰少陰少陽，謂臣下也。」即消息卦為辟，辟即君主；息卦曰太陰，消卦曰太陽；其餘卦曰少陰、少陽，講的是臣的問題。少陰并力而成雜卦之氣，勢必干犯消息卦，是臣干犯君之兆。倍力，併合其力；倍加其力。乘，干犯。(122)竊　私下；私自。自謙之辭。(123)悼懼　悲傷恐懼。(124)守　求請。(125)陽平侯鳳　指王鳳。元帝王皇后之弟。成帝即位後，任大司馬、大將軍領尚書事，以外戚身分輔政，專權蔽主。(126)欲見　想見皇上。(127)此言句　顏師古注曰：「言權臣蔽主之明，故已出為郡守也。」(128)用事　「用事者」的省稱。指石顯等。(129)哀　憐憫；同情。(130)迺　可是；卻。(131)蒙氣復乘卦二句　指蒙氣又干犯消息卦，致使太陽光色暗淡。侵，侵蝕。被動用法。(132)上大夫　古代統治階級，在國君之下有卿、大夫、士三等，每等又各分為上、中、下三級。上大夫代指高官。這裡指石顯、五鹿充宗等人。(133)覆　顏師古注曰：「覆，掩蔽也。」(134)陽　太陽。指皇帝。(135)發　出發。(136)承制　奉皇帝之命。承，奉。制，皇帝的命令。(137)新豐　縣名。在今陝西臨潼東北。(138)郵　顏師古注曰：「郵，行書者也，若今傳送文書矣。」(139)遯卦　六十四卦之一。(140)不效　指當時尚無效驗。(141)法　《資治通鑑》胡三省注曰：「法者，房占候之法，著之于書者也。」(142)道人　有道術之人。(143)逐死　被貶逐而死。(144)小忠　《資治通鑑》胡三省注曰：「小忠，謂以諫殺身而無益于國。」(145)大忠　《資治通鑑》胡三省注曰：「大忠，謂諫行言聽而身與國同休也。」(146)正先　人名。秦代博士。(147)非刺　譏刺。(148)趣　通「促」。(149)詭　顏師古注曰：「詭，責也。」(150)惟　句首語氣詞。表示希望。(151)塞　顏師古注曰：「塞亦當也。」(152)當　相當；如同。(153)陝　縣名。在今河南三門峽西舊陝縣。(154)乃　乃者；昔日。(155)五十分　顏師古注引孟康曰：「分一日為八十分，分起夜半（自半夜零時起計算所分）。」五十分相當於今午後三時正。(156)蒙氣復起　顏師古注引孟康曰：「蒙常以晨夜，今向中而蒙起，是臣黨盛、君不勝也。」(157)正　糾正；匡正。(158)雜卦之黨　指雜卦（少陰、少陽）所表示的臣黨。(159)機　通「幾」。事物變化的苗頭或徵兆。(160)還風　顏師古注引孟康曰：「諸卦氣以寒溫不效後九十一日為還風。還風，暴風也。風為教令，言正（政）令還也。」(161)薄　迫近；接近。(162)星亡之異　指夜空不見星辰的異常天象。(163)居內　身居朝內。(164)稍　逐漸。(165)難還臣　以召臣回朝為難事。難，困難。這裡用作動詞，意動用法。(166)易　顏師古注曰：「易，輕也。」(167)邪說雖安于人　指君主雖然安於邪說而無察覺。(168)淮陽憲王　即宣帝之子劉欽，為元帝的異母兄弟。本書卷八十有傳。(169)張博　宣帝寵妃張婕妤的兄弟，淮陽憲王母舅。(170)以女妻房　把女兒嫁給京房。妻，動詞。(171)輒　總是；就。(172)其語　指京房與天子的談話內容。(173)惡　憎惡；厭惡。(174)排　排擠；排斥。(175)敏達　頭腦敏銳而通達事理。(176)好政　喜歡研究政治和處理政事。(177)得無不可　顏師古注曰：「恐不可也。」(178)楚王　指宣帝之子劉囂。本書卷八十有傳。[179]相與　相交往。[180]合同　同心合力；同流合汙。[181]縣官　指國家、朝廷、天子。[182]韋侯　指韋玄成。為丞相韋賢之子，元帝時官至丞相。本書卷七十三有傳。[183]即　如果；假如。[184]不然　如果不是這樣。假設之辭。[185]休　停止。這裡指罷免。[186]鉤盾令　官名。為九卿之一少府的屬官，負責管理京師近地的皇家苑囿。[187]具　全部。[188]柬　通「簡」。書札；名帖。[189]微司　即微伺。暗中偵察。[190]以　因為。[191]親近　指與皇帝關係密切。[192]非　通「誹」。誹謗。[193]詿誤　貽誤；連累。[194]語在憲王傳　有關情況詳載於〈淮南憲王傳〉。史書中常用這種形式避免記事重複。[195]棄市　古代刑罰的一種。在鬧市執行死刑，並將屍體暴露街頭，以示警戒。[196]坐　特指辦罪的因由。[197]庶人　平民；百姓。[198]推律　吹律而推究之。《白虎通義・姓名》曰：「古者聖人吹律定姓以紀其族。」吹律，吹奏律管。

【語譯】京房，字君明，是東郡頓丘縣人。他研究《易經》，師事梁國人焦延壽。焦延壽字贛。焦贛貧賤，因好學得到梁王的寵幸，梁王供給他財物費用，讓他毫無牽掛、極盡心意地讀書學習。學成後，他擔任郡吏，通過察舉，補任小黃縣縣令。由於他善於預測，能夠事先知道奸邪之謀，縣內盜賊無法作案。他愛護和撫養吏民，教化風行於縣中。他因政績考核成績最優被舉薦，要升任別的職務，而縣中三老、屬吏上書希望讓他留任，皇上便下詔准許提高他的品級留任，他死於小黃縣。焦贛常說：「學得我的道術而喪命的人，一定是京生啊。」焦贛的學說長於推究災變，其法是將六十卦加以分派，讓每卦輪流值日主事，以風雨寒溫等氣象變化為徵候，各有占驗。京房運用這個方法尤其精深熟練，他喜好音律，懂得音樂的聲音之理。初元四年，他以孝廉擔任郎官。

2　元帝永光、建昭年間，西羌反叛，當時發生了日食，而且很長時間昏暗無光，陰雲濃霧，天氣不晴朗。京房屢次上疏，預言將要發生某事，近者數月，遠者一年，所言屢屢說中。皇上很喜歡他，屢次召見詢問，京房回答說：「古代的帝王根據功勞選拔賢能者任職，所以能成其萬機之事，化行天下，各種瑞應顯著，末世的帝王根據毀謗或讚譽取捨人物，所以功業衰廢而招來災異。應該命令文武百官都接受功績考核，災異便可以消失。」皇上下令讓京房辦這件事，京房奏呈他擬定的考功課吏法。皇上命令公卿大臣們與京房在溫室殿討論考功課吏法，公卿大臣們都認為京房所說的那套辦法太煩瑣，又使上下級官吏之間互相監視探察，認為不能批准。皇上的意思傾向於京房。這時各地刺史到京師奏事，皇上召見諸刺史，讓京房向他們說明考功課吏法，刺史們也認為此法不可施行。只有御史大夫鄭弘和光祿大夫周堪開始說不可行，後來認為這個辦法好。

3 這時中書令石顯專權，石顯的友人五鹿充宗擔任尚書令，他與京房都研究《易經》，兩人論經議事相互非難。石顯和五鹿充宗掌權。京房曾於皇上閒暇時進見，問皇上說：「周幽王、周厲王那樣的國君為什麼會陷於危亡之境？他們所任用的是什麼人呢？」皇上回答說：「這兩個國君昏庸不明，而所任用的人是巧言諂媚之徒。」京房問道：「是知道他們巧言諂媚而任用呢，還是認為他們賢能而任用呢？」皇上說：「是認為他們賢能而任用。」京房問道：「那麼如今怎麼知道他們不賢呢？」皇上說：「由他們掌權時政治混亂而國君陷於危境知道的。」京房說：「像這樣，任用賢能者天下必治，任用不肖之徒天下必亂，這是必然之道。周幽王和周厲王為什麼不覺悟而另求賢臣，為什麼始終任用不肖之徒以至於國亂身危呢？」皇上說：「身臨亂世的國君各以其臣為賢，假如他們都覺悟了，天下哪裡還會有危亡之君？」京房說：「齊桓公和秦二世也曾聽說幽王、厲王這類君主之事而譏笑他們，卻任用豎刁、趙高，以致政治日亂，盜賊滿山，他們為什麼不以幽王、厲王之事為前車之鑑而覺悟呢？」皇上回答說：「只有那些有道之人才能以往知來啊。」京房於是摘下帽子磕頭，說道：「《春秋》記載二百四十二年間發生的各種災異，以示萬世之君。如今陛下登上皇位以來，日月失明，星辰逆行，山崩泉湧，地震石隕，夏霜冬雷，春凋秋榮，霜降而草木不枯，水旱螟蟲之災頻生，百姓饑荒害病，盜賊橫行而不能禁止，受刑體殘之人充滿街市，《春秋》所記各種災異如今都有了。陛下看如今天下是治呢，還是亂呢？」皇上說：「也是亂到極點了，還有什麼可說的！」京房說：「如今陛下所任用的是什麼人呢？」皇上說：「然而所幸現在的災異和政治狀況還是比春秋亂世好一些，又因為災異和混亂發生的根源不在所任用之人不好。」京房說：「前代那些任用奸佞之徒而國亡身危的君主也都是這樣想啊。臣恐怕後人看我們今天，就像我們今天看前代那樣。」皇上默然很久才問道：「如今為亂者是誰呢？」京房回答說：「明主當能自知其人。」皇上說：「不知道啊，如果知道是誰，怎麼會任用他？」京房說：「就是皇上最信任的，經常在一起謀議政事於密室之中，進用和黜退天下之士的那個人。」京房指的是石顯，皇上心裡也明白，對京房說：「已經知道了。」京房與皇上談話結束，出宮而去。

4　後來皇上令京房呈報弟子中懂得考功課吏之事者，打算試用他們。京房將中郎任良、姚平二人呈報給皇上，說：「希望任用他們為刺史，試行考功課吏法，讓臣通籍殿中，為他們奏報有關事宜，以防阻塞不通。」石顯和五鹿充宗都嫉恨京房，想讓京房遠離皇上，便向皇上建議說應當試用京房為郡太守。元帝便任命京房為魏郡太守，以年俸八百石居官，准許他可以用考功課吏法治理其郡。京房自己請求，希望自己及下屬郡縣官員不受部刺史監察，能任用別郡的人為官，自己來考評年俸千石以下官吏政績的等次，年終能乘坐驛站的傳車入朝奏事。皇上批准了他的這些請求。

5　京房自知屢屢以議論時政得失而被大臣所非難，在朝中與石顯和五鹿充宗有嫌隙，不想遠離皇帝左右，等到被任命為魏郡太守，心中憂愁恐懼。京房於建昭二年二月初一被任命為魏郡太守，他向元帝呈上密封奏章說：「辛酉日以來，陰雲塵霧之氣衰退，太陽明亮，臣心中暗暗高興，以為陛下對採用考功課吏法和黜退佞臣問題已經有所決定。然而象徵臣下的少陰諸卦聚合而成離卦之氣，并力干犯象徵君主的消息卦，臣據此懷疑陛下雖想推行考功課吏法、黜退佞臣，卻仍然不能夠稱心如意，臣私下為此悲傷恐懼。請求陽平侯王鳳轉達想要進見之意而未能如願，到了己卯日，臣被任命為太守，這就是卦象所示上雖明而下猶勝之的效驗了。臣出京遠去之後，因怕必定被掌權者所壅蔽，與陛下隔絕，身死而功不成，所以請求年終能乘坐傳車入朝奏事，承蒙陛下哀憐而予允准。可是到了辛巳日，陰雲塵霧之氣又干犯消息卦，太陽黯然失色，這是朝中高官遮蔽君主而君主之意發生動搖之象。己卯、庚辰日之間，一定有人想隔絕臣而不讓臣乘坐傳車入朝奏事。」

6　京房尚未出發赴任，皇上讓陽平侯王鳳奉旨命令京房，要他不得乘坐傳車入朝奏事。京房心裡更加害怕，離京到達新豐縣，通過郵傳呈上密封奏章說：「臣曾於六月中說〈遯卦〉之象，當時尚無效驗。占候之法說：『有道術之人開始離去，天氣寒冷，有水湧出而成災。』到七月，有水湧出。臣的弟子姚平對臣說：『你可以說是懂得道術之人，但稱不上是相信道術之人。你推論災異，未曾不說中，如今湧水之異象已經出現，預示有道術之人要被貶逐而死，還要再說什麼！』臣說：『陛下仁德無量，待臣尤其優厚，即使因為直言而身死，臣還是要說。』姚平又說：『你可以算得上小忠，而稱不上大忠。從前秦朝宦官趙高掌權，朝中有個叫正先的博士，因譏刺趙高而身死，趙高的淫威由此而成，所以可以說秦朝之亂是正先促使的。』如今臣出為郡守，自負試行考功課吏法功效之責，恐怕功效未見而身死。希望陛下不要讓臣身當『湧水』這種災異所預示的結局，如同正先之死那樣，被姚平恥笑。」

7 京房到達陝縣，又呈上密封奏章說：「此前丙戌日天降小雨，丁亥日陰雲塵霧之氣消退，但少陰諸卦雜氣合力干犯消息卦，戊子日越發厲害，到當日午後三時，陰雲塵霧之氣再起。這說明陛下想匡正消息卦所代表的君權，而少陰雜卦所表示的臣黨并力而爭，消息卦之氣不勝。強弱安危的徵兆不可不察。己丑日之夜，有還風，持續到辛卯日而止，太陽再次昏暗失色，至癸巳日，日月相互迫近，這是邪陰同力而太陽因之生疑之象。臣以前曾說過，九年內不改弦易張，必定會發生夜空不見星辰的災異。臣希望讓弟子任良出去試行考功課吏法，臣居朝內，夜空不見星辰的災異便可避免。議事者知道這樣做將對他們自身不利，他們不能擋住臣進見陛下，所以便說任用弟子不如試用其師。如果臣擔任刺史又應回朝奏事，所以他們又進言說如任命臣為刺史恐怕郡太守們會不同心協力，不如任命臣為郡太守，這是他們用來隔絕臣與陛下接觸的辦法。陛下不拒絕他們的讒言而終於聽從了他們的主意，這就是陰雲塵霧之氣不能消除、太陽昏暗無光的原因。臣離朝逐漸遠去，太陽昏暗失色越來越嚴重，希望陛下不要以召臣回朝為難事而輕易違反天意。君主雖然安於邪說而無所察覺，但天氣必定要有變故，所以人可欺而天不可欺，希望陛下審察這種情況。」京房離朝一個多月後，最終被徵召回京，關進監獄。

8 當初，淮陽憲王劉欽的舅父張博跟隨京房學習，並把女兒嫁給京房為妻。京房與張博關係親密，每次入朝進見皇上，回來後總是向張博講述他跟皇上談話的內容，認為皇上想要採用他的建議，而群臣憎惡他於己有害，所以被眾臣排擠。張博對京房說：「淮陽王是皇上的親弟弟，頭腦敏銳，通達事理，喜好政治和處理政事，想為國盡力效忠。如今我想讓淮陽王上書請求入朝，這樣就能幫助你。」京房說：「恐怕不可以吧？」

張博說：「以前楚王曾入朝薦舉士人，為什麼不可以呢？」京房說：「中書令石顯和尚書令五鹿充宗互相勾結，同流合汙，他們是巧言諂媚之徒，在朝為官十餘年；還有丞相韋玄成，他們都長期無益於民，稱得上沒有什麼功勞。這幾人尤其不想實行考功課吏法。淮陽王如果入京朝見，勸說皇上實行考功課吏法，事情固然很好；如果不是這樣的話，他只向皇上說丞相、中書令任職很久而天下亂而不治，可罷免丞相，以御史大夫鄭弘代替他，調遷中書令石顯改任別的官職，以鉤盾令徐立代替他。這樣的話，我京房的考功課吏法就能得以施行了。」張博跟著京房把他所說的各種災異之事全部記錄下來，於是讓京房替淮陽王擬就請求入朝拜見天子的奏章，並把這些書札交給淮陽王。石顯暗中偵察，全都知道這些情況，因為顧忌京房與皇上關係密切，沒敢向皇上說。等到京房出任郡太守，石顯便告發京房與張博結交往來，策劃陰謀，誹謗政治，歸惡於天子，貽誤諸侯王，有關情況詳載在〈淮南憲王傳〉中。當初京房進見時與皇上談論周幽王、周厲王之事，出宮後向御史大夫鄭弘說過。京房和張博都被判死刑，暴屍街頭，以示警戒，鄭弘也因罪被免職，成為平民。京房本姓李，他吹律推究，自定為京氏，死時四十一歲。

1 翼奉，字少君，東海❶下邳❷人也。治齊詩，與蕭望之❸、匡衡❹同師。三人經術皆明，衡為後進❺，望之施之政事❻，而奉惇❼學不仕，好律曆陰陽之占❽。元帝初即位，諸儒薦之，徵待詔宦者署❾，數言事宴見，天子敬焉。

2 時，平昌侯王臨❿以宣帝外屬⓫侍中⓬，稱⓭詔欲從奉學其術。奉不肯與言，而上封事曰：「臣聞之於師，治道要務，在知下之邪正。人誠⓮鄉⓯正，雖愚為用；若迺⓰懷邪，知⓱益為害。知下之術，在於六情十二律而已⓲。北方之情，好也；好行貪狼，申子主之。東方之情，怒也；怒行陰賊，亥卯主之⑲。貪狼必待陰賊而後動，陰賊必待貪狼而後用⑳，二陰並行，是以王者忌子卯也。禮經避之，春秋諱焉㉑。南方之情，惡也；惡行廉貞，寅午主之㉒。西方之情，喜也；喜行寬大，巳酉主之㉓。二陽並行，是以王者吉午酉也㉔。詩曰：『吉日庚午㉕。』上方之情，樂也；樂行姦邪，辰未主之㉖。下方之情，哀也；哀行公正，戌丑主之㉗。辰未屬陰，戌丑屬陽，萬物各以其類應㉘。今陛下明聖虛靜以待物至，萬事雖眾，何聞而不諭㉙？豈況乎執十二律而御㉚六情！於以知下參㉛實㉜，亦甚優矣，萬不失一，自然之道也。迺正月癸未日加申，有暴風從西南來。未主姦邪，申主貪狼，風以大陰下抵建前，是人主左右邪臣之氣也㉝。平昌侯比三㉞來見臣，皆以正辰加邪時㉟。辰為客，時為主人。以律知人情，王者之祕道也，愚臣誠㊱不敢以語邪人。」

3 上以奉為中郎，召問奉：「來者以善日邪時，孰與㊲邪日善時？」奉對曰：「師法㊳用辰不用日㊴。辰為客，時為主人。見於明主，侍者為主人㊵。辰正時邪，見者正，侍者邪；辰邪時正，見者邪，侍者正。忠正之見㊶，侍者雖邪，辰時俱正㊷；大邪㊸之見，侍者雖正，辰時俱邪㊹。即以自知侍者之邪，而時邪辰正，見者反邪[45]；即以自知侍者之正，而時正辰邪，見者反正[46]。辰為常事，時為一行[47]。辰疏而時精[48]，其效同功，必參五[49]觀之，然後可知。故曰：察其所繇[50]，省其進退，參之六合[51]五行[52]，則可以見人性，知人情。難用外察，從中甚明，故詩之為學，情性而已。五性[53]不相害，六情更興廢。觀性以曆[54]，觀情以律[55]，明主所宜獨用，難與二人共也。故曰：『顯諸仁，臧諸用[56]。』露之則不神，獨行則自然矣，唯奉能用之，學者莫[57]能行。」

4　是歲[58]，關東大水，郡國十一饑[59]，疫[60]尤甚。上迺下詔江海陂[61]湖園池屬少府者以假[62]貧民，勿租稅；損[63]大官膳[64]，減樂府[65]員[66]，省[67]苑馬[68]，諸宮館稀[69]御幸[70]者勿繕治[71]；太僕[72]少府減食穀馬[73]，水衡[74]省食肉獸。明年[75]二月戊午，地震。其夏，齊[76]地人相食。七月己酉，地復震。上曰：「蓋聞賢聖在位，陰陽和，風雨時[77]，日月光[78]，星辰靜，黎庶[79]康寧，考終厥命[80]。今朕共[81]承天地，託于公侯[82]之上，明不能燭[83]，德不能綏[84]，災異並臻[85]，連年不息。乃二月戊午，地大震于隴西郡[86]，毀落太上廟[87]殿壁木飾，壞敗獂[88]道縣[89]城郭官寺[90]及民室屋，厭殺[91]人眾，山崩地裂，水泉涌出。一年地再動[92]，天惟降災，震驚朕躬。治有大虧[93]，咎[94]至於此。夙夜兢兢[95]，不通大變[96]，深懷鬱悼[97]，未知其序。比年[98]不登(99)，元元(100)困乏，不勝饑寒，以陷刑辟(101)，朕甚閔(102)焉，憯怛(103)於心。已詔吏虛(104)倉廩(105)，開府臧(106)，振捄(107)貧民。群司(108)其茂(109)思天地之戒，有可蠲除(110)減省以便萬姓(111)者，各條奏(112)。悉意(113)陳(114)朕過失，靡有(115)所諱。」因赦天下，舉(116)直言極諫(117)之士。奉奏封事曰：

5 「臣聞之於師曰，天地設位(118)，懸日月，布星辰，分陰陽，定四時，列五行，以視(119)聖人，名(120)之曰道(121)。聖人見道，然後知王治(122)之象(123)，故畫(124)州(125)土，建君臣，立律曆，陳成敗，以視賢者，名之曰經(126)。賢者見經，然後知人道(127)之務，則詩、書、易、春秋、禮、樂(128)是也。易有陰陽，詩有五際(129)，春秋有災異，皆列終始，推得失，考(130)天心(131)，以言王道(132)之安危。至秦乃不說，傷之以法(133)，是以大道不通，至於滅亡。今陛下明聖，深懷要道，燭臨萬方(134)，布德流惠，靡有闕遺(135)。罷省不急之用，振救困貧，賦(136)醫藥，賜棺錢，恩澤甚厚。又舉直言，求過失，盛德純(137)備，天下幸甚。

6 「臣奉竊學齊詩，聞五際之要十月之交(138)篇，知日蝕地震之效昭然可明，猶巢居(139)知風，穴處(140)知雨，亦不足(141)多(142)，適(143)所習(144)耳。臣聞人氣(145)內逆(146)，則感動天地(147)，天變見於星氣(148)日蝕，地變見於奇物(149)震動。所以然者，陽用其精，陰用其形，猶人之有五臧[150]六體[151]，五臧象天，六體象地。故臧病則氣色發於面，體病則欠伸[152]動於貌[153]。今年太陰建於甲戌[154]，律以庚寅初用事[155]，曆以甲午從春[156]。曆中甲庚，律得參陽，性中仁義，情得公正貞廉，百年之精歲也[157]。正以精歲，本首王位[158]，日臨中時接律而地大震，其後連月久陰，雖有大令，猶不能復[159]，陰氣盛矣。古者朝廷必有同姓以明親親[160]，必有異姓以明賢賢[161]，此聖王之所以大通天下也。同姓親而易進，異姓疏而難通，故同姓一，異姓五，迺為平均。今左右亡同姓，獨以舅后之家[162]為親，異姓之臣又疏。二后[163]之黨滿朝，非特[164]處位[165]，勢尤奢僭[166]過度，呂[167]、霍[168]、上官[169]足以卜之，甚非愛人之道，又非後嗣[170]之長策[171]也。陰氣之盛，不亦宜乎！

7 「臣又聞未央[172]、建章[173]、甘泉宮[174]才人[175]各以百數，皆不得天性[176]。若杜陵園[177]，其已御見者，臣子不敢有言，雖然[178]，太皇太后之事[179]也。及諸侯王園，與其後宮，宜為設員[180]，出其過制者，此損陰氣應天救邪之道也。今異[181]至不應[182]，災將隨之。其法大水[183]，極陰生陽，反為大旱，甚則有火災，春秋[184]宋[185]伯姬[186]是矣。唯陛下財察[187]。」

8 明年夏四月乙未，孝武園[188]白鶴館災[189]。奉自以為中，上疏曰：「臣前上五際地震之效，曰極陰生陽，恐有火災。不合明聽，未見省答[190]，臣竊內不自信。今白鶴館以四月乙未，時加於卯，月宿亢[191]災，與前地震同法。臣奉迺深知道之可信也。不勝拳拳[192]，願復賜閒[193]，卒[194]其終始。」

9 上復延[195]問以得失。奉以為祭天地於雲陽[196]汾陰[197]，及諸寢廟[198]不以親疏迭毀[199]，皆煩費，違古制。又宮室苑囿，奢泰難供，以故民困國虛，亡[200]累年[201]之畜。所繇來久，不改其本，難以末正，迺上疏曰：

10 「臣聞昔者盤庚[202]改邑[203]以興殷道[204]，聖人美[205]之。竊聞漢德隆盛，在於孝文皇帝[206]躬行節儉，外省繇役[207]。其時未有甘泉、建章及上林[208]中諸離宮[209]館也。未央宮又無高門[210]、武臺、麒麟、鳳皇、白虎、玉堂、金華之殿，獨有前殿、曲臺、漸臺、宣室、溫室、承明耳。孝文欲作一臺，度[211]用百金[212]，重[213]民之財，廢而不為，其積土基，至今猶存；又下遺詔，不起山墳[214]。故其時天下大和，百姓洽足[215]，德流後嗣。

11 「如今處於當今，因[216]此制度，必不能成功名。天道[217]有常，王道亡常，亡常者所以應有常也。必有非常之主，然後能立非常之功。臣願陛下徙都於成周[218]，左據成皋[219]，右阻[220]黽池[221]，前鄉崧高[222]，後介[223]大河[224]，建滎陽[225]，扶河東[226]，南北千里以為關[227]，而入敖倉[228]；地方百里者八九，足以自娛；東厭[229]諸侯之權，西遠羌胡[230]之難[231]，陛下共己[232]亡為[233]，按[234]成周之居，兼盤庚之德，萬歲之後[235]，長為高宗[236]。漢家郊兆[237]寢廟祭祀之禮多不應古[238]，臣奉誠難[239]亶居[240]而改作，故願陛下遷都正本。眾制皆定，亡復繕治宮館不急之費，歲可餘一年之畜。

12 「臣聞三代[241]之祖積德以王[242]，然皆不過數百年而絕。周至成王[243]，有上賢[244]之材[245]，因[246]文武[247]之業，以周召[248]為輔，有司各敬[249]其事，在位莫非其人[250]。天下甫[251]二世耳，然周公猶作詩書深戒[252]成王，以恐失天下。書[253]則曰：『王毋若殷王紂[254]。』其詩[255]則曰：『殷之未喪師[256]，克[257]配上帝[258]。宜監[259]于殷，駿命不易[260]。』今漢初取天下，起於豐沛[261]，以兵征伐，德化未洽，後世奢侈，國家之費當數代之用，非直[262]費財，又乃[263]費士[264]。孝武之世，暴骨[265]四夷[266]，不可勝數。有天下雖未久，至於陛下八世九主[267]矣，雖有成王之明，然亡周召之佐。今東方連年饑饉，加之以疾疫，百姓菜色[268]，或至相食。地比[269]震動，天氣溷濁[270]，日光侵奪[271]。繇此言之，執國政者豈可以不懷怵惕[272]而戒萬分之一[273]乎！故臣願陛下因天變而徙都，所謂與天下更始[274]者也。天道終而復始，窮[275]則反[276]本，故能延長而亡窮也。今漢道未終，陛下本而始之，於以永世延祚[277]，不亦優乎！如因[278]丙子[279]之孟夏[280]，順太陰以東行[281]，到後七年之明歲[282]，必有五年之餘蓄，然後大行考室之禮[283]，雖周之隆盛，亡以加此[284]。唯陛下留神[285]，詳察萬世之策。」

13 書奏，天子異[286]其意，答曰：「問奉：今園廟有七[287]，云東徙，狀[288]何如？」奉對曰：「昔成王徙洛[289]，盤庚遷殷，其所避就[290]，皆陛下所明知也。非有聖明，不能一變[291]天下之道。臣奉愚戇[292]狂惑[293]，唯陛下裁赦[294]。」

14 其後，貢禹[295]亦言當定迭毀禮，上遂從之。及匡衡為丞相，奏徙南北郊[296]，其議皆自奉發[297]之。

15 奉以中郎為博士、諫大夫，年老以壽終。子及孫，皆以學在[298]儒官。

【章旨】以上是〈翼奉傳〉，記載翼奉的陰陽占卜之說及遷都洛陽之議，並詳載其奏疏。

【注釋】❶東海　郡名。治郯縣（今山東郯城北）。❷下邳　縣名。在今江蘇邳州南。❸蕭望之　宣帝時為太子太傅（皇太子的老師），曾主持石渠閣會議，評議《五經》異同。元帝時，以師傅甚受尊重。後遭宦官排擠，被迫自殺。本書卷七十八有傳。❹匡衡　元帝時位至丞相，宦官石顯掌握大權時，他畏勢逢迎。後因多取封邑土地等事被免。本書卷八十一有傳。❺後進　後輩。❻施之政事　指將其所學用於政事。❼惇　勤勉。❽律曆陰陽之占　律曆，音律和曆法。古時以為十二音律和曆象相應，故常律、曆連稱，而律曆又與陰陽五行說相關，《史記・律書》曰：「律書，天所以通五行八正之氣。」故以陰陽五行說為主要理論依據的占卜術必然涉及律曆，而好律曆者亦知陰陽五行。❾待詔宦者署　即「待詔金馬門」。待詔，本意為等待皇帝詔命，後演化為官名。《史記・滑稽列傳》曰：「金馬門者，宦者署門也。門傍有銅馬，故謂之曰金馬門。」漢代被徵召者皆待詔公車（官署名），其中優異者則待詔金馬門。❿平昌侯王臨　宣帝舅父平昌侯王無故之孫。⓫外屬　外戚。指帝王的母族或妻族。⓬侍中　官名。秦代始置。《漢官儀》曰：「本秦丞相史，往來殿內，故謂之侍中。」西漢為加官，無員。凡列侯及文武官員加此頭銜者即可入禁中，親近皇帝。⓭稱　聲言；聲稱。⓮誠　果真。⓯鄉　通「向」。⓰若迺　如果。⓱知通「智」。⓲在於句　六情，指人的各種感情。《白虎通義．情性》曰：「喜、怒、哀、樂、愛、惡謂六情。」十二律，指陰陽各六共十二個音律，依次為黃鐘、大呂、太簇、夾鐘、姑洗、中呂、蕤賓、林鐘、夷則、南呂、無射、應鐘。其中奇數六律為陽律，稱作「六律」；偶數六律為陰律，稱作「六呂」，合稱「律呂」。一般所謂六律包括陰陽各六共十二律而言。古人又以十二律依次與子、丑、寅、卯等十二辰（十二地支）分別相應，認為：「陰陽之施化，萬物之始終，既類旅于律呂，又經歷于日辰，而變化之情可見矣。」（本書卷二十一〈律曆志第一上〉）故此處提出知下之術在於掌握和運用六情十二律的學問。後文即分別解釋六情及其與十二辰的某種關係，並與北、東、南、西、上、下各方所屬五行陰陽相聯繫。⓳北方之情八句　顏師古注引孟康曰：「北方水，水生于申，盛于子。水性觸地而行，觸物而潤，多所好故；多好則貪而無厭，故為貪狼也。東方木，木生于亥，盛于卯。木性受水氣而生，貫地而出，故為怒；以陰氣賊害上，故為陰賊也。」貪狼，貪得無厭；無節制地愛好。申子，十二地支的第九位和第一位。表示時辰，分別相當於現在的午後三時至五時和深夜十一時至一時。陰賊，陰險狠毒。亥卯，十二地支的第十二位和第四位。表示時辰，分別相當於現在的夜裡九時至十一時和午前五時至七時。⓴用　施用；起作用。㉑二陰並行四句　顏師古注引李奇曰：「北方陰也，卯又陰賊，故為二陰，王者忌之，不舉樂。《春秋》、《禮記》說皆同。」禮經，即《儀禮》，簡稱《禮》。儒家經典之一。春秋戰國時代一部分禮制的彙編。共十七篇。㉒南方之情四句　顏師古注引孟康曰：「南方火，火生于寅，盛于午。火性炎猛，無所容受，故為惡；其氣清專嚴整，故為廉貞。」寅午，十二地支的第三位和第七位。表示時辰，分別相當於今午前三時至五時和中午十一時至一時。㉓西方之情四句　顏師古注引孟康曰：「西方金，金生于巳，盛于酉。金之為物，喜以利刃加于萬物，故為喜；利刃所加，無不寬大，故曰寬大也。」巳酉，十二地支的第六位和第十位。表示時辰，分別相當於今午前九時至十一時和午後五時至七時。㉔二陽並行二句　火盛於午，金盛於酉，故以午酉為「二陽」。帝王以午酉為良辰吉時，故曰「王者吉午酉」。㉕吉日庚午　引自《詩經．小雅．吉日》。庚，十天干的第七位，用來紀日（也可紀年、時）。古人以甲、乙、丙、丁、戊、己、庚、辛、壬、癸十天干紀日，其中甲、丙、戊、庚、壬五個奇日為剛日，屬陽；其餘五個偶日為柔日，屬陰。《禮記．曲禮》曰：「外事以剛日，內事以柔日。」庚日是剛日，是出門做「外事」（如打獵）的吉日。午是火盛之時，故為吉辰。㉖上方之情四句　顏師古注引孟康曰：「上方謂北與東也。陽氣所萌生，故為上。辰，窮水（流盡之水）也。未，窮木（枯落之木）也。翼氏《風角》曰『木落歸本，水流歸末』，故木利在亥，水利在辰，盛衰各得其所，故樂也。水窮則無隙不入，木上出，窮則旁行，故為奸邪。」辰未，十二地支的第五位和第八位，用以紀時，相當於今午前七時至九時和午後一時至三時。㉗下方之情四句　顏師古注引孟康曰：「下方謂南與西也。陰氣所萌生，故為下。戌，窮火（燃盡之火）也。丑，窮金（極柔之金）也。翼氏《風角》曰『金剛火強，各歸其鄉』，故火刑于午，金刑于酉。酉午，金火之盛也。盛時而受刑，至窮無所歸，故曰哀也。火性無所私，金性方剛，故曰公正。」戌丑，十二地支的第十一位和第二位。用以紀時，相當於今晚七時至九時和凌晨一時至三時。㉘應　應合。㉙諭　顏師古注引孟康曰：「諭謂曉解之。」㉚御　駕馭；控制。㉛參　參驗；驗證。㉜實　事實；實際情況。㉝迺正月六句　《漢書補注》引王引之曰：「奉上封事在初元元年。元年太歲在癸酉。酉在西方，未與申皆在西南；風從西南來，則在未申之交，而當酉下，故曰『太陰下』也。」以，在；於。太陰，亦稱「歲陰」，即「太歲」。舊曆紀年所用值歲干支的別名。如逢甲子年，甲子即是「太歲」，以此類推，至癸亥年止。「太歲」每十二年一循環；地支有方位，「太歲」因而亦有方位。大，通「太」。建，北斗的斗柄所指曰「建」，農曆正月曰「建寅」，二月曰「建卯」，謂斗柄旋轉所指定之十二辰，故稱月建。月大稱大建，月小稱小建。翼奉封事中說當年正月癸未日申時「有暴風從西南來」，正月為建寅，寅在東北方，恰為西南風所犯。又顏師古注引孟康曰：「建為主氣，太陰臣氣也，加主氣。」這便是「人主左右邪臣」的兆驗。㉞比三　接連三次。比，接連。㉟正辰加邪時　顏師古注引晉灼曰：「奉以未為邪時，占知平昌侯為邪人，此當言皆以邪辰加邪時，字誤作『正』耳。下言大邪之見，辰時俱邪是也。」㊱誠　確實；的確。㊲孰與　古文中常用的比較用語。孰，誰。㊳師法　經師所傳授之法。特指漢代的經學傳授。某一經的大師被立為博士後，其經說便叫「師法」。翼奉之師后蒼曾被立為博士。㊴用辰不用日　顏師古注引孟康曰：「假令甲子日，子為辰，甲為日，用子不用甲也。」㊵見於明主二句　顏師古注引張晏曰：「禮，君燕（宴）見臣，則使臣為主人，故侍者為主人。」㊶忠正之見　指忠誠正直者來見。㊷侍者雖邪二句　顏師古注引孟康曰：「大正厭（壓）小邪也。凡辰時屬南與西為正，北與東為邪。」又引晉灼曰：「以上占推之，南方巳午、西方酉戌、東北寅丑為正，西南申未、北方亥子、東方辰卯為邪。」所謂「大正」，指忠正者；「小邪」指侍者。㊸大邪　非常奸邪者。㊹辰時俱邪　顏師古注引孟康曰：「大邪厭（壓）小正也。」指來見者為大邪之人，雖然侍者為正，但因被大邪所壓，故辰時俱邪。㊺即以自知侍者之邪三句　顏師古注引孟康曰：「凡占以見者為本。今自知侍者邪，而時復邪，則邪無所施，故屬見者。」即以，如果已經。以，通「已」。㊻即以自知侍者之正三句　顏師古注引孟康曰：「已自知侍者正，而時復正，則正無所施。辰雖邪，而見者更正也。」㊼辰為常事二句　顏師古注引孟康曰：「假令甲子日，則一日一夜為子。時，十二時也。日加之，行過也。」

一行，指一時之行。(48)精　細密。(49)參五　即「參伍」。錯綜比驗。(50)繇　通「由」。(51)六合　指天地四方。猶言「天下」。(52)五行　古人將木、火、土、金、水五種物質稱為五行，並把它們看作是構成世界萬物的元素，古人還認為五行之間存在相生相剋的制約關係。五行說具有樸素唯物論和自發的辯證法因素，對古代天文曆算和醫學等的發展起了一定作用，而一些方術之士則對它加以神祕化並用於占卜等活動中。(53)五性　人的五種常性。顏師古注引晉灼曰：「翼氏《五性》：肝性靜，靜行仁，甲己主之；心性躁，躁行禮，丙辛主之；脾性力，力行信，戊癸主之；肺性堅，堅行義，乙庚主之；腎性智，智行敬，丁壬主之。」翼奉將「五性」，即靜、躁、力、堅、智，與五臟、五常、天干相聯繫。(54)曆　顏師古注引張晏曰：「曆，謂日也。」(55)觀情以律　顏師古注引張晏曰：「情謂六情，廉貞、寬大、公正、姦邪、陰賊、貪狼也。律，十二律也。」即以十二律觀察六情。(56)顯諸仁二句　引自《易經・繫辭上》。意為：天道將其功效顯現在仁愛萬物上，而隱藏在不被人們注意的日用中。諸，「之於」的合音詞。(57)莫　沒有誰。(58)是歲　這一年。即元帝初元元年（西元前四八年）。(59)饑　發生饑荒。(60)疫癘疫；疫病。(61)陂　池塘。(62)假　借；借給。(63)損　減少。(64)大官膳　指皇帝的膳食。大官，即「太官」。官名。負責皇帝膳食，屬少府。大，通「太」。(65)樂府　音樂官署名。掌朝會宴饗、道路遊行時所用音樂詩歌，兼採民間詩歌和樂曲。隸屬於少府。(66)員　名額。(67)省　指全部去掉。(68)苑馬　供皇帝在上林苑等處遊獵所用的馬匹。苑，指上林苑等苑囿。原作「苑囿」。據景祐本改。(69)稀　少。(70)御幸　指皇帝親臨某處。(71)繕治　修繕。(72)太僕　官名。為九卿之一。掌皇帝輿馬和畜牧之事。(73)食穀馬　以穀物飼養的馬。食，通「飼」。下文「食肉獸」與此同。(74)水衡　即「水衡都尉」。官名。漢武帝元鼎二年（西元前一一五年）始置，掌管皇家上林苑，兼保管皇室財物及鑄錢。(75)明年　第二年。(76)齊　地區名。在今山東泰山以北黃河流域及膠東半島地區，為戰國時齊地，漢以後仍沿稱為齊。(77)時　適時；按時。(78)光　光明。(79)黎庶　百姓。(80)考終厥命　享其天年。考，老；壽考。厥，其；他的。代詞。(81)共　通「恭」。(82)公侯　這裡泛指公卿貴族。(83)燭　洞悉；明察。(84)綏　安撫。(85)臻　至；來到。(86)隴西郡　郡名。治狄道（今甘肅臨洮南）。(87)太上廟　應作「太上皇廟」。卷九〈元帝紀〉作「太上皇廟」。(88)壞敗　毀壞。(89)獂道縣　縣名。在今甘肅隴西東南渭水東岸。(90)官寺　官署。(91)厭殺　壓死。厭，通「壓」。(92)地再動　地震兩次。(93)虧　缺陷；失誤。(94)咎　災禍。(95)兢兢　小心謹慎的樣子。(96)不通大變　這裡指不明白有關重大災變的道理。變，指災異。(97)鬱悼　憂悶恐懼。(98)比年　連年。(99)不登　莊稼歉收。登，五穀成熟。(100)元元　民眾；百姓。(101)刑辟　刑罰。(102)閔　通「憫」。哀憐。(103)憯怛　憂傷；痛悼。(104)虛　空。這裡用作動詞，使動用法。(105)倉廩　糧倉。(106)府臧　府庫。臧，通「藏」。(107)振捄　救濟；賑濟。捄，通「救」。(108)群司　百官。指各級官吏。(109)茂　顏師古注曰：「茂，勉也。」(110)燭

除　免除。(111)萬姓　指百姓。(112)條奏　分條上奏。(113)悉意　盡意。指無所顧忌。(114)陳　陳述。(115)靡有　不要有。靡，無。(116)舉推薦。(117)直言極諫　漢代選拔人才的科目之一。(118)設位　設立各種位置。(119)視　通「示」。(120)名　指稱。動詞。(121)道　中國古代哲學的一個基本範疇。指事物運動變化所遵循的普遍規律或萬物的本體。道無形象，含有規律和準則的意思。(122)王治指君王的統治。(123)象　法式。(124)畫　通「劃」。劃分。(125)州　指先秦時期所謂「九州」、「十二州」。為傳說中的地方行政區劃。(126)經　原則；規範。(127)人道　中國古代哲學中與「天道」對立的概念。指人事、為人之道或社會規範。(128)樂　即《樂經》。儒家《六經》之一。見前《五經》注。(129)五際　顏師古注引孟康曰：「《詩內傳》曰：『五際，卯、酉、午、戌、亥也。陰陽終始際會之歲，于此則有變改之政也。』」五際為今文經學《齊詩》學派解說《詩》的專用名詞，此說將《詩》中的篇章與陰陽五行相配合，用以推論政治得失。認為午亥之際為革命，卯酉之際為改政。又認為亥為革命，是一際；亥又為天門，出入候聽，是二際；卯為陰陽交際，是三際；午為陽謝陰興，是四際；酉為陰盛陽微，是五際。(130)考　考察。(131)天心　天意。(132)王道　儒家所說的帝王之道。主張以仁義治天下，稱為「王道」，與「霸道」（主張以法、術、勢統治天下）相對立。(133)至秦乃不說二句　顏師古注曰：「言不悅《詩》、《書》而以文法傷文學之人也。」秦，原為戰國七雄之一，西元前二二一年，秦王嬴政統一全國，建立秦朝。(134)燭臨萬方　光照天下。燭，顏師古注曰：「燭，照也。」(135)闕遺　缺失；遺漏。(136)賦　顏師古注曰：「賦謂分給之。」(137)純　純粹；品行善美。(138)十月之交　《詩經．小雅》篇名。詩中以日食、地震等災異向周幽王發出警告，譴責他任用奸佞、寵幸褒姒、政失常軌。翼奉等以此篇為其「五際」說立論的重要依據。(139)巢居　築巢而居的鳥類。(140)穴處　穴土而居的獸類。(141)不足　不值得。(142)多　稱讚。(143)適　恰好。(144)習　熟悉；通曉。(145)人氣　指人的精神、感情。(146)內逆　指內心感情和精神面貌悖逆不順。(147)感動天地　指天地鬼神受感而動。感動，這裡指天人感應。(148)星氣　指星象與天氣的異常現象。(149)奇物　指出現各種奇異之物或常物發生異常。(150)五臧　指心、肝、脾、肺、腎五種器官。臧，通「臟」。(151)六體　指頭、軀幹和四肢等身體的六個部分。(152)欠伸　疲乏時的動作。欠，打哈欠。伸，伸懶腰。(153)貌　神態；樣子。(154)今年太陰建於甲戌　即今年歲在甲戌。指初元二年（西元前四七年）為甲戌年。(155)律以庚寅初用事　顏師古注引孟康曰：「十一月庚寅日，黃鐘律初起用事也。」古人以十二律與一年的十二個月一一相配合，十一月合黃鐘。據王先謙《漢書補注》引錢大昕曰：「推律自歲前十一月始。」則十一月庚寅日為初元元年十一月庚寅日。(156)曆以甲午從春　王先謙《漢書補注》引錢大昕曰：「以三統術推是年二月四日甲午春分，故云曆以甲午從春。」(157)曆中甲庚五句　顏師古注引張晏曰：「甲庚在三陽。甲在東方為仁，庚在西方為義。戊為公正，寅午為廉貞。」又引晉灼曰：「木數三。寅在東方，木位之始，故曰參陽也。」

中，應；符合。參，並列成三的。精歲，指大吉大利之年。[158]本首王位　顏師古注引張晏曰：「春也。」《春秋》於桓、文、宣、成、襄、昭、哀公元年記事之始皆書「元年，春，王，正月，公即位」。公羊派學者認為「春王正月」表示孔子尊王位、大一統的「大義」。故「本首王位」隱指春天。[159]雖有大令二句　顏師古注曰：「大令謂虛倉廩，開府庫之屬也。復，補也。」[160]親親　愛自己的親屬。[161]賢賢　尊重賢者。[162]舅后之家　指皇帝的母族和妻族之家，即太后和皇后的親族。[163]二后　指元帝的養母王氏（邛成太后）和皇后王政君。[164]非特　不僅僅；不但。[165]處位　居位。這裡指身居高位。[166]僭　僭越。超越本分。指下級冒用上級的名義、禮儀或器物。[167]呂　指漢高祖劉邦的皇后呂雉家族。高祖死後，惠帝即位，呂后掌握朝政。惠帝死後，她臨朝稱制，並分封其呂氏家族多人為諸侯王。呂后死，上將軍呂祿、相國呂產等陰謀叛亂，被太尉周勃等平定，其家族無論男女老幼皆被誅殺。[168]霍　指漢宣帝皇后霍成君的家族。武帝死後，年幼的昭帝即位，由霍光輔政，霍光執政達二十年。後霍光死，霍氏家族謀反，事覺被族滅。[169]上官　指昭帝皇后上官氏的家族。其祖父上官桀及其父上官安勾結鄂邑長公主（昭帝之姊）、燕王劉旦謀反，事發後，上官氏被族滅。[170]後嗣　後代；子孫。[171]長策　長久之計。[172]未央　宮殿名。漢初蕭和主持修造。舊址在今陝西西安漢故長安城西南隅。[173]建章　宮殿名。漢武帝時建造。舊址在今陝西西安漢故長安城西。[174]甘泉宮　宮殿名。本為秦二世林光宮，漢武帝時擴建。舊址在今陝西淳化西北甘泉山。[175]才人　泛指宮女。[176]不得天性　顏師古注曰：「言絕男女之好也。」[177]杜陵園　漢宣帝陵園。在今陝西西安東南。[178]雖然　雖然如此。[179]太皇太后之事　漢制，皇帝死後，宮人多移居其陵園，已故皇帝的太皇太后、太后或皇后可決定其去留等事。太皇太后，皇帝祖母之稱。[180]設員　規定人數限額。[181]異　災異。[182]應　指採取對策。[183]其法大水　指按陰陽五行占驗之法逢「大水」之時。[184]春秋　時代名。因《春秋》一書記此時代得名。現一般以周平王元年（西元前七七〇年）至敬王四十四年（西元前四七六年）為春秋時代。此時王室衰微，大國爭霸。[185]宋　古國名。西元前十一世紀周公平定武庚叛亂後，把商的舊都周圍地區分封給紂王庶兄微子啟，國號宋，建都商丘（今河南商丘南）。[186]伯姬　顏師古注曰：「伯姬，魯成公女，宋恭公夫人也。幽居守寡，既久而遇火災，極陰生陽也。」[187]財察　考察並加以判斷。財，通「裁」。[188]孝武園　指漢武帝的陵園，即茂陵。孝武，漢武帝劉徹。孝武是他的謚號。[189]災　「災」字原缺，據景祐本、《漢書補注》等補。[190]省答　審察並予答覆。[191]月宿亢　月亮處於亢宿。古人以二十八宿為觀測日月五星運行位置的坐標，日月五星居於某宿即用「宿」、「守」等詞表示。亢為二十八宿中東方蒼龍七宿之第二宿。[192]拳拳　懇切誠摯。[193]賜間　賜給一點空隙。請求皇帝召見的謙卑婉轉之辭。間，顏師古注曰：「間，空隙也。」[194]卒　顏師古注曰：「卒，盡也。」[195]延　邀請；招納。[196]雲陽　縣名。在今陝西淳化西北。[197]汾陰　縣名。在今山西萬榮西南。(198)寢廟　古代宗廟分兩部分，前曰廟，後曰寢，合稱「寢廟」。(199)迭毀　更迭毀除。指祖廟離今較久遠，按照先後要毀壞一批，不再修復。迭，更迭交替。顏師古注曰：「親盡則毀，故云迭也。」其說詳見本書卷七十三。(200)亡　喪失。(201)累年　多年。(202)盤庚　商代國王。湯的第九代孫。即位後，將都城自奄（今山東曲阜）遷至殷（今河南安陽西北小屯村）。(203)改邑　改建國都，即遷都。(204)殷道　殷商的治國原則和方法。(205)美　讚美。(206)孝文皇帝　即漢文帝劉恆。孝文是他的謚號。(207)繇役　傜役。繇，通「傜」。(208)上林　即上林苑。(209)離宮　皇帝正宮以外的臨時居住的宮室。(210)高門　與後文所列者均為宮殿名。(211)度　計算。(212)金　古代貨幣單位。漢代以黃金一斤為一金。(213)重　看重；珍惜。(214)山墳　高大如山的墳堆。(215)洽足　普遍富足。洽，周遍；廣博。(216)因　依照；根據。(217)天道　指大自然的規律。董仲舒認為天是有意志的，所以這種大自然的規律亦被認為是上天意志的體現。(218)成周　古城名。本為商洛邑，在今河南洛陽白馬寺之東。周成王時周公主持擴建，遷殷民居此。東周敬王四年（西元前五一六年）遷都於此，戰國時改稱洛陽。(219)成皋　縣名，在今河南滎陽西汜水鎮。(220)阻依仗；憑藉。(221)黽池　亦作「澠池」。縣名。在今河南澠池西。(222)崧高　山名。在今河南登封西北。五代以後稱中嶽嵩山，與泰山、華山、恆山、衡山並稱五嶽。崧，通「嵩」。(223)介　間隔。(224)大河　指黃河。(225)建滎陽　以滎陽為鍵。建，通「鍵」。門閂；鎖閉工具。滎陽，縣名。在今河南滎陽東北。(226)扶河東　以河東為輔。扶，傅；輔佐。河東，地區名。戰國、秦漢時指今山西西南部地區。(227)關　關隘。(228)而入敖倉　指收納穀帛財物於敖倉。敖倉，秦漢時代在滎陽縣東北敖山上所設的糧倉，是當時最重要的糧倉。(229)厭　顏師古注曰：「抑也。」(230)胡　指匈奴。見前注。(231)難　禍患。(232)共己　飭身克己；恭謹自持。共，通「恭」。(233)亡為　即無為。無為而治。無為，道家的哲學思想，即順應自然的變化之意。老子主張人應效法「道」的「無為」，使「萬物自化」。後來其說與刑名法術相結合，成為君主統治的一種方法。(234)按　安居；不遷動。(235)萬歲之後　對君主死的諱稱。(236)高宗　皇帝廟號的一種。(237)郊兆　古時帝王祭祀天地的固定處所。郊，郊祀。古代祭禮，在郊外祭天或祭地。兆，祀神祭壇的界域。(238)應古　符合古制。(239)難　困難。這裡用作動詞。意動用法。(240)亶居　顏師古注曰：「亶讀曰但。但居，謂依舊都也。」(241)三代　指夏、商、周三代。(242)王　稱王；統治。(243)成王　周成王姬誦。武王之子，年幼繼位，由周公輔政。史稱他與其子康王統治時期社會秩序穩定，百姓生活安康。(244)上賢　上等賢能。(245)材　通「才」。(246)因　承襲；繼承。(247)文武　指周文王姬昌和周武王姬發。文王為周朝的建立奠定了基礎，武王滅商建立了周朝。史稱文王敬老愛幼、禮賢下士，武王繼承父業並發揚光大，故父子二人皆被奉為帝王楷模。(248)周召　指周公和召公。周公，姬姓，名旦。周武王之弟，因采邑在周（今陝西岐山東北），故又稱周公。武王死後，因成王年幼，故由他攝政。曾出師東征、平定管蔡叛亂、大封諸侯。又製作禮樂，建立典章制度。為後世所敬慕。召公，姬奭，周代燕國始祖。因采邑在召（今陝西岐山西南），稱為召公。曾輔佐武王滅商，被封於燕。[249]敬　嚴肅慎重地對待。[250]在位莫非其人　顏師古注曰：「言所任皆得賢材也。」[251]甫　顏師古注曰：「甫，始也。」[252]戒　通「誡」。告誡；警告。[253]書　指《尚書・周書・無逸》。[254]紂　即商紂王，名帝辛，商朝的亡國之君。統治殘酷，荒淫暴虐。後被周武王推翻，兵敗自焚。[255]詩　指《詩經・大雅・文王》。[256]喪師　指喪失民心。師，眾庶。[257]克　能夠。[258]配上帝　配天。指合乎天命，與天命相稱。[259]監　通「鑑」。借鑑。[260]駿命不易　指能遵行天命是很不容易的事。駿命，大命。指天命。駿，通「峻」。高；大。不易，不容易。[261]豐沛　漢高祖劉邦為沛縣豐邑人，秦末起兵取天下，故稱「起於豐沛」。豐，古邑名。西漢置縣，即今江蘇豐縣。沛，縣名。即今江蘇沛縣。[262]非直　不僅。直，只；僅僅。[263]又乃　而且。[264]士　男子。泛指人、人力。[265]暴骨　暴露屍骨。指軍隊征戰在外，將士死亡，屍骨暴露於野，不得埋葬。[266]四夷　指四方蠻夷之地。[267]八世九主　從高祖、惠帝、文帝、景帝、武帝、昭帝、宣帝至元帝，凡八世八主；呂后亦曾為實際上的君主，但不得為一世，故稱八世九主。[268]菜色　顏師古注曰：「人專食菜，故肌膚青黃，為菜色也。」[269]比　顏師古注曰：「比，頻也。」[270]溷濁　混濁；汙濁。[271]侵奪　損減；喪失。[272]怵惕　畏懼警惕。[273]萬分之一　比喻極小的一部分。[274]更始　除舊布新。[275]窮　窮盡；阻塞不通。[276]反　通「返」。[277]祚　王朝的國統、國運。[278]因　趁著。[279]丙子　丙子年。指漢元帝初元四年（西元前四五年），歲在丙子。[280]孟夏　夏曆四月。孟，四季的第一個月。[281]順太陰以東行　古時紀年用干支值歲（太歲），但習慣上只重視「歲陰」（十二地支），而地支有方位：亥、子、丑在北；寅、卯、辰在東；巳、午、未在南；申、酉、戌在西，因此「太歲」亦有方位，隨年轉移。歲在丙子之後，歲在丁丑（偏向東北），接著依次為戊寅、巳卯、庚辰（以上在東方），再後依次為辛巳、壬午、癸未（以上在南方），由南而西，由西而北，循環往復。因歲在丙子而將東轉，故翼奉勸元帝向東方遷都。[282]到後七年之明歲　指遷都洛陽後的第七年，歲在壬午，是個光明美好的年歲。[283]考室之禮　慶祝新宮落成的祭神之禮。顏師古注引李奇曰：「凡宮新成，殺牲以釁祭，致其五祀之神，謂之考室。」顏師古注曰：「考，成也，成其禮也。」[284]加此　比這有所增加；加於此上。[285]留神　留心；留意。[286]異　特異；與眾不同。這裡用作動詞，意動用法。[287]園廟有七　指漢高祖及惠帝、文帝、景帝、武帝、昭帝、宣帝的陵園廟宇，凡七處。[288]狀　情形。此處指遷都的理由和辦法。[289]成王徙洛　成王時，周公營建洛邑作為東都。洛邑建成後，乃遷傳國重寶九鼎於洛邑。[290]避就　即趨避。[291]一變　徹底改變。[292]愚戇　愚蠢戇直。自謙之辭。[293]狂惑　狂妄無知。自謙之辭。[294]裁赦　判明是非並赦免言者之罪。[295]貢禹　西漢大臣。以明經潔行著聞，元帝時因目睹朝政腐敗，多次上書，要求選賢能、誅奸臣、修節儉。官至御史大夫。本書卷七十二有傳。[296]南北

郊　古制祭天於南郊，義在就陽；祭地於北郊，義在即陰。漢武帝於雲陽立泰時祭天，於汾陰立后土祠祭地，皆遠離國都長安，且方位不正。成帝建始元年（西元前三二年），匡衡等奏言應依古制祭天地，遂作長安南北郊，罷雲陽、汾陰祠。[297]發　發起；提出。[298]在　居官；任職。

【語譯】翼奉，字少君，是東海郡下邳縣人。他研究《齊詩》，與蕭望之和匡衡同師。他們三個人都通曉經術，匡衡是後輩，蕭望之將其所學用之於政事，而翼奉則勤奮學習不去當官，他喜好借助音律曆法陰陽五行進行占卜。元帝剛剛登上皇位，諸儒推薦翼奉，他被徵召，待詔宦者署，他多次上書言事並在皇上閒暇時進見，皇上很敬重他。

2　當時，平昌侯王臨以宣帝外戚的身分擔任侍中，宣稱奉元帝詔令要跟從翼奉學習律曆陰陽占卜之術。翼奉不肯和他說，而呈上密封奏章說：「臣從老師那裡聽說，帝王治國之道的首要一點在於了解臣下的邪正。一個人果真心向正道，即使他愚笨一些也可以使用他；假如他心懷邪惡，那麼他越聰明就會越有害。知下之術，在於掌握和運用有關六情十二律的學問而已。北方之情是愛好；愛好過多而無節制便成貪婪，由申和子主之。東方之情是憤怒；憤怒過度而無節制便成陰險狠毒，由亥和卯主之。貪婪必待陰險狠毒而後行動，陰險狠毒必待貪婪而後施用，子卯二陰並行，所以帝王忌諱子、卯。《禮經》避諱子、卯，《春秋》忌諱子、卯。南方之情是憎惡；憎惡貪濁則生廉貞，由寅和午主之。西方之情是喜悅；喜悅時易行寬大，由巳和酉主之。午酉二陽並行，所以帝王以午酉為吉時良辰。《詩經》說：『庚日午時是吉日良辰』。上方之情是歡樂；歡樂無度便成奸邪，由辰和未主之。下方之情是悲哀；悲哀不幸則生公正，由戌和丑主之。辰和未屬於陰，戌和丑屬於陽，萬物各以其類相互應和。如今陛下聖明虛靜以待各種人、物之來，萬事雖多，有什麼聞之而弄不明白的呢？更何況掌握十二律而駕馭六情！以之用於了解臣下，參驗實情，也是非常有效，萬不失一，自然之理。此前正月癸未日申時，有一陣暴風從西南方颳來。未主奸邪，申主貪婪，暴風生於太陰酉位之下，從西南方未申之交颳到建寅所在的東北方，這是君主左右邪臣之氣。平昌侯接連三次來見臣，都是在邪辰邪時。辰為客，時為主人。根據十二律而知人心，這是帝王祕不示人之道，愚臣的確不敢將它告訴給邪惡之人。」

3 皇上讓翼奉擔任中郎，召見他問道：「來見者在善日邪時和在邪日善時相比，哪個好呢？」翼奉回答說：「臣的師法是用辰而不用日來占驗。辰為客，時為主人。進見明主，侍者為主人。辰正而時邪，則見者為正，侍者為邪；辰邪而時正，則見者為邪，侍者為正。忠誠正直者來見，侍者雖然為邪，但辰時都歸於正；非常奸邪者來見，侍者雖然為正，但辰時都歸於邪。如果已經自知侍者為邪，而逢時邪辰正，則見者反而為邪；如果已經自知侍者為正，而逢時正辰邪，則見者反而為正。辰為常事，時為一時之行。辰疏闊而時細密，它們都有功效，一定要錯綜比驗來看，然後才能知道忠奸邪正。所以說通過察其來路，看其進退，參考六合五行的有關情況，就可以洞見人性，了解人情。表面觀察很難辨別真偽，深入其中則甚為分明，所以說詩這門學問，在於研究人的情性而已。五性不相妨害，六情此消彼長。觀察人性用曆法，觀察人情用十二律，明主應獨自運用其術，難以兩個人共同運用。所以《易・繫辭》說：『天道將其功效顯現在對萬物的仁愛上，而隱藏在不被人們注意到的日用中。』上述方術顯露於世就不神妙，獨自行之則運用自如，只有我翼奉能運用它，其他學者沒有誰能運用。」

4 這一年，關東地區洪水氾濫，有十一個郡、國發生饑荒，疫病尤為嚴重。皇上於是下令：江海陂湖園池等凡屬少府掌管的，借給貧民生產經營，不徵收賦稅；減損皇帝的膳食，精簡樂府的人員，去掉供皇帝在苑囿遊獵時所用的馬匹，皇帝很少臨幸的各宮館不要再予修繕；太僕和少府要減少用穀物飼養的馬匹，水衡都尉要去掉用肉類飼養的野獸。第二年二月戊午日，發生地震。同年夏天，齊地發生人吃人的慘劇。七月己酉日，又發生地震。皇上發布詔書說：「聽說賢聖之君在位時，陰陽調和，風雨適時，日月光明，星辰安靜，百姓康寧，享其天年。如今朕敬承祖宗江山，託身於公侯之上，明不能洞察，德不能安撫，災異並至，連年不息。前者二月戊午日，隴西郡發生大地震，毀落太上皇廟殿壁的木飾，毀壞豲道縣城牆、官署和百姓房屋，壓死很多人，山崩地裂，水泉湧出。一年中地震兩次，天降災異，朕很震驚。治理國家有重大失誤虧缺，災禍才至於如此嚴重。朕從早到晚小心謹慎，弄不明白有關重大災異的道理，身懷憂懼，不知頭緒。莊稼連年歉收，百姓困乏，饑寒難熬，以至於身陷刑罰，朕甚為哀憐，心中憂傷悲痛。朕已令官吏傾盡糧倉，大開府庫，救濟貧民。各級官吏都要盡力考慮天地給予的警告，有可以免除減省以利於百姓的，都要分條上奏。盡意陳述朕的過失，不要有所避諱。」於是大赦天下，推薦直言極諫之士。翼奉呈上密封奏章說：

5 「臣從老師那裡聽說，天地設立各種位置，懸日月，布星辰，分陰陽，定四時，列五行，以示聖人，將其稱為道。聖人認識了道，然後明白帝王治國的法式，所以便劃分州土界線，建立君臣關係，制定音律曆法，陳述成敗得失，以示賢者，將其稱為經。賢者認識了經，然後明白人道之事，《詩》、《書》、《易》、《春秋》、《禮》、《樂》等講的就是這些道理。《易》有陰陽，《詩》有五際，《春秋》有災異，都羅列始末，推究得失，考察天意，以講論王道之安危。到了秦朝才不喜歡這些，用文法來傷害講授這些理論的學者文士，因此大道不通，以致滅亡。如今陛下聖明，深懷治國要道，光輝普照天下，德澤恩惠流布，沒有缺失遺漏。廢止不急之用，救濟貧困之民，分給醫藥，賜予棺錢，恩澤非常深厚。又選拔直言極諫之士，徵求施政過失，盛德善美足備，天下臣民非常幸運。

6 「臣翼奉私下學習《齊詩》，得聞有關五際的要領在〈十月之交〉篇，知道日食地震的效驗昭然可明，猶如築巢而居的鳥類能夠預知颳風，穴土而居的獸類能夠預知下雨，也不值得稱道，只不過恰好是臣通曉的。臣聽說人氣內逆，就會感動天地，天變表現在星象天氣出現異常或日食，地變表現在奇異之物出現或常見之物發生異常以及地震。之所以這樣，是因為陽用其精，陰用其形，就好像人的五臟六體，五臟像天，六體像地。所以五臟如果有病，不正常的氣色就會顯現於面容；六體如果得病，打哈欠伸懶腰等就會動之於神態。今年歲在甲戌，樂律中黃鐘律於去年十一月庚寅日開始主事，曆法以今年二月甲午日為立春。於曆逢甲庚，於律得三陽，於性為仁義，於情得公正貞廉，這是百年難遇的大吉大利之年。正是在此大吉大利之年的春天，太陽運行合時，承續律呂正常，卻發生大地震，之後天氣連月久陰，雖然有開倉濟民等詔令頒布下來，還是不能補救，這說明陰氣太盛了。古時候朝廷必有天子的同姓貴族任職以彰明愛自己的親屬之義，必有異姓人士任職以彰明尊重賢者之義，這是聖明帝王之所以能夠使王道大通於天下的原因。同姓之人與天子關係親近而容易進身，異姓之人與天子關係疏遠而難以通達，所以朝臣中兩者數量的比例是同姓者為一，異姓者為五，這才能做到平均。如今陛下的親近大臣中沒有同姓親屬任職，只是以太后和皇后家的人為親屬而委以要職，異姓之臣又疏而不親。太后和皇后的親族集團布滿朝堂，他們不只身居高位，聲勢更是煊赫，驕奢僭越過度，從高祖呂后、宣帝霍后和昭帝上官后家族的覆滅完全可以預料到他們的結局，這種做法絕不是愛護外戚家族之道，也不是為後代著想的長久之計。如今陰氣太盛，不也是應該的嗎！

7 「臣又聽說未央宮、建章宮、甘泉宮裡的宮女各以百計，她們都得不到夫妻樂趣。如杜陵園裡的那些宮女，其中已被宣帝臨幸過的，臣子不敢說什麼，雖然如此，放不放她們是太皇太后可以做主的事。至於諸侯王陵園及其後宮，應當為他們規定宮女人數的限額，放出那些超過限額的宮女，這是減損陰氣、應天救邪之道。如今天降災異而不採取對策，災難將隨之而來。按占驗之法逢『大水』之時，則極陰生陽，反為大旱，甚至會發生火災，春秋時期宋恭公夫人伯姬『積陰生陽』感發火災之事就是例子。請陛下考察並加以判斷。」

8 第二年夏天四月乙未日，孝武園白鶴館發生火災。翼奉自認為他的話說中了，上疏說：「臣以前上書談論關於五際地震的效驗問題，其中講到極陰生陽，恐怕要發生火災。不合陛下聖聽，未被審察答覆，臣私下裡還有點不自信。如今白鶴館於四月乙未日卯時，月亮處於亢宿時發生了火災，這與以前地震發生的原因一樣。臣奉這才深知聖人之道是完全可信的。臣非常懇切誠摯地希望陛下再能賜給一點空隙，讓臣把這個問題從頭到尾講完。」

9 皇上又召見翼奉詢問施政得失。翼奉認為天子在雲陽縣、汾陰縣祭祀天地以及諸先帝寢廟不按親疏迭次毀除，都造成煩勞浪費，有違古代禮制。還有那些宮室苑囿，奢侈浪費，難供其需，因此百姓貧困，國庫空虛，喪失多年的積蓄。這個問題由來已久，不從根本上加以改變，光從細枝末節上下功夫是難以糾正的，於是上疏說：

10 「臣聽說從前盤庚遷都以復興殷商的統治，聖人讚美這件事。臣私下聽說漢德隆盛，在於孝文皇帝親行節儉，減輕人民的徭役。那時候沒有甘泉宮、建章宮和上林苑中那些離宮別館。未央宮中也沒有高門、武臺、麒麟、鳳皇、白虎、玉堂、金華等宮殿，只有前殿、曲臺、漸臺、宣室、溫室、承明等宮殿。孝文皇帝想築一臺，計算要用掉一百金，因看重百姓錢財，便沒有修築，此臺當初打的地基至今猶存；孝文皇帝又下遺詔，不起高大的墳堆。所以當時天下大和，百姓普遍富足，德澤流傳後世。

11 「假如處在當今之世，依照孝文皇帝的規矩辦事，必不能成其功名。天道有常，王道無常，無常者是要順應有常者的。必有非常之主，然後才能建立非常之功。臣希望陛下遷都於成周，左據成皋，右依黽池，前向崧高，後隔大河，以滎陽為鍵，以河東為輔，南北千里河山為關隘，收納布帛財物於敖倉；方圓百里之地有八、九個，足以自娛；東抑諸侯之權，西遠羌胡之患，陛下恭謹自持，無為而治，安居於成周，兼有盤庚之德，陛下百年之後，永為漢朝高宗。漢家郊兆寢廟祭祀之禮多不符合古制，臣翼奉認為，照舊都於長安而進行改革實在是困難，所以希望陛下遷都成周以正國本。各種制度都建立起來，不再有修造宮室等不急之費，則每年能積下可供一年之用的餘財。

12 「臣聽說夏商周三代的祖先積德而稱王天下，然而其王朝都不過歷經數百年而滅亡。周朝到成王時，成王具有上等賢能之才，繼承文王、武王的大業，以周公、召公為輔佐，官吏們人人嚴肅慎重地履行職責，在位者沒有誰不稱職。統治天下才兩代，然而周公還是寫作詩書深刻告誡成王，以恐失去天下。《書・周書・無逸》說：『大王不要像殷紂王那樣。』《詩・大雅・文王》說：『殷朝在還沒有喪失民心之時，尚能與天命相配。要借鑑殷朝的興滅，要知道遵行天命是多麼不容易。』本朝高祖皇帝初取天下之時，興起於沛縣豐邑，用兵征伐，恩德教化尚未普施天下，後世奢侈浪費，國家的開支抵得上好幾代的費用，不僅耗費財力，而且耗費人力。孝武之世，將士暴骨露屍於四方蠻夷之地，死亡人數不可盡計。漢朝享有天下雖然不算太久，傳到陛下已經八世九主了。陛下雖有成王之明，卻無周公、召公那樣的賢佐。如今東方地區連年饑荒，又加上疾疫流行，百姓面色青黃如菜，有的甚至於人吃人。地震頻發，天氣混濁不清，太陽失去光明。由此言之，執掌國家政權者怎麼可以不心懷恐懼警惕而稍加自我警戒於萬分之一呢！所以臣希望陛下應天變而遷都，這是與天下除舊布新之舉。天道終而復始，窮途不通則返歸其本，因而能夠延長而無窮盡。如今漢朝國運尚未終了，陛下返其本而重新開始它，這對於延長漢朝國運使之永世長存，不也是非常好的嗎！如能趁著丙子年夏季四月，順應太陰向東移轉而東遷洛陽，到洛陽新都的第七年便是光明美好的年歲，必定會有可供五年用度的節餘積蓄，然後大行考室之禮，即使周朝的隆盛也不能與之相比。希望陛下留心，周密考察萬世長治久安之策。」

13 奏疏呈上之後，天子對其中之意感到驚異，批覆說：「問翼奉：現在先帝陵園寢廟有七處都在都城長安附近，你建議東遷都城，其理由和實施的辦法是什麼？」翼奉回答說：「從前周成王徙居洛邑，盤庚遷都於殷，他們當時趨避什麼，都是陛下明白清楚的。沒有聖明之君，就不能徹底改變統治天下之道。臣翼奉愚蠢戇直，狂妄無知，希望陛下判明是非，赦免臣罪。」

14 後來，貢禹也說應當制定宗廟迭毀之禮，皇上於是聽從此議。等到匡衡擔任丞相，奏言將南北郊祀從雲陽、汾陰兩縣徙至長安城南北。這些建議都是翼奉最初提出的。

15 翼奉由中郎擔任博士、諫大夫，年老壽終正寢。他的兒子及孫子都憑著學問而身居儒學之官。

1 李尋，字子長，平陵人也。治尚書，與張孺❶、鄭寬中❷同師。寬中等守師法教授，尋獨好洪範災異，又學天文月令❸陰陽。事丞相翟方進❹，方進亦善為星曆❺，除❻尋為吏，數為翟侯❼言事。帝舅曲陽侯王根❽為大司馬❾票騎❿將軍，厚遇尋。是時多災異，根輔政，數虛己問尋。尋見漢家有中衰阸會⓫之象，其意以為且⓬有洪水為災，乃說⓭根曰：

2 「書⓮云『天聰明⓯』，蓋言紫宮極樞，通位帝紀⓰，太微四門⓱，廣開大道，五經六緯⓲，尊術顯士，翼張⓳舒布⓴，燭臨四海㉑，少微處士㉒，為比㉓為輔，故次帝廷，女宮在後[24]。聖人承天，賢賢易色[25]，取法[26]於此。天官[27]上相上將[28]，皆顓面正朝[29]，憂責甚重，要[30]在得人[31]。得人之效，成敗之機[32]，不可不勉[33]也。昔秦穆公說諓諓之言，任仡仡之勇，身受大辱，社稷幾亡[34]。悔過自責，思惟[35]黃髮[36]，任用百里奚[37]，卒伯[38]西域[39]，德列王道。二者禍福如此，可不慎哉！

3 「夫士者，國家之大寶，功名之本也。將軍一門九侯[40]，二十朱輪[41]，漢興以來，臣子貴盛，未嘗[42]至此。夫物盛必衰，自然之理，唯有賢友彊輔，庶幾[43]可以保身命，全[44]子孫，安國家。

4 「書[45]曰『曆象日月星辰[46]』，此言仰視天文，俯察地理，觀日月消息[47]，候[48]星辰行伍[49]，揆[50]山川變動，參[51]人民繇俗[52]，以制法度，考禍福。舉錯[53]誖逆，咎[54]敗將至，徵兆為之先見。明君恐懼修正，側身[55]博問，轉禍為福；不可救者，即蓄備[56]以待之，故社稷亡憂。

5 「竊見往者赤黃四塞[57]，地氣大發，動土竭民，天下擾亂之徵也。彗星[58]爭明[59]，庶雄[60]為桀[61]，大寇之引也[62]。此二者已頗效矣[63]。城中訛言大水，奔走上城，朝廷驚駭，女孽入宮[64]，此獨未效。間者[65]重[66]以水泉涌溢[67]，旁[68]宮闕仍[69]出。月、太白[70]入東井[71]，犯積水[72]，缺天淵[73]。日數湛於極陽之色[74]。羽氣乘宮[75]，起風積雲。又錯[76]以山崩地動[77]，河不用其道[78]。盛冬靁電，潛龍[79]為孽[80]。繼以隕星[81]流彗，維、填上見[82]，日蝕有背鄉[83]。此亦高下[84]易居，洪水之徵也。不憂不改，洪水迺欲[85]盪滌，流彗迺欲埽除[86]；改之，則有年亡期[87]。故屬者[88]頗有變改，小[89]貶邪猾，日月光精[90]，時雨氣應，此皇天右[91]漢亡已[92]也，何況致[93]大改之！

6 「宜急博求幽隱[94]，拔擢[95]天士[96]，任以大職。諸闒茸[97]佞諂[98]，抱虛求進[99]，及用[100]殘賊[101]酷虐聞[102]者，若此之徒，皆嫉善憎忠，壞天文，敗地理，涌趯[103]邪陰，湛溺[104]太陽，為主結怨於民，宜以時[105]廢退，不當得居位。誠必行之，凶災銷[106]滅，子孫之福不旋日[107]而至。政治感陰陽，猶鐵炭之低卬[108]，見效可信者也。及諸蓄水連泉，務通利之。修舊隄防，省池澤稅，以助損陰邪之盛。案[109]行事[110]，考變易，訛言[111]之效，未嘗不至。請徵韓放[112]，掾[113]周敞、王望可與圖之。」

7 根於是薦尋。哀帝[114]初即位，召尋待詔黃門[115]，使侍中衛尉[116]傅喜[117]問尋曰：「間者水出地動，日月失度，星辰亂行，災異仍重[118]，極言毋有所諱。」尋對曰：

8 「陛下聖德，尊天敬地，畏命重民，悼懼變異，不忘疏賤[119]之臣，幸[120]使重臣[121]臨問，愚臣不足以奉明詔。竊見陛下新即位，開大明，除忌諱，博延名士，靡不並進。臣尋位卑術淺，過[122]隨衆賢待詔，食太官，衣御府[123]，久汙玉堂[124]之署。

比得召見，亡以自效。復時見延問至誠，自以逢不世出[125]之命，願竭愚心，不敢有所避，庶幾萬分有一可采[126]。唯棄[127]須臾[128]之間，宿留[129]瞽言[130]，考之文理，稽[131]之五經，揆之聖意，以參天心[132]。夫變異之來[133]，各應象而至，臣謹條陳所聞。

9 「易[134]曰：『縣象[135]著明[136]，莫大乎[137]日月。』夫日者，眾陽之長，煇光所燭，萬里同晷[138]，人君之表[139]也。故日將旦[140]，清風發，群陰伏，君以臨朝，不牽[141]於色[142]。日初出，炎以陽[143]，君登朝，佞不行，忠直進，不蔽障。日中[144]煇光[145]，君德盛明，大臣奉公。日將入，專以壹[146]，君就房[147]，有常節[148]。君不修道，則日失其度，晻昧[149]亡光。各有云為[150]。其於東方作[151]，日初出時，陰雲邪氣起者，法[152]為牽於女謁[153]，有所畏難；日出後，為近臣亂政；日中，為大臣欺誣[154]；日且入，為妻妾役使所營[155]。間者日尤不精，光明侵奪失色，邪氣珥[156]蜺[157]數作[158]。本起於晨，相連至昏[159]，其日出後至日中間差瘉[160]。小臣[161]不知內事，竊以日視陛下志操，衰於始初多矣。其咎恐有以守正直言而得罪者，傷嗣害世，不可不慎也。唯陛下執乾剛[162]之德，彊志守度，毋聽女謁邪臣之態[163]。諸保阿[164]乳母甘言悲辭之託，斷而勿聽。勉強[165]大誼[166]，絕小不忍；良[167]有不得已，可賜以財貨，不可私以官位，誠皇天之禁也。日失其光，則星辰放流[168]。陽不能制陰，陰桀[169]得作。間者太白正晝經天。宜隆[170]德克躬[171]，以執[172]不軌[173]。

10 「臣聞月者，眾陰之長，銷息[174]見伏[175]，百里為品，千里立表，萬里連紀[176]，妃后大臣諸侯之象也。朔晦[177]正終始，弦[178]為繩墨[179]，望[180]成君德，春夏南，秋冬北。間者，月數以春夏與日同道[181]，過軒轅[182]上后[183]受氣[184]，入太微帝廷揚光煇，犯上將近臣[185]，列星皆失色，厭厭[186]如滅，此為母后與[187]政亂朝，陰陽俱傷，兩不相便[188]。外臣不知朝事，竊信天文即如此，近臣已不足杖[189]矣。屋大柱小[190]，可為寒心[191]。唯陛下親求賢士，無彊所惡[192]，以崇[193]社稷，尊彊本朝[194]。

11 「臣聞五星[195]者，五行之精，五帝[196]司命[197]，應王者號令為之節度。歲星[198]主歲事，為統首[199]，號令所紀[200]，今失度而盛，此君指意[201]欲有所為，未得其節也。又填星[202]不避歲星者，后帝共政，相留[203]於奎[204]、婁[205]，當以義斷之。熒惑[206]往來亡常，周歷兩宮[207]，作態低卬，入天門[208]，上明堂[209]，貫[210]尾[211]亂宮。太白發越犯庫[212]，兵寇之應也。貫黃龍[213]，入帝庭[214]，當門而出，隨熒惑入天門，至房[215]而分，欲與熒惑為患，不敢當明堂之精。此陛下神靈[216]，故毀亂不成也。熒惑厥弛[217]，佞巧依勢，微言[218]毀譽，進類蔽善[219]。太白出端門[220]，臣有不臣[221]者。火入室，金上堂[222]，不以時解，其憂凶。填、歲相守，又主內亂。宜察蕭牆之內[223]，毋忽[224]親疏之微[225]，誅放佞人，防絕萌牙[226]，以盪滌濁濊[227]，消散積惡，毋使得成禍亂。辰星主正四時[228]，當效於四仲[229]；四時失序，則辰星作異。今出於歲首之孟[230]，天所以譴告陛下也。政急則出蚤[231]，政緩則出晚，政絕不行則伏不見而為彗茀[232]。四孟[233]皆出，為易王命[234]；四季皆出，星家所諱。今幸獨出寅孟之月[235]，蓋皇天所以篤右[236]陛下也，宜深自改。

12 「治國故[237]不可以戚戚[238]，欲速則不達。經[239]曰：『三載考績，三考黜陟[240]。』加以號令不順四時，既往不咎[241]，來事之師[242]也。間者春三月治大獄，時賊陰立逆，恐歲[243]小收[244]；季夏舉兵法，時寒氣應，恐後有霜雹之災；秋月行封爵，其月土溼奧[245]，恐後有雷雹之變。夫以喜怒賞罰，而不顧時禁[246]，雖有堯舜[247]之心，猶不能致和。善言天者，必有效於人。設[248]上農夫[249]而欲冬田[250]，肉袒[251]深耕，汗出種之，然猶不生者，非人心不至，天時不得也。易曰：『時止則止，時行則行，動靜不失其時，其道光明。』書曰：『敬授民時。』[252]故古之王者，尊天地，重陰陽，敬四時，嚴月令。順之以善政，則和氣可立致，猶枹[253]鼓之相應也。今朝廷忽於時月之令[254]，諸侍中尚書[255]近臣宜皆令通知[256]月令之意，設群下請事；若[257]陛下出令有謬[258]於時者，當知爭[259]之，以順時氣。

13 「臣聞五行以水為本，其星玄武[260]婺女[261]，天地所紀，終始所生。水為準平，王道公正脩明[262]，則百川理，落脈[263]通；偏黨[264]失綱，則涌[265]溢為敗[266]。書[267]云『水曰潤下』，陰動而卑，不失其道。天下有道，則河出圖，洛出書[268]，故河、洛決溢，所為最大[269]。今汝、潁[270]畎澮[271]皆川[272]水漂涌，與雨水並為民害，此詩所謂『爗爗震電，不寧不令，百川沸騰』者也[273]。其咎在於皇甫卿士[274]之屬。唯陛下留意詩人之言，少抑外親大臣。

14 「臣聞地道柔靜，陰之常義也。地有上中下[275]，其上位震，應妃后不順，中位應大臣作亂，下位應庶民離畔[276]。震或於其國，國君之咎也。四方中央連國歷州俱動者，其異最大。間者關東地數震，五星作異，亦未大逆，宜務崇陽抑陰，以救其咎；固志建威，閉絕私路，拔進英雋[277]，退不任職[278]，以彊本朝。夫本彊則精神折衝[279]，本弱則招殃致凶，為邪謀所陵[280]。聞往者淮南王[281]作謀[282]之時，其所難者，獨有汲黯[283]，以為公孫弘[284]等不足言也。弘，漢之名相，於今亡比[285]，而尚見輕，何況亡弘之屬乎？故曰朝廷亡人，則為賊亂[286]所輕，其道自然也。天下未聞陛下奇策固守之臣也。語[287]曰，何以知朝廷之衰？人人自賢[288]，不務於通人[289]，故世陵夷[290]。

15 「馬不伏歷[291]，不可以趨道[292]；士不素養[293]，不可以重國[294]。詩曰『濟濟多士，文王以寧[295]』，孔子[296]曰『十室之邑[297]，必有忠信』，非虛言也。陛下秉四海之眾，曾亡[298]柱幹之固守[299]聞於四境，殆[300]開之不廣，取之不明，勸[301]之不篤[302]。傳曰[303]：『士之美者善養禾[304]，君之明者善養士。』中人[305]皆可使為君子[306]。詔書進賢良，赦小過，無求備[307]，以博聚英雋。如近世貢禹，以言事忠切蒙尊榮，當此之時，士厲[308]身立名者多。禹死之後，日日以衰。及京兆尹[309]王章[310]坐言事誅滅，智者結舌[311]，邪偽並興，外戚顓命[312]，君臣隔塞，至絕繼嗣，女宮[313]作亂。此行事之敗，誠可畏而悲也。

16 「本[314]在積任[315]母后之家，非一日之漸，往者不可及，來者猶可追也[316]。先帝[317]大聖[318]，深見天意昭然，使陛下奉承天統[319]，欲矯正之也。宜少抑外親，選練[320]左右[321]，舉有德行道術通明之士充備天官[322]，然後可以輔聖德，保帝位，承大宗[323]。下至郎吏從官，行能亡以異[324]，又不通一蓺，及博士無文雅[325]者，宜皆使就南畝[326]，以視天下，明朝廷皆賢材君子，於以重朝尊君，滅凶致安，此其本也。臣自知所言害身[327]，不辟[328]死亡之誅[329]，唯財[330]留神，反覆覆[331]愚臣之言。」

17 是時哀帝初立，成帝外家王氏未甚抑黜，而帝外家丁、傅新貴[332]，祖母傅太后[333]尤驕恣，欲稱尊號[334]。丞相孔光[335]、大司空[336]師丹[337]執政[338]諫爭，久之，上不得已，遂免光、丹而尊傅太后。語在丹傳。上雖不從尋言，然采其語[339]，每有非常[340]，輒[341]問尋。尋對屢中，遷黃門侍郎[342]。以尋言且有水災，故拜尋為騎都尉[343]，使護河隄。

18 初，成帝時，齊[344]人甘忠可詐造[345]天官曆、包元太平經十二卷，以言「漢家逢天地之大終[346]，當更[347]受命於天，天帝使真人赤精子，下[348]教我此道」。忠可以教重平[349]夏賀良、容丘[350]丁廣世、東郡郭昌等，中壘校尉[351]劉向[352]奏忠可假[353]鬼神罔上惑眾，下獄治服，未斷病死。賀良等坐挾[354]學忠可書以不敬[355]論，後賀良等復私以相教。哀帝初立，司隸校尉[356]解光[357]亦以明經通災異得幸，白[358]賀良等所挾忠可書。事下奉車都尉[359]劉歆[360]，歆以為不合五經，不可施行。而李尋亦好之。光曰：「前歆父向奏忠可下獄，歆安肯[361]通[362]此道？」時郭昌為長安令，勸尋宜助賀良等。尋遂白賀良等皆待詔黃門，數召見，陳說：「漢曆[363]中衰，當更受命。成帝不應天命，故絕嗣。今陛下久疾，變異屢數，天所以譴告人也。宜急改元[364]易號[365]，乃得延年益壽，皇子生，災異息矣。得道不得行[366]，咎殃[367]且亡不有[368]，洪水將出，災火且起，滌盪[369]民人。」

19 哀帝久寢疾[370]，幾[371]其有益，遂從賀良等議。於是詔制[372]丞相御史[373]：「蓋聞尚書『五曰考終命[374]』，言大運壹[375]終，更紀[376]天元人元[377]，考文正理，推曆定紀，數[378]如甲子[379]也。朕以眇身入繼[380]太祖[381]，承皇天，總[382]百僚[383]，子[384]元元[385]，未有應天心之效。即位出入三年，災變數降，日月失度，星辰錯謬，高下貿易[386]，大異連仍[387]，盜賊並起。朕甚懼焉，戰戰兢兢[388]，唯恐陵夷。惟漢至今二百載，曆紀[389]開元[390]，皇天降非材之右[391]，漢國再獲受命之符[392]，朕之不德，曷敢[393]不通夫受天之元命[394]，必與天下自新。其大赦天下，以建平[395]二年為太初元年，號曰陳聖劉太平皇帝。漏刻以百二十為度[396]。布告天下，使明知之。」

20 後月餘，上疾自若[397]。賀良等復欲妄變政事，大臣爭以為不可許。賀良等奏言大臣皆不知天命，宜退丞相御史，以解光、李尋輔政。上以其言亡驗，遂下賀良等吏，而下詔曰：「朕獲保宗廟，為政不德，變異屢仍，恐懼戰栗[398]，未知所繇。待詔賀良等建言改元易號，增益漏刻，可以永安國家。朕信道不篤，過聽[399]其言，幾為百姓獲福。卒無嘉應[400]，久旱為災。以問賀良等，對當復改制度，皆背經誼，違聖制，不合時宜。夫過而不改，是為過矣。六月甲子詔書，非赦令也，皆蠲除之[401]。賀良等反道惑眾，姦態[402]當窮竟[403]。」皆下獄，光祿勳[404]平當[405]、光祿大夫毛莫如(406)與御史中丞(407)、廷尉雜治(408)，當(409)賀良等執左道(410)，亂朝政，傾覆(411)國家，誣罔主上，不道。賀良等皆伏誅。尋及解光減死一等(412)，徙敦煌郡(413)。

【章旨】以上是〈李尋傳〉。記載李尋以災異之說勸諫哀帝去奸用賢，後因參與改元易號而遭放逐。

【注釋】❶張孺　西漢學者。今文經學夏侯建派學者，官至廣陵國王太傅。❷鄭寬中　西漢學者。夏侯建派學者，宣帝時任博士，元帝時為太子（成帝）師，成帝即位後，曾任光祿大夫等職。❸月令　農曆某月的氣候和物候。又為《禮記》篇名，記述每年夏曆各月時令及其相關事物。❹翟方進　西漢大臣。明習經學，以射策為郎。成帝時任丞相，任相十餘年，持法深刻，兼通文法吏事、天文星曆，後被逼自殺。本書卷八十四有傳。❺星曆　指星命曆象之術。星命為推測人的氣數、命運的迷信之一，認為人的行為和命運與星宿的位置、運行有關。曆象則指推算天體的運行。星家占驗吉凶，必通曆象之術。❻除拜受官位。即免掉舊職，任命新職。❼翟侯　指翟方進。翟方進被封為高陵侯，故稱。❽王根　元帝皇后王政君的同父異母弟，成帝之舅。封曲陽侯，官至大司馬驃騎將軍，驕奢淫逸。❾大司馬　官名。武帝時廢太尉置大司馬，後常以授掌權的外戚。❿票騎　亦稱「驃騎」，為將軍之號，取驍勇之意。此號將軍始置於武帝時，以霍去病任之，秩同大將軍。⓫阸會　困厄聚會；災難叢生。⓬且　將要。⓭說　勸說。⓮書　指《尚書．虞書．皋陶謨》。⓯天聰明　原文為「天聰明，自我民聰明」。意為：上天聽取意見和觀察問題，是根據民眾視聽意見而來的。李尋只引「天聰明」三字，意在強調天有無限的視聽功能，人君不可不畏慎。⓰蓋言紫宮二句　顏師古注引孟康曰：「紫宮，天之北宮也。極，天之北極星也，樞是其迴旋者也。〈天文志〉曰：『天極其一明者，太一常居也。』太一，天皇大帝也，與通極為一體，故曰通位帝紀也。」古時把天上星宿與人間帝王將相相應，並認為：聖人「取法于天」並立君尊臣卑等綱紀以應天，故曰「紫宮極樞，通位帝紀」。⓱太微四門　顏師古注引孟康曰：「太微，天之南宮也。四門，太微之四門也。」太微，即太微垣，星官名。⓲五經六緯　顏師古注為《五經》及《五經》加《樂經》的緯書。此解似與文意不通。王先謙《漢書補注》曰：「〈天文志〉：太微廷掖門內六星，諸侯；其內五星，五帝座。五帝者，《晉書》（《晉書．天文志》）：黃帝坐在太微中，四帝星夾黃帝坐。蓋即五星六緯者。」即五星指太微垣中樞部分的五帝座（中為黃帝，東、南、西、北分別為蒼、赤、白、黑帝），六緯指太微垣掖門內六諸侯星。⓳翼張　翼宿和張宿。星官名。皆為二十八宿之一。⑳舒布　舒展。古人把二十八宿每一方的七宿聯繫起來想像成四種動物形象，即東方蒼龍、北方玄武、西方白虎、南方朱雀，稱為四象。南方朱雀從井宿到軫宿被看成一隻鳥，張為嗉囊，翼為羽翮，嗉舒翮展，故曰「舒布」。㉑四海　古人以為中國四周都是海，故以四海代指天下。㉒少微處士　顏師古注引孟康曰：「言少微四星在太微西，主處士儒學之官，為太微輔佐也。」處士，隱居之士。㉓比　比偶；同遊；賓友。㉔故次二句　顏師古注引孟康曰：「言少微四星在太微次。太微為天帝廷。女宮謂軒轅星也。」軒轅，星官名。古人以其為帝王後宮之象，故曰「女宮在後」。㉕賢賢易色　顏師古注曰：「賢賢，尊上賢人也。易色，輕略于色，不貴之也。」㉖取法　採用的法式。㉗天官　古人認為眾星有尊卑隸屬關係，如同人間官吏一樣，故稱之為天官。㉘上相上將　指人間將相高官之象的星官。㉙顓面正朝　顏師古注引孟康曰：「朝太微宮垣也。西垣為上將，東垣為上相，各專一面而正天之朝事也。」王先謙《漢書補注》謂太微將相諸星「皆南面正列于廷中，故曰專面正朝」。顓，通「專」。㉚要　關鍵；要領。㉛得人　得到賢能人才。㉜機　通「幾」。事情的苗頭或預兆。㉝勉　盡力。㉞昔秦穆公四句　據《左傳》載，周襄王二十四年（西元前六二八年），秦穆公不顧老臣蹇叔反對，派孟明視等三人率兵襲擊鄭國，被晉軍大敗於殽（今河南三門峽東南），孟明視等三人被俘。秦穆公，春秋時秦國國君。任用百里奚、蹇叔等為謀臣，稱霸西戎。諓諓，巧言；善於言詞的樣子。仡仡，勇壯的樣子。社稷，代指國家。幾，幾乎；差一點。㉟思惟　思念。㊱黃髮　指老年人。㊲百里奚　春秋時虞國大夫，虞國被秦國所滅，他被虜作奴隸，作為陪嫁小臣前往秦國，後被楚人所執。秦穆公得知他賢明，用五張公羊皮將他贖回，並委以重任。他輔佐秦穆公稱霸西戎。㊳伯　通「霸」。稱霸。㊴西域　當時秦國地處周朝西部疆域，相當於今陝西中部和甘肅東南端，境內及周邊多有諸戎部落。㊵一門九侯　當時王氏家族有九位列侯，即陽平侯王襄、新都侯王莽、平阿侯王仁、安成侯王奉世、成都侯王況、紅陽侯王立、曲陽侯王根、商平侯王買之、安陽侯王舜。㊶二十朱輪　指身居高位者二十人。朱輪，用朱紅漆輪的車。漢制，皇太子、諸侯王、列侯等均可乘坐此車。《文選》卷四十一李善注曰：「二千石皆得乘朱輪。」㊷未嘗　未曾。㊸庶幾　或許差不多；大概可以。㊹全　保全。㊺書　指《尚書・虞書・堯典》。㊻曆象日月星辰　指根據日月星辰的運行情況來制定曆法。曆象，推算天體的運行。㊼消息　指生滅、盛衰。消，消滅。息，增長。㊽候　觀測。㊾行伍　古代軍隊編制，故以行伍泛指軍隊。這裡代指天上群星。㊿揆　揣度；度量。(51)參　參考。(52)繇俗　顏師古注曰：「繇俗者，謂若童謠及與人之誦。」從民謠中可以看出人民的風習和政教的好壞。繇，通「謠」。(53)舉錯　即舉措、措施。(54)咎　災禍。(55)側身　傾側身體，憂懼不安的樣子。(56)蓄備　儲備。指做好應變準備。(57)赤黃四塞　王先謙《漢書補注》曰：「赤黃四塞，即謂建始元年黃霧四塞，〈五行志〉作「雲氣赤黃四塞」。」塞，填塞；充滿。(58)彗星　亦稱掃帚星。古人認為彗星出現是災禍的預兆。(59)爭明　顏師古注引張晏曰：「與日月爭明。」(60)庶雄　庶人之雄，即平民百姓中的豪傑。(61)為桀　逞兇作亂。桀，兇暴；暴亂。(62)大寇之引也　顏師古注曰：「將引致大寇也。」寇，盜匪。引，招致。(63)此二者句　王先謙《漢書補注》曰：「鴻嘉元年徙作昌陵，是『動土竭民』也。陽朔三年潁川申屠聖自稱將軍，鴻嘉三年廣漢鄭躬自稱山君，永始三年尉氏樊並、山陽蘇令等反，是『庶雄為桀』也。」李尋所說「二者已頗效」當如《漢書補注》所言諸事。(64)城中訛言大水四句　城，指長安城。女孽入宮，指民女陳持弓聞大水將至，胡亂闖入未央宮一事。此事發生在建始三年（西元前三〇年）秋。孽，妖孽。是對陳持弓的汙蔑稱呼。(65)間者　近來。(66)重　加重；增加。(67)水泉涌溢　指井泉之水湧溢而出。(68)旁　依傍。(69)仍　屢次；頻繁。(70)太白　即金星。(71)入東井　顏師古注引張晏曰：「犯東井，有水災。」東井，星官名。即井宿，因在銀河之東，故稱東井。(72)積水　星官名。(73)缺天淵　指掠過天淵星一角。天淵，古星名。顏師古注引孟康曰：「天淵十星在北斗星東南。」(74)日數句　指太陽屢次失去其燦爛光輝。顏師古注引張晏曰：「（日為）眾陽之宗，故為極陽也。色宜明耀，而無光也。」湛，深。指太陽暗淡無光。(75)羽氣乘宮　顏師古注引孟康曰：「〈天文志〉曰西方為羽。羽，少陰之位。少陰臣氣，乘于君也。」又引晉灼曰：「羽，北方水也，水陰為臣。宮，中央土地，土為君，今水乘土，言臣氣勝于君也。」乘，欺凌。(76)錯　雜；夾雜。(77)山崩地動　指成帝初年發生的山崩和地震。(78)河不用其道　指建始四年（西元前二九年）黃河決口於館陶和東郡。河，古代黃河的專稱。不用其道，指決口漫流或改道而流。(79)潛龍　潛藏在幽暗之處的龍。龍，指蛟龍，古代傳說中能發洪水的龍。(80)孽　禍害。(81)隕星　星隕落。(82)維填上見　顏師古注引孟康曰：「有地維星，有四填星，皆妖星也。」又引晉灼曰：「〈天文志〉四填星出四隅，去地可四丈，地維臧光，亦出四隅，去地可二丈，若月始出。所見下有亂者亡，有德者昌。」(83)日蝕有背鄉　指日食頻繁，情況反常。有背，有背於。鄉，通「向」。往常；從前。古人認為日食是不吉之象。(84)高下　指居於高處者和處於低處者。(85)迺欲　將要。(86)流彗迺欲埽除　因彗星狀如掃帚，故有此說。埽，通「掃」。(87)有年亡期　延年無限。(88)屬者　顏師古注曰：「屬者謂近時也。」(89)小　稍微。(90)精　顏師古注曰：「精謂光明也。」(91)右　通「祐」。幫助。(92)亡已　無已；無限止。(93)致　極；最高程度。(94)幽隱　指隱居的賢士。(95)拔擢　提拔；選拔。(96)天士　顏師古注引李奇曰：「知天道者。」又引晉灼曰：「天士，應宿台鼎之臣也。」顏師古贊成前者。(97)闒茸　指地位卑微或品行低劣的人。(98)佞讇　巧言諂媚。讇，通「諂」。(99)抱虛求進　內心虛偽而謀求官職地位。(100)用　以。(101)殘賊　殘酷狠毒。(102)聞　聞名。(103)涌趯　湧流騰躍。這裡用作動詞，使動用法。趯，通「躍」。(104)湛溺　沉溺。這裡用作動詞，使動用法。湛，通「沉」。(105)以時　按時。(106)銷　通「消」。

(107)不旋日　等不到明天。形容時間極短。(108)鐵炭之低卬　顏師古注引孟康曰：「〈天文志〉云『縣土炭』也。以鐵易土耳。先冬夏至，縣鐵炭于衡，各一端，令適停。冬，陽氣至，炭仰而鐵低。夏，陰氣至，炭低而鐵仰。以此候二至也。」卬，通「昂」。(109)案　根據。(110)行事　所行之事實。(111)訛言　指前文大水將至的訛言。(112)韓放　人名。據顏師古注引服虔說，他是一位通曉水利的人。(113)掾　秦漢時中央地方各級長官之屬吏的通稱。(114)哀帝　指漢哀帝劉欣。詳見本書卷十一〈哀帝紀〉。(115)黃門　官署名。為奉事皇帝的近侍機構。(116)衛尉　官名。漢承秦置，為九卿之一，掌管宮門警衛。(117)傅喜　哀帝祖母傅太后的從父弟。官至大司馬。本書卷八十二有傳。(118)仍重　頻仍；屢加。(119)疏賤　自謙之辭。意為：與皇帝關係疏遠且地位低微。(120)幸　敬辭。表示對方的做法使自己感到榮幸。(121)重臣　指傅喜。(122)過　顏師古注曰：「過猶謬也。」(123)食太官二句　指吃太官的飯，穿御府的衣。食、衣，這裡都用作動詞。御府，官署名。亦稱「中御府」。與太官同屬少府，為皇宮內收藏皇帝金銀財寶及衣服的機構。(124)玉堂　殿名、官署名。舊址在今陝西西安西北漢長安城內未央宮。(125)不世出　不是每代都有；世所罕有。(126)可采　可以（被）採納。(127)棄　捨棄；讓出。(128)須臾　一會兒；片刻。(129)宿留　王先謙《漢書補注》曰：「宿留，謂存其言于心，以待後時之參驗也。」(130)瞽言　指不合事理的言論。此處為自謙之辭。瞽，目盲，比喻無觀察能力。(131)稽　考證；考核。(132)天心　天意。(133)來　由來；出現。(134)易　指《易經・繫辭上》。(135)縣象　顏師古注曰：「在天成象，故曰縣象也。」即日月星辰等懸於天空之象。縣，通「懸」。(136)著明　特別明亮；顯明。(137)乎　介詞。用法相當於「於」。(138)晷　日影。(139)表　表率。(140)日將旦　日將出；天將明。旦，早晨；天亮。(141)牽　牽累。(142)色　女色。(143)炎以陽　指太陽初升時光輝燦爛。炎，火光上升。以，連詞。用法相當於「而」。陽，溫暖。(144)日中　中午。(145)煇光　大放光輝。(146)專以壹　專一不貳。壹，通「一」。(147)就房　指入室與妻子同宿。(148)有常節　有一定的節制。節，節制；節度。(149)晻昧　昏暗。(150)各有云為　指各有其感應表現。(151)於東方作　指日出東方。(152)法　常規。這裡指占驗之常法。(153)女謁　指得寵后妃多所請託。謁，顏師古注引服虔曰：「謁，請也。」(154)欺誣　欺騙蒙蔽。(155)營　顏師古注曰：「營謂繞也。」即糾纏迷惑。(156)珥　日或月兩旁的光暈。(157)蜺　通「霓」。虹的一種，亦稱副虹。位於主虹的外側，光帶色彩不如主虹鮮明。(158)作　出現；發生。(159)昏　傍晚。(160)差瘉　稍微好轉。差，稍微地；比較地。(161)小臣　自謙之辭。(162)乾剛　乾，八卦之一，象徵陽性或剛健，故稱「乾剛」。(163)態　姿容；神態。(164)保阿　即阿保。古代教育撫養貴族子女的婦女。當時哀帝寵幸乳母，故李尋言此。(165)勉強　勉力去做。(166)大誼　大義。(167)良　實在；的確。(168)放流　亂行；隨意流動。放，放任。(169)陰桀　陰邪高漲；陰氣膨脹。桀，突出。(170)隆　這裡用作動詞，使動用法。(171)克躬　自我克制。(172)執　控制。(173)不軌　越出常規；不遵守法度。(174)銷息　即消息。指月亮的生滅盈縮。(175)見伏出現和隱伏。176百里為品三句　顏師古注引孟康曰：「品，同也，言百里內數度同也。千里則當立表度其景（影），萬里則繼其本所起紀其宿度也。」177朔晦　指陰曆每月的初一和最後一天。178弦　陰曆每月初七、初八，月亮缺上半，叫上弦；二十二、二十三，月亮缺下半，叫下弦。179繩墨　木工劃線用的工具。借指規矩、準則、法度。180望　指月光滿盈時，即陰曆每月十五。181月數句　顏師古注引孟康曰：「房有四星，其間有三道。春夏南行，南頭第一星裏道也；秋冬北行，北頭第一星裏道也。與日同道者，謂中央道也。此三道者，日月五星之所由也。」房，房宿，二十八宿中蒼龍七宿之一。182軒轅　顏師古注引孟康曰：「軒轅南大星為后。」183上后　即「正后」。帝王的正妻。184受氣　指接受陰氣。古人以軒轅為後宮之象，後宮屬陰。185上將近臣　指作為將相近臣之象的諸星官。186厭厭　通「懨懨」。精神不振的樣子。187與　干預；干涉。188便有利；便利。189杖　通「仗」。顏師古注曰：「杖謂倚任也。」190屋大柱小　比喻國事重大而朝臣才小，難以支撐局面。191寒心　戰慄恐懼之意。192無彊所惡　顏師古注曰：「邪佞之人誠可賊惡，勿得寵異，令其盛強也。」彊，強盛。使動用法。所惡，所可厭惡者。指邪佞之人。193崇　尊崇。194本朝　指朝廷。195五星　指木、火、金、土、水星。196五帝　中國古代傳說中的五位天帝。即：中央黃帝、東方青帝、南方赤帝、西方白帝、北方黑帝。197司命　掌管發號施令之權。198歲星　即木星。木星在黃道帶裡每年經過一宮（古代曆法以周天三十度為一宮，即周天三百六十度的十二分之一），約十二年運行一周天，故我國古代稱之為「歲星」，用以紀年。199統首　首領。指木星為五星之首。200紀　綜理。201指意　旨意；意圖。指，通「旨」。202填星　即土星。古人認為土星每二十八年運行一周天，好像每年填充二十八宿中的一宿，故名。顏師古注引張晏曰：「歲星為帝，填星為女主也。」203相留　相守。204奎　星官名。即奎宿。二十八宿中白虎七宿的第一宿。205婁　星官名。即婁宿。白虎七宿的第二宿。206熒惑　即火星。因呈紅色，熒熒如火，亮度常變，且其在天運行時而自西向東，時而自東向西，令人迷惑，故名「熒惑」。207兩宮　顏師古注引張晏曰：「兩宮謂紫微、太微。」因紫微垣和太微垣為皇帝居處之象，故又稱為宮。208天門　星官名。209明堂　星官名。《晉書・天文志上》曰：「房四星，為明堂，天子布政之宮也，亦四輔也。」「心三星，天王正位也。中星曰明堂，天子位。」房，房宿。星官名。心，心宿。星官名。210貫　貫穿。211尾　尾宿。星官名。青龍七宿的第六宿。212發越犯庫　顏師古注引張晏曰：「發越，疾貌也。庫，天庫也。」庫，星官名。213黃龍　即軒轅。星官名。見前注。214帝庭　指太微垣。215房　房宿。見前「明堂」注文。216神靈　這裡指哀帝神聖英明。217厥弛　顏師古注引張晏曰：「厥弛，動搖貌。」218微言　隱微之言。不明言而以暗喻示意。219進類蔽善　顏師古注曰：「進其黨類而擁蔽善人。」類，同類；同黨。220端門　指太微垣正南門。見前「太微」注文。221不臣　臣子不盡臣職；反叛。222火入室二句　顏師古注引孟康曰：「火入室謂熒惑歷兩宮也。金謂太白也。上堂，入房星也。」火，火星。即熒惑。見前注。堂，明堂。見前注。(223)蕭牆之內　指內部潛在的禍患。蕭牆，古代宮室用以分隔內外的屏牆。(224)忽　忽視；忽略。(225)微　指微小之事。(226)牙　通「芽」。(227)濊　通「穢」。汙穢；邪行。(228)辰星主正四時　辰星，即水星。四時，即春、夏、秋、冬四季。我國古代以立春、立夏、立秋、立冬為四季之始，因水星公轉週期為八十八天，與每季時日大體相當，故每季可見其一次，故曰「主正四時」。(229)當效於四仲　指在二月、五月、八月、十一月四個仲月出現。每季第一月為孟月，第二月為仲月，最後一月為季月。(230)歲首之孟　指春正月。(231)蚤　通「早」。(232)彗茀　彗星。茀，通「孛」。彗星。(233)四孟　指夏曆正月、四月、七月、十月。(234)易王命　指王朝被推翻，改朝換代。(235)寅孟之月　即歲首正月。夏曆以建寅之月（即陰曆正月）為歲首，而建寅之月又為春之孟月，故並稱之為「寅孟之月」。(236)篤右　顏師古注曰：「篤，厚也。右與祐同，祐猶助也。」(237)故　通「固」。本來。(238)戚戚　《漢書補注》謂當讀為「蹙蹙」。蹙蹙，緊迫；急切。(239)經　指《尚書・虞書・堯典》。(240)三載考績二句　指每三年考核一次政績，經過三次考核之後，罷黜無能者，提拔賢明者。陟，提拔；提升。(241)既往不咎　引自《論語・八佾》。意為：不再追究以往的過錯。(242)來事之師　後事之師。指吸取過去的經驗教訓，作為以後的借鑑。(243)歲　年成；收成。(244)小收　收成少；歉收。(245)奧　顏師古注曰：「奧，溫也。」(246)時禁　一年四季的禁忌避諱。(247)堯舜　相傳為遠古的兩位部落首領。堯，名放勳，陶唐氏，史稱「唐堯」。舜，名重華，有虞氏，史稱「虞舜」。當時實行禪讓制，堯傳位於舜。堯舜都是儒家稱道的聖明君主，所以常常「堯舜」連稱。(248)設　假設；假如。(249)上農夫　指經驗豐富、技術高明的農夫。(250)冬田　在冬日種田。(251)肉袒　脫去衣服，裸露上身。(252)書曰二句　顏師古注曰：「〈虞書・堯典〉之辭也。言授下以四時之命，不可不敬也。」(253)枹　鼓槌。(254)時月之令　即時令、月令。(255)尚書　官名。戰國掌文書者稱主書，主即尚。秦代始有尚書之名，為少府屬官，主發文書。漢代沿置。武帝時為削弱相權，遂大用尚書，且用宦者，稱中書，掌文書章奏，頗預機密。(256)通知　周知。(257)若　或。(258)謬　差錯。(259)爭　通「諍」。諫諍；規勸。(260)玄武　二十八星宿中北方斗、牛、女、虛、危、室、壁七宿的總稱。與青龍、白虎、朱雀合稱四象。(261)婺女　星官名。亦稱須女。玄武七宿的第三宿。(262)脩明　昌明。(263)落脈　即絡脈。這裡指大河的支流。顏師古注曰：「落謂經絡也。」(264)偏黨　偏袒不公和結黨營私。(265)涌　上漲。(266)為敗　毀壞；毀敗。(267)書　指《尚書・周書・洪範》。(268)河出圖二句　儒家關於《周易》、〈洪範〉的傳說。傳說伏羲時龍馬背負河圖出黃河，大禹時神龜背負洛書出洛水。伏羲氏據此畫成八卦，即後來《周易》的來源。大禹據此演為〈洪範〉。(269)所為最大　指河、洛決溢是上天對君主所示的最大譴告。(270)汝潁　皆古水名。汝水指今河南北汝河、南汝河及新蔡以下的洪河。潁水即今流經河南中東部和安徽西北部的潁河，為淮河最大支流。(271)畎澮　顏師古注曰：「畎澮，小流也。」(272)川　水貫穿而通流。動詞。(273)此詩所謂二句　顏師古注曰：「《詩．小雅．十月之交》之詩也。爗爗，光貌。寧，光；令，善也。言陰陽失和，雷電失序，不安不善，故百川又沸騰。」百川沸騰，形容眾多河水氾濫之勢。(274)皇甫卿士　亦作「皇父卿士」。周幽王時的卿士，為幽王寵臣，排斥異己，敗壞朝政。卿士，官名。(275)上中下　指地勢高低。(276)畔　通「叛」。(277)英雋　才能傑出的人。雋，通「俊」。(278)退不任職　罷退才能低劣不稱其職者。(279)精神折衝　指精神旺盛，能夠抵禦和戰勝邪惡。顏師古注曰：「折衝，言有欲衝突為害者，則能折挫之。」(280)陵　通「淩」。欺淩；侵犯。(281)淮南王　指淮南王劉安。漢高祖劉邦之孫，武帝時因謀反被殺。本書卷四十四有傳。(282)作謀　謀反。(283)汲黯　景帝、武帝時期的大臣。好黃老之術，為人忠直，常直言勸諫。本書卷五十有傳。(284)公孫弘　西漢大臣，因通經學、兼習文法吏事深得武帝賞識，數年從平民升至丞相。本書卷五十八有傳。(285)亡比　無人可比。(286)賊亂　亂賊。(287)語　諺語；俗話。(288)自賢　自以為賢。(289)通人　指薦達賢材。(290)陵夷　衰敗；衰頹。(291)伏歷　馬伏於槽櫪，指關在欄裡飼養。歷，通「櫪」。馬槽。(292)趨道　在道上奔跑。趨，快走；奔向。(293)素養　平時經常修習涵養。(294)重國　指擔負國家重任。(295)濟濟多士二句　引自《詩經．大雅．文王》。濟濟，多威儀貌。(296)孔子　孔丘，字仲尼，春秋時魯國人。曾任魯國司寇。他長期召集學生講學，開私人講學的風氣，傳說有弟子三千人。他的學說後來形成儒家學派，對後世影響極大。(297)十室之邑　十戶人家的小村子。(298)曾亡　未曾有；從來沒有。(299)柱幹之固守　指擔負國家重任，能安邦定國的棟梁之材。(300)殆　大概；恐怕。(301)勸　勉勵；獎勵。(302)篤　厚；堅定。(303)傳曰　有記載說。傳，指文字記載。(304)禾　穀類植物的統稱。即莊稼。(305)中人　中等人。指德才一般的人。(306)君子　指人格高尚的人。(307)求備　求全責備。(308)厲　通「勵」。(309)京兆尹　官名、政區名。武帝時分原秦內史地區為京兆尹、左馮翊、右扶風，京兆尹為主管長安以東京畿十二縣的最高行政長官，相當於郡太守。(310)王章　西漢大臣。以文學為官，素以敢直言聞名朝廷，歷任司隸校尉、京兆尹等職。成帝時，大將軍王鳳輔政，他奏言鳳不可任用，宜更選忠賢，後被王鳳陷害死於獄中。本書卷七十六有傳。(311)結舌　顏師古注曰：「不敢出言也。」(312)顓命　專制朝命；專擅朝政。顓，通「專」。(313)女宮　指趙飛燕姊妹。趙飛燕為成帝皇后，其妹趙合德為昭儀，姊妹二人迷惑成帝，殺害宮人所生之子，使成帝絕嗣。(314)本　指造成漢朝衰亂不堪的禍根。(315)積任　長期放任。積，積久。任，聽憑；放任。(316)往者不可及二句　出自《論語．微子》：「往者不可諫，來者猶可追。」。(317)先帝　指漢成帝。(318)大聖　古代稱道德完善、智能超人者。(319)天統　天命大統。指帝王統系。(320)選練　選擇。練，通「揀」。(321)左右　指帝王身邊的近臣。(322)天官　官名。《周禮》六官，稱冢宰為天官，為百官之長。這裡借指公卿將相等朝廷高級官員。(323)大宗　古代宗法制度以嫡系長房為「大宗」，餘子為「小宗」。

天子為天下的大宗，是同姓貴族的最高家長，也是政治上的共主。諸侯在其封國為大宗，對天子為小宗。324亡以異　無過人之處；無特長。325文雅　指文化素養和學術造詣。326就南畝　顏師古注曰：「遺歸農業。」南畝，泛指農田。327害身　指有害於自身。328辟　通「避」。329死亡之誅　殺身之禍。330財　通「裁」。331覆　審察。332帝外家丁傅新貴　指哀帝母丁氏、祖母傅氏家族新為顯貴。333傅太后　元帝妃，生定陶恭王，躬養恭王子劉欣（即哀帝），劉欣即位後尊其為皇太后。334欲稱尊號　傅氏原稱定陶太后，因其孫劉欣即帝位而欲稱皇太太后等尊號。335孔光　名儒，西漢大臣，孔子十四世孫。與大司空何武擬定限田、限奴婢方案，因遭反對不果。平帝時任太傅。本書卷八十一有傳。336大司空　官名。即御史大夫。漢成帝綏和二年（西元前七年）更名為大司空，哀帝時曾一度恢復原稱，後又改作大司空。與大司徒（丞相）、大司馬（太尉）並稱三公。337師丹　西漢大臣。哀帝時曾任大司馬、大司空，亦主張限田、限奴婢。本書卷八十六有傳。338執政　持正。政，通「正」。339語　指李尋所說關於陰陽災異一類的話語。340非常　異常。指災變等情況。341輒　總是；就。342黃門侍郎　官名。郎官的一種。343騎都尉　武官名。為光祿勳（郎中令）屬官。344齊　齊地。345詐造　假造。346天地之大終　天地的滅亡之期。指漢家氣數已完。大終，大限。指死期。347更　重新；再。348下　下臨人世。349重平　縣名。在今河北吳橋東。350容丘　侯國名。在今江蘇邳州北。351中壘校尉　官名。漢武帝初置，為八校尉之一。掌北軍壘門內，外掌西城。352劉向　西漢大臣。劉邦弟劉交的四世孫。宣帝時任諫大夫。元帝時因反對宦官弘恭、石顯，被捕入獄。成帝時，任光祿大夫，主持校理諸子詩賦等書，整理的各書都寫有「敘錄」，彙編各書「敘錄」成《別錄》一書。另外，還編有《新序》、《說苑》、《列女傳》等書。本書卷三十六有傳。353假　假託；借用。354挾　夾持。355不敬　刑罪名。不敬天子的罪名，歷代多列為重罪之一。356司隸校尉　官名。漢武帝征和四年（西元前八九年）置。掌京畿七郡，督捕奸猾，察舉百官，職責與州刺史略同。357解光　西漢大臣。成帝、哀帝時任司隸校尉。358白　這裡指向皇上報告並進呈。359奉車都尉　官名。武帝始置，掌天子車輿，多由皇帝親信充任。360劉歆　劉向之子。漢成帝時與其父主持校理群書。父死，承繼父業，完成校理群書工作，寫成《七略》，為中國歷史上第一部綜合性分類圖書目錄。王莽廢漢建立新朝，他任國師，後因參與謀殺王莽，事敗被殺。本書卷三十六有傳。361安肯　豈肯。362通暢達。這裡用作動詞，使動用法。363漢曆　指漢朝享國的年數，這是陰陽家的臆測。亦可指漢朝的氣運。364改元　改換年號。365易號　改定稱號。366得道不得行　知其道而不能行其道。367咎殃　禍殃；災難。368且亡不有　將無所不有。369滌盪　洗蕩；清除。這裡指水火之災毀傷人民。370寑疾　臥病。371幾　通「冀」。希望。372詔制　皇帝下達命令。373御史　這裡指御史大夫。374五曰考終命　出自《尚書・周書・洪範》：「五福，一曰壽，二曰富，三曰康寧，四曰攸好德，五曰考終命。」考終命，指善終不橫夭。375壹　一旦。376更紀　重新開始記載。紀，通「記」。377天元人元　天地之始和人世之始。元，始；第一。378數　規律；法則。379甲子　「六十甲子」的簡稱。甲為十天干首位，子為十二地支首位，干支依次相配，如甲子、乙丑等，統稱「甲子」。其變有六十，六十次輪一遍，周而復始，故稱「六十甲子」。380入繼　入朝繼位。哀帝原為定陶恭王劉康之子，被成帝徵立為皇太子。因非嫡系子孫而得從藩王繼帝位，故曰「入繼」。381太祖　指漢高祖。382總　統領。383百僚　指朝廷諸大臣。384子　慈愛；愛護。385元元　庶民；民眾。386高下貿易　顏師古注曰：「言山崩川竭也。」即山崩水竭，高下互易其位。貿易，變易。387連仍　頻仍。388戰戰兢兢　因恐懼而小心謹慎的樣子。389曆紀　指曆法。390開元　重新開始紀元。391皇天句　顏師古注曰：「右，讀曰祐。祐，助也。帝自言不材而得天助也。」392符　符命；祥瑞的徵兆。古人把它說成是君主受命於天的憑證，以神化最高統治者。393曷敢　怎敢。394元命　大命。395建平　漢哀帝年號（西元前六—前三年）。396漏刻以百二十為度　〈哀帝紀〉顏師古注曰：「舊漏晝夜共百刻，今增其二十。此本齊人甘忠可所造，今賀良等重言，遂施行之。」漏刻，時刻制度。古人採用漏壺，根據水的滴漏來計算時間。壺中插有刻箭，箭隨壺中水的高低而下沉或上升，以指示時間。397自若　如故；像原來的樣子。398戰栗　嚇得發抖。399過聽　錯誤聽信。過，錯；誤。400嘉應　好的效驗。401非赦令也二句　顏師古注曰：「唯赦令不改，餘皆除之。」402姦態　作奸犯科的事實。403窮竟　追究到底。404光祿勳　官名。原作「郎中令」。漢承秦置，漢武帝太初元年（西元前一〇四年）更名為光祿勳，為宿衛侍從首領，兼皇帝的顧問參議，位列九卿。405平當　西漢大臣。以明經為博士，歷任光祿勳、御史大夫、丞相等職。406毛莫如　西漢大臣。哀帝時任光祿大夫，有清名。407御史中丞　官名。為御史大夫的佐官，主要掌監察，兼掌蘭臺祕書圖籍。因居殿中，領侍御史，受公卿奏事，故地位重要。408雜治　共同審理。409當　顏師古注曰：「當謂處正其罪名也。」410左道　邪道。多指未經官府認可的巫蠱、方術等。411傾覆　顛覆。412減死一等　即減死罪一等。指依法將當判或已判為死罪者減為僅次於死罪的那一級刑罰。413敦煌郡　郡名。治敦煌（今甘肅敦煌西）。

【語　譯】李尋，字子長，是平陵縣人。他研究《尚書》，與張孺、鄭寬中同出一位經師門下。鄭寬中等人遵守師法，教授生徒，而李尋卻喜好〈洪範〉推論災異，又學習天文、月令、陰陽等方面的知識。他事奉丞相翟方進，翟方進也好為星命曆象之術，任命李尋為屬吏，李尋屢次給翟方進進言。成帝舅父曲陽侯王根擔任大司馬驃騎將軍，厚待李尋。當時災異很多，王根輔政，多次虛心向李尋請教。李尋見漢朝有中衰、困厄聚會之象，認為將有洪水之災，就勸告王根說：

2 「《尚書》說『天聰明』，大概說的是天上紫宮極樞是天帝綱紀之象；太微四門是天帝廣開大道之象；《五經》六緯是天帝尊重學術顯揚賢士之象，翼張兩宿舒展自如，光芒照耀天下，少微處士諸星或為天帝賓友，或為天帝輔佐，所以位次象徵帝廷的太微垣，象徵帝王後宮的軒轅諸星則在太微垣之後。聖人奉承天命，尊重賢人而不以女色為重，是從天象學法式的。天官中的上相上將諸星都南面正列於廷中。帝王憂深而責重，關鍵在於得到賢能之人。能得到什麼樣的人才以及其人能效什麼力，是成敗的預兆，不能不盡力於此。從前秦穆公愛聽花言巧語，任用勇武之夫，結果身受奇恥大辱，國家差點兒滅亡。後來他悔過自責，認識到賢能老者之可貴，任用百里奚，終於稱霸西方，德列於王道。前後禍福相差如此，帝王能不慎重行事嗎！

3 「士人是國家的大寶，是建功揚名的根本。將軍您的家族中被封為列侯的有九人，身居高位者有二十人，從漢朝建國以來，臣子顯貴隆盛，沒有人曾達到這個程度。物盛必衰是自然之理，您只有得到賢友強輔，才或許能保住自己的性命，保全子孫後代，安定國家。

4 「《尚書》說『根據日月星辰的運行情況來制定曆法』，這說的是仰觀天文，俯察地理，觀察日月消長盛衰，觀測星辰，揣度山川變動，參考民間歌謠風俗，以制定法度，推究禍福。施政措施悖逆，災禍就要降臨，其徵兆便會事先出現。聖明的君主發現徵兆便心生恐懼，改正過失，側身傾聽，廣泛求問，轉禍為福，實在不能挽救的，就做好準備以應變，所以國家無憂。

5 「我私下裡觀察以前發生的赤黃霧氣充滿天地的異象，這是地氣大發、動土營造而竭盡民力、天下擾攘動亂的徵兆。彗星與太陽爭奪光明的異象，是百姓中的豪傑人物逞兇作亂、招致大規模盜匪的徵兆。這兩個徵兆已經頗有效驗了。建始三年秋，長安城中訛傳洪水將至，百姓奔走逃上城牆，朝廷驚慌駭懼，妖孽小女陳持弓胡亂闖入未央宮中，只有這一災異徵兆尚未看到效驗。近來又加上井泉之水湧溢而出，屢屢順著宮闕流出。月亮和太白星進入井宿，干犯積水星，掠過天淵星一角。太陽多次失去其燦爛光輝，黯淡無光。臣下之象的羽氣干犯君主之象的宮位，起風積雲。又雜以山崩地震，黃河不循其道而流。寒冬季節雷鳴電閃，潛藏於幽暗之處的蛟龍製造禍患。繼之以隕星流彗，地維星、四填星出現於四隅之上，日食頻繁，有背於往日。這些都是上方高處者和下方低處者互易其所居的異象，是將發洪水的徵兆。如果當政者不憂懼改正，洪水將要盪滌，彗星將要掃除；如肯改正過失，則能延年無限。所以近時朝廷稍有變動改正，稍稍貶斥奸邪狡猾之徒，便出現日月光明、時雨氣應的感應，這說明皇天幫助漢朝真是無限啊，何況進行全面改作呢！

6 「應該迅速廣求隱居的賢士，提拔通曉天文陰陽術數之士，讓他們擔任要職。那些品行低劣、奸佞諂媚、心懷詐偽謀求官位者以及以殘酷狠毒聞名者，這些人都嫉害善良、憎惡忠誠、擾亂天文、敗壞地理，使邪陰之氣膨脹騰躍，使太陽黯淡無光，替皇上結怨於民，應當及時免職斥退，不應讓他們居官在位。如果真能這樣去做，凶兆災禍必然消除，子孫之福很快便會降臨。政治好壞感應陰陽變化，就像用炭鐵預測夏至冬至時陽氣至則炭仰而鐵低、陰氣至則炭低而鐵仰那樣準確，效驗是顯明而可信的。還應疏浚積水連泉，一定要使其通暢順利。修補舊的堤壩，免除池澤之稅，以助損減邪陰之盛。根據所行的事實，考察陰陽變易的道理，以前關於將發洪水的訛言，其效驗不見得不出現。請徵召韓放、掾周敞和王望，可以同他們謀劃應變之事。」

7 王根於是向皇上推薦李尋。哀帝剛剛登上皇位，徵召李尋待詔黃門官署，派侍中、衛尉傅喜詢問李尋說：「近來水出地震，日月失度，星辰亂行，災異頻仍，對此現象你要暢所欲言，不要有什麼顧忌。」李尋回答說：

8 「陛下聖德，尊天敬地，畏命重民，憂懼災異，不忘疏賤之臣，幸使朝廷重臣前來詢問，愚臣的才德夠不上奉答明詔。臣私下看到陛下剛剛登上皇位，開大明，除忌諱，廣招名士，無不並進。臣李尋位卑術淺，謬隨眾多賢士在官署等待詔命，吃太官的飯，穿御府的衣，玷汙玉堂官署已經很久。多次被陛下召見，無以報效。又特蒙至誠相問，自己覺得遇上世所罕有的好運氣，願竭盡愚誠進言，不敢有所避諱，或許所言萬分有一可被採納。希望陛下捨棄片刻空隙，存留愚臣不合事理的言論於心，考之以文理，稽之以《五經》，度之以聖心，以觀察天意。那些災異的出現，都是各應其天象而來的，臣謹分條陳奏所知道的有關道理。

9 「《易經》說：『懸於天空的諸象之中，沒有哪個比日月更明亮。』日為眾陽之長，光輝所照，萬里同影，它是人間君主的表率。所以太陽將出之時，清風初起，群陰隱伏，君王將要臨朝聽政，不牽累於女色。旭日初升，光輝燦爛，君王登上朝堂，奸佞之徒不能行其事，忠直之臣得以效其忠，君臣上下沒有阻隔障蔽。日到中午大放光芒，君德盛明，大臣奉公。日將西沉，專一不貳，君王入室與后妃同宿而有一定節制。君王不修其道，則日失其度，昏暗無光，各有其感應表現：日出東方之初，如發生陰雲邪氣遮蔽日光的異象，根據占驗常法得知是君王牽累於后妃請託，有所畏難；日出後，如發生上述異象，則為近臣亂政；日中之時，如發生上述異象，則知為大臣欺君罔上；日將落時，如發生上述異象，則知君王被妻妾近侍糾纏迷惑。近來太陽特別昏暗，喪失光明，邪氣珥霓頻頻出現。日色昏暗初起於早晨，延續到黃昏，日出後至日中這段時間內有時稍微好轉。臣不了解朝廷內部之事。私下裡用太陽的這種異象來觀察陛下的志操，發現比您剛即位時衰弱多了。其禍患恐怕會有因持正直言而獲罪的人，這會傷嗣害世，不可不謹慎對待。希望陛下執乾剛之德，強志守度，不要理睬后妃邪臣的媚態巧言。對那些阿保乳母甜言悲語的請託，要嚴拒不聽。勉力去做合乎大義之事，去掉小處不忍之心；實在不得已的話，可以賜給他們財物，不能私以官位相授，因為私授官位給這些人實在是皇天所禁之事。日失其光，則星辰隨意亂行。陽不能控制陰，則陰氣得以膨脹突出。近來又有太白星白日經天的異象出現。陛下應興隆聖德，自我克制，以控制越軌之行。

10 「臣聽說月為眾陰之長，生滅盈縮，出現隱沒，百里之內其度相同，千里則當立表測其影長，萬里則當從其初出之處記其宿度。月為后妃、大臣、諸侯之象。有朔有晦使其終始正常，上弦下弦是其運行法度，每月十五助成君德，春夏南行，秋冬北行。近來，月屢次於春夏兩季與日同道而行，經過象徵帝后之象的軒轅星官接受陰氣，入太微帝廷顯示其光輝，侵犯象徵將相近臣之象的諸星官，群星都黯然失色，懨懨如滅，這是由於太后干預朝政擾亂朝綱，陰陽俱傷，兩不相便。外臣我不知朝內之事，私下裡確信天文就是這樣，近臣已不堪倚任了。國事重大而朝臣才小，難以支撐局面，令人為之戰慄恐懼。希望陛下親自訪求賢能之士，不要寵幸邪佞之人以增強其勢，以尊崇社稷，使朝廷強大和受人尊敬。

11 「臣聽說木、火、金、土、水五星是五行之精，由五帝掌握發號施令之權，感應君王政令而為之節制變動。木星主年歲之事，是五星的首領，綜理號令，如今它失其常度而過分旺盛，這是感應君王心中想有作為卻未得要領之象。又發生土星不避讓木星的異象，這是帝后共同執掌朝政之象，土星與木星相守於奎宿、婁宿，皇上應當以大義杜絕外戚干政。火星往來無常，經歷紫微、太微兩宮，時升時降，進入天門，直上明堂，穿過尾宿，擾亂天宮。金星飛快運行，干犯天庫，這是將發生兵亂的兆應。金星穿過軒轅星宿，闖入太微垣，當門而出，隨火星進入天門，行至房宿而分，這是它想跟火星一起製造禍亂，卻又不敢抵擋明堂之明。這是由於陛下神聖英明，所以禍亂不成之象。火星動搖不定，是奸邪巧佞之徒依仗權勢，使用隱微之言對人詆毀或吹捧，引進同類、阻隔忠善之象。金星出端門，是臣下不盡臣職或謀反之象。火星闖入紫微、太微宮室，金星登上明堂，不及時採取措施解除災異，其結果必然兇險，令人擔憂。土星和木星相守，又主宮廷內亂。陛下應當觀察宮內情況，不要忽視親近者或疏遠者的微小之事，誅殺或放逐奸佞之徒，防止和根除禍亂萌芽，以沖刷汙濁，消散積惡，不要使之釀成禍亂。水星掌管春夏秋冬四季，使之正常交替，火星在二、五、八、十一月這四個仲月準時出現，盡職效力；四季失去正常次序，水星就會出現異常情況。如今水星出現於歲首的孟月，這是上天以此來譴告陛下啊。為政急暴，水星出現就早；為政寬緩，水星出現就晚；政事廢絕不行，水星就隱伏不見而為彗星。如果它在正月、四月、七月、十月這四個孟月都出現，就預示要改朝換代；如果它在三月、六月、九月、十二月這四個季月都出現，是星曆家們忌諱談論的災異之象。現在幸而它僅在歲首的孟月出現，這大概是上天要厚助陛下啊，陛下應該盡力自改前非。

12 「治理國家本來不可以緊迫急促，欲速則不達。《尚書》說：『每三年考核一次官吏的政績，經過三次考核後，罷退其昏庸無能者，提升其賢明者。』還有因帝王政令不順四時造成的失誤，應既往不咎，吸取以前的教訓，作為以後的借鑑。近來，朝廷在春天三月審理重大案件，當時賊陰邪氣起而逆亂，恐怕莊稼要歉收；夏末講習兵法，當時寒氣感應，恐怕後來要有霜雹之災；秋天舉行封爵活動，當時土地溫溼，恐怕後來要有雷雹災變。如果以個人的喜怒實行賞罰而不顧一年四時的禁忌，即使有堯舜之心，還是不能使天下安和。善於談論天的人，必然在人事上有其功效。假如一個經驗豐富、技術高明的農夫卻想在冬日種田，那麼即使他光著膀子，努力深耕細作，流著大汗播下種子，卻仍不能長出莊稼來，這不是人心沒有盡到，而是不得天時。《易經》說：『該停止時就停止，該行動時就行動，動和靜都不失其時，其道自然光明。』《尚書》說：『制定曆法，敬授於民。』所以古代的帝王，尊天地，重陰陽，敬四時，嚴月令。以善美的政治來順應它們，則祥和之氣可以立即招致，就好像用鼓槌敲鼓時鼓槌與鼓面互相應合一樣。如今朝廷忽視時令月令，陛下應該讓那些侍中、尚書等近臣都周知月令之事；如果群臣奏請政事，或者陛下發布政令，有違背時令月令的，應當知道諫諍規勸，以順應時氣。

13 「臣聽說五行以水為本，主水之星為北方玄武七宿中的女宿，它是天地之統，掌管陰陽終始。水是準平，如果王道公正昌明，則百川順暢，支流暢通；如果偏袒不公、結黨營私、綱紀廢弛，則江河氾濫，洪澇為災。《尚書》說『水向下面潤溼』，陰動而卑下，不失其常道。天下有道，則黃河出圖，洛水出書，所以黃河、洛水決口氾濫，是天對君主的最大譴告。如今汝水、潁水等小河都通流氾濫，與雨水一起禍害人民，這就是《詩經》中所說的『電閃雷鳴，天下不寧，百川沸騰』。其禍根在於皇甫卿士之類的奸佞之徒。希望陛下留意詩人之言，稍微抑制外戚大臣的權勢。

14 「臣聽說地之道為柔靜，這是陰的常理。地勢有上、中、下，地勢高的地方發生地震，感應的是后妃不順；地勢一般的地方發生地震，感應的是大臣作亂；地勢低下的地方發生地震，感應的是百姓離叛。地震發生在某一諸侯王國，是該國國君有過失的感應。從四方到中央，連至諸國，跨歷州郡，同時發生地震，這種災異是最大的。近來關東地區多次發生地震，五星出現異常，也未發生太大的逆亂，陛下應當崇陽抑陰，以救其災；陛下應當堅定志操，樹立威望，斷絕私請之路，拔用英俊人才，斥退才能低劣不稱其職者，以增強朝廷力量。本體強壯則精神旺盛，能抵禦和戰勝邪惡，本體虛弱則招殃致凶而被奸計邪謀暗算欺凌。臣聽說從前淮南王謀反的時候，他所畏難的人只有汲黯，認為公孫弘等人不足掛齒。公孫弘是漢朝的名相，當今無人能比得上他，尚且被謀反者輕視，何況當今連公孫弘一類的人物都沒有呢？所以說朝廷沒有能人，則被亂賊輕視，這個道理是很自然的。天下人沒聽說過陛下身邊有心懷奇策良謀、能夠定國安邦的賢臣。俗話說，怎麼能知道朝廷衰敗？人人自以為賢能，不致力於薦達賢才，所以世道衰敗。

15 「馬不關在欄裡餵養，不能夠在道上奔跑；士人平時不經常修習涵養，不可以擔負國家重任。《詩經》說『文王多士，因此能安定天下』，孔子說『十戶人家的小村子，必有忠信之人』，這些都不是假話。陛下掌握天下臣民之眾，還未曾有能安邦定國、名聞四方的棟梁之臣，恐怕是開闢人才之路不廣、取之不明、獎勵不厚。有記載說：『肥美的土地能長出好莊稼，賢明的君王善於培養士人。』德才一般的人經過培養都可以成為君子。陛下應下詔讓臣下進薦賢良之士，赦免小的過錯，不求全責備，以廣聚傑出人才。如近世貢禹，以議論政事忠直懇切而得到尊重和榮耀，在那個時候，士人自勵、樹立名節的很多。貢禹死後，世風日益衰頹。等到京兆尹王章因議論時政而獲罪被誅後，聰明人便不敢談論國事，奸邪詐偽之徒同時並起，外戚專擅朝政，君臣上下隔絕，以至於皇帝斷絕後嗣，趙飛燕姊妹胡作非為。如此行事之敗，實在是令人感到害怕而悲傷啊。

16 「造成漢朝衰敗不堪的根本原因在於長期放任皇帝母、后之家，積久成患，非一日之漸。已經過去的事是無法挽回了，未來的事還是來得及改正的。先帝是大聖之君，深見天意昭然，讓陛下繼承帝業，是想扭轉外戚專政的局面。陛下應當稍微抑制外戚，選擇賢臣置於左右，提拔有美德善行、精通治國之術的士人擔任公卿將相，然後才能輔助聖德，長保帝位，承襲大宗。下至郎吏小官，凡德行才能沒有過人之處、又沒有一技之長者，以及身為博士而沒有文化素養和學術造詣者，應該都讓他們回家種地，以此向天下表明朝廷官員都是賢才君子，以此使朝廷受人尊重，使君王得到尊崇，消除災異而招致安寧，這是根本辦法。臣自知以上所言有害於己，但仍不避殺身之禍說出來，希望陛下裁察留意，仔細審察和考慮愚臣之言。」

17 當時哀帝剛登上皇位，成帝外戚王氏的勢力尚未受到很大削弱，而哀帝外家丁氏、傅氏又新為顯貴，哀帝祖母傅太后尤其驕橫，想要稱用尊號。丞相孔光和大司空師丹持正諫諍，過了很長時間，皇上迫不得已，終於罷免了孔光、師丹，給傅太后奉上尊號。有關此事的詳情記載在〈師丹傳〉中。皇上雖不聽從李尋關於抑制外戚、選賢去佞等意見，但採納了他那套陰陽災異之言，每當出現災變情況，總是詢問李尋。李尋奏對屢屢說中，後來升任黃門侍郎。因為李尋預言將有水災，所以哀帝任命他為騎都尉，讓他負責保護河堤之事。

18 以前在成帝時，齊人甘忠可偽造《天官曆》、《包元太平經》十二卷，說「漢家逢天地之末日，應重新受命於天，天帝派真人赤精子下凡教給我這個道術」。甘忠可用他這套理論教授重平縣人夏賀良、容丘國人丁廣世、東郡人郭昌等。中壘校尉劉向劾奏甘忠可假託鬼神、欺罔皇上、迷惑民眾，他被逮捕入獄，經過審理，他表示認罪，法庭尚未判決，他得病而死。夏賀良等人因夾持和學習甘忠可偽造之書而以不敬之罪論處，後來他們又暗中以其偽書互相教授。哀帝剛剛登上皇位，司隸校尉解光也以精通經術、通曉災異得到皇上寵愛，他向哀帝報告並呈上夏賀良等人所持甘忠可偽造之書。皇上把這件事交付給奉車都尉劉歆辦理，劉歆認為其說不合《五經》，不可施行。而李尋也喜好此偽書之說。解光說：「以前劉歆的父親劉向劾奏甘忠可，使他被捕入獄，劉歆豈肯使此道得以暢達？」當時郭昌擔任長安縣令，勸說李尋應幫助夏賀良等人。李尋於是上奏哀帝，使夏賀良等人都待詔黃門，並屢次得到皇帝召見，他們向皇上說：「漢朝氣運中衰，應重新受命。成帝不順應天命，因而斷絕後嗣。如今陛下久病在身，災異頻頻出現，這是天對人的譴告。應當趕快改元易號，才能延年益壽，得生皇子，災異消除。知其道而不行其道，災難將無所不有，洪水將發，火災將起，毀傷百姓。」

19 哀帝長期臥病，希望夏賀良等人所說的辦法能夠帶來好處，終於聽從了他們的建議。於是哀帝詔令丞相、御史大夫說：「據《尚書》所載五福中『第五是長壽善終』，說的是天命大運一旦終了，就要重新記載天地之始和人世之始，考之以文獻，正之以事理，推造曆法，制定紀元，其規律猶如六十甲子紀序，終而復始。朕以微渺之身入繼太祖大業，承奉皇天，統領公卿大臣，撫育黎民百姓，未獲上合天意之效。朕登上皇位將近三年，災變屢降，日月失度，星辰亂行，山崩水竭，高下易位，災異頻仍，盜賊並起。朕非常恐懼，小心謹慎，唯恐國家衰落。漢朝興起至今二百年，曆法重新開始紀元，皇天降恩佐助不才，國家又獲受命符瑞，朕雖沒有聖德，怎敢不予順應接受天之大命，必與天下臣民除舊布新。茲令大赦天下，以建平二年為太初元年，朕號曰陳聖劉太平皇帝，漏壺刻度總數為一百二十度。宣告天下，使臣民明白知道。」

20 其後過了一個多月，皇上臥病如故。夏賀良等人又想亂改政事，大臣向皇上進言諫諍，認為不能答應他們。夏賀良等人奏稱大臣都不知天命，應罷退丞相、御史大夫，以解光、李尋輔政。皇上因為夏賀良等人所說的那些話沒有效驗，便把他們交付給司法官吏，並下詔書說：「朕得繼位以保宗廟，而施政不善，災異頻仍，恐懼戰慄，不知該怎麼辦。待詔夏賀良等人建議說改元易號、增加漏壺刻度可以使國家長治久安。朕對聖人大道信之不篤，誤聽其言，希望為百姓求得幸福。但始終沒有好的效驗，天氣久旱成災。朕以此詢問賀良等人，他們回答說應當再改制度，所言都背離經義，違反聖制，不合時宜。有了過錯而不肯改正，這是真正的過錯啊。茲令六月甲子日所下詔書中除大赦天下之令外，其他各項都予廢除。夏賀良等人離經叛道，妖言惑眾，其作奸犯科之事實應當徹底追究。」夏賀良等人都被逮捕入獄。光祿勳平當和光祿大夫毛莫如會同御史中丞、廷尉共同審理此案，判決夏賀良等人犯有執左道、亂朝政、顛覆國家、欺罔主上的大逆不道之罪，夏賀良等人都伏法被殺。李尋和解光減死罪一等，被流放到敦煌郡。

贊曰：幽贊❶神明，通合天人之道者，莫著❷乎易、春秋。然子贛❸猶云「夫子❹之文章❺可得而聞，夫子之言性與天道不可得而聞❻」，已矣。漢興推陰陽言災異者，孝武時有董仲舒、夏侯始昌，昭、宣則眭孟、夏侯勝，元、成則京房、翼奉、劉向、谷永❼，哀、平則李尋、田終術❽。此其納說時君❾著明者也。察其所言，仿佛一端❿。假經說誼，依託象類⓫，或不免乎「億則屢中⓬」。仲舒下吏，夏侯囚執，眭孟誅戮，李尋流放，此學者之大戒也。京房區區，不量淺深，危言刺譏，構怨彊臣，罪辜不旋踵，亦不密以失身，悲夫！

【章旨】以上是作者的評論。作者指出所傳人物「納說時君」，點明了政治性，又謂：「察其所言，仿佛一端。假經說誼，依託象類，或不免乎『億則屢中』。」暗諷其道術未必高明。作者還提醒後世學者以他們的遭遇為戒。

【注釋】❶幽贊　顏師古注曰：「幽，深；贊，明也。」❷著　昭著；卓著。❸子贛　端木氏，名賜，孔子學生。善於辭令，經商致富，歷仕魯、衛等國。贛，通「貢」。❹夫子　古代對貴族男子的尊稱。後演變為對老師或有學問者的稱呼。❺文章　指孔子傳授的《五經》、六藝等文化知識。❻夫子之言性句　顏師古注曰：「性命玄遠，天道幽深，故孔子不言之也。」性，中國哲學概念。指人、物的自然性質。❼谷永　西漢大臣。博學經書，成帝時依附大將軍王鳳，曾任安定太守、光祿大夫等職。精於《天官》、《京氏易》，善言災異。本書卷八十五有傳。❽田終術　西漢大臣。曾從翟方進學星曆，哀帝時任長安令。平帝時阿附王莽，與劉慶等倡議王莽居攝為假皇帝。❾納說時君　進其說於當時的君主。❿一端　一般無二；無大差別。⓫象類　指附會人事。⓬億則屢中　顏師古注曰：「《論語》稱孔子曰：『賜不受命而貨殖焉，億（臆）則屢中。』故此引之，言仲舒等億（臆）度，所言既多，故時有中者，非必道術通明也。」億，通「臆」。推測。

【語譯】史官評議說：能夠深刻闡明神祇靈異、貫通天人之道的，沒有比《易經》和《春秋》更卓著的典籍。然而子貢還是說「夫子講授的文化知識我們能聽得到，夫子關於性與天道的言論我們卻聽不到」，如此而已。漢朝建立以來，推究陰陽、談論災異的人，孝武皇帝時有董仲舒、夏侯始昌，昭帝和宣帝時則有眭孟、夏侯勝，元帝和成帝時則有京房、翼奉、劉向、谷永，哀帝和平帝時則有李尋、田終術。這是其中進其說於當時之君的著名人物。考察他們的言論，彷彿如出一轍。他們藉經發揮，自談其義，依託天象異常，附會政事得失，有時不免「猜度屢中」。董仲舒曾被交付官吏審問，夏侯勝曾身陷囹圄，眭孟慘遭殺戮，李尋被流放，他們的這些遭遇是學者的大戒。京房以小小郎官，不權衡深淺安危，直言諷刺時政，得罪掌權大臣，殺身之禍迅速降臨，也是由於他言語不慎密而致慘死，可悲啊！

【研析】西漢學者董仲舒「天人感應」之說對後世影響極大，此後，說陰陽、論災異者甚眾。他們把日食、月食、地震以及水旱災害等天文現象和自然災害與政治聯繫起來，提出自己的政治主張。本傳著重記載了他們的陰陽災異之說，並轉載其重要奏疏。

昭、宣時期，眭弘利用災異現象，勸昭帝「求索賢人，禪以帝位」，結果以「妖言惑眾」被殺（本傳）。元帝時期，翼奉曾因天變勸元帝行仁政，節用愛民，又以災異附會政治，建議因天變而徙都於成周（今洛陽），以表示「與天下更始也」，從而使漢家政權「延長而無窮也」（本傳），但元帝沒有接受其意見，以七廟在長安不能東徙而拒絕遷都。元帝時期重用經學之士，注重人才的德行道藝和學術水平，使大批儒生湧入政界，易學大師京房就是在這樣的背景下，加上長於占卜，得到元帝的賞識，進而受到重用。他看到各級官吏腐化墮落的情況，便向元帝建議推行「考功課吏法」，主張抑制權臣，他的建議得到元帝的首肯。京房的「考功課吏法」如能認真執行，對於政治清廉，提高官吏的工作效率，當有所裨益。但時值中書令石顯專權，京房以災異言人事，勸諫元帝疏遠巧佞之人。石顯遂以試行考功法為由，建言京房任為魏郡太守，將其逐出京城，後又尋機將其迫害致死。但京房提出的「考功課吏法」對後世產生了深遠影響。東漢王符在《潛夫論》中說：「先師京君，科察考功，以遺賢俊。太平之基，必自此始。」可見對其評價甚高。近代史學家呂思勉在其《秦漢史》中亦云：「（考功課吏法）實君主專制之世致治之基，為石顯、王鳳等所害而不能行，較之蕭望之等之見廢，實尤可惜也。」

成帝、哀帝時期，由於政治腐敗、外戚專權、官吏橫徵暴斂，加以地震、洪水頻發，百姓流離失所、不勝飢寒，社會矛盾日益激化。眾多推陰陽、論災異之士便借天變和自然災害勸說君主去奸邪、抑外戚、尊賢者，以尊崇朝廷。哀帝時期的《尚書》學者李尋主張純用經術通明之士，而罷黜外戚。在對哀帝問時，他把「川水漂涌，與雨水並為民害」的災異現象，完全歸罪於外戚專政（本傳），但長期以來外戚專權的定勢很難改變，他的政治主張並未得到哀帝的採納。漢家統治愈加岌岌可危，已經無法照舊維持下去了。面對漢王朝的危機，漢哀帝採納甘忠可的弟子夏賀良的「更受命」的主張，企圖以改元易號換取「延年益壽」，同時使漢家統治繼續下去。建平二年（西元前五年），哀帝下詔改元，表示漢家「更受命於天」，但此舉並未改變漢朝國運的衰微。不久，李尋因支持甘忠可「當更受命」之議而下獄。

昭、宣時期興起的陰陽災異說，一直盛行到西漢末年，經歷了漢家天下由中興到衰落的全過程。在這個過程中，陰陽災異說被皇家反復地用來宣傳漢家天子「受命於天」的思想，以求鞏固和維護統治地位；也被儒家學者發揮，借以提出自己的政治主張，來迎合現實政治的需要。但這些終究沒有挽救西漢政權覆亡的歷史命運。

卷七十六

趙尹韓張兩王傳第四十六

【題解】本卷是漢代以治理京師政績著稱的六位能吏的合傳。對於本篇，學者李景星曾評議說：「自古惟京輔最難治，何也？以其地處輦轂之下，近臣貴戚及世族在位者既繁且雜，又耳目易周，隱飾維艱，急之則生變，緩之則難圖，以恩遇之則肆無忌憚；以法繩之則更多阻隔，故曰難也。西漢之世，若趙廣漢，若尹翁歸，若韓延壽，若張敞，若王章、王尊，皆以治京輔著名，故班氏以之合傳。」趙廣漢、尹翁歸、韓延壽、張敞皆為昭宣時期的大臣，王章、王尊則是元成時期的大臣。六人的出身、性格、經歷各有不同，但都曾擔任過京畿地區的行政長官，且治績優異。

1 趙廣漢，字子都，涿郡[1]蠡吾[2]人也，故[3]屬河間[4]。少[5]為郡吏[6]、州從事[7]，以廉絜通敏下士[8]為名。舉[9]茂材[10]，平準令[11]。察[12]廉[13]為陽翟令[14]。以治行[15]尤異，遷[16]京輔都尉[17]，守[18]京兆尹[19]。會[20]昭帝[21]崩，而新豐[22]杜建為京兆掾[23]，護作[24]平陵[25]方上[26]。建素[27]豪俠，賓客[28]為姦利[29]，廣漢聞之，先風告[30]。建不改，於是收案致法[31]。中貴人豪長者為請無不至[32]，終無所聽。宗族賓客謀欲篡取[33]，廣漢盡知其計議主名起居[34]，使吏告曰：「若[35]計如此，且[36]并滅家[37]。」令數吏將建棄市[38]，莫敢近者。京師[39]稱[40]之。

2 是時，昌邑王[41]徵[42]即位[43]，行淫亂，大將軍[44]霍光[45]與群臣共廢王，尊立宣帝[46]。廣漢以與[47]議定策，賜爵關內侯[48]。

3 遷潁川[49]太守[50]。郡大姓原、褚宗族橫恣[51]，賓客犯為盜賊，前二千石[52]莫[53]能禽制[54]。廣漢既[55]至數月，誅[56]原、褚首惡，郡中震栗[57]。

4 先是[58]，潁川豪桀大姓相與[59]為婚姻，吏俗朋黨[60]。廣漢患[61]之，厲使[62]其中可用者受記[63]，出有案問[64]，既得罪名，行法罰之，廣漢故漏泄其語，令相怨咎。又教吏為缿筩[65]，及得投書，削其主名[66]，而託以為豪桀大姓子弟所言。其後彊宗大族家結為仇讎[67]，姦黨散落，風俗大改。吏民相告訐[68]，廣漢得以為耳目[69]，盜賊以故[70]不發，發又輒[71]得。壹切治理[72]，威名流聞，及匈奴降者言匈奴中皆聞廣漢。

5 本始二年[73]，漢發五將軍擊匈奴[74]，徵廣漢以太守將[75]兵，屬蒲類將軍[76]趙充國[77]。從軍還，復用守京兆尹，滿歲為真[78]。

6 廣漢為二千石，以和顏接士，其尉薦[79]待遇[80]吏，殷勤甚備。事推功善，歸之於下，曰：「某掾卿[81]所為，非二千石所及[82]。」行之發於至誠。吏見者皆輸寫心腹[83]，無所隱匿，咸[84]願為用，僵仆[85]無所避。廣漢聰明，皆知其能之所宜，盡力與否。其或負[86]者，輒先聞知，風諭[87]不改，乃收捕之，無所逃，案之皋立具[88]，即時[89]伏辜[90]。

7 廣漢為人彊力，天性精於吏職。見吏民，或夜不寢至旦。尤善為鉤距[91]，以得事情[92]。鉤距者，設欲知馬賈[93]，則先問狗，已[94]問羊，又問牛，然後及馬，參伍[95]其賈，以類相準，則知馬之貴賤不失實矣。唯廣漢至精能行之，它人效[96]者莫能及也。郡中盜賊，閭里[97]輕俠[98]，其根株窟穴所在，及吏受取請求銖兩之姦[99]，皆知之。長安少年數人會[100]窮里[101]空舍謀共劫[102]人，坐語未訖[103]，廣漢使吏捕治具[104]服。富人蘇回為郎[105]，二人劫之。有頃[106]，廣漢將吏到家，自立庭下，使長安丞[107]龔奢叩堂戶曉[108]賊，曰：「京兆尹趙君謝兩卿[109]，無得殺質[110]，此宿衛[111]臣也。釋質，束手[112]，得善相遇，幸[113]逢赦[114]令，或時解脫。」二人驚愕，又素聞廣漢名，即開戶出，下堂叩頭，廣漢跪謝曰：「幸全活郎，甚厚！」送獄，敕[115]吏謹遇，給[116]酒肉。至冬當出死[117]，豫[118]為調[119]棺，給斂葬具，告語之，皆曰：「死無所恨！」

8 廣漢嘗記召[120]湖都亭長[121]，湖都亭長西至界上[122]，界上亭長戲曰：「至府[123]，為我多謝問[124]趙君。」亭長既至，廣漢與語，問事畢，謂曰：「界上亭長寄聲[125]謝我，何以不為致問？」亭長叩頭服實有之。廣漢因曰：「還為吾謝界上亭長，勉[126]思職事，有以自效，京兆不忘卿厚意。」其發姦擿伏[127]如神，皆此類也。

9 廣漢奏請，令長安游徼[128]獄吏[129]秩[130]百石，其後百石吏皆差[131]自重，不敢枉法妄繫留[132]人。京兆政清，吏民稱之不容口[133]。長老[134]傳以為自漢興以來治京兆者莫能及。左馮翊、右扶風[135]皆治長安中[136]，犯法者從迹[137]喜過京兆界。廣漢歎曰：「亂吾治者，常二輔[138]也！誠[139]令廣漢得兼治之，直差易耳[140]。」

10 初[141]，大將軍霍光秉[142]政，廣漢事[143]光。及光薨[144]後，廣漢心知微指[145]，發長安吏自將，與俱[146]至光子博陸侯禹[147]第[148]，直突[149]入其門，廋[150]索私[151]屠酤[152]，椎破盧罌[153]，斧斬其門關[154]而去。時光女為皇后，聞之，對帝[155]涕泣。帝心善之[156]，以召問廣漢。廣漢由是[157]侵犯貴戚大臣。所居好用世吏[158]子孫新進[159]年少者，專厲彊壯蠭氣[160]，見事風生[161]，無所回避，率[162]多果敢之計，莫為持難[163]。廣漢終以此敗[164]。

11 初，廣漢客私酤酒長安市，丞相吏逐去[165]。客疑男子蘇賢言之，以語[166]廣漢。廣漢使長安丞案[167]賢，尉史禹[168]故[169]劾賢為騎士[170]屯霸上[171]，不詣[172]屯所[173]，乏軍興[174]。賢父上書訟[175]罪，告廣漢，事下有司[176]覆治[177]。禹坐[178]要斬[179]，請逮捕廣漢。有詔即訊[180]，辭服[181]，會赦，貶秩一等[182]。廣漢疑其邑子[183]榮畜教令[184]，後以他法[185]論[186]殺畜。人上書言之，事下[187]丞相御史[188]，案驗[189]甚急。廣漢使所親信長安人為丞相府門卒，令微[190]司[191]丞相門內不法事。地節三年[192]七月中，丞相傅婢[193]有過，自絞[194]死。廣漢聞之，疑丞相夫人妒殺之府舍。而丞相奉齊酎[195]入廟祠，廣漢得此，使中郎[196]趙奉壽風曉丞相，欲以脅之，毋[197]令窮正[198]己事。丞相不聽，案驗愈急。廣漢欲告之，先問太史[199]知星氣[200]者，言今年當有戮死大臣，廣漢即上書告丞相罪。制[201]曰：「下京兆尹治。」廣漢知事迫切，遂自將吏卒突入丞相府，召其夫人跪庭下受辭[202]，收奴婢十餘人去，責以殺婢事。丞相魏相上書自陳：「妻實不殺婢。廣漢數犯罪法不伏辜，以詐巧迫脅臣相，幸[203]臣相寬不奏。願下明使者治廣漢所驗臣相家事。」事下廷尉[204]治罪，實丞相自以過譴笞[205]傅婢，出至外第[206]乃死，不如廣漢言。司直[207]蕭望之[208]劾奏：「廣漢摧辱[209]大臣，欲以劫持[210]奉公[211]，逆節傷化[212]，不道[213]。」宣帝惡[214]之，下廣漢廷尉獄，又坐賊殺[215]不辜[216]，鞫[217]獄[218]故不以實，擅[219]斥除[220]騎士乏軍興數罪。天子可[221]其奏。吏民守闕[222]號泣者數萬人，或言：「臣生無益縣官[223]，願代趙京兆死，使得牧養[224]小民[225]。」廣漢竟坐要斬。

12 廣漢雖坐法誅，為京兆尹廉明，威制豪彊226，小民得職227。百姓追思，歌之至今。

【章旨】以上是〈趙廣漢傳〉，重點記述了趙廣漢出眾的吏能、優異的治績及其身敗的原因。

【注釋】❶涿郡 郡名。治涿縣（今河北涿州）。❷蠡吾 縣名。在今河北博野西南。❸故 原來。❹河間 郡名。治樂城（今河北獻縣東南）。❺少 年輕。❻郡吏 郡級長官的屬吏。❼州從事 官名。為州刺史的屬吏，由州刺史自行選任。❽下士 恭敬謙虛地對待賢士。❾舉 舉薦；推舉。❿茂材 即「秀才」。漢代選拔人才的科目之一，東漢時為避光武帝劉秀名諱，改「秀才」為「茂材」。材，通「才」。⓫平準令 官名。始置於武帝時，為大司農屬官。負責控制市場貨物，賤則買之，貴則賣之，以此調節物價而防止高價牟取暴利，並增加國家財政收入。⓬察 察舉。漢代選官途徑之一。察舉選官的步驟是：一、皇帝下詔，指定舉薦科目；二、丞相、列侯、公卿及地方郡國守相按科目要求薦舉人才；三、皇帝親自對被舉者進行策問；四、根據對策成績的不同，區別授官。⓭廉 漢代選拔人才的科目之一。由郡內選舉孝、廉各一人，後合稱「孝廉」。⓮陽翟令 陽翟縣縣令。陽翟，縣名。在今河南禹州。令，縣令。官名。為一縣的最高行政長官。漢代縣轄區在萬戶以上的長官稱令，萬戶以下者稱長。⓯治行 治政的成績。⓰遷 提升或調動官職。⓱京輔都尉 官名。輔佐京兆尹掌管軍事、治安，相當於郡尉。⓲守 暫時代理或試任職務。⓳京兆尹 官名，亦為政區名。武帝時分原秦內史地區為京兆尹、左馮翊、右扶風，京兆尹為主管長安以東京畿十二縣的最高行政長官，相當於郡太守。⓴會 適逢。㉑昭帝 即漢武帝之子劉弗陵。詳見本書卷七〈昭帝紀〉。㉒新豐 縣名。在今陝西臨潼東北。㉓京兆掾 官名。為京兆尹的屬吏。掾，秦漢時中央地方各級長官之屬吏的通稱。㉔護作 監督營造。㉕平陵 漢昭帝的陵墓。在今陝西咸陽西北。㉖方上 墓穴；墳墓。古時皇帝通常在活著時預造墓坑。為了避諱，名為「方中」或「方上」。㉗素 一向；向來。㉘賓客 門客。㉙姦利 以非法手段牟取的利益。㉚風告 委婉地告知。風，通「諷」。暗示；婉言勸告。㉛收案致法 逮捕法辦。㉜中貴人句 朝中有權勢的宦官和有名望的豪紳都來替杜建說情。中貴人豪長者，顏師古注曰：「中貴人，居中朝而貴者也。豪，豪傑也。長者，有名德之人也。」㉝篡取　非法強取。篡，顏師古注曰：「逆取曰篡。」㉞主名起居　主謀者姓名及其日常動向。顏師古注曰：「起居謂居止之處，及欲發起之狀。」㉟若　如果。㊱且　將要。㊲滅家　滿門抄斬。㊳棄市　古代刑罰之一。在鬧市執行死刑，並將屍體暴露街頭，以示警戒。㊴京師　京城。指西漢都城長安（今陝西西安西北郊）。㊵稱　稱頌；稱讚。㊶昌邑王　指漢武帝之子昌邑哀王劉髆的兒子劉賀。漢昭帝死後，他被大臣霍光等擁立為帝，因為行為荒淫放縱，在位僅二十七天即被廢。本書卷六十三有傳。昌邑，諸侯國名。建都昌邑（今山東巨野東南）。㊷徵　徵召。被動用法。㊸即位　登上皇位。即，就。㊹大將軍　將軍的最高稱號。多由貴戚擔任，掌握政權，職位很高。從漢武帝起，還冠以大司馬之號，成為朝廷中的最高軍政長官。㊺霍光　霍去病的同父異母弟。受武帝遺命，輔佐年幼的昭帝。昭帝死後，他迎立昌邑王為帝，後又改立宣帝，執政二十餘年。本書卷六十八有傳。㊻宣帝　漢武帝曾孫劉詢。他起自民間，了解社會下情。即位後，強調「王道」「霸道」雜用，重視吏治，考核實效，嚴行賞罰，使漢朝得以中興。詳見本書卷八〈宣帝紀〉。㊼與　參加。㊽關內侯　爵位名。秦漢二十等爵位的第十九級，僅次於列侯。㊾潁川　郡名。治陽翟（今河南禹州）。㊿太守　官名。為一郡的最高行政長官。戰國時設郡守，秦、漢沿設。景帝時普遍改稱郡守為太守。(51)橫恣　兇暴放縱，無所顧忌。(52)二千石　官吏的俸祿等級，亦是官吏的品級。月俸為穀一百二十斛。這裡指郡守，因郡守的俸祿品級為二千石，故亦稱郡守為「二千石」。(53)莫　沒有誰。無定代詞。(54)禽制　制服。禽，通「擒」。(55)既　已經。(56)誅　殺。(57)栗　通「慄」。恐懼；害怕。(58)先是　猶言「當初」。是史官補敘往事時的習慣用語。(59)相與　相互。(60)朋黨　為爭權奪利、排斥異己而結成幫派。(61)患　擔心；憂慮。(62)厲使　顏師古注曰：「擇其中可使者，獎厲而使之。」厲，通「勵」。(63)受記　這裡指得知訴訟文書的內容。記，古代的一種公文，這裡指控告書。(64)案問　審訊案情。(65)缿筩　古時接受告密文書的器具。形狀如瓶，有小孔，可入而不可出。筩，同「筒」。(66)削其主名　刪去控告者的姓名。(67)仇讎　仇敵。(68)訐　揭發、攻擊別人的陰私、過錯或短處。(69)耳目　偵探消息的人。(70)以故　因此。(71)輒　總是；就。(72)壹切治理　顏師古注曰：「言諸事皆治理也。」壹，通「一」。(73)本始二年　西元前七二年。本始，漢宣帝年號（西元前七三—前七〇年）。(74)漢發五將軍擊匈奴　本始二年秋天，漢宣帝派御史大夫田廣明（祁連將軍）、後將軍趙充國（蒲類將軍）、雲中太守田順（虎牙將軍）、范明友（度遼將軍）和韓增（前將軍）出師還擊匈奴入侵。(75)將　統率。(76)蒲類將軍　漢代出征時，往往給統帥加上各種稱號，蒲類（西域國名）即其中之一。(77)趙充國　西漢著名將領。武帝、昭帝時曾出擊匈奴，勇敢善戰，任後將軍。宣帝時率軍擊羌，屯田於西北，促進了當地農業的發展。本書卷六十九有傳。(78)滿歲為真　指試任期滿一年後轉正。真，指代理或試任某職後被正式授予該職。(79)尉薦　顏師古注曰：「尉薦謂安慰而薦達之。」尉，通「慰」。(80)遇 待遇；對待。(81)掾卿 行政長官對下屬的稱謂。(82)及 趕得上。(83)輸寫心腹 傾吐心裡話。寫，通「瀉」。宣洩；傾訴。(84)咸 都。(85)僵仆 倒斃。(86)負 背棄；違背。指不盡力。(87)諭 告曉。(88)立具 立即定案。(89)即時 當即；當時。(90)伏辜 服罪。指受到應得的懲處。伏，通「服」。辜，罪。(91)鉤距 調查案件的一種方法。從各種事物的關係中輾轉推測，尋找線索，究其情實。(92)事情 事實。(93)賈 通「價」。價錢。(94)已 已而。(95)參伍 比較驗證。以上幾句是舉例說明趙廣漢實施的「鉤距法」。因為狗最賤，羊價高於狗，牛價高於羊，馬價又高於牛，所以先問狗價，再問其他。這樣參照比較，容易得到馬價的高低貴賤。(96)效 仿效；效法。(97)閭里 鄉里；民間。(98)輕俠 指行為不軌的人。(99)銖兩之姦 指數目很小的貪汙受賄。銖兩，古代的兩種重量單位。一銖等於二十四分之一兩。十六兩為一斤。(100)會 聚合。(101)窮里 顏師古注曰：「窮里，里中之極隱處。」(102)劫 劫持人質，藉以勒索錢財。(103)訖 完畢。(104)具 通「俱」。都。(105)郎官名。亦稱「郎官」、「郎吏」。秦置，漢沿設，為九卿之一郎中令的屬官。有議郎、中郎、侍郎、郎中等名目，職責為護衛陪從、隨時建議、備顧問及差遣。(106)有頃 一會兒。(107)長安丞 長安縣縣丞。丞，即縣丞。官名。為縣令的佐官。(108)曉 告知。(109)謝兩卿 善意地奉告二位。謝，告訴；致意。向某人表達心意或問候。卿，對人的尊稱。(110)質 人質。指郎官蘇回。(111)宿衛 在宮中值宿，擔任警衛。(112)束手 自己捆住雙手，表示不抵抗。(113)幸 僥倖。(114)赦 赦免；寬恕罪過。(115)敕 命令；告誡。漢時凡長官告諭僚屬，尊長告諭子孫，都稱為「敕」。至南北朝以後，才專稱君主的詔命。(116)給 供給。(117)出死 出獄到刑場執行死刑。(118)豫 通「預」。事先準備。(119)調 置辦。(120)記召 指下公文召喚人。(121)湖都亭長 湖縣的都亭長。湖，京兆尹轄境內所屬的湖縣。在今河南靈寶西北。亭長，官名。秦漢時主管亭部的小吏。秦漢時在鄉村每十里設一亭，設亭長，主求捕盜賊，兼掌民事、理訴訟。此外，於郡縣的治所設「都亭」，亦設亭長，職責相同。(122)界上 為京兆尹轄區內的亭名。(123)府 官署的通稱。這裡指京兆尹的官署。(124)謝問 問候。(125)寄聲 託人帶口信轉達問候。(126)勉 盡力。(127)擿伏 揭發隱祕之事。擿，揭發。(128)游徼 鄉官名。掌徼巡禁盜賊。與獄吏皆為不滿百石的小吏。因趙廣漢奏請，俸祿皆升至百石。(129)獄吏官名。掌獄法之事。(130)秩 官吏的俸祿等級。亦指官吏的品級。(131)差 比較地。副詞。(132)繫留 拘留。(133)不容口 不是口能說得盡的。即稱道不已。(134)長老 年長之人的通稱。(135)左馮翊右扶風 皆為官名，亦為政區名。左馮翊、右扶風職位相當於郡太守。左馮翊治長陵以北二十四縣，右扶風治渭城以西二十一縣。因屬京都所轄地區，故不稱郡，與京兆尹合稱「三輔」。皆為京畿地區。(136)皆治長安中 指左馮翊、右扶風的官署都設在長安城內。(137)從迹 蹤跡。從，通「蹤」。(138)二輔 指左馮翊和右扶風。(139)誠 果真；如果。(140)直差易耳 那就比較容易了。因京兆地區治安良好，而左馮翊、右扶風卻不能如此，以致罪犯常常越界作案或逃脫，故趙廣漢發此感慨。直，僅；不過。耳，而已；罷了。句末語氣詞。141初　當初。古文中常用以追記往事。142秉　執掌。143事　事奉。144薨　古代稱諸侯死為「薨」。145微指　隱微而不明顯的意圖。指宣帝對霍家的疑忌。指，通「旨」。意圖。146俱　一同。147博陸侯禹　指霍光之子霍禹。博陸侯是霍光的封爵，霍光死後，由霍禹繼承。148第府邸；府宅。149直突　徑直衝撞進去。150廋　通「搜」。151私　私自；非法。152屠酤　宰殺牲畜和釀酒賣酒。酤，買酒或賣酒。153椎破盧罌　捶擊砸破盛放酒器的土墩子和盛酒器。椎，捶擊的用具。這裡用作動詞，指用椎子砸。盧，通「壚」。盛放酒罈的土墩子。罌，一種腹大口小的盛酒器。154門關　門閂。155帝　指宣帝。156善之　即「以之為善」。認為他做得對。157由是　從此。158世吏　世代為吏的人。159新進　新進入仕途的人。160鏠氣　鋒銳之氣。鏠，通「鋒」。161風生　顏師古注曰：「風生，言其速疾不可當也。」162率　大都。163莫為持難　沒有人堅持意見，與他們為難。164敗　指招致失敗。165丞相吏逐去　原作「丞相史逐去客」。據景祐本改。丞相吏，丞相府的屬吏。丞相，官名。古代中央政權的最高行政長官，協助皇帝處理國家政務。此時的丞相是魏相，他居官抑制豪強，主張整頓吏治，考核實效。本書卷七十四有傳。166語　告訴。167案　追究；查辦。168尉史禹　名叫禹的尉史。尉史，官名。這裡指京輔都尉的屬吏。史原作「吏」，據景祐本、《漢書補注》本改。169故　故意。170騎士　騎兵。西漢時根據各地特點訓練兵種，西北產馬的各郡訓練騎兵，稱為「騎士」。171霸上　亦稱「灞上」。地名。因地處霸水之濱，故名。在今陝西西安東白鹿原北首，為古代長安附近的軍事要地。172詣　往；到。173屯所　軍營；駐地。174乏軍興　違反軍法的一種罪名。耽誤軍事行動或軍用物資的徵集調撥，稱為「乏軍興」。175訟　替人辯冤。176有司　主管官吏。古代設官分職，各有專司，故稱「有司」。177覆治　審理。178坐　特指辦罪的因由。179要斬　刑罰名。古代一種將犯人攔腰斬斷的酷刑。要，通「腰」。180有詔即訊　皇上下令就地審訊。181辭服　供認不諱。辭，口供。服，伏罪；認罪。182貶秩一等　降俸祿一級。183邑子　顏師古注曰：「蘇賢同邑之子也。」即蘇賢同鄉之子。184教令　教唆。185他法　別的罪名。186論　定罪。187下　交付。188御史　這裡指御史大夫。189案驗　審訊調查。190微　暗中。191司　通「伺」。偵查；打探。192地節三年　即西元前六七年。地節，漢宣帝的年號（西元前六九—前六六年）。193傅婢　親近的侍女。194絞　吊死。195奉齋酎　指沐浴齋戒，到天子宗廟去參加祭祀。酎，原指重釀的醇酒，這裡指祭祀。196中郎　官名。漢承秦置，為九卿之一郎中令（光祿勳）所屬郎官之一。擔任宮中護衛侍從。197毋　不；不要。198窮正　徹底查清。199太史　官名。為九卿之一奉常（太常）屬官，掌天文曆法，記錄瑞應、災異。200星氣　古代以星象雲氣來占卜吉凶。201制　皇帝的命令。202受辭　受審對質。203幸　希望。204廷尉　官名。為九卿之一，掌刑辟之事。205譴笞　責打。笞，用鞭、杖、竹板抽打。206外第　外宅。

207 司直　指丞相司直。官名。始置於漢武帝元狩五年（西元前一一八年），為丞相府中的最高屬官，協助丞相檢舉不法行為。208 蕭望之　宣帝時為太子太傅（皇太子的老師），曾主持石渠閣會議，評議《五經》異同。元帝時，以師傅甚受尊重。後遭宦官排擠，被迫自殺。本書卷七十八有傳。209 摧辱　挫辱；侮慢。210 劫持　這裡是脅迫的意思。211 奉公　指奉公守法之臣。212 逆節傷化　違背禮節，敗壞教化。213 不道　刑罪名。亦稱「無道」，漢代以來以「不道」作為刑律的名目，為十大罪惡之一。214 惡　厭惡；憎惡。215 賊殺　殘殺。賊，殘害。216 不辜　無罪。指無罪的人。217 鞫　通「鞠」。審訊。218 獄　指訴訟案件。219 擅　獨斷專行。220 斥除　顏師古注曰：「斥除，逐遣之。」221 可　許可；批准。222 闕　宮殿兩邊的高臺樓閣。這裡指宮門。223 縣官　古代稱皇帝，也用來指朝廷。224 牧養　治理。古代統治者蔑視百姓，將官吏統治百姓比作牧人牧養牲畜。225 小民　平民。226 豪彊　依仗權勢橫行不法的人。227 得職　顏師古注曰：「各得其常所也。」

【語譯】 趙廣漢，字子都，是涿郡蠡吾縣人，這裡原先屬於河間郡。他年輕時做過郡吏和州從事，以廉潔奉公、通達聰敏、恭敬謙虛地對待賢士聞名。後來他被推舉為茂材，擔任平準令。又通過察舉孝廉，擔任陽翟縣縣令。因為政績優異，被提升為京輔都尉，並代理京兆尹。當時適逢昭帝去世，新豐縣人杜建擔任京兆掾，監督營造昭帝的陵墓。杜建一向為人強橫任俠，他的門客乘機牟取私利，趙廣漢知道這件事後，先是婉言勸告。杜建不悔改，趙廣漢便將他逮捕法辦。朝中有權勢的宦官和有名望的豪紳都來替杜建說情，趙廣漢始終不聽。杜家的族人和門客密謀策劃，企圖劫取杜建，趙廣漢完全弄清了主謀者姓名及其日常動向，派差吏警告他們說：「如果你們打算這樣做的話，將把你們滿門抄斬。」他命令差吏們將杜建在鬧市執行死刑，以示警戒，那些人沒有誰敢靠近。京城的人都稱讚這件案子辦得好。

2 這時，昌邑王劉賀被徵召來京繼承皇位，由於荒淫無道，大將軍霍光與大臣們一起廢掉昌邑王，尊立宣帝。趙廣漢因為參與了討論決策，被封為關內侯。

3 後來，趙廣漢調任為潁川郡太守。郡中的大族原氏、褚氏橫行鄉里，無所顧忌，門客行盜做賊，前任太守們沒有誰能將他們制服。趙廣漢到任幾個月後，殺掉原、褚兩族中的首惡分子，郡中百姓大為震驚。

4 當初，潁川郡豪門大族互相通婚結為姻親，官吏們也拉幫結派成風。趙廣漢擔心這種情況，便獎勵使用其中可以利用的人，讓他們預先知道控告書的內容，審訊案犯，判定罪名，執行判決時，趙廣漢故意向案犯洩露告發人的話，使他們互相怨恨責怪。他又叫屬吏設置供人舉報的缿筒，得到檢舉書後，刪去檢舉人姓名，卻假託是某豪門大姓家的子弟揭發的。從此以後，豪強大族們家家結成冤家對頭，狼狽為奸的朋黨分崩離析，郡中風俗大為改變。官吏和百姓互相檢舉揭發，趙廣漢得到這些人做耳目，盜賊們因此不敢作案，有人作案，總是能很快將其捕獲。郡中所有事務都安定而有秩序，趙廣漢的威名四處流傳，投降漢朝的匈奴人說，連匈奴部落中都知道趙廣漢的威名。

5 本始二年，漢朝派遣五位將軍統兵進擊匈奴，徵調趙廣漢以太守的身分率領軍隊，歸屬於蒲類將軍趙充國。戰事結束，趙廣漢隨軍返回，再次被任命為代理京兆尹，試任一年後轉正。

6 趙廣漢擔任郡級長官，和顏悅色地待人接物，安慰薦舉屬下，殷勤備至。有論功行賞的事，他總是把功勞歸於屬下，說：「這事是某掾卿所做，不是我能做得到的。」他這樣做是誠心誠意的。屬吏們見到他都能傾吐自己的心裡話，一點兒也不隱瞞，都樂意替他效勞，即使是冒著生命危險也不迴避。趙廣漢天資聰明，對於屬下擔任什麼職務合適，辦事是否盡心盡力都心中有數。遇到不盡力的屬下，他總是先了解清楚，微言勸告，仍不悔改時，才加以拘捕，無一逃脫，經審問查實，立即定案，被審訊的人都當即服罪。

7 趙廣漢為人強悍有勇力，生性擅長做官。他接待屬吏和百姓，有時徹夜不眠，通宵達旦。他尤其善於用「鉤距法」尋找線索，來查清事實。所謂「鉤距法」，假設要了解馬的價格，那就先問狗的價格，然後問羊的，又問牛的，之後再問馬的，這樣彼此參照驗證牠們的價格，按類比較，就可以弄清馬價高低而不會有差錯了。只有趙廣漢最精通這種方法，那些仿效者沒人能比得上他。對於郡中盜賊和鄉里行為不軌之徒的巢穴所在，及官吏中極小的貪汙受賄，他都瞭如指掌。有一次，長安城有幾個年輕人聚集在偏僻街巷的一間空屋裡，合謀一起綁架人，坐在那裡還沒來得及商議完，趙廣漢就派差吏把他們逮捕，經過審訊，這些人全都服罪。富人蘇回身為郎官，被兩個人劫持。一會兒，趙廣漢帶領差吏趕到，他站在院子裡，叫長安縣丞龔奢敲門告知劫持者說：「京兆尹趙君奉告二位，不得殺死人質，他是朝廷的侍從官。你們釋放人質，束手就擒，將得到優待，僥倖遇上大赦，還有免罪獲釋的機會。」兩個劫持者大為驚駭，又一向聽說趙廣漢的威名，便開門出來，下階叩頭請罪，趙廣漢下跪稱謝說：「幸虧你們保全了郎官的性命，很好！」便將二人送往監獄，趙廣漢吩咐獄吏以禮款待，送給他們酒肉。到了冬天，二人被判處死刑，趙廣漢預先替他們置辦棺材，撥給安葬用具，並將情況告訴他們，二人都說：「我們死而無恨！」

8 趙廣漢曾經下公文召喚湖縣的都亭長來京兆府。都亭長西行經過界上時，界上亭長開玩笑說：「到了京兆府，請你替我多多問候趙京兆。」都亭長到京兆府後，趙廣漢與他交談，問完公事，對他說：「界上亭長託你問候我，為什麼不替他向我致意？」都亭長連忙叩頭，承認確有這事。趙廣漢便說：「回去替我向界上亭長致意，希望他盡力考慮他的職責，努力辦事，做出成績來報效國家，趙京兆是不會忘記他的厚意的。」趙廣漢揭發奸邪和明察隱情，都是這樣料事如神。

9 趙廣漢曾經上書朝廷，請求將長安地區游徼和獄吏的俸祿增加到一百石，此後，這些百石之吏都比較自重，不敢違法隨便拘留人。京兆地區政治清明，官吏和百姓對趙廣漢讚不絕口。據老人們相傳，認為自從漢朝建立以來，治理京兆的官員沒人能比得上他。當時京都二輔左馮翊、右扶風的官署都設在長安城，二輔地區的罪犯喜歡越界京兆作案。趙廣漢歎息道：「擾亂我們治安的，往往是二輔啊！如果能讓我兼管二輔，那就比較容易了。」

10 原先，大將軍霍光執政時，趙廣漢在霍光手下辦事。等到霍光去世後，趙廣漢知道宣帝對霍家的疑忌，便調遣長安差吏並親自帶領，一起來到霍光的兒子博陸侯霍禹的府第，徑直衝入他的府第，藉搜查非法屠宰牲畜和釀酒賣酒為由，捶擊砸破盛放酒器的土墩子和盛酒器，用斧砍壞門閂而去。當時，霍光的女兒是皇后，聽到這事，向宣帝哭訴。宣帝心裡認為他做得對，便將趙廣漢叫來詢問。趙廣漢從此敢於冒犯皇親國戚。他居官喜歡任用世代為吏之家新進官場的年輕人，這些人獨斷專行，身強力壯，鋒芒畢露，遇事衝動，雷厲風行而無所顧忌，常常提出一些果敢堅決的計策，沒有誰堅持意見，與他們為難。趙廣漢終究因此而招致失敗。

11 當初，趙廣漢的門客私自在長安城賣酒，被丞相的屬吏轟走了。門客懷疑是有個叫蘇賢的人告發的，把這個想法告訴了趙廣漢。趙廣漢派長安縣丞審訊蘇賢，讓名叫禹的尉史故意彈劾蘇賢身為駐紮在霸上的騎士，不到軍營服役，犯了違反軍法的罪。蘇賢的父親上書辯冤，告發趙廣漢，案子交付給主管官吏審理。尉史禹被判處腰斬，主管官吏請求朝廷拘捕趙廣漢。宣帝下詔就地審訊趙廣漢，趙廣漢供認不諱，適逢朝廷大赦，因而只受到降職一級的處分。趙廣漢懷疑這件事是蘇賢同鄉之子榮畜唆使的，後來便藉別的罪名定罪誅殺了榮畜。有人上書檢舉趙廣漢，朝廷將此事交付丞相和御史大夫處理，此事追查得很緊。趙廣漢派一個親信的長安人去充當丞相府的守門人，叫他暗中刺探丞相府內違法之事。地節三年七月間，丞相的貼身侍女因犯過失而上吊自殺。趙廣漢聽說後，懷疑是丞相夫人嫉妒而在府中殺死侍女。此時丞相因為要去天子宗廟祭祀而齋戒，趙廣漢得此消息，便派中郎趙奉壽前去暗示丞相，想以此相要挾，不讓他徹底追查自己的案子。丞相不理，追查得更緊。趙廣漢想控告丞相，先去詢問懂得星象雲氣的太史，太史說今年將有大臣被殺，趙廣漢便上書指控丞相之罪。宣帝命令說：「此事交付京兆尹審理。」趙廣漢知道事情緊急，就親自率領差吏闖入丞相府，傳喚丞相夫人跪在院子裡受審對質，又拘捕奴婢十餘人而去，考問殺婢一事。丞相魏相上書申訴道：「臣妻確實沒有殺死侍女。趙廣漢屢次犯法不服罪，反而以狡詐的手段脅迫我，希望我對他寬容，不舉奏他的罪行。我希望陛下派清正的官員查明趙廣漢所辦臣妻殺婢一案。」宣帝將此案交付廷尉查辦。後來查明，丞相曾因侍女犯了過失而責打她，侍女被趕到外宅後自己上吊而死，不像趙廣漢所說的那樣。丞相司直蕭望之上奏彈劾趙廣漢說：「趙廣漢挫辱誣告丞相，想以此來挾制奉公執法的大臣，違背禮節，有傷教化，是不道的罪行。」於是宣帝厭惡趙廣漢，將他交付廷尉府監獄，又將他先前所犯殘殺無辜、斷案不實和擅自以違反軍法為名誣告蘇賢等幾項罪行一併懲治。宣帝批准了廷尉的判決。長安的官吏百姓聞訊，好幾萬人伏在宮門前哀號哭泣，有人說：「我活著對國家沒有什麼好處，願意替趙京兆死，好讓他繼續撫養百姓。」趙廣漢終究被處腰斬。

12 趙廣漢雖然因犯罪被處死，但他擔任京兆尹期間，廉潔清明，威制豪強，百姓各得其所。老百姓對他追思懷念，歌頌直到如今。

1 尹翁歸，字子兄，河東[1]平陽[2]人也，徙杜陵[3]。翁歸少孤，與季父[4]居。為獄小吏，曉習[5]文法[6]。喜擊劍，人莫能當[7]。是時大將軍霍光秉政，諸霍[8]在平陽，奴客[9]持刀兵[10]入市鬭變[11]，吏不能禁，及翁歸為市吏[12]，莫敢犯者。公廉不受餽[13]，百賈[14]畏之。

2 後去[15]居家。會田延年[16]為河東太守，行縣[17]至平陽，悉召故吏[18]五六十人，延年親臨見，令有文者東，有武者西。閱[19]數十人，次[20]到翁歸，獨伏不肯起，對曰：「翁歸文武兼備，唯所施設[21]。」功曹[22]以為此吏倨敖[23]不遜，延年曰：「何傷[24]？」遂召上辭問[25]，甚奇其對[26]，除[27]補[28]卒史[29]，便從歸府。案事[30]發姦，窮竟事情[31]，延年大重[32]之，自以能不及翁歸，徙署[33]督郵[34]。河東二十八縣，分為兩部，閎孺部[35]汾[36]北，翁歸部汾南。所舉[37]應法[38]，得其罪辜[39]，屬縣長吏[40]雖中傷[41]，莫有怨者。舉廉為緱氏[42]尉[43]，歷守郡中[44]，所居治理，遷補都內令[45]，舉廉為弘農[46]都尉[47]。

3 徵拜東海[48]太守，過辭[49]廷尉于定國[50]。定國家在東海，欲屬[51]託邑子兩人，令坐後堂待見。定國與翁歸語終日，不敢見[52]其邑子。既去，定國乃謂邑子曰：「此賢將[53]，汝不任事[54]也，又不可干以私[55]。」

4 翁歸治東海明察，郡中吏民賢不肖[56]，及姦邪罪名盡知之。縣縣各有記籍[57]。自聽其政[58]，有急名[59]則少[60]緩之；吏民小解[61]，輒披籍[62]。縣縣收取黠吏[63]豪民[64]，案致[65]其罪，高至於死。收取[66]人必於秋冬課吏[67]大會中，及出行縣，不以無事時。其有所取也，以一警百，吏民皆服，恐懼改行自新。東海大豪郯許仲孫[68]為姦猾[69]，亂吏治，郡中苦之[70]。二千石欲捕者，輒以力勢變詐自解，終莫能制。翁歸至，論棄仲孫市[71]，一郡怖栗，莫敢犯禁[72]。東海大治。

5 以高第[73]入守右扶風，滿歲為真。選用廉平疾[74]姦吏以為右職[75]，接待以禮，好惡與同之；其負翁歸，罰亦必行。治如在東海故迹[76]，姦邪罪名亦縣縣有名籍。盜賊發其比伍[77]中，翁歸輒召其縣長吏，曉告以姦黠主名，教使用類推迹[78]盜賊所過抵[79]，類[80]常如翁歸言，無有遺脫。緩於小弱，急於豪彊。有論罪[81]，輸掌畜官[82]，使斫莝[83]，責以員程[84]，不得取代。不中程[85]，輒笞督[86]，極者至以鈇[87]自剄[88]而死。京師畏其威嚴，扶風大治[89]，盜賊課[90]常為三輔[91]最[92]。

6 翁歸為政雖任刑[93]，其在公卿[94]之間清絜自守，語不及私，然溫良嗛[95]退，不以行能[96]驕人[97]，甚得名譽於朝廷。視事[98]數歲，元康四年[99]病卒[100]。家無餘財，天子賢之[101]，制詔御史[102]：「朕[103]夙興夜寐[104]，以求賢為右[105]，不異親疏近遠[106]，務在安民而已。扶風翁歸廉平鄉正(107)，治民異等(108)，早夭(109)不遂，不得終其功業，朕甚憐之。其賜翁歸子黃金百斤，以奉其祭祠(110)。」

7 翁歸三子皆為郡守。少子岑歷位九卿(111)，至後將軍(112)。而閎孺亦至廣陵(113)相(114)，有治名。由是世稱田延年為知人(115)。

【章　旨】以上是〈尹翁歸傳〉，記述尹翁歸治理地方的手段和功效，讚揚他清廉自守、溫良謙讓的美德。

【注　釋】❶河東　郡名。治安邑（今山西夏縣西北）。❷平陽　縣名。在今山西臨汾西南。❸杜陵　縣名。本名杜原，後因漢宣帝在此築陵，改名杜陵。在今陝西西安東南。❹季父　叔父。❺曉習　通曉；熟悉。❻文法　法律條文。❼當　抵敵。❽諸霍　指霍氏家族。❾奴客　家奴、門客。❿刀兵　武器。⓫鬭變　爭鬥鬧事。變，顏師古注曰：「變，亂也。」⓬市吏　管理市場的官吏。⓭餽　贈送。這裡指贈送的禮物。⓮百賈　指設店擺攤的各種商人。⓯去　指辭去官職。⓰田延年　曾供職於霍光幕府，以才略為霍光所器重。後任河東太守、大司農等職，因擁立宣帝有功，被封為陽城侯。後因貪汙三千萬被告發而自殺。本書卷九十有傳。⓱行縣　到各縣巡行視察。⓲故吏　曾經做過官吏的人。⓳閱　接見。⓴次　次序。這裡指依次。㉑施設　安排。㉒功曹　官名。漢代郡縣兩級官府皆置，均由地方長官自行選任。此處指郡府的功曹，主管郡府屬吏的人事考察和政績考核，還參與郡的政務管理。㉓倨敖　傲慢不恭。敖，通「傲」。㉔何傷　有什麼妨礙。㉕辭問　顏師古注曰：「為文辭而問之。」㉖奇其對　即「以其對為奇」。認為尹翁歸的回答不一般。奇，這裡用作動詞，意動用法。對，回答。㉗除　任命。㉘補　這裡指因官職空缺而補任。㉙卒史　官名。中央及地方長官手下多設此職，這裡指郡太守的屬吏。㉚案事　考問案情。㉛窮竟事情　查明事情的真相。㉜重　推重；器重。㉝徙署　調任。㉞督郵　官名。為郡太守的屬吏，由太守自行選任。執掌督察縣政、宣達教令，兼掌獄訟捕亡等事。每郡根據情況設若干部，每部設置一督郵，分部按察。㉟部　分部按察。㊱汾　指汾河。黃河的第二大支流，在今山西中部。㊲舉　舉劾；檢舉。㊳應法　合乎法律。㊴罪辜　指犯罪的證據。㊵屬縣長吏　指河東郡屬縣中縣令（長）、丞、尉一級的官吏。㊶中傷　攻擊。這裡指被人檢舉告發而受到處罰。㊷緜

氏　亦作「侯氏」。縣名。在今河南偃師東南。㊸尉　縣尉。官名。掌管一縣的武事，為縣令（長）的佐官。㊹歷守郡中　顏師古注曰：「歷于郡中守丞尉之職。」即歷任代理郡丞、郡尉等職。㊺都內令　官名。為九卿之一大司農的屬官，是主管皇帝私人財物貯藏的官員。都內，又稱「大內」、「中都內」，是皇家財產的貯藏處。㊻弘農　郡名。治弘農（今河南靈寶北）。㊼都尉　官名。掌管一郡的軍事，為郡守的佐官。㊽東海　郡名。治郯縣（今山東郯城西北）。㊾過辭　拜訪並辭行。過，過訪。㊿于定國　宣帝時任廷尉，以「決疑平法」著稱。後任御史大夫、丞相。本書卷七十一有傳。(51)屬　通「囑」。請託。(52)見　引見。(53)將　指太守。兩漢時太守、都尉都稱為「郡將」，簡稱「將」。(54)任事　勝任職務。顏師古注曰：「任，堪也。」(55)干以私　以私情相求。干，求。(56)不肖　與「賢」相對，指不賢、不成才。(57)縣縣各有記籍　每個縣都設有記載違法犯罪情況的簿冊。(58)自聽其政　顏師古注曰：「言決斷各縣奸邪之事，不委令長。」即親自處理各縣涉及奸邪之事的案件。(59)急名　指以嚴急著稱的縣令。(60)少　稍微。(61)小解　稍有鬆懈。解，通「懈」。懈怠；鬆弛。(62)披籍　指翻閱記錄違法犯罪情況的簿冊。(63)黠吏　陰險狡詐的官吏。黠，狡猾；狡詐。(64)豪民　強橫霸道的人。(65)案致　審訊判處。(66)收取　拘捕。(67)課吏　考課官吏。(68)郯許仲孫　顏師古注曰：「郯縣之豪，姓許名仲孫。」(69)為姦猾　行奸邪狡猾之事。(70)苦之　即「以之為苦」。苦，痛苦。這裡用作動詞。意動用法。(71)論棄仲孫市　將許仲孫判處棄市之刑。(72)禁　指法令或習俗所不允許的事。(73)高第　指政績考核成績優秀。(74)疾　恨；痛恨。(75)右職　高職；重要的職位。古代以右為尊，所以稱重要職務為「右職」。(76)故迹　舊跡。指老辦法。(77)比伍　顏師古注曰：「比謂左右相次者也。五家為伍，若今之五保也。」(78)迹　這裡指追尋蹤跡。(79)所過抵　所經過和投宿的地方。(80)類　大抵；大都。(81)論罪　判罪。(82)掌畜官　掌管畜牧的官吏。(83)斫莝　鍘草。(84)員程　規定的數量和期限。(85)不中程　沒完成定額。(86)督　顏師古注曰：「督，責也。」(87)鈇　切草的鍘刀。(88)自剄　割頸自殺。(89)大治　治理得很好。(90)盜賊課　肅清盜賊一項的考核成績。(91)三輔　見前「左馮翊、右扶風」注。(92)最　指考核成績最優。(93)任刑　喜歡採用刑罰。(94)公卿　三公九卿的省稱。這裡泛指朝廷高級官員。(95)嗛　通「謙」。(96)行能　德行和才能。(97)驕人　自傲於人。即看不起別人。(98)視事　治事任職。(99)元康四年　即西元前六二年。元康，漢宣帝的年號（西元前六五—前六一年）。(100)卒　死。(101)賢之　即「以之為賢」。賢，這裡用作動詞。意動用法。(102)御史　這裡指御史大夫。御史大夫，官名。與丞相、太尉合稱三公，執掌監察執法，兼掌重要文書圖籍。(103)朕　本為古人自稱，無身分貴賤之分。自秦始皇起，始為皇帝自稱專用之詞。(104)夙興夜寐　早起晚睡。形容勤勉不倦。夙，早。(105)為右　為上；為重。(106)不異親疏近遠　指用人不論親疏遠近。不異，不同。這裡用作動詞。(107)鄉正　歸向正道。鄉，通「向」。(108)異等　指治績優異。(109)夭　少壯而死稱為「夭」。

⑩祠　通「祀」。⑪歷位九卿　歷任九卿中的職務。九卿，秦漢時以奉常（後改為太常）、郎中令（後改為光祿勳）、衛尉、太僕、廷尉、典客（後改為大鴻臚）、宗正、治粟內史（後改為大司農）、少府為九卿，是中央各行政機關的總稱。⑫後將軍　武官名。將軍為古代高級武官的通稱。漢代將軍的名目較多，有大將軍、驃騎將軍、車騎將軍、衛將軍及前、後、左、右將軍等。⑬廣陵　諸侯國名。漢武帝元狩三年（西元前一二〇年）改江都國而置。建都廣陵（今江蘇揚州西北）。⑭相　指諸侯國的相。漢代封國的設官體制大致模仿朝廷，只是規模和品級有差別。諸侯國相的職位相當於郡守。⑮知人　識別人。指知人善任。

【語　譯】尹翁歸，字子兄，是河東郡平陽縣人，後來遷居杜陵縣。他很小就是孤兒，跟著叔父生活。長大後做過監獄的小吏，通曉法令。他愛好擊劍，沒有人能夠抵敵他。當時，大將軍霍光執政，霍氏家族聚居平陽縣，霍氏的家奴門客常常帶著武器在市場中爭鬥鬧事，官吏沒法制止，等到尹翁歸擔任管理市場的官吏時，沒有誰敢再搗亂。他辦事廉潔奉公，不受賄賂，商人們都怕他。

2 後來，尹翁歸離職居家。適逢河東太守田延年到平陽縣巡行視察，田延年把全縣五六十名做過官的人召來，親自接見，他讓有文才的官吏坐東面，有武才的官吏坐西面。接待了好幾十人，輪到尹翁歸，唯獨他俯伏在地上不肯起來，田延年問他原因，他回答說：「我既能文又能武，單等您的安排。」功曹認為這個小吏傲慢不恭，田延年說：「這有什麼妨礙呢？」便叫他上前，以文辭相問，田延年認為他的回答與眾不同，便讓他補任卒史，將他帶回郡府。尹翁歸審理案件，考問事實，發現奸邪，能查清事情的真相，田延年非常器重他，自以為能力比不上尹翁歸，調任他為督郵。河東郡二十八縣，分成兩部，閎孺按察汾河以北各縣，尹翁歸按察汾河以南各縣。他查辦的案子都合乎法令規定，都能掌握真憑實據，河東郡各縣縣令、丞、尉一級的官吏雖然被人檢舉而受到查辦，卻沒有一個怨恨尹翁歸的。後來，他被舉薦擔任緱氏縣縣尉，並歷任代理郡丞、郡尉之職，他所到之處，都能很好地加以治理，後他被選調補任都內令，又被舉薦擔任弘農郡都尉。

3 後來，尹翁歸被徵召擔任東海郡太守，他前去拜訪廷尉于定國並向他辭行。于定國的老家在東海郡，想將兩個同鄉之子囑託給尹翁歸謀份差事，便叫他們在後堂等候。于定國和尹翁歸交談了一整天，終究不敢引見他們。尹翁歸離開後，于定國便對同鄉之子說：「這是位賢明的太守，你們勝任不了這份差事，而我又不便以私情相求。」

4　尹翁歸治理東海郡，明察秋毫，郡中的官吏、百姓哪個賢良，哪個不賢，以及誰做了壞事，犯了什麼罪過，他都一清二楚。每個縣都設有記載違法犯罪情況的簿冊。他親自處理各縣涉及奸邪之事的案件，遇有縣令嚴急的縣，就稍微寬緩處理；吏民法紀稍有鬆懈時，他就翻閱記載違法犯罪情況的簿冊。各縣拘捕那些刁吏豪民，審訊判處他們的罪行，情節嚴重的判處死刑。他拘捕人犯一定選在秋冬兩季考核官吏大會時，或在巡察各縣時，不在平白無事時捕人。他這樣做是有用意的，可以殺一儆百，這樣，吏民們都心服，因害怕受到懲罰而改過自新。東海郡郯縣的著名豪強許仲孫，行奸邪狡猾之事，擾亂地方官員的治理，郡中的百姓被他害苦了。每當前幾任太守要捉拿他時，他就利用勢力，多方變通，以狡詐的手段得以解脫，因此，始終沒有人能制服他。尹翁歸到任後，將許仲孫依法判處棄市之刑，斬首示眾，全郡大為震驚，沒有人敢違反禁令了。東海郡被治理得很好。

5　尹翁歸由於政績優異被選調入京試任右扶風，一年後轉正。他選拔那些清廉平正、痛恨奸邪的官吏擔任要職，對他們以禮相待，與他們好惡相同；誰要是失職，也必定加以懲罰。他治政的方法和治理東海郡一樣，縣縣都有記載違法犯罪情況的簿冊。當盜賊發生在某地時，尹翁歸便將這個縣的主管官吏召來，把那些奸險狡猾的首犯的情況告訴他們，教他們用類推的方法追尋盜賊經過和投宿的蹤跡，結果大都如尹翁歸所預料的那樣，沒有人能逃脫。他審判罪犯，對於弱小從寬，對於豪強從嚴。豪強一旦被定罪，就被送交掌管畜牧的官吏，罰他們鍘草，責令他們按時完成定額，而且不得請別人代替。如果無法完成定額，就鞭打處罰，有的豪強不堪折磨，以致用鍘刀割頸自殺而死。京城的人都畏懼尹翁歸的威嚴，右扶風被治理得很好，肅清盜賊一項的考核成績常常在三輔中名列第一。

6　尹翁歸治理政事雖然喜歡採用刑罰，在公卿大臣中剛正清廉，從不涉及私情，但他為人溫良謙讓，從不以自己的德行和才能傲視別人，在朝廷中享有很高的聲譽。他任職幾年以後，於元康四年病故。當時，家裡毫無積蓄，皇帝認為他很賢良，下令御史大夫說：「我早起晚睡，以求賢為重，用人不論親疏遠近，一定要能安撫百姓才行。右扶風尹翁歸清平廉潔，歸向正道，治績卓著，不幸早死，沒能完成他的功業，我感到非常惋惜。茲賜給他兒子黃金一百斤，以便讓他的後代祭祀他。」

7 尹翁歸的三個兒子都擔任郡太守。小兒子尹岑歷任九卿之職，位至後將軍。而與尹翁歸一起被田延年重用過的閎孺也位至廣陵國的國相，治政有聲。因此人們都稱讚田延年知人善任。

1 韓延壽，字長公，燕❶人也，徙杜陵。少為郡文學❷。父義為燕郎中❸。剌王❹之謀逆也，義諫而死，燕人閔❺之。是時昭帝富於春秋❻，大將軍霍光持政，徵郡國賢良文學❼，問以得失。時魏相以文學對策❽，以為「賞罰所以勸善禁惡，政之本也。日者❾燕王為無道，韓義出身彊諫，為王所殺。義無比干❿之親而蹈⓫比干之節，宜顯賞其子，以示天下，明為人臣⓬之義」。光納其言，因擢⓭延壽為諫大夫⓮，遷淮陽⓯太守。治甚有名，徙潁川。

2 潁川多豪彊，難治，國家常為選良二千石。先是，趙廣漢為太守，患其俗多朋黨，故構會吏民，令相告訐，一切⓰以為聰明，潁川由是以為俗，民多怨讎。延壽欲改更之，教以禮讓，恐百姓不從，乃歷召⓱郡中長老為鄉里所信向者⓲數十人，設酒具⓳食，親與相對，接以禮意，人人問以謠俗⓴，民所疾苦，為陳和睦親愛銷[21]除怨咎之路。長老皆以為便[22]，可施行，因與議定嫁娶喪祭儀品[23]，略依古禮，不得過法。延壽於是令文學校官諸生[24]皮弁[25]執俎[26]豆[27]，為吏民行喪嫁娶禮。百姓遵用其教，賣偶車馬[28]下里[29]偽[30]物者，棄之市道。數年，徙為東郡[31]太守，黃霸[32]代延壽居潁川，霸因其迹[33]而大治。

3 延壽為吏，上[34]禮義，好[35]古教化[36]，所至必聘其賢士，以禮待用[37]，廣謀議[38]，納諫爭[39]；舉行喪讓財[40]，表[41]孝弟[42]有行；修治學宮[43]，春秋鄉射[44]，陳[45]鐘鼓管弦[46]，盛[47]升降揖讓[48]，及都試講武[49]，設斧鉞[50]旌旗，習射御[51]之事。治城郭[52]，收賦租，先明布告其日，以期會[53]為大事，吏民敬畏趨鄉之。又置正[54]、五長[55]，相率以孝弟，不得舍[56]姦人。閭里阡陌[57]有非常[58]，吏輒聞知，姦人莫敢入界。其始若煩，後吏無追捕之苦，民無箠楚[59]之憂，皆便安之。接待下吏，恩施甚厚而約誓明。或欺負之者，延壽痛自刻責[60]：「豈其負之，何以至此[61]？」吏聞者自傷悔，其縣尉至自刺死。及門下掾[62]自剄，人救不殊[63]，因瘖[64]不能言。延壽聞之，對掾史涕泣，遣吏醫治視[65]，厚復[66]其家。

4 延壽嘗出，臨上車，騎吏[67]一人後至，敕功曹議罰白[68]。還至府門，門卒當[69]車，願有所言。延壽止車問之，卒曰：「孝經[70]曰：『資於事父以事君，而敬同，故母取其愛，而君取其敬，兼之者父也[71]。』今日[72]明府[73]早駕，久駐[74]未出，騎吏父來至府門，不敢入。騎吏聞之，趨走[75]出謁[76]，適會明府登車。以敬父而見[77]罰，得毋[78]虧大化[79]乎？」延壽舉手輿中[80]曰：「微子[81]，太守不自知過。」歸舍，召見門卒。卒本諸生，聞延壽賢，無因自達[82]，故代卒[83]，延壽遂待用之。其納善聽諫，皆此類也。在東郡三歲，令行禁止[84]，斷獄[85]大減，為天下最。

入守左馮翊，滿歲稱職為真。歲餘，不肯出行縣[86]。丞掾[87]數白：「宜循[88]行郡中，覽觀民俗，考長吏治迹。」延壽曰：「縣皆有賢令長[89]，督郵分明善惡於外，行縣恐無所益，重[90]為煩擾。」丞掾皆以為方[91]春月，可壹出勸耕桑。延壽不得已，行縣至高陵[92]，民有昆弟[93]相與訟田[94]自言，延壽大傷之[95]，曰：「幸得備位[96]，為郡表率，不能宣明教化[97]，至今民有骨肉爭訟，既傷風化，重使賢長吏、嗇夫[98]、三老[99]、孝弟[100]受其恥，咎在馮翊，當先退[101]。」是日移病[102]不聽事[103]，因入臥傳舍[104]，閉閤[105]思過。一縣莫知所為，令丞、嗇夫、三老亦皆自繫[106]待罪。於是訟者宗族傳相責讓[107]，此兩昆弟深自悔，皆自髡肉袒[108]謝，願以田相移[109]，終死不敢復爭。延壽大喜，開閤延見[110]，內[111]酒肉與相對飲食，厲勉[112]以意告鄉部[113]，有以表勸[114]悔過從善之民。延壽乃起聽事，勞謝令丞以下，引見尉薦。郡中歙然[115]，莫不傳相敕厲(116)，不敢犯。延壽恩信(117)周偏二十四縣，莫復以辭訟自言者。推其至誠，吏民不忍欺紿(118)。

6 延壽代蕭望之為左馮翊，而望之遷御史大夫。侍謁者(119)福為望之道延壽在東郡時放散官錢(120)千餘萬。望之與丞相丙吉(121)議，吉以為更(122)大赦，不須考(123)。會御史(124)當問事(125)東郡，望之因令并問之。延壽聞知，即部(126)吏案校(127)望之在馮翊時廩犧(128)官錢放散百餘萬。廩犧吏掠治(129)急，自引(130)與望之為姦。延壽劾奏，移(131)殿門禁止望之。望之自奏「職在總領天下，聞事不敢不問，而為延壽所拘持(132)」。上由是不直(133)延壽，各令窮竟所考。望之卒(134)無事寔，而望之遣御史案東郡，具(135)得其事。延壽在東郡時，試騎士(136)，治飾(137)兵車，畫龍虎朱爵(138)。延壽衣(139)黃紈方領(140)，駕四馬，傅總(141)，建(142)幢棨(143)，植(144)羽葆(145)，鼓車歌車(146)。功曹引車，皆駕四馬，載棨戟(147)。五騎(148)為伍(149)，分左右部，軍假司馬(150)、千人(151)持幢旁(152)轂(153)。歌者先居射室(154)，望見延壽車，噭咷(155)楚歌(156)。延壽坐射室，騎吏持戟夾陛(157)列立，騎士從者帶弓鞬(158)羅後(159)。令騎士兵車四面營陳(160)，被甲(161)鞮鞪(162)居馬上，抱弩(163)負籣(164)。又使騎士戲車弄馬盜驂(165)。延壽又取官銅物(166)，候月蝕鑄作刀劍鉤(167)鐔(168)，放(169)效尚方(170)事。及取官錢帛，私假(171)繇(172)使吏。及治飾車甲三百萬(173)以上。

7 於是望之劾奏延壽上僭[174]不道，又自陳：「前為延壽所奏，今復舉延壽罪，眾庶[175]皆以臣懷不正之心，侵冤[176]延壽。願下丞相、中二千石[177]、博士[178]議其罪。」事下公卿，皆以延壽前既無狀[179]，後復誣愬[180]典法大臣[181]，欲以解罪[182]，狡猾不道。天子惡之，延壽竟坐棄市。吏民數千人送至渭城[183]，老小扶持車轂[184]，爭奏[185]酒炙[186]。延壽不忍距逆[187]，人人為飲，計飲酒石餘。使掾史[188]分謝送者：「遠苦[189]吏民，延壽死無所恨。」百姓莫不流涕。

8 延壽三子皆為郎吏[190]。且死，屬[191]其子勿為吏，以己為戒。子皆以父言去官不仕[192]。至孫威，乃復為吏至將軍。威亦多恩信，能拊[193]眾，得士死力[194]。威又坐奢僭誅[195]，延壽之風[196]類[197]也。

【章旨】以上是〈韓延壽傳〉，重點記述韓延壽崇尚禮儀、重視教化的治政方略和成效及其因奢侈越制被誅殺的經過。

【注釋】❶燕　諸侯國名。建都薊縣（今北京西南隅）。❷郡文學　官名。為郡守的屬吏。當時郡國均設文學官，多以明經者充任。❸郎中　官名。九卿之一郎中令的屬官，管理車騎、門戶，內充侍衛，外從作戰。諸侯國中亦設此職。❹刺王　指武帝第三子燕刺王劉旦。武帝晚年立少子劉弗陵為皇太子，後劉弗陵即位，即漢昭帝。劉旦不服，欲謀反，因事情敗露而被迫自殺。本書卷六十三有傳。❺閔　通「憫」。同情。❻富於春秋　指年紀還小。春秋，代指年齡。昭帝即位時，年僅八歲。❼賢良文學　簡稱「賢良」或「文學」。意為：有德行、通經學。是漢代選拔人才的科目。❽對策　天子拿政事或經義設問，問題寫在簡冊上，讓人按問對答，叫做策問，又叫對策（以天子言為策問，以應對者言為對策）。⑨日者　顏師古注曰：「日者，猶言往日也。」⑩比干　商紂王的叔父。屢次直諫，被紂王剖心而死。⑪蹈　履行；遵循。⑫人臣　臣下。⑬擢　提升。⑭諫大夫　官名。為九卿之一光祿勳的屬官，掌議論。⑮淮陽　郡名。治陳縣（今河南淮陽）。⑯一切　暫時；權宜。⑰歷召　普遍召請。⑱所信向者　所信賴、尊敬的人。⑲具　備辦。⑳謠俗　指風俗習慣。從民謠中可以看出人民的風習和政教的好壞，所以韓延壽「問以謠俗」。㉑銷　通「消」。消除。㉒便　有利；適宜。㉓儀品　禮儀規格。㉔諸生　儒生。古代對讀書人的通稱。㉕皮弁　皮製的帽子。行禮時執事者所服，以鹿皮製成。㉖俎　禮器名。放肉等食物的小案桌。㉗豆　禮器名。盛食物的器皿，形似高腳盤。與「俎」都是古代宴會、祭祀用的禮器。㉘偶車馬　用土木仿製的車馬等殉葬品。㉙下里　指人死後的安葬處。死者葬於地下，所以稱歸葬之處為「下里」。㉚偽　指土木製的假車馬。㉛東郡　郡名。治濮陽（今河南濮陽西南）。㉜黃霸　歷任揚州刺史、潁川太守，治理有方，為政外寬內明，後官至丞相。後世把他和龔遂作為循吏的典型，合稱「龔黃」。本書卷八十九有傳。㉝迹　指韓延壽任潁川太守時的政績。㉞上　通「尚」。崇尚；提倡。㉟好　喜歡。㊱教化　政教風化。㊲待用　接待任用。待，對待；款待。㊳廣謀議　廣泛地徵求意見。㊴爭　通「諍」。直言規勸。㊵行喪讓財　指先人死後，晚輩互相推讓遺產。㊶表　表彰。㊷孝弟　即「孝悌」。孝敬父母，敬愛兄長。弟，通「悌」。弟弟尊愛兄長。古人提倡的一種美德。㊸學宮　這裡指學校的校舍。㊹鄉射　原作「鄉社」。據景祐本改。鄉射，古代的射禮。鄉射有兩種，一種是州長在春秋兩季會集士大夫，習射於州序（州的學校）；一種是鄉老和鄉大夫貢士（向朝廷推舉賢能之士）後，為徵詢民意舉行的鄉射之禮。這裡指前者。射，射箭，是古代六種技藝之一。㊺陳　陳列；設置。㊻鐘鼓管弦　泛指樂器。㊼盛　讚美；倡導。㊽升降揖讓　指賓主上階下階迎送的禮儀。㊾都試講武　即都講。都試，大會試。講武，演習軍事。古代有在農閒時比武的習俗。西漢承古制，在每年十月舉行都講。㊿斧鉞　古代兵器名。鉞，似斧而大。(51)射御　射箭駕車。古代六藝中，射與御都是尚武的技藝。(52)城郭　內城與外城。這裡泛指城邑。(53)期會　按規定的期限執行政令。(54)正　指鄉正、里正一類的鄉官。(55)五長　又稱「伍長」。古代戶籍編制以五家為「伍」，一伍之長稱為「伍長」。(56)舍　住宿。這裡指收容。(57)閭里阡陌　泛指民間、鄉間。閭里，見前注。阡陌，鄉間小道。代指鄉間。(58)非常　指突如其來的事變。(59)箠楚　都是古代打人的刑杖。(60)刻責　深自責備。(61)豈其負之二句　意思是：難道是我對不起他嗎？他為什麼做出這種事來。負，違背；虧待。(62)門下掾　官名。這裡指郡守的屬吏。漢代中央及各郡縣的長官手下皆置掾屬，以輔佐各級主管官員分曹治事。其人員由主官自行選用，不由朝廷任命。(63)不殊　指自殺未死。殊，顏師古注曰：「殊，絕也。以人救之，故身首不相絕也。」

64瘖　口不能言。65遣吏毉治視　顏師古注曰：「遣醫治之而吏護視之。」66厚復　給與優待，免除賦稅和徭役。復，免除賦稅徭役。67騎吏　騎馬隨從的小吏。68議罰白　顏師古注曰：「令定其罪名而更白之。」即定罪處罰，並向上級報告。白，報告。用於下級對上級。69當　阻攔。70孝經　書名，儒家經典之一。書的作者說法不一，《史記・仲尼弟子列傳》以為孔子弟子曾參所作，亦有說孔子所作或曾參弟子子思所作，學界多以孔門後學所作一說較為合理。其主要內容論述封建孝道，宣揚宗法思想，漢代被列為七經之一。71資於事父以事君五句　顏師古注曰：「資，取也。取事父之道以事君，其敬則相同也。母則極愛，君則極敬，不如父之兼敬愛也。」72旦　早晨。73明府　漢代對郡守州牧，都尊稱為「府君」或「明府君」，省稱「明府」。明，賢明。74駐　指車馬停留。75趨走　快步小跑。表示恭敬。76謁　拜見。77見　用於動詞前，表示被動。78得毋　莫不是；該不會。79虧大化　有損廣大深遠的教化（指孝悌的教化）。80輿中　車駕中。81微子　沒有您。顏師古注曰：「微，無也。」子，古代對男子的尊稱。82自達　自求引進。83代卒　代人為門卒。84令行禁止　有令即行，有禁即止。指百姓嚴格遵守法令。85斷獄　審理和決斷案件。這裡指發生的案件。86行縣　巡行視察所屬各縣。87丞掾　指左馮翊丞和左馮翊府的掾吏。88循　通「巡」。89令長　縣令、縣長。90重　更加；加重。91方　正當。92高陵　縣名。在今陝西高陵。93昆弟　兄弟。昆，兄。94訟田　為爭奪田產而打官司。95大傷之　很痛心。96備位　意思是在官位上充數，徒占其位，為任職者的自謙之辭。97宣明教化　使百姓明白政教風化。98嗇夫　官名。這裡指鄉嗇夫，為掌管訴訟和賦稅的鄉官。99三老　官名。為掌管教化，幫助地方官推行政令的鄉官。漢代郡、縣、鄉都設有三老。100孝弟　「孝悌力田」的省稱。是漢代教民務農的鄉官。弟，通「悌」。101退　指辭職反省自己的過失。102移病　託辭有病。103聽事　處理政務。104傳舍　古代供來往行人休止住宿的處所。105閤　正門旁邊的小門。106自繫　自行捆綁。107傳相責讓　互相責備。108自髡肉袒　表示願意服罪就刑，古人常用這種方式表示謝罪。髡，古代一種剃去頭髮的刑罰。肉袒，脫去上衣，裸露上身。109相移　顏師古注曰：「移猶傳也。一說兄以讓弟，弟又讓之，故云相移。」110延見　接見。111內　通「納」。拿來。112厲勉　勉勵。厲，通「勵」。113鄉部　即鄉。114表勸　表彰鼓勵。115歙然　和睦安定的樣子。歙，通「翕」。116敕厲　告誡勉勵。厲，通「勵」。117恩信　恩德與威信。118紿　欺騙。119侍謁者　官名。為侍奉左右，擔任傳達通報事務的小吏。120放散官錢　指盜放公款以牟取利息。121丙吉　西漢大臣。初任獄吏，累遷至廷尉監，治巫蠱獄，救護皇曾孫（宣帝）。後建議迎立宣帝，曾任丞相。以識大體、能知人、不伐功為世人所稱。本書卷七十四有傳。122更　經過。123不須考　不必追究。124御史　即「侍御史」。官名。為御史大夫的屬官，或給事殿中，或舉劾非法，或督察郡縣，或奉使外出執行指定任務等。125問事　即查問地方的某一事件。126部　布置。

[127]案校　查訊核實。[128]廩犧　官名。為左馮翊的屬官。廩官主管藏穀，犧官主管養牲。[129]掠治　拷打訊問。[130]自引　自己供認。[131]移　指發出公文。[132]拘持　要挾；挾制。[133]不直　不認為有理。[134]卒　終於。[135]具　通「俱」。都。[136]試騎士　指每年一次的騎士比武大試。[137]治飾　置辦修飾。[138]朱爵　即「朱雀」。爵，通「雀」。[139]衣　穿。這裡用作動詞。[140]黃紈方領　古代儒生的一種裝束。黃紈，黃色的絹服。方領，直領。[141]傅總　用絲束裝飾。傅，著。總，原指絲束，這裡指車馬之飾。[142]建　豎立。[143]幢棨　古代作為儀仗用的旗幟和帶赤黑色繒衣裝飾的戟。[144]植　樹立。[145]羽葆　用鳥羽裝飾的車蓋。[146]鼓車歌車　載著鼓和樂隊的車子。[147]棨戟　有繒衣或油漆作裝飾的木戟。古代官吏出行時作為前導的一種儀仗。[148]騎　古代一人一馬合稱「騎」。[149]伍　行列。[150]軍假司馬　代理軍司馬。假，代理某職，正式任命以前稱為「假」。軍司馬，武官名。[151]千人　武官名。[152]旁　通「傍」。靠近。[153]轂　車輪的中心部分。這裡代指車。[154]射室　比試射箭的堂室。[155]噭咷　高聲歌唱。[156]楚歌　楚地的樂歌。[157]陛　臺階。[158]弓韣　裝弓箭的袋子。[159]羅後　羅列在後面。[160]營陳　圍繞著排列。陳，通「陣」。[161]被甲　披著鎧甲。被，通「披」。[162]鞮鍪　頭盔。[163]弩　一種用機械發射的弓。射程很遠，種類很多。[164]籣　盛弓箭的器具。[165]戲車弄馬盜驂　顏師古注引孟康曰：「戲車弄馬之技也。馳盜解驂馬，御者不見也。」即在車上表演雜技，跑馬作偷解車前驂馬而使馭車人不能發現的遊戲。驂，拉車的四匹馬中，兩旁的馬叫「驂」，分左驂、右驂。[166]官銅物　公家的銅器。[167]鉤　一種像劍但外形彎曲的兵器，可以鉤殺人。[168]鐔　一種像劍但比劍狹小的兵器。[169]放　通「仿」。[170]尚方　官署名。主管製造兵器及宮內器用，所製多新奇精美之物，僅供御用。屬少府。[171]假　雇。[172]繇　通「傜」。[173]三百萬　指費用為官錢三百萬。[174]上僭　超越本分。這裡指韓延壽檢閱騎士時的車服規格超過了規定等級和仿效皇室製造兵器等事。[175]眾庶　眾人。[176]侵冤　欺凌冤枉。[177]中二千石　漢代官吏的俸祿，亦為官吏的品級，地位高於二千石。月俸為穀一百八十斛。[178]博士　官名。為九卿之一太常的屬官，掌通古今，備顧問。[179]無狀　無禮。指韓延壽「上僭不道」。[180]愬　通「訴」。誹謗。[181]典法大臣　執掌法律的大臣。指蕭望之。[182]解罪　解脫罪責。[183]渭城　縣名。在今陝西咸陽東北。[184]車轂　指囚車。[185]奏　進；進獻。[186]炙　烤肉。這裡泛指肉食。[187]距逆　拒絕；不接受。距，通「拒」。[188]掾史　秦漢時期中央和地方長官手下分曹治事的屬吏的通稱。這裡泛指韓延壽的舊屬。[189]遠苦　有勞遠送的意思。[190]郎吏　亦稱「郎官」。秦置，漢沿設，為九卿之一郎中令的屬官。有議郎、中郎、侍郎、郎中等名目，職責為護衛陪從、隨時建議、備顧問及差遣。[191]屬　通「囑」。叮囑。[192]去官不仕　辭官回家，不再做官。[193]拊　通「撫」。安撫；撫慰。[194]得士死力　指其屬下皆願為之效死力。[195]坐奢僭誅　因犯奢侈越分的罪而被殺。[196]風　作風。[197]類　相似。

【語譯】韓延壽，字長公，是燕國人，後來遷居杜陵縣。他年輕時做過郡的文學官。他的父親韓義曾任燕國的郎中。燕剌王謀反時，韓義因直言規勸被殺害，燕國人同情他。這時漢昭帝年紀很小，大將軍霍光執政，朝廷下令徵召各郡國的賢良文學，詢問施政的得失。當時，魏相以賢良文學的身分回答皇帝的策問，他認為「賞罰能鼓勵善良，禁止邪惡，是治政的根本。往日燕王大逆不道，韓義挺身而出，直言勸諫，被燕王殺死。韓義和燕王之間沒有比干與商紂王的那種親緣關係，卻能履行比干那樣的節操，應當公開重賞他的兒子，以便昭示天下，指明臣子對君王應守的原則」。霍光採納了他的建議，於是提拔韓延壽擔任諫大夫，後來調任為淮陽郡太守。韓延壽治政很有名聲，又被調往潁川郡任太守。

2 潁川郡豪強眾多，難於治理。朝廷為此經常要選派得力的太守。當初，趙廣漢任太守時，憂慮那裡的豪強結黨成風，因此發動官吏百姓，叫他們互相檢舉揭發，當時認為這樣做很恰當，潁川郡從此形成了這種風氣，老百姓結怨結仇的很多。韓延壽想改變這種風氣，用禮儀謙讓來教化百姓，但擔心百姓不依從，便把郡中幾十位享有威望、為人所敬的老人請來，置辦酒宴，親自同他們交談，以禮相待，向他們詢問民間風俗和百姓疾苦，並說明用和睦友愛來消除怨恨的辦法。老人們都認為這樣做有好處，可以實行，於是韓延壽和他們一起制定婚喪禮儀的規章制度，大體上遵照古代禮制，不得逾越法令。韓延壽讓郡的文學校官和儒生們戴著古式皮帽，持古式禮器，為郡內吏民舉行婚喪儀式。百姓們都遵照他制定的禮儀規章辦事，原先那些出賣土偶木偶之類殉葬品的商人只好將那些殉葬品扔到街市的路上。幾年以後，韓延壽調任為東郡太守，黃霸接替他治理潁川郡，黃霸依靠韓延壽的政績把潁川郡治理得很好。

3 韓延壽為官，崇尚禮義，喜歡古代教化，他每到一處都要聘請當地的賢士，以禮相待，加以任用，廣泛地徵求他們的建議，採納他們的批評意見；他推薦在喪事中推讓先人遺產的子弟，表彰孝順父母、尊敬兄長的美德；修建整治校舍，在春秋兩季鄉射比武中，設置鐘鼓管絃等各種樂器，倡導賓主迎送揖讓的禮儀，等到都講比武時，陳設兵器、旗幟，演習射箭、駕車等技藝。每當修治城邑、徵收賦稅時，總是事先通告規定期限，把按規定期限執行看作一件大事，吏民們都敬畏他、擁戴他。他又在基層設置鄉正、伍長，讓他們以孝悌帶動百姓，任何人不准收容奸佞之徒。鄉里民間如果遇到突發事件，官吏便能馬上知道，因此奸佞之徒都不敢進入潁川郡界。剛開始時，這樣做似乎很繁瑣，等到後來官吏們沒有了追捕的苦惱，百姓們也沒有被杖責的憂慮時，大家便都習慣了。韓延壽對待屬下，待遇優厚但約法嚴明。有人欺騙或違背他時，韓延壽總是深刻責備自己說：「難道我虧待他了嗎，他為什麼做出這種事來？」屬吏們聽了無不悔恨痛心，有個縣尉甚至羞愧到自刺身死，還有個門下掾也割頸自殺，幸虧有人及時救護才沒有死，但喉嚨已被割傷，口不能言。韓延壽聽說後，對屬吏們痛哭流涕，派醫生為他治療，並派官吏護理探望他，對他家給予優待，免除他家的徭役租賦。

4 韓延壽曾經有一次外出，將要上車時，有個隨從的騎吏來晚了，他吩咐功曹將這個遲到的騎吏論罪處分，然後彙報。他外出歸來，當車行駛到府門前時，門卒攔住車馬，說自己有話要說。韓延壽停住車，問他有什麼事，門卒說：「《孝經》上說：『臣子用侍奉父親的禮數來服事君主，它們都出於敬，因此人們對於母親採取愛的態度，對君主採取敬的禮節，對於父親則兼有敬和愛。』今天早晨您外出，車馬停在那很久沒有出發。那個騎吏的父親來到太守府前，不敢進去。騎吏知道了，趕忙出來拜見父親，恰好遇到您上車出發，因而來遲了。如果因為孝敬自己的父親而受到處罰，該不會影響孝悌的教化吧？」韓延壽在車駕中舉手向門卒道歉說：「沒有您，我這個太守還不知道自己的過失。」回到太守府，韓延壽召見這個門卒。這個門卒本是個讀書人，因為聽說韓延壽為官賢明，沒有辦法引進自己，因此代替別人充當門卒，韓延壽於是款待並留用他。韓延壽聽從別人勸告，採納各種建議，都和這類事情差不多。他在東郡任職三年，百姓嚴格遵守法令，各類案件大大減少，為全國第一。

5 後來，韓延壽被選調入京試任左馮翊，一年後因為稱職轉正。此後一年多，他一直不肯巡行視察所屬各縣。他的屬下多次勸他說：「您應該巡視郡中，這樣可以了解民間風俗，考察地方官員的治理情況。」韓延壽說：「各縣都有賢明的縣令長，又有督郵在各縣監察，巡視各縣恐怕沒有益處，反而會給地方增加麻煩。」屬下們都認為目前正是春月，出去巡視可以鼓勵農民努力農業生產。韓延壽不得已，只好外出巡視，當巡視到高陵縣時，有兄弟二人因爭奪田產來告狀，韓延壽十分痛心，說道：「我有幸充數為官，成為郡民表率，但我沒有使百姓明白政教風化，致使骨肉之間發生這樣的爭執，既有傷風俗教化，更使得當地賢明的長吏、嗇夫、三老、孝悌等蒙受恥辱，責任完全在我，我應該首先辭職反省。」當天他便託辭有病，不再處理政務，在傳舍中閉門思過。全縣的人都不知道該怎麼辦，縣令、縣丞和嗇夫、三老也都將自己捆綁著等待接受處分。這樣一來，爭訟的同族人互相責備，兩兄弟也深深感到悔恨，都剃去頭髮，袒露上身，表示甘願服罪，他們都願將田產相讓，至死也不敢再有爭議。韓延壽聞訊大喜，開門接見，拿出酒肉款待，和他們一同進餐，好言勸勉，並叫他們把意思轉告給當地鄉親，以此來表彰鼓勵悔過自新的百姓。韓延壽這才開始處理政事，接見縣鄉各級官吏，向他們表示感謝和慰問。這樣，郡中和睦安定，百姓們無不互相告誡勉勵，不敢再有類似事情發生。韓延壽的恩德和威信遍及二十四縣，再沒有為了爭執是非而向他申訴的。他推心置腹，以誠相待，吏民們不忍欺騙他。

6 韓延壽接替蕭望之擔任左馮翊，蕭望之被提升為御史大夫。有個名叫福的侍謁者向蕭望之報告說，韓延壽在東郡時私自發放了一千多萬公款。蕭望之與丞相丙吉商議，丙吉認為事情已經過大赦，不必追究。恰好此時有個侍御史要到東郡去辦事，蕭望之便命他將此事一併查清。韓延壽知道後，就布置屬下查訊核實蕭望之任左馮翊時廩犧官發放一百多萬公款的事。廩犧官受不了拷打訊問，便招認自己與蕭望之一起作奸犯科。韓延壽上書揭發這件事，並遞送文書給殿門，禁止蕭望之入宮。蕭望之上奏說「我的職責在於總管全國監察工作，遇事不能不查問，卻因此遭到韓延壽的挾持脅迫」。皇上因此不認為韓延壽有理，令人分別追查，弄清事實。結果，蕭望之發放公款的事終究找不出實據，而蕭望之派侍御史到東郡調查，卻掌握了韓延壽的全部情事。韓延壽在東郡時，檢閱騎士，置辦修飾兵車，畫著龍、虎、朱雀的圖案。韓延壽穿著直領黃絹的衣服，駕著用絲帶裝飾的四匹馬拉的車，旁邊插著儀仗用的旗幟和木戟，樹立著鳥羽裝飾的車蓋，還配有載著鼓和樂隊的車子，由功曹駕車開道，儀仗隊一律坐著四匹馬拉的車子，車上插著木戟。騎兵按五騎一隊，分左右兩行排列，代理軍司馬和千人手執旌旗在車旁隨車行進。唱歌的人預先趕到射箭的堂室，望見韓延壽的座駕來到，大聲唱著楚地的樂歌。韓延壽坐在射箭的堂室，騎吏們持戟夾階侍立，隨從的騎士身佩箭袋在身後護擁。韓延壽命令騎兵和兵車圍繞著排列，讓他們披甲戴盔、騎馬持弩待命。又讓騎兵們表演雜技，做偷解驂馬的表演。韓延壽又用公家銅器，等到月食時鑄造刀劍等兵器，仿效皇家的做法。又動用公家錢財布帛，私雇官吏為他服役。還置辦修繕兵車、鎧甲，耗費公款達三百萬以上。

7　蕭望之便上奏彈劾韓延壽僭越犯上，大逆不道，又申訴道：「此前我被韓延壽控告，如今我又檢舉他的罪行，眾人會認為這是居心不良，欺凌冤枉韓延壽。我請求讓丞相、中二千石官吏、博士們來議定他的罪行。」此事交付給公卿們處理，公卿們都認為韓延壽過去已經犯下罪惡，後來又誣陷控告執法大臣，企圖以此解脫自己的罪責，可謂狡猾，大逆不道。皇帝厭惡他，韓延壽最終被判處棄市之刑。行刑那天，吏民幾千人將他送到渭城，老老少少扶擁著囚車，爭著獻酒獻肉給他。韓延壽不忍拒絕，一一接受，喝下的酒有一石多。他叫自己的舊屬感謝前來送行的人說：「有勞各位遠送，我韓延壽死無所恨。」百姓無不流淚。

8　韓延壽的三個兒子都擔任郎官。臨死前，韓延壽叮囑他們不要再做官了，以自己為戒。兒子們都遵照父親的遺囑辭官回家。到韓延壽的孫子韓威，才又出來做官，位至將軍。韓威也很有恩德威信，能安撫眾人，屬下都願意為他效死力。後來，韓威也因犯奢侈越分之罪被殺，與韓延壽的作風相似。

1　張敞，字子高，本河東平陽人也。祖父孺為上谷❶太守，徙茂陵❷。敞父福事孝武帝❸，官至光祿大夫❹。敞後隨宣帝徙杜陵。敞本以鄉有秩❺補太守卒史，察廉為甘泉倉長❻，稍遷太僕丞❼，杜延年❽甚奇之。會昌邑王徵即位，動作❾不由❿法度，敞上書諫曰：「孝昭皇帝⓫蚤⓬崩無嗣，大臣憂懼，選賢聖承宗廟⓭，東迎⑭之日，唯恐屬車⑮之行遲。今天子以盛年⑯初即位，天下莫不拭目⑰傾耳⑱，觀化聽風⑲。國輔大臣未褒⑳，而昌邑小輩㉑先遷，此過之大者也。」後十餘日王賀廢，敞以切諫㉒顯名，擢為豫州㉓刺史㉔。以數上事有忠言，宣帝徵敞為太中大夫㉕，與于定國並平尚書事㉖。以正㉗違忤㉘大將軍霍光，而使主兵車出軍省減用度㉙，復出為函谷關㉚都尉㉛。宣帝初即位，廢王賀在昌邑，上心憚㉜之，徙敞為山陽㉝太守。

2 久之㉞，大將軍霍光薨，宣帝始親政事，封光兄孫山、雲皆為列侯㉟，以光子禹為大司馬㊱。頃之，山、雲以過歸第㊲，霍氏諸壻親屬頗出補吏㊳。敞聞之，上封事㊴曰：「臣聞公子季友有功於魯㊵，大夫趙衰有功於晉㊶，大夫田完有功於齊㊷，皆疇㊸其庸㊹，延及子孫，終後田氏篡齊，趙氏分晉，季氏顓㊺魯。故仲尼㊻作春秋㊼，迹盛衰㊽，譏㊾世卿㊿最甚。迺者(51)大將軍(52)決大計，安宗廟，定天下，功亦不細矣。夫周公(53)七年耳，而大將軍二十歲(54)，海內(55)之命，斷於掌握(56)。方其隆(57)時，感動(58)天地，侵迫(59)陰陽(60)，月朓(61)日蝕(62)，晝冥宵光(63)，地大震裂，火生地中，天文(64)失度(65)，祅祥(66)變怪，不可勝(67)記，皆陰類(68)盛長，臣下顓制之所生也。朝臣宜有明言，曰陛下褒寵故大將軍以報功德足矣。間者(69)輔臣顓政，貴戚太盛，君臣之分(70)不明，請罷霍氏三侯(71)皆就第。及衛將軍(72)張安世(73)，宜賜几杖(74)歸休(75)，時存問(76)召見，以列侯(77)為天子師。明詔(78)以恩不聽，群臣以義固爭而後許，天下必以陛下為不忘功德，而朝臣為知禮，霍氏世世無所患苦。今朝廷不聞直聲(79)，而令明詔自親其文(80)，非策之得者也(81)。今兩侯(82)以(83)出，人情不相遠，以臣心度(84)之，大司馬(85)及其枝屬(86)必有畏懼之心。夫近臣自危，非完計(87)也，臣敞願於廣朝白發其端(88)，直(89)守遠郡(90)，其路無由(91)。夫心之精微口不能言也，言之微眇(92)書(93)不能文(94)也，故伊尹五就桀，五就湯(95)，蕭相國(96)薦淮陰(97)累歲(98)乃得通，況乎千里之外，因(99)書文諭事指(100)哉！唯陛下省察(101)。」上甚善其計，然不徵也。

3 久之，勃海(102)、膠東(103)盜賊並起，敞上書自請治之，曰：「臣聞忠孝之道，退家則盡心於親(104)，進宦(105)則竭力於君。夫小國中君猶有奮不顧身之臣，況於明天子乎！今陛下游意(106)於太平，勞精於政事，亹亹(107)不舍(108)晝夜。群臣有司宜各竭力致身(109)。山陽郡戶九萬三千，口五十萬以上，訖計(110)盜賊未得者七十七人，它課(111)諸事亦略如此。臣敞愚駑(112)，既無以佐思慮，久處閒郡，身逸樂而忘國事，非忠孝之節也。伏聞(113)膠東、勃海左右郡歲數不登(114)，盜賊並起，至攻官寺(115)，篡因徒，搜市朝[116]，劫列侯。吏失綱紀[117]，姦軌不禁。臣敞不敢愛身避死，唯明詔之所處，願盡力摧挫其暴虐，存撫[118]其孤弱。事即有業[119]，所至郡條奏[120]其所由廢及所以興[121]之狀。」書奏，天子徵敞，拜膠東相[122]，賜黃金三十斤。敞辭之官[123]，自請治劇郡[124]非賞罰無以勸善懲惡，吏追捕有功效者，願得壹切比三輔尤異[125]。天子許之。

4 敞到膠東，明設購賞[126]，開[127]群盜令相捕斬除[128]罪。吏追捕有功，上名[129]尚書調補縣令者數十人。由是盜賊解散，傳相[130]捕斬。吏民歙然，國中遂平。

5 居頃之[131]，王太后[132]數出游獵，敞奏書諫曰：「臣聞秦王[133]好淫聲[134]，葉陽后[135]為不聽鄭衛之樂[136]；楚嚴[137]好田[138]獵，樊姬[139]為不食鳥獸之肉。口非惡旨甘[140]，耳非憎絲竹[141]也，所以抑心意，絕耆[142]欲者，將以率二君而全宗祀[143]也。禮[144]，君母出門則乘輜軿[145]，下堂[146]則從傅母[147]，進退[148]則鳴玉佩，內飾則結綢繆[149]。此言尊貴所以自斂制[150]，不從恣[151]之義也。今太后資質[152]淑美，慈愛寬仁，諸侯莫不聞，而少以田獵縱欲為名，於以上聞[153]，亦未宜也。唯觀覽於往古，全行[154]乎來今[155]，令后姬得有所法則，下臣有所稱誦，臣敞幸甚。」書奏，太后止不復出。

6 是時潁川太守黃霸以治行第一入守京兆尹。霸視事數月，不稱[156]，罷歸潁川。

於是制詔御史：「其[157]以膠東相敞守京兆尹。」自趙廣漢誅後，比更守尹[158]，如霸等數人，皆不稱職。京師寖[159]廢[160]，長安市偷盜尤多，百賈苦之。上以問敞，敞以為可禁。敞既視事，求問長安父老，偷盜酋長[161]數人，居皆溫厚[162]，出從童騎[163]，閭里以為長者[164]。敞皆召見責問，因貰[165]其罪，把[166]其宿負[167]，令致[168]諸偷以自贖。偷長[169]曰：「今一旦[170]召詣[171]府，恐諸偷驚駭，願壹切受署[172]。」敞皆以為吏，遣歸休[173]。置酒，小偷悉來賀，且飲醉，偷長以赭[174]汙其衣裾[175]。吏坐里閭[176]閱出者，汙赭輒收縛之，一日捕得數百人。窮治所犯，或一人百餘發，盡行法罰。由是枹鼓[177]稀鳴，市無偷盜，天子嘉[178]之。

7 敞為人敏疾，賞罰分明，見惡輒取，時時越法[179]縱舍[180]，有足大者[181]。其治京兆，略循[182]趙廣漢之迹。方略[183]耳目，發伏[184]禁姦，不如廣漢，然敞本治[185]春秋，以經術[186]自輔，其政頗雜儒雅[187]，往往表賢顯善，不醇[188]用誅罰，以此能自全，竟免於刑戮[189]。

8 京兆典[190]京師，長安中浩穰[191]，於三輔尤為劇[192]。郡國二千石以高第入守，及為真，久者不過三二年，近者數月一歲，輒毀傷[193]失名，以罪過罷。唯廣漢及敞為久任職。敞為京兆，朝廷每有大議，引古今，處便宜[194]，公卿皆服，天子數從之。然敞無威儀195，時罷朝會196，過197走馬198章臺街199，使御吏200驅，自以便面201拊202馬。又為婦畫眉，長安中傳張京兆眉憮203。有司以奏敞。上問之，對曰：「臣聞閨房之內，夫婦之私，有過於畫眉者。」上愛其能，弗備責204也。然終不得大位205。

9 敞與蕭望之、于定國相善。始敞與定國俱以諫昌邑王超遷206。定國為大夫平尚書事，敞出為刺史，時望之為大行丞207。後望之先至御史大夫，定國後至丞相，敞終不過郡守。為京兆九歲，坐與光祿勳208楊惲209厚善，後惲坐大逆誅，公卿奏惲黨友，不宜處位210，等比皆免211，而敞奏獨寢不下212。敞使賊捕掾213絮舜214有所案驗。舜以敞劾奏當免，不肯為敞竟事215，私歸其家。人或諫舜，舜曰：「吾為是公216盡力多矣，今五日京兆耳，安217能復案事218？」敞聞舜語，即部吏收舜繫獄219。是時冬月未盡數日220，案事吏晝夜驗治221舜，竟致其死事222。舜當出死，敞使主簿223持教告舜曰：「五日京兆竟何如？冬月已盡，延命乎？」乃棄舜市224。會立春，行冤獄使者225出，舜家載尸，并編敞教226，自言使者。使者奏敞賊殺不辜。天子薄其罪227，欲令敞得自便利228，即先下敞前坐楊惲不宜處位奏，免為庶人229。敞免奏既下，詣闕230上印綬，便從闕下亡命231。

10 數月，京師吏民解弛232，枹鼓數起，而冀州233部中有大賊。天子思敞功效，使使者[234]即家在所召敞[235]。敞身被重劾[236]，及使者至，妻子[237]家室皆泣惶懼，而敞獨笑曰：「吾身亡命為民，郡吏當就捕，今使者來，此天子欲用我也。」即裝[238]隨使者詣公車上書曰：「臣前幸得備位列卿，待罪[239]京兆，坐殺賊捕掾絮舜。舜本臣敞素所厚吏，數蒙恩貸[240]，以臣有章劾當免，受記考事[241]，便歸臥家，謂臣『五日京兆』，背恩忘義，傷化薄俗。臣竊以舜無狀，枉法[242]以誅之。臣敞賊殺無辜，鞠獄[243]故不直，雖伏明法[244]，死無所恨。」天子引見敞，拜為冀州刺史。敞起亡命，復奉使典州。既到部[245]，而廣川[246]王國群輩[247]不道，賊連發，不得。敞以耳目發起賊主名區[248]處，誅其渠帥[249]。廣川王姬昆弟及王同族宗室劉調等通行為之囊橐[250]，吏逐捕窮窘，蹤迹皆入王宮。敞自將郡國吏，車數百兩[251]，圍守王宮，搜索調等，果得之殿屋重轑[252]中。敞傳吏[253]皆捕格斷頭，縣[254]其頭王宮門外。因劾奏廣川王。天子不忍致法[255]，削[256]其戶。敞居部歲餘，冀州盜賊禁止。守太原[257]太守，滿歲為真，太原郡清[258]。

11 頃之，宣帝崩。元帝[259]初即位，待詔[260]鄭朋薦敞先帝名臣，宜傅輔[261]皇太子[262]。上以問前將軍[263]蕭望之，望之以為敞能吏，任治煩亂，材輕非師傅之器。天子使使者徵敞，欲以為左馮翊。會病卒。敞所誅殺太原吏吏家怨敞，隨至杜陵刺殺敞中子[264]璜。敞三子官皆至都尉。

12 初，敞為京兆尹，而敞弟武拜為梁[265]相。是時梁王[266]驕貴，民多豪彊，號為難治。敞問武：「欲何以治梁？」武敬憚兄，謙不肯言。敞使吏送至關，戒[267]吏自問武。武應曰：「馭黠馬者利其銜策[268]，梁國大都，吏民凋敝[269]，且當以柱後惠文[270]彈治[271]之耳。」秦時獄法吏冠柱後惠文，武意欲以刑法治梁。吏還道之，敞笑曰：「審[272]如掾言，武必辨治[273]梁矣。」武既到官，其治有迹，亦能吏也。

13 敞孫竦，王莽[274]時至郡守，封侯，博學文雅過於敞，然政事[275]不及也。竦死，敞無後[276]。

【章旨】以上是〈張敞傳〉，記述了他善治煩亂的才能，刻劃了他剛毅耿直、不拘小節的性格特點。

【注釋】❶上谷　郡名。治沮陽（今河北懷來東南）。❷茂陵　縣名。在今陝西興平東北。因漢武帝茂陵在此而置縣。❸孝武帝　即漢武帝劉徹。孝武是他的諡號。詳見本書卷六〈武帝紀〉。❹光祿大夫　官名。原稱中大夫，為九卿之一郎中令的屬官。漢武帝太初元年（西元前一〇四年），郎中令更名為光祿勳，中大夫改稱為光祿大夫。掌議論，相當於皇帝顧問，在諸大夫中地位最尊。❺鄉有秩　官名。掌管全鄉事。漢制，鄉有秩俸祿為百石。❻甘泉倉長　甘泉倉的長官。甘泉倉舊址在今陝西淳化西北。❼太僕丞　官名。太僕（掌管皇帝輿馬和畜牧之事，為九卿之一）的佐官。❽杜延年　御史大夫杜周之子。宣帝時曾任御史大夫。本書卷六十有傳。❾動作　指言行舉動。❿由　依照。⓫孝昭皇帝　即漢武帝之子漢昭帝。孝昭是他的諡號。⓬蚤　通「早」。⓭宗廟　帝王、諸侯祭祀祖先的場所。古代帝王把天下據為一家所有，世代相傳，故以宗廟作為皇室、國家的代稱。⑭東迎　昭帝死後，大臣霍光等迎立昌邑王劉賀即位。昌邑國在漢都長安之東，故稱「東迎」。⑮屬車　也稱「副車」，皇帝出行時的侍從車，代指皇帝乘輿。因不敢直稱皇帝乘輿，故稱「屬車」。⑯盛年　壯年。昌邑王劉賀即位時，年十九歲。⑰拭目　擦亮眼睛，表示急欲看到。⑱傾耳　傾耳而聽，表示注意聽取。⑲觀化聽風　指百姓急切地想知道新皇的政教風化如何。化、風，指政教、風化。⑳褒　獎賞。㉑昌邑小輦　指昌邑王劉賀的小臣。小輦，顏師古注引李奇曰：「挽輦小臣也。」輦，帝王坐的車子。㉒切諫　直言極諫。㉓豫州　漢武帝元封五年（西元前一〇六年）所置十三刺史部之一，其地相當於今淮河以北伏牛山以東豫東、皖北地區。㉔刺史　官名。漢武帝元封五年（西元前一〇六年）始置。分全國為十三部（州），各設刺史一人，常以八月巡視所部郡國，省察治政，黜陟能否，斷理冤獄，以六條督察郡國，歲盡詣京師奏事，官階低於郡守。後地位逐漸提高。㉕太中大夫　官名。為九卿之一郎中令（光祿勳）屬官，掌朝廷議論。㉖平尚書事　平決尚書政事。亦為官名，即以本官平決尚書政事，具有兼官性質。凡有此頭銜者，即掌知國家機樞，握有大權。尚書，官名。秦時為少府屬官，掌管殿內文書，職位較低。武帝時提高皇權，因尚書在皇帝左右辦事，掌管文書奏章，地位逐漸重要。㉗正　剛正；守正不阿。㉘違忤　違拗；不服從。㉙主兵車出軍省減用度　主管節制軍用財物開支的事務。㉚函谷關　關名。舊址在今河南靈寶東北。㉛都尉　即關都尉。鎮守關隘要地的武官。㉜憚　畏難；擔心。㉝山陽　郡名。治昌邑（今山東金鄉西北）。㉞久之　過了很久。㉟列侯　爵位名。秦漢二十等爵位的最高一級。本稱「徹侯」，因避漢武帝劉徹名諱，改稱為「通侯」、「列侯」。㊱大司馬　官名。《周禮・夏官》記有「大司馬」，為夏官之長，掌武事，統帥軍隊。武帝時廢太尉而置大司馬，冠以將軍之號，常授予掌權輔政的外戚。為三公之一。㊲山雲以過歸第　指冠陽侯霍雲的舅父李竟因與諸侯王私相往來，犯罪被拘，案與霍氏相連，宣帝下令將樂平侯霍山、冠陽侯霍雲免官。過，過錯。歸第，回家。㊳霍氏諸壻親屬頗出補吏　霍光死後，宣帝對霍家漸生疑忌，便用明升暗降和調任地方官的辦法，削奪霍氏的實權。將霍光女婿度遼將軍范明友、中郎將任勝、長樂衛尉鄧廣漢等分別升任光祿勳、安定太守、少府，削去其兵權；將霍光姊夫光祿大夫給事中張朔、孫女婿中郎將王漢分別調任蜀郡太守、武威太守。又拜霍光之子霍禹為大司馬，收去其後將軍印綬，以削奪其兵權。㊴封事　密封的奏章。古代臣下上書奏機密事，為防止洩露，用皁囊封緘呈進，也稱「封章」。㊵公子季友有功於魯　季友，名友，號成季，故稱「季友」。春秋時魯桓公少子、魯莊公之弟。因平定慶父之亂、擁立僖公有功，為魯國上卿，專斷國政。其後代在文公以後權勢日重，獨攬了魯國國政。㊶趙衰有功於晉　趙衰，即趙成子，春秋時晉國大臣，曾隨晉公子重耳（即晉文公）流亡在外十九年，並幫助重耳回國即位，創立霸業。其後代子孫世代為晉卿，至趙烈侯（趙籍）時，與韓景侯（晉國大夫韓武子的後代）、魏文侯（晉國大夫畢萬的後代）將晉國分為趙、韓、魏三國。㊷大夫田完有功於齊　田完，即田敬仲，又叫陳完，陳厲公之子。齊桓公時陳國發生內亂，他出奔齊國，被齊桓公任命為工正（管理百工的官）。因助齊桓公稱霸有功，後代為世卿，權勢逐漸強大。傳至田和，終於奪取齊國政權。㊸疇　通「酬」。酬答。㊹庸　功勞；功德。㊺顓　通「專」。專擅。㊻仲尼　孔丘的字。孔丘，魯國人，春秋末年儒家學派的創始人。幼孤家貧，學無常師，後曾任魯國司寇。曾周遊列國十四年，宣揚其政治觀點及主張，終不見用。晚年返魯，刪定《六經》。其學說為中國傳統思想文化之正統。㊼春秋　書名。是一部魯國編年史，依年、時、月、日時間順序記載魯國自隱公至哀公凡十二公時期的史事。相傳《春秋》曾經孔子修訂，成為儒家經典之一。㊽迹盛衰　顏師古注曰：「著盛衰之迹。」㊾譏　譏刺。㊿世卿　世襲的卿大夫。(51)迺者　從前。(52)大將軍　指霍光。(53)周公　姬姓，名旦。周武王之弟，因采邑在周（今陝西岐山東北），故又稱周公。武王死後，因成王年幼，故由他攝政，前後攝政約七年。曾出師東征，平定管蔡叛亂，大封諸侯。又制作禮樂，建立典章制度。為後世所敬慕。(54)二十歲　指霍光自後元二年（西元前八七年）武帝死到地節二年（西元前六八年）宣帝親政止，執政共約二十年。(55)海內　四海之內。古代傳說我國疆土的四周有海環繞，故稱國境以內為「海內」。(56)掌握　握於手掌之中。比喻在所控制的範圍內。(57)隆　興盛。(58)感動　震動；動搖。感，通「撼」。(59)侵迫　侵犯。(60)陰陽　古人用陰陽二氣來解釋萬物的生成變化消長，凡天地、日月、四季、晝夜、男女以至氣血等都分別屬於陰陽二氣。陰陽和則萬物順，如果陰陽不和，不論是自然界還是人類社會，就會有異常現象發生。(61)月朓　指夏曆月底（晦日）月亮出現在西方。古人迷信，以月朓、日食等自然現象來附會人事。古人認為月朓、日食均是反常現象。(62)日蝕　即日食。(63)晝冥宵光　白天昏暗，夜晚明亮。古人認為不吉。冥，暗。宵，夜。(64)天文　本指日月星辰等天體在宇宙間分布運行等現象，但古人往往將風雲雨露霜雪等地文現象也列入天文範圍。(65)失度　背離通常的路線。(66)祅祥　指不好的徵兆。祅，通「妖」。指事物發生反常的變異。祥，徵兆。(67)勝　盡；全部。(68)陰類　陰邪的東西。這裡指大臣專權。(69)間者　近來。(70)分　職分；名分。(71)霍氏三侯　指博陸侯霍禹、樂平侯霍山、冠陽侯霍雲。(72)衛將軍　武官名。為漢代諸將軍之一，輔政大臣多加封衛將軍銜，掌京師屯兵以衛宮禁。(73)張安世　張湯之子。昭帝時任右將軍等職，封富平侯。後與霍光擁立宣帝即位，任大司馬、車騎將軍，兼掌尚書事。他為政謹慎，治家嚴格，謙恭自守。本書卷五十九有傳。(74)几杖　几案與手杖。老年人坐時需靠著几案，走路時常須拄著拐杖。古代常以賜几杖表示敬老。(75)歸休　退休回家。(76)存問　慰問。(77)列侯　指張安世。(78)明詔　指公開下詔表明。(79)不聞直聲　顏師古注曰：「言朝臣不進直言，以陳其事。」直聲，正直的言論。(80)自親其文　指親自發表罷免霍氏的文告。(81)非策之得者也　顏師古注曰：「言失計也。」得，得當；

恰當。(82)兩侯　指樂平侯霍山和冠陽侯霍雲。(83)以　通「已」。(84)度　揣測。(85)大司馬　指霍禹。(86)枝屬　指霍氏家族。(87)完計　周密妥善的辦法。(88)白發其端　首發倡議。白，陳述。端，頭緒。(89)直　通「值」。(90)遠郡　山陽郡遠離漢都城長安，所以這樣說。(91)無由　沒有機會。(92)微眇　細小。(93)書　指奏章。(94)文　文辭。引申為「陳述」。用作動詞。(95)故伊尹五就桀二句　伊尹，名伊，商湯的賢相。尹是輔弼之官的稱呼。相傳他原是湯妻的陪嫁奴隸，後被委以國政。他輔佐湯滅掉夏，被尊為阿衡（宰相）。傳說湯曾五次將伊尹推薦給夏桀，最後伊尹因見夏桀暴虐無道，離桀而追隨湯。這裡說的「五就湯」、「五就桀」，指的就是上述傳說。湯，即成湯。商王朝的建立者。原為商族領袖，後滅掉夏朝，建立商朝。桀，夏代的亡國之君，與商紂同為古代暴君的典型。(96)蕭相國　即蕭何。漢初功臣，西漢王朝的第一個丞相。楚漢戰爭中，他曾向漢高祖劉邦極力推薦韓信為大將。本書卷三十九有傳。(97)淮陰　即淮陰侯韓信。秦末農民起義中，初屬項羽，未被重用。又歸劉邦，因亦不得重用而逃離。經蕭何鼎力舉薦，始得重用。他輔佐劉邦擊滅項羽，後因功高震主，以謀反罪被殺。本書卷三十四有傳。(98)累歲　連續幾年。(99)因　通過。(100)指　通「旨」。旨意；想法。(101)省察　考察。(102)勃海　郡名。治浮陽（今河北滄州東南）。(103)膠東　諸侯國名。建都即墨（今山東平度東南）。(104)親　父母。(105)進宦　做官。(106)遊意　這裡指心神專注於某事。(107)亹亹　勤勉不倦的樣子。(108)不舍　不停止。(109)致身　獻身。(110)訖計　共計。訖，盡。(111)它課　指其他方面的考核。(112)愚駑　自謙之辭。駑，劣馬。(113)伏聞　俯伏而聽。常用於下對上有所陳述時的表敬之辭。(114)歲數不登　連年歉收。登，穀物成熟。(115)官寺　官署。(116)市朝　指人眾會集的場所。(117)綱紀　法制。(118)存撫　安撫。(119)有業　顏師古注曰：「有業，言各得其所。」(120)條奏　分條逐項上報。(121)所由廢及所以興　其所以失敗和成功的原因。(122)相　諸侯國相。為治理王國事務的最高行政長官。(123)辭之官　指辭行赴任。之，往；到。(124)劇郡　指複雜難治、政務繁重的郡。(125)比三輔尤異　比照對三輔地區政績卓越者獎賞的規定。比，比照。尤異，政績卓越。(126)購賞　懸賞。(127)開　發動。(128)除　免罪。(129)上名　將姓名上報。(130)傳相　互相。(131)居頃之　過了不久。(132)王太后　指膠東王太后。(133)秦王　指秦昭王。戰國時秦國國君，十八歲即位後，陸續戰勝三晉、齊、楚等國，為秦統一中國奠定了基礎。(134)淫聲　鄙俗的音樂。(135)葉陽后　秦昭王的王后。(136)鄭衛之樂　本指春秋戰國時鄭、衛兩國的民間音樂。因同儒家提倡的雅樂大相逕庭，受到儒家排斥。此後，凡與雅樂相背的音樂，都被斥為「鄭衛之聲」。(137)楚嚴　即楚莊王，春秋時期楚國國君，為春秋五霸之一。後人為避東漢明帝劉莊之諱改為「嚴」。(138)田　通「畋」。打獵。(139)樊姬　楚莊王的夫人。(140)旨甘　即甘旨。味美的食品。(141)絲竹　絲絃樂器和竹製管樂器的總稱，泛指樂器。(142)者　通「嗜」。愛好。(143)全宗祀　指保全祖業。宗祀，祭祀祖宗。(144)禮　禮數。古代按名位而定的禮儀等級制度。(145)輜軿　古代貴族婦女所乘坐的有帷幕的車子。146下堂　降階到堂下。147傅母　年老的保姆。148進退　指舉止。149綢繆　緊密纏縛。150斂制　收束約制。151從恣　放肆；無節制。從，通「縱」。152資質　天資；稟賦。153上聞　指被皇上知道。154全行　保全德行。155來今　從今以後。156稱　勝任職務。157其　副詞。表示語氣。這裡表示的是希望、勸勉、命令等祈使語氣。158比更守尹　頻繁更換暫代或正式為京兆尹者。比，頻繁。更，更換。守尹，指暫時代理或正式為京兆尹的人。159寖　逐漸。160廢　鬆弛。161酋長　首領。162溫厚　顏師古注曰：「溫厚，言富足也。」163童騎　騎馬跟隨出行的童奴。164長者　忠厚有德之人。165貰　赦免；寬免。166把執；持。167宿負　過去的罪責。168致　招徠；引來。169偷長　諸偷的頭領。170一旦　一時；忽然。171詣往；到。172受署　指接受官職。173歸休　回家休假。174赭　紅褐色。175衣裾　衣襟。176里閭　鄉里街巷的大門。顏師古注曰：「閭，謂里之門也。」177枹鼓　鼓槌和鼓。枹，鼓槌。這裡指擊鼓警眾，以備非常。178嘉　嘉許；讚賞。179越法　超越法律規定。180縱舍　赦免釋放；寬大處理。舍，通「赦」。181有足大者　有值得稱道的地方。大，多；稱道。182循　依照；沿襲。183方略　計謀；策略。184發伏　揭發不為人所知的隱惡之事。185治　研究。186經術　儒家經典理論。187儒雅　指儒術、儒家思想。188醇　通「純」。189刑戮　受刑罰和被處死。與趙廣漢、韓延壽等人相比較而言。190典　掌管。191浩穰　顏師古注曰：「浩，大也。穰，盛也。言人眾之多也。」192劇　艱難。指難以治理。193毀傷　誹謗、中傷。194處便宜　處置恰當。195威儀　莊嚴的容貌舉止。196朝會　指臣子朝見君主。197過　經過。198走馬　捨車騎馬。199章臺街　當時京城長安的一條大街。因在章臺宮下而得名。200御吏　駕馭馬車的小吏。201便面　指扇子。因便於用來遮面而得名。202拊　輕擊；拍。203眉憮　眉樣美好。憮，通「嫵」。204備責　求全責備。205大位　高位。206超遷　破格提拔。207大行丞　官名。為大行令（原稱典客，景帝更名為大行令，武帝更名為大鴻臚）屬官，主管天子與諸侯間的重大交際禮儀事務。208光祿勳　官名。原作「郎中令」，漢承秦置，漢武帝太初元年（西元前一〇四年）更名為光祿勳。為宿衛侍從首領，兼皇帝的顧問參議，位列九卿。209楊惲　楊敞之子、司馬遷的外孫。宣帝時為郎，因告發霍氏謀反，以功任中郎將，封平通侯。為人自負，輕財好義。後以過被免為庶人。居家自治產業，以財自娛，廣招賓客。友人孫會宗以書信勸諫，他在答信中表示對所受處罰不滿，事發被腰斬。本書卷六十六有傳。210處位　在位；任職。211等比皆免　指同是楊惲黨友的其他人都被免去了職務。等比，同類。212獨寢不下　唯獨彈劾張敞的奏章擱置著不批下來。因宣帝愛惜張敞之才，故擱置不批。213賊捕掾　官名。為京兆尹的屬吏，主管緝捕盜賊，由京兆尹自行選任。214絮舜　人名。215竟事　把事情辦完。216是公　這位老爺。含有輕蔑的口吻。217安　哪裡；怎麼。218案事　理事。219繫獄　關進監獄。220冬月未盡數日　漢制，十二月是行刑的時期。過了冬天，就有減免刑罰的希望。221驗治　審訊。

222致其死事　指罪不當死，卻舞文弄法地陷人於死罪。223主簿　官名。漢代中央及地方長官手下多設此職，以典領文書、經
辦事務。由長官自行選任。224棄舜市　將絜舜處以棄市之刑。225行冤獄使者　皇帝派出巡行復查冤獄的使臣。226編敞教　將
張敞的那些話寫在控告書上。編，顏師古注曰：「編，聯也，聯之于章前也。」227薄其罪　顏師古注曰：「以其事為輕小也。」
即認為張敞的罪責不大。228得自便利　顏師古注曰：「從輕法以免也。」即減輕張敞的罪名，使之免於刑罰。229庶人　平民。
230闕　宮殿左右的高臺樓閣。這裡借指朝廷。231亡命　指不回原籍，逃亡在外。232解弛　懈怠鬆弛。解，通「懈」。233冀州
州名。武帝時所置十三刺史部之一。其地相當於今河北中南部、山東西部及河南北部。234使使者　派遣使者。235即家在所召
敞　顏師古注曰：「就其所居處而召之。」236重劾　指前文所說「賊殺不辜」事。237妻子　指妻子和兒女。238裝　收拾行李。
239待罪　等著辦罪。舊時官吏常怕因失職得罪，因此用「待罪」作為謙詞。240恩貸　恩惠和幫助。241受記考事　接受命令查
訊案件。242枉法　歪曲法律。243鞫獄　審理案件。鞫，通「鞠」。244伏明法　指因犯法而被處死。245部　指冀州刺史部。246廣
川　諸侯國名。建都信都（今河北冀州）。此時的廣川王為景帝之子廣川惠王劉越的曾孫劉海陽。247群輩　指同族中的親戚。
248區　顏師古注曰：「區謂居止之所也。」249渠帥　首領。250通行為之囊橐　指包庇、收容盜賊。囊橐，袋子。引申為收容、
庇護的場所。251兩　通「輛」。252轑　屋椽。253敞傳吏　顏師古注曰：「言敞自監護吏而捕之。」254縣　通「懸」。255致法
給予法律制裁。致，給予。256削　削減。257太原　郡名。治晉陽（今山西太原西南）。258清　清平；安定。259元帝　即漢宣
帝之子劉奭。詳見本書卷九〈元帝紀〉。260待詔　等待皇帝命令。漢時對以才能應召而沒有被授予正式官職的人，使之待詔。
有待詔公車、待詔金馬門等名目。261傅輔　輔導。262皇太子　指元帝之子劉驁。263前將軍　武官名。264中子　排行居中的兒
子。265梁　諸侯國名。建都睢陽（今河南商丘東南）。266梁王　指漢文帝之子梁孝王劉武的玄孫劉定國。267戒　叮囑。268銜
策　馬嚼子、馬鞭。這裡代指刑法禁令。269凋敝　困苦。270柱後惠文　法冠名。古代御史一類官員所戴的帽子。271彈治　用
彈壓手段（即嚴刑峻法）治理。272審　果真；確實。273辦治　治理。274王莽　新王朝的建立者。原為西漢末年外戚，後獨攬
大權，終至代漢。本書卷九十九有傳。275政事　指施政辦事。276後　後嗣。

【語　譯】張敞，字子高，本是河東郡平陽縣人。他祖父張孺擔任上谷郡太守時，遷居茂陵。他父親張福事奉孝武帝，位至光祿大夫。後來張敞跟隨宣帝遷居杜陵。張敞最初以鄉有秩的資歷擔任太守的卒史，通過察舉擔任甘泉倉長，逐漸提升為太僕丞，深受上司杜延年的器重。適逢昌邑王劉賀被徵召繼承皇位，言行舉止不

依法制，張敞上書規勸道：「孝昭皇帝早逝無子，大臣們為此憂慮擔心，想選出一位賢明的聖主來繼承祖業，在東迎陛下來京的日子裡，唯恐陛下一行的車子行駛得太慢了。如今陛下正當壯年，剛剛登位，天下人無不在拭目靜觀，側耳細聽，急切地想知道陛下的政教風化如何，擁立陛下的輔政大臣還未受到褒獎，隨陛下來京的昌邑小臣卻得到了升遷，這是很大的過失。」十多天後，昌邑王劉賀被廢，張敞因直言極諫而揚名，被提拔為豫州刺史。此後因多次上書皇帝，奏事言詞忠直，宣帝便徵召他擔任太中大夫，和于定國一起平決尚書政事。後來因守正不阿，違拗了大將軍霍光，被派去主管節制軍用財物開支的事務，後來又擔任函谷關都尉。這時，宣帝登位不久，被廢去皇位的昌邑王劉賀的封地在山陽郡的昌邑，宣帝有所顧慮，便調遷張敞擔任山陽郡太守。

2 過了很久，大將軍霍光去世，宣帝開始親自執政，封霍光的姪孫霍山、霍雲為列侯，讓霍光的兒子霍禹擔任大司馬。不久，霍山、霍雲因為過失被免職回家，霍家的姻親女婿多被調離朝廷，出任地方官。張敞得知後，呈上密封奏章說：「臣聽說，當初公子季友有功於魯國，大夫趙衰有功於晉國，大夫田完有功於齊國，國君們都酬謝他們的功勞，並且延續到他們的後代子孫，後來田氏終於篡奪了齊國的君位，趙氏分割了晉國的土地，季氏專擅了魯國的朝政。所以孔子修訂《春秋》，著盛衰之跡，對於世代為卿以專斷國政諷刺得最厲害。從前大將軍決斷朝廷大計，安定社稷，保全漢朝江山，功績也不算小了。周公輔政不過七年罷了，而大將軍執政卻達二十年，天下的命運，由他一個人掌握決斷。當他權勢興盛的時候，震動天地，侵淩天地陰陽，以致出現月朓日食、白天黑暗、夜晚光亮、地震山崩、火山爆發、天文失調、陰陽變異等不好的徵兆，不可盡記，這都是由於陰邪的東西滋長，大臣專權造成的。朝廷中應該有人明白地建議，說陛下褒獎已故的大將軍來酬謝他的功德，這就足夠了。近年來，輔政大臣專權，皇親國戚的權勢太大，以致君臣的職分不明，請陛下免去霍家三侯的官職，叫他們回家，還有衛將軍張安世，應當賞賜几杖讓他退休歸家，按時慰問和接見，以列侯的身分作為皇上的老師。陛下應公開發出詔令以恩重情深為由不聽這種意見，讓群臣據理力爭之後再接受，這樣天下人一定會認為陛下沒有忘記大臣的功德，而朝臣們也算懂得禮制，霍家世世代代不會有什麼憂患。如今，大臣們不進此言，而使得陛下親自出面發表罷免霍氏的文告，這未免失策。如今霍山、霍雲已免職回家，人情大體差不多，據臣下揣測，大司馬霍禹和他的親屬必定心懷恐懼。陛下的親近大臣感到自危，這不是周密妥善之計。臣張敞願意在朝廷上首發上述倡議，可是在遠郡任職，沒有機會。心中的微妙想法往往不能用嘴說出來，能說出來的那些細微想法又無法在奏章上表達出來，所以，伊尹五次被推薦給夏桀，又五次去投奔商湯；蕭何向高祖推薦韓信，也經過好幾年才得以實現，何況臣遠在千里之外，又是通過書信來向陛下說明自己的想法呢！希望陛下考察。」宣帝認為他的建議很好，但沒有徵召他。

3 過了很久，勃海郡和膠東國盜賊蜂起，張敞上書請求前去治理，他說：「臣聽說忠孝之道，居家時應該盡心於父母，居官時應該盡力於君主。小國的君主尚有奮不顧身的臣子，何況陛下這樣聖明的天子呢！現在陛下專意於天下的太平，致力於國家的政務，勤勉不倦，晝夜不息。每個臣子都應該盡忠竭力，為國獻身。山陽郡現有民戶九萬三千，人口五十萬以上，未捕獲的盜賊總共七十七人，其他各項考核和政務也大抵如此。臣張敞才能低劣，沒有什麼辦法替陛下分憂，長期置身於政務清閒的郡，生活安逸而忘了國家大事，這不是忠孝之節。聽說膠東國、勃海郡附近的郡邑連年歉收，盜賊蜂起，以致攻擊官署，劫走囚徒，搶掠市場，劫持列侯。官吏們敗壞了法紀，奸佞邪惡之行禁止不住。臣張敞不能貪生怕死，只要陛下發詔令，我願盡力去挫滅那些暴虐之行，慰問撫恤那些孤弱之民。等事情處理完畢，百姓們各得其所，我一定逐條向陛下呈報其所以失敗和成功的原因。」奏章送上去後，宣帝徵召張敞，讓他擔任膠東國國相，賞給黃金三十斤。張敞辭行上任，臨行時向宣帝請求，治理複雜難治的郡如果沒有嚴明的賞罰就不足以懲惡揚善，對於追捕盜賊有功的官吏，希望朝廷給他們的獎賞能夠暫時比照京畿地區的政績卓越者。宣帝同意了。

4 張敞到膠東國後，公開懸賞捉拿盜賊，發動盜賊們互相捕殺以立功贖罪。對那些追捕盜賊有功的官吏，將其姓名上報尚書，被提升為縣令的有幾十人之多。這樣一來，盜賊四散，他們互相捕殺。吏民們和睦安定下來，國中局勢得以平息。

5 過了不久，膠東國王太后多次外出遊獵，張敞上書勸諫道：「臣曾聽說秦昭王愛聽鄙俗的音樂，葉陽后因此不聽鄭、衛兩國的民間音樂；楚莊王愛好打獵，樊姬因此不吃山中野味。她們並非不愛吃山禽美食，不喜聽管絃音樂，她們抑制自己的欲望，杜絕自己的嗜好，為的是給兩位君主做出榜樣，使他們能保全祖業。禮法規定，太后出門要乘坐有帷幕的車子，降階下堂必須有年老的保姆隨從，行走要佩戴玉佩，貼身衣飾要緊密纏縛，這是說為了顯示太后身分的尊貴而自加約束，不能放縱而無節制。如今太后天資賢淑美好，性情慈愛寬厚，諸侯中沒有誰不知道，但稍有遊獵縱欲的名聲，如果讓皇上知道了，也是不妥當的。希望太后觀覽以往的範例，從今以後保全德行，使后妃們有效法的規範，臣下們有所稱頌，如果這樣的話，臣張敞感到非常榮幸。」奏章送上去後，王太后停止了遊獵，不再外出。

6 這時潁川郡太守黃霸以治績第一被選調入京試任京兆尹。黃霸上任幾個月後，因不稱職，被罷免回潁川。於是宣帝下詔御史大夫說：「以膠東國相張敞來京代理京兆尹。」自從趙廣漢被殺以後，京兆尹屢次更換人選，譬如黃霸等幾人，都不稱職。京城的治安逐漸鬆弛，長安城市場內偷盜者尤其多，商人們很頭痛。宣帝以此事詢問張敞，張敞認為有辦法加以制止。他到任後，向長安城的老人們查訪，了解到好幾個偷盜頭目，他們居家生活富足，外出有騎馬跟隨的童奴，當地百姓還以為他們是忠厚有德之人。張敞把他們召來責問，赦免他們的罪過，抓住他們過去的罪責為把柄，讓他們把偷盜者引至官府以立功贖罪。有個頭目說：「今天忽然被您召到官府來，怕小偷們驚恐不安，希望讓我們暫時接受任命，以便行事。」張敞便將他們都委任為官吏，打發他們回家休假。頭目們擺設酒宴，小偷們都來慶賀，等他們快要喝醉時，頭目們便用紅褐色在小偷們的衣襟上做記號。守候在鄉里街巷大門口的官吏觀察赴宴出來的人，只要看到衣襟上有紅褐色記號的便捆住，一天捕獲了好幾百人。張敞對他們所犯案情一一徹底追查，有的一個人作案達一百多次，張敞將他們全部依法處治。這樣一來，京兆地區很少聽到報警的鼓聲，街市上偷盜者斂跡，宣帝嘉許了他。

7 張敞為人機智聰敏，賞罰分明，發現壞人就抓捕，常常不拘泥於法律規定而寬赦罪犯，有值得稱道的地方。他治理京兆地區，大體沿襲趙廣漢的辦法。在運用計謀、偵查線索、揭發隱情、禁止奸邪方面，不如趙廣漢。但張敞本來研究過《春秋》，以儒家經典理論為輔助，施政時參雜了不少儒術，往往表彰賢德，鼓勵良善，不單純依靠殺罰，因而能夠保全自己，終究避免了刑殺之禍。

8 京兆尹掌管京城，長安城中人口眾多，在三輔中是最難治理的地區。許多郡守、國相以治績優異被調入京城試任京兆尹一職，等到轉正，時間長的不過兩三年，短的僅僅幾個月或一年，常常被人中傷而名聲敗壞，因獲罪被罷免。唯獨趙廣漢和張敞能長久地任職。張敞擔任京兆尹時，每當朝廷有大事商議，他總是引古論今，處置恰當，公卿大臣們都很佩服他，宣帝多次聽從了他的意見。但是張敞沒有莊嚴的容貌舉止，有時散朝之後經過章臺街，他叫駕車的小吏趕著空車，自己用扇子拍著馬走。他又給妻子畫眉，長安城中傳說張京兆畫的眉很漂亮。有關部門拿這些事上奏彈劾他。宣帝詢問他，他回答說：「臣聽說閨房之中，夫婦之間的私情，還有比畫眉過分的事。」宣帝喜愛他的才能，沒有求全責備他。但他終究得不到高位。

9 張敞和蕭望之、于定國相好，原先張敞和于定國都因勸諫昌邑王而被破格提升。于定國擔任大夫兼平尚書事，張敞出任刺史，此時蕭望之擔任大行丞。後來蕭望之先升任御史大夫，于定國後來做到丞相，而張敞終究不過是郡守。他擔任京兆尹九年，由於與光祿勳楊惲友善，後因楊惲犯大逆不道之罪被殺，公卿大臣們上奏提出楊惲的黨友不宜居官位。楊惲的其他黨友都因株連而被免職，獨有彈劾張敞的奏章卻被擱置著不批下來。張敞派賊捕掾絮舜辦案，絮舜認為張敞受彈劾必定會被免職，不肯替張敞辦完公事，私自跑回家去。有人規勸他，絮舜說：「我替這位老爺盡力夠多的了，如今他頂多能當上五天京兆尹，哪裡還能理事？」張敞聽到絮舜的話，就派官吏拘捕絮舜，把他關進監獄。這時冬月還差幾天就結束了，主管官吏日夜審訊絮舜，竟將他判處死刑。絮舜被判決押赴刑場時，張敞派主簿轉達他的話說：「五天的京兆尹究竟怎麼樣？現在冬月已經過完了，你還想活命嗎？」於是將絮舜處死於鬧市。等到立春，朝廷復查冤案的使者外出巡行，絮舜的家屬用車裝著屍體，把張敞那些話寫在控告書上，向使者申訴。使者上奏說張敞犯了濫殺無辜之罪。宣帝認為他的罪過不大，想使他減輕罪名，免於刑罰，便先批下上次因楊惲事不宜任職的奏章，將他免官為民。張敞在免職令下達後，到朝廷交上官印，便離開京城，不回原籍而逃亡在外。

10 幾個月後，京城吏民懈怠鬆弛，報警的鼓聲多次響起，冀州一帶有大股盜賊，宣帝想起張敞的功績成效，便派使者到張敞家去徵召他。張敞當時身受嚴重指控，等使者來到，他的妻子兒女和親屬都驚惶恐懼地哭起來，張敞獨自笑著說：「我是個逃亡在外的平民百姓，要想抓我，應當是郡吏來抓，如今朝廷派使者來，這是皇上要任用我呢。」當即整理行李，隨使者趕往公車司馬署，他上書說：「臣以前有幸身為列卿，擔任京兆尹，犯了濫殺賊捕掾絮舜的罪行。絮舜本來是臣張敞一向看重的屬吏，多次受過臣的恩惠和幫助，他因為臣被彈劾，認為臣將會被免職，在接受命令辦理公務時私自回家，說臣不過是五天的京兆尹，忘恩負義，有損教化風俗。臣私下認為絮舜太不像話，便違法殺了他。臣張敞濫殺無辜，審理案件故意不依法制，即使伏法而死，也沒有怨恨。」宣帝接見了張敞，任命他為冀州刺史。這樣，張敞由逃亡之人重新被起用，奉命主管州部。他到任後，廣川王的親屬違法亂紀，盜賊接連作案，卻不能捕獲。張敞派偵察消息的人查清盜賊首領的姓名和巢穴後，誅殺了他們的首領。廣川王姬的兄弟和王室同族的劉調等人包庇窩藏盜賊，當官吏們追捕盜賊到無路可走的地方時，盜賊的蹤跡都進了王宮。張敞便親自率領郡國的官兵，動用幾百輛兵車，將王宮圍住，搜索劉調等人。果然在宮殿的重重屋椽上將他們捕獲。張敞親自監督手下將這些人殺死，把他們的頭懸掛在王宮門外示眾。於是張敞上奏彈劾廣川王。宣帝不忍制裁廣川王，下令削減他的封地。張敞主管冀州刺史部一年多，這裡的盜賊就絕跡了。後來他代理太原郡太守，一年後轉正，太原郡也被治理得清平無事。

11 不久，宣帝去世了。元帝剛登上皇位時，待詔鄭朋舉薦張敞，說他是宣帝時的名臣，適合當皇太子的老師。元帝拿此事詢問前將軍蕭望之，蕭望之認為張敞是個能幹的官員，善於治理煩亂，但資質輕浮，不適合做太子的老師。元帝派使者徵召張敞，想任命他為左馮翊，適逢張敞因病去世。被張敞誅殺的太原郡屬吏的家屬怨恨張敞，趁張敞的靈柩從太原運回原籍時，暗隨到杜陵刺死了他的二兒子張璜。張敞的三個兒子都官至都尉。

12 當初，張敞擔任京兆尹，他的弟弟張武被任命為梁國國相。此時梁王驕橫，國內豪強眾多，是有名的難於治理的地方。張敞問張武：「你打算怎樣治理梁國？」張武對兄長又敬又怕，謙讓著不肯說。張敞派屬吏送他到函谷關，叮囑屬吏詢問張武的治法。張武回覆說：「駕馭狡詐的馬，要用好的馬嚼子和馬鞭。梁國這樣的大都邑，吏民困苦，我打算用杜後惠文冠來彈壓治理。」秦代掌管刑獄的官吏都戴著杜後惠文冠，張武的意思是打算用嚴刑峻法來治理梁國。屬吏回來將這些話彙報給張敞，張敞笑著說：「如果真像你說的那樣，張武一定能治理梁國。」張武到任後，治政很有成績，也是個能幹的官吏。

13 張敞的孫子張竦，王莽時官至郡太守，被封為侯，他在博學文雅方面超過張敞，但治理政事方面卻比不上。張竦死後，張敞就無後嗣了。

1 王尊，字子贛，涿郡高陽❶人也。少孤，歸諸父❷，使牧羊澤中。尊竊❸學問，能史書❹。年十三，求為獄小吏。數歲，給事❺太守府，問詔書行事，尊無不對❻。太守奇之，除補書佐❼，署守屬監獄❽。久之，尊稱病去，事師郡文學官❾，治尚書❿、論語⓫，略通大義。復召署守屬治獄，為郡決曹史⓬。數歲，以令舉幽州刺史從事⓭。而太守察尊廉，補遼西鹽官長⓮。數上書言便宜事⓯，事下丞相御史。

2 初元⓰中，舉直言，遷虢⓱令，轉守槐里⓲，兼行美陽⓳令事。春正月，美陽女子告假子⓴不孝，曰：「兒常以我為妻，妒笞我。」尊聞之，遣吏收捕驗問，辭服。尊曰：「律無妻母㉑之法，聖人所不忍書㉒，此經所謂造獄㉓者也。」尊於是出坐廷㉔上，取不孝子縣磔著樹㉕，使騎吏五人張弓射殺之，吏民驚駭。

3 後上行幸雍㉖，過虢，尊供張㉗如法而辦。以高第擢為安定㉘太守。到官，出教㉙告屬縣曰：「今長丞尉奉法守城㉚，為民父母，抑㉛彊扶弱，宣恩廣澤，甚勞苦矣。太守以今日至府，願諸君卿勉力正身以率下。故㉜行貪鄙㉝，能變更㉞者與為治㉟。明慎所職㊱，毋㊲以身試法。」又出教敕掾功曹：「各自底厲㊳，助太守為治。其不中用，趣㊴自避退，毋久妨賢。夫羽翮㊵不修，則不可以致千里；闌內㊶不理，無以整外。府丞悉署吏行能，分別白之。賢為上，毋以富。賈人百萬，不足與計事。昔孔子治魯，七日誅少正卯㊷，今太守視事已一月矣，五官掾㊸張輔懷虎狼之心，貪汙不軌㊹，一郡之錢盡入輔家，然適足以葬矣。今將輔送獄，直符史㊺詣閤下㊻，從太守受其事。丞戒之戒之，相隨入獄矣！」輔繫獄數日死，盡得其狡猾不道，百萬姦贓㊼。威震郡中，盜賊分散，入傍㊽郡界。豪彊多誅傷伏辜者。坐殘賊㊾免。

4 起家㊿，復為護羌將軍轉校尉(51)，護送軍糧委輸(52)。而羌(53)人反，絕(54)轉道(55)，兵數萬圍尊。尊以千餘騎奔突(56)羌賊。功未列上(57)，坐擅離部署，會赦，免歸家。

5 涿郡太守徐明薦尊不宜久在閭巷(58)，上以尊為郿(59)令，遷益州(60)刺史。先是，琅邪(61)王陽為益州刺史，行部(62)至邛郲(63)九折阪(64)，歎曰：「奉先人遺體(65)，奈何數乘(66)此險！」後以病去。及尊為刺史，至其阪，問吏曰：「此非王陽所畏道邪？」

吏對曰：「是。」尊叱其馭[67]曰：「驅之[68]！王陽為孝子，王尊為忠臣。」尊居部二歲，懷來[69]徼外[70]，蠻夷[71]歸附其威信。博士鄭寬中使行風俗[72]，舉奏尊治狀[73]，遷為東平[74]相。

6 是時，東平王以至親驕奢不奉法度，傅相連坐[75]。及尊視事，奉璽書[76]至庭中，王未及出受詔，尊持璽書歸舍，食已[77]乃還。致詔後，謁見王，太傅在前說相鼠之詩[78]。尊曰：「毋持布鼓過雷門[79]！」王怒，起入後宮。尊亦直趨出就舍。先是，王數私出入，驅馳國中，與后姬家交通[80]。尊到官，召敕廄長[81]：「大王當從官屬，鳴和鸞[82]乃出，自今有今駕小車，叩頭爭[83]之，言相教不得。」後尊朝[84]王，王復延請登堂。尊謂王曰：「尊來為相，人皆弔[85]尊也，以尊不容朝廷[86]，故見使相[87]王耳。天下皆言王勇，顧但負貴[88]，安能勇？如尊乃勇耳。」王變色視尊，意欲格殺之，即好[89]謂尊曰：「願觀相君佩刀。」尊舉掖[90]，顧謂傍侍郎[91]：「前引佩刀視[92]王，王欲誣相拔刀向王邪？」王情得[93]，又雅[94]聞尊高名，大為尊屈[95]，酌酒具食，相對極驩。太后徵史[96]奏尊「為相倨慢不臣[97]，王血氣未定，不能忍。愚誠恐母子俱死。今妾不得使王復見尊。陛下不留意[98]，妾願先自殺，不忍見王之失義也」。尊竟坐免為庶人。大將軍王鳳奏請尊補軍中司馬[99]，擢為司隸校尉[100]。

7 初，中書謁者令[101]石顯[102]貴幸，專權為姦邪。丞相匡衡[103]、御史大夫張譚皆阿附[104]畏事顯，不敢言。久之，元帝崩，成帝初即位，顯徙為中太僕[105]，不復典權。衡、譚乃奏顯舊惡，請免顯等。尊於是劾奏：「丞相衡、御史大夫譚位三公，典五常九德[106]，以總方略[107]、壹統類[108]、廣教化、美風俗為職。知中書謁者令顯等專權擅勢，大作威福，縱恣不制，無所畏忌，為海內患害，不以時[109]白奏行罰，而阿諛曲從，附下罔上[110]，懷邪迷國，無大臣輔政之義，皆不道，在赦令[111]前。赦後，衡、譚舉奏顯，不自陳不忠之罪，而反揚著[112]先帝任用傾覆[113]之徒，妄言百官畏之，甚於主上。卑君尊臣，非所宜稱，失大臣體。又正月行幸[114]曲臺[115]，臨饗[116]罷衛士[117]，衡與中二千石大鴻臚[118]賞等會坐殿門下，衡南鄉[119]，賞等西鄉[120]。衡更為賞布東鄉席，起立延賞坐，私語如食頃[121]。衡知行臨[122]，百官共[123]職，萬眾會聚，而設不正之席，使下坐上，相比[124]為小惠於公門[125]之下，動不中禮[126]，亂朝廷爵秩[127]之位。衡又使官大奴[128]入殿中，問行起居，還言漏[129]上十四刻行臨到，衡安坐，不變色改容。無怵惕[130]肅敬之心，驕慢不謹。皆不敬。」有詔勿治。於是衡慙懼，免冠謝罪，上丞相、侯印綬[131]。天子以新即位，重[132]傷大臣，乃下御史丞[133]問狀。劾奏尊「妄詆欺非謗[134]赦前事，猥歷奏大臣[135]，無正法[136]，飾成小過，以塗汙[137]宰相，摧辱公卿，輕薄[138]國家，奉使不敬」。有詔左遷[139]尊為高陵令，數月，以病免。

8 會南山[140]群盜傰宗[141]等數百人為吏民害，拜故弘農太守傅剛為校尉，將迹射士[142]千人逐捕，歲餘不能禽。或說大將軍鳳[143]：「賊數百人在轂下[144]，發軍擊之不能得，難以視四夷[145]。獨選賢京兆尹乃可。」於是鳳薦尊，徵為諫大夫，守京輔都尉，行京兆尹事。旬月間盜賊清。遷光祿大夫，守京兆尹，後為真，凡三歲。坐遇使者無禮。司隸遣假佐[146]放奉詔書白尊發吏捕人，放謂尊：「詔書所捕宜密[147]。」尊曰：「治所[148]公正，京兆善漏泄人事[149]。」放曰：「所捕宜今發吏。」尊又曰：「詔書無京兆文，不當發吏。」及長安繫者[150]三月間千人以上。尊出行縣，男子郭賜自言尊：「許仲家十餘人共殺賜兄賞，公歸舍[151]。」吏不敢捕。尊行縣還，上奏曰：「彊不陵弱，各得其所，寬大之政行，和平之氣通。」御史大夫中奏[152]尊暴虐不改，外為大言，倨嫚[153]姍[154]上，威信日廢，不宜備位九卿。尊坐免，吏民多稱惜之。

9 湖三老公乘[155]興[156]等上書訟尊治京兆功效日著：「往者南山盜賊阻山[157]橫行，

剽劫[158]良民，殺奉法吏，道路不通，城門至以警戒。步兵校尉[159]使逐捕，暴師露眾[160]，曠日[161]煩費，不能禽制。二卿[162]坐黜，群盜寖[163]彊，吏氣傷沮，流聞四方，為國家憂。當此之時，有能捕斬，不愛金爵重賞。關內侯寬中使問所徵故司隸校尉王尊捕群盜方略，拜為諫大夫，守京輔都尉，行京兆尹事。尊盡節勞心，夙夜思職，卑體[164]下士，厲奔北[165]之吏，起沮傷之氣，二旬之間，大黨震壞，渠率[166]效首[167]。賊亂蠲除[168]，民反農業，拊循[169]貧弱，鉏耘[170]豪彊。長安宿豪大猾東市賈萬、城西萬章、翦張禁、酒趙放[171]、杜陵楊章等皆通邪結黨，挾養[172]姦軌，上干[173]王法，下亂吏治，并兼[174]役使，侵漁小民，為百姓豺狼。更數二千石，二十年莫能禽討，尊以正法案誅，皆伏其辜。姦邪銷釋，吏民說服。尊撥劇整亂，誅暴禁邪，皆前所稀有，名將[175]所不及。雖拜為真，未有殊絕褒賞加於尊身。今御史大夫奏尊『傷害陰陽，為國家憂，無承用詔書之意，靖言庸違，象龔滔天[176]』。原其所以，出御史丞楊輔，故為尊書佐，素行陰賊[177]，惡口不信[178]，好以刀筆陷人於法。輔常[179]醉過尊大奴利家[180]，利家捽搏其頰[181]，兄子閎拔刀欲剄之。輔以故深怨疾毒，欲傷害尊。疑輔內懷怨恨，外依公事，建畫[182]為此議，傅致[183]奏文，浸潤[184]加誣，以復私怨。昔白起[185]為秦將，東破韓、魏[186]，南拔郢都[187]，應侯[188]譖[189]之，賜死杜郵[190]；

吳起[191]為魏守西河[192]，而秦、韓不敢犯，讒人[193]間[194]焉，斥逐奔楚。秦聽浸潤以誅良將，魏信讒言以逐賢守[195]，此皆偏聽不聰[196]，失人[197]之患也。臣等竊痛傷尊修身絜己，砥節[198]首公[199]，刺譏不憚將相，誅惡不避豪彊，誅不制之賊，解國家之憂，功著職修[200]，威信不廢，誠國家爪牙之吏[201]，折衝之臣[202]，今一旦無辜制於僥人之手，傷於詆欺之文，上不得以功除罪，下不得蒙棘木之聽[203]，獨掩[204]怨讎之偏奏[205]，被共工[206]之大惡，無所陳怨愬罪。尊以京師廢亂，群盜並興，選賢徵用，起家為卿，賊亂既除，豪猾伏辜，即以佞巧廢黜[207]。一尊之身，三期[208]之間，乍賢乍佞，豈不甚哉？孔子曰：『愛之欲其生，惡之欲其死，是惑也。』『浸潤之譖不行焉，可謂明矣。』[209]願下公卿大夫博士議郎[210]，定尊素行。夫人臣而傷害陰陽，死誅之罪也；靖言庸違，放殛[211]之刑也。審如御史章[212]，尊乃當伏觀闕之誅[213]，放於無人之域，不得苟免[214]。及任舉[215]尊者，當獲選舉之辜，不可但已[216]。即不如章，飾文[217]深詆以愬無罪，亦宜有誅，以懲讒賊之口，絕詐欺之路。唯明主參詳[218]，使白黑分別。」書奏，天子復以尊為徐州[219]刺史，遷東郡太守。

久之，河[220]水盛溢，泛浸瓠子[221]金隄，老弱奔走，恐水大決為害。尊躬率[222]吏民，投沉白馬[223]，祀[224]水神河伯[225]。尊親執圭璧[226]，使巫[227]策[228]祝[229]，請以身填[230]金隄，因止宿，廬居隄上。吏民數千萬人爭叩頭救止尊，尊終不肯去。及水盛隄壞，吏民皆奔走，唯一主簿泣在尊旁，立不動。而水波稍卻迴還。吏民嘉壯[231]尊之勇節，白馬[232]三老朱英等奏其狀。下有司考，皆如言。於是制詔御史：「東郡河水盛長，毀壞金隄，未決三尺，百姓惶恐奔走。太守身當水衝[233]，履[234]咫尺之難，不避危殆[235]，以安眾心，吏民復還就作[236]，水不為災，朕甚嘉之。秩尊中二千石，加賜黃金二十斤。」

11 數歲，卒官，吏民紀[237]之。尊子伯亦為京兆尹，坐耎弱[238]不勝任免。

【章　旨】以上是〈王尊傳〉，記載王尊的仕宦經歷，突出了他剛硬強直的處事作風。

【注　釋】❶高陽　縣名。在今河北高陽東。❷諸父　指伯叔父。❸竊　暗地裡。❹史書　當時通行的隸書。❺給事　供職。❻問詔書行事二句　顏師古注曰：「以施行詔條問之，皆曉其事也。」❼書佐　官名。負責記錄、繕寫一類的工作。按漢制，各州郡縣及分職辦事的諸曹均設有書佐，由長官自行選任。❽署守屬監獄　顏師古注曰：「署為守屬，令監獄主囚也。」署，委任。守，代理。屬，分曹辦事的諸曹主管官吏中，正曰掾，副曰屬。❾事師郡文學官　拜郡文學官為師。❿尚書　先秦時稱《書》，漢初稱《尚書》。尚，通「上」。以其記上古之事，故名。為儒家經典之一，亦是中國古代著名史籍，其中保存商周特別是西周初年的一些重要史料。漢武帝獨尊儒術，置《五經》博士，將其列入必授儒家經典之一，故又名《書經》。⓫論語　書名。是孔子的弟子和再傳弟子記錄整理而成，約成書於戰國前期。內容記載孔子及弟子的言語行事，集中反映了孔子的政治主張和教育思想，語言簡煉，用意深遠，富有深刻的社會哲理。⓬決曹史　官名。為郡守的屬吏，掌治獄。決曹，掌理獄訟的部門。曹，分科辦事的官署。史，長官手下分曹辦事官吏的通稱。常與「掾」合稱為「掾史」。「掾史」多由長官自行選任。⓭以令句　漢制，刺史可在所監察的郡國中選拔郡守或諸侯國相的屬吏作為自己的屬吏。幽州，武帝時所置十三刺史部之一。監察上谷、漁陽、涿郡、廣陽國等郡國吏治。其地相當於今河北北部、遼寧大部及朝鮮大同江流域。⑭鹽官長　官名。掌管鹽務。漢代在產鹽的郡縣設置此官。⑮便宜事　指利於治國，合乎時宜的方法和建議。⑯初元　漢元帝年號（西元前四八—前四四年）。⑰虢　縣名。在今陝西寶雞西。⑱槐里　縣名。在今陝西興平東南。⑲美陽　縣名。在今陝西武功西北。⑳假子　丈夫前妻之子。㉑妻母　以母為妻。妻，作為妻。這裡用作動詞。㉒書　寫；記載。動詞。㉓造獄　顏師古注曰：「非常刑名，造殺戮之法也。」即因法律未作規定，在特定情況下制定的嚴刑。㉔廷　縣廷。縣令辦公的地方。㉕縣磔著樹　指將罪犯懸掛於樹並張開他的四肢。縣，通「懸」。磔，張開。㉖雍　縣名。在今陝西鳳翔西南。㉗供張　供設帷帳等用具。㉘安定　郡名。治高平（今寧夏固原）。㉙教　上級告諭下屬的文書。㉚城　縣城。㉛抑　壓制。㉜故　原先。㉝貪婪鄙薄。㉞變更　改變。㉟與為治　與他共同治理。意為：可以既往不咎，保留官職。㊱職　職分。身任某職所應盡的本分、職責。㊲毋　不；不要。㊳底厲　通「砥礪」。磨鍊。㊴趣　通「促」。盡快；趕快。㊵羽翮　羽毛的莖。代指鳥的翅膀。㊶闑內　府內。闑，門橛。㊷少正卯　複姓少正，名卯。春秋時魯國大夫，與孔子持論相反，影響很大，孔子任魯國司寇時，將他誅殺。㊸五官掾　官名。郡守的屬吏，為郡守自行選任的屬吏中地位較高者。領諸曹事，又主祭郡中春秋之祀。㊹不軌　不遵守法令。㊺直符史　顏師古注曰：「直符史，若今之當值佐史也。」直，通「值」。㊻閤下　指太守辦公之處。㊼姦臧　非法所得的財物。臧，通「贓」。㊽傍　通「旁」。附近。㊾殘賊　殺害。這裡有殺戮過度的意思。㊿起家　居家而被起用，出任官職。(51)護羌將軍轉校尉　顏師古注曰：「為校尉主轉運事，而屬護羌將軍。」(52)委輸　運送。(53)羌　古代部族名。主要分布於今甘肅、青海、四川一帶。(54)絕　斷。(55)轉道　運糧的道路。(56)奔突　奔馳衝殺以突圍。(57)功未列上　指戰功未能上報皇帝知道。(58)閭巷　里巷。代指民間。此時王尊已被免官為民，所以這樣說。(59)郿　縣名。在今陝西眉縣。(60)益州　武帝時所置十三刺史部之一。轄境相當於今四川、甘肅、陝西、湖北、貴州等省部分地區。(61)琅邪　縣名。在今山東膠南琅邪臺西北。(62)行部　刺史巡視所部，考察地方官政績。(63)邛郲　山名。即今四川滎經西南邛崍山。(64)九折阪　一名邛道。在邛崍山。(65)遺體　古代對自己身體的稱呼。古人自認為是父母的遺體。(66)乘　登。(67)馭　指駕車的人。(68)驅之　顏師古注曰：「驅馬令疾行也。」(69)懷來　招徠。(70)徼外　境外；塞外。(71)蠻夷　古代泛指華夏族以外的各部族。(72)行風俗　巡行考察各地民情風俗及地方官的政績。(73)治狀　治政的情況。(74)東平　諸侯國名。建都無鹽（今山東東平東）。(75)傅相連坐　顏師古注曰：「前任傅相者頻坐以王得罪。」傅相，指諸侯王國的太傅和國相。(76)璽書　指朝廷的任命文書。(77)食已　吃完飯。(78)相鼠之詩　《詩經·鄘風》中的篇名。諷刺當時貴族統治者不勞而獲，貪濁無禮。後以此詩作為無禮的代詞。(79)毋持句　布鼓，用布作鼓面的鼓，敲起來沒有聲音。雷門，古代會稽的城門。相傳越國人在這裡敲響大鼓，聲音能傳到很遠的地方。王尊以此諷刺對方不自量力，在高手面前賣弄本領。(80)交通　交往。(81)廄長　官名。掌管輿馬之事。(82)和鸞　車馬上的鈴鐺。是當時帝王、貴族出行時的儀仗。(83)爭　通「諍」。規勸。(84)朝　朝見。(85)弔　悲傷；憂慮。(86)不容朝廷　不為朝廷所容。(87)相　輔佐；輔助。(88)顧但負貴　我想您只是依仗富貴。顧，想；考慮。但，只。負，依仗；憑仗。(89)好　指假裝友好的樣子。(90)舉掖　抬起雙臂。掖，通「腋」。(91)侍郎　官名。為九卿之一郎中令（光祿勳）的屬官，掌守門戶，出充車騎，為宮廷近侍。諸侯國中亦設此官。(92)視　通「示」。以物示人。(93)王情得　顏師古注曰：「謂尊所測正得其情也。」即東平王的企圖被王尊猜到了。(94)雅　平素；一向。(95)屈　折服。(96)徵史　東平王太后之名。(97)不臣　不尊敬國君；不忠於國君。(98)不留意　不注意。這裡含有不答應的意思。(99)軍中司馬　武官名。(100)司隸校尉　官名。漢武帝征和四年（西元前八九年）置。掌京畿七郡，督捕奸猾，察舉百官，職責與州刺史略同。(101)中書謁者令　官名。亦稱「中書令」，為九卿之一少府的屬官，多選用明習法令舊例者任之。宣帝時，中書宦官地位提高，至元帝時，中書令典機密、參決政事，權力達到頂峰。(102)石顯　初坐法受腐刑，為中黃門，後代弘恭為中書令。元帝時，政事無大小，都由他決定，貴幸傾朝。成帝即位後失權，被免官徙歸故郡，憂而不食，病死於道。本書卷九十三有傳。(103)匡衡　元帝時位至丞相，宦官石顯掌握大權時，他畏勢逢迎。後因多取封邑土地等事被免。本書卷八十一有傳。(104)阿附　奉承迎合。(105)中太僕　官名。為皇后的屬官，掌皇后輿馬。(106)五常九德　顏師古注曰：「五常，仁、義、禮、智、信也。九德，寬而栗，柔而立，愿而恭，亂而敬，憂而毅，直而溫，簡而廉，剛而塞，強而義也。」(107)方略　謀略。(108)統類　綱目。(109)以時　及時。(110)罔上　這裡指欺騙皇帝。(111)赦令　指成帝即位後頒布的赦令。(112)揚著　張揚顯明。動詞。(113)傾覆　顛覆；毀壞。(114)行幸　指帝王親自駕臨。(115)曲臺　宮殿名。秦始皇所建，舊址在今陝西西安西北。(116)饗　用酒食款待。(117)罷衛士　指復員的衛士。(118)大鴻臚　官名。秦時稱典客，漢景帝中六年（西元前一四四年）更名大行令，武帝太初元年（西元前一〇四年）更名大鴻臚，為九卿之一，掌管諸侯和四方部族的接待事務。(119)南鄉　向南。鄉，通「向」。(120)西鄉　向西。大鴻臚賞等人職位比匡衡低，所以向西而坐。後匡衡讓賞改為向東坐席，則有悖於尊卑禮儀的規定。(121)食頃　一頓飯的功夫。(122)知行臨　知道天子在舉行饗禮時駕臨。(123)共　通「供」。(124)相比　互相勾結，結黨營私。比，勾結。(125)公門　指殿門。(126)中禮　符合禮制。(127)爵秩　爵位和俸祿。(128)官大奴　府中的奴僕首領。(129)漏　漏壺。古代的計時器。上刻符號表示時間，在漢代每晝夜分為一百刻。(130)怵惕　驚恐。(131)印綬　官印和繫印的絲帶。(132)重　難。(133)御史丞　即御史中丞。官名。為御史大夫的佐官，主要掌監察，兼掌蘭臺祕書圖籍。因居殿中，領侍御史，受公卿奏事，故地位重要。(134)非謗　即誹謗。非，通「誹」。135猥歷奏大臣 指彈劾眾多大臣。顏師古注曰：「猥，多也，曲也。歷謂所奏非一人也。」136正法 正常法制。137塗汙 誣衊。138輕薄 輕視。139左遷 降職。古代以右為尊，左為卑。140南山 即終南山。在今陝西西安南。141備宗 人名。142迹射士 善於尋蹤覓跡的射手。顏師古注曰：「迹射，言能尋迹而射取之也。」143鳳 指王鳳。元帝王皇后之弟。成帝即位後，任大司馬、大將軍領尚書事，以外戚身分輔政，專權蔽主。144轂下 天子的輦轂（天子乘坐的車子）之下。代指京畿地區。145視四夷 指向四方外族顯示漢朝的威力。視，通「示」。四夷，漢朝周邊的部族。146假佐 漢制，選任各郡善書的書佐擔任京師各官府的假佐。這裡指司隸校尉的屬吏。147密 指保守機密。148治所 地方長官的駐地。這裡指京兆尹官署。149漏泄人事 指走漏消息。150繫者 被拘囚的人。151公歸舍 顏師古注曰：「公然而歸，無所避畏者。」152中奏 指在朝議時于庭中奏報皇帝。153倨嫚 通「倨慢」。驕傲自滿。154姍 通「訕」。譏笑；諷刺。155公乘 爵位名。是秦漢二十等爵制中的第八等爵。156興 人名。157阻山 依仗山勢險要。阻，依仗。158剽劫 搶劫。159步兵校尉 武官名。漢武帝時置，為北軍八校尉之一，掌上林苑門屯兵，亦兼征伐。160暴師露眾 軍隊露天而處，無所隱蔽。指勞師動眾，十分辛苦。161曠日 空費時日。曠，荒廢；耽誤。162二卿 指前任京兆尹王昌和甄遵。他們因捕盜不力而分別被貶為雁門太守與河內太守。163寖 更加。164卑體 屈尊；降低自己的身分。165奔北 臨陣畏懼而逃跑。166渠率 即「渠帥」。魁首；頭領。率，通「帥」。167效首 獻出首級。指被斬首。168蠲除 免除。169拊循 安撫；撫慰。拊，通「撫」。170鉏耘 以鋤除草。引申為誅殺。鉏，通「鋤」。171翦張禁酒趙放 造剪的張禁，製酒的趙放。翦，通「剪」。172掖養 收養。173干 觸犯。174并兼 兼併。175名將 有名的郡守。將，漢代稱郡守、郡尉為「郡將」，亦簡稱為「將」。176靖言庸違二句 引自《尚書·堯典》。本指共工言行不一，貌似恭敬而內心狠毒，這裡藉以攻擊王尊。顏師古注曰：「靖，治也。庸，用也。違，僻也。滔，漫也。謂其言假託于治，實用違僻，貌象恭敬，過惡漫天也。」龔，通「恭」。177陰賊 陰毒殘忍。178惡口不信 顏師古注曰：「謂其口惡而心不信也。」179常 通「嘗」。180利家 人名。181捽搏其頰 揪打頭部。捽搏，顏師古注曰：「捽，持頭也。搏，擊也。」182建畫 出謀劃策。183傅致 羅織罪名，陷人於罪。傅，通「附」。184浸潤 顏師古注曰：「浸潤猶漸染也。」指讒言漸進，日久能使人聽信。185白起 戰國時秦國名將。屢立戰功，被封為武安君。後因應侯范雎進讒於秦昭王，被逼自殺。186韓魏 古國名。皆為戰國七雄之一。187郢都 戰國時楚國都城。在今湖北江陵西北。188應侯 即范雎，戰國時魏國人，後逃入秦國，被秦昭王任用為相，並封為應侯。他與白起有隙，在秦昭王面前進讒，導致白起被逼自殺。189譖 誣陷。190杜郵 城邑名。在今陝西咸陽東北。191吳起 戰國時軍事家。初為魯將，曾大敗齊兵，後遭讒赴魏，幫助魏國變法，使魏振興。武侯時，受舊勢力排擠，出奔楚國，任令尹，使楚國國勢日臻強盛。192西河　地名。在今陝西合陽一帶。193讒人　進獻讒言的人。194間　離間。195賢守　指吳起。他在魏國時曾任西河守。196不聰　指不能明察。197失人　失去人才。198砥節　磨礪節操。199首公　一心向公。首，向著。動詞。200職修　本職工作完成得好。201爪牙之吏　指得力的大臣。202折衝之臣　指英武的大臣。折衝，使敵人的戰車後退，即擊退敵軍。一說指能折止敵人衝擊者。203棘木之聽　顏師古注引張晏曰：「《周禮》三槐九棘，公卿于下聽訟。」204掩　突然襲擊。被動用法。205偏奏　片面的、不公正的彈劾。206共工　人名。相傳為堯舜時期的大臣，被舜流放於幽州。207廢黜　廢棄罷免。208三期　三年。期，顏師古注曰：「期，年也。」209孔子曰六句　引自《論語》。210議郎　官名。為九卿之一郎中令（光祿勳）的屬官，參與朝廷評議，充當顧問。211放殛　放逐殺戮。殛，誅殺。212章　指奏章。213觀闕之誅　相傳孔子曾誅殺少正卯於兩觀（古代宮廷大門外高臺上的建築物）之間。214不得苟免　顏師古注曰：「非止合免官而已。」215任舉　保舉。任，擔保。216不可但已　不能就這樣算了。但，只。已，停止。217飾文　修飾文辭。這裡指捏造或歪曲事實。218參詳　參考斟酌，詳細審查。219徐州　西漢十三刺史部之一。轄境相當於今江蘇長江以北和山東東南部地區。220河　古代黃河的專稱。221瓠子　地名。在今河南濮陽西南。因古黃河氾濫成災，漢武帝曾親臨此地，沉白馬玉璧祭祀河神，令將軍以下的將士與民工一道負薪填塞決河。222躬率　親自率領。223白馬　古代多用以盟誓或祭神。224祀　祭祀。225河伯　傳說中的河神。226圭璧　古代諸侯朝會、祭祀時用作符信的玉器。227巫　以通鬼神為職業的人。228策　寫在簡策上的文辭。229祝　祝禱。230填　堵塞。231嘉壯　稱讚佩服。232白馬　縣名。在今河南滑縣東。233水衡　指水流湍急、情況危險的地方。234履　行走。引申為經歷、實踐。235危殆　危險。236就作　指重操舊業。237紀　通「記」。記載。引申為紀念。238耎弱　懦弱。耎，通「軟」。

【語譯】王尊，字子贛，是涿郡高陽縣人。很小就成了孤兒，由伯叔父撫養，伯叔父讓他在湖澤邊牧羊。王尊暗地裡自學鑽研，能夠書寫隸書。十三歲時，請求擔任監獄的小吏。過了幾年，在太守府中供職，太守拿施行詔條詢問他，他都對答如流。太守覺得他與眾不同，任命他為書佐，並代理掌管監獄事務。過了很久，王尊託病離職，拜郡的文學官為師，學習《尚書》、《論語》，稍通大意。後來他又被太守召去代理管理獄事，擔任郡的決曹史。幾年後，按照法令王尊被選拔為幽州刺史的從事。後來被太守舉薦，補任遼西郡的鹽官長。王尊多次上書提出利於治國、合乎時宜的建議，這些建議被皇上交付給丞相、御史大夫辦理。

2 初元年間，王尊因敢於直言被舉薦，調任為虢縣縣令，後轉調到槐里縣擔任代理縣令，兼管美陽縣令的政務。春天正月間，美陽縣一婦女控告她丈夫前妻之子不孝，說道：「他常把我當作妻子，妒恨和鞭打我。」王尊聽說此事，派官吏將被告拘捕審訊，被告供認不諱。王尊說：「刑律上還沒有懲辦以母為妻的法令，這是聖人所不忍寫的，這就是經書所謂在特定情況下制定嚴刑。」王尊便出堂坐在縣廷上，將被告懸掛於樹並張開四肢，令五名行刑的騎兵張弓射殺他，吏民們大為驚駭。

3 後來皇上到雍縣視察，經過虢縣，王尊按照有關規定供設帷帳等用具迎候。後來他因政績優異被提升為安定郡太守。他到任後，發布文書告諭所屬各縣說：「各位縣令、長、丞、尉奉法守護縣城，是百姓的父母官，你們抑制豪強，扶持弱小，宣明皇恩，推廣恩惠，十分辛苦。本太守今日剛來到此地，希望各位努力端正自身，做好下屬的表率。原先做過貪贓枉法之事的，如能改過自新，可以保留官職，既往不咎。希望大家明瞭自己的職分，不要以身試法。」又發布文書告誡掾史功曹說：「人人都要勤勉努力，協助太守治理政事。如有不稱職的，趕緊自動離職，不要過久地妨礙賢者進用。鳥的翅膀不修整好，就不能飛行千里；內部不整頓好，就無法治理外部。郡丞要將所有下屬官吏的品行才能分別報告。以賢者為上，不以富貴衡量。商人雖有百萬家財，也不值得與他商量事情。當初孔子治理魯國，上任七天就殺了少正卯，如今本太守上任已有一個月了，五官掾張輔為人狠毒，行為貪濁，不遵守法令，一郡的錢財盡入他家，然而這正好足以將他埋葬罷了。現將張輔拘捕入獄，當值佐史到辦公廳來，隨本太守處理此案。郡丞要警惕再警惕，否則就會跟著他入獄了！」張輔入獄數日後死去，王尊將他狡猾不道的事實全部查清，並沒收他的百萬贓款。這件事威震全郡，盜賊們分散各方，越界躲入臨郡。很多依仗權勢橫行不法之人伏罪被殺或受傷害。王尊因殺戮過度被免職。

4 居家後被起用，又被任命為護羌將軍的校尉，負責運送軍糧。羌人反叛，切斷了運糧的道路，數萬敵兵將王尊圍困。王尊以千餘名騎兵奔馳衝殺突破羌人的包圍。戰功未能上報皇上知道，他犯了擅離職守罪，適逢朝廷大赦，又被免職回家。

5 涿郡太守徐明舉薦王尊，認為不應讓他久在民間，皇上便任命王尊為郿縣縣令，後遷升為益州刺史。此前，琅邪人王陽擔任益州刺史，他巡行到邛郲山九折阪時，歎道：「我得愛惜父母給我的身體，怎麼能一次次地登臨這樣的險道！」後託病離官。等到王尊擔任刺史，來到九折阪，問屬吏道：「這不是王陽所畏懼的險道嗎？」屬吏回答說：「是。」王尊呵斥為他駕車的人說：「快趕馬！王陽是孝子，王尊是忠臣。」王尊在刺史部任職兩年，他招撫塞外各族，蠻夷部族都歸附於他的威信。博士鄭寬中作為朝廷使節巡視各地民情風俗，上奏了王尊治政的情況，王尊被調任為東平國相。

6 這時，東平國王因為是皇上至親而驕橫奢侈，不遵法令，前任太傅和國相因東平王而連連獲罪。等王尊到任，他捧著朝廷的任命文書來到宮中，東平王沒及時出來接受文書，王尊便拿著文書回住處，吃完飯才返回王宮。王尊將任命文書遞交後，拜見東平王，太傅在王尊面前說起〈相鼠〉這首詩。王尊說：「別在高手面前賣弄本領！」東平王發怒，起身進入後宮。王尊也返身出宮，徑直回到住所。先前，東平王多次私自外出，在國中驅馬奔馳，與后姬的家族相勾結。王尊到任後，召來掌管輿馬的廄長，告誡他說：「大王外出應當有官屬隨從，配上鳴鈴儀仗才可出發，從現在起如有人命你駕小車外出，你要磕頭規勸，就說國相不讓這樣做。」後來王尊朝見東平王，東平王又請他登上堂室。王尊對東平王說：「王尊來擔任大王國相時，人們都為我憂傷，認為王尊不能為朝廷所容，因此被派來輔助大王。天下人都說大王勇敢，我想您只是依仗富貴，怎麼稱得上勇敢？像我王尊才稱得上勇敢呢。」東平王臉色大變，看著王尊，想要殺死他，便假裝友好的樣子對王尊說：「我想看看您的佩刀。」王尊抬起雙臂，回頭對旁邊的侍郎說：「請您向前替我抽出佩刀來給大王看，大王不是想誣陷我，說我要拔刀刺殺他吧？」東平王見自己的意圖被識破了，又素聞王尊大名，深為折服，設酒備宴，與王尊對飲，極為盡興。太后徵史上書舉奏王尊說「王尊擔任國相傲慢不忠。東平王血氣未定，難以忍受。我實在擔心我們母子同死。今後我不願再叫東平王見到王尊。皇上要是不答應，我願先自殺，我不忍心看著東平王失去大義」。王尊竟因此被免職為民。大將軍王鳳上奏請求讓王尊補任軍中司馬一職，後來王尊被提升為司隸校尉。

7 當初，中書謁者令石顯身居高位，受到寵幸，獨攬大權，行奸邪之事。丞相匡衡、御史大夫張譚都畏懼石顯，奉承迎合他，不敢直言。過了很久，元帝去世，成帝剛登上皇位，石顯改任中太僕，不再掌握大權。匡衡、張譚才舉奏石顯過去的罪惡，請求罷免石顯等人。王尊於是上書彈劾道：「丞相匡衡、御史大夫張譚位居三公，掌領五常九德，以總領謀略、統一綱目、推廣教化、美化風俗作為自己的職責。他們明知中書謁者令石顯等人專權仗勢，作威作福，為所欲為，無所畏懼，為天下禍害，而不及時上奏進行處罰，卻阿諛奉承，附和臣下，欺騙皇上，懷邪誤國，沒有輔政大臣之義，都屬不道之罪，這是在赦令頒布之前的事。赦令頒布之後，匡衡、張譚舉奏石顯，不交代自己的不忠之罪，反而張揚顯明先帝任用毀國之徒，胡說百官畏懼石顯，勝過畏懼皇上。貶低君主而抬高臣下，這樣說是不應該的，有失大臣的體統。又正月間皇上駕臨曲臺，親自宴請復員衛士，匡衡與中二千石大鴻臚賞等人相聚坐在殿門之下，匡衡向南而坐，賞等人向西坐，匡衡卻為賞等人改設向東坐席，並起身請賞就坐，私語了一頓飯的功夫。匡衡明知天子駕臨，百官恭迎，萬眾聚會，卻設置不正之席，使下屬居上座，用小恩小惠在殿門下互相勾結，行為不符合禮制，擾亂了朝廷爵位和俸祿的等次。匡衡還讓自己府裡的奴僕首領進入殿中，探問皇上的行動，當奴僕首領回報說漏時上十四刻皇上將要駕到時，匡衡安坐不動，面不改色。他沒有驚恐肅敬之心，驕橫傲慢不恭謹。這些都是不敬之罪。」皇上下詔說不予追究。當時匡衡慚愧害怕，脫冠向皇上請罪，交上丞相和侯爵印信。皇上因剛剛登上皇位，難以懲罰大臣，便交付御史丞查問情況。御史丞彈劾王尊「肆意詆毀誹謗赦令頒布以前的事，彈劾眾多大臣，無視正常法規，將細小過失加油添醋來誣衊丞相，侮辱公卿，蔑視朝廷，奉行使命不恭敬」。皇上下詔將王尊降職為高陵縣令，幾個月後，王尊因病被免職。

8 適逢終南山一帶盜賊傰宗等數百人危害吏民，朝廷任命前弘農郡太守傅剛為校尉，率領善於尋蹤覓跡的射手一千人跟蹤追捕，一年多未能將盜賊捉拿。有人向大將軍王鳳建議道：「盜賊數百人在京畿地區作案。發兵追擊卻不能捕獲，這難以向四方外族顯示朝廷的威嚴。只有另選賢能的京兆尹才行。」當時王鳳舉薦王尊，朝廷徵召他為諫大夫，試任京輔都尉並代理京兆尹。一月之內，盜賊便被肅清。王尊被提升為光祿大夫，試任京兆尹，不久轉正，任職共三年。後因對朝廷使者無禮而獲罪。原來，司隸校尉派屬吏放奉皇帝命令通知王尊派官吏抓人，放對王尊說：「詔書所說抓捕人的事應當保密。」王尊說：「官署公正明察，我擅長走漏消息。」放又說：「抓捕的事應當馬上派人去辦。」王尊又說：「詔書上沒有要京兆尹派人捕人的明文，不應當由我派人。」後來，長安城中三個月內被拘捕就達千人以上。一次，王尊外出巡察屬縣，有個叫郭賜的男子對他說：「許仲家十多個人一起殺了我兄長郭賞，公然回家而無所畏懼。」官吏不敢捉拿兇犯。王尊巡察回來，上奏說：「轄區內強不欺弱，百姓各得其所，寬大的政治暢行，和平之氣通達。」御史大夫于庭中舉奏王尊暴虐不改，在外口出大話，驕傲自滿，諷刺皇上，威信日漸消失，不應再居九卿之位。王尊因此獲罪被免職，吏民大多稱讚他，替他惋惜。

9 湖縣爵位為公乘的三老興等人上書申訴王尊治理京兆地區功效日益顯著。文中說：「往日終南山一帶的盜賊依仗山勢險要橫行無忌，搶劫良民，殺害奉公守法的官吏，以致道路不能通暢，城門處於警戒狀態。步兵校尉奉命追捕，勞師動眾，曠日持久，花去大量經費，未能將盜賊捉拿制服。兩位前任京兆尹因此被貶官，盜賊們更加逞強，官兵灰心喪氣，此事流傳四方，成了國家的憂患。這個時候，如有能捕獲斬殺盜賊的，不惜重金厚祿地賞賜。關內侯寬中奉使向前司隸校尉王尊徵詢捕盜策略，後王尊被任命為諫大夫，試任京輔都尉，代理京兆尹之職。王尊盡職盡責，費力勞神，日夜思考職事，降低自己的身分，謙虛地對待賢士，鼓勵受挫的官吏，振奮沮喪的士氣，二十多天時間，盜賊團夥被摧垮，首領被斬殺。盜患解除，百姓得以重新安心務農，王尊安撫貧弱，鏟除豪強。一向稱霸長安的豪強，如東市的賈萬、城西的萬章、造剪的張禁、製酒的趙放、杜陵的楊章等人，他們都勾結邪惡之人結成黨羽，收養不法之徒，上犯王法，下亂政令，兼併役使欺凌平民，是危害百姓的豺狼。經歷了好幾位京兆尹，二十年來沒能制服他們，王尊執法嚴正，審訊懲處他們，使之全部認罪伏法。奸邪之患得以消除，吏民們心悅誠服。王尊治繁理亂，懲暴禁邪，都是前所少有，是名郡守所不及的。雖然後來他的職務轉正了，朝廷卻沒有對他的功績給予特殊的褒獎。如今御史大夫舉奏王尊『傷害陰陽，是國家的憂患，沒有奉行詔書的誠意，像共工那樣言行不一，貌似恭敬而內心狠毒』。推究這些話的來由，出自御史丞楊輔之口，楊輔原為王尊手下的書佐，行為一向陰險殘忍，出言惡毒，毫無信用，喜歡舞文弄墨地陷人於罪。楊輔曾喝醉酒責讓王尊的管家利家，利家揪住他，打了他的頭，王尊兄長的兒子王閎拔出刀要砍他。楊輔因此深懷怨恨，想傷害王尊。我們懷疑楊輔心懷私恨，明藉公事，出謀劃策，羅織罪名，漸進讒言對王尊加以誣陷，以報私仇。從前白起擔任秦國的將領，向東擊敗韓國、魏國，向南攻取楚國郢都，應侯范雎誣害他，結果他被賜死於杜郵；吳起為魏國守衛西河，秦國、韓國不敢進犯，進讒的小人離間魏王與他的關係，他被排擠驅逐而出奔楚國。秦王聽信讒言而誅殺良將，魏王聽信讒言而驅逐賢守，這都是偏聽讒言不能明察，因而失去人才的禍患。我們私下為王尊痛惜，他修身潔己，磨礪節操，一心向公，批評指責不畏將相，懲辦邪惡不避豪強，誅殺難制的盜賊，解除國家的憂患，功勞卓著，盡職盡責，威信遠揚，實在是國家的得力大臣，英武之臣。如今一旦無辜地受制於僥倖小人之手，受害於誹謗之文，往上不能獲得以功贖罪的恩典，往下得不到公卿們的公斷，只能突然遭到仇家片面的誣告，蒙受共工那樣的大罪名，無處申訴自己的冤屈。王尊因京師治安混亂，群盜並起，被朝廷作為賢吏徵用，他才得以由平民起用為大臣，而賊亂平息、豪強伏法後，他就因奸詐巧邪的罪名被廢棄罷免。同是王尊，三年之間，一會兒是賢臣，一會兒是奸賊，豈不是太過分了嗎？孔子說：『愛他的時候想要他活，恨他的時候想教他死，這就讓人困惑。』『漸進讒言的風氣行不通了，天下就清明了。』希望皇上交付公卿、大夫、博士、議郎等來議定王尊一向的行為。身為臣下而傷害天地陰陽，是要受誅殺的罪行；陽奉陰違，言行不一，應受流放而死的刑罰。如果事實確如御史奏章所言，王尊應殺身伏法，或被流放到無人之地，不應當只被免職而已。以及保舉王尊的人，也應追究薦舉失察之罪，不能就這樣算了。假若事實並非像奏章上所說的那樣，而是捏造事實，誹謗無辜，也應有所誅伐，以懲戒進讒誣告之人，杜絕欺詐矇騙之路。希望聖明的皇上參考斟酌，詳細審查，使是非黑白得以分明。」奏章呈報上去後，天子又將王尊任命為徐州刺史，後調任他為東郡太守。

過了很久，黃河氾濫，洪水沖擊瓠子金隄，老弱奔跑逃命，害怕洪水決隄為害。王尊親自率領吏民，將白馬沉入河中祭祀水神河伯。他親自拿著圭璧，叫巫師讀祭文祝禱，請求以自己的身體堵住金隄決口，於是在隄上搭建草屋，留宿下來。吏民成千上萬人爭著磕頭勸阻王尊，王尊始終不肯離開。到後來水漲隄壞，吏民們都奔跑逃命，只有一位主簿含淚陪在王尊身邊，站立不動。後來洪水逐漸退回去了。吏民們稱讚佩服王尊臨危不懼的節操，白馬縣三老朱英等人向朝廷上報這些情況。皇上交付有關主管部門進行調查，確如報告中所說的那樣。於是皇上下詔給御史大夫說：「東郡境內黃河暴漲，毀壞金隄，水位離隄岸三尺時，百姓們驚慌逃走。太守王尊身臨洪水要衝，經歷近在咫尺的危難，不避危險，以安定人心，使吏民們歸家重操舊業，洪水未能造成災害，我很讚賞他。茲將王尊的俸祿升為中二千石，另賞黃金二十斤。」

11 幾年後，王尊在官任上去世，吏民們懷念他。後來，王尊的兒子王伯也擔任京兆尹，因軟弱不能勝任而被免職。

1 王章，字仲卿，泰山❶鉅平❷人也。少以文學為官，稍遷至諫大夫，在朝廷名敢直言。元帝初，擢為左曹中郎將❸，與御史中丞陳咸相善，共毀中書令石顯，為顯所陷，咸減死❹髡，章免官。成帝立，徵章為諫大夫，遷司隸校尉，大臣貴戚敬憚之。王尊免❺後，代者不稱職，章以選為京兆尹。時帝舅大將軍王鳳輔政，章雖為鳳所舉，非❻鳳專權，不親附鳳。會日有蝕之，章奏封事，召見，言鳳不可任用，宜更選忠賢。上初納受章言，後不忍退鳳。章由是見疑，遂為鳳所陷，罪至大逆。語在元后傳❼。

2 初，章為諸生學長安，獨與妻居。章疾病，無被，臥牛衣❽中，與妻決❾，涕泣。其妻呵怒之曰：「仲卿！京師尊貴在朝廷人誰踰仲卿者？今疾病困戹❿，不自激卬⑪，乃⑫反涕泣，何鄙⑬也！」

3 後章仕宦⑭歷位，及為京兆，欲上封事，妻又止之曰：「人當知足，獨⑮不念牛衣中涕泣時邪？」章曰：「非女子所知也。」書遂上，果下廷尉獄，妻子皆收繫⑯。章小女年可⑰十二，夜起號哭曰：「平生獄上呼囚，數常至九，今八而止。我君素剛，先死者必君⑱。」明日問之，章果死。妻子皆徙⑲合浦⑳。

4 大將軍鳳薨後，弟成都侯商復為大將軍輔政，白上還章妻子故郡。其家屬皆完具㉑，采珠㉒致產數百萬。時蕭育㉓為泰山太守，皆令贖還故田宅。

5 章為京兆二歲，死不以其罪㉔，眾庶冤紀之，號為三王㉕。王駿自有傳㉖，駿即王陽㉗子也。

【章旨】以上是〈王章傳〉，著重記載王章代王尊為京兆尹及其因彈劾大將軍王鳳被誣陷致死之事。

【注釋】❶泰山　郡名。治博縣（今山東泰安東南）。❷鉅平　縣名。在今山東泰安東南。❸左曹中郎將　官名。為九卿之一郎中令（光祿勳）的屬官。漢代皇帝的侍衛分置五官、左、右三署，各置中郎將統率。❹減死　因減刑免定死罪。❺免　指王尊被免去京兆尹之職。❻非　責難；指責。❼語在元后傳　指有關此事的詳細情節都記載在〈元后傳〉中。❽牛衣　為牛禦寒之物，用麻或草編成，如蓑衣之類。❾決　通「訣」。訣別。這裡指王章自以為會病死，因而與妻子訣別。❿困戹　窘迫；處於困境。⓫激卬　激勵抗揚之意。卬，通「昂」。⓬乃　卻。⓭鄙　鄙陋。指眼光短淺。⓮仕宦　做官。⓯獨　豈；難道。⓰收繫　拘囚。⓱可　大約。⓲平生獄上呼囚五句　顏師古注引張晏曰：「平生，先時也。獄卒夜閱囚時有九人，常呼問九人。今八人便止，知一人死也。」⓳徙　流放。⓴合浦　縣名。在今廣西合浦東北。㉑完具　指都還健在。㉒珠　珍珠。合浦一帶濱臨南海，盛產珍珠。㉓蕭育　蕭望之之子。本書卷七十八有傳。㉔死不以其罪　不是因為有罪而死。指王章是蒙冤而死。㉕三王　指先後擔任京兆尹的王尊、王章、王駿。㉖自有傳　本書卷七十二有傳。㉗王陽　即上文中的益州刺史王陽。

【語譯】王章，字仲卿，是泰山郡鉅平縣人。他年輕時以賢良文學的身分擔任官吏，逐漸升遷至諫大夫，在朝中以敢於直言出名。元帝初年，他被提升為左曹中郎將，與御史中丞陳咸相好，他們一起攻擊中書令石顯，被石顯陷害，陳咸因減刑免定死罪，被處以髡刑，王章被免職。成帝登位，徵召王章為諫大夫，升任司隸校尉，大臣貴戚對他又敬又怕。王尊被免去京兆尹之職後，接替的人不稱職，王章被選任為京兆尹。當時皇上的舅父大將軍王鳳輔政，王章雖然是王鳳舉薦的，卻指責王鳳專攬朝政，並不親近附和王鳳。適逢出現日食，王章呈上密封奏章，皇上召見他，他說王鳳不宜再任用，應當另選忠誠賢明的人。皇上起初接受了王章的提議，後來卻不忍心罷免王鳳。王章因此被猜疑，終於被王鳳陷害，定為大逆之罪，有關此事的詳細情節記載在〈元后傳〉裡。

2 當初，王章作為儒生在長安求學，獨自和妻子住在一起。王章得了重病，沒有被子，躺在給牛禦寒的蓑衣中，他以為自己要死了而與妻子訣別，流著眼淚哭泣起來。他妻子氣憤地呵斥他說：「仲卿！京城在朝為官的尊貴者中，有誰能超過你呢？如今得了病，遭遇困境，不激勵抗揚，卻哭起來，眼光多麼短淺啊！」

3 後來王章做官歷任各職，等到擔任京兆尹，要呈上密封奏章時，他妻子又制止他說：「人應該知足，你難道忘了在牛蓑衣中哭泣的時候了嗎？」王章說：「這不是婦道人家所知道的。」奏章於是遞了上去，王章果然被交付給廷尉府監獄，妻子兒女也都被拘囚起來。王章的小女兒年約十二歲，一天晚上起來哭喊著說：「先前監獄裡查點犯人，通常要點完獄中的九人才停止，如今卻只點到第八人。我父親一向剛烈，先死的一定是我父親。」第二天一問，王章果然死了。他的妻子兒女都被流放到合浦縣。

4 大將軍王鳳去世後，他的弟弟成都侯王商又繼任為大將軍，輔佐朝政，王商上報皇上准予王章的妻子兒女返回故鄉。王章的家屬都還健在，他們在合浦採賣珍珠積累了幾百萬的家產，當時蕭育擔任泰山郡太守，讓他們贖回了原有的房屋和田產。

5 王章擔任京兆尹兩年，不是因為有罪而死，百姓們因他蒙冤死去而紀念他，將他與王尊、王駿合稱「三王」。王駿另有傳，他就是王陽的兒子。

贊曰：自孝武置左馮翊、右扶風、京兆尹，而吏民為之語曰：「前有趙、張，後有三王。」然劉向❶獨序❷趙廣漢、尹翁歸、韓延壽，馮商❸傳❹王尊，揚雄❺亦如之。廣漢聰明❻，下不能欺，延壽厲善，所居移風❼，然皆訐上不信❽，以失身❾墮❿功。翁歸抱公絜己，為近世表⓫。張敞衎衎⓬，履忠⓭進言，緣飾⓮儒雅，刑罰必行，縱赦⓯有度，條教⓰可觀，然被⓱輕嫚⓲之名。王尊文武自將⓳，所在必發，譎詭不經⓴，好為大言。王章剛直守節，不量輕重，以陷刑戮，妻子流遷，哀哉！

【章旨】以上是作者對所傳人物的評論。作者對每一個人物都作了深刻中肯的評價，重點分析了他們成敗的原因。

【注釋】❶劉向 西漢經學家、目錄學家和文學家。楚元王劉交四世孫、劉歆之父。曾任光祿大夫、中壘校尉等職。著有《新序》、《說苑》共五十篇，分類編纂先秦至漢朝史事，又分類整理宮廷藏書，撰成《別錄》，為我國目錄學之祖。本書卷三十六有傳。❷序 通「敘」。記敘人物的生平事跡。❸馮商 西漢學者。治《易經》，善文辭，曾撰續《太史公書》（即《史記》）十餘篇。❹傳 傳述。❺揚雄 西漢辭賦家、哲學家。成帝時，以擅長文學被徵召，任為郎。他仿《論語》作《法言》，仿《易經》作《太玄》，本書卷三十〈藝文志〉著錄其賦十二篇，今存十篇。本書卷八十七有傳。❻聰明　明察；有才智。❼移風移風易俗。❽訐上不信　控告檢舉上司而內容失實。❾失身　喪失性命。❿墮　通「隳」。毀壞。⓫表　表率；榜樣。⓬衎衎　剛強耿直的樣子。⓭履忠　履行忠誠之道。⓮緣飾　文飾。指為某些言論、措施等找出處、找根據。⓯縱赦　減輕處罰或予以赦免。⓰條教　指地方長官下達的治政文書條令。⓱被　遭受；蒙受。⓲輕媠　輕佻；不嚴肅。指張敞拊馬、畫眉之類的事。媠，通「惰」。懈怠；不整肅。⓳將　顏師古注曰：「將，助也。」⓴譎詭不經　怪誕不經，不合常理。

【語　譯】史官評議說：自從孝武帝設置左馮翊、右扶風、京兆尹以來，吏民們對此評論說：「前有趙、張，後有三王。」但劉向只記敘趙廣漢、尹翁歸、韓延壽的事跡，馮商則為王尊立傳，揚雄也是如此。這些人中，趙廣漢為人有才智，屬下無法欺瞞他，韓延壽鼓勵向善，所到之處移風易俗，但他們都控告檢舉上司而內容失實，以致身遭殺戮，功績被毀。尹翁歸奉公廉潔，成為近世的表率。張敞生性剛強耿直，履行忠誠之道，進獻忠言，又引經據典地用儒術加以文飾，他動刑執法言而必行，縱赦有度，政教條令斐然可觀，然而卻蒙受作風輕佻的名聲。王尊文武兼備，所到之處必定震動，但辦事怪誕不經，不合常理，好說大話。王章生性剛直，固守節操，卻不權衡輕重，以致遭受刑殺，妻子兒女被發配流放，真是痛心啊！

【研　析】本傳記載了六位曾經治理過京畿地區的能吏的事跡。前四位是宣帝時期有名的大臣，後二位則是元、成時期的大臣。宣帝是西漢時期較有作為的一位皇帝，他在位期間整頓吏治，尤其重視地方官吏的選任。他常說：「庶民所以安其田里而亡歎息愁恨之心者，政平訟理也。與我共此者，其唯良二千石乎！」（本書〈循吏傳〉）這是因為郡守、諸侯相等二千石官吏，對上要執行朝廷的方針政策，對下則直接治理吏民，其政績如何關係到國家的興衰，所以被視為「吏民之本」。因此當時湧現出了許多能力出眾、治政有聲的地方官吏。先後為京畿地方官的趙廣漢、尹翁歸、韓延壽、張敞等人就是其中的代表人物。

趙廣漢，為人精明強幹，不畏強權。他在治理地方時一方面打擊豪門大族的勢力，緩和社會矛盾；另一方面加強地方管理，轉變當地的不良風氣，其威名由此流傳。趙廣漢在擔任京兆尹時，為官廉潔清明，威制豪強，使百姓安居樂業，深得百姓讚頌。然而權重一時，趙廣漢未免濫用職權，以至判錄不公，冤殺無罪之人，落得被腰斬的下場。尹翁歸，初為市吏，秉公執法，廉不受饋，百賈敬畏，後官至右扶風。他才華出眾，所到之處頗有治績，但並不以此為傲，仍溫良謙虛，享譽朝野。韓延壽，忠於職守，善於治民，一生以推廣教化為己任，所到之處，提倡互讓，表彰孝悌，力求以仁義感化百姓。他治理的地方，社會安定，風俗淳樸，是一個值得肯定的良吏。但他在面對蕭望之的彈劾時，採用刑訊逼供的手段，羅織蕭望之的犯罪證據，以至招來殺身之禍，這種做法實不可取。張敞，以敢於直諫著名，任事不畏權貴。他政治上重法術，雜以儒術，重視民生，安撫地方。正是由於這些政績顯著的二千石官吏，使當時吏治情況有一定的好轉。它為恢復和發展社會生產，創造了較為安定的社會環境。「故漢世良吏，於是為盛，稱中興焉」（本書〈循吏傳〉）。

本傳的另兩個人物王尊、王章則是元、成時期的大臣。作者在記述二人事跡時略「章」詳「尊」，特別是對王章本人事跡的記載極其簡略，而較多地刻畫了其妻女的博識睿智。王尊，素以「敢死」著稱。他仕途幾起幾落，皆因剛直不屈。任東郡太守時，遇河水暴漲，幾近決堤，百姓們驚恐奔走。他手執圭璧，祈求以身填堤，力圖犧牲自己的性命來換取地方百姓的平安。數年後，他死於東郡太守任上，「吏民紀之」（本傳）。王章，不畏權勢，執法如山，成為歷史直臣的典範。他居官正直，執政嚴明，「大臣貴戚敬憚之」（本傳）。最後因密奏漢成帝舅父王鳳專權禍國不成，不幸遭王鳳迫害致死。

卷七十七

蓋諸葛劉鄭孫毋將何傳第四十七

【題解】本卷是西漢末年時的蓋寬饒、諸葛豐、劉輔、鄭崇、孫寶、毋將隆、何並等幾位監察官和諫官的合傳。文中精心刻劃每個官員盡心竭力效忠朝廷的行事作風和卓有成效的從政業績。描寫他們在職位上所體現的剛正不阿、公正清廉的優秀品質；與此同時，文中還展現他們和邪惡勢力鬥爭的頑強精神以及他們不幸的結局。

1 蓋寬饒，字次公，魏郡❶人也。明經為郡文學，以孝廉為郎❷。舉方正，對策高第，遷諫大夫，行郎中戶將事❸。劾奏衛將軍張安世子侍中陽都侯彭祖不下殿門❹，并連及安世居位無補。彭祖時實下門❺，寬饒坐舉奏大臣非是❻，左遷為衛司馬❼。

2 先是時，衛司馬在部，見衛尉拜謁❽，常為衛官繇使市買❾。寬饒視事❿，案舊令，遂揖官屬以下行衛者⑪。衛尉私使寬饒出，寬饒以令詣官府門上謁辭⑫。尚書責問衛尉，由是衛官不復私使候、司馬。候、司馬不拜，出先置衛⑬，輒上奏辭，自此正焉。

3 寬饒初拜為司馬，未出殿門，斷其禪衣，令短離地⑭，冠大冠⑮，帶長劍，躬案行⑯士卒廬室⑰，視其飲食居處，有疾病者身自撫循⑱臨問，加致醫藥，遇之甚有恩。及歲盡交代⑲，上臨饗罷衛卒⑳，衛卒數千人皆叩頭自請，願復留共更㉑一年，以報寬饒厚德。宣帝嘉之，以寬饒為太中大夫，使行風俗㉒，多所稱舉貶黜，奉使稱意㉓。擢㉔為司隸校尉，刺舉㉕無所迴避，小大輒舉㉖，所劾奏眾多，廷尉處其法，半用半不用㉗。公卿貴戚及郡國吏繇使㉘至長安，皆恐懼莫敢犯禁，京師為清。

4 平恩侯許伯入第㉙，丞相、御史㉚、將軍、中二千石㉛皆賀，寬饒不行。許伯請之，迺往，從西階上，東鄉特坐㉜。許伯自酌㉝曰：「蓋君後至。」寬饒曰：「無多酌我㉞，我乃酒狂㉟。」丞相魏侯㊱笑曰：「次公醒而狂，何必酒也？」坐者皆屬目㊲卑下之。酒酣樂作㊳，長信少府檀長卿起舞，為沐猴㊴與狗鬭，坐皆大笑。寬饒不說，卬視㊵屋而歎曰：「美哉！然富貴無常，忽則易人，此如傳舍，所閱多矣[41]。唯謹慎為得久，君侯可不戒哉！」因起趨出[42]，劾奏長信少府以列卿而沐猴舞，失禮不敬。上欲罪少府，許伯為謝，良久，上迺解。

寬饒為人剛直高節，志在奉公。家貧，奉錢[43]月數千，半以給吏民為耳目言事者[44]。身為司隸，子常步行自戍北邊[45]，公廉如此。然深刻[46]喜陷害人，在位及貴戚人與為怨[47]，又好言事刺譏，奸[48]犯上意。上以其儒者，優容之，然亦不得遷。同列後進或至九卿，寬饒自以行清能高，有益於國，而為凡庸所越，愈失意不快，數上疏諫爭。太子庶子王生高寬饒節，而非其如此，予書曰：「明主知君絜白公正，不畏彊禦[49]，故命君以司察之位，擅君以奉使之權，尊官厚祿已施於君矣。君宜夙夜惟思當世之務，奉法宣化，憂勞天下，雖日有益，月有功，猶未足以稱職而報恩也。自古之治，三王[50]之術各有制度。今君不務循職而已，迺欲以太古久遠之事匡拂[51]天子，數進不用難聽之語以摩切左右[52]，非所以揚令名全壽命者也。方今用事之人皆明習法令，言足以飾君之辭，文足以成君之過，君不惟蘧氏之高蹤[53]，而慕子胥之末行[54]，用不訾[55]之軀，臨不測[56]之險，竊為君痛之。夫君子直而不挺，曲而不詘[57]。大雅云：『既明且哲，以保其身。』[58]狂夫之言，聖人擇焉。唯裁省覽[59]。」寬饒不納其言。

6 是時上方用刑法，信任中尚書宦官，寬饒奏封事(60)曰：「方今聖道寖(61)廢，儒術不行，以刑餘為周召(62)，以法律為詩書(63)。」又引韓氏易傳(64)言：「五帝官天下，三王家天下。家以傳子，官以傳賢，若四時之運，功成者去，不得其人則不居其位。」書奏，上以寬饒怨謗終不改，下其書中二千石。時執金吾議，以為寬饒指意欲求禪(65)，大逆不道。諫大夫鄭昌愍傷(66)寬饒忠直憂國，以言事不當意而為文吏所詆挫(67)，上書頌(68)寬饒曰：「臣聞山有猛獸，藜藿(69)為之不采；國有忠臣，姦邪為之不起。司隸校尉寬饒居不求安，食不求飽(70)，進有憂國之心，退有死節之義，上無許、史之屬，下無金、張之託(71)，職在司察，直道而行，多仇少與(72)，上書陳國事，有司(73)劾以大辟(74)，臣幸得從大夫之後，官以諫為名，不敢不言。」上不聽，遂下寬饒吏。寬饒引佩刀自剄北闕(75)下，眾莫不憐之。

【章　旨】以上為〈蓋寬饒傳〉。敘述蓋寬饒以明經出仕，先後任郎中戶將、衛司馬、太中大夫、司隸校尉等職，為人剛直不阿，不畏權勢，為政清廉，然而不被漢宣帝所賞識，最後飲恨自殺。

【注　釋】❶魏郡　今河北磁縣南。❷明經二句　明經，通曉儒家經術。自西漢昭帝以後為察舉士人的科目之一。郡文學，漢代學官名。掌管學校教育。孝廉，漢代察舉科目之一。❸舉方正四句　方正，漢代察舉科目之一。對策，參加應試的士人對皇帝提出的有關政事等問題的回答。郎中戶將，郎中令屬官。❹不下殿門　過殿門不下車。❺實下門　謂實際上過殿門曾下車。❻非是　謂不實。❼衛司馬　衛尉屬官，掌宮門衛士。❽拜謁　拜見之禮節。❾繇使市買　被派遣到市場購買物品。

繇，同「傜」。勞役。使，派遣；支使。❿視事　治事；任職。⓫遂揖官屬以下行衛者　於是安排衛尉官屬以下的人員去辦理雜役。遂，於是。揖，安排。官屬以下，衛尉官屬以下人員。行，實行；辦理。衛者，做雜役的人員。⓬寬饒以令詣官府門上謁辭　寬饒以舊令為依據到尚書官府門呈上文書告發衛尉。詣，往；到。謁，稟告；陳說。辭，文辭；言詞。⓭置衛　設立護衛。⓮斷其禪衣二句　謂剪斷他所穿單衣的長袖，使袖子短到離開地面。斷，截斷。禪衣，單衣。令，讓；使。離，分。⓯冠大冠　戴武冠。冠，戴冠。大冠，武冠。⓰躬案行　躬，親自。案行，巡視。⓱廬室　士兵值班時所住的房舍。廬，房舍。⓲撫循　安撫。⓳歲盡交代　年終更換士兵。⓴上臨饗罷衛卒　宣帝親臨犒賞要更番罷歸的衛士。上，宣帝。饗，賜賞。罷，服役期滿一年後要輪番更換。㉑更　指輪番服兵役。㉒使行風俗　奉命視察地方社會風氣。使，派遣；奉命。行，巡視；視察。風俗，風尚；習慣。㉓多所稱舉貶黜二句　指褒貶適當，奉使合人心意。稱舉，稱道。貶、黜皆有否定之意。稱意，正合人之心意。㉔擢　選拔。㉕刺舉　偵視揭發。㉖輒舉　皆檢舉。㉗半用半不用　謂有些案件辦案過於嚴苛，沒有被採納。㉘繇使　謂供給傜役及派遣使者。繇，同「傜」。㉙許伯入第　許伯，即許廣漢。漢宣帝岳父入第，新居落成。㉚御史　指御史大夫。㉛中二千石　官位品級，九卿官皆是中二千石。㉜東鄉特坐　東向特坐。鄉，通「向」、「嚮」。方向。漢時以東向坐為尊。㉝自酌　親自給他斟酒。酌，斟酒；倒酒。㉞酌我　倒酒給我。㉟酒狂　飲酒使氣者。㊱魏侯　指魏相。本書卷七十四有其傳。㊲屬目　注視。㊳酒酣樂作　酒興正濃時樂聲響起。㊴沐猴　獼猴。㊵卬視　仰視。㊶此如傳舍二句　猶如客舍來往的客人一般，所經歷的多了。㊷因起趨出　於是起身後急速離開。因，於是。趨，急速。㊸奉錢　俸錢。㊹為耳目言事者　給長官打聽消息和談論政事的人。耳目，親近信任的人。言事，談論政事或進諫的人。㊺自戍北邊　自己親自到北部邊疆服兵役。戍，防守；守邊。㊻深刻　嚴峻刻薄。㊼人與為怨　人人皆怨之。㊽奸　犯。㊾彊禦　橫暴有勢力者。㊿三王　夏、商、周三代之君王。(51)匡拂　輔正。(52)摩切左右　被左右同僚所接受。摩，接近。切，貼近。(53)君不惟蘧氏之高蹤　謂你不思考像蘧氏那樣遠走他鄉。蘧氏，名瑗，字伯玉，春秋時衛人。曾二次迅速從近關出國境。此事載《左傳・襄公十四年》、《襄公二十六年》。(54)慕子胥之末行　仰慕伍子胥的微不足道的行為。伍子胥，名員，春秋時楚人。父兄被楚平王所殺。子胥奔吳，助吳王伐楚伐越，越求和，子胥勸諫吳王夫差拒絕，夫差不從，迫子胥自殺。見《國語・吳語》、《史記・伍子胥列傳》。(55)不訾　無價。訾與貲同，通「資」。(56)不測　深不可測。(57)直而不挺二句　正直而不動搖，委曲而不屈服。挺，動搖。詘，屈服。(58)大雅云三句　見《詩經・大雅・烝民》。其意為明白事理的人，應當懂得保重自己的生命。狂夫，愚鈍的人。此為王生自己的謙稱。(59)唯裁省覽　希望考慮後決定。唯，表示希望。裁，裁斷。省覽，考慮；鑒察。(60)封事　密封的章奏，也稱

「封章」。漢制，臣下奏事，防有洩漏，以皂囊封板，謂之封事。61寖　逐漸。62以刑餘為周召　謂以宦官掌握朝廷大權。刑餘，宮刑之餘。指宦官。周，周公旦。召，召公奭。63以法律為詩書　謂以法律代替《詩經》、《書經》。64韓氏易傳　西漢韓嬰所著《易傳》。65指意欲求禮　謂想要皇帝傳位給他。禮，古「禪」字。傳位。66慼傷　憂傷。67詆挫　詆，誣衊；毀謗。挫，凌辱。68頌　頌揚；讚美。69藜藿　貧窮的人所吃的野菜。70居不求安二句　此句來源於《論語》稱孔子說「君子食無求飽，居無求安」。71上無許史之屬二句　意為上無像許伯、史高這樣的外戚親屬關係，下無像金日磾、張安世這樣的皇帝近臣所託附。72多仇少與　謂多仇怨而少黨羽。仇，仇敵。與，黨羽。73有司　官吏。74大辟　死刑。75北闕　漢代宮殿北面的門樓。

【語譯】蓋寬饒，字次公，魏郡人。明曉儒家經典為郡文學，以孝廉為郎官。朝廷推舉方正，經過宣帝親自對策成績優異，升遷為諫大夫，負責郎中戶將事務。向朝廷揭發衛將軍張安世的兒子侍中陽都侯張彭祖過殿門不下車，並牽連到張安世在位期間的政績。張彭祖當時實際上有下車，寬饒犯了舉奏大臣不實的罪過，降職為衛司馬。

2　過去，衛司馬在屯部，見衛尉要行拜見禮，常為衛官到市集採買物品。寬饒任職後，按照原來法規，乃安排衛尉官屬以下人員去辦理雜役。而衛尉仍私自派寬饒出去辦事，寬饒以原來法規為依據，到尚書官府門呈上文書告發衛尉。尚書責問衛尉，自此之後衛官不再私自差使候、司馬。候、司馬不必行拜見禮，皇帝出巡時，為皇帝先導及護衛，即時上奏文辭，從此恢復正常。

3　寬饒起初擔任衛司馬時，在出殿門以前，先剪短單衣的長袖，讓袖子離開地面，戴武冠，身佩帶長劍，親自巡視士兵值班時所居住的房舍，視察他們的飲食起居情況，對有疾病的士兵還親自安撫問候，送給醫藥，體現官員對士兵的體貼愛護之情誼。到了歲末士兵要輪番更換之時，在宣帝親臨犒賞衛士的大會上，衛卒數千人都磕頭自願請求再留京師服兵役一年，用來報答寬饒對士兵的深厚恩德。宣帝嘉獎寬饒的政績，任用寬饒為太中大夫，派他到地方郡縣視察社會風氣，回朝廷後能如實反映情況，甚得皇帝的讚賞。提拔為司隸校尉，偵察揭發無所迴避，大小問題皆檢舉，向上級所揭發的案件眾多，廷尉府依法審理，約有半數案件被採納，有半數因過於嚴苛而不被採納。公卿貴戚及郡國官吏供給徭役或派使者到京都長安，大都恐懼不敢違犯禁令，京師治安因此較好。

4 平恩侯許伯遷入新第宅，丞相、御史大夫、將軍、中二千石級的官員都來祝賀，寬饒沒有去。許伯派人去請他，寬饒應約前往，從西邊臺階上去，進入客廳後，坐在東向的客座。許伯親自給他斟酒說：「蓋君來晚了。」寬饒說：「不要給我多倒酒，我會藉酒使氣的。」丞相魏侯笑說：「次公清醒時已經很張狂，何必藉酒才發狂呢？」在座的客人都用鄙視的目光注視著寬饒。酒興正濃時樂聲響起，長信少府檀長卿起來跳舞，裝扮成獼猴和狗鬥的滑稽樣，在場的客人都哈哈大笑。寬饒悶悶不樂，仰視屋頂而歎息說：「真美啊！然而富貴無常，轉瞬間則可能換了別人，猶如客舍來往的客人一般，所經歷的多了。只有謹小慎微的人才能長久，君侯可要引以為戒啊！」於是便起身急速地離開，向宣帝上奏彈劾長信少府檀長卿身為列卿而在大庭廣眾跳起低級的獼猴舞，違背朝廷禮儀，是為大不敬。宣帝想要懲治長信少府檀長卿，許伯出面替檀長卿說情，過了些時候，宣帝才放棄這個想法。

5 寬饒為人剛直不阿，高風亮節，志在以公事為重。家裡並不富裕，每月俸錢數千錢，還拿出其中的一半用來資助能給長官打聽消息和談論政事的官吏。身為司隸校尉，兒子卻經常親自步行到北方邊境去服兵役，真正做到公正廉潔。然而嚴峻刻薄而喜歡陷人於罪，使得在職的官員及皇親貴戚人人都怨恨他，他又好用譏諷的言詞談論時政，去觸犯皇帝的旨意。宣帝考慮到寬饒是一個儒生，對他特別優待和寬容，然而他仍不能及時得到升遷。當時一些職位與他相同及比他後進的官員都升遷為九卿高官，寬饒自以為品行清廉，能力高超，對國家做出有益的貢獻，卻被那些平庸之輩所超越，更加感到失意和不快，數次上書給宣帝表示自己的不同看法。太子庶子王生很佩服寬饒的氣節，但不同意寬饒的這種做法，特意寫書信勸寬饒說：「開明的皇帝知道蓋君為人清白公正，不畏強暴，所以委命蓋君以糾察官員的重任，賦予蓋君代表皇帝行使大權，高官厚祿已給予蓋君了。蓋君應當日夜專心思考當世之要務，依法辦事，對百姓進行教育感化，即使每天都做有益的事，每月都有功勞，仍不足以稱職而報恩啊。自古以來的政治，夏、商、周三代君王的統治思想不同，各種具體的制度也不同。現今蓋君不致力於遵循具體規則辦事，卻想用太古久遠之事去匡正輔弼皇帝，多次進諫一些不切實際而又難被左右同僚所接受的話語，這不是可以顯揚你的名聲又能保全性命的想法。如今備受重用之人大都明習法令，其言論足以顛倒蓋君的言詞，文章足以誇大蓋君的過錯，蓋君不思考像蘧伯玉那樣遠走他鄉，而仰慕伍子胥的微不足道的行為，用無價的身軀，去冒深不可測的風險，我為蓋君感到痛心。君子為人雖然應當正直，但假如遭遇時變，也可暫時委曲改變，只要本志不變就行。《詩經・大雅》說：『明白事理的人，應當懂得保重自己的生命。』我這番不自量力的大話，提供給聖人蓋君自己選擇，希望考慮後決定。」寬饒並沒有採納王生的建議。

6 當時宣帝剛開始施行法治，信任中尚書宦官，寬饒上奏密封的奏書給宣帝說：「如今聖人之道逐漸廢除，儒家思想不能推行，重用宦官作為如周公、召公那樣的輔佐大臣，用法律代替《詩經》、《書經》對百姓進行教育。」又引《韓氏易傳》說：「五帝時以選出的官吏來治理天下，夏、商、周時以世襲傳子制來治理天下。世襲制是將王位傳給有血親關係的兒子，選官制則是將官位傳給賢能有才幹的人。像春、夏、秋、冬四時的運行一樣，一旦功成名就的人離去了，如果不是合適的人才，就不能取代這個官位。」宣帝看完寬饒的奏書，認為寬饒誹謗朝廷大臣的習性終究不改，把寬饒的奏書下移給中二千石負責處置。當時執金吾議論，認為寬饒的真實用心是想要皇帝傳位給他，這是犯了大逆不道的罪行。諫大夫鄭昌知道這個非議後，很為寬饒憂傷，以為寬饒為人忠直憂國，由於論事不恰當而為某些舞文弄墨的政客所詆毀打擊，特地上書朝廷讚美寬饒說：「臣聽說山中有猛獸，貧窮百姓連藜藿這樣的野菜都不敢採；國家有忠臣，奸詐不軌的佞臣就不敢起來為非作歹。司隸校尉寬饒居不求苟安，食不求溫飽，進用時有憂國之心，退絀時有為國捐軀的氣節，上無像許伯、史高這樣的外戚親屬關係，下無像金日磾、張安世這樣的皇帝近臣所託附，職務在於掌管糾察官吏，必須依法秉公行事，多仇怨而少黨羽，上書陳述國事，有關部門卻判以死罪，臣有幸追隨眾位大臣之後，官職以勸諫為主要職責，不敢不提出諫言。」宣帝沒有採納，於是把寬饒的案情下達到有關司法部門。寬饒舉起自己的佩刀自刎於宮殿北面的門樓下，眾人沒有不可憐他的。

1 諸葛豐，字少季，琅邪❶人也。以明經為郡文學，名特立剛直。貢禹為御史大夫，除豐為屬❷，舉侍御史。元帝擢為司隸校尉，刺舉無所避，京師為之語曰：「間何闊，逢諸葛❸。」上嘉其節，加豐秩光祿大夫。

2 時侍中許章以外屬❹貴幸，奢淫不奉法度，賓客犯事，與章相連。豐案劾章，欲奏其事，適逢許侍中私出，豐駐車舉節❺詔章曰：「下！」欲收之。章迫窘，馳車去，豐追之。許侍中因得入宮門，自歸上❻。豐亦上奏，於是收豐節。司隸去節自豐始。

3 豐上書謝曰：「臣豐駑怯❼，文不足以勸善，武不足以執邪。陛下不量臣能否，拜為司隸校尉，未有以自效，復秩臣為光祿大夫，官尊責重，非臣所當處也。又迫年歲衰暮，常恐卒填溝渠❽，無以報厚德❾，使論議士譏臣無補，長獲素餐❿之名。故常願捐一旦之命，不待時而斷姦臣之首，縣⓫於都市，編書其罪⓬，使四方明知為惡之罰，然後卻⓭就斧鉞之誅，誠臣所甘心也。夫以布衣之士，尚猶有刎頸之交⓮，今以四海之大，曾無伏節死誼⓯之臣，率盡苟合取容⓰，阿黨相為⓱，念私門之利，忘國家之政。邪穢濁溷⓲之氣上感于天，是以災變數見，百姓困乏。此臣下不忠之效也，臣誠恥之亡已⓳。凡人情莫不欲安存而惡危亡，然忠臣直士不避患害者，誠為君也。今陛下天覆地載⑳，物無不容，使尚書令堯賜臣豐書曰：『夫司隸者刺舉不法，善善惡惡，非得顓之也㉑。免處中和，順經術意㉒。』恩深德厚，臣豐頓首幸甚㉓。臣竊不勝憤懣㉔，願賜清宴㉕，唯㉖陛下裁幸㉗。」上不許。

4 是後所言益不用，豐復上書言：「臣聞伯奇孝而棄於親㉘，子胥忠而誅於君，隱公慈而殺於弟㉙，叔武弟而殺於兄㉚。夫以四子之行，屈平㉛之材，然猶不能自顯而被刑戮，豈不足以觀哉！使臣殺身以安國，蒙㉜誅以顯君，臣誠願之。獨恐未有云補，而為眾邪所排，令讒夫得遂，正直之路雍㉝塞，忠臣沮心，智士杜口㉞，此愚臣之所懼也。」

5 豐以春夏繫治人㉟，在位多言其短。上徙豐為城門校尉，豐上書告光祿勳周堪、光祿大夫張猛。上不直豐，迺制詔御史：「城門校尉豐，前與光祿勳堪、光祿大夫猛在朝之時，數稱言堪、猛之美。豐前為司隸校尉，不順四時㊱，修法度，專作苛暴，以獲虛威，朕不忍下吏㊲，以為城門校尉。不內省諸己㊳，而反怨堪、猛，以求報舉㊴，告案無證之辭，暴揚難驗之罪，毀譽恣意㊵，不顧前言㊶，不信之大者也。朕憐豐之耆老，不忍加刑，其免為庶人。」終於家。

【章旨】以上為〈諸葛豐傳〉。重點敘述諸葛豐對漢代社會官場腐敗現象的無情揭露及其不幸的結局，它所體現的不畏強暴和正義感仍有很強的現實意義。

【注釋】❶琅邪　郡名。治東武，即今山東諸城。❷除豐為屬　任用諸葛豐為御史府屬員。除，任用。屬，屬員。❸間何闊二句　謂為什麼好久不相見，因為遇見了諸葛豐。間闊，猶如久別。間，隔；離。闊，疏遠。❹外屬　外家親屬。即外戚，指帝王的母族、妻族。❺駐車舉節　停車舉起節杖。駐，車馬停住。節，節杖。這是代表皇帝行使權力的憑證。❻自歸上　向元帝自首。歸，自首。上，元帝。❼駑怯　才能低下又膽小怕事。駑，才能低下。怯，膽小。❽卒填溝渠　突然死亡。卒，通「猝」。急遽；急促。填溝渠，古人死後埋於地下，故稱填溝渠。自謙詞。渠，溝渠；壕溝。❾德　恩惠。❿素餐　空食俸祿。素，空。⓫縣　懸掛。⓬編書其罪　整理書寫他的罪行材料。⓭卻　退。⓮刎頸之交　指可以同生死共患難的友誼。⓯伏節死誼　謂為保持氣節和正義不怕犧牲生命。節，氣節。誼，同「義」。本書「義」字多作「誼」。⓰苟合取容　隨便迎合時勢以求得容身。苟合，隨便附合。⓱阿黨相為　謂封建官吏為私恩相互勾結為所欲為。阿黨，循私撓法。相為，相互勾結。⓲邪穢濁溷　謂邪惡汙濁之意。穢，汙濁。溷，濁。⓳亡已　謂腐敗不能停止。亡，同「無」。已，止。⓴天覆地載　天所覆蓋，地所承載。㉑善善惡惡二句　善善，褒賞善人。惡惡，誅罰惡人。顓，同「專」。㉒免處中和二句　謂盡力用中庸之道去處理政務，以順應儒家思想的本意。免，通「勉」。努力；盡力。處，處理政務。中和，儒家中庸之道。經術，儒家思想。㉓頓首幸甚　謂很有幸行頓首之禮。頓首，頭叩地而拜。周禮九拜之一。㉔臣竊不勝憤懣　謂我暗暗地抑制不住憤怒。竊，暗暗地。不勝，抑制不住。懣，煩悶；憤怒。㉕清宴　即清晏。謂清靜安寧。㉖唯　請；希望。㉗幸　副詞。表示尊敬對方。㉘伯奇孝而棄於親　據西漢劉向所撰《說苑》記載：伯奇對其父甚為孝敬，後母為使其子伯封立為太子，挑撥伯奇與其父的關係，伯奇終被其父所放逐。㉙隱公慈而殺於弟　魯隱公雖然對弟弟桓公有愛心，卻被桓公所殺害。慈，愛心。㉚叔武弟而殺於兄　春秋時，晉文公重耳出兵伐衛國，衛成公先是逃往楚國，楚敗後，又逃往陳國，由弟弟叔武留守。之後，衛成公不按約定，先期回國而殺了弟弟叔武。見《左傳・僖公二十八年》。㉛屈平　即戰國時愛國詩人屈原。㉜蒙　遭到。㉝雍　堵塞。㉞忠臣沮心二句　沮心，正義之心受阻。沮，阻止。杜口，閉口不言。杜，堵塞。㉟豐以春夏繫治人　繫，拘捕犯人。治，懲處。《左傳・襄公二十六年》載：「古之治民者，勸賞而畏刑，恤民不倦。賞以春夏，刑以秋冬。」此謂諸葛豐執法違反古代禮制。㊱不順四時　四時指春夏秋冬四季。而四季有陰陽變化、溫熱冷寒之四氣。《禮・樂記》曰：「動四氣之和，以著萬物之理。」疏曰：「調感動四時氣序之和平，使陰陽順序也。」不順四時，即違反天之陰陽、四時運行之大理。而在以君權神授論為統治思想的漢朝，違反天理就意味著違背皇帝的旨意。㊲下吏　交司法部門審訊。㊳不內省諸己　即不反省、察看自己的過錯。諸，於。㊴反怨堪猛二句　即指諸葛豐舉報周堪、張猛的問題，發洩怨恨的情緒。㊵恣意　放肆、任意。㊶不顧前言　謂以前讚美周堪、張猛，如今又任意詆毀他們的名譽。

【語譯】諸葛豐，字少季，琅邪人。以明經科被推舉為郡文學，因剛直不阿的品格而聞名。貢禹為御史大夫時，任用諸葛豐為御史府屬員，後推舉為侍御史。之後，元帝選拔諸葛豐為司隸校尉，檢舉、揭發官吏的違法行為從不迴避，京師因此流傳一句諺語說：「為什麼好久不相見，因為遇見了諸葛豐。」元帝為表彰他的氣節，增加諸葛豐秩位為光祿大夫。

2 當時侍中許章因為是元帝的外戚親屬而格外受到尊寵，生活奢侈淫蕩，不遵守法規。有一次賓客犯法，此事與許章有牽連。諸葛豐已調查好此案情，正準備向元帝揭發許章的罪狀，正好遇上許章私自外出，諸葛豐停車舉起節杖命令許章說：「下車！」準備拘捕許章歸案。許章頓時惶恐至極，急速驅車逃跑，諸葛豐隨後緊追許章。許章趁機逃入皇宮大門，乞求元帝保護他。諸葛豐也向元帝揭發許章的罪狀，元帝不僅沒有處置許章，反而把諸葛豐的節杖收回。司隸校尉被皇帝收回節杖自諸葛豐開始。

3 諸葛豐上書謝罪說：「臣豐才能低下又膽小怕事，文才不足以勸人為善，武藝不足以征服邪惡勢力。陛下沒有考察為臣能力可否，即任命臣為司隸校尉，還沒有達到應有的成效，又加臣秩位為光祿大夫，此官位既尊貴又責任重大，不是臣下所應當擁有的位子。又因年老體衰，經常害怕突然死亡，沒有辦法報答陛下的恩德，使得一些愛發議論的士大夫譏笑臣下不能盡忠職守，只是空食朝廷俸祿而已。所以，臣下經常懷著為國捐軀的信念，恨不得盡早砍斷奸臣的頭顱，懸掛在都市之中，公布他的罪狀，使全國百姓都明瞭奸臣是罪有應得，然後身退受國法的懲治，這確實是臣下所甘心情願的。在一般平民出身的士人中，尚且還有同生死共患難的友誼，現今以全國如此遼闊的土地上，居然沒有為正義和氣節而死的官吏，全都苟且迎合時勢以求保全性命，主管刑獄的官吏大都以私人的情面相互勾結，考慮的都是私家之利害得失，忘掉國家的安危大政。

這些邪惡汙濁的臭氣觸怒了天神，於是天災不斷出現，百姓生活貧困不堪。這些都是因為臣下不忠的惡果，臣為國家的衰敗而感到可恥。大凡人之常情沒有不希望國家安定而厭惡國家危亡，然而忠臣和正直的士人之所以不怕邪惡勢力的迫害，實在是為了捍衛君王的最高利益。如今陛下如天之所覆蓋，地之所承載，萬物無所不包，特派尚書令堯賜臣豐璽書說：『司隸的職責是巡察、揭發官吏的不法行為，褒賞善人，誅罰惡人，辦事不應當專斷。處理政事要不偏不倚，取其適中，以順應儒家思想的本意。』恩德如此深厚，臣豐頓首叩拜表示十分幸運。但臣內心又感到十分憤怒，希望賜給臣清靜安寧的餘生，請陛下裁定。」元帝沒有答應。

4 在這以後諸葛豐所說的話更加不被採納，他又上書說：「臣聽說伯奇雖然對父母孝順，卻被父母所拋棄；伍子胥雖然對吳王忠心，卻被吳王所殺害；魯隱公雖然對弟弟桓公有愛心，卻被桓公所殺害；衛叔武雖然忠愛於哥哥衛成公，卻被衛成公所殺害。有以上四人的品行，屈原的才幹，然而還不能自保高貴顯赫的身分地位而被殺戮，這難道不足以鑑戒嗎！臣即使遭到殺身之禍，但能換來國家安全和顯示陛下的崇高威望，臣也是心甘情願。就怕沒有任何補益，而為眾多邪惡勢力所排擠，讓壞人得逞，正直之路被堵塞，忠臣的正義之心受阻，有才智的士人不能暢所欲言，這是愚臣懼怕的所在。」

5 諸葛豐在春天和夏天拘捕、懲處犯罪的人，在位的官吏大多揭他的短處。元帝調任諸葛豐為城門校尉，諸葛豐上書告發光祿勳周堪、光祿大夫張猛。元帝認為諸葛豐行為不正直，便下達詔令給御史說：「城門校尉諸葛豐以前與光祿勳周堪、光祿大夫張猛在朝之時，多次稱讚周堪、張猛之美德。諸葛豐以前擔任司隸校尉時，不按常規辦事，也不認真學習法律制度，專門以苛刻暴虐對付官吏和百姓，用以獲得虛假的威望，朕不忍心交廷尉府審理，調任他為城門校尉。他不反省察看自己的過錯，反而舉報周堪、張猛，以發洩怨恨的情緒，他所告發的案情大多是一些缺乏證據和難以驗明的罪行，以前多次讚美周堪、張猛，如今反而任意詆毀他們的名譽，兩者之間反差如此之大，說明諸葛豐的言論是毫無可信之處。朕可憐諸葛豐已經年老體衰，不忍心再處以刑罰，可罷免為平民。」晚年老死於家。

劉輔，河間❶宗室❷也。舉孝廉，為襄賁❸令。上書言得失，召見，上美其材，擢為諫大夫。會成帝欲立趙倢伃❹為皇后，先下詔封倢伃父臨❺為列侯。輔上書言：「臣聞天之所與必先賜以符瑞❻，天之所違❼必先降以災變，此神明之徵應❽，自然之占驗❾也。昔武王、周公承順天地，以饗魚烏之瑞❿，然猶君臣祗懼，動色相戒，況於季世⓫，不蒙繼嗣⓬之福，屢受威怒之異者乎！雖夙夜⓭自責，改過易行⓮，畏天命，念祖業，妙選有德之世⓯，考卜窈窕之女⓰，以承宗廟，順神祇心，塞⓱天下望，子孫之祥猶恐晚暮；今迺觸情縱欲，傾於卑賤之女，欲以母天下，不畏⓲于天，不媿⓳于人，惑莫大焉。里語曰：『腐木不可以為柱，卑人不可以為主。』天人之所不予，必有禍而無福，市道⓴皆共知之，朝廷莫肯壹言，臣竊傷心。自念得以同姓拔擢，尸祿㉑不忠，汙辱諫爭之官，不敢不盡死，唯陛下深察。」書奏，上使侍御史收縛輔，繫掖庭祕獄㉒，群臣莫知其故。

於是中朝左將軍辛慶忌、右將軍廉褒、光祿勳師丹、太中大夫谷永俱上書曰：「臣聞明王垂寬容之聽，崇諫爭之官，廣開忠直之路，不罪狂狷㉓之言，然後百僚在位，竭忠盡謀，不懼後患，朝廷無讇諛之士，元首無失道之諐㉔。竊見諫大夫劉輔，前以縣令求見，擢為諫大夫，此其言必有卓詭切至㉕，當聖心㉖者，故得拔至於此。旬日㉗之間，收下祕獄，臣等愚㉘，以為輔幸得託公族㉙之親，在諫臣之列，新從下土㉚來，未知朝廷體㉛，獨觸忌諱，不足深過。小罪宜隱忍㉜而已㉝，如有大惡，宜暴治理官㉞，與眾共之㉟。昔趙簡子殺其大夫鳴犢，孔子臨河而還㊱。今天心未豫㊲，災異屢降，水旱迭臻㊳，方當隆寬廣問，褒直盡下之時也㊴。而行慘急之誅於諫爭之臣㊵，震驚群下，失忠直心。假令㊶輔不坐㊷直言，所坐不著㊸，天下不可戶曉㊹。同姓近臣本以言顯，其於治親養忠之義誠不宜幽囚于掖庭獄㊺。公卿以下見陛下進用輔亟㊻，而折傷之暴㊼，人有懼心㊽，精銳銷耎㊾，莫敢盡節正言，非所以昭有虞之聽，廣德美之風也㊿。臣等竊深傷之，唯陛下留神省察。」

上迺徙繫輔共工獄(51)，減死罪一等，論為鬼薪(52)。終於家。

【章　旨】以上為〈劉輔傳〉。敘述諫大夫劉輔規諫成帝不要立趙倢伃飛燕為皇后卻遭捕入獄之事，說明成帝是一個拒諫的昏庸皇帝。

【注　釋】❶河間　封國名。治樂成，即今河北獻縣東南。❷宗室　河間獻王劉德的後代。❸襄賁　縣名。在今山東蒼山縣南。❹趙倢伃　即趙飛燕。原為陽阿公主家歌女，因善舞體輕，號曰飛燕。成帝時入宮，初為倢伃，後立為皇后。❺臨　即趙臨，趙飛燕之父。❻符瑞　祥瑞的徵兆。❼違　避開。❽徵應　徵，跡象；證驗。應，應和；相應。❾自然之占驗　自然，當然。占驗，占卜；應驗。❿以饗魚烏之瑞　出現了白魚和赤烏的祥瑞之兆。事見《今文尚書》。饗，賜給。⓫季世　末世；

衰世。⓬繼嗣　嗣，繼承；子孫。繼嗣，傳宗接代。⓭夙夜　夙，早。夙夜，朝夕。⓮易行　改變行為。⓯妙選有德之世　指善於選擇有德才的皇位繼承人——皇太子。妙選，善於選擇。世，世子；太子。⓰考卜窈窕之女　指對深居閨房清閒自在的美豔女人要認真考察和選擇。考，考察；考核。卜，選擇。窈窕，美豔。⓱塞　滿足。⓲畏　懼怕。⓳媿　同「愧」。⓴市道　市人及行於道路者。㉑尸祿　指官員空受俸祿而不辦事。尸，擁有官職但不做事。祿，俸祿。㉒繫掖庭祕獄　繫，拘捕犯人。掖庭祕獄，《漢官舊儀》謂掖庭詔獄令丞宦者為之，主理婦人女官。㉓狷　性急。㉔朝廷無讇諛之士二句　指朝廷沒有阿諛奉承的士人，天子沒有違背統治原則的過失。讇，奉承。諛，用不實之詞奉承人。失道，違背統治原則。諐，過失。㉕卓詭切至　卓，高遠。詭，異於眾。切，貼近。至，極；大。㉖聖心　指有很高的思想智慧。聖，無事不通。心，思想；意念。㉗旬日　十天。㉘愚　自稱的謙詞。㉙公族　指劉氏宗室子弟。㉚下土　邊遠地區。㉛朝廷體　朝廷的規矩。㉜隱忍　克制忍耐。㉝而已　罷了。㉞宜暴治理官　指應當盡快交給司法官員懲處。宜，應當。暴，急疾；短促。治，懲處。理官，司法官。㉟與眾共之　讓眾人明瞭他的罪狀而處罰他。㊱昔趙簡子二句　趙簡子欲分晉國，故先殺鳴犢，又聘孔子。孔子聞其死，至黃河而還。㊲豫　悅樂。㊳迭臻　指接踵而來。臻，到達。㊴方當二句　指正當廣開言路，嘉獎直言之士，充分了解下情的時候。方當，正當。隆，盛；多。褒直，嘉獎正直。盡下，充分了解下情。㊵而行句　指反倒對諫爭之臣實行嚴刻峻急的誅殺。而，反倒。慘急，嚴刻峻急。㊶假令　假使。㊷坐　犯罪。㊸著　明顯。㊹天下句　天下百姓就不可能家喻戶曉。㊺其於句　指如果以端正親屬之間的關係和保持忠誠氣節的含義來看，實在不適宜拘禁在掖庭牢獄。其，如果。治親，指端正親屬之間的關係。養，保持和養成。誠，實在。幽囚，拘禁。㊻亟　急速。㊼暴　突然。㊽人有懼心　人人皆有恐懼之心。㊾銷耎　消弱。銷，通「消」。耎，柔弱。㊿非所以二句　指這不是顯示有虞之聽，發揚美德之風的好辦法。昭，顯示。有虞，指虞舜。(51)共工獄　少府之屬官。(52)鬼薪　刑名。徒刑的一種，刑期三年。

【語　譯】劉輔，河間獻王劉德的後代。以孝廉科被推舉為襄賁縣令。上書給朝廷論述政治得失，成帝召見了他，讚美他的才能，提升為諫大夫。恰逢成帝要立趙倢伃為皇后，先下詔封倢伃的父親趙臨為列侯。劉輔上書說：「臣聽說上天如果同意給與必然會預先賜給祥瑞的徵兆，上天如果有所背棄必然預先降下災禍，這是神明的徵兆和反應，乃是十分應驗的。過去周武王、周公旦順應天地之命，在討伐商紂王時，出現了白魚和赤烏的祥瑞之兆，然而君臣還是心存敬畏，表情嚴肅地互相告誡，何況到了漢代的末世，不僅沒有得到傳承子孫後代的福祉，還多次受到天神發威震怒的譴責啊！即使朝夕自責，改正過錯，改變統治辦法，敬畏天命，不忘祖宗業績，善於選擇有德才的繼承者，考察選擇幽閒清靜有姿色的女子，以便繼承劉姓祖宗的大業，順從神靈的心願，滿足天下百姓的願望，這樣子孫的吉兆還擔心遲遲不到；現在居然被情慾所左右，傾心於卑賤的女人，想讓她母儀天下，不敬畏上天，在眾人面前不羞愧，臣感到莫大的困惑。民間諺語說：『腐朽的木材不可以用做柱子，卑賤的人不可以作為天下之主。』上天和人民都不同意的，必然有禍而無福，市人及行走於道路的，人人都知道其中的道理，而朝廷裡居然沒有人肯向陛下說出真實情況，我暗暗地感到傷心。自己念念不忘因為同姓才能得到陛下的提拔，空受俸祿而對朝廷不忠，汙辱諫爭之官的名譽，哪怕有生命危險，也不敢不盡忠職守，請陛下深入考察。」文書上奏後，成帝派侍御史拘捕劉輔，關在掖庭祕密的監獄裡，群臣都不知道其中的緣故。

在這個時候中朝左將軍辛慶忌、右將軍廉褒、光祿勳師丹、太中大夫谷永一起上書說：「臣等聽說賢明的君王能用寬容的心態去聽取不同意見，崇尚諫爭的官吏，廣開忠直人士之仕途，對一些狂妄偏激的言論不加治罪，然後朝廷百官在各自崗位就能竭盡全力，忠誠地為朝廷出謀獻策，不必懼怕後顧之憂患，朝廷沒有阿諛奉承的士人，天子沒有違背統治原則的過失。臣等私下裡所了解的諫大夫劉輔，以前曾經以縣令的身分求見陛下，陛下提拔他為諫大夫，說明他的言論必然有別於一般大眾的高明之處，符合聖上的心意，所以才能夠提拔到這個官位。卻在很短的時間內，收捕入獄，臣等斗膽，認為劉輔有幸託劉姓家族子弟之親，處在諫爭臣僚之行列，新從邊遠地區來京城，不知朝廷的規矩，自己觸犯了朝廷的忌諱，不值得深究他的過錯。小罪應當克制忍耐罷了，如果有大罪，應當盡快交給司法官員懲處，讓眾人明瞭他的罪狀而處罰他。過去趙簡子把他的大夫鳴犢殺了，孔子聽到鳴犢的死訊，到達黃河邊上就返回。如今天心不悅，災害和異端多次降臨，水旱災害接踵而來，正當該廣開言路，褒獎直言之士，充分了解下情的時候。卻反倒對諫爭之臣實行嚴刻峻急的誅殺，震驚朝廷內外大臣，失掉他們對朝廷的忠直之心。假使劉輔不犯直言之罪，所犯之罪不明顯，天下百姓就不可能家喻戶曉。劉姓宗室和近臣本來就地位顯赫，如果從端正親屬之間的關係和保持忠誠氣節的含義來看，實在不適宜拘禁在掖庭牢獄。公卿以下官員見陛下任用劉輔時是十分急速的，而毀傷他時卻又如此突然，人人皆有恐懼之心，精銳消弱，不敢盡力保全節操和說真心話，這不是顯示有虞之聽，發揚美德之風的好辦法。臣等暗自深深表示憂傷，請陛下留神省察。」

成帝於是把劉輔移至共工獄關押，減死罪一等，改判為鬼薪之刑。老死於家。

鄭崇，字子游，本高密❶大族，世與王家❷相嫁娶。祖父以訾徙平陵❸。父賓明法律，為御史，事貢公❹，名公直。崇少為郡文學史，至丞相大車屬❺。弟立與高武侯傅喜同門❻學，相友善。喜為大司馬，薦崇，哀帝擢為尚書僕射。數求見諫爭，上初納用之。每見曳革履❼，上笑曰：「我識鄭尚書履聲。」

久之，上欲封祖母傅太后從弟❽商，崇諫曰：「孝成皇帝封親舅五侯，天為赤黃晝昏，日中❾有黑氣。今祖母從昆弟❿二人已侯。孔鄉侯⓫，皇后父；高武侯⓬以三公封，尚有因緣⓭。今無故欲復封商，壞亂制度，逆天人心，非傅氏之福也。臣聞師曰：『逆陽者厥極弱，逆陰者厥極凶短折⓮，犯人者有亂亡之患，犯神者有疾夭之禍。』故周公著戒曰：『惟王不知艱難，唯耽樂是從，時亦罔有克壽。』⓯故衰世之君夭折蚤沒⓰，此皆犯陰之害也。臣願以身命當國咎⓱。」崇因持詔書案⓲起。傅太后大怒曰：「何有為天子乃反為一臣所顓⓳制邪！」上遂下詔曰：

「朕幼而孤，皇太太后躬自養育，免于襁褓⑳，教道㉑以禮，至於成人，惠澤茂㉒焉。『欲報之德，皞天罔極㉓。』前追號皇太太后父為崇祖侯，惟念德報未殊㉔，朕甚恧㉕焉。侍中光祿大夫商，皇太太后父同產子㉖，小自保大㉗，恩義最親。其封商為汝昌侯，為崇祖侯後，更號崇祖侯為汝昌哀侯。」

崇又以董賢貴寵過度諫，由是重得罪。數以職事見責，發疾頸癰㉘，欲乞骸骨㉙，不敢㉚。尚書令趙昌佞讇，素害㉛崇，知其見疏，因奏崇與宗族通，疑有姦，請治。上責崇曰：「君門如市人㉜，何以欲禁切㉝主上？」崇對曰：「臣門如市，臣心如水㉞。願得考覆㉟。」上怒，下崇獄，窮治㊱，死獄中。

【章旨】以上為〈鄭崇傳〉。敘述尚書僕射鄭崇因反對外戚專權與佞臣董賢貴寵，慘遭哀帝殺害的事實，反映西漢末年封建統治階級內部鬥爭的殘酷性。

【注釋】❶高密　今山東高密西。❷王家　帝王之家。❸以訾徙平陵　謂以有巨額的資財徙居關中平陵。訾，資財。平陵，昭帝陵墓。在今陝西咸陽西北。❹貢公　貢禹。❺大車屬　丞相屬官。❻同門　謂同一師門。❼每見曳革履　指每次出現拖著皮革鞋的聲音。見，出現。曳，拖。履，鞋。❽從弟　同祖兄弟，即堂弟。❾日中　日正午。❿從昆弟　即堂兄弟。⓫孔鄉侯　即傅晏。⓬高武侯　即傅喜。⓭因緣　依據。⓮逆陽者二句　指違背陽道的人就極為虛弱，違背陰道的人就極為不吉利而短命。逆，違背。陽，陽道。厥，就。陰，陰道。⓯故周公著戒四句　語見《周書・亡逸》。是說由於王不知稼穡之艱難，只會沉溺於玩樂享受，當時也沒有能夠長壽。⓰蚤沒　蚤，同「早」。沒，死亡。⓱咎　罪過。⓲案　即寫詔之文。⓳顓　同「專」。⑳襁褓　背負小兒的背帶和布兜。㉑道　同「導」。㉒茂　盛。㉓欲報之德二句　《詩・小雅・蓼莪》曰：『父兮生我，母兮鞠我，欲報之德，昊天罔極。」言欲報父母之恩德，如昊天那樣無限廣大。㉔未殊　沒有差異。㉕恧　愧。㉖同產子　同母兄弟之子。㉗小自保大　如淳曰：「太后從小養之，使至大也。」㉘癰　惡性膿瘡。㉙乞骸骨　乞，請求。骸骨，身體。舊時稱一身為皇帝盡職辦事，故辭官稱乞骸骨，也稱賜骸骨。㉚不敢　沒有膽量。㉛素害　素，平常。害，妒忌。㉜君門如市人　你家門庭若市。㉝禁切　限制。㉞臣心如水　謂臣的心思是清白的。㉟願得考覆　希望能夠得到考查審核。願，希望。得，能夠。㊱窮治　徹底治辦。

【語譯】鄭崇，字子游，本來是高密大族，累世與王家相嫁娶。祖父由於富有資財的緣故遷居平陵。父鄭賓明習法令，擔任御史，在貢禹手下做事，因辦事公正頗有名望。鄭崇年輕時為郡文學史，升至丞相大車屬。鄭崇的弟弟鄭立與高武侯傅喜是同門同學，彼此友情甚厚。傅喜任大司馬時，向朝廷薦舉鄭崇，哀帝提拔鄭崇為尚書僕射。鄭崇曾多次求見諫爭，哀帝起初能採納鄭崇的意見。每次出現拖著皮革鞋的聲音，哀帝就笑著說：「朕知道是鄭尚書的鞋聲。」

過了一段時間，哀帝想要封祖母傅太后的堂弟傅商，鄭崇上諫說：「孝成皇帝封親舅五侯，天變為赤黃晝暗，日正午時太陽有黑氣。如今祖母的堂兄弟二人已封侯。孔鄉侯，是皇后之父；高武侯以三公的高位封侯，還有依據。如今無故想要再封傅商，毀亂制度，違背上天和百姓心意，這不是傅氏的福祉。臣聽老師說：『違背陽道的人就極為虛弱，違背陰道的人就極為不吉利而短命，傷害百姓的人有使國家亂亡的憂患，觸犯神靈的人有生病夭亡的災禍。』所以周公告誡說：『由於王不知艱難，只會沉溺於歡樂，當時也沒有能夠長壽。』所以衰世的國君夭折早亡，這些都是觸犯陰道的惡果。臣願用生命承擔國家的罪過。」鄭崇於是拿起詔書文本。傅太后大怒說：「為什麼作為天子的反而被一臣下所專制呢！」哀帝於是下達詔書說：「朕年幼時孤單，皇太太后親自養育，免受兒時之苦，教導以禮，直至長大成人，恩惠甚厚。『想要報答的恩德，如昊天那樣無限廣大。』以前追封皇太太后父為崇祖侯，由於想到回報恩德遠遠不夠，朕甚為慚愧。侍中光祿大夫傅商，是皇太太后父同母兄弟之子，從小由太后養大，恩義最親。茲封傅商為汝昌侯，而傅商是崇祖侯的後輩，改封崇祖侯為汝昌哀侯。」

鄭崇又因為董賢受哀帝寵愛，地位尊貴過度，向哀帝進諫，因此又得罪了哀帝。由於在任職期間多次被哀帝責問，頸部又得了惡性膿瘡的疾病，想要請求辭去官職，沒有膽量向哀帝提出來。尚書令趙昌喜歡討好別人，平常妒忌鄭崇，知道他現在已被哀帝疏遠，於是上奏鄭崇與宗族私通，懷疑有奸情，請求哀帝加以懲處。哀帝責問鄭崇說：「你家門庭若市，為什麼要限制朕呢？」鄭崇回答說：「臣門庭如市，但臣的心思是清白的。希望陛下能夠考查審核。」哀帝大怒，把鄭崇關進監獄，徹底查辦，鄭崇死在獄中。

1 孫寶，字子嚴，潁川鄢陵❶人也。以明經為郡吏。御史大夫張忠辟❷寶為屬，欲令❸授子經，更為除舍❹，設儲偫❺。寶自劾❻去，忠固還之❼，心內不平❽。後署❾寶主簿，寶徙入舍，祭竈❿請比鄰。忠陰察，怪之，使所親問寶：「前大夫為君設除大舍，子自劾去者，欲為高節也。今兩府高士俗不為主簿⓫，子既為之，徙舍甚說，何前後不相副也？」寶曰：「高士不為主簿，而大夫君以寶為可，一府莫言非⓬，士安得獨自高？前日君男欲學文⓭，而移寶自近⓮。禮有來學，義無往教；道不可詘，身詘何傷⓯？且不遭者可無不為⓰，況主簿乎！」忠聞之，甚慙⓱，上書薦寶經明質直，宜備近臣。為議郎，遷諫大夫。

2 鴻嘉中，廣漢⓲群盜起，選為益州⓳刺史。廣漢太守扈商者，大司馬車騎將軍王音姊子，軟弱不任職。寶到部⓴，親入山谷，諭㉑告群盜，非本造意㉒，渠率㉓

皆得悔過自出，遣歸田里。自劾矯制，奏商為亂首㉔，春秋之義，誅首惡而已。商亦奏寶所縱㉕或有渠率當坐者㉖。商徵下獄，寶坐失死罪免。益州吏民多陳寶功效，言為車騎將軍所排。上復拜寶為冀州㉗刺史，遷丞相司直。

3 時帝舅紅陽侯立使客因南郡太守李尚占墾草田數百頃㉘，頗有民所假少府陂澤，略皆開發㉙，上書願以入縣官㉚。有詔郡平田予直㉛，錢有貴一萬萬以上㉜。寶聞之，遣丞相史按驗，發其姦，劾奏立、尚懷姦罔上㉝，狡猾不道㉞。尚下獄死。立雖不坐，後兄大司馬衛將軍商薨，次當代商，上度㉟立而用其弟曲陽侯根為大司馬驃騎將軍。

4 會㊱益州蠻夷㊲犯法，巴蜀㊳頗不安，上以寶著名西州，拜㊴為廣漢太守，秩中二千石，賜黃金三十斤。蠻夷安輯㊵，吏民稱之。

5 徵㊶為京兆尹。故吏㊷侯文以剛直不苟合，常稱㊸疾不肯仕，寶以恩禮㊹請文，欲為布衣㊺友，日設酒食，妻子相對。文求受署為掾㊻，進見如賓禮㊼。數月，以立秋日署㊽文東部督郵。入見，敕曰：「今日鷹隼始擊，當順天氣取姦惡，以成嚴霜之誅，掾部渠有其人乎？」㊾文卬㊿曰：「無其人不敢空受職。」寶曰：「誰也？」文曰：「霸陵杜穉季。」寶曰：「其次(51)？」文曰：「豺狼橫道，不宜復問狐狸[52]。」寶默然。穉季者大俠，與衛尉淳于長、大鴻臚蕭育等皆厚善。寶前失車騎將軍，與紅陽侯有郤[53]，自恐見危[54]，時淳于長方貴幸，友寶，寶亦欲附之，始視事[55]而長以穉季託寶，故寶窮[56]，無以復應文。文怪寶氣索[57]，知其有故，因曰：「明府[58]素著威名，今不敢取穉季，當且闔閤[59]，勿有所問。如此竟歲[60]，吏民未敢誣[61]明府也。即度[62]穉季而譴它事，眾口讙譁[63]，終身自墮[64]。」寶曰：「受教。」穉季耳目長[65]，聞知之，杜門不通水火[66]，穿舍後牆為小戶，但持鉏自治園[67]，因文所厚自陳如此。文曰：「我與穉季幸同土壤[68]，素無睚眥[69]，顧受將命，分當相直[70]。誠能自改，嚴將不治前事，即不更心，但更門戶，適趣禍耳[71]。」穉季遂不敢犯法，寶亦竟歲無所譴。明年，穉季病死。寶為京兆尹三歲，京師[72]稱之。會淳于長敗，寶與蕭育等皆坐免官。文復去吏，死於家。穉季子杜蒼，字君敖，名出穉季右[73]，在游俠中。

6 哀帝即位，徵寶為諫大夫，遷司隸。初，傅太后與中山孝王母馮太后俱事[74]元帝，有郤，傅太后使[75]有司考[76]馮太后，令自殺，眾庶冤之。寶奏請覆治，傅太后大怒，曰：「帝置司隸，主使察我。馮氏反事明白，故欲擿觖[77]以揚我惡。我當坐之。」上迺順指下寶獄。尚書僕射唐林爭之，上以林朋黨比周[78]，左遷敦煌[79]魚澤障候。大司馬傅喜、光祿大夫龔勝固爭，上為言[80]太后，出寶復官。

7 頃之[81]，鄭崇下獄，寶上書曰：「臣聞疏不圖親，外不慮內[82]。臣幸得銜命奉使[83]，職在刺舉，不敢避貴幸之勢，以塞[84]視聽之明。按[85]尚書令昌奏僕射崇，下獄覆治，榜掠[86]將死，卒無一辭，道路稱冤。疑昌與崇內有纖介[87]，浸潤[88]相陷。自禁門內樞機近臣，蒙受冤譖[89]，虧損國家，為謗不小。臣請治昌，以解眾心。」書奏，天子不說，以寶名臣不忍誅，迺制詔丞相大司空：「司隸寶奏故尚書僕射崇冤，請獄治尚書令昌。案崇近臣，罪惡暴著[90]，而寶懷邪，附下罔上，以春月[91]作詆[92]欺，遂[93]其姦心，蓋國之賊也。傳不云乎？『惡利口之覆國家[94]。』其免寶為庶人。」

8 哀帝崩，王莽白[95]王太后徵寶以為光祿大夫，與王舜等俱迎中山王。平帝立，寶為大司農。會越嶲郡[96]上[97]黃龍游江中，太師孔光、大司徒馬宮等咸[98]稱莽功德比[99]周公，宜告祠宗廟[100]。寶曰：「周公上聖，召公大賢。尚猶有不相說，著於經典，兩不相損[101]。今風雨未時，百姓不足，每有一事，群臣同聲[102]，得無非其美者[103]。」時大臣皆失色，侍中奉車都尉甄邯即時承制罷[104]議者。會寶遣吏迎母，母道病，留弟家，獨遣妻子。司直陳崇以奏寶，事下三公即訊[105]。寶對曰：「年七十詩既，恩衰共養，營妻子，如章⑩⑥。」寶坐免，終於家。建武⑩⑦中，錄舊德臣，以寶孫伉為諸⑩⑧長。

【章旨】以上為〈孫寶傳〉。描述經學起家的監察官吏孫寶面對西漢末年尖銳複雜的社會矛盾，堅持用以經治國的統治辦法去解決諸多社會問題，最後以皇帝的昏庸無能和外戚的專權而宣告失敗。

【注釋】❶潁川鄢陵　在今河南許昌鄢陵北。❷辟　辟除，由公卿和州郡長官自行徵用士人。❸令　使。❹更為除舍　更為孫寶修飾掃除房舍。❺設儲偫　安排儲存日常用具。設，安排。儲，積蓄。偫，儲備。❻自劾　自愧不如。❼忠固還之　意指張忠再三挽留孫寶，讓孫寶返回。❽心內不平　內心憤憤不平。❾署　安排。❿祭竈　祭祀竈神。⓫今兩府高士句　兩府，丞相府、御史府。高士，學識高超的士人。俗，風氣。⓬一府莫言非　府中又沒有人認為不能當。⓭君男欲學文　君男，張忠之子。文，經書。⓮移寶自近　意謂親自主動安排孫寶的住所。移，給予。自近，自己主動。⓯道不可詘二句　道，儒家思想。詘，同「屈」。屈服。意指儒家思想是不能違背的，身心受傷算不了什麼。⓰且不遭者可無不為　謂沒有遇見知己可無所不為。⓱慙　同「慚」。羞愧。⓲廣漢　郡名。治梓潼。在今四川梓潼。⓳益州　郡名。治所不詳。轄境約在今四川、雲南、貴州等地。⓴部　循署。㉑諭　告示。㉒非本造意　不是原先犯法行為的主謀。造意，指犯法行為的主謀。㉓渠率　首領。㉔自劾矯制二句　假託朝命以行事，劾奏扈商為亂首。自劾，自認。矯制，假託朝命以行事。㉕縱　放。㉖當坐者　應當判罪的人。㉗冀州　郡名。治所不詳。轄境約在今河北西、南部。㉘時帝舅句　使，支使。客，門客，即門下的食客。因，通過。南郡，郡名。治江陵。在今湖北江陵。草田，荒田。㉙頗有民所假二句　這些土地原先都是農民租用少府的池塘和沼澤地開發出來的。頗，皆。假，租用。陂澤，修築了堤岸的沼澤地。㉚縣官　朝廷。㉛有詔郡平田予直　有，助詞，無義。郡，南郡。平，公正。予直，按值論價。㉜錢有貴一萬萬以上　指田價比市面價格貴一億錢以上。㉝罔上　欺騙朝廷。㉞不道　無德。㉟度　考慮。㊱會　適逢。㊲蠻夷　古代泛指中原以外的少數民族。㊳巴蜀　巴郡和蜀郡，今四川大部地區。㊴拜　授官。㊵安輯　安定。㊶徵　徵召，由皇帝親自下詔徵用士人。㊷故吏　舊時屬吏。㊸稱　說。㊹恩禮　指帝王對臣僚的禮遇，如宴見。㊺布衣　平民的代稱。㊻掾　佐治的官吏；屬官。㊼賓禮　接待賓客之禮。㊽署　攝官，指代理、暫任或試充官職。㊾敕曰五句　敕，告誡，指官長告誡僚屬。隼，鳥名，即鶚，兇猛善飛。擊，進攻。天氣，氣象的變化。取，捕取。嚴霜，此指嚴厲。掾部渠有其人乎，掾吏所管轄的東部之內有這種人嗎。渠，豈；哪裏。㊿卬　同「仰」。51其次　除杜稺季之外還有誰。52豺狼橫道二句　豺狼當道，不宜再問狐狸。53寶前失車騎二句　意謂孫寶以前得罪了車騎將軍王音，和紅陽侯王立也有怨情。郤，間隙。指感情破裂，互相怨恨。54見危　謂在危難關頭。55視事　治事；任職。56窮　困窘。57氣索　意氣索然。索，盡。意謂垂頭喪氣。58明府　謂京兆尹孫寶。59闔閤　謂關閉門戶。闔，關閉。閤，門房小戶。60竟歲　年終。61誣　譖。62度　通「渡」。過。63讙譁　喧譁。64墮　毀。65耳目長　比喻親近信任的人很多。66杜門不通水火　謂閉門不和左右近鄰相往來。67但持鉏句　但，僅僅。持，握住。鉏，同「鋤」。治，管理。68土壤　鄉里。69睚眥　怒目而視。借指小怨小忿。70顧受將命二句　顧，回想到。將，郡將。分，職分。直，值。71誠能自改五句　誠，如果。嚴將，嚴厲的將領。不治，不追究。前事，以往的過失。即，如果。但，僅僅。更，改。心，思想觀念。適，恰好。趣，催促；加速。72京師　國都。73名出句　名氣比稺季還大。74俱事　一起侍奉。75使　派遣。76考　通「拷」。77擿觖　也作「擿抉」。挑剔。78上以林朋黨比周　上，哀帝。朋黨，為私利而互相勾結。比周，結夥營私。79左遷敦煌　左遷，官吏貶職降級。敦煌，在今甘肅敦煌西。80為言　為，作為理由。言，表達。81頃之　不多久。82疏不圖親二句　謂關係疏遠的人不會無故去謀害你，外人不會無故思念自家的人。疏，關係疏遠。圖，謀畫。慮，思考；謀畫。83銜命奉使　銜命，奉命。奉使，接受出使。84塞　阻隔；阻礙。85按　查考。86榜掠　鞭笞。榜，鞭打。掠，拷問。87纖介　細微的怨情。纖，細小。介，通「芥」。本指小草，常用來比喻微小。88浸潤　譖言。89自禁門內二句　禁門內，宮門內。樞機，朝廷的機要部門。蒙，被。譖，誣陷。90暴著　明白顯露。91春月　春王正月，為周王的正月，表示孔子尊周王室、大一統的思想。92詆　誣衊。93遂稱心；滿足。94惡利口之覆國家　惡，憎惡。利口，能言善辯。覆，顛覆。《論語．陽貨》曰：「惡利口之覆邦家者。」95白稟告。96越嶲郡　郡名。治邛都。在今四川西昌東南。97上　向朝廷報告。98咸　都。99比　並列。100宜告祠宗廟　宜，應當。祠，祭。宗廟，帝王祭祀祖先的處所。101周公上聖五句　上聖、大賢，都是德才非凡的人。尚猶，還。不相說，彼此不愉快。說，通「悅」，喜悅。102同聲　謂異口同聲附和。103得無非其美者　言此非朝廷美事。104罷　停止。105即訊　審理。106年七十誖眊四句　謂年事已高，腦筋遲鈍，供養能力日衰，由妻子負責籌措，和所奏的文書相同。誖，惑亂。眊，糊塗。共，供。營，籌措；謀劃。107建武　東漢光武帝年號。108諸　縣名，在今山東諸城西南。

【語　譯】孫寶，字子嚴，潁川鄢陵人。以明經科被薦舉為郡吏。御史大夫張忠辟用孫寶為御史府屬官，想要使孫寶教他兒子學經書，更為孫寶修飾掃除房舍，並在房裡儲備各種器物。孫寶自愧不能勝任工作而辭職，經過張忠再三挽留，孫寶雖然沒有離去，但張忠內心卻憤憤不平。後來安排孫寶任官署主簿，孫寶搬入原先張忠為他準備的房舍，祭竈神並請鄰居來作客以表示慶賀。張忠暗地裡加以觀察，感到很奇怪，派親信去責問孫寶說：「以前御史大夫為你修飾布置大房舍，你自己辭官而去，是想要保持高尚的氣節。如今丞相、御史兩府的風氣，學識高超的士人都不願當主簿，你不僅當了，而且還很愉快地搬到大房舍去住，為什麼前後不一致呢？」孫寶說：「高士不當主簿，但御史大夫認為我可以當，府中又沒有人認為不能當，我怎麼能夠獨自認為高明呢？前些日子御史大夫為讓兒子跟我學習經書，親自主動給我安排住所。學生必須登門求師才合於禮，沒有反由老師上門去教學生的道理；儒家思想是不能違背的，身心受傷算得了什麼？而且沒有遇見知己，可無所不為，何況我還是主簿呢！」張忠聽到他說的話後，甚為慚愧，上書舉薦孫寶通曉經學，為人正直，適宜當皇帝近臣。後來任議郎，升遷為諫大夫。

2 鴻嘉中，廣漢盜賊四處作亂，孫寶被選為益州刺史。廣漢太守扈商是大司馬車騎將軍王音的外甥，為人軟弱不稱職。孫寶到達廣漢郡辦公所在地後，親自深入山谷，告示那些盜賊，凡不是原先違法起事的主謀，首領都可以自己主動悔過，遣歸田里。孫寶自己假託朝命以行事，劾奏扈商為亂首，《春秋》之道理，誅罰首惡罷了。扈商也劾奏孫寶所縱放的首領中有應當被判罪的。扈商被懲治下獄，孫寶犯了放走死刑犯的罪名被免職。益州地方官吏和百姓大多認為孫寶處理地方治安有功效，只因受車騎將軍王音所排擠才蒙受罪名。成帝再次任命孫寶為冀州刺史，升遷為丞相司直。

3 當時成帝的舅舅紅陽侯王立支使門客通過南郡太守李尚占墾草田數百頃，這些土地原先都是農民所租用的少府池塘和沼澤地開發出來的，王立上書給成帝，表示願把這些土地轉交給朝廷。朝廷下詔南郡收受這些田地並公正地按值論價，但田價比市面價格貴一億錢以上。孫寶聽到這個消息後，派遣丞相史按章查驗，發現王立的邪惡行徑，劾奏王立、李尚心懷鬼胎，欺瞞朝廷，狡猾無德。李尚下獄而死。王立雖然沒有被判刑，但過後他的兄長大司馬衛將軍王商去世，依照兄弟排行他理當接替王商，成帝考慮到王立有過失，因而改用王立的弟弟曲陽侯王根為大司馬驃騎將軍。

4 適逢益州蠻夷犯法，巴蜀地區很不安定，成帝以孫寶在西州甚有名聲為由，任命他為廣漢太守，秩位中二千石，賜黃金三十斤。其後蠻夷安定，官吏和百姓都稱讚孫寶的政績。

5 朝廷詔聘孫寶為京兆尹。孫寶過去的屬員侯文因為剛直不苟合，常說自己有疾病不肯做官，孫寶以恩禮請侯文，想以平民的身分和他交朋友，天天設酒食宴請侯文，並有妻子、兒子陪同。過後侯文向孫寶請求接受他在官署裡當一名屬員，孫寶答應侯文的請求，並以賓客之禮接見侯文。數月後，在立秋這一天派侯文試任東部督郵。侯文到衙府，孫寶告誡說：「如今鷹隼開始進攻，應當順應氣候的變化捕取奸惡之人，以完成嚴厲誅殺惡人的任務，掾吏所管轄的東部之內有這種人嗎？」侯文仰起頭說：「沒有這種人我就不敢憑空接受這個職務。」孫寶問：「誰啊？」侯文說：「霸陵杜穉季。」孫寶又問：「除杜穉季之外還有誰呢？」侯文說：「豺狼當道，不宜再問狐狸。」孫寶默默不語。穉季是個大俠，與衛尉淳于長、大鴻臚蕭育等都友情深厚。孫寶以前因為上奏扈商的事得罪了車騎將軍王音，和紅陽侯王立也有怨情。自己害怕處境危困，當時淳于長正得成帝寵愛，地位尊貴，對孫寶甚為友善，孫寶也想依附於他。孫寶開始管理政事時，淳于長以穉季之事委託孫寶，所以孫寶對此感到十分為難，沒有辦法應對侯文。侯文對孫寶喪氣的樣子感到奇怪，知道其中必有緣故，於是說：「明府平常以威名著稱，如今不敢拘捕穉季，應當暫且關閉門戶，不必過問此事。這樣到了年終，官吏和百姓都不敢說明府的壞話。如果放過穉季而譴責其他無關的事，大眾喧譁反對，等於毀傷自己的終身。」孫寶說：「我接受你的教誨。」穉季親近信任的人甚多，知道這個消息後，閉門不與左右近鄰相往來，穿鑿房舍後牆為小門戶，只是握住鋤具自己種植菜園而已，穉季自己陳述之所以這樣做，是因為侯文對自己寬容對待的結果。侯文說：「我和穉季幸好是同鄉，往常沒有什麼結怨之事，但想到受郡將之命，自己所做的事應當和職務相符合。如果穉季能夠改過自新，嚴厲的將領就不追究以往的過失，假如不改變思想觀念，僅僅改變門戶，只會加速災禍的到來。」穉季於是不敢再犯法，孫寶也終年沒有受到官吏和百姓的譴責。第二年，稱季病死。孫寶在京兆尹任職三年，國都的百姓都稱讚他。後來碰上淳于長因事敗露，孫寶和蕭育等都被牽連罷官。侯文再次辭去官職，死在家裡。稱季的兒子杜蒼，字君敖，在游俠之中，名聲比稱季大。

6 哀帝即位，徵召孫寶為諫大夫，升遷為司隸校尉。起初，傅太后和中山孝王母親馮太后一起侍奉元帝，互相有怨恨情結，傅太后派遣官吏拷問馮太后，令她自殺，百姓對馮太后之死感到冤枉。孫寶奏請哀帝重新審理此案，傅太后大怒，說：「皇帝設置司隸校尉，主要意圖是支使他來審察我。馮氏謀反的事件本來就很清楚明白，故意想要挑剔此事用來張揚我的罪過，我應當被判罪。」哀帝於是順從傅太后意旨下詔讓孫寶入獄。尚書僕射唐林為孫寶鳴不平，哀帝以唐林結黨營私為罪名，降職為敦煌魚澤障侯官。大司馬傅喜、光祿大夫龔勝堅持替孫寶說情，哀帝派人向太后表達傅喜和龔勝的意見，孫寶才得以出獄並恢復官職。

7 過不了多久，鄭崇被判入獄，孫寶上書說：「臣聽說和你關係疏遠的人不會無故去圖謀傷害你，外人不會無故思念自家的人。臣有幸得以接受命令出使，職責在於揭發檢舉貪官汙吏的不法行為，不敢避開貴幸大臣的威勢，而阻礙陛下視聽之明。查考尚書令趙昌所奏尚書僕射鄭崇的案情，鄭崇入獄後反覆被懲治，受到嚴刑拷打已奄奄一息，他始終沒有說過一句話，在道路上所有的人都替他喊冤。臣懷疑趙昌和鄭崇有過細怨，日久之後便以讒言互相誣陷。使宮門內機要部門的陛下近臣，蒙受冤枉和誣陷，損害國家利益，誹謗之罪非同小可。臣請求懲處趙昌，以解開眾人的心結。」文書上奏後，哀帝不高興，由於孫寶是名臣不忍殺他，於是制詔給丞相大司空說：「司隸孫寶上奏原尚書僕射鄭崇有冤情，請求立案懲處尚書令趙昌。經查驗近臣鄭崇罪惡明白顯露，而孫寶心懷不軌，依靠下民欺瞞朝廷，以儒家思想作為欺騙的手段，滿足他奸詐之野心，這是國家的盜賊。儒家經典不是說過嗎？『憎惡能言善辯而顛覆國家。』茲免去孫寶官職降為平民。」

8 哀帝死，王莽稟告王太后徵召孫寶為光祿大夫，與王舜等一同迎接中山王。平帝立，孫寶為大司農。恰巧越巂郡向朝廷報告黃龍游江中，太師孔光、大司徒馬宮等都稱讚王莽功德可以和周公並列，應當告祭宗廟。孫寶說：「周公和召公都是德才非凡的人，還有彼此不愉快的事，周公作〈君奭〉篇，兩人不互相傷害。如今風雨不順，百姓衣食不足，每當出現一件大事，這種現象不是朝廷的美事。」當時大臣都驚恐失色，侍中奉車都尉甄邯及時承接聖旨停止眾人繼續議論。恰巧孫寶派遣官吏迎接母親，母親在途中病倒，留在弟弟家裡，孫寶單獨派遣妻子前往。司直陳崇據此上奏平帝，平帝把此事交由三公審理。孫寶回答說：「我已七十高齡，腦筋遲鈍，供養能力日衰，由妻子負責籌措，和所奏的文書相同。」孫寶被免官，死於家中。建武中，記載過去有德之臣名錄，以孫寶的孫子孫伉為諸縣縣長。

1 毋將隆❶，字君房，東海蘭陵❷人也。大司馬車騎將軍王音內領尚書，外典兵馬，踵故❸選置從事中郎與參謀議，奏請隆為從事中郎，遷諫大夫。成帝末，隆奏封事❹言：「古者選諸侯入為公卿，以褒功德，宜徵定陶王❺，使在國邸，以填萬方❻。」其後上竟❼立定陶王為太子，隆遷冀州牧、潁川❽太守。哀帝即位，以高第入為京兆尹，遷執金吾。

2 時侍中董賢方貴，上使中黃門發武庫兵，前後十輩❾，送董賢及上乳母王阿舍。隆奏言：「武庫兵器，天下公用，國家武備，繕治造作，皆度❿大司農錢。大司農錢自乘輿⓫不以給共養⓬，共養勞賜，壹出少府⓭。蓋不以本臧給末用，不以民力共浮費⓮，別公私，示正路也。古者諸侯方伯⓯得顓⓰征伐，迺賜斧鉞⓱。漢家邊吏，職在距寇，亦賜武庫兵，皆任其事然後蒙⓲之。春秋之誼，家不臧甲⓳，所以抑臣威，損私力也。今賢等便僻弄臣⑳，私恩微妾㉑，而以天下公用給其私門，契㉒國威器共其家備。民力分於弄臣，武兵設於微妾，建立非宜，以廣驕僭㉓，非所以示四方也。孔子曰：『奚取於三家之堂㉔！』臣請收還武庫。」上不說。

3 頃之，傅太后使謁者㉕買諸官婢，賤取之，復取執金吾官婢八人。隆奏言賈㉖賤，請更平直。上於是制詔丞相、御史大夫：「交讓之禮興，則虞芮之訟息㉗。隆位九卿，既無以匡朝廷之不逮㉘，而反奏請與永信宮㉙爭貴賤之賈，程奏顯言㉚，眾莫不聞。舉錯不由誼理㉛，爭求之名自此始，無以示百僚，傷化失俗。」以隆前有安國之言㉜，左遷為沛郡㉝都尉，遷南郡太守。

4 王莽少時，慕與隆交，隆不甚附。哀帝崩，莽秉政，使大司徒孔光奏隆前為冀州牧治中山馮太后獄冤陷無辜，不宜處位在中土㉞。本中謁者今史立、侍御史丁玄自典考之，但與隆連名奏事㉟。史立時為中太僕，丁玄泰山㊱太守，及尚書令趙昌譖㊲鄭崇者為河內㊳太守，皆免官，徙㊴合浦㊵。

【章　旨】以上為〈毋將隆傳〉。敘述執金吾毋將隆因反對哀帝賜寵臣董賢及乳母王阿舍武庫兵器等事，被降職為南郡太守。後因得罪權臣王莽，終被免官流放。

【注　釋】❶毋將隆　姓毋將，名隆。❷東海蘭陵　東海，郡名。治郯縣，在今山東郯城西北。蘭陵，縣名。在今山東蒼山縣西南。❸踵故　謂因襲舊日的典章制度。故，故事，即指舊日的典章制度。❹封事　密封的章奏。❺定陶王　即劉欣，即位為哀帝。❻使在國邸二句　謂出使在京都，以安定四方。使，出使。國邸，諸侯王在京都長安設置的住所。填，通「鎮」。安定。萬方，猶言四方。❼竟　終於。❽潁川　郡名。治陽翟，在今河南禹州。❾輩　次數。❿皆度　用度皆出。⓫乘輿　皇帝用的器物。⓬共養　供養。⓭共養勞賜二句　謂供養皇帝及其家室成員，慰勞皇親國戚等費用，一概出自少府。⓮蓋不以本臧二句　謂不以國庫主要的收藏供給次要的用途，不以民力供給不必要的開支，公私有別，以顯示正路。本臧，國庫主要的收藏。本，事物的根基或主體。臧，通「藏」。收藏；儲藏。末用，次要的用途。浮費，不必要的開支。⓯方伯　一方諸侯之長。《禮．王制》：「千里之外設方伯。」⓰顓　同「專」。⓱斧鉞　刑殺之權。斧鉞本為兩種兵器，後人引申為刑殺之權。《國語．魯語上》：「大刑用甲兵，其次用斧鉞。」注：「斧鉞，軍戮。」書曰：「後至者斬。」⓲蒙　賜與。⓳春秋之誼二句　謂《春秋》之義，私家不能收藏兵器。誼即義。家謂私家貴族，即大夫。甲，兵器。《春秋公羊傳．定公十三年》：「孔子曰：『家不藏甲，邑無百雉之城。』」雉，計算城牆面積的單位。一雉高一丈長三丈。⓴便僻弄臣　謂阿諛逢迎得到皇帝寵信的近臣。便僻，逢迎諂媚的人。僻，也作「辟」。偏；邪。弄臣，為帝王所親近玩樂之臣。㉑微妾　小妾。㉒契　取。㉓僭　指超越身分。㉔奚取於三家之堂　謂為何取自三家之堂。三家，謂魯大夫叔孫、仲孫、季孫。《論語》云：「三家者，以〈雍〉徹。孔子曰：『相維辟公，天子穆穆，奚取於三家之堂！』」言三家以〈雍〉徹食，此乃天子之禮，何為在三家之堂。雍，《詩經．周頌》篇名。是周王祭祖徹食時演奏的音樂。三家的這種僭越行為是嚴重違反當時禮制的。㉕謁者　官名。掌賓贊。通接賓客的近侍。㉖賈　同「價」。㉗虞芮之訟息　謂周文王為西伯時解決虞國和芮國的紛爭。㉘不逮　不及。㉙永信宮　指傅太后。㉚程奏顯言　謂上奏的內容顯露。程，規章；法式。㉛舉錯不由誼理　謂奏言不合義理。錯，通「措」。由，從；合。誼，義。㉜安國之言　指安定國家的言論。㉝沛郡　郡名。治相縣，在今安徽淮北西北。㉞中土　中原。漢以來，以今河南一帶為中土。《淮南子．墬形》：「正中冀州曰中土。」㉟本中謁者令二句　謂上述案件本來主要由中謁者令史立、侍御史丁玄依據法規加以考察，而與毋將隆連名奏事。本，本來主要由。典，制度；法則。考，考察。㊱泰山　郡名。治奉高，在今山東泰安東。㊲譖　誣陷。㊳河內　郡名。治懷縣，在今河南武陟西南。㊴徙　謫戍，即徙邊。指把犯罪的人流放到邊遠地區服勞役。㊵合浦　郡名。治合浦，在今廣西合浦東北。

【語　譯】毋將隆，字君房，東海蘭陵人。大司馬車騎將軍王音內領尚書，對外掌管軍事，因襲舊日的典章制度選拔設置從事中郎和參加謀劃政事，奏請毋將隆為從事中郎，升遷為諫大夫。成帝末年，毋將隆向成帝呈上密封的章奏說：「古代的時候選諸侯入為公卿，以褒獎功德，應當徵調定陶王，出使京師，以鎮四方。」其後成帝終於立定陶王為太子，毋將隆升遷為冀州牧、潁川太守。哀帝即位，以高第入為京兆尹，升遷為執金吾。

2 當時侍中董賢剛剛受寵，哀帝派遣中黃門取出武庫裡的兵器，前後十次，送給董賢及哀帝乳母王阿舍。毋將隆上奏說：「武庫兵器，天下公用，國家武備，修繕工程及製造用具，所有這些開支都出自大司農所掌握的錢財。大司農的錢財不是用來供養皇帝及大家族成員的費用，供養皇帝及其成員，慰勞和賞賜貴族和官吏，這些開支均出自少府所掌握的錢財。不以國家主要的收藏供給次要的用途，不以民力供不必要的開支，區別公用與私用，以顯示正路。古時諸侯主要從事征伐戰爭，於是賜給斧鉞。漢朝邊區的官吏，職責在於抗拒敵寇，也賜給武庫兵器，都是擔任邊吏職務後給予。《春秋》的義理，私家貴族不許收藏兵器，其目的在於抑制臣下的威權，削弱私家貴族的力量。如今董賢等是一些阿諛逢迎得到皇帝寵信和玩弄的近臣，以及皇帝所恩寵的小妾，而以天下公用給予私家貴族，取國威器供給私有武備。民力分給寵臣，武器裝備於小妾之家，建立的制度不適宜，滋長驕奢非分的氣焰，不能起到警示四方的作用。孔子說：『天子之禮儀為什麼出現在魯大夫三家的堂上！』臣請求把送給董賢和王阿舍的兵器收歸武庫。」哀帝不高興。

3 不久，傅太后派遣謁者買許多官奴婢，以低價購買，又購買執金吾官奴婢八人。毋將隆上奏說謁者購買官奴婢的價格低賤，請求更改為公平的價格。哀帝便制詔丞相、御史大夫：「互讓的禮儀興，則虞國、芮國的爭訟能夠平息。毋將隆位居九卿，既不能匡正朝廷的不足，而反奏請和傅太后爭貴賤的價格，上奏的言詞顯露，眾人皆知，所提出的主張不合義理，爭求之名自此開始，不能警示百官，既傷風化又敗壞民俗。」由於毋將隆以前有安定國家的言論，降職為沛郡都尉，升遷南郡太守。

4 王莽少年時，由於仰慕毋將隆想要和他交往，毋將隆不大願意趨附。哀帝死後，王莽控制朝政，指使大司徒孔光劾奏毋將隆以前擔任冀州牧時審理中山馮太后獄案冤屈陷害無辜，不宜在中原任職。上述案件本來由中謁者令史立、侍御史丁玄依據規章制度加以考察，而和毋將隆連名奏事。當時史立任中太僕，丁玄任泰山太守，以及誣陷鄭崇的尚書令趙昌，當時任河內太守，都罷去官職，流放到合浦。

何並，字子廉，祖父以吏二千石自平輿❶徙平陵❷。並為郡吏，至大司空掾，事何武。武高其志節，舉能治劇❸，為長陵❹令，道不拾遺。

初，邛成太后❺外家王氏貴，而侍中王林卿通輕俠，傾京師。後坐法免，賓客愈盛，歸長陵上冢❻，因留飲連日。並恐其犯法，自造門上謁❼，謂林卿曰：「冢間單外❽，君宜以時歸。」林卿曰：「諾❾。」先是林卿殺婢壻埋冢舍❿，並具知之，以非己時⓫，又見其新免，故不發舉，欲無令留界中而已，即且遣吏奉謁傳送。林卿素驕，慙於賓客，並度⓬其為變，儲⓭兵馬以待之。林卿既去⓮，北度涇橋⓯，令騎奴還至寺門，拔刀剝其建鼓⓰。並自從吏兵追林卿。行數十里，林卿迫窘⓱，迺令奴冠其冠⓲被⓳其襜褕⓴自代，乘車從童騎㉑，身變服從間徑㉒馳去。會日暮追及，收縛冠奴，奴曰：「我非侍中，奴耳。」並心自知已失林卿，迺曰：「王君困，自稱奴，得脫死邪？」叱吏斷頭持還，縣所剝鼓置都亭㉓下，署㉔曰：「故侍中王林卿坐殺人埋冢舍，使奴剝寺門鼓。」吏民驚駭。林卿因亡命，眾庶讙譁㉕，以為實死。成帝太后㉖以邛成太后愛林卿故，聞之涕泣，為言哀帝。哀帝問狀而善之，遷並隴西㉗太守。

徙潁川太守，代陵陽㉘嚴詡。詡本以孝行為官，謂掾史為師友，有過輒閉閤自責，終不大言。郡中亂，王莽遣使徵詡，官屬數百人為設祖道㉙，詡據地哭。掾史曰：「明府吉徵，不宜若此。」詡曰：「吾哀潁川士，身豈有憂哉！我以柔弱徵，必選剛猛代。代到，將有僵仆㉚者，故相弔耳。」詡至，拜為美俗使者㉛。是時潁川鍾元為尚書令，領廷尉，用事有權。弟威為郡掾，臧㉜千金。並為太守，過辭㉝鍾廷尉，廷尉免冠為弟請一等之罪㉞，願蚤就髡鉗㉟。並曰：「罪在弟身與君律，不在於太守。」元懼，馳遣人呼弟。陽翟㊱輕俠趙季、李款多畜賓客，以氣力漁㊲食閭里，至姦人婦女，持吏長短，從橫郡中，聞並且至，皆亡去。並下車求勇猛曉文法吏且十人，使文吏治三人獄，武吏往捕之，各有所部。敕曰：「三人非負太守，迺負王法，不得不治。鍾威所犯多在赦前，驅使入函谷關㊳，勿令汙民間；不入關，迺收之。趙、李桀惡㊴，雖遠去，當得其頭，以謝百姓。」鍾威負其兄㊵，止雒陽，吏格殺之。亦得趙、李它郡，持頭還，並皆縣頭及其具獄於市㊶。郡中清靜，表善好士，見紀潁川，名次黃霸。性清廉，妻子不至官舍。

數年，卒。疾病，召丞掾作先令㊷書，曰：「告子恢，吾生素餐日久，死雖當得法賻㊸，勿受。葬為小椁㊹，亶容下棺㊺。」恢如父言。王莽擢恢為關都尉。建武中以並孫為郎。

【章旨】以上為〈何並傳〉。敘述何並先為長陵令，敢於追捕權貴王林卿；後任潁川太守，以法治郡，為民除惡，性清廉，以病故。

【注釋】❶平輿　汝南郡治所。在今河南平輿北。❷平陵　西漢昭帝陵墓。後在此置縣。在今陝西咸陽西北。❸治劇　指能治理問題繁多、矛盾尖銳的郡縣。是漢代察舉科目之一。❹長陵　西漢高祖陵墓。後在此置縣。在今陝西咸陽東北。❺邛成太后　即宣帝王皇后。其父王奉光被封為邛成侯。成帝即位，為太皇太后。當時成帝母親也姓王氏，故世號太皇太后為邛成太后。❻上冢　謂祭祀自己祖先陵墓。上，獻上。冢，墳墓。❼自造門上謁　謂自己主動登門稟告。造，至。謁，稟告。❽冢間單外　謂冢舍之間與郊野之外。❾諾　應允之詞，意為好的。❿林卿殺婢壻埋冢舍　謂林卿殺死和其婢通姦的人後埋在冢舍。婢壻，外人與其婢姦者。冢舍，守冢之舍。⓫己時　謂自己在任之時。⓬度　揣測；考慮。⓭儲　預備。⓮去　離開。⓯北度涇橋　度，通「渡」。過。涇橋，涇水橋，在今陝西涇陽東南。⓰令騎奴二句　謂使騎奴回到官府大門，拔刀割裂懸掛的鼓。諸官曹之所通呼為寺。建鼓一名植鼓。建，立。謂植木而旁懸鼓。懸有此鼓者，所以召集號令，為開閉之時。剝，割裂。⓱迫窘　謂危急困迫。⓲冠其冠　謂戴他的頭飾。前「冠」字，戴著。後「冠」字，頭飾。⓳被　通「披」。穿著。⓴襜褕　謂寬大的單衣。㉑童騎　謂僮奴之騎。㉒間徑　偏僻的小路。㉓都亭　謂縣城附近之亭。㉔署　署謂書表其事。㉕讙譁　喧譁。㉖成帝太后　謂成帝之母王太后。㉗隴西　郡名。治狄道，在今甘肅臨洮。㉘陵陽　縣名。在今安徽太平西。㉙祖道　謂送行時祭祀路神並設宴餞行。㉚僵仆　謂臥倒。㉛美俗使者　謂宣美風化使者。㉜臧　同「贓」。㉝過辭　過其門而告別。過，經過。辭，告別。㉞請一等之罪　謂請求減死罪一等。㉟髡鉗　刑罰名。剃去頭髮曰髡，以鐵圈束頸曰鉗。㊱陽翟　潁川郡治所。在今河南禹州。㊲漁　掠奪。㊳函谷關　關名。在今河南新安北。㊴桀惡　謂兇暴險惡。㊵負其兄　謂仗其兄的權勢。㊶其具獄於市　謂把他們定罪的全部資料公布在鬧市。見本書卷七十一〈于定國傳〉顏師古注。㊷先令　遺書。

㊸法賻 謂按規定贈死者布帛。㊹椁 棺外的套棺。㊺亶容下棺 謂只身軀下棺，不必埋其餘器物。亶，同「但」。只要。

【語譯】何並，字子廉。祖父由於任二千石官吏的緣故自平輿遷居平陵。何並任郡吏，升至大司空屬員，在何武手下任職。何武欣賞他的志向與氣節，以能治劇而推舉他，任長陵令，道不拾遺。

起初，邛成太后娘家王氏寵貴，而侍中王林卿與地方上邪惡勢力相勾結，名噪京城。後來犯法被免職，賓客愈來愈多，回長陵祭掃祖先墳墓，還逗留多日痛飲不止。何並恐怕他會犯法，自己主動登門稟告，告訴林卿說：「在這冢舍之間與郊野之外不宜久留，你應當盡快回去。」林卿說：「好的。」以前林卿曾殺死與奴婢私通的人並埋在冢舍，何並全知道這件事，但因不是在自己任上發生的事，又看到他新近被免職，所以不準備揭發檢舉，只想不讓林卿逗留在長陵而已，乃立即派遣官吏奉令傳送。林卿向來驕橫，認為這會在賓客面前丟臉，何並因此考慮到林卿會有變故，預備兵馬等待著。林卿雖然離開長陵，但在北渡涇橋後，又派騎奴回到官府大門，拔刀割裂懸掛的鼓。何並親自帶領官吏和士兵追趕林卿。追了數十里後，林卿感到萬分危急，於是讓奴僕戴上他的帽子，披上他穿的寬大的單衣冒充自己，坐在自己的車子裡，讓騎馬的奴僕跟隨在後面，而林卿自己則變換服裝從小路急馳而去。到了傍晚何並終於追到，捕獲那個冒充王林卿的奴僕，奴僕說：「我不是侍中，是個奴僕罷了。」何並自己心裡明白林卿已經逃脫，便說道：「王君在無路可逃時，自稱奴僕，這樣能逃脫死亡麼？」便喝令屬員砍下他的頭顱帶回來，懸掛在被割破的鼓上，放在都亭下，寫明其事說：「原侍中王林卿犯了殺人罪，還把屍體埋藏在守護墳墓的房舍裡，又唆使奴僕割裂官府門前的鼓。」官吏和民眾都驚恐萬狀。王林卿因逃亡在外，百姓喧譁，以為王林卿確實死了。成帝太后以邛成太后疼愛王林卿的緣故，聽到這個消息後痛哭流涕，並把它告訴了哀帝。哀帝問明情況，覺得何並這件事辦得好，提升他為隴西太守。

後來何並調任潁川太守，代替陵陽人嚴詡。嚴詡本來是憑藉孝行擔任官職的，把下屬當做自己的老師或朋友，有了過失總是閉門自責，從來不說大話。郡中治安秩序混亂，王莽派遣使者徵召嚴詡，官府屬員數百人為他設宴餞行，嚴詡伏在地上哭起來。屬吏們說：「明府君接受吉祥的徵召，不應當這樣。」嚴詡說：「我哀憐潁川的士人，自己哪值得擔憂呢！我是因為軟弱無能才被徵召，朝廷一定會選擇剛強勇猛的人來代替。代替的人一旦到來，將會有倒下去的人，所以感到很悲傷。」嚴詡到達京城，被賜封為美俗使者。當時潁川人鍾元擔任尚書令，兼領廷尉官職，管事有權。他的弟弟鍾威擔任郡府屬吏，貪贓千金。何並出任太守，曾去拜訪鍾廷尉，廷尉摘下帽子替弟弟請求減死罪一等，希望盡早接受髡鉗刑罰。何並說：「治罪的依據在於你弟弟自身和國家的法律，不在於太守。」鍾元恐懼，急速派人去告訴弟弟。陽翟輕浮俠客趙季、李款供養著許多賓客，憑藉暴力侵奪地方百姓的財物，甚至姦汙人家的妻女，還抓住官吏的短處，在郡裡肆無忌憚地胡作非為，聽說何並將要到任，都逃走了。何並到任後立即招來勇猛及通曉儒學法令的官吏多達十人，派文吏審理三人的案件，派武吏前往逮捕他們，各有所辦的事。何並告誡百姓說：「這三個人不是辜負了太守，而是違犯了王法，不得不加以懲治。鍾威所犯的罪行大都在大赦之前，將他驅趕入函谷關，不讓他為害民間；如果他不入關，便把他抓起來。趙季、李款兇暴險惡，雖然逃得很遠，也應當取得他們的頭顱，以謝百姓。」鍾威依仗他哥哥的權勢，留住在洛陽，追捕的官吏與之搏鬥後擊殺了他。還在別郡捉到趙季、李款，取了他們的頭顱回來，何並把這三個罪犯的頭顱都懸掛在鬧市上，並把他們定罪的全部罪證公諸於世。郡中清靜，表彰善事，重視人才，在潁川有口皆碑，聲名僅次於黃霸。何並秉性清廉，妻室兒女不到官府的住舍。幾年之後去世。病危時，何並曾叫屬吏寫下遺書，說道：「告知兒子何恢，我平生無功白食俸祿的日子很久，死後雖說應當得到法定的財物，不要領受。下葬時用小槨，只要能放得下棺材就行了。」何恢按照父親的遺言辦理後事。王莽選擇何並擔任關都尉。東漢光武帝建武年間以何並的孫子為郎官。

贊曰：蓋寬饒為司臣，正色立於朝，雖詩所謂「國之司直❶」無以加也。若采王生之言以終其身，斯近古之賢臣矣。諸葛、劉、鄭雖云狂瞽❷，有異志❸焉。

孔子曰：「吾未見剛者❹。」以數子之名迹，然毋將汙於冀州❺，孫寶橈於定陵❻，況俗人乎！何並之節，亞❼尹翁歸❽云。

【章　旨】以上是作者的論贊。作者重點稱讚司隸校尉蓋寬饒為人剛直不阿，接近古之賢臣，其餘如諸葛豐、劉輔、鄭崇、孫寶、毋將隆、何並等也皆敢於直言，不畏權貴，其氣節可嘉。

【注　釋】❶國之司直　語出《詩・鄭風・羔裘》：「彼其之子，邦之司直。」意謂此人具有美德，可使主管宣揚正直美德之事。❷狂瞽　謂狂妄無知。瞽，目盲；無知。❸異志　謂奇特的志向。❹吾未見剛者　語出《論語・公冶長》：「子曰，吾未見剛者。」剛謂強志不屈撓。撓，曲；折。❺毋將汙於冀州　謂毋將隆汙損於冀州的事。顏師古曰：「毋將隆為冀州牧，與史立、丁元共奏馮太后事，是為汙曲也。」❻孫寶橈於定陵　謂孫寶受定陵侯淳于長之託而不治杜穉季。橈，屈曲。❼亞　次於。❽尹翁歸　本書卷七十六有其傳。

【語　譯】史官評議說：蓋寬饒擔任司隸校尉的官職，堂堂正正為朝廷辦事，即使是《詩經》裡面所說的「國家的司直」也無法超越他。如果他採納王生的話過完一生，這就接近古代的賢臣了。諸葛豐、劉輔、鄭崇雖說有些狂妄無知，卻有著奇特的志向。孔子說：「我沒有看見過剛正不阿的人。」憑著這幾位朝臣的名聲和事跡，然而毋將隆在冀州時還有汙點，孫寶則被定陵侯所屈服，何況是普通人呢！何並的節操，僅次於尹翁歸。

【研　析】本傳的思想主要有以下幾點：

其一，作品著力描寫官吏奉公守法，忠於職守的從政態度。其中最為突出的是司隸校尉蓋寬饒。他擔任衛司馬時，親臨士兵的住處，了解他們的飲食起居，甚而照顧有疾病者；擔任司隸校尉時，對大小案情的檢舉揭發認真負責，從不手軟。諫大夫鄭昌稱頌他「居不求安，食不求飽，進有憂國之心，退有死節之義」、「職在司察，直道而行」。班固為此特別稱讚他「正色立於朝」、「近古之賢臣」。

其二，歌頌剛正不阿，不畏權貴，公正清廉的優秀品質。蓋寬饒不僅「志在奉公」，而且具有「剛直高節」的品格。平恩侯許伯遷入新居，達官貴人皆去祝賀，唯獨蓋寬饒不去；家境並不富裕，還拿出俸錢資助同僚；兒子常步行去戍邊。同僚王生稱讚他「絜白公正，不畏彊禦」。成帝時，帝舅紅陽侯王立強占草田數百頃，丞相司直孫寶劾奏王立「懷姦罔上，狡猾不道」。哀帝時，孫寶擔任司隸校尉，敢於揭發傅太后陷害馮太后案。毋將隆擔任執金吾，上書反對哀帝賜給寵臣董賢及乳母王阿舍武庫兵器。何並為長陵令，敢於追究邛成太后外家親屬侍中王林卿的殺人案，等等。班固指出他們之中有的雖然有汙點，但「以數子之名迹」，也是難能可貴的。

其三，作品猛烈抨擊官場阿諛奉承、苟且偷安的迂腐作風。在漢代，雖然有不少剛正不阿、廉潔奉公的賢臣和廉吏，但更多的是阿諛奉承、苟且偷安的佞臣和貪官。文中所展現的正義與邪惡的鬥爭無處不在。蓋寬饒志在奉公，「在位及貴戚人與為怨」；鄭崇因多次諫言反對貴戚寵臣的特權，得罪了哀帝，佞臣趙昌乘機陷害鄭崇，使鄭崇含冤死於獄中；諸葛豐揭發外戚貴幸無度，也常遭阿諛寵臣的非議，他曾奮筆疾書朝廷說：「今以四海之大，曾無伏節死誼之臣，率盡苟合取容，阿黨相為，念私門之利，忘國家之政。」這是對邪惡勢力的無情揭露和批判。

以上所體現的不外乎是儒家倫理道德的思想內涵，在當今社會仍具有現實的積極意義。

卷七十八

蕭望之傳第四十八

【題解】本卷是西漢朝廷高官蕭望之及其三子的合傳。儒生蕭望之以其淵博的儒學知識及其精明的洞察能力，在許多內政外交方面及時提出許多中肯的看法和建議，深得皇帝的賞識，從一名低級的看門小吏逐步擢升為朝廷三公的高官。由於他得罪了倍受寵信的當朝宦官，最後被宦官陷害而服毒自殺。

1 蕭望之，字長倩，東海蘭陵❶人也，徙杜陵❷。家世以田為業，至望之，好學，治❸齊詩❹，事同縣后倉❺且十年。以令詣太常受業❻，復事同學博士白奇❼，又從夏侯勝問論語、禮服❽。京師諸儒稱述焉。

2 是時大將軍霍光秉政，長史丙吉薦儒生王仲翁與望之等數人，皆召見。先是左將軍上官桀與蓋主❾謀殺光，光既誅桀等，後出入自備。吏民當見者，露索❿去刀兵，兩吏挾持。望之獨不肯聽，自引出閤⓫曰：「不願見。」吏牽持匈匈⓬。

光聞之，告吏勿持。望之既至前，說光曰：「將軍以功德輔幼主，將以流大化⑬，致於洽平⑭，是以天下之士延頸企踵⑮，爭願自效，以輔高明。今士見者皆先露索挾持，恐非周公相成王躬吐握之禮，致白屋之意⑯。」於是光獨不除用⑰望之，而仲翁等皆補大將軍史。三歲間，仲翁至光祿大夫給事中，望之以射策甲科為郎⑱，署⑲小苑東門候⑳。仲翁出入從倉頭廬兒㉑，下車趨門，傳呼甚寵㉒，顧謂望之曰：「不肯錄錄，反抱關為㉓。」望之曰：「各從其志。」

3 後數年，坐㉔弟犯法，不得宿衛㉕，免歸㉖為郡吏。及㉗御史大夫魏相除望之為屬，察廉㉘為大行治禮丞。

4 時大將軍光薨㉙，子禹復為大司馬，兄子山㉚領尚書，親屬皆宿衛內侍㉛。地節三年㉜夏，京師雨雹㉝，望之因是上疏㉞，願賜清閒之宴㉟，口陳災異之意㊱。宣帝自在民間聞望之名，曰：「此東海蕭生邪㊲？下㊳少府宋畸問狀，無有所諱。」望之對，以為「春秋昭公三年大雨雹，是時季氏專權，卒逐昭公。鄉使㊴魯君㊵察於天變，宜亡此害。今陛下以聖德居位，思政求賢，堯舜之用心也。然而善祥未臻，陰陽不和，是大臣任政，一姓擅勢之所致也。附枝大者賊本心㊶，私家盛者公室㊷危。唯明主躬萬機，選同姓，舉賢材，以為腹心，與參政謀，令公卿大臣朝見奏事，明陳其職，以考功能。如是，則庶事理，公道立，姦邪塞，私權廢矣」。對奏，天子拜望之為謁者。時上初即位，思進賢良，多上書言便宜[43]，輒下望之問狀[44]，高者請丞相御史[45]，次者中二千石試事，滿歲以狀聞[46]，下者報聞[47]，或罷歸田里，所白處[48]奏皆可。累遷諫大夫，丞相司直，歲中三遷，官至二千石。其後霍氏竟謀反誅，望之寖益任用。

是時選博士諫大夫通政事者補郡國守相[49]，以望之為平原[50]太守。望之雅意[51]在本朝[52]，遠為郡守，內不自得，乃上疏曰：「陛下哀愍[53]百姓，恐德化之不究[54]，悉出[55]諫官以補郡吏，所謂憂其末而忘其本者也。朝無爭臣[56]則不知過，國無達士[57]則不聞善。願陛下選明經術，溫故知新，通於幾微謀慮之士[58]以為內臣，與參政事。諸侯聞之，則知國家納諫憂政，亡有闕遺[59]。若此不怠[60]，成康之道[61]其庶幾[62]乎！外郡不治，豈足憂哉？」書聞，徵入守少府[63]。宣帝察望之經明持重，論議有餘，材任[64]宰相，欲詳試其政事，復以為左馮翊。望之從少府出為左遷[65]，恐有不合意，即移病[66]。上聞之，使侍中成都侯金安上[67]諭意[68]曰：「所用皆更[69]治民以考功[70]。君前為平原太守日淺，故復試之於三輔，非有所聞[71]也。」望之即視事[72]。

【章 旨】以上為第一部分，敘述儒生蕭望之為人耿直，敢於諫諍反對霍氏專權，深得宣帝賞識，一年中三次升遷官職。

【注 釋】❶東海蘭陵 東海，郡名。治郯縣，在今山東郯城西北。蘭陵，縣名。在今山東蒼山縣西南。❷杜陵 縣名。在今陝西西安東南。❸治 致力鑽研。❹齊詩 《詩經》有《魯》、《齊》、《韓》三家。西漢初年齊人轅固生傳《齊詩》，後傳於夏侯始昌、后倉、蕭望之等。❺事同縣后倉 謂在同縣人后倉那裡求學。事，求學。同縣，疑為「同郡」。錢大昭曰：「后倉，東海郯人，見〈儒林傳〉，與望之同郡，非同縣也。『縣』疑當作『郡』。」后倉，又作后蒼，字近君。曾拜夏侯始昌為師，研究《詩》、《禮》，著有《曲臺后倉》九篇。❻以令詣太常受業 謂按照法令的規定前往太常所屬學府學習。令，法令。詣，前往。受業，學習。❼復事同學博士白奇 謂再拜同學博士白奇為師。❽禮服 顏師古曰：「《禮》之〈喪服〉也。」❾蓋主 鄂邑蓋長公主。漢武帝的女兒。史失其名。食邑於鄂，為蓋侯之妻。亦稱鄂邑公主或蓋長公主。❿露索 袒露搜身。露，袒露。索，搜索。⓫閤 小門。⓬匈匈 吵嚷；喧譁。⓭流大化 謂廣遠深入的教化。流，傳遍四方。大化，深入的教化。⓮洽平 謂和諧安定，天下太平。洽，協和；廣博。王念孫舉本書卷八十六〈王嘉傳〉以致治平為例，以為此處洽平當是治平之訛。⓯延頸企踵 謂伸長脖子踮起腳跟，形容殷切盼望。延，引伸；伸展。企，踮起腳跟。踵，腳後跟。企踵，踮起腳後跟。跕，抬起腳後跟用腳尖站著。⓰恐非周公二句 謂恐怕不是周公輔佐周成王時親自吐哺握髮地對待士人的禮遇，表示對平民的誠意。顏師古曰：「周公攝政，一沐三握髮，一飯三吐哺，以接天下之士。白屋，謂白蓋之屋以茅覆之，賤人所居。」⓱除用 任用。⓲以射策甲科為郎 謂以射策甲科的成績為郎官。射策，以抓鬮的方法來獲得考題。⓳署 攝官，指代理、暫任或試充官職。⓴小苑東門候 小苑東門守門小吏。顏師古曰：「門候，主候時而開閉也。」王先謙以為此處小苑當是下苑之訛。㉑倉頭廬兒 謂在官府從事賤役的奴隸。倉頭，也作蒼頭，用青巾裹頭。廬兒，在官府從事雜役的奴僕和侍從。㉒下車趨門二句 謂下車朝向官府門走去時，左右傳聲四起，甚為尊寵。㉓不肯錄錄二句 謂不肯隨波逐流，故不得大官而守門。錄錄，同「碌碌」。平庸之意。抱關，守門的小吏。㉔坐 因；由於。㉕宿衛 宮廷禁衛。宿，留住。衛，警衛。㉖免歸 免職回鄉。㉗及 等到。《漢書補注》宋祁曰：「浙本無及字。」㉘察廉 選舉廉吏。㉙薨 死。㉚兄子山 謂禹之兄子霍山。㉛內侍 在皇帝宮廷供使喚。㉜地節三年 西元前六七年。地節，西漢宣帝年號。㉝雨雹 降雹。㉞上疏 書面向皇帝陳述政見。㉟清閒之宴 謂清靜悠閒的宴席。此指皇帝閒宴時召見臣下。㊱口陳災異之意 謂親口陳述天災的意涵。陳，陳述。災異，古代指天災或自然界的怪異現象。㊲邪　嗎。句尾疑問語氣詞。㊳下　下達。㊴鄉使　假使。鄉，通「嚮」、「向」。㊵魯君　魯昭公。春秋時魯國國君。㊶賊本心　傷害樹幹。賊，傷害。本心，樹幹。㊷公室　春秋戰國時諸侯國的政權。此實指西漢政權。㊸便宜　指對國家適宜並應及時辦的事。便，適宜；立即。宜，合適；應當。㊹輒下望之問狀　謂則下達蕭望之問明情況。輒，則；總是。問狀，問明情況。㊺高者請丞相御史　謂優秀的告訴丞相和御史大夫。高者，優秀的。請，告訴。御史，此指御史大夫。㊻次者中二千石二句　謂較好的由九卿官加以試用，一年以後再將具體情況向上級稟報。次者，較好的。中二千石，此指九卿官。試事，試用期內管理政事。狀聞，陳述具體情況。㊼報聞　將情況報告上司。㊽白處　稟告與處理。白，稟告；陳述。處，處理。㊾補郡國守相　謂充任郡太守和王國相。補，委任官職。國，諸侯王國。守，郡太守。相，王國相。㊿平原　郡名。治平原，在今山東平原南。(51)雅意　平素的意願。雅，平素。(52)本朝　朝廷。(53)哀愍　憂傷；憐憫。(54)究　終極；到底。顏師古曰：「究，竟也，謂周徧於天下。」(55)悉出　全部派出。悉，全；都。(56)爭臣　諫爭之臣。爭，通「諍」。直言規勸。(57)達士　通達政事之士。(58)幾微謀慮之士　謂既能考察細微又能深謀遠慮之士。幾，細微；考察。(59)亡有闕遺　謂沒有缺失與遺漏。闕，同「缺」。缺失；遺漏。(60)若此不怠　謂像這樣堅持不懈。怠，鬆懈。(61)成康之道　周成、康二王致太平之政績。(62)庶幾　相近；差不多。(63)徵入守少府　謂徵召進入少府試職。徵，徵召。守，官吏試職稱守。(64)任　堪任；勝任。(65)左遷　降職。古以右為尊，左為卑，故云。(66)移病　上書稱病要求辭職。移，要求辭職。(67)成都侯金安上　成都侯，或作「都成侯」。金安上，金日磾之弟金倫之子。(68)諭意　皇帝告示臣下的旨意。諭，告曉；告示。一般用於上對下。(69)更　經歷。(70)考功　考核功績。(71)所聞　聽到。(72)視事　治事；任職。

【語譯】蕭望之，字長倩，東海郡蘭陵縣人，後來遷居杜陵縣。世代以種田為業，傳到蕭望之，愛好學習，致力鑽研《齊詩》，在同縣人后倉那裡求學將近十年。按照法令的規定前往太常所屬學府學習，再拜同學博士白奇為師，並向夏侯勝學習《論語》和《禮記》的〈喪服〉。京都的許多儒生都稱讚他。

2　這時大將軍霍光執掌國政，長史丙吉推薦了儒生王仲翁和蕭望之等數人，都被召見。原先左將軍上官桀與蓋長公主企圖謀殺霍光，霍光誅滅上官桀等人以後，出入都自己加強戒備。官吏百姓必須接見的，都要袒露搜身並放下兵器，還派兩個官員挾持著。唯獨蕭望之不肯聽從，自己退出小門說：「不願見。」官員在拉扯過程中吵吵嚷嚷。霍光聽到後，告知官員不要挾持他。蕭望之來到霍光面前後，勸說霍光說：「將軍憑藉功德輔佐年幼的皇帝，將要用廣遠深入的教化，達到和諧安定，天下太平，因此天下之士都伸長脖子踮起腳跟，爭著自願親身效力，來輔佐高明的將軍。然而現在要求見您的士人都要先袒露搜身和受到挾持，恐怕不能體現周公輔佐周成王時親自吐哺握髮地對待士人的禮遇，表示對平民大眾的誠意。」此事之後霍光唯獨不任用蕭望之，而王仲翁等人都被委任為大將軍史。三年間，王仲翁升至光祿大夫給事中，蕭望之以射策甲科當了郎官，試任小苑東門的守門小吏。王仲翁出入官府有奴僕和侍從跟隨，下車朝官府門走去時，左右傳聲四起，甚為尊寵，他回過頭來對蕭望之說：「你不肯隨波逐流，反而只能當個守門人。」蕭望之說：「各人依照自己的志向吧。」

3 幾年以後，因為弟弟犯法受連累，不能繼續留在宮中擔任警衛，被免職回鄉做了郡裡的吏員。等到御史大夫魏相任用蕭望之當了屬員，經過察舉廉吏擔任大行治禮丞。

4 這時大將軍霍光死去，他的兒子霍禹又擔任大司馬，他的兒子霍山兼領尚書，親屬都在宮中擔任警衛和其他職事。地節三年夏天，京城裡降落冰雹，蕭望之為此向宣帝上書，希望宣帝在閒宴時能召見他，讓他親口陳述天災的意涵。宣帝從在民間就聽說過蕭望之的名聲，說：「這就是東海郡的蕭生麼？下達少府宋畸問明情況，叫他不要有所顧慮。」蕭望之應答，認為「《春秋》記載魯昭公三年大降冰雹，此時季氏當權，終於放逐魯昭公。假使魯昭公能覺察到天災變異的徵兆，應當沒有這場禍患。如今陛下以聖明德望居於帝位，思慮國家的政事和尋求賢能，這是像堯舜那樣的用心。然而好的祥瑞還沒到來，陰陽不協調，這是由於大臣在管理政事上為所欲為，一姓之人專權逞勢所造成的。樹枝太大會傷害樹幹，私家過於強盛公室就有危險。希望英明的主上親自治理紛繁的政務，選拔同姓貴族，任用賢明能幹的人才，當作自己的親信，讓他們參與政事謀劃，使公卿大臣朝見奏事，明白陳述自己的職責，以此來考核他們的功績和才能。這樣，那麼許多事情就能得到治理，公正之道就能建立，奸邪得以堵塞，個人的權勢就能廢除了」。應答後上奏，宣帝任用蕭望之為謁者。當時宣帝初即位，想選用德才兼備的儒生，許多人都上書談論對國家適宜並應及時辦的事，宣帝總是將這些文書下達蕭望之問明情況，優秀的告訴丞相和御史大夫，較好的由九卿官加以試用，一年以後再將具體情況向上級稟報，低劣的將情況報告上司，或者將人員遣歸鄉里，蕭望之所稟告與處理的文書都能得到宣帝的認可。因而被連續升遷為諫大夫、丞相司直，一年中三次升遷，升到二千石官階。後來霍家終於因為謀反案而被誅滅，蕭望之逐漸受到重用。

5 這時候朝廷正在挑選通曉政事的博士和諫大夫充任郡太守和王國相，任命蕭望之為平原太守。蕭望之平素的意願是在朝廷任職，要他到遠方去擔任郡守，內心感到不得意，便上書說：「陛下憐憫百姓，擔心德政和教化不能到達全國，把諫官都派出去充任郡吏，這正是所謂擔憂那些末節卻忘記了根本。朝廷沒有諫爭之臣就不易發現過錯，國家沒有通達政事之士就聽不到善言。希望陛下選拔通曉經術，能夠溫習舊業而增加新知識，既能考察細微又能深謀遠慮之士擔任宮廷內的臣僚，參與政事。諸侯了解到這個情況，便知道國家採納諫言，憂慮政事，沒有缺失與遺漏。像這樣堅持不懈，成王康王那樣的太平政治也差不多了！地方州郡沒有治理好，難道值得憂慮嗎？」文書被宣帝看到以後，便徵召蕭望之進入少府試職。宣帝觀察蕭望之明曉經學，辦事穩重，議論事理的能力綽綽有餘，具有擔任宰相的才幹，想要仔細考察他辦理政事的能力，於是又讓他擔任左馮翊。蕭望之從少府調出是被降職，擔心有不合宣帝的心意，便上書稱病要求辭職。宣帝聽到這個情況，便派遣侍中成都侯金安上告示旨意說：「朝廷所任用的人都要經歷過治理民眾以便考核功績。你以前擔任平原太守的時間很短，所以再一次在三輔對你進行考察，不是聽到你有什麼過失。」蕭望之立刻去任職。

1 是歲西羌❶反，漢遣後將軍❷征之。京兆尹張敞上書言：「國兵在外，軍以夏發❸，隴西❹以北，安定❺以西，吏民並給轉輸，田事頗廢，素無餘積，雖羌虜以❻破，來春民食必乏。窮辟❼之處，買亡所得，縣官❽穀度❾不足以振❿之。願今諸有辠，非盜受財⑪殺人及犯法不得赦⑫者，皆得以差入穀此八郡贖罪⑬。務益致穀⑭以豫備百姓之急。」事下有司⑮，望之與少府李彊議，以為「民函⑯陰陽之氣，有好義欲利⑰之心，在教化之所助⑱。堯在上⑲，不能去民欲利之心，而能令其欲利不勝⑳其好義也；雖桀㉑在上，不能去民好義之心，而能令其好義不勝其欲利也。故堯、桀之分，在於義利而已，道㉒民不可不慎也。今欲令民量粟㉓以贖罪，如此則富者得生，貧者獨死，是貧富異刑而法不壹也。人情㉔，貧窮㉕，父兄囚執㉖，聞出財得以生活㉗，為人子弟者將不顧死亡之患，敗亂之行，以赴財利，求救親戚。一人得生，十人以喪㉘，如此，伯夷㉙之行壞，公綽㉚之名滅。政教壹傾，雖有周召㉛之佐，恐不能復。古者臧於民，不足則取，有餘則予。詩曰『爰及矜人，哀此鰥寡㉜』，上惠下也。又曰『雨我公田，遂及我私㉝』，下急上也。今有西邊之役，民失作業㉞，雖戶賦口斂㉟以贍㊱其困乏，古之通義㊲，百姓莫以為非。以死救生㊳，恐未可也。陛下布德施教㊴，教化既成㊵，堯舜亡以加㊶也。今議開利路以傷既成之化，臣竊㊷痛之」。

2 於是天子復下其議兩府㊸，丞相、御史㊹以難問㊺張敞。敞曰：「少府、左馮翊所言，常人之所守耳。昔先帝㊻征四夷㊼，兵行三十餘年，百姓猶㊽不加賦，而軍用給[49]。今羌虜[50]一隅[51]小夷，跳梁[52]於山谷間，漢但令[53]辠人出財減辠以誅[54]之，其名賢於煩擾良民橫興賦斂[55]也。又諸[56]盜及殺人犯不道[57]者，百姓所疾苦也，皆不得贖；首匿[58]、見知縱[59]、所不當得為之屬[60]，議者或頗言其法可蠲除[61]，今因此令贖，其便明甚，何化之所亂？甫刑[62]之罰，小過赦，薄罪贖，有金選之品[63]，所從來久矣，何賊之所生？敞備皁衣[64]二十餘年，嘗聞罪人贖矣，未聞盜賊起也。竊憐涼州[65]被寇[66]，方秋饒時，民尚有飢乏，病死於道路，況至來春將大困乎！不早慮所以振救之策，而引常經[67]以難，恐後為重責。常人可與守經[68]，未可與權[69]也。敞幸得備列卿，以輔兩府為職，不敢不盡愚[70]。」

3 望之、彊復對曰：「先帝聖德，賢良在位，作憲垂法[71]，為無窮之規，永惟邊竟之不贍[72]，故金布令甲[73]曰『邊郡數被兵[74]，離[75]飢寒，夭絕天年[76]，父子相失，令天下共給其費[77]』，固為軍旅卒暴之事也[78]。聞天漢四年[79]，常使死罪人入五十萬錢減死罪一等，豪彊吏民請奪假貣[80]，至為盜賊以贖罪。其後姦邪橫暴，群盜並起，至攻城邑[81]，殺郡守，充滿山谷，吏不能禁，明詔遣繡衣使者以與[82]兵擊之，誅者過半，然後衰止。愚以為此使死罪贖之敗也，故曰不便。」時丞相魏相、御史大夫丙吉亦以為羌虜且破，轉輸略足相給，遂不施敞議。望之為左馮翊三年，京師稱之，遷大鴻臚。

【章旨】以上為第二部分，敘述西羌反叛時，京兆尹張敞和左馮翊蕭望之、少府李彊之間有關「令民量粟以贖罪」之可否展開激烈的爭論。兩者各持一端，然而似乎張敞所言更為符合情理。

【注釋】❶西羌 古代少數民族。因居住在我國西部，故稱西羌。❷後將軍 即趙充國。本書卷六十九有其傳。❸國兵在外二句 《漢紀》作「充國兵在外，已經夏」。本書疑有脫字，義不可通。❹隴西 郡名。治狄道，在今甘肅臨洮。❺安定 郡名。治高平，在今寧夏固原。❻以 通「已」。❼窮辟 窮鄉僻壤。❽縣官 朝廷。❾度 估計。❿振 通「賑」。救濟。⓫受財 接受財物。此指搶劫財物。⓬赦 免罪；減罪。⓭皆得以句 謂都可按照等次輸入穀物到這八個郡用來贖罪。得，可。以，按照。差，等次；順序。指罪情的輕重。贖罪，以錢物折換刑罰。⓮務益致穀 謂必須盡力增加糧食。務，必須。益，增加。致，盡力。⓯有司 有關官吏。⓰函 同「含」。⓱好義欲利 謂喜好正義和貪圖名利。好，喜歡；喜愛。⓲在教化之所助 謂在於教育感化對他們的幫助。教化，教育感化。⓳堯在上 謂唐堯居於君主地位。堯，唐堯。在，居於；處於。上，在上者；君主。《漢紀》作「雖堯在上」。⓴不勝 不能制服。㉑桀 名履癸。夏代最後的君主。㉒道 同「導」。㉓粟 小米。舊時對糧食的通稱。㉔人情 人之常情。㉕貧窮 貧苦窮困。㉖囚執 被關押的罪犯。囚，拘禁；罪犯。執，拘捕；控制。㉗生活 生存。㉘以喪 同時喪失性命。以，同時。㉙伯夷 商朝末年孤竹君長子。周武王滅商朝後，伯夷和弟弟叔齊不食周粟而死。㉚公綽 春秋魯國大夫孟公綽。相傳孟公綽為人廉正寡欲。㉛周召 周公旦、召公奭。周成王時，兩人共同輔政。㉜爰及矜人二句 〈小雅．鴻雁〉之詩。言王者惠澤下及哀矜之人以至鰥寡。爰及，至於。矜，憐憫；苦痛。鰥，老而無妻。寡，老而無夫。㉝雨我公田二句 〈小雅．大田〉之詩。言百姓喜於時雨，先潤公田，又及私田。雨，降雨。遂，於是。及，到。㉞作業 所從事的生產和工作。㉟戶賦口斂 謂按照戶籍和人口分別收稅。率，按照。賦，收稅。斂，收聚；賦稅。㊱贍 供給；供養。㊲通義 普遍適用的道理。㊳以死救生 子弟竭死以救父兄，令其生也。㊴布德施教 傳播儒家社會倫理道德和推行儒家政治思想。布，流傳；散播。施，散布；推行。㊵既成 已經成功。㊶加 超越。㊷竊 私下裡。㊸兩府 丞相府和御史府。㊹御史 此為御史大夫的省稱。㊺難問 責問。難，責問。㊻先帝 指漢武帝。㊼四夷 謂我國古代邊區的少數民族。即東夷、西戎、南蠻、北狄。㊽猶 仍然；尚且。㊾給 豐足；供應。㊿虜 奴僕；對敵方的蔑稱。51隅　角落；邊側之地。52跳梁　強橫。53但令　只要使。但，僅；只是。令，使。54誅　討伐。55橫興賦斂　謂橫暴徵集賦稅。橫，橫暴。興，徵集。斂，賦稅。56諸　眾多。57不道　無道；殘暴。58首匿　主謀隱藏罪人。匿，隱藏。59見知縱　顏師古曰：「見知人犯法不舉告為故縱。」見，顯露；出現。故縱，故意縱放使逃亡。60所不當得為之屬　謂所有屬於審判不適當的案件。不當，不適當。得，合適。61議者或頗言句　謂參加議論的官員有的都說這些法律條文應該除去。顏師古曰：「以其罪輕而法重，故常欲除此科條。」或，有的；有些。頗，都；皆。蠲，除去；減免。62甫刑　即〈呂刑〉。《尚書》篇名。顏師古曰：「呂侯為周穆王司寇，作贖刑之法，謂之〈呂刑〉。」呂侯，一作甫侯，故又稱〈甫刑〉。63金選之品　謂犯人用以贖罪罰金的等級。金，罰金。選，同「鋝」、「鍰」。64皁衣　即皂衣。漢代官吏制服。皁，即「皂」。黑色。65涼州　州名。治所不詳。轄境相當今甘肅大部、寧夏西南部、青海東北部、內蒙古西部。66寇　劫掠；侵犯。67常經　儒家經典中常用的道理。68守經　固守經典規定的常法。69權　計謀；機變。70愚　蠢笨；無知。自謙之詞。71作憲垂法　謂制定和頒布法律。作，制定。憲，法令。垂，向下。引申為向下頒布。法，法律。72永惟邊竟之不贍　謂長久地思慮邊境的不足。永，長久。惟，思考；謀慮。竟，通「境」。贍，充足。73金布令甲　謂《金布》令的甲篇。74被兵　遭遇戰事。被，遭遇。兵，戰爭；軍事。75離　遭遇。76夭絕天年　謂短命早死。夭，摧折；少壯而死。絕，斷；死亡。天年，自然的壽數。77令天下共給其費　令全國共同負擔他的生活費用。78固為軍旅句　言此令文專為軍旅猝暴而施設。猝，突然。暴，急疾；突然。固，本來；原來。79天漢四年　西元前九七年。天漢，漢武帝年號。80請奪假貣　謂私相爭奪或借貸給貧民。假，借。貣，向人求物；乞貸。81邑　城市。82興　軍興之法。軍興法，謂漢代軍法的一種。軍隊長官可依軍法徵集軍隊及軍用物資，並有權依法處置違法者。

【語　譯】這年西羌反叛，漢朝派遣後將軍去征討。京兆尹張敞上書說：「國家的士兵長期駐守邊疆，軍隊又在夏天出征，隴西郡以北，安定郡以西，官吏和民眾都參與供應和運輸工作，農業生產大都荒廢，平常沒有儲存餘糧，即使羌人已被打敗，明年春季民眾的食糧必然缺乏。窮鄉僻壤的地方，有錢也買不到糧食，朝廷的糧食估計不足以救濟貧民。希望使那些有罪的犯人，除搶劫財物、殺人及犯法不得赦免者外，都可按照等次輸入穀物到這八個郡用來贖罪。必須盡力增加糧食以便預備解決百姓的急難。」此事下達官員參議，蕭望之與少府李彊認為「百姓含有陰陽兩種不同的氣質，既有喜好正義又有貪圖名利兩種對立的思想，端看教育感化對他們的幫助。唐堯居於君主地位時，不能去掉百姓貪圖名利的思想，而能使他們貪圖名利的思想不能制服他們喜好正義的思想；即使夏桀居於君主地位時，不能去掉百姓喜好正義的思想，而能使他們喜好正義的思想不能制服他們貪圖名利的思想。所以堯、桀的區別，在於正義與名利而已，引導百姓不可不謹慎。如今想要使百姓交納糧食以贖罪，這樣則富有的人就可以獲得生路，貧窮的人就只能去死，這就造成法律不統一從而窮人富人所受的刑罰不一樣。人之常情，貧窮人家的父兄中有被關押的罪犯，聽說交納錢財可以生存，他們的子弟將會不顧死亡的禍患和胡作非為造成的惡果，把追求錢財作為救出父兄的主要手段。一人得以生存，可能造成十人喪失性命，這樣的話，有伯夷的品行也會毀敗，如孟公綽的名聲也會消除。政教的作用一旦失靈，即使有周公召公那樣的輔佐，恐怕也是難以恢復的。古時候糧食儲藏在民間，國有不足時就取之於民，有餘時再提供給民眾。《詩經》說「君王的恩惠應該賜給貧苦的人以及鰥寡孤獨的老人」，這是朝廷賜恩惠給民眾。又說「降雨先滋潤我的公田，然後下到我的私田」，這是民眾對朝廷的責任心。如今有西邊的兵役，民眾失去所從事的工作和生產，雖然按照戶籍和人口分別收稅以供給他們的貧困生活，是自古以來普遍適用的道理，百姓沒有認為不對。子弟以死亡為代價去救父兄，恐怕是不可取的。陛下傳播儒家社會倫理道德和推行儒家政治思想，教化已經成功，唐堯虞舜也無法超越。現在有人提議開闢財路因而傷害已經獲得成功的教化，我們私下裡感到痛心」。

2 於是宣帝再一次交給丞相府和御史府審議，丞相、御史大夫根據審議的結果責問張敞。張敞說：「少府和左馮翊所說的，不過是平庸的人所遵守的常規而已。從前漢武帝征討四方邊境的少數民族，軍隊出行三十餘年，百姓仍然不增加賦稅，而軍事費用豐足。現在羌人只是邊側之地的小部族，強橫於山谷之間，漢朝只要使罪犯交納財物減輕罪行去討伐羌人，其名聲比煩擾良民專橫徵集賦稅要好得多。又那些強盜以及兇殘的殺人犯，是百姓所感到痛苦的，都不能贖罪；主謀隱藏罪人、明知有人犯法而不舉告的人、所有屬於審判不適當的案件，參加議論的官員有的都說這些法律條文應該除去。現在按照這些法令贖罪，它的好處十分明顯，為什麼說擾亂了教化呢？〈甫刑〉中規定的刑罰，小過失赦免，輕罪可贖罪，有犯人用以贖罪罰金的等級，這些由來已經很久了，何曾發生什麼盜賊呢？我做朝廷官吏二十多年，只聽說過有罪人贖罪的事，沒聽說過有盜賊因此而起。我私下同情涼州被劫掠，正當秋季豐收的時候，百姓還有飢餓困乏的，有些甚至病死於道路，何況到明年春天將出現更大的饑荒呢！不盡早考慮用來振救百姓的辦法，卻引用儒家經典中的常法來責問，恐怕會被後人嚴加責備。平庸的人可以共同固守經典規定的常法，不可共同計謀大事。我有幸得以位居列卿，把輔佐兩府作為自己的職責，不敢不盡力說出自己的淺見。」

3 蕭望之、李彊再一次應對說：「先帝聖明大德，賢良的人在位，制定和頒布法律，作為長遠的法規，長久地思慮邊境的不足，所以《金布》令甲說『邊郡多次遭遇戰事，遭受飢寒，百姓短命早死，父子離散，令全國共同負擔他們的生活費用』，這本來是為戰事突然發生而制定的法律條文。聽說在天漢四年，曾經讓死刑犯每人只要交納五十萬錢即可減死罪一等，豪強、官吏和富民乘機互相爭奪或借貸給貧民，有的貧民甚至充當盜賊以為家屬贖罪。從那以後，奸詐邪惡之徒橫行暴掠，各地的盜賊同時起事，甚至攻打到城市，殺死郡守，盜賊布滿高山深谷，地方官吏不能禁止，朝廷公開下詔派遣繡衣使者按照軍興之法緊急調兵前去鎮壓，被殺死的超過半數，然後各地盜賊的活動才逐漸被平息下來。我認為這是讓死刑犯可以贖罪所招致的危害。所以說這樣做是不恰當的。」當時丞相魏相、御史大夫丙吉也認為羌人將要被打敗，轉運的物資大約能滿足對邊區的供給，便沒有施行張敞的建議。蕭望之擔任左馮翊三年，京城裡的人都稱讚他，被提升為大鴻臚。

1 先是烏孫昆彌翁歸靡因長羅侯常惠上書❶，願以漢外孫元貴靡為嗣❷，得復尚少主❸，結婚內附，畔❹去匈奴。詔下公卿議，望之以為烏孫絕域❺，信其美言，萬里結婚，非長策也。天子不聽。神爵二年❻，遣長羅侯惠使送公主❼配元貴靡。未出塞，翁歸靡死，其兄子狂王背約自立。惠從塞下上書，願留少主敦煌郡❽，惠至烏孫，責以負約，因立元貴靡，還迎少主。詔下公卿議，望之復以為「不可。烏孫持兩端，亡堅約，其效可見。前少主在烏孫四十餘年，恩愛不親密，邊境未以安，此已事之驗也。今少主以元貴靡不得立而還，信無負於四夷，此中國之大福也。少主不止，繇役將興，其原起此」。天子從其議，徵少主還。後烏孫雖分國兩立，以元貴靡為大昆彌，漢遂不復與結婚。

2 三年⑨，代丙吉為御史大夫。五鳳⑩中匈奴大亂，議者多曰匈奴為害日久，可因其壞亂舉兵滅之。詔遣中朝大司馬車騎將軍韓增、諸吏⑪富平侯張延壽、光祿勳楊惲、太僕戴長樂問望之計策，望之對曰：「春秋晉士匄帥師侵齊，聞齊侯卒，引師而還，君子大其不伐喪⑫，以為恩足以服孝子，誼足以動諸侯。前單于慕化鄉善稱弟，遣使請求和親，海內⑬欣然，夷狄⑭莫不聞。未終奉約，不幸為賊臣所殺，今而伐之，是乘亂而幸災也，彼必奔走遠遁⑮。不以義動兵，恐勞而無功。宜遣使者弔問，輔其微弱，救其災患，四夷聞之，咸⑯貴中國之仁義。如遂⑰蒙恩⑱得復其位，必稱臣服從，此德之盛也。」上從其議，後竟⑲遣兵護輔呼韓邪單于⑳定其國。

3 是時大司農中丞耿壽昌奏設常平倉㉑，上善之，望之非壽昌㉒。丞相丙吉年老，上重焉，望之又奏言：「百姓或乏困，盜賊未止，二千石多材下不任職。三公㉓非其人，則三光㉔為之不明，今首歲㉕日月少光，咎在臣等。」上以望之意輕丞相㉖，乃下侍中建章衛尉金安上、光祿勳楊惲、御史中丞王忠，并詰問㉗望之。望之免冠㉘置對，天子繇是不說。

4 後丞相司直緐延壽奏：「侍中謁者良使承㉙制詔望之，望之再拜已。良與望之言，望之不起，因故下手㉚，而謂御史曰『良禮不備』。故事㉛丞相病，明日御史大夫輒問病；朝奏事會庭中，差居㉜丞相後，丞相謝，大夫少進㉝，揖㉞。今丞相數病，望之不問病；會庭中，與丞相鈞㉟禮。時議事不合意，望之曰：『侯年寧能父我邪㊱！』知御史有令㊲不得擅使，望之多使守史㊳自給車馬㊴，之㊵杜陵護視家事。少史冠法冠，為妻先引㊶，又使賣買，私所附益凡十萬三千㊷。案㊸望之大臣，通經術，居九卿之右㊹，本朝所仰，至不奉法自修，踞慢不遜攘㊺，受所監臧二百五十以上㊻，請逮捕繫治㊼。」上於是策㊽望之曰：「有司奏君責使者禮，遇丞相亡禮，廉聲不聞，敖㊾慢不遜，亡以扶政，帥先百僚。君不深思，陷于茲穢㊿，朕不忍致君于理，使光祿勳惲策詔，左遷君為太子太傅，授印。其上故印使者(51)，便道之官(52)。君其秉道明孝(53)，正直是與(54)，帥意亡僭(55)，靡有後言(56)。」

5 望之既左遷，而黃霸代為御史大夫。數月間，丙吉薨，霸為丞相。霸薨，于定國復代焉。望之遂見廢，不得相。為太傅，以論語、禮服授皇太子。

6 初，匈奴呼韓邪單于來朝，詔公卿議其儀，丞相霸、御史大夫定國議曰：「聖王之制，施德行禮，先京師而後諸夏[57]，先諸夏而後夷狄。詩云：『率禮不越，遂視既發；相土烈烈，海外有截[58]。』陛下聖德充塞天地，光被四表[59]，匈奴單于鄉風慕化[60]，奉珍朝賀，自古未之有也。其禮儀宜如諸侯王，位次在下。」望之以為：「單于非正朔[61]所加，故稱敵國[62]，宜待以不臣[63]之禮，位在諸侯王上。外夷稽首[64]稱藩[65]，中國讓而不臣，此則羈縻[66]之誼，謙亨[67]之福也。書[68]曰『戎狄荒服[69]』，言其來服，荒忽亡常[70]。如使匈奴後嗣卒有鳥竄鼠伏，闕於朝享，不為畔臣[71]。信讓行乎蠻貉[72]，福祚[73]流于亡窮，萬世之長策也。」天子采之，下詔曰：「蓋聞五帝三王教化所不施，不及以政。今匈奴單于稱北藩，朝正朔，朕之不逮[74]，德不能弘覆[75]。其以客禮待之，令單于位在諸侯王上，贊謁[76]稱臣而不名。」

【章　旨】以上為第三部分，集中反映蕭望之在外交上所表現的才華。他認為烏孫地處絕域，以少主萬里結婚非長策；而面對內亂的匈奴，他認為「乘亂而幸災也，彼必奔走遠遁」；單于來朝，不可以臣下之禮待之，而應「信讓行乎蠻貉，福祚流于亡窮，萬世之長策也」，得到宣帝的肯定。然而他居三公之位，不奉法度、傲慢不遜，終被左遷為太子太傅。

【注釋】❶先是烏孫昆彌句　謂先前烏孫昆彌翁歸靡通過長羅侯常惠呈遞文書。烏孫，漢代西域城國名。在今新疆伊犁河流域。昆彌，烏孫國王的稱號。翁歸靡，人名。因，憑藉；通過。長羅，地名。在今河南長垣東北。❷嗣　繼承人。❸尚少主　娶漢公主為妻。尚，奉事；匹配。後專指娶帝王之女為妻。少主，此實指宗室女。❹畔　通「叛」。❺絕域　極遠的地域。絕，僻遠。❻神爵二年　西元前六〇年。❼公主　謂楚王劉戊之孫女解憂公主的姪女相夫。❽敦煌郡　治敦煌，在今甘肅敦煌西。❾三年　神爵三年，即西元前五九年。❿五鳳　漢宣帝年號，西元前五七—前五四年。⓫諸吏　加官名。凡加此官銜的官員可在上朝時向朝廷提出有關法律的建議。⓬春秋晉士匄等四句　士匄，晉大夫范宣子。《春秋公羊傳・襄公十九年》齊侯環卒，「晉士匄帥師侵齊，至谷，聞齊侯卒，乃還。還者何？善辭也，大其不伐喪也。」帥，通「率」。齊侯，即齊靈公姜環。君子贊其不伐喪，謂君子以不攻伐治喪的國家為高尚品德。⓭海內　國內。⓮夷狄　古代泛指中原華夏民族以外的少數民族。東曰夷，北曰狄。⓯遁　逃走。⓰咸　都。⓱遂　終於。⓲蒙恩　接受恩惠。⓳竟　終於。⓴呼韓邪單于　名稽侯狦，匈奴單于。冒頓單于八世孫，虛閭權渠單于之子。西元前五八—前三一年在位。匈奴與漢朝和親，漢以王昭君嫁之。㉑常平倉　封建國家為調節糧價、儲糧備荒所設置的糧倉。㉒望之非壽昌　謂蕭望之反對耿壽昌的建議。㉓三公　輔助皇帝掌握軍政大權的最高官員。此指丞相、大司馬、御史大夫。㉔三光　日、月、五星。㉕首歲　歲之初。首謂正月。㉖上以望之意輕丞相　謂宣帝認為蕭望之的本意在詆毀丞相。㉗詰問　責問。㉘免冠　脫去頭上之冠以謝罪。㉙承　承旨奉行。㉚下手　伏地而言。㉛故事　舊日的典章制度。㉜差居　位於。差，位次。居，位於。㉝大夫少進　謂御史大夫稍微向前。㉞揖　古時拱手禮。㉟鈞　通「均」。平均；同等。㊱侯年寧能父我邪　服虔曰：「寧能與吾父同年邪？」侯，古時士大夫之間的尊稱。猶言君。寧，難道。邪，嗎。㊲令　命令；法令。此指發出命令的權力。㊳守史　留守御史府的屬員。㊴自給車馬　令其自備私車馬。令，使。㊵之　往；到。㊶少史二句　少史，曹史之下者。冠法冠，戴法冠。法冠，御史、執法者、使節所戴的冠。㊷又使賣買二句　讓少史從事經商，蕭望之從中得利。㊸案　通「按」。按照；依照。㊹右　上。㊺踞慢不遜攘　謂傲慢不謙讓。踞，通「倨」。傲慢。遜，退避；辭讓。攘，古讓字。㊻受所監臧句　謂因收受賄賂贓物而觸犯律令達二百五十條以上。監，監督。臧，通「贓」。賄賂、盜竊之物。㊼繫治　拘禁懲處。繫，拘囚；囚禁。治，懲處。㊽策　指策書或策詔。用在皇帝罷免或左遷官吏。㊾敖　通「傲」。㊿茲穢　更加汙濁。茲，益；更加。穢，汙濁。51其上故印使者　謂把御史大夫之印交給使者揚惲。上，獻上。52便道之官　謂立即上路至官府任職。意謂不必到宮闕向皇帝答謝。便，立即。道，上路。之，往；至。官，官府。53秉道明孝　謂執守正確的思想學說，明白孝行的重要。秉，執守。道，思想學說。孝，孝行。54正直是與　謂凡是正直的行為就應當給予支持。是，這個。與，給予；讚許。55帥意亡愆　謂盡力不要再犯過失。帥意，竭盡其意。帥，通「率」。愆，罪過；過失。56靡有後言　謂不要提出申述的話。靡，無。後言，謂自申理。57諸夏　指周代分封的諸侯國。58率禮不越四句　〈商頌·長發〉之詩。率，循也。遂，徧也。既，盡也。發，行也。相土，契之孫。烈烈，威。截，齊。言殷宗受命為諸侯，能修禮度，無有所踰越也。徧省視之，教令盡行，四海之外皆整齊。詩中所說內容是成湯建國前商族先民某些傳說，不可考。59光被四表　謂光輝四射。被，及；達到。四表，四海之外。60鄉風慕化　謂嚮往並接受教化。鄉，通「向」。鄉風，依順；敬慕。61正朔　謂帝王新頒布的曆法。此指漢王朝。62敵國　對等的國家。63不臣　不以臣下之禮相待。謂尊之為貴賓。64稽首　舊時所行跪拜禮。稽，叩頭至地。首，頭。65稱藩　稱臣歸附。藩，附屬國。66羈縻　聯絡；維繫。也稱籠絡。67謙亨　《易·謙卦》：「謙，亨，天道下濟而光明，地道卑而上行。」言謙之為德，無所不通。68書　逸《書》。指已散失的《古文尚書》。69荒服　古代稱離王城最遠之地。70荒忽亡常　謂反覆無常。荒忽，猶如恍惚，即隱約不清，難以捉摸和辨認。71如使匈奴等三句　顏師古曰：「卒，終也。本以客禮待之，若後不來，非叛臣。」後嗣，後代；後世。烏竄鼠伏，如烏鼠之逃避潛匿。伏竄，逃避潛匿。闕，通「缺」。朝享，宗廟之祭。畔，通「叛」。72蠻貉　古代泛指中原華夏民族以外的少數民族。蠻，泛指南方少數民族。貉，通「貊」。泛指北方或東北少數民族。73福祚　福德；福利。祚，福；賜福。74不逮　不及。75弘覆　廣泛遮蓋。喻恩澤廣泛庇蔭。76贊謁　臣子朝見皇帝時行禮。贊，司儀宣讀行禮的儀式。謁，晉見；進見。

【語　譯】先前烏孫昆彌翁歸靡通過長羅侯常惠呈遞文書，願意將漢朝的外孫元貴靡作為繼承人，使他能夠再娶漢公主為妻，結婚歸附漢朝，叛離匈奴。宣帝下詔讓公卿大臣討論，蕭望之認為烏孫在極遠地域，輕信他們漂亮的話語，相隔萬里締結婚姻，不是長久的良策。宣帝沒有採納他的建議。神爵二年，派遣長羅侯常惠出使護送公主匹配元貴靡。還沒有走出邊塞，翁歸靡死去，他的姪兒狂王違背約定自立為王。常惠從邊塞上書給宣帝，建議將公主留在敦煌郡，等常惠到達烏孫後，責備狂王違背約定，再立元貴靡為王，回敦煌迎接公主。宣帝又下詔讓公卿大臣討論，蕭望之又認為「不能這樣做。烏孫抱著左右搖擺不定的態度，不能堅決履行約定，它的效果已經可以看出來。以前公主在烏孫四十多年，夫妻關係不親密，邊境不安定，這個已經被事實所證明。現在公主以元貴靡不能登王位而還漢，沒有背信於四周少數民族，這是漢朝的大福氣。公主婚配烏孫之事不能停止，徭役將不斷產生，其根源就在這裡」。宣帝採納了他的意見，詔令公主返回。後來烏孫雖然分別建立兩個國家，將元貴靡立為大昆彌，漢朝終於沒有再與烏孫締結婚姻。

2 神爵三年，蕭望之接替丙吉擔任御史大夫。五鳳年間匈奴大亂，議論時事的人多數認為匈奴侵害為時已久，可以趁著它內部的衰敗混亂發兵去消滅它。宣帝下詔派遣中朝大司馬車騎將軍韓增、諸吏富平侯張延壽、光祿勳楊惲、太僕戴長樂向蕭望之詢問計策，蕭望之回答說：「《春秋》記載晉國大夫士匄率領軍隊去侵犯齊國，聽說齊侯去世，便帶領部隊回來，君子以不攻伐正在治喪的國家為高尚品德，認為恩惠足以讓齊國孝子敬服，仁義足以感動諸侯。從前單于仰慕教化向善稱弟，派遣使者請求和親，國內民眾都感到高興，周邊的少數民族沒有不知道的。雙方約定尚未徹底實現，單于不幸被賊臣所殺，現在如果去攻打他們，這是趁匈奴內亂而幸災樂禍，他們必然奔走遠逃。不以仁義去發動戰爭，恐怕會勞而無功。應當派遣使者前去弔唁和慰問，在他們微弱時出手幫忙，拯救他們的災患，四方的少數民族知道了，都會看重漢朝的仁義之舉。如果終於能蒙受恩惠恢復單于的王位，他們一定會向漢朝稱臣服從，這是德政興盛的表現。」宣帝聽從了他的意見，後來終於派兵護送並幫助呼韓邪單于穩定了他的國家。

3 這時大司農中丞耿壽昌向宣帝上書建議設置常平倉，宣帝表示贊同，蕭望之卻反對耿壽昌的建議。丞相丙吉年老，宣帝敬重他，蕭望之又上奏說：「百姓有的生活困難，盜賊還沒制止，二千石官吏大多才能低下不能勝任職守。三公大臣的人選不當，那麼日月星辰都將因此失去光明，今年年初日月少光，罪過就在我們身上。」宣帝認為蕭望之的本意在詆毀丞相，便下令侍中建章衛尉金安上、光祿勳楊惲、御史中丞王忠，共同責問蕭望之。蕭望之脫帽謝罪後提出答辯，宣帝對此很不高興。

4 後來丞相司直緐延壽上奏說：「侍中謁者良奉令制詔蕭望之，蕭望之再拜而已。良跟蕭望之說話，蕭望之不起來，並故意趴在地上對御史說『良的禮節不完備』。按照慣例丞相生病，第二天御史大夫就應當去探問病情；群臣上朝奏事聚合在殿堂中，位於丞相後面，丞相拜謝後，御史大夫稍為向前，作揖。現在丞相多次患病，蕭望之不去探病；聚合在殿堂上，和丞相平起平坐。有時議論政事不合他的意，蕭望之說：『你的年紀難道和我的父親同年嗎！』知道朝廷賦予御史大夫的權力不能擅自使用，蕭望之卻多次派遣留守御史府的屬員自備車馬，前往杜陵照料家事。讓少史戴著法冠替自己的妻子帶路；又讓少史從事經商，蕭望之從中得利十萬三千錢。按說蕭望之是朝廷大臣，通曉經術，職位在九卿之上，是本朝所依靠的人，竟至於不遵守法紀和自我修養，傲慢不知謙讓，因收受賄賂贓物而觸犯律令達二百五十條以上，請予逮捕法辦。」宣帝當即下策書給蕭望之說：「有關主管官員上奏你責備使者禮節不完備，你對待丞相沒有禮節，沒有聽到你的廉潔的聲譽，傲慢而不謙遜，無法幫助朝政，率領百官。你不能深刻反省，以致陷入更加汙濁的境地，我不忍心把你交給司法部門審理，派遣光祿勳楊惲下達策詔，把你降職為太子太傅，給予印綬。而你可把御史大夫印上交給使者楊惲，立即上路至官府任職。你應當執守正確的思想學說，明白孝行的重要，凡是正直的行為就應當給予支持，盡力不要再犯過失，不要提出申述的話。」

5 蕭望之被貶職降級以後，黃霸更替為御史大夫。數月以後，丙吉辭世，黃霸擔任丞相。黃霸辭世，于定國又更替了黃霸。蕭望之終於被廢棄，不能擔任丞相。他擔任太傅，用《論語》和《禮記》的〈喪服〉教授皇太子。

6 從前，匈奴呼韓邪單于前來朝見，宣帝命令公卿大臣們討論接受朝拜的禮儀，丞相黃霸、御史大夫于定國議論說：「聖明帝王的制度，施行德政禮儀，先京師然後是中原諸侯，先中原諸侯然後是中原民族以外的少數民族。《詩經》說：『循禮不超越，到處視察，教令通行；相土的勢力強盛，四海之外都很安定。』陛下聖德充滿天地，光輝四射，匈奴單于嚮往並接受教化，奉獻珍寶，朝拜慶賀，自古以來未曾有過。接見匈奴單于的禮儀應當像接待諸侯王一樣，位次在諸侯王之下。」蕭望之認為：「單于不是漢朝政府所加封，所以稱為對等的國家，應當不以臣下之禮相待，位次在諸侯王之上。中原以外的少數民族行跪拜禮稱臣歸附，漢朝謙讓尊之為貴賓，這是籠絡的意義，乃是無所不通的謙虛美德所帶來的福祉。《古文尚書》說『戎狄少數民族是離王城最遠之地』，意思是說他們雖然前來歸附，但由於遠離王城，容易反覆無常。如果匈奴後代子孫終於有如鳥鼠之逃避潛匿，不按時前來祭祀宗廟，不算是叛逆的臣子。誠信和謙讓的美德推行到邊遠的少數民族，福德流傳於世世代代，這是萬世的長遠策略。」宣帝採納了他的意見，下詔說：「聽說五帝三王對於教化不能施行到的地方，也就不用政令去進行管轄。現在匈奴單于自稱北方的附屬國，按時來朝拜漢王朝，我的能力有所不及，德澤不能廣泛地庇蔭到他們身上。就用客禮接待他們，讓單于的位次排在諸侯王之上，朝見皇帝時稱臣而不必報告姓名。」

1 及宣帝寢疾❶，選大臣可屬❷者，引外屬❸侍中樂陵侯史高、太子太傅望之、少傅周堪至禁中❹，拜高為大司馬車騎將軍，望之為前將軍光祿勳，堪為光祿大夫，皆受遺詔輔政，領尚書事。宣帝崩，太子襲尊號，是為孝元帝。望之、堪本以師傅見尊重，上即位，數宴見❺，言治亂，陳王事❻。望之選白宗室明經達學散騎諫大夫劉更生給事中，與侍中金敞並拾遺❼左右。四人同心謀議，勸道上以古制，多所欲匡正，上甚鄉納❽之。

2 初，宣帝不甚從儒術，任用法律，而中書宦官用事❾。中書令弘恭、石顯久典樞機❿，明習文法⓫，亦與車騎將軍高為表裡⓬，論議常獨持故事，不從望之等。恭、顯又時傾仄見詘⓭。望之以為中書政本，宜以賢明之選，自武帝游宴⓮後庭，故用宦者⑮，非國舊制，又違古不近刑人之義⑯，白⑰欲更置士人，繇是大與高、恭、顯忤⑱。上初即位，謙讓重⑲改作，議久不定，出劉更生為宗正。

3 望之、堪數薦名儒茂材⑳以備諫官。會稽㉑鄭朋陰㉒欲附望之，上疏言車騎將軍高遣客為姦利郡國，及言許、史㉓子弟罪過。章視㉔周堪，堪白令朋待詔金馬門㉕。朋奏記㉖望之曰：「將軍體周召之德，秉公綽之質，有卞莊之威㉗。至乎耳順之年㉘，履折衝之位㉙，號至將軍，誠士之高致也㉚。窟穴㉛黎庶㉜莫不懽喜，咸曰將軍其人也㉝。今將軍規撫云若管晏而休，遂行日仄至周召乃留乎㉞？若管晏而休，則下走將歸延陵之皋㉟，修農圃之疇㊱，畜雞種黍，竢見二子，沒齒而已矣㊲。如將軍昭然度行積思，塞邪枉之險蹊，宣中庸之常政㊳，興周召之遺業，親日仄之兼聽，則下走其庶幾願竭區區，底厲鋒鍔，奉萬分之一㊴。」望之見納㊵朋，接待以意㊶。朋數稱述望之，短㊷車騎將軍，言許、史過失。

4 後朋行傾邪，望之絕不與通。朋與大司農史李宮俱待詔，堪獨白宮為黃門郎。朋，楚士㊸，怨恨，更求入許、史，推所言許、史事曰：「皆周堪、劉更生教我，我關東㊹人，何以知此？」於是侍中許章白見㊺朋。朋出揚言曰：「我見，言前將軍小過五，大罪一。中書令在旁，知我言狀。」望之聞之，以問弘恭、石顯。

顯、恭恐望之自訟，下於它吏[46]，即挾[47]朋及待詔華龍。龍者，宣帝時與張子蟜等待詔，以行汙濊[48]不進，欲入堪等，堪等不納，故與朋相結。恭、顯令二人告望之等謀欲罷車騎將軍疏退許、史狀，候望之出休日[49]，令朋、龍上之。事下弘恭問狀，望之對曰：「外戚在位多奢淫，欲以匡正國家，非為邪也。」恭、顯奏：「望之、堪、更生朋黨相稱舉，數譖[50]訴大臣，毀離親戚，欲以專擅權勢，為臣不忠，誣上不道，請謁者召致廷尉。」時上初即位，不省[51]「謁者召致廷尉」為下獄也，可其奏。後上召堪、更生，曰繫獄[52]。上大驚曰：「非但廷尉問邪？」以責恭、顯，皆叩頭謝。上曰：「令出視事[53]。」恭、顯因使高言：「上新即位，未以德化聞於天下，而先驗[54]師傅，既下九卿大夫獄，宜因決[55]免。」於是制詔丞相御史：「前將軍望之傅[56]朕八年，亡它罪過，今事久遠，識忘難明[57]。其赦望之罪，收前將軍光祿勳印綬[58]，及堪、更生皆免為庶人。」而朋為黃門郎。

後數月，制詔御史：「國之將興，尊師而重傅。故前將軍望之傅朕八年，道以經術，厥功茂焉[59]。其賜望之爵關內侯，食邑六百戶[60]，給事中，朝朔望[61]，坐次[62]將軍。」天子方倚[63]欲以為丞相，會望之子散騎中郎伋上書訟望之前事，事下有司，復奏：「望之前所坐明白，無譖訴者[64]，而教子上書，稱引亡辜之詩[65]，失大臣體，不敬，請逮捕。」弘恭、石顯等知望之素高節，不詘辱，建白[66]：「望之前為將軍輔政，欲排退許、史，專權擅朝。幸得不坐[67]，復賜爵邑，與聞政事，不悔過服罪，深懷怨望，教子上書，歸非於上[68]，自以託師傅，懷終不坐[69]。非頗詘[70]望之於牢獄，塞其怏怏[71]心，則聖朝亡以施恩厚。」上曰：「蕭太傅素剛，安肯就吏[72]？」顯等曰：「人命至重，望之所坐，語言薄罪，必亡所憂。」上乃可其奏。

6 顯等封[73]以付謁者，敕令[74]召望之手付[75]，因[76]令太常急發執金吾車騎馳圍其第[77]。使者至，召望之。望之欲自殺，其夫人止之，以為非天子意。望之以問門下生[78]朱雲。雲者好節士[79]，勸望之自裁[80]。於是望之卬天歎曰：「吾嘗備位[81]將相，年踰六十矣，老入牢獄，苟求生活[82]，不亦鄙乎[83]！」字謂雲曰：「游[84]，趣[85]和藥來，無久留我死！」竟飲鴆[86]自殺。天子聞之驚，拊手[87]曰：「曩[88]固疑其不就牢獄，果然殺吾賢傅！」是時太官方上晝食，上乃卻[89]食，為之涕泣，哀慟[90]左右。於是召顯等責問以議不詳[91]。皆免冠謝，良久然後已。

7 望之有罪死，有司請絕其爵邑。有詔加恩，長子伋嗣為關內侯。天子追念望之不忘，每歲時遣使者祠祭望之家[92]，終元帝世。望之八子，至大官者育、咸、由。

【章旨】以上為第四部分，敘述蕭望之反對外戚、宦官專權，反被宦官和佞臣所陷害，最終飲恨自殺的悲慘結局。

【注釋】❶寢疾　臥病。❷屬　通「囑」。託付；囑託。❸外屬　外家親屬。外家指外祖父母家或舅家。❹禁中　皇帝所居宮中禁地。❺宴見　皇帝閒暇時召見臣下。❻王事　公事。❼拾遺　糾正帝王的過失。❽鄉納　信任並採納。鄉，通「向」。趨向。❾用事　管事。❿典樞機　謂掌管機要部門或職位。⓫文法　法制；法令條文。⓬表裡　互為呼應、配合。⓭傾仄見詘　謂議論偏頗而被貶退。傾仄，傾側；偏頗。詘，通「黜」。貶黜；貶退。⓮游宴　遊玩宴樂。也作「游燕」、「游讌」。⓯宦者　宦官；閹人。⓰又違古句　謂違反古時受刑的人不能接近國君的原則。刑人，原指受刑的人。後多指宦官。⓱白　稟告；陳述。⓲忤　違背；不順。⓳重　難。⓴茂材　漢代察舉科目之一。西漢稱秀才，東漢避光武帝劉秀諱，改為茂才，或稱茂材。此指優秀人才。㉑會稽　郡名。治吳縣，在今江蘇蘇州。㉒陰　暗；隱。喻私底下。㉓許史　指外戚許氏、史氏。㉔視　同「示」。以事告人。㉕堪白令朋句　謂周堪傳達元帝的旨意讓鄭朋在金馬門待命。白，稟告；傳達。令，旨令；旨意。待詔，等待皇帝的詔命。金馬門，漢代宮門名。因門前鑄有銅馬，故稱金馬門。㉖奏記　陳述意見的呈文。㉗將軍體周召之德三句　周謂周公旦，召謂召公奭。公綽，孟公綽，廉正寡欲。卞莊子，魯卞邑大夫，以勇著名。體，實行；實踐。秉，執守。㉘耳順之年　指六十歲。《論語．為政》孔子說：「六十而耳順。」㉙履折衝之位　謂遵行擊退敵人的職務。履，遵行；執行。折衝，擊退敵人。衝，戰車的一種。位，位分。㉚誠士之高致也　謂實在是士人成就的極致。誠，實在。高致，極致；極度。㉛窟穴　指容身匿居之所。㉜黎庶　民眾。㉝將軍其人也　謂國家委任將軍的確是得人。㉞今將軍規橅等二句　謂現在將軍的政治志向是只想做效管仲、晏嬰，最終就歸隱於耕農；抑或想要追法西周時的周公、召公所達到的政治境界。管晏，即春秋時齊相管仲、晏嬰。管仲，名夷吾，字仲，他主張通貨積財，富國強兵。晏嬰，他主張節儉力行。而周公和召公是西周周成王時的名相。他們主張按照周代的禮樂制度建立理想的王國。日仄，也作「日昃」、「日側」。指太陽開始偏西，約未時。相當於下午一點到三點。規橅，規模；氣概。遂行，順行；盡行。㉟若管晏而休二句　謂如果只要比得上管仲、晏嬰就止步，我將像吳季札在延陵那樣回到會稽湖沼之地。延陵，地名。春秋時吳季札封邑。在今江蘇常州。皋，湖沼。㊱修農圃之疇謂整治種植莊稼的田地。修，整治。圃，種植果木瓜菜的園地。疇，美田。㊲畜雞種黍三句　謂終於農田隱逸的生活。這段話來自《論語・微子》記載的一個典故。說的是在春秋末年，孔子的學生子路路遇老人，老人留子路住宿，並殺雞獻黍招待他。之後，子路在老人家中只見到他的兩個兒子。俟，古俟字。等待。沒齒，猶言終身。㊳如將軍昭然度行三句　謂如果將軍明白要超越常規追求高行，決心堵塞邪惡的危險道路，宣揚中庸的政治思想。昭然，明白。積思，深思熟慮。邪枉，邪惡。蹊，小路。中庸，儒家的重要思想。中，不偏。庸，不變。㊴則下走其庶幾三句　謂我就願意盡微薄之力，磨練意志，作出萬分之一的貢獻。則，就。庶幾，也許可以。區區，小；少。底厲，同「砥礪」。磨練。鋒鍔，鋒，兵器的尖端。鍔，刀劍之刃。喻銳氣、意志。㊵見納　謂納用其說。㊶以意　用自己的意思。㊷短　詆毀；誹謗。㊸楚士　謂楚地士人。㊹關東　指函谷關以東地區。㊺白見　稟告元帝以求接見。白，稟告。㊻下於它吏　交給其他官吏查問。㊼挾　挾持；挾制。㊽汙濊　同「汙穢」。汙濁；醜陋。㊾休日　假日；休沐日。㊿譖　誣陷。(51)省　明白。(52)繫獄　拘捕後關進監獄。繫，拘捕犯人。(53)視事　治事；任職。(54)驗　考察；審問。(55)決　審判。(56)傅　輔導。(57)識忘難明　謂記憶模糊，難以弄明白。(58)印綬　印，官印。綬，繫印的絲帶。(59)厥功茂焉　厥，其。茂，美。(60)食邑六百戶　本書卷九〈元帝紀〉載此詔言「八百戶」。食邑，收取封地內的賦稅而食。(61)朝朔望　謂朔望日入朝。朔望，農曆每月的初一日和十五日。(62)坐次　坐，通「座」。位次。次，次於。(63)方倚　正要憑藉。方，正好；正當。倚，依仗；憑藉。(64)無譖訴者　言望之自有罪，不是他人讒譖而所加。(65)稱引亡辜之詩　謂引用表明自己無辜受害的詩句。《詩・小雅・十月之交》有「無罪無辜，讒口囂囂」句。(66)建白　建立此議而白之於天子。白，稟告；陳述。(67)坐　獲罪。(68)歸非於上　把錯誤歸之於天子。(69)懷終不坐　自以為託師傅恩德，可免於坐罪。(70)非頗詘　謂不稍微屈服。非，不。頗，稍微。詘，屈服；折服。(71)怏怏　不服氣；不樂意。(72)安肯就吏　謂哪裡肯接受吏人逮捕。安，哪裡；怎麼。就吏，接受吏人逮捕。(73)封　密封。(74)敕令　也稱「敕命」。帝王的詔令。(75)手付　親手交給。(76)因　於是；就。(77)第　住宅。帝王賜給臣下住宅有甲乙次第，故住宅稱「第」。(78)門下生　門下的學生。即「門生」。(79)好節士　謂喜愛有節操的人。好，喜愛；親善。節士，有節操的人。(80)自裁　自殺。(81)備位　謙詞，指聊以充數，徒占其位。(82)苟求生活　謂苟且求得生存。苟，苟且；隨便。生活，生存。(83)不亦鄙乎　謂不是很鄙陋嗎。鄙陋，庸俗淺薄；醜陋。(84)游　朱雲字游。呼其字。(85)趣　從速。(86)鴆　本指有毒的鳥。此指鴆羽浸製的毒酒。(87)拊手　拍打著手。表惋惜。(88)曩　往昔；從前。(89)卻　退；去掉。(90)慟　本意為痛哭。又寫作「動」。(91)詳　審。(92)冢　墳墓。

【語　譯】等到宣帝臥病，要選擇可以囑託的大臣，召外戚侍中樂陵侯史高、太子太傅蕭望之、少傅周堪到宮中，任命史高為大司馬車騎將軍，蕭望之為前將軍光祿勳，周堪為光祿大夫，都接受遺詔輔佐朝政，兼任尚書事務。宣帝逝世，太子繼承皇帝位號，是為孝元帝。蕭望之、周堪本來就憑著師傅的身分受到尊重，元帝登位後，多次在閒暇時召見他們，談論國家治亂興衰之道理，陳述當前重要的政事。蕭望之選拔皇族中品德好又通曉經學的散騎諫大夫劉更生擔任給事中，與侍中金敞同在皇帝左右擔任拾遺的職務。四人同心合力謀議，勸導元帝採用古代制度，在許多方面想要匡正時弊，元帝很信任並採納他們的意見。

2 起初，宣帝不大奉行儒術，任用法律，而由中書宦官主管要事。中書令弘恭、石顯長期掌管機要部門，通曉熟悉法令條文，又與車騎將軍史高互為呼應，議論朝政常常單獨堅持舊日的制度，不採納蕭望之等人的意見。弘恭、石顯又時常因議論偏頗而被貶退。蕭望之認為中書是政務的重要職位，應當選用賢明的人才，自從武帝喜愛遊宴於後庭，所以任用宦官，這不是國家原有的制度，又違反古時受刑的人不能讓他接近國君的原則，建議應更換選用文人，從此與史高、弘恭、石顯大相抵觸。元帝剛剛登位，做事謙讓，一時難於改變作為，久議不定，將劉更生調任宗正。

3 蕭望之、周堪多次薦舉有名儒者優秀人才充任諫官。會稽郡鄭朋私下想要依附蕭望之，上書說車騎將軍史高派遣賓客到地方郡國採取非法手段謀取私利，並談到外戚許、史兩家子弟的罪過。元帝把鄭朋的奏章下達給周堪，周堪傳達元帝的旨意讓鄭朋在金馬門待命。鄭朋送呈文給蕭望之說：「將軍實踐周公、召公的德行，秉持孟公綽的品格，有卞莊子的威武。到了六十歲的年齡，遵行擊退敵人的職務，官位升到將軍，實在是士人成就的極致。平民百姓沒有不歡欣鼓舞的，都說國家委任將軍的確是得人。現在將軍的政治志向是只要能夠比得上管仲、晏嬰就行了，還是打算日以繼夜廢寢忘食，要趕上周公、召公才作罷呢？如果只要能夠比得上管仲、晏嬰就止步，那麼我將像吳季札在延陵那樣回到會稽湖沼之地，整治種植莊稼的田地，養雞種黍，等待著見到兩個孩子，能平安地度過晚年罷了。如果將軍明白要超越常規追求高行，決心堵塞邪惡的危險道路，宣揚中庸可長可久的政治思想，振興周公、召公的遺業，親自做到日以繼夜兼聽下情，我就願意盡微薄之力，磨練意志，作出萬分之一的貢獻。」蕭望之接見了鄭朋並採納了他的意見，很用心的接待他。鄭朋多次稱讚蕭望之，誹謗車騎將軍的短處，談論許、史兩家的過失。

4 後來鄭朋的行為變得邪惡，蕭望之斷絕了與他的來往。鄭朋和大司農史李宮一同待詔，周堪唯獨推薦李宮為黃門郎。鄭朋是楚地士人，對此事心懷怨恨，反過來要求加入許、史一夥，推脫他先前所揭發的許、史子弟罪過的責任說：「這都是周堪、劉更生指使我，我是關東人，怎麼知道這些情況？」於是侍中許章稟告元帝接見鄭朋。鄭朋出來後揚言說：「我被皇上接見，揭發了前將軍蕭望之小的罪過五條，大罪一條。中書令在旁邊，知道我所反映的情況。」蕭望之聽到這個消息，便去問弘恭、石顯。石顯、弘恭害怕蕭望之自己提出訴訟，交給其他官吏查問，便挾持鄭朋和待詔華龍。華龍在宣帝時和張子蟜等人待詔，由於品行汙濁沒有被任用，想要加入周堪等人同夥，周堪等人沒有接納，所以和鄭朋相勾結。弘恭、石顯指使鄭朋、華龍兩人控告蕭望之等人策劃想要免除車騎將軍官位並疏遠斥退許、史兩家子弟的情狀，等候蕭望之出朝休假的日子，指使鄭朋、華龍向元帝上奏此事。元帝把這件事下達給弘恭問明情況，蕭望之回答說：「外戚在位大多奢侈淫逸，我想要糾正朝廷，不是為非作歹。」弘恭、石顯上奏說：「蕭望之、周堪、劉更生結黨營私，互相吹捧，多次誣陷大臣，毀謗和離間皇親國戚，想要藉此專攬權勢，為臣不忠，欺騙皇上不守正道，請謁者把他送交廷尉府處置。」當時元帝剛剛登位，不明白「謁者把他送交廷尉府處置」就是關進監獄，批准了弘恭、石顯的奏言。後來元帝要召見周堪、劉更生，有關官員說已被關進監獄。元帝大驚說：「不是只由廷尉問明情況嗎？」因而責備弘恭、石顯，他們都叩頭請罪。元帝說：「讓他們出來任職辦事。」弘恭、石顯因而讓史高進言：「陛下新即位，還沒有以德教感化聞名於全國，而首先審問師傅，既然把九卿大夫關進監獄，應當通過審判免除他的罪行。」於是制詔丞相和御史大夫：「前將軍蕭望之輔導我八年，沒有別的罪過，現在有的事實為時久遠，記憶模糊，難以弄明白。應當赦免蕭望之的罪過，沒收前將軍光祿勳的印綬，以及周堪、劉更生都免職降為平民。」而鄭朋擔任黃門郎。

5 幾個月以後，制詔御史大夫：「國家將要興盛，尊師而重教。原前將軍蕭望之輔導我八年，用經書的道理來引導教育我，他的功勞很顯著。賞賜蕭望之關內侯的爵位，食邑六百戶，擔任給事中，朔望日入朝，官位次於將軍。」元帝正想要憑藉上述條件任命他為丞相，恰巧蕭望之的兒子散騎中郎蕭伋上書訴訟蕭望之以前的案子，案件被交給有關部門，有關部門再次上奏說：「蕭望之從前所犯的案子明白無誤，沒有人誣陷他，而他指使兒子上書，引用表明自己無辜受害的詩句，有失大臣的規矩，對皇上不敬，請予逮捕。」弘恭、石顯等人知道蕭望之平常就有高尚的氣節，不肯屈服受辱，向元帝建議說：「蕭望之從前擔任前將軍輔佐朝政，想要排擠貶退許家和史家，以便專攬大權，控制朝政。有幸沒有被懲辦，又賜給爵位和食邑，參與討論國家大事，不悔過服罪，卻深懷怨恨，指使兒子上書，歸罪於皇上，自認為憑藉師傅的恩德，心想終究不會被判罪。不稍微讓蕭望之在牢獄裡受點屈辱，堵住他的不服氣的思想，那麼聖朝就無法賜給他厚恩。」元帝說：「蕭太傅向來剛強，哪裡肯接受吏人逮捕？」石顯等人說：「人命是最重要的，蕭望之所犯的，是說錯話輕罪，不必擔憂。」元帝便同意他們的奏言。

6 石顯等人將元帝的批覆密封好交給謁者，說詔令應親手交給蕭望之，於是命令太常火速調遣執金吾車騎急馳包圍他的住宅。使者來到後，傳喚蕭望之。蕭望之想要自殺，他的夫人阻止了他，認為這不是天子的旨意。蕭望之以此詢問門下學生朱雲。朱雲是喜愛有節操的人，奉勸蕭望之自殺。於是蕭望之仰天歎息說：「我曾有幸擔任過將軍和副相的職位，年過六十了，老年入牢獄，苟且求得生存，不是很鄙陋嗎！」便直呼朱雲的字說：「游，趕快和藥來，不要耽誤，我還是死了吧！」終於喝毒酒自殺。元帝聽到後為之震驚，拍打著手說：「先前我本來就懷疑他不肯進牢獄，果然殺害了我的德高望重的老師！」這時太官正好獻上午餐，元帝便退掉飯食，為此事哭泣，悲哀之情感動左右。於是召來石顯等人責問此事都是計議不審慎造成的。他們都脫帽謝罪，元帝過了很久才作罷。

7 蕭望之有罪而死，有關主管官員奏請斷絕他的爵位和食邑。元帝卻下詔加恩，長子蕭伋承繼為關內侯。元帝對蕭望之追念不忘，每年定時派遣使者去祭奠蕭望之的墳墓，一直到元帝去世。蕭望之有八個兒子，做到大官的有蕭育、蕭咸、蕭由。

1 育字次君，少以父任❶為太子庶子。元帝即位，為郎，病免，後為御史。大將軍王鳳以育名父子❷，著❸材能，除為功曹，遷謁者，使匈奴副校尉❹。後為茂陵❺令，會課❻，育第六。而漆❼令郭舜殿❽，見責問，育為之請，扶風❾怒曰：「君課第六，裁自脫❿，何暇欲為左右⓫言？」及罷出，傳召茂陵令詣後曹⓬，當以職事對⓭。育徑⓮出曹，書佐隨牽⓯育，育案佩刀曰：「蕭育杜陵男子，何詣曹也⓰！」遂趨出，欲去官。明旦，詔召入，拜為司隸校尉。育過扶風府門，官屬掾史數百人拜謁車下。後坐失大將軍指免官。復為中郎將使匈奴。歷冀州⓱、青州⓲兩部刺史，長水校尉，泰山⓳太守，入守⓴大鴻臚。以鄠㉑名賊㉒梁子政阻山為害，久不伏辜㉓，育為右扶風數月，盡誅子政等。坐與定陵㉔侯淳于長厚善㉕免官。

2 哀帝時，南郡㉖江中㉗多盜賊，拜㉘育為南郡太守。上以育耆舊㉙名臣，乃以三公使車㉚載育入殿中受策，曰：「南郡盜賊群輩為害，朕甚憂之。以太守威信素著，故委南郡太守，之官，其於㉛為民除害，安元元㉜而已，亡拘於小文㉝。」加賜黃金二十斤。育至南郡，盜賊靜。病去官，起家㉞復為光祿大夫執金吾，以壽終於官㉟。

3 育為人嚴猛尚威，居官數免，稀遷。少與陳咸、朱博[36]為友，著聞當世。往者有王陽、貢公[37]，故長安語曰「蕭、朱結綬[38]，王、貢彈冠[39]」，言其相薦達[40]也。始育與陳咸俱以公卿子顯名，咸最先進，年十八為左曹，二十餘御史中丞。時朱博尚為杜陵亭長，為咸、育所攀援[41]，入王氏[42]。後遂並歷刺史郡守相，及為九卿，而博先至將軍上卿，歷位多於咸、育，遂至丞相。育與博後有隙，不能終，故世以交[43]為難。

4 咸字仲，為丞相史，舉茂材[44]，好畤[45]令，遷淮陽[46]、泗水[47]內史，張掖[48]、弘農[49]、河東[50]太守。所居有迹，數增秩賜金。後免官，復為越騎校尉、護軍都尉、中郎將，使匈奴，至大司農，終官。

5 由字子驕，為丞相西曹衛將軍掾，遷謁者，使匈奴副校尉。後舉賢良[51]，為定陶[52]令，遷太原[53]都尉，安定[54]太守。治郡有聲，多稱薦者。初，哀帝為定陶王時，由為定陶令，失王指，頃之，制書免由為庶人。哀帝崩，為復土校尉、京輔左輔都尉，遷江夏[55]太守。平江賊成重等有功，增秩為陳留[56]太守。元始[57]中，作明堂辟雍[58]，大朝諸侯，徵由為大鴻臚，會病，不及賓贊[59]，還歸故官，病免。復為中散大夫，終官。家至吏二千石者六七人。

【章　旨】以上為第五部分，敘述蕭望之的兒子蕭育、蕭咸、蕭由為官時的簡況。其中以蕭育最為突出。他為人嚴猛尚威，剛正不阿，頗有嚴父之遺風。

【注　釋】❶任　保任。❷名父子　有名望之父親的兒子。❸著　明顯；顯露。❹使匈奴副校尉　顏師古曰：「時令校尉為使於匈奴而育為之副使，故授副校尉也。」❺茂陵　本為西漢武帝劉徹陵墓。後在此置縣。在今陝西興平東北。❻會課　考核官吏成績。❼漆　縣名。在今陝西彬縣。❽殿　下等。❾扶風　即右扶風。官名，也是政區名。為西漢京畿三輔之一。❿裁自脫　謂自己勉強免受指責。裁，通「才」。方始；僅只。脫，免也。⓫左右　旁側。⓬後曹　賊曹、決曹皆後曹。⓭當以職事對　打算以職事問題加以指責。⓮徑　捷速；直接。⓯牽　牽曳；拉拖。⓰蕭育杜陵男子二句　謂蕭育作為杜陵的大丈夫，何必去後曹？⓱冀州　西漢十三州部之一。轄區約在今河北西、南部。⓲青州　西漢十三州部之一。轄區約在今山東北部。⓳泰山　郡名。治奉高。在今山東泰安東北。⓴守　試職。期限一年，滿歲轉正為真。㉑鄠　縣名。今陝西戶縣。㉒名賊　出了名的賊。㉓伏辜　服罪。㉔定陵　縣名。在今河南平頂山東。㉕厚善　深交。厚，深；多。善，親善；友好。㉖南郡　郡名。治江陵，在今湖北江陵。㉗江中　長江之中。㉘拜　授官。㉙耆舊　年老的舊好。耆，老。㉚使車　三公奉使之車。指有座位的兩輪車。㉛其於　應當做到。其，可；當。於，到。㉜元元　平民；百姓。㉝小文　煩瑣細密的法令。㉞起家　起之於家而出任官職。㉟以壽終於官　本書卷十九下〈百官公卿表下〉載：「光祿大夫蕭育為執金吾，一年免。」與此說不同。㊱陳咸朱博　陳咸，陳萬年之子。本書卷六十六附其傳。朱博，本書卷八十三有其傳。㊲王陽貢公　王陽，即王吉，字子陽。貢公，即貢禹。本書卷七十二有其傳。傳中曾載：「吉與貢禹為友，世稱『王陽在位，貢公彈冠』。」㊳結綬　繫結印帶。比喻出仕做官。㊴彈冠　整潔其冠。喻將出來做官。㊵相薦達　謂互相推薦而通達仕途。㊶攀援　引薦；支持。攀，牽挽。援，引。㊷王氏　指大將軍王鳳等外戚。㊸世以交　謂一生依靠交情。世，一生。以，用；依靠。㊹茂材　即茂才，漢代察舉科目之一。西漢稱秀才，東漢避光武帝劉秀諱，改為茂才。㊺好時　縣名。在今陝西乾縣東。㊻淮陽　王國名。治陳縣，在今河南淮陽。㊼泗水　王國名。治淩縣，在今江蘇泗陽西北。㊽張掖　郡名。治觻得，在今甘肅張掖西北。㊾弘農　郡名。治弘農，在今河南靈寶東北。㊿河東　郡名。治安邑，在今山西夏縣西北。(51)賢良　漢代察舉科目之一。(52)定陶　縣名。在今山東定陶西北。(53)太原　郡名。治晉陽，在今山西太原西南。(54)安定　郡名。治高平，在今寧夏固原。(55)江夏　郡名。治西陵，在今湖北新洲西。(56)陳留　郡名。治陳留，在今河南開封東南。(57)元始　西漢平帝年號，共五年（西元一—五年）。㊽作明堂辟雍　謂修建明堂辟雍。作，製造；興建。明堂，古代帝王宣明政教的地方。凡朝會、祭祀、慶賞、選士、養老、教學等大典，均在此舉行。辟雍，起初是周王朝為貴族子弟所設立的大學，漢朝封建統治者加以繼承。㊾不及賓贊　謂不能主持贊導九賓之事。及，達到；推及。賓，九賓。贊，贊禮；引導。

【語　譯】蕭育字次君，少年時由於父親保任做了太子庶子。元帝即位時，擔任郎官，因病免職，後來擔任御史。大將軍王鳳因為蕭育是有名望之父親的兒子，才能顯著，任用他為功曹，升任謁者，擔任出使匈奴的副校尉。後來擔任茂陵縣令，恰逢考核官吏成績，蕭育得了第六名。而漆縣縣令郭舜得了最後一名，受到責問，蕭育替他說情，右扶風發怒說：「你考得第六名，自己勉強免受指責，有什麼閒暇來替別人說情呢？」等到考課完畢出場，長官傳令茂陵縣令到後曹去，打算以職事的問題加以指責。蕭育直接從官府出來，書佐隨即牽拉蕭育，蕭育按住佩刀說：「蕭育作為杜陵的大丈夫，何必去後曹呢！」說完便急步走出，想要辭官而去。第二天，元帝下詔召他入朝，任命他為司隸校尉。蕭育經過右扶風官府門，官屬掾史數百人拜見在他的車前。後來蕭育因為違背大將軍的旨意被罷免了官職。隨後再擔任中郎將出使匈奴。歷任冀州、青州兩部刺史，長水校尉，泰山太守，進京試任大鴻臚。因為鄠縣有出了名的賊首梁子政憑藉山勢險阻為害百姓，久久不能服罪，蕭育擔任右扶風數月，將梁子政一夥全部殲滅。後因與定陵侯淳于長深交的罪過被免除官職。

2　哀帝時，南郡長江之中有很多盜賊，任命蕭育為南郡太守。哀帝認為蕭育是有名的老臣，便用三公奉使之車載蕭育進入殿中接受詔令，說：「南郡的盜賊成群結夥為害百姓，我對此感到非常憂慮。因為太守威信向來很高，所以委任你為南郡太守，到任以後，應當做到為民除害，安撫百姓就可以了，不要拘泥於煩瑣細密的法令。」加賜黃金二十斤。蕭育到達南郡，盜賊平靜。後因病離開官職，然後從家裡又調任光祿大夫兼執金吾，最後卒於任上。

3　蕭育為人嚴肅勇猛，崇尚威儀，擔任官職多次被罷免，很少遷升。少年時代與陳咸、朱博做朋友，在當時很有名。從前有王陽、貢禹，所以長安有句俗話說「蕭育、朱博出仕做官，王陽、貢禹便整潔他們的頭冠」，意思是說他們互相推薦而通達仕途。一開始蕭育和陳咸都因為是公卿大臣的兒子而顯貴聞名，陳咸最先做官，十八歲擔任左曹，二十多歲擔任御史中丞。當時朱博還在擔任杜陵亭長，得到陳咸、蕭育的引薦，進入王氏門庭。後來終於同時歷任刺史郡守王國相，等到都擔任九卿，朱博先升任將軍上卿，經歷的官位多於陳咸、蕭育，終於升到丞相。蕭育和朱博後來有了嫌隙，友誼不能始終如一，所以一生依靠交情是難事。

4 蕭咸字仲，擔任丞相史，被舉薦參加秀才科的考試，擔任好畤縣令，升任淮陽國和泗水國內史，歷任張掖郡、弘農郡、河東郡太守。所擔任的官職都有政績，多次被提高官位品級和賞賜黃金。後曾免去官職，之後再擔任越騎校尉、護軍都尉、中郎將，出使匈奴，最後擔任大司農，在任上去世。

5 蕭由字子驕，擔任丞相西曹和衛將軍掾，升任謁者，擔任出使匈奴副校尉。後來被舉薦為賢良人才，擔任定陶縣令，升任太原郡都尉，安定太守。治郡有聲望，有很多人稱讚和舉薦他。從前，哀帝當定陶王時，蕭由擔任定陶縣令，違背定陶王的意旨，沒有多久，朝廷下令罷免蕭由為平民。哀帝去世，蕭由擔任復土校尉、京輔左輔都尉，升任江夏郡太守。平定長江一帶的盜賊成重等人有功，提高官位品級擔任陳留郡太守。元始年間，修建明堂辟雍，朝廷舉行盛大朝會迎接諸侯，徵召蕭由擔任大鴻臚，遇上他生病，不能主持贊導九賓之事，回去擔任原來官職，因病免職。後又擔任中散大夫，在任上去世。蕭由一家做到二千石官階的官吏有六七人。

贊曰：蕭望之歷位將相，籍❶師傅之恩，可謂親昵亡間❷。及至謀泄隙開，讒邪構❸之，卒為便嬖宦豎所圖❹，哀哉！不然，望之堂堂❺，折而不橈❻，身為儒宗❼，有輔佐之能，近古社稷臣❽也。

【章　旨】以上是作者的論贊。前者概括蕭望之大起大落的戲劇性經歷；後者對蕭望之的才能與人品給予充分的肯定和讚譽。表明作者對當時邪惡勢力的憎恨和對蕭望之的同情。

【注 釋】❶籍 通「藉」、「借」。憑藉。❷亡間 無隔閡；無嫌隙。間，嫌隙。謂感情破裂，互相怨恨。❸搆 通「構」。交搆；結合。❹卒為便嬖句 謂終於被皇帝近臣和宦官所陷害。卒，終於。便嬖，指阿諛逢迎得到皇帝寵信的近臣。宦豎，對宦官的鄙稱。圖，謀。❺堂堂 容儀莊嚴大方。❻橈 曲。❼儒宗 儒者的宗師。❽社稷臣 謂關係國家安危的大臣。社稷，土、穀之神。也是國家政權的標誌。

【語 譯】史官評議說：蕭望之歷任將軍和副相的高位，憑藉著擔任皇帝師傅的恩情，可說是親近無間。等到計謀洩露嫌隙產生，讒言和邪惡不正的人結合在一起，終於被皇帝近臣和宦官所陷害，可悲啊！不然的話，蕭望之堂堂正正，遭到挫折卻不肯屈服，身為儒生的宗師，有輔佐帝王的才能，近似古代朝廷之重臣啊。

【研 析】本傳的思想主要有以下幾點：

其一，作品著重展現儒生蕭望之的從政思想。在內政方面，他認為「朝無爭臣則不知過，國無達士則不聞善」，主張皇帝應「選明經術，溫故知新，通於幾微謀慮之士以為內臣，與參政事」。在外交方面，他主張「信讓行乎蠻貉，福祚流于亡窮，萬世之長策也」。這些真知灼見對當時治國安邦的確起了重大作用。班固稱讚他：「身為儒宗，有輔佐之能，近古社稷臣也。」

其二，真實、客觀地揭示人的思想的兩重性。蕭望之認為「民函陰陽之氣，有好義欲利之心，在教化之所助」，這個看法無形中應驗在他自己身上。他一方面主張「公道立，姦邪塞，私權廢矣」；另方面卻「至不奉法自修，踞慢不遜攘」，而終被降職。說明作為一個封建高官，苛於律人易，嚴於律己難。

其三，深刻揭露阿諛奉承的佞臣的卑鄙行徑。會稽人鄭朋就是其中的典型。他為了依附蕭望之，曾竭盡全力吹捧蕭望之之「體周召之德」、「誠士之高致」，不久竟反目為仇，向元帝告發「前將軍小過五，大罪一」、「告望之等謀欲罷車騎將軍疏退許、史狀」。在弘恭、石顯、鄭朋等人的誣陷下，蕭望之含冤飲恨自殺。班固說：「卒為便嬖宦豎所圖，哀哉！」對蕭望之的悲慘結局表示深切的同情。

卷七十九

馮奉世傳第四十九

【題解】本卷是西漢高級將領馮奉世及其四子的合傳。馮奉世出身將相世家，有大將風範。先是奉命出使西域，在緊急關頭，主動發兵進擊莎車，威震西域，功效卓著。後率軍平息隴西羌人騷亂。四子才能出眾，治政廉平。長女馮媛及其子馮參，因哀帝時傅太后管事，受陷害而死。

1 馮奉世，字子明，上黨❶潞❷人也，徙杜陵❸。其先馮亭，為韓上黨守。秦攻上黨，絕太行道❹，韓不能守，馮亭乃入上黨城守於趙❺。趙封馮亭為華陽君❻，與趙將括距秦❼，戰死於長平❽。宗族繇❾是分散，或留潞，或在趙。在趙者為官帥❿將，官帥將子為代⓫相。及秦滅六國⓬，而馮亭之後馮毋擇、馮去疾、馮劫皆為秦將相焉。

2 漢興，文帝時馮唐⓭顯名，即代相子也。至武帝末，奉世以良家子⓮選為郎。

昭帝時，以功次⑮補武安⑯長。失官，年三十餘矣，乃學春秋⑰，涉大義，讀兵法，前將軍韓增奏以為軍司空令。本始⑱中，從軍擊匈奴。軍罷，復為郎。

3 先是時，漢數出使西域⑲，多辱命⑳不稱㉑，或貪汙，為外國所苦㉒。是時烏孫㉓大，有擊匈奴之功，而西域諸國新輯㉔，漢方善遇，欲以安之，選可使外國者。前將軍增舉奉世以衛候使持節㉕送大宛㉖諸國客。至伊修城㉗，都尉宋將言莎車與旁國共攻殺漢所置莎車王萬年㉘，并殺漢使者奚充國。時匈奴又發兵攻車師城㉙，不能下而去。莎車遣使揚言北道諸國已屬匈奴矣，於是攻劫南道，與歃盟畔㉚漢，從鄯善㉛以西皆絕不通。都護鄭吉㉜、校尉司馬意皆在北道諸國間。奉世與其副嚴昌計，以為不亟㉝擊之則莎車日彊，其勢難制，必危西域。遂以節諭㉞告諸國王，因發其兵，南北道合萬五千人進擊莎車，攻拔其城。莎車王自殺，傳其首詣長安。諸國悉平，威振西域。奉世乃罷兵以聞㉟。宣帝召見韓增，曰：「賀將軍所舉得其人。」奉世遂西至大宛。大宛聞其斬莎車王，敬之異於他使。得其名馬象龍㊱而還。上甚說，下議㊲封奉世。丞相、將軍皆曰：「春秋之義，大夫出疆，有可以安國家，則顓㊳之可也。奉世功效尤著，宜加爵土之賞㊴。」少府蕭望之㊵獨以奉世奉使有指㊶，而擅矯制㊷違命，發諸國兵，雖有功效，不可以為後法。即㊸封奉世，開後奉使者利，以奉世為比㊹，爭逐㊺發兵，要功㊻萬里之外，為國家生事於夷狄㊼。漸㊽不可長，奉世不宜受封。上善㊾望之議，以奉世為光祿大夫、水衡都尉。

【章　旨】以上為第一部分，敘述名將之後的馮奉世以良家子選為郎，學《春秋》，讀兵法，從軍擊匈奴，奉使西域，主動發兵進擊莎車，威震西域。

【注　釋】❶上黨　郡名。治長子，在今山西長子西南。❷潞　縣名。在今山西潞城東北。❸杜陵　縣名。在今陝西西安東南。❹太行道　太行，山名。道，險道。❺馮亭乃入上黨城守於趙　馮亭據守上黨城而投降趙國。❻華陽君　官名。華陽，地名。在今河南新鄭東。❼與趙將括距秦　調和趙國大將趙括一起抗拒秦國。距，通「拒」。抗拒。❽長平　地名。在今山西高平西北。❾繇　同「由」。❿帥　軍隊中的主將、統率。⓫代　古國名。戰國時為趙襄子所滅。在今河北蔚縣東北。⓬六國　指戰國時楚、齊、燕、韓、魏、趙國。⓭馮唐　本書卷五十有其傳。⓮良家子　主要指從事農業的良家子弟。⓯功次　指功勞的大小、官階升遷的次序。⓰武安　縣名。在今河北武安西南。⓱春秋　古籍名。為編年體史書，相傳孔子據魯國史修訂而成。⓲本始　漢宣帝劉詢年號。⓳西域　漢以後對玉門關以西、巴爾喀什湖以東及以南的廣大地區的專稱。本書卷九十六有其傳。⓴辱命　玷辱、辜負君命。辱，玷辱；辜負。玷，玷汙。㉑稱　符合。㉒苦　困辱。㉓烏孫　中亞古游牧部族。㉔輯　和好。㉕持節　使者持符節以為代行皇帝權力的憑證。㉖大宛　中亞古國名。在今中亞費爾干納盆地。㉗伊修城　即伊循城。故址在今新疆若羌東北米蘭。㉘莎車王萬年　莎車，西域國名。在今新疆莎車一帶。㉙車師城　車師，西域國名。原名姑師。車師城，即交河城。在今新疆吐魯番西北十里雅爾湖村西之交河故城。㉚歃盟畔　歃盟，歃血訂盟。歃，飲；微吸。歃血，古時會盟，雙方口含牲畜之血或以血塗口旁，表示信誓，稱為歃血。畔，通「叛」。違背；背叛。㉛鄯善　西域國名。本名樓蘭，漢昭帝元鳳四年（西元前七七年）改名。王居扜泥城，在今新疆若羌。㉜鄭吉　本書卷七十有其傳。㉝亟　急。㉞諭　告曉；告示。一般用於上對下。㉟以聞　將情況向上級報告。以，把；拿。聞，見聞；聽見。㊱名馬象龍　顏師古曰：「言馬形似龍者。」《漢書補注》劉攽曰：「此馬名曰象龍也。」㊲下議　下詔書讓大臣議論。㊳顓　同「專」。㊴爵

土之賞　賞賜爵位和土地。㊵蕭望之　本書卷七十八有其傳。㊶有指　本有意旨。指，意旨；意向。㊷矯制　假託朝命以行事。矯，假託；詐稱。制，帝王的命令。㊸即　假如；如果。㊹比　例。㊺逐　競。㊻要功　邀功；求取功名。要，通「邀」。求。㊼夷狄　古代泛指中原華夏民族以外的少數民族。東曰夷，北曰狄。㊽漸　漸進；逐漸。㊾善　喜好；同意。

【語　譯】馮奉世，字子明，上黨郡潞縣人，後來遷居杜陵縣。他的先祖馮亭，是韓國上黨郡的郡守。秦國攻打上黨郡，斷絕太行山的道路，韓國軍隊沒法堅守，馮亭於是據守上黨城而投降趙國。趙王封馮亭為華陽君，和趙國大將趙括一起抗拒秦國，戰死在長平。馮氏宗族因此分散，有的留在潞縣，有的在趙國。在趙國的都任文官和武將，文官武將的子弟任代國的相。至秦滅六國，馮亭的後代馮毋擇、馮去疾、馮劫都成為秦的將相。

2　漢朝興起，文帝時馮唐名聲顯耀，他就是代國相的兒子。到了武帝末年，奉世以良家子的身分被選為郎官。昭帝時，按照他的功勞大小接任武安縣長。後來失去官職，已經三十多歲了，於是學習《春秋》，了解其重要意義，並研讀兵法，前將軍韓增奏請後把馮奉世任為軍司空令。本始年間，參軍攻打匈奴。戰事結束後，再次任郎官。

3　在此之前，漢朝數次派遣使臣出使西域，多數辜負君命，不能符合皇帝的旨意，有的貪汙枉法，被外國所逼迫困辱。這時烏孫強大，有進攻匈奴的能力，而且西域各國也於新近和好，漢朝正打算友好對待，想藉此安撫他們，準備選派可以出使西域的人。前將軍韓增推薦馮奉世以衛候使的身分，持節護送大宛等西域各國賓客歸國。到達伊修城，都尉宋將說，莎車和鄰近國家共同攻殺了漢朝所設置的莎車國王萬年，並且殺死漢朝使者奚充國。這時匈奴又發兵攻打車師城，由於不能攻克而離去。莎車派遣使者宣稱天山北道各國已經歸屬匈奴了，於是攻劫南道各國，並與這些國家歃血訂盟背叛漢朝，從鄯善以西的道路都斷絕不通。都護鄭吉、校尉司馬意都被困在北道各國之間。馮奉世和他的副手嚴昌計議，認為不急速攻打則莎車就會日益強大，莎車的勢力難以控制，必然會危及西域各國。於是以符節告示各國國王，接著便發動各國的軍隊，南北道總共徵集一萬五千人進攻莎車，攻克了莎車城。莎車王自殺，將他的頭顱傳送到了長安。各國都已平定，漢朝威望震動西域。馮奉世於是停止兵事並將情況向上級報告。宣帝召見韓增，說：「祝賀將軍所推薦的人很稱職。」馮奉世於是向西到大宛。大宛國王聽說他殺了莎車王，敬重他有別於其他使者。獲得大宛的著名良馬象龍回到長安。宣帝很高興，下詔書讓大臣議論封賞馮奉世。丞相、將軍都說：「《春秋》的道理，大夫奉命出國，凡有可以安定國家的措施，就可以自行專權決定。馮奉世的功效尤其顯著，應當給他賞賜爵位和土地。」少府蕭望之唯獨認為馮奉世奉命出使本有意旨，卻擅自假託朝命以行事，違背原來的命令，發動各國軍隊，雖然有功效，不可以為後人所效法。假如封賞馮奉世，開啟以後奉命出使者的便利，以馮奉世為例，競相發兵，邀功於萬里之外，使國家在少數民族中製造事端。漸進之風不可長，馮奉世不應當受封賞。宣帝同意蕭望之的意見，以馮奉世為光祿大夫、水衡都尉。

1 元帝即位，為執金吾。上郡屬國歸義降胡萬餘人反去❶。初，昭帝❷末，西河❸屬國胡伊酋若王亦將眾數千人畔，奉世輒持節將兵追擊❹。右將軍典屬國常惠薨，奉世代為右將軍典屬國，加諸吏之號。數歲，為光祿勳。

2 永光二年❺秋，隴西羌彡姐旁種反❻，詔召❼丞相韋玄成❽、御史大夫鄭弘❾、大司馬車騎將軍王接、左將軍許嘉、右將軍奉世入議。是時，歲比不登❿，京師⓫穀石二百餘⓬，邊郡四百，關東⓭五百。四方饑饉⓮，朝廷方以為憂，而遭羌變。玄成等漠然⓯莫⓰有對者。奉世曰：「羌虜近在竟⓱內背畔，不以時誅，亡以威制遠蠻。臣願帥師討之。」上⓲問用兵之數，對曰：「臣聞善用兵者，役不再興⓳，糧不三載⑳，故師不久暴而天誅亟決㉑。往者數不料㉒敵，而師至於折傷㉓；再三發軵㉔，則曠日煩費㉕，威武虧㉖矣。今反虜㉗無慮㉘三萬人，法㉙當倍用六萬人。然羌戎弓矛之兵耳，器不犀利㉚，可用四萬人，一月足以決㉛。」丞相、御史、兩將軍皆以為民方收斂時，未可多發；萬人屯守之，且足㉜。奉世曰：「不可。天下被㉝饑饉，士馬羸耗㉞，守戰之備久廢不簡㉟，夷狄皆有輕邊吏之心，而羌首難㊱。今以萬人分屯數處，虜見兵少，必不畏懼，戰則挫兵病師㊲，守則百姓不救。如此，怯弱之形見，羌人乘利，諸種並和㊳，相扇而起，臣恐中國之役不得止於四萬，非財幣所能解也。故少發師而曠日㊴，與一舉而疾決，利害相萬㊵也。」固㊶爭之，不能得。有詔益㊷二千人。

3 於是遣奉世將萬二千人騎，以將屯為名㊸。典屬國任立、護軍都尉韓昌為偏裨㊹，到隴西，分屯三處。典屬國為右軍，屯白石㊺；護軍都尉為前軍，屯臨洮㊻；奉世為中軍，屯首陽西極㊼上。前軍到降同阪㊽，先遣校尉在前與羌爭地利，又別遣校尉救民於廣陽谷㊾。羌虜盛多，皆為所破，殺兩校尉。奉世具上㊿地形部眾多少之計，願益三萬六千人乃足以決事。書奏，天子大為發兵六萬餘人，拜太常弋陽侯任千秋為奮武將軍以助焉(51)。奉世上言：「願得其眾，不須煩大將。」

因陳轉輸之費(52)。

4 上於是以璽書(53)勞奉世，且讓(54)之，曰：「皇帝問將兵右將軍(55)，甚苦暴露(56)。羌虜侵邊境，殺吏民，甚逆天道(57)，故遣將軍帥士大夫(58)行天誅。以將軍材質之美，奮精兵，誅不軌(59)，百下百全之道也(60)。今乃有畔敵(61)之名，大為中國羞。以昔不閑習之故邪(62)？以恩厚未洽，信約不明也(63)？朕甚怪之。上書言羌虜依深山，多徑道(64)，不得不多分部遮要害(65)，須得後發營士(66)，足以決事，部署已定，勢不可復置大將，聞之(67)。前為將軍兵少，不足自守，故發近所騎，日夜詣(68)，非為擊也(69)。今發三輔(70)、河東(71)、弘農(72)越騎(73)、迹射(74)、佽飛(75)、彀者(76)、羽林孤兒(77)及呼速絫(78)、嗕種(79)，方急遣(80)。且兵(81)，凶器也，必有成敗者，患策不豫定(82)，料敵不審(83)也，故復遣奮武將軍。兵法曰大將軍出必有偏裨，所以揚威武，參計策，將軍又何疑焉？夫愛吏士，得眾心，舉(84)而無悔，禽(85)敵必全，將軍之職也。若乃(86)轉輸之費，則有司存(87)，將軍勿憂。須(88)奮武將軍兵到，合擊羌虜。」

5 十月，兵畢至隴西。十一月，並進。羌虜大破(89)，斬首數千級(90)，餘皆走出塞。兵未決間，漢復發募士(91)萬人，拜定襄(92)太守韓安國(93)為建威將軍。未進，聞羌破，還。上曰：「羌虜破散創艾(94)，亡逃出塞，其罷(95)吏士，頗(96)留屯田，備要害處。」

6 明年[97]二月，奉世還京師，更[98]為左將軍，光祿勳如故。其後錄功拜爵，下詔曰：「羌虜桀黠[99]，賊[100]害吏民，攻隴西府寺[101]，燔燒置亭[102]，絕道橋，甚逆天道。左將軍光祿勳奉世前將兵征討，斬捕首虜八千餘級，鹵[103]馬牛羊以萬數。賜奉世爵關內侯，食邑[104]五百戶，黃金六十斤。」裨將、校尉三十餘人，皆拜。

7 後歲餘，奉世病卒。居爪牙官[105]前後十年，為折衝宿將[106]，功名次趙充國[107]。

8 奮武將軍任千秋者，其父宮，昭帝時以丞相徵事[108]捕斬反者左將軍上官桀[109]，封侯[110]，宣帝時為太常，薨。千秋嗣後，復為太常。成帝時，樂昌侯王商[111]代奉世為左將軍，而千秋為右將軍，後亦為左將軍。子孫傳國，至王莽[112]乃絕云。

【章旨】以上為第二部分，敘述元帝時，隴西羌人反漢。馮奉世奉旨帶兵征討之。他認為與其「少發師而曠日」，不如「與一舉而疾決」，元帝採納他的意見，大敗羌人而還。

【注釋】❶上郡屬國句　謂上郡所屬歸附漢朝的少數民族一萬多人反漢離去。上郡，郡名。治膚施，在今陝西榆林東南。屬國，漢朝管轄歸附的少數民族地區。歸義，歸附漢朝。胡，中國古代北方少數民族的泛稱。❷昭帝　應為宣帝。因西河屬國始置於漢宣帝五鳳三年（西元前五五年）。❸西河　郡名。治平定，在今內蒙古準噶爾旗西南。❹奉世輒持節句　輒，即時。持節，執著符節。❺永光二年　西元前四二年。永光，漢元帝年號。❻隴西羌彡姐句　謂隴西羌人彡姐旁系種屬反漢。隴西，郡名。治狄道，在今甘肅臨洮。羌，古代少數民族。彡姐，顏師古曰：「姐音紫。今西羌尚有此姓。」彡，姓。旁種，旁系種屬。⑦詔召　下詔召見。⑧韋玄成　本書卷七十三有其傳。⑨鄭弘　本書卷六十六有其傳。⑩歲比不登　謂莊稼連年沒有收成。比，頻。登，成。⑪京師　國都。⑫石二百餘　一石值二百餘錢。下皆類此。石，容量單位。十斗為一石。⑬關東　此指函谷關以東地區。⑭饑饉　荒年。⑮漠然　無聲地。⑯莫　無；沒有。⑰竟　同「境」。⑱上　指漢元帝。⑲役不再興　謂兵役不再次徵集。⑳糧不三載　謂軍糧不三次裝載。㉑故師不久暴句　謂軍隊不長久暴露在外而帝王的征伐要速戰速決。天誅，帝王的征伐。㉒料　量。㉓折傷　挫敗和傷害。折，挫敗。傷，傷害。㉔軵　如淳曰：「軵，推也。《淮南子》曰『內郡軵車而餉』。」㉕曠日煩費　謂空費時日而耗費嚴重。曠，荒廢；空缺。煩，煩勞；煩擾。㉖威武虧　謂威風之氣勢遭到毀壞。威武，聲勢；威風。虧，毀壞。㉗反虜　反叛的敵人。反，背叛；造反。虜，對敵方的蔑稱。㉘無慮　大約計之。㉙法　指兵法。㉚犀利　堅固銳利。犀，堅固。㉛決　決定勝負。㉜且足　差不多夠用。且，尚且；差不多。㉝被　遭遇。㉞羸耗　疲弱減少。羸，瘦弱；疲病。耗，減。㉟簡　檢閱；查檢。㊱首難　言創首為寇難。㊲挫兵病師　謂挫傷士兵和疲勞軍隊。挫，摧折；打擊。病，疲倦；勞累。㊳和　應。㊴曠日　空費其日而無功。曠，空也。㊵相萬　相比則為萬倍。㊶固　堅持。㊷益　增加。㊸以將屯為名　以領兵屯田為名。將，率領。㊹偏裨　偏將與裨將。將佐的通稱。偏，輔佐。裨，副貳；輔助。㊺白石　縣名。在今甘肅廣河西。㊻臨洮　縣名。在今甘肅岷縣。㊼首陽西極　首陽，縣名，在今甘肅渭源東北。西極，山名。㊽降同阪　降同，阪名。阪，平坡。㊾廣陽谷　谷名。不可考。㊿具上　向元帝陳述。具，陳述；開列。上，元帝。(51)拜太常弋陽侯句　謂授與太常弋陽侯任千秋為奮武將軍以便協助作戰。拜，授與官職。弋陽，縣名。在今河南潢川西北。奮武將軍，本書卷九〈元帝紀〉為奮威將軍。(52)因陳轉輸之費　謂於是向朝廷陳述運輸的費用。因，於是。陳，陳述。轉輸，運輸。(53)璽書　用皇帝印璽封記的文書。璽，印章。秦漢以後，惟皇帝印稱璽。(54)讓　責備。(55)將兵右將軍　顏師古曰：「官為右將軍而將兵在外，故謂之將兵右將軍也。」(56)暴露　露天而處，無所隱蔽。(57)甚逆天道　謂非常違背天神意志。逆，違背。天道，此指支配人類命運的天神意志。(58)士大夫　將帥的佐屬。(59)不軌　越出常軌，不合法度。(60)百下百全之道也　謂按說必然是百戰百勝的道理。下，攻陷；降服。百全，考慮周到，百無一失。道，事理；規律。(61)畔敵　不敢當敵攻戰。畔，通「叛」。(62)以昔不閑習之故邪　顏師古曰：「言未嘗當羌虜，不測其形便。」閑習，熟練。(63)以恩厚未洽二句　謂將軍對士兵關懷不夠，失去士兵對將軍的信任。恩，德惠。厚，大；深。洽，沾潤。下，降；減。(64)徑道　小路。(65)遮要害　阻攔關係全局的重要地點。(66)營士　軍營的士兵。(67)聞之　聽到了。聞，聽見。(68)故發近所騎二句　謂就徵發附近的騎兵，日夜兼程前往軍隊所在地。詣，往；到。(69)非為擊也　謂不是為了進攻。(70)三輔　指京兆尹、左馮翊、右扶風，漢代政區名。其中京兆尹治長安，在今陝西西安。左馮翊，長官左輔都尉，治高陵，在今陝西高陵。右扶風，長官右輔都尉，治美陽，在今陝西扶風東南。71河東　郡名。治安邑，在今山西夏縣西北。72弘農　郡名。治弘農，在今河南靈寶東北。73越騎　由越族人所組成的騎兵。74迹射　又稱積射。75佽飛　此指能射飛禽的士兵。76彀者　謂能張弩的士兵。弩，用機械發射的弓，也叫窩弓，射程較遠。彀，張滿弓弩。77羽林孤兒　指漢代皇家衛隊。其成員多是從軍死事的子孫，養於羽林，故稱羽林孤兒。78呼速絫　匈奴單于名。此指匈奴單于降漢的士兵。《漢書補注》引劉奉世曰：「呼速累則呼速絫單于所將五萬眾來降者也。」79嗕種　羌人的別種。80方急遣　言令速至軍所。方，即將；將要。81且兵　況且兵器。且，況且；再說。兵，兵器。82患策不豫定　謂憂慮謀略遲疑不決。患，憂慮。策，謀略。豫，遲疑不決；猶豫。83料敵不審　謂對敵情的估量不夠詳細。料，估計；估量。審，詳細；周密。84舉　行動；舉動。85禽　通「擒」。捉拿。86若乃　至於。87則有司存　謂就由有關官員負責籌措。則，就；便。有司，有關官員。存，問候；省視。88須　等待。89破　打敗；攻克。90斬首數千級　謂斬敵之首數千個。一首為一級，謂之首級。91募士　又稱應募、應募士。政府從地方招募來的士兵。92定襄　郡名。治成樂，在今內蒙古和林格爾西北。93韓安國　此安國非武帝時人。94創艾　也作「創乂」。受懲而畏懼。創，懲戒。艾，蒼白色，引申為畏懼。95罷　罷省；減除。96頗　稍微；略微。97明年　元帝永光三年，即西元前四一年。98更　改。99桀黠　兇暴狡詐。100賊傷害；殺害。101府寺　郡國官吏辦公所在地。府，官署的通稱。寺，官舍。官舍，衙門；官吏的住宅。102燔燒置亭　謂焚燒驛站亭寺。燔，焚燒。置，驛站。掌投遞公文、轉運官物及供來往官員休息的機構。以馬傳遞文書為置，以人傳遞文書為郵。亭，即亭寺，驛站小吏辦事的處所。103鹵　通「虜」。掠奪。104食邑　漢代列侯受封的封地。依照地位高低，食邑戶數多少不等。食，收取租稅以享用。邑，封地。105居爪牙官　謂擔任捍衛皇室的武臣。居，處於；占據。爪牙官，捍衛皇室的武臣。106折衝宿將　謂能打敗敵人的老將。折衝，使敵人的戰車後撤。即擊退敵軍。折，挫敗。衝，戰車的一種。宿，老練。107趙充國　本書卷六十九有其傳。108丞相徵事　《史記・建元以來侯者年表》曰：「任宮。以故上林尉捕格謀反者左將軍上官桀，殺之便門，封為侯，二千戶。」109上官桀　複姓上官，名桀，字少叔，隴西上邽（今甘肅天水）人。武帝時任太僕。武帝臨終，與大將軍霍光等受遺詔輔佐少主。後謀廢昭帝，事發，被族滅。110封侯　封弋陽侯。弋陽，在今安徽潢川西北。111樂昌侯王商　本書卷八十二有其傳。樂昌，在今山東南樂西北。112王莽　本書卷九十九有其傳。

【語譯】元帝即位，馮奉世任執金吾。上郡所屬歸附漢朝的少數民族一萬多人反漢離去。起初，在宣帝末年，西河郡所屬歸附漢朝的羌人首領伊酋若王也率領部眾數千人反叛朝廷，奉世一樣立即持節領兵追擊。右將軍典屬國常惠去世，奉世代為右將軍典屬國，加賜諸吏的名號。幾年後，任光祿勳。

2 永光二年秋天，隴西羌人彡姐旁系種屬反漢，元帝下詔書召見丞相韋玄成、御史大夫鄭弘、大司馬車騎將軍王接、左將軍許嘉、右將軍馮奉世上朝議事。這時，莊稼連年沒有收成，國都的穀價每石二百多錢，邊郡每石四百錢，關東每石五百錢。到處鬧饑荒，朝廷正在為這發愁，卻又遭到羌人作亂。韋玄成等人都感到束手無策。馮奉世說：「羌人近在境內背叛，不及時討伐，就不能以國威制服遠方的少數民族。我願意率領軍隊去討伐他們。」元帝問需要多少兵力，回答說：「我聽說善於用兵的人，兵役不再次徵集，軍糧不三次裝載，所以軍隊不能長久暴露在外而帝王的征伐要速戰速決。以往多次不能準確衡量敵人，使軍隊受到挫敗和傷害；再三發送軍糧，必然造成空費時日而耗費嚴重，威武之氣勢遭到毀壞。如今反叛的敵人大約三萬人，按兵法應當加倍調用六萬人。由於羌人大都使用弓矛的兵器，兵器並不堅固銳利，可以只用四萬人，一個月足以決定勝負。」丞相、御史大夫、兩位將軍都認為百姓正在收穫莊稼的時候，不能多發兵；有一萬人去駐守，差不多夠用。馮奉世說：「不可以。全國遭遇饑荒之年，士兵和馬匹大都疲弱減少，守戰的器物長期廢置不檢查，少數民族都有輕視邊區官吏的心理，而羌人是首先發難的。如今以萬人分駐數處，敵人見到我方兵力不多，必然不會畏懼，戰則挫傷士兵和疲勞軍隊，守則百姓得不到救助。這樣一來，怯弱的情形顯現，羌人乘其有利時機，其他種屬一起響應，互相煽動起兵，我恐怕漢朝的兵役徵發不會少於四萬人，這不是金錢所能解決的。所以少徵發軍隊就會空費時日，這和一舉兵而迅速解決，利害相差萬倍了。」馮奉世堅持自己的意見，沒能得到同意。元帝下詔令增加二千人。

3 於是派遣馮奉世率領一萬二千兵馬出征，以領兵屯田為名義。典屬國任立、護軍都尉韓昌為偏將與裨將，到達隴西，分別駐守三個地方。典屬國為右軍，駐守在白石；護軍都尉為前軍，駐守在臨洮；馮奉世為中軍，駐守在首陽縣西極山上。前軍到達降同阪時，先派遣校尉在前方和羌人爭奪有利地形，又另外派遣校尉在廣陽谷營救百姓。羌敵眾多，漢軍都被打敗，有兩個校尉被羌人所殺。馮奉世向元帝陳述有關地形、軍隊多少的計劃，請求增加三萬六千人就足以解決戰事。奏書上報元帝，元帝大規模徵發軍隊六萬多人，授與太常弋陽侯任千秋為奮武將軍以便協助作戰。馮奉世上書說：「願意得到兵眾，不須要煩勞大將。」於是向朝廷陳述運輸的費用。

4 元帝於是用璽書慰勞馮奉世，並且責備他，說：「皇帝問候領兵在外的右將軍，風餐露宿，非常辛苦。羌敵侵犯邊境，殺害官吏和百姓，非常違背天神意志，所以派遣將軍率領將帥的佐屬進行帝王的征伐。以將軍優秀的才能和資質，振奮精銳部隊，討伐越軌不法之徒，按說必然是百戰百勝的道理。如今竟然有不敢當敵攻戰的壞名聲，真是漢朝的大恥辱。是否由於以往不熟悉軍事的緣故？還是由於對士兵關懷不夠，失去他們對你的信任呢？朕感到十分奇怪。你曾上書說羌敵依靠深山，山中多小路，不得不分多處阻攔重要地點，必須得到晚發的軍隊士兵，就足以解決戰事，各項部署已確定，形勢不必再配置大將，朕聽到了。以前由於將軍兵力缺乏，不足以自衛防守，就徵發附近的騎兵，日夜兼程前往軍隊所在地，不是為了進攻。現在徵發三輔、河東、弘農等地越騎、迹射、佽飛、彀者、羽林孤兒及呼速絫、嗕種，即將急速調遣。兵器，是殺傷人的武器，而戰爭必定有成功或者失敗，憂慮謀略遲疑不決，對敵情的估量不夠詳細，所以又派遣奮武將軍協助。兵法說大將軍出征必定要有偏將和裨將，這是為了宣揚威武，參與謀劃策略，將軍又有什麼懷疑呢？說到愛護官兵，博得眾心，行動而不後悔，俘獲敵人一定完全而徹底，這是當將軍的職責。至於運輸的費用，就由有關官員負責籌措，將軍不必擔心。等待奮武將軍的部隊到達，再共同進攻羌敵。」

5 十月，部隊全部到達隴西。十一月，合力進攻羌人。羌敵大敗，斬殺敵人首級數千個，其餘都逃跑到塞外。兵事還沒有解決之時，漢朝廷又徵發招募士兵一萬人，授與定襄太守韓安國為建威將軍。部隊還沒有進發，聽到羌人已經被打敗，部隊即時返回。元帝說：「羌敵敗散而畏懼，逃亡出塞外，可減省官兵，稍微留守官兵屯田，防守戰略要地。」

6 次年二月，馮奉世回到國都，改任左將軍，仍兼任光祿勳。朝廷將要錄功拜爵，下詔說：「羌敵兇暴狡詐，殺害官吏百姓，進攻隴西郡國官吏辦公所在地，焚燒驛站亭寺，阻斷道路和橋梁，嚴重違背天神意志。

左將軍光祿勳馮奉世此前率領軍隊征討羌敵，斬捕敵人的首級八千多級，奪取馬匹牛羊以萬頭計算。賜給馮奉世爵位關內侯，食邑五百戶，黃金六十斤。」裨將、校尉三十多人，都授與官職。

7 一年多後，馮奉世因病去世。他擔任捍衛皇室的武臣前後十年，是能打敗敵人的老將，功名僅次於趙充國。

8 奮武將軍任千秋，他的父親任宮，昭帝時憑藉丞相徵事的身分捕斬謀反的人左將軍上官桀，被封為弋陽侯，宣帝時任太常，去世。任千秋繼承侯爵之位，還任太常。成帝時，樂昌侯王商代馮奉世任左將軍，任千秋任右將軍，以後也任左將軍。子孫世代相繼封地，至王莽時便斷絕了。

奉世死後二年，西域都護甘延壽❶以誅郅支單于❷封為列侯。時丞相匡衡❸亦用延壽矯制生事，據蕭望之前議，以為不當封，而議者咸美❹其功，上從眾而侯之。於是杜欽上疏❺，追訟❻奉世前功曰：「前莎車王殺漢使者，約❼諸國背畔。左將軍奉世以衛候便宜❽發兵誅莎車王，策定城郭❾，功施邊境❿。議者以奉世奉使有指⓫，春秋之義亡遂事，漢家之法有矯制，故不得侯⓬。今匈奴郅支單于殺漢使者，亡保康居⓭，都護延壽發城郭兵屯田吏士四萬餘人以誅斬之，封為列侯。臣愚以為比罪則郅支薄，量敵則莎車眾，用師則奉世寡，計勝則奉世為功於邊境安，慮敗則延壽為禍於國家深。其違命而擅生事同，延壽割地封，而奉世獨不錄⓮。臣聞功同賞異則勞臣⓯疑，罪鈞⓰刑殊則百姓惑；疑生無常，惑生不知所從；亡常則節趨不立⑰，不知所從則百姓無所錯手足⑱。奉世圖難忘死，信命殊俗⑲，威功白著，為世使表⑳，獨抑厭㉑而不揚，非聖主所以塞疑厲節㉒之意也。願㉓下有司議。」上以先帝時事，不復錄。

【章　旨】以上為第三部分，敘述元帝時，西域都護甘延壽以誅殺郅支單于有功被封為列侯。杜欽上疏追頌馮奉世前功也應封侯。元帝「以先帝時事」為由，不再記功行賞。其中暴露「功同而賞異」的缺陷。

【注　釋】❶甘延壽　本書卷七十有其傳。❷郅支單于　匈奴單于。名呼屠吾斯，虛閭權渠單于之子。漢宣帝五鳳二年（西元前五六年）自立為郅支單于。❸匡衡　本書卷八十一有其傳。❹咸美　都讚美。咸，都；皆。美，讚美。❺杜欽上疏　杜欽，杜周之孫，杜延年之子。本書卷六十〈杜周傳〉附其傳。上疏，指用書面向皇帝陳述政見。疏，條陳。❻追訟　追憶前功而讚頌。追，回溯；回憶。訟，通「頌」。❼約　謂共為契約。❽便宜　指對國家適宜並應及時辦的事。便，適宜；立即。宜，合適；應當。❾策定城郭　謂用正確謀略安定西域諸國。策，謀略。城郭，謂西域諸國為城郭而居者。郭，外城。❿功施邊境　謂在邊境立了大功。施，給予；加惠。⓫指　通「旨」。意旨；意向。⓬春秋之義三句　謂《春秋》的道理說不要製造事端，漢朝的法律規定，凡擅自矯制詔命，雖有功勞也不加封賞。《公羊傳・桓公八年》曰：「遂者何？生事也。大夫無遂事。」亡遂事，謂不要生事。⓭康居　西域國名。王城在卑闐城，在今哈薩克斯坦塔什干一帶。⓮錄　記載。此指記功行賞。⓯勞臣　有功勞之臣。⓰鈞　通「均」。平均；同等。⓱節趨不立　謂節操與志向不能樹立。趨，同「趣」。志趣；志向。⓲錯手足　安放手足。意謂做事情。錯，通「措」。施行；置辦。⓳圖難忘死二句　謂謀除國難時把生死置於度外，在遠方伸張了朝廷的命令。信，伸張；舒展。命，命令。殊俗，遠方。⓴威功白著二句　謂威名與功勞十分明顯，為當世使者之長。首，首領；一群之長。㉑抑厭　壓制。厭，通「壓」。抑制；堵塞。㉒厲節　也作「勵節」。激勉節操。厲，激勉；振奮。㉓願　希望。

【語　譯】馮奉世死後二年，西域都護甘延壽因攻殺郅支單于被封為列侯。當時丞相匡衡也以甘延壽擅矯詔命製造事端為由，根據蕭望之以前的意見，認為不應該封侯，但參加議論的其他同僚都讚美他的功績，元帝聽從眾議而封甘延壽為列侯。於是杜欽用書面向元帝陳述政見，追憶讚頌馮奉世以前的功勞說：「以前莎車王殺了漢朝的使者，與西域各國訂立盟約背叛漢朝。左將軍馮奉世以衛侯的身分乘機發兵討伐莎車王，用正確謀略安定西域諸國，在邊境立了大功。參加議論的官員根據馮奉世奉命出使本有意旨，《春秋》的道理說不要製造事端，漢朝的法律規定，凡擅自矯制詔命，雖有功勞也不加封賞，所以不能封侯。如今匈奴郅支單于殺了漢朝使者，逃亡後歸附康居，西域都護甘延壽發動西域各國兵眾以及漢朝屯田官兵共四萬多人攻伐並斬殺了郅支單于，被封為列侯。我認為比較敵方的罪行則郅支輕微，衡量敵人的兵力則莎車多，我方動用軍隊則馮奉世少，估計勝利的成果則馮奉世為邊境的安寧立下了功勞，考慮失敗的程度則甘延壽給國家所帶來的禍害深。他們違背詔命而且擅自製造事端是相同的，甘延壽封侯分地，但馮奉世唯獨沒有記功行賞。我聽說功勞相同而賞賜不同功臣就會產生疑慮，罪行相同而處罰不同百姓就會產生疑惑；產生疑慮就會心思不定，產生疑惑就會不知道哪些可以聽從；心思不定那麼節操與志向就不能樹立，不知道哪些可以聽從那麼百姓就不知道怎麼做事情。馮奉世在謀除國難時把生死置於度外，在遠方伸張了朝廷的命令，威名與功勞十分明顯，為當世使者之長，卻單獨受到壓抑而不被稱頌，這不是聖明的皇帝堵塞疑慮激勉節操的本意。希望下達有關主管官員商議。」元帝認為是先帝時的事，不再記功行賞。

1 奉世有子男九人，女四人。長女媛以選充後宮，為元帝昭儀❶，產中山孝王❷。元帝崩，媛為中山太后，隨王就國❸。奉世長子譚，太常舉孝廉❹為郎，功次補天水司馬❺。奉世擊西羌，譚為校尉，隨父從軍有功，未拜病死。譚弟野王、逡、立、參至大官。

2 野王字君卿，受業⑥博士，通詩。少以父任⑦為太子中庶子。年十八，上書願試守⑧長安⑨令。宣帝奇其志，問丞相魏相⑩，相以為不可許。後以功次補當陽⑪長，遷為櫟陽⑫令，徙夏陽⑬令。元帝時，遷隴西⑭太守，以治行高，入為左馮翊⑮。歲餘，而池陽⑯令並素行貪汙，輕野王外戚年少，治行不改。野王部督郵掾祋祤⑰趙都案驗⑱，得其主守盜⑲十金罪，收捕。並不首吏⑳，都格殺㉑。並家上書陳冤，事下廷尉。都詣吏自殺以明野王，京師稱其威信，遷為大鴻臚。

3 數年，御史大夫李延壽㉒病卒，在位多舉野王。上使尚書選第㉓中二千石，而野王行能㉔第一。上曰：「吾用野王為三公，後世必謂我私㉕後宮親屬，以野王為比㉖。」乃下詔曰：「剛彊堅固，確然㉗亡欲，大鴻臚野王是也。心辨善辭㉘，可使四方，少府五鹿充宗㉙是也。廉絜節儉，太子少傅張譚是也。其㉚以少傅為御史大夫。」上繇下第而用譚，越次避嫌不用野王，以昭儀兄故也。野王乃歎曰：「人皆以女寵貴，我兄弟獨以賤！」野王雖不為三公，甚見器重，有名當世。

4 成帝立，有司奏野王王舅，不宜備㉛九卿。以秩出為上郡太守㉜，加賜黃金百斤。朔方刺史蕭育奏封事㉝，薦言：「野王行能高妙㉞，內足與圖㉟身，外足以慮㊱化。竊惜野王懷國之寶㊲，而不得陪㊳朝廷與朝者並。野王前以王舅出，以賢復入，明[39]國家樂[40]進賢也。」上自為太子時聞知野王。會[41]其病免，復以故二千石使行河隄[42]，因拜為琅邪太守[43]。是時，成帝長舅陽平侯王鳳[44]為大司馬大將軍，輔政八九年矣，時數有災異[45]，京兆尹王章譏鳳顓權不可任用[46]，薦野王代鳳。上初納其言，而後誅章，語在元后傳[47]。於是野王懼不自安，遂病[48]，滿三月賜告[49]，與妻子歸杜陵就醫藥。大將軍鳳[50]御史中丞劾奏[51]野王賜告養病而私自便[52]，持虎符[53]出界歸家，奉詔不敬。杜欽時在大將軍莫府[54]，欽素高野王父子行能，奏記於鳳，為野王言曰：「竊見令曰，吏二千石告[55]，過長安謁[56]，不分別予賜[57]。今有司以為予告得歸，賜告不得，是一律兩科[58]，失省[59]刑之意。夫三最予告[60]，令[61]也；病滿三月賜告，詔恩[62]也。令告[63]則得，詔恩則不得，失輕重之差。又二千石病賜告得歸有故事[64]，不得去郡亡著令[65]。傳曰：『賞疑從予，所以廣恩勸功也[66]；罰疑從去，所以慎刑，闕難知也[67]。』今釋令與故事而假不敬之法[68]，甚違闕疑從去之意。即以二千石守千里之地，任兵馬之重，不宜去郡，將以制刑為後法者，則野王之罪，在未制令前也。刑賞大信[69]，不可不慎。」鳳不聽，竟[70]免野王。郡國二千石病賜告不得歸家，自此始。

初，野王嗣父爵為關內侯，免歸。數年，年老，終于家。子座嗣爵，至孫坐中山太后事絕(71)。

6 逡字子產，通易(72)。太常察孝廉(73)為郎，補謁者。建昭(74)中，選為復土校尉。光祿勳于永舉茂材(75)，為美陽(76)令。功次遷長樂(77)屯衛司馬，清河(78)都尉，隴西太守。治行廉平，年四十餘卒。為都尉時，言河隄方略，在溝洫志。

7 立字聖卿，通春秋。以父任為郎，稍遷諸曹(79)。竟寧(80)中，以王舅出為五原(81)屬國都尉。數年，遷五原太守，徙西河、上郡。立居職公廉，治行略與野王相似，而多知有恩貸，好為條教(82)。吏民嘉(83)美野王、立相代(84)為太守，歌之曰：「大馮君，小馮君，兄弟繼踵相因循(85)，聰明賢知惠吏民，政如魯、衛德化鈞，周公、康叔猶二君(86)。」後遷為東海(87)太守，下溼病痺(88)。天子聞之，徙立為太原(89)太守。更(90)歷五郡，所居有迹(91)。年老卒官。

8 參字叔平，學通尚書(92)。少為黃門郎給事中，宿衛(93)十餘年。參為人矜嚴(94)，好修容儀(95)，進退恂恂(96)，甚可觀也(97)。參昭儀少弟，行又敕備(98)，以嚴見憚(99)，終不得親近侍帷幄(100)。竟寧中，以王舅出補渭陵(101)食官令。以數病徙為寢中郎(102)，有詔勿事(103)。陽朔(104)中，中山王來朝，參擢(105)為上河(106)農都尉。病免官，復為渭陵寢中郎。永始(107)中，超遷代郡(108)太守。以邊郡道遠，徙為安定(109)太守。數歲，病免，復為諫大夫，使領護(110)左馮翊都水。綏和(111)中，立定陶王(112)為皇太子，以中山王見廢，故封王舅參為宜鄉(113)侯，以慰王意。參之國，上書願至中山見王、太后。行未到而王薨。王病時，上奏願貶參爵以關內侯食邑(114)留長安。上憐之(115)，下詔曰：「中山孝王短命早薨，願以舅宜鄉侯參為關內侯，歸家，朕甚愍之(116)。其還參京師，以列侯奉朝請(117)。」五侯(118)皆敬憚之。丞相翟方進(119)亦甚重焉，數謂參：「物禁太甚(120)。君侯(121)以王舅見廢，不得在公卿(122)位，今五侯至尊貴也，與之並列，宜少詘節卑體，視有所宗(123)。而君侯盛(124)修容貌以威嚴加之，此非所以下五侯而自益者也。」參性好禮儀，終不改其恆操(125)。頃之(126)，哀帝即位，帝祖母傅太后用事(127)，追怨參姊中山太后，陷以祝詛大逆之罪(128)，語在外戚傳。參以同產(129)當相坐(130)，謁者承制召參詣(131)廷尉，參自殺。且(132)死，仰天歎曰：「參父子兄弟皆備大位(133)，身至封侯，今被(134)惡名(135)而死，姊弟不敢自惜，傷無以見先人於地下！」死者十七人，眾莫不憐之。宗族徙歸故郡。

【章旨】以上為第四部分，敘述馮奉世之子女承父教，皆有賢名。後因哀帝祖母傅太后與馮奉世長女馮媛結怨多年，「陷以祝詛大逆之罪」，馮氏子弟受牽連死者十七人，宗族徙歸故郡。

【注釋】❶昭儀　皇帝妃嬪名號。漢元帝開始設置。官位和丞相並列，爵位和諸侯王並列。❷中山孝王　本書卷八十有其傳。中山，諸侯王國名，治盧奴，在今河北定州。❸隨王就國　跟隨中山孝王回歸中山國。就，歸於。❹孝廉　漢代選拔官吏的科目之一。❺功次補天水司馬　謂按照功勞的大小次序委任為天水司馬。補，委任官職。天水，郡名。治平襄，在今甘肅通渭西北。❻受業　從師學習。業，用竹片木板書寫的材料。❼任　即任子，為漢代選拔官吏的一種制度。❽試守　試用官職。守，為漢代任用官吏的一種類型。守為試用期，一般是試守一年，稱職者即可正式任用為官。❾長安　縣名。在今陝西西安東南。❿魏相　本書卷七十四有其傳。⓫當陽　縣名。在今湖北荊門南。⓬櫟陽　縣名。在今陝西富平東南。⓭夏陽　縣名。在今陝西韓城西南。⓮隴西　郡名。治狄道，在今甘肅臨洮。⓯左馮翊　西漢京畿三輔之一。⓰池陽　縣名。在今陝西涇陽西北。⓱祋祤　縣名。在今陝西耀縣。⓲案驗　查訊證實。案，查考。⓳守盜　親自盜竊。守，掌管；主持。⓴不首吏　謂不服從收捕也。首，伏罪；服罪。㉑格殺　擊殺。相拒而殺曰格。㉒李延壽　本書卷十九下〈百官公卿表下〉曰：「建昭三年，七月，衛尉李延壽為御史大夫，三年卒。一姓繁。」㉓選第　謂選定高下等級。㉔行能　品行及才能。㉕私　偏愛。㉖比　例。㉗確然　堅決；堅持。㉘心辨善辭　思想明察而且善於言詞。辨，明察。善，擅長；善於。㉙五鹿充宗　姓五鹿，名充宗。字君孟。元帝時為尚書令，後遷少府。以治梁丘《易》著名。㉚其　可；還是。㉛備　居；擔任。㉜以秩出為上郡太守　謂以大鴻臚的秩位出任上郡太守。大鴻臚為九卿之一，其秩位為中二千石。太守的秩位為二千石。故以大鴻臚出任太守，實際是降低官位和俸祿。㉝朔方刺史蕭育奏封事　謂朔方刺史蕭育呈上密封的章奏。朔方，西漢十三刺史部之一。轄區相當於今內蒙古、寧夏、甘肅、陝西、山西的一部分。蕭育，本書卷七十八有附傳。奏封事，呈上密封的章奏。封事也稱「封章」。漢制，臣下奏事，防有洩漏，以皂囊封板，謂之封事。㉞高妙　高尚美好。㉟圖　謀劃。㊱慮　思考；謀劃。㊲竊惜野王懷國之寶　謂私自哀傷馮野王是胸懷國家的難得人才。竊，私下裡。惜，哀傷。懷，胸襟。寶，難得人才。㊳陪　輔佐。㊴明　顯示。㊵樂　樂於；樂意。㊶會　恰巧；適逢。㊷使行河隄　謂出使巡視黃河堤岸。使，出使。行，巡視。河，黃河。隄，同「堤」。堤岸。㊸因拜為琅邪太守　謂於是授與馮野王為琅邪太守。因，於是。琅邪，郡名。治東武，在今山東諸城。㊹長舅陽平侯王鳳　長舅，舅之長者，別於次舅而言。陽平侯，爵位名。陽平，縣名。在今山東莘縣。王鳳，字孝卿，魏郡元城（今河北大名）人。元帝皇后王政君之兄。永光二年（西元前四二年），繼承父爵為陽平侯。㊺災異　指自然災害和反常的自然現象。㊻京兆尹王章句　謂京兆尹王章非議王鳳專權不可以任用。京兆尹，西漢京畿三輔之一。也是官名。王章，本書卷七十六有其傳。譏，非議；譴責。鳳，指王鳳。㊼元后傳　本書卷九十八。㊽遂病　終於病倒了。遂，終於。㊾滿三月賜告　謂病假滿三個月以後，皇帝賜假，仍可繼續帶職治病休養。賜告，漢代官吏的一種休假制度。即二千石以上官員病假期滿三月，皇帝賜假後仍可繼續帶職歸家治病。至成帝時，賜告不得歸家。㊿風　同「諷」。託辭婉言勸說。(51)劾奏　向皇帝檢舉別人的罪狀。劾，揭發。(52)便　安逸。(53)虎符　即兵符，是古代官吏調兵遣將的信物。銅鑄，虎形，背有銘文，分兩半，右半留存中央，左半授予統兵將帥或地方長官。調兵時由使臣持符驗合，方能生效。漢代又有金虎符。(54)莫府　即幕府。古代軍隊出征，將軍以帳幕為辦事之府署，故稱幕府。後來就為將軍府或將軍的代稱。(55)告　官吏休假。(56)過長安謁　謂經過長安請假。謁，稟告；請求。寧，是喪假的專稱。行在所，謂封建帝王所在的地方。後專指帝王所至之地。便道之官，謂立即上路至官府任職。意謂不必到宮闕向皇帝答謝。無辭，不須告別。(57)予賜　予告，漢代官吏休假制度。凡二千石以上官吏考核成績優秀的可帶職休假，稱為予告。(58)科　等級。(59)省　減。(60)三最予告　顏師古曰：「在官連有三最，則得予告也。」三最，謂在擔任官職期間考核成績連續三次功居上等。最，上等；優秀。(61)令　法令。此指有關官吏休假的法令。(62)詔恩　謂皇帝下達恩賜的文告。即賜告。(63)令告　予告。《漢書補注》王念孫曰：「案令當為今。」(64)故事　舊日的典章制度。(65)不得去郡亡著令　謂沒有明令規定不許離開任職的郡。著，明顯；顯露。(66)賞疑從予二句　謂賞或不賞猶豫不定時就選定給與，這是廣施恩惠和勉勵功業的重要手段。疑，猶豫不定。從，跟隨；順從。引申為就選定。予，給與。廣恩勸功，廣施恩惠和勉勵功業。(67)罰疑從去三句　謂罰或不罰猶豫不定時就選定赦免，這是對疑難未解的事不妄加評論，以表示慎重對待處罰的手段。去，赦免。刑，處罰。闕難知，即闕疑，謂對疑難未解的事不妄加評論。闕，同「缺」。難知，不容易了解內情。(68)今釋令句　謂如今廢棄法令和舊日的典章制度而假託不敬的法律。(69)刑賞大信　謂賞罰嚴明影響深遠。大，影響深遠。信，嚴明。(70)竟　終於。(71)至孫坐中山太后事絕　謂至孫子時因受中山太后祝詛冤案的株連獲罪而封爵斷絕。坐，獲罪。中山太后事，見本書卷九十七下〈外戚傳下〉。(72)易　《周易》的簡稱。也稱《易經》。(73)察孝廉　謂察舉孝廉。察，選拔；舉薦。孝廉，漢代察舉科目之一。(74)建昭　漢元帝年號（西元前三八－前三四年）。(75)于永舉茂材　于永，東海郯（今山東郯城）人，于定國之子。詳見本書卷七十一〈于定國傳〉。茂材，漢代察舉科目之一。西漢稱秀才，東漢避光武帝劉秀諱，改為茂才，或稱茂材。(76)美陽　縣名。在今陝西扶風東南。(77)長樂　宮名。本為秦朝興樂宮。漢朝建都長安後改建而成。遺址在今陝西西安西北郊漢長安故城東南角。(78)清河　郡名。治清陽，在今河北清河東南。(79)稍遷諸曹　謂逐漸升遷入中央官署辦事。稍遷，逐漸升遷。諸曹，中央官署所在地。(80)竟寧　漢元帝年號。西元前三三年。(81)五原　郡名。治九原。在今內蒙古包頭西北。(82)而多知有恩貸二句　謂而且多謀略有恩惠，善於用條文和教令。知，同「智」。謀略；才能。恩，德惠。貸，寬免；惠澤。條教，條文、教令。(83)嘉　讚美；表彰。(84)相代　交互更替。(85)繼踵相因循　謂前後相接互相學習。繼踵，接踵；前後相接。

因，因襲；依靠。循，依照；順著。[86]政如魯衛二句　謂政事如同魯國、衛國都是以德感人，周公、康叔猶如馮氏二君。魯國、衛國都是春秋時諸侯國名。原為西周封地。周公、康叔都是周武王之弟。[87]東海　郡名。治郯縣，在今山東郯城西北。[88]下溼病痺　謂低窪潮溼而患風溼病。下溼，低窪潮溼的地方。病痺，患風溼病。病，患病。痺，風溼病。[89]太原　郡名。治晉陽，在今山西太原西南。[90]更　連續；經歷。[91]所居有迹　謂所任官職都有業跡。居，處於；位於。跡，業跡；事跡。[92]尚書　書名。是現存最早的關於上古時典章文獻的彙編。尚，通「上」。[93]宿衛　在宮中值宿，擔任警衛。[94]矜嚴　端莊嚴肅。矜，莊重；威嚴。[95]好修容儀　謂喜愛修飾儀表。好，喜愛。修容，修飾儀表。儀，儀表。[96]恂恂　嚴謹貌。[97]甚可觀也　謂很值得給人看。意謂很有風度和氣派。可，值得；應該。觀，示人；給人看。[98]敕備　恭謹周密。敕，告誡。[99]見憚　被畏懼。[100]帷幄　宮室的帷幕。[101]渭陵　西漢元帝劉奭陵墓。位於今陝西咸陽東北。[102]寢中郎　渭陵之寢郎。[103]有詔勿事　謂元帝又下詔不必做事。有，通「又」。復。勿事，意謂不必親自操勞。[104]陽朔　漢成帝年號（西元前二四—前二一年）。[105]擢　選拔。[106]上河　地名。在今寧夏銀川南。[107]永始　漢成帝年號（西元前一六—前一三年）。[108]代郡　郡名。治代縣，在今河北蔚縣東北。[109]安定　郡名。治高平，在今寧夏固原。[110]領護　兼領監視。領，兼領。護，監視。[111]綏和　漢成帝年號（西元前八—前七年）。[112]定陶王　名劉欣，定陶共王劉康之子，後即皇帝位，為漢哀帝。定陶，王國名。治定陶縣，在今山東定陶西北。[113]宜鄉　侯國名。治所不詳。[114]關內侯食邑　關內侯，爵位名。二十等爵制第十九級。無封土，有封戶，可按規定戶數徵收租稅享用。食邑，此指寄食於所在縣收取封戶的租稅。[115]憐之　憐惜他；同情他。[116]愍之　哀憐他。愍，憂傷；哀憐。[117]奉朝請　謂漢代退休大臣、列侯以奉朝請的名義參加朝會，以示尊寵。漢制，春季朝見稱朝，秋季朝見稱請。[118]五侯　即平阿侯王譚、成都侯王商、紅陽侯王立、曲陽侯王根、高平侯王逢時。詳見本書卷九十八〈元后傳〉。[119]翟方進　本書卷八十四有其傳。[120]物禁太甚　謂萬物禁忌太過分。物，存在於天地間的萬物。禁，禁止；禁忌。甚，過分；超過。[121]君侯　對列侯的尊稱。[122]公卿　本指三公九卿的合稱。後泛指中央政府高級行政官員。[123]宜少詘節二句　謂應當稍微降身相從，謙虛恭敬，表示有所尊崇。宜，合適；應當。少，稍微；略微。詘節，降身相從，謙恭的樣子。詘，通「屈」。屈服；折服。卑體，低下身體。意謂謙虛恭敬。卑，低下。視，示。宗，尊。[124]盛　極點；大。意謂過於注重。[125]恆操　謂持久不變的操守。恆，長久；持久不變。[126]頃之　一會兒；不多久。之，助詞，無義。[127]用事　管事。意謂干預朝政。[128]大逆之罪　謂觸犯封建皇帝及其家族的大罪。逆，不順；反常。[129]同產　同母兄弟。[130]當相坐　謂應當相關連被治罪。當，應當。相坐，謂一人犯法，株連他人同時治罪。[131]詣　前往；到。[132]且　將；將要。[133]備大位　謂占居大位。備，具備；占居。大位，大官。

位，官位。134被　遭遇。135惡名　罪名。惡，罪過。

【語譯】馮奉世有兒子九人，女兒四人。長女馮媛經由選拔充任後宮妾侍，為元帝昭儀，生中山孝王。元帝去世後，馮媛成為中山太后，跟隨中山孝王回歸中山國。馮奉世長子馮譚，太常舉薦孝廉為郎官，按照功勞的大小次序委任為天水司馬。馮奉世攻打西羌，馮譚任校尉，跟隨父親從軍有功，還沒授予官職就病死了。馮譚的弟弟馮野王、馮逡、馮立、馮參都當了大官。

2 馮野王字君卿，從博士學習，精通《詩經》。年輕時因父親的關係任為太子中庶子。十八歲時，向宣帝上書願意試守長安縣令。宣帝對他的志向表示驚奇，問丞相魏相，魏相認為不能許諾。後來按照功勞的大小次序委任為當陽縣長，升遷為櫟陽縣令，平遷為夏陽縣令。元帝時，升遷為隴西太守，憑藉治理政務的成績顯著，調入國都任左馮翊。一年多，池陽縣令並因一向貪汙成性，輕視馮野王是外戚又年紀輕，治理縣政的劣行始終不改。馮野王安排督郵掾祋祤縣趙都查訊證實，得到並主管錢物而親自盜竊十金的罪證，下令逮捕並。並不服從官吏收捕，趙都擊殺並。並的家屬上書陳述冤情，此事下達廷尉府審理。趙都前往廷尉府自殺以證明與馮野王無關，國都長安稱頌馮野王的威信，於是提升為大鴻臚。

3 幾年後，御史大夫李延壽病故，在位的官吏大都舉薦馮野王。元帝派尚書從中二千石官吏中選拔優秀人才，而馮野王的品行及才能都是第一。元帝說：「我重用馮野王為三公，後世必定會說我偏愛後宮的親屬，用馮野王作為例子。」於是下詔書說：「剛強堅固，堅決做到沒有私欲的，要數大鴻臚馮野王了。思想明察而且善於言詞，可以出使四方之國的，要數少府五鹿充宗了。廉潔節儉，要數太子少傅張譚了。還是以少傅張譚擔任御史大夫。」元帝由下等而重用張譚，越過等次避免嫌疑而不用馮野王，因為他是馮昭儀哥哥的緣故。馮野王於是歎息說：「別人都因姊妹受皇帝寵愛而顯貴，我們兄弟唯獨因此而卑賤！」馮野王雖然不擔任三公，卻很受皇帝器重，在當時很有名望。

4 成帝即位，有關官吏上奏馮野王是成帝的舅父，不適宜擔任九卿官。以大鴻臚的秩位出任上郡太守，加賜黃金百斤。朔方刺史蕭育呈上密封的章奏，推薦說：「馮野王品行才能高尚美好，對內足夠和他共同謀劃修身養性之事，對外足以思考國家政治的改革和變化。我私自哀傷馮野王是胸懷國家的難得人才，而不能和大臣們共同輔佐皇帝。馮野王以前因為王舅的身分出任地方官，以賢能復調入朝廷，顯示國家還是樂於進納賢能的。」成帝自從冊立為太子後就聽說野王的為人。適逢他因病免職，讓他重新以原來太守的身分出使巡視黃河堤岸，於是授與馮野王為琅邪太守。這時，成帝長舅父陽平侯王鳳為大司馬大將軍，輔政八九年了，當時經常有災害怪異現象出現，京兆尹王章非議王鳳專權不可以任用，舉薦馮野王代替王鳳的官職。成帝起初採納他的建議，以後王章被誅殺，成帝和王章的談話內容都載入〈元后傳〉。於是馮野王恐懼不能自安，終於病倒了，病假滿三個月後皇帝又賜假，和妻子回杜陵治病。大將軍王鳳託辭指使御史中丞向成帝檢舉馮野王賜假養病卻私自貪圖安逸，帶著虎符出境回家，違反皇帝的命令。杜欽當時在大將軍府任職，杜欽向來尊崇馮野王父子的品行和才能，向王鳳呈上文書，替馮野王申辯說：「我見到法令說，官吏二千石休假，經過長安請假，不分別予告與賜告。如今有關官員認為予告可以回家，賜告不能回家，是同一法令兩種等級，失去減輕刑罰的本意。二千石以上官史考核成績連續三次優秀的可帶職休假，這是法令的規定；病假滿三個月後皇帝又賜假，這是皇帝下達恩賜的文告。如今規定予告就能回家，皇帝賜假就不能回家，失去輕重的差別。再說二千石有病賜假能回家是過去已經有的制度，沒有明令規定不許離開任職的郡。古語說：『賞或不賞猶豫不定時就選定給予，這是廣施恩惠和勉勵功業的重要手段；罰或不罰猶豫不定時就選定赦免，這是對疑難未解的事不妄加評論，以表示慎重對待處罰。』如今廢棄法令和舊日的典章制度而假託不敬的法律，大大地違背缺疑則從去的本意。即使以二千石守千里之地，擔任軍事重任，不應當離開任職的郡，打算以此制定刑罰作為今後的法律依據，那麼馮野王的罪行，是在沒有制定法令之前的事。賞罰嚴明影響深遠，不能不慎重。」王鳳不接受杜欽的意見，終於免去馮野王的官職。郡國二千石生病賜假不能回家，從這時開始。

5 起初，馮野王繼承父親的爵位為關內侯，最後免官歸家。幾年後，年老體衰，死於家中。兒子馮座繼承爵位，至孫子時因受中山太后祝詛冤案的株連獲罪而封爵斷絕。

6 馮逡字子產，通曉《易經》。太常察舉孝廉為郎官，委任為謁者。建昭年間，選為復土校尉。光祿勳于永察舉茂材，擔任美陽縣令。依照功勞的大小次序先後升遷為長樂屯衛司馬，清河都尉，隴西太守。治理政務的品行清廉公平，四十多歲去世。擔任都尉時，談論治理黃河堤岸的計謀策略，記載在〈溝洫志〉。

7 馮立字聖卿，通曉《春秋》。因父親的關係任為郎官，逐漸升遷入中央官署辦事。竟寧年間，憑藉皇帝舅父的關係出任五原郡屬國都尉。幾年後，升任五原郡太守，又調任西河郡、上郡。馮立任職公正廉潔，治理政務的品行大致和馮野王相似，而且多謀略有恩惠，善於用條文和教令。官吏和百姓都讚美馮野王、馮立交互更替擔任太守，歌頌他們兩人說：「大馮君，小馮君，兄弟前後相接互相學習，聰明賢智施恩惠給官吏和百姓，政事如同魯國、衛國都是以德感人，周公、康叔猶如馮氏二君。」後來調任東海郡太守，因那裡地勢低窪潮溼而患風溼病。成帝聽到這情況後，調馮立為太原郡太守。連續經歷五個郡，所任官職都有業跡。年老死在官任上。

8 馮參字叔平，學通《尚書》。年幼時為黃門郎給事中，在宮中值宿守衛十幾年。馮參為人端莊嚴肅，注重修飾儀表，舉止嚴謹，很有風度和氣派。馮參是馮昭儀最小的弟弟，行為舉動又恭謹周密，因外表嚴肅被人畏懼，終究不能親近皇帝侍從左右。竟寧年間，憑藉元帝舅父的關係出任渭陵食官令。由於多次患病調任寢中郎，元帝又下詔不必做事。陽朔年間，中山王來朝見皇帝，馮參被選拔為上河農都尉。因病免官，復任渭陵寢中郎。永始年間，越級提升為代郡太守。因為邊郡路遠，又調任安定郡太守。幾年後，又因病免官，復任諫大夫，讓他兼領監視左馮翊都水官。綏和年間，立定陶王劉欣為皇太子，因中山王被廢免，所以封元帝舅馮參為宜鄉侯，藉以安慰中山王。馮參到了封國，上書給成帝表示願到中山國看望王、太后。出行未到而中山王已病故。中山王患病時，上奏成帝希望降低馮參爵級以關內侯食邑留居長安。成帝同情他，下詔說：「中山孝王短命早死，希望把舅父宜鄉侯馮參作為關內侯，回到家中，我很哀憐他。可叫馮參回國都，以列侯的身分享受奉朝請。」王氏五侯都恭敬畏懼他。丞相翟方進也很敬重他，多次對馮參說：「萬物禁忌太過分。君侯您因是元帝舅父的關係被廢免，不能位居公卿高官，現在王氏五侯的地位最為尊貴，和他們並列，應當稍微降身相從，謙虛恭敬，表示有所尊崇。而君侯過於注重修飾容貌又以威嚴相對待，這不是謙讓五侯有益於自己的事。」馮參秉性喜好禮儀，始終未能改變他持久不變的操守。不久，哀帝即位，哀帝祖母傅太后干預朝政，回想起以前和馮參的姊姊中山太后的私怨，誣陷中山太后犯了詛咒皇族成員的大逆不道的罪行，這些事載入〈外戚傳〉。馮參因是同母姊弟應當相關連被治罪，謁者秉承詔命通知馮參前往廷尉府，馮參自殺。將死時，仰天長歎說：「我馮參父子兄弟都占居大位，我自身到了封侯，如今遭遇罪名而死，姊弟不敢自我憐惜，傷心無臉見先人於地下！」株連致死的有十七人，眾人沒有不同情他們的。馮氏宗族都遷移到舊時的郡。

贊曰：詩稱「抑抑威儀，惟德之隅」❶，宜鄉侯參鞠躬履方，擇地而行❷，可謂淑人君子❸，然卒❹死於非❺罪，不能自免，哀哉！讒邪❻交亂，貞良❼被害，自古而然。故伯奇放流❽，孟子宮刑❾，申生雉經❿，屈原赴湘⓫，小弁之詩作⓬，離騷之辭興。經曰：「心之憂矣，涕既隕之。」⓭馮參姊弟，亦云悲矣！

【章旨】以上是作者的論贊。前者稱讚宜鄉侯馮參為人正直，不隨波逐流的可貴品質；後者追思屈原等歷史人物的悲慘結局。從中指出「讒邪交亂，貞良被害，自古而然」的正確論斷。反映作者對正義和邪惡的愛與恨。

【注釋】❶詩稱二句　此句意謂只有人的品德高尚，才會有莊嚴謙恭的舉止。詩，《詩．大雅．抑》。稱，說。抑抑，謙謹貌。威儀，莊嚴的容貌舉止。惟，只有。隅，角落。或釋為廉，棱角；廉隅。比喻人的行為、品性端方不苟。❷鞠躬履方二句　謂謹慎恭敬地履行正道，選擇地方行走。鞠躬，謹慎恭敬貌。履，施行；執行。方，正直；正道。履方，履行正道。❸淑

人君子　謂善良有才德的人。淑人，善良的人。君子，泛稱有才德的人。❹卒　終。❺非　通「無」。❻讒邪　讒言與邪惡。讒，說別人的壞話。❼貞良　正直善良。貞，正。❽伯奇放流　謂伯奇被放逐。顏師古曰：「《說苑》云王國子前母子伯奇，後母子伯封，兄弟相重。後母欲令其子立為太子，乃譖伯奇，而王信之，乃放伯奇也。」放，放逐，即流放驅逐。流，放逐遠方。❾孟子宮刑　寺人孟子因遭人讒毀而遭受宮刑。張晏曰：「寺人孟子，賢者，被讒見宮刑，作〈巷伯〉之詩也。」寺，通「侍」。寺人，為西周王朝宮廷內的近侍宦官。❿申生雉經　申生，春秋時晉獻公之子。雉經，自縊。雉，鳥名。雉性剛直，為人所獲，則屈折其頸而死，故名雉經。《國語・晉語》：「（晉獻）公將黜太子申生，而立奚齊。」申生乃自縊。⓫屈原赴湘　屈原，戰國時楚人，因多次遭迫害，最後投汨羅江（今湖南汨羅）而死。湘流，謂湘江。汨羅江是湘江的支流，故稱湘流。⓬小弁之詩作　小弁，《詩・小雅》篇名。《詩・序》以為周幽王欲立褒姒子伯服，廢黜申后放逐太子宜臼，宜臼之傅因作此詩。齊魯二家詩以為詩出周尹吉甫兒子伯奇之手。吉甫偏愛後妻，伯奇被逐而作。尹吉甫，姓兮，名甲，也稱兮伯吉父。周宣王時重臣。甫，本作「父」；尹為官名。⓭經曰三句　經，指《詩經》。即〈小弁〉之詩也。涕，眼淚。隕，墜。

【語　譯】史官評議說：《詩經》說「只有人的品德高尚，才會有莊嚴謙恭的舉止」，宜鄉侯馮參謹慎恭敬地履行正道，選擇地方行走，可以說是善良有才德的人，然而最終死於無辜，不能自我避免，多麼悲哀啊！讒言與邪惡交相作亂，正直善良的人遭受陷害，自古以來就是這樣。所以伯奇被放逐，孟子遭受宮刑，申生自縊，屈原投入汨羅江，乃有〈小弁〉詩的創作，〈離騷〉辭的興起。《詩經》說：「心中憂傷呀，眼淚不停地流。」馮參姊弟，也可說很悲慘啊！

【研　析】本傳的思想主要有以下幾點：

其一，作品著力展現馮奉世的軍事才能和「圖難忘死」的高尚品德。馮奉世出身將相世家，有大將風範。先是在奉命出使西域時，在緊急關頭，主動發兵進擊莎車，威震西域，功效卓著。杜欽曾說「奉世圖難忘死，信命殊俗，威功白著，為世使表」。後在奉命攻打羌人的關鍵時刻，及時提出「少發師而曠日，與一舉而疾決，利害相萬」的正確決策，這對平息羌亂起了重要的作用。

其二，讚頌馮氏兄弟才能出眾，治政廉平。馮奉世的高尚品德，對其諸子有積極的影響。如元帝時，馮野王以治行高，入為左馮翊。因懲治貪官有功，威信大增。元帝稱讚他「剛彊堅固，確然亡欲」；馮立「居職公廉，治行略與野王相似」；馮參「行又敕備，以嚴見憚」。馮氏兄弟為政廉平的操守絕非偶然，這和馮奉世嚴格的家風是分不開的。如長子馮譚舉孝廉為郎，隨父從軍有功；馮野王受業博士，通《詩經》，十八歲時，上書願試守長安令；馮逡通《易經》，察孝廉為郎；馮立通《春秋》；馮參通《尚書》等可以得到證實。

其三，作者在讚頌馮氏父子的優秀品德的同時，對馮氏父子的不幸遭遇寄予深切的同情和憐惜。傳末論贊雖不論馮奉世的戰功及其他兒子的政績，僅論馮參姊弟「死於非罪，不能自免」的悲慘結局，但卻指出「讒邪交亂，貞良被害，自古而然」的正確論斷，其寓意是不言而喻的。

綜上所述，馮氏父子憑藉優良的才能和品德，為西漢王朝建立不朽的功勳和值得稱頌的業績，不僅沒有得到應有的肯定，反而遭到讒邪勢力的陷害，這是西漢末年外戚專權和皇權衰落所造成的惡果。

卷八十

宣元六王傳第五十

【題解】本卷是西漢宣帝四子及元帝二子的合傳。文中記錄西漢末年元帝、成帝、哀帝、平帝之間皇位繼承的曲折經歷，反映西漢末年社會的動盪，外戚專權，劉姓皇族子孫的衰敗，這些都為日後王莽篡漢提供了客觀的條件。

1 孝宣皇帝❶五男。許皇后❷生孝元帝❸，張倢伃❹生淮陽❺憲王欽，衛倢伃生楚❻孝王囂，公孫倢伃生東平❼思王宇，戎倢伃生中山❽哀王竟。

2 淮陽憲王欽，元康三年❾立，母張倢伃有寵於宣帝。霍皇后❿廢後，上欲立張倢伃為后。久之，懲艾⓫霍氏欲害皇太子，迺更選後宮無子而謹慎者，迺立長陵⓬王倢伃為后，令母養太子。后無寵，希御見⓭，唯張倢伃最幸⓮。而憲王壯⓯大，好經書法律，聰達⓰有材，帝甚愛之。太子寬仁，喜儒術。上數嗟⓱歎憲王，曰：「真我子也！」常有意欲立張倢伃與憲王，然用[18]太子起於微細[19]，上少依倚許氏，及即位而許后以[20]殺死，太子蚤[21]失母，故弗忍也。久之，上以故丞相韋賢[22]子玄成[23]陽狂讓侯兄[24]，經明行高，稱[25]於朝廷，乃召拜玄成為淮陽中尉，欲感諭[26]憲王，輔以推讓之臣[27]，由是太子遂安[28]。宣帝崩，元帝即位，乃遣憲王之國[29]。

3 時張倢伃已卒，憲王有外祖母，舅張博兄弟三人歲至淮陽見親[30]，輒[31]受王賜。後王上書，請徙外家張氏於國，博上書願留守墳墓，獨不徙。王恨之。後博至淮陽，王賜之少。博言：「負責[32]數百萬，願王為償。」王不許。博辭去，令弟光恐云王遇大人益解[33]，博欲上書為大人乞骸骨[34]去。王乃遣人持黃金五十斤送博。博喜，還書謝，為諂語盛稱譽王[35]，因[36]言：「當今朝廷無賢臣，災變數見，足為寒心[37]。萬姓[38]咸歸望[39]於大王，大王奈何恬然[40]不求入朝見，輔助主上乎？」使弟光數說王宜聽博計，令於京師說用事貴人為王求朝[41]。王不納其言。

4 後光欲至長安[42]，辭王，復言「願盡力與博共為王求朝。王即日至長安，可因平陽侯[43]」。光得王欲求朝語，馳使人語博[44]。博知王意動[45]，復遺[46]王書曰：「博幸得肺腑[47]，數進愚[48]策，未見省[49]察。北游燕趙[50]，欲循行[51]郡國求幽隱[52]之士，聞齊[53]有騶[54]先生者，善為司馬兵法[55]，大將之材也，博得謁見[56]，承間進問五帝三王究竟要道，卓爾非世俗之所知[57]。今邊境不安，天下騷動，微此人其莫能安也[58]。又聞北海[59]之瀕有賢人焉，累世不可逮，然難致也[60]。得此二人而薦之，功亦不細矣。博願馳西以此赴助漢急，無財幣以通顯[61]之。趙王使謁者持牛酒，黃金三十斤勞[62]博，博不受；復使人願尚女[63]，聘金二百斤，博未許。會[64]得光書云大王已遣光西[65]，與博并力求朝。博自以棄捐[66]，不意大王還意反義，結以朱顏[67]，願殺身報德，朝事何足言[68]！大王誠賜咳唾[69]，使得盡死，湯禹[70]所以成大功也。騶先生蓄積道術[71]，書無不有[72]，願知大王所好，請得輒上[73]。」王得書喜說，報博書曰：「子高遒幸左顧存恤，發心惻隱[74]，顯至誠，納以嘉謀，語以至事[75]，雖亦不敏[76]，敢不諭意[77]！今遣有司[78]為子高償責二百萬。」

是時，博女壻京房[79]以明易陰陽得幸[80]於上，數召見言事。自謂為石顯[81]、五鹿充宗[82]所排[83]，謀不得用，數為博道之[84]。博常欲誑燿[85]淮陽王，即具[86]記房諸所說災異[87]及召見密語[88]，持予淮陽王以為信驗[89]，詐[90]言：「已見中書令石君[91]求朝，許以金五百斤。賢聖制事，蓋慮功而不計費[92]。昔禹治鴻[93]水，百姓罷[94]勞，成功既立，萬世賴之[95]。今聞陛下春秋[96]未滿四十，髮齒墮落，太子幼弱，佞人[97]

用事，陰陽不調[98]，百姓疾疫飢饉[99]死者且半，鴻水之害殆不過此[100]。大王緒欲[101]救世，將比功德，何可以忽[102]？博已與大儒知道者為大王為便宜奏[103]，陳[104]安危，指災異，大王朝見，先口陳其意而後奏之，上必大說。事成功立，大王即有周、邵[105]之名，邪臣散亡，公卿變節，功德亡比，而梁、趙[106]之寵必歸大王，外家亦將富貴，何復望大王之金錢？」王喜說，報博書曰：「迺者[107]詔下，止[108]諸侯朝者，寡人惛然不知所出[109]。子高素有顏冉之資[110]，臧武之智[111]，子貢之辯[112]，卞莊子之勇[113]，兼此四者，世之所鮮[114]。既開端緒，願卒成之[115]。求朝，義[116]事也，奈何行金錢乎[117]！」博報曰：「已許石君，須[118]以成事。」王以金五百斤予博。

6 會房出為郡守，離左右，顯具得此事告之[119]。房漏泄省中[120]語，博兄弟詿誤[121]諸侯王，誹謗政治，狡猾不道[122]，皆下獄[123]。有司奏請逮捕欽，上不忍致法[124]，遣諫大夫王駿賜欽璽書曰：「皇帝問[125]淮陽王。有司奏王，王舅張博數遺[126]王書，非毀[127]政治，謗訕[128]天子，褒舉[129]諸侯，稱引周、湯[130]，以諂惑[131]王，所言尤惡[132]，悖逆無道[133]。王不舉奏而多與金錢，報以好言，辠至不赦，朕惻[134]焉不忍聞，為王傷之。推原厥本，不祥自博[135]，惟王之心，匪同于凶[136]。已詔有司勿治王事，遣諫大夫駿申諭朕意[137]。詩不云乎？『靖恭爾位，正直是與』[138]，王其勉之！」

7 駿諭指[139]曰：「禮為諸侯制相朝聘之義，蓋以考禮壹德，尊事天子也[140]。且[141]王不學詩乎？詩云：『俾侯於魯，為周室輔。』[142]今王舅博數遺王書，所言悖逆。王幸受詔策[143]，通經術[144]，知諸侯名譽不當出竟[145]。天子普覆，德布於朝，而恬有博言[146]，多予金錢，與相報應[147]，不忠莫大焉。故事[148]，諸侯王獲罪京師[149]，罪惡輕重，縱不伏誅[150]，必蒙遷削貶黜之罪[151]，未有但已[152]者也。今聖主[153]赦王之罪，又憐王失計忘本，為博所惑，加賜璽書，使諫大夫申諭至意[154]，殷勤[155]之恩，豈有量[156]哉！博等所犯惡大[157]，群下之所共攻，王法之所不赦也。自今以來，王毋復以博等累心[158]，務與眾棄之。春秋之義，大能變改[159]。易曰：『藉用白茅，无咎。』[160]言臣子之道，改過自新，絜己[161]以承上[162]，然後免於咎也。王其[163]留意慎戒[164]，惟思所以悔過易行[165]，塞重責，稱厚恩者[166]。如此，則長有富貴，社稷[167]安矣。」

8 於是淮陽王欽免冠稽首謝[168]曰：「奉藩無狀[169]，過惡暴列[170]，陛下不忍致法，加大恩，遣使者申諭道術守藩之義[171]。伏[172]念博罪惡尤深，當伏重誅[173]。臣欽願悉[174]心自新，奉承詔策[175]，頓首死罪[176]。」

9 京房及博兄弟三人皆棄市[177]，妻子徙邊[178]。

10 至成帝即位，以淮陽王屬[179]為叔父，敬寵之，異於它國。王上書自陳舅張博時事，頗[180]為石顯等所侵[181]，因[182]為博家屬徙者求還。丞相御史復劾欽[183]：「前與博相遺私書，指意[184]非諸侯王所宜，蒙恩勿治，事在赦前。不悔過而復稱引[185]，自以為直，失藩臣體[186]，不敬。」上加恩[187]，許王還徙者。

11 三十六年薨。子文王玄嗣，二十六年薨。子縯嗣，王莽[188]時絕。

【章　旨】以上敘述元帝即位前後宮廷內部后妃、皇子、外戚之間爭權奪勢的鬥爭。先是宣帝有意立張婕妤為皇后及其子為太子，無成。元帝即位後，其異母弟淮陽憲王劉欽與舅父張博、張光多次干擾朝政，接著，張博及其女婿京房利用淮陽憲王誹謗朝政，事情敗露後淮陽憲王免冠謝罪，京房及張博兄弟三人皆被處死。

【注　釋】❶孝宣皇帝　即漢宣帝。本書卷八有其本紀。❷許皇后　本書卷九十七上有其傳。❸孝元帝　即漢元帝。本書卷九有其本紀。❹倢伃　一作「婕妤」。皇帝妃嬪稱號。❺淮陽　王國名。有時改為郡。治陳縣，在今河南淮陽。❻楚　王國名。有時改為郡。治彭城，在今江蘇徐州。❼東平　王國名。有時改為郡。治無鹽，在今山東東平東。❽中山　郡、國名。治盧奴，在今河北定州。❾元康三年　西元前六三年。元康，漢宣帝年號。❿霍皇后　漢宣帝皇后。本書卷九十七上有其傳。⓫懲艾　謂受懲罰而戒懼。懲，懲罰。艾，也作「乂」。創；懲戒。⓬長陵　西漢高祖陵墓。後在此置縣。在今陝西咸陽東北。⓭希御見　謂很少能見到皇帝。希，通「稀」。少；罕見。御，與皇帝有關的事物。⓮幸　皇帝親臨。此指受皇帝所寵愛。⓯壯　大；長大。⓰聰達　謂聰明又通達事理。⓱嗟　歎詞。表示讚歎。⓲用　因。⓳微細　輕微細小。引申為地位低下。⓴以　同「已」。已經。㉑蚤　同「早」。㉒韋賢　本書卷七十三有其傳。㉓玄成　韋賢之子。〈韋賢傳〉附其傳。㉔陽狂讓侯兄　謂裝瘋推讓侯爵給予兄長。陽狂，同「佯狂」。裝瘋。《史記》作「詳狂」。侯，爵名。宋祁曰：「兄字上疑有於字。」㉕稱頌揚。㉖論　知道；理解。㉗輔以推讓之臣　謂由禮讓之臣輔佐。以，由。推讓之臣，《漢書補注》宋祁曰：「推字疑作禮字。」㉘由是太子遂安　謂因此太子終於安然無事。由是，因此；所以。遂，終於；到底。㉙乃遣憲王之國　謂於是令憲王前往他的封國。乃，於是；就。遣，使；令。之，前往。㉚見親　顏師古曰：「憲王外祖母隨王在淮陽，博等每來謁見其母。」㉛輒　總是；往往。㉜負責　欠債。責，同「債」。㉝令弟光恐云王遇大人益解　謂讓弟弟張光恫嚇說憲王對母親更加疏遠。王先謙曰：「官本恐下無王字。」宋祁曰：「恐字下疑有王字。」大人，博自稱其母也。解，通「懈」。疏遠。㉞乞骸骨　乞，請求。骸骨，身體。舊時稱一身為皇帝盡職辦事，故辭官稱乞骸骨，也稱賜骸骨。此指請求離開封國回老家。㉟為諂語盛稱譽王　謂使用奉承的話語極力稱讚淮陽憲王。為，使用。諂，奉承；獻媚。盛譽，極力稱讚。㊱因　於是；就。㊲足為寒心　謂足以使人痛心。寒心，因失望、恐懼而驚心或痛心。㊳萬姓　老百姓。㊴歸望　歸向仰望。㊵恬然　安靜的樣子。㊶令於京師說句　謂讓張博到國都遊說當權的顯貴人物為憲王您請求朝見。令，使；讓。京師，國都。用事，執政；當權。貴人，顯貴之人。㊷長安　西漢國都。在今陝西西安西北。㊸可因平陽侯　謂可依靠陽平侯。因，依靠。平陽侯，當是「陽平侯」，即王鳳。王先謙曰：「平陽當是陽平誤倒，王鳳時嗣陽平侯。」陽平，縣名。在今山東莘縣。㊹馳使人語博　謂迅速派人告訴張博。馳，迅速。使，派遣。語，告訴。㊺意動　意圖改變。㊻遺　交付；給予。㊼肺腑　比喻帝王的近親。㊽愚　蠢笨；無知。自謙之詞。㊾省　察看。意謂採納。㊿燕趙　封國名。燕國治薊，在今北京西南。昭帝時改為郡。趙國治所在邯鄲，在今河北邯鄲。(51)循行　循視。循，巡視。(52)幽隱　隱居。幽，隱蔽；沉靜。隱，幽深；藏匿。(53)齊　封國名。治臨淄，在今山東臨淄。(54)騶　姓。(55)司馬兵法　古兵書名。又稱《司馬法》。(56)謁見　進見；拜見。(57)承間進問二句　謂趁機會盡問五帝三王治世的窮極重要道理，其高遠的見解不是一般人所能理解的。承間，趁機會。承，奉；順從。間，空隙。進，通「盡」。五帝，傳說中的上古帝王。具體說法不一，一說是黃帝、顓頊、帝嚳、唐堯、虞舜。三王，指夏、商、周三代開國之王，即夏禹、商湯、周文王。究竟，猶窮極。卓爾，高遠貌。(58)微此人其莫能安也　謂沒有這個人天下是不可能安定的。微，無。其，它們。此指天下動亂。莫，不。(59)北海　郡名。治營陵，在今山東安丘西北。(60)累世不可逮二句　謂歷代所不及，然而難以得到他。(61)通顯　結交有權勢的高官。通，往來交好。顯，高貴；顯赫。此指有權勢的高官。(62)勞　慰勞。(63)尚女　謂娶張博之女為妻。尚，奉事；匹配。一般專指娶帝王之女。(64)會　恰巧；適逢。(65)西　西去長安。(66)棄捐　捨棄。(67)不意大王還意二句　謂沒想到大王回心轉意，以友好的姿態對待我。不意，意料之外。還，返回。反，通「返」。回。朱顏，紅潤的面容。(68)何足言　哪裡值得談論。何，哪裡。足，值得。(69)誠賜咳唾　謂果真賜給高明的言論。誠，果真；如果。咳唾，比喻人的言論。[70]湯禹　即夏禹、商湯。[71]道術　道德學術。[72]書無不有　言凡是書籍皆有之。[73]輒上　立即獻上。輒，立即；馬上。上，獻上。[74]子高迺幸等二句　謂子高你屈駕慰問撫恤，發自內心的同情。子高，張博字。迺，你。幸，副詞，表示尊敬對方。左顧，猶言枉顧、屈駕，謝人過訪的謙詞。存恤，慰問撫恤。發心，發自內心。惻隱，同情。[75]顯至誠三句　謂顯現最至誠的心意，用最好的計謀貢獻給我，把最重要的事告訴我。顯，明顯。至誠，最誠實。納，貢獻。以，用。嘉，美；善。語，告訴。以，拿；把。至事，最重要的事。[76]敏　聰慧。[77]敢不諭意　謂怎麼敢不理解你的心意。敢不，不敢不；怎麼敢不。諭，理解；知道。[78]有司　官吏。[79]京房　本書卷七十五有其傳。[80]幸　寵信；寵愛。[81]石顯　本書卷九十三〈佞幸傳〉有其傳。[82]五鹿充宗　複姓五鹿，名充宗。[83]排　排斥；排擠。[84]道之　說這些情況。[85]誑燿　欺騙和炫耀。誑，欺騙；迷惑。燿，同「耀」。炫耀；顯示。[86]具　通「俱」。都；全。[87]災異　古代指天災或自然界的怪異現象。[88]密語　私密的對話。[89]信驗　憑證。信，憑據。驗，憑證。[90]詐　欺騙。[91]石君　即石顯。[92]賢聖制事二句　謂帝王做事，志在成就功業而不惜財費。賢聖，對帝王的尊稱。制事，做事。蓋，句首語氣詞。慮，心思；意念。[93]鴻　通「洪」。洪水。[94]罷　同「疲」。[95]成功既立二句　謂成就事業以後，永遠依靠它。成功，成就事業。既，以後。立，成就。萬世，永遠；長久。[96]陛下春秋　謂皇帝的年齡。陛下，對皇帝的尊稱。春秋，年齡。[97]佞人　善於花言巧語，阿諛奉承的人。[98]陰陽不調　謂天地萬物不協調。陰陽，古代以陰陽解釋天地萬物的生長變化。[99]疾疫飢饉　謂疾病、瘟疫和饑荒。疾，病。疫，瘟疫，流行性急性傳染病的通稱。饉，菜蔬不收。[100]鴻水之害殆不過此　顏師古曰：「謂堯時水災不大於今。」殆，大概。[101]緒欲　開始想要。緒，既然；已經。[102]將比功德二句　顏師古曰：「言比功德於古帝王也。」忽，不經意。[103]博已與大儒句　謂我已經和大儒通曉道術的人為大王擬好指陳國家當前應行之事的奏疏。大儒知道，謂京房。道，道術。便宜，指對國家適宜並應及時辦理的事。[104]陳　陳述。[105]周邵　即周公旦、召公奭。邵，通「召」。[106]梁趙　梁，指梁孝王劉武。本書卷四十七有其傳。趙，指趙王劉如意。本書卷三十八有其傳。[107]迺者　從前；往日。[108]止　禁止；阻止。[109]憯然不知所出　謂傷心得不知道怎麼辦。憯，通「慘」。慘痛。[110]顏冉之資　顏，顏回。冉，冉耕，字伯牛。皆孔子弟子。《論語》稱孔子曰：「德行顏淵、閔子騫、冉伯牛、仲弓。」資，資質。[111]臧武之智　臧武，魯大夫臧武仲，名紇。《論語》稱孔子曰「若臧武仲之智」，故王引之為言。智，謀略。[112]子貢之辯　子貢，孔子學生。辯，辯論。《論語》稱孔子云「言語，宰我、子貢」。[113]卞莊子之勇　卞莊子，春秋時魯國大夫。古之勇士。[114]鮮　少。[115]既開端緒二句　謂既然開始有了頭緒，希望終於能夠成功。端緒，頭緒。願，希望。卒，終。[116]義　合理、適宜的事。[117]奈何行金錢乎　謂怎麼還需要使用金錢啊。奈何，怎麼。行，使用。[118]須　待。[119]顯具得此

事告之　王念孫曰：「《漢紀》無之字。」顯，石顯。具，同「俱」。全。告之，告發京房。[120]省中　宮禁之內。[121]詿誤　貽誤；連累。[122]狡猾不道　漢時律令有狡猾不道之文，常見於劾奏文書。狡猾，詭詐。不道，即無道。漢以來以「不道」作為刑律的名目。[123]下獄　關進監獄。[124]致法　謂用法律來處置。致，表達；給與。[125]問　問候。[126]遺　給予。[127]非毀　誹謗。非，通「誹」。[128]謗訕　誹謗和譏刺。謗，誹謗。訕，譏刺。[129]褒舉　讚美和舉薦。[130]稱引周湯　謂引證夏禹、商湯。稱引，引證。周，宋祁曰：「周當作禹。」即夏禹。湯，商湯。[131]讇惑　謂奉承迷惑。讇，奉承；獻媚。惑，迷惑。[132]尤惡　更加惡毒。尤，格外；更加。[133]悖逆無道　謂違法亂政。悖逆，違亂忤逆。[134]惻　痛。[135]推原厥本二句　謂追究這件事的由來，不好的事從張博引起。推，追究。原，根本。原、本，追溯事物的由來。厥，掘。[136]匪同于凶　謂不同於惡人。匪，同「非」。不。凶，惡；惡人。[137]申諭朕意　謂再次告知我的意見。申，再次。諭，告曉；告示。[138]詩不云乎三句　謂恭謹地做好你本職的工作，做一個正直的人。所引見《詩經．小雅．小明》。靖恭，恭謹。《詩經．小雅．小明》寫作「靖共」。《韓詩外傳》作「靖恭」。[139]諭指　把皇帝的旨意告訴憲王。諭，曉告。指，同「旨」。皇帝的旨意。[140]禮為諸侯制等三句　謂《周禮》為諸侯制訂共同朝聘的禮儀，以便專心遵守禮法，敬重侍奉皇帝。禮，周禮。制，製作。朝聘，古代諸侯定期朝見天子。義，禮儀。考禮，遵守禮法。壹德，專心。事，侍奉。[141]且　況且。[142]詩云三句　〈魯頌．閟宮〉之詩。言立周公子伯禽，使為諸侯於魯國而作周家之藩輔。俾，使。周室，周王室。[143]詔策　皇帝的命令文告。[144]經術　經學。即儒家經典之學。[145]竟　同「境」。[146]天子普覆三句　謂皇帝的恩澤全面庇蔭著你們，在朝廷施行德政，而你卻安然接受張博邪惡的謊言。普，廣大；全面。覆，遮蓋；掩蔽。喻恩澤庇蔭。德，德政。布，施行。[147]報應　回應。報，回答；返回。應，應和；響應。[148]故事　指舊日的典章制度。[149]獲罪京師　謂在國都犯罪。獲罪，犯罪。京師，國都。[150]縱不伏誅　謂即使不判處死刑。縱，即使；縱然。伏誅，受死刑。[151]必蒙遷削貶黜之罪　謂必定要受到放逐、削地、廢免的懲罰。遷，放逐。削，削減封地。貶，降謫。黜，貶；廢免。[152]但已　白白了結。但，徒；空。已，止。[153]聖主　指元帝。[154]申諭至意　謂一再告曉至誠的心意。申，一再。諭，告曉；告示。[155]殷勤　深厚。[156]量　衡量。[157]博等所犯惡大　宋祁曰：「犯字下當有罪字。」王先謙曰：「官本無罪字。」[158]王毋復以博等累心　謂憲王不必再因張博等人而憂心。毋，不要。以，因為。累，煩勞；憂患。[159]春秋之義二句　謂《春秋》的道理，重要的是有過錯而能改正。春秋，書名。義，道理。大，重要。[160]易曰三句　白茅，多年生草。古代常用以包裹充祭祀的禮物。无咎，無過失。[161]絜己　端正自己。絜，同「潔」。清潔；修整。[162]承上　輔佐皇帝。[163]其　可；應當。[164]慎戒　小心防備。慎，謹慎；小心。戒，防備。[165]惟思所以悔過易行　謂希望考慮悔改錯誤改變品行的辦法。惟，希望。易行，改變品行。(166)塞重責二句　副，符合。厚恩者，給你深厚恩德的人。此指皇帝。(167)社稷　土、穀之神。也是國家政權的標誌。(168)免冠稽首謝　謂脫冠叩頭以謝罪。免冠，脫去頭上之冠。稽首，舊時所行跪拜禮。稽，叩頭至地。(169)奉藩無狀　謂奉命到王國卻沒有治理好。奉，奉命。藩，王國。無狀，無善狀。(170)過惡暴列　謂罪惡暴露無遺。過，過失。惡，罪惡。列，眾多；陳列。(171)中諭道術守藩之義　謂一再告曉道德學術和守衛王國的道理。守藩，守衛王國。(172)伏　敬詞。用於下對上之陳述時。(173)當伏重誅　謂應當處以死刑。(174)悉　盡。(175)奉承詔策　謂遵照皇帝的命令文告。奉承，接受；遵照。詔策，猶詔書。即皇帝的命令文告。(176)頓首死罪　叩頭認罪。頓首，頭叩地而拜。死罪，當死之罪。(177)棄市　刑名。即於鬧市執行死刑以示眾。(178)妻子徙邊　謂妻子兒女強制遷至邊地。(179)屬　親屬。(180)頗　很；甚。(181)侵　迫害；欺凌。(182)因　於是。(183)丞相御史復劾欽　謂丞相、御史大夫再次彈劾淮陽王劉欽。御史，指御史大夫。劾，彈劾。即揭發罪狀。(184)指意　意旨；意向。(185)稱引　引證。(186)體　規矩。(187)上加恩　謂皇帝施加恩惠。(188)王莽　本書卷九十九有其傳。

【語譯】 孝宣皇帝劉詢有五個兒子。許皇后生孝元帝劉奭，張倢伃生淮陽憲王劉欽，衛倢伃生楚孝王劉囂，公孫倢伃生東平思王劉宇，戎倢伃生中山哀王劉竟。

2　淮陽憲王劉欽，元康三年即位，他的母親張倢伃受到宣帝的寵愛。霍皇后被廢以後，宣帝想立張倢伃為皇后。過了一段時間之後，戒懼於霍氏想要害死皇太子的事，便改選後宮妃嬪中既無子又為人謹慎的人，於是立來自長陵縣的王倢伃為皇后，使她以母親的身分養育太子。皇后不受寵愛，很少能見到皇帝，只有張倢伃最受寵愛。憲王長大後，喜好儒家經典和法律，聰明通達又有才華，宣帝很喜愛他。太子為人寬厚仁愛，喜好儒家學術。宣帝經常讚歎憲王，說：「真是我的兒子啊！」時常有意想立張倢伃為皇后、憲王為太子，可是由於太子從平民起家，宣帝年少時依靠許氏，到即皇位後而許皇后因被霍光夫人指使女醫毒殺而死，太子過早失去母愛，所以不忍心廢棄太子。過了些日子，宣帝因前丞相韋賢的兒子韋玄成裝瘋推讓侯爵給予兄長，經術明達，品行高尚，在朝廷中受到稱頌，於是召見授與韋玄成為淮陽王國的中尉，想讓憲王有所感染理解，以禮讓之臣輔佐太子，因此太子終於安然無事。宣帝死後，元帝即位，於是令憲王前往他的封國。

3　當時張倢伃已經去世，憲王身邊有外祖母，舅父張博兄弟三人每年都要到淮陽看望母親，往往受到憲王的賞賜。後來憲王上書元帝，請求遷徙舅家張氏到淮陽國來。張博也上書元帝說願意留守祖宗的墳墓，獨自居住而不遷徙。憲王怨恨他。以後張博到淮陽來，憲王賞賜給張博的錢物就少了。張博說：「我負債數百萬，希望王替我償還。」憲王沒有答應。張博辭別而去，讓弟弟張光恫嚇說憲王對他母親日漸疏遠，張博將要上書替母親請求離開封國老家。憲王於是派人拿出黃金五十斤送給張博。張博甚為欣喜，寫回信表示感謝，使用奉承的話語極力稱讚淮陽憲王，於是說：「當今朝廷沒有德才兼備的大臣，自然災害多次出現，足以使人痛心。老百姓都歸向仰望於大王，大王怎麼無動於衷，不請求入朝廷輔助皇上呢？」使弟弟張光多次勸說憲王應該聽從張博的計謀，讓張博到國都遊說當權的顯貴人物為憲王請求朝見。憲王不採納張光的話。

4 後來張光將要到長安去，向憲王告別時，又說「願盡力和張博共同為大王請求入朝廷。大王如近幾天內到長安去，可以依靠陽平侯」。張光聽到憲王想要請求入朝廷的話，迅速派人告訴張博。張博知道憲王意圖改變，又給憲王寫信說：「張博有幸成為大王的近親，多次進獻無知的計策，未被採納。我向北漫遊燕趙之地，想巡視郡國以求得隱居的士人，聽說齊國有一位騶先生，善於運用《司馬兵法》，是大將的人才，我得以拜見他，趁機會盡問五帝三王治世的窮極重要道理，其高遠的見解不是一般人所能理解的。現在邊境不安寧，天下騷動，沒有這個人天下是不可能安定的。又聽說北海郡的海邊有一位賢人，歷代所不及，然而難以得到他。如果能得到這兩人並把他們推薦給朝廷，功勞也就不算小了。我願迅速西去長安用這個來救助漢廷的危急，而沒有財物和錢幣用來結交有權勢的高官。趙王派謁者帶著牛和酒，以及黃金三十斤來慰勞我，我沒有接受；又派人說希望娶我的女兒為妻，聘金二百斤，我沒有答應。恰巧收到張光的書信說大王已派遣他西去長安，和我合力為大王求朝。我自己以為大王已經捨棄了此事，沒想到大王回心轉意，以友好的姿態對待我，我願意犧牲自己以報答你的恩惠，求入朝廷的事哪裡值得談論！大王果真賜給高明的言論，使我得以竭盡心力，就能成就像夏禹、商湯那樣的大功業了。騶先生具有高深的道德學術，擁有豐富的書籍，希望了解大王的喜好，拿到書籍後立即獻上。」憲王接到來信甚為喜悅，給張博回信說：「子高你屈駕慰問撫恤，發自內心的同情，顯現最至誠的心意，用最好的計謀貢獻給我，把最重要的事告訴我，我雖然不聰慧，怎麼敢不理解你的心意！現在派遣有關官員替子高償還債款二百萬。」

5 這時，張博的女婿京房憑藉通曉《易經》陰陽之理得到元帝的寵信，多次召見談論政事。京房自稱被石顯、五鹿充宗所排擠，計策不能被皇帝所採用，多次向張博說這些情況。張博經常想欺騙和炫耀淮陽王，就全部記錄了京房所說的許多有關災異及皇帝召見時私密的對話，拿給淮陽王作為憑證，欺騙他說：「已經見到中書令石顯為王請求朝見，答應給他黃金五百斤。帝王做事，志在成就功業而不惜財費。過去大禹治理洪水，百姓疲勞，成就事業以後，永遠依靠它。如今聽說皇帝的年齡還不到四十歲，頭髮牙齒已經脫落，皇太子幼小體弱，奸詐小人管事，天地萬物不協調，百姓因疾病、瘟疫和饑荒而死亡的將近一半，洪水的危害大概也沒有超過現今。大王開始想要救濟世人，將和古帝王比功德，怎麼可以忽略這種事呢？我已經和大儒通曉道術的人擬好指陳國家當前應行之事的奏疏，陳述國家安危所在，指明災異的危害，大王朝見皇帝時，先口頭表達其中大意然後上奏，皇帝一定十分高興。事情成功以後，大王就有周公、召公的名望，奸邪之臣離散逃亡，公卿大臣都改過遷善，你的功德無量，而像以前梁孝王、趙王得到皇帝寵愛的好事必然歸於大王，我們外家也將因此而富貴，怎麼會再盼望大王的金錢呢？」憲王喜悅，給張博回信說：「從前詔書下達，禁止諸侯朝見，我傷心得不知道怎麼辦。子高您本就有顏回、冉耕的天賦，臧武仲的謀略，子貢的辯論之才，卞莊子的勇武，兼有這四人的長處，是世間所少有的。既然開始有了頭緒，希望終於能夠成功。請求朝見，是合情合理的事，怎麼還需要使用金錢啊！」張博回信說：「已經答應石顯，以便等待事情能夠成功。」憲王拿了黃金五百斤給張博。

6 適逢京房出任郡守，離開皇帝左右，石顯得以告發京房有關這件事的全部情況。京房洩漏了在宮中皇帝和他談話的內容，張博兄弟連累了諸侯王，誹謗政治，詭詐無道，都關進監獄。有關官吏奏請逮捕劉欽，元帝不忍心用法律來處置，派遣大夫王駿賜給劉欽用皇帝印璽封記的文書說：「皇帝問候淮陽王。有關官吏向皇帝上書陳述王的事，提到王的舅父張博曾多次寫信給你，誹謗治理國家的各項政策，誹謗和譏刺皇帝，讚美和舉薦諸侯，引證夏禹、商湯，用來奉承迷惑你，所說的話更加惡毒，違法亂政。你不僅沒有檢舉上奏反而多給金錢，並以好言相報答，所犯罪行到了無法赦免的程度，朕憂傷地不忍心去聽，替你傷心。追究這件事的由來，不好的事從張博引起，只是你的用心，不同於惡人。我已命令有關官吏不要懲處你所犯的事情，派遣諫大夫王駿再次告知朕的意思。《詩經》裡不是說嗎？『恭謹地做好你本職的工作，做一個正直的人』，憲王可自勉啊！」

7 王駿再把皇帝的旨意告訴憲王說：「《周禮》為諸侯制訂共同朝聘的禮儀，以便專心遵守禮法，敬重侍奉皇帝。況且王沒有學過《詩經》嗎？《詩經》云：『使他在魯國為諸侯，做周王室的屏障。』如今王的舅父張博多次給王寫信，所說的都是違亂忤逆的話。王有幸接受皇帝命令文告的教誨，通曉經學，知道諸侯的名譽不應當傳出疆界。皇帝的恩澤全面庇蔭著你們，在朝廷施行德政，而你卻安然接受張博邪惡的謊言，給了他許多金錢，和他互相回應，不忠朝廷的罪過沒有什麼比這個更大的了。按照舊日的制度，諸侯王在國都犯罪，不論罪惡輕重，即使不判處死刑，必定要受到放逐、削地、廢免的懲罰，沒有白白了結此事的。如今皇帝赦免王的罪過，又同情王沒有主見、不知根本，被張博所迷惑，特別賜給璽書，命令諫大夫一再告曉至誠的心意，如此深厚的恩情，難道有辦法衡量嗎！張博等人所犯罪惡重大，是眾人所共同指責的，王法所不能赦免的。從今以後，憲王不必再因張博等人而憂心，務必和大家一起拋棄他。《春秋》的道理，重要的是有過錯但能改正。《易經》說：『拿白茅草來用於祭祀，可以免除過錯。』這是說做臣子的事理，改過自新，端正自己以便輔佐皇帝，然後才能免除過錯。王應當謹慎警戒，思考悔改錯誤改變品行的辦法，彌補重大過錯，以便符合給你深厚恩德的皇帝。這樣，就可長期擁有富貴，國家也會安定了。」

8 於是淮陽憲王劉欽脫冠叩頭以謝罪說：「奉命到王國卻沒有治理好，罪惡暴露無遺，陛下不忍心給予法律制裁，施加大恩，派遣使者一再告曉道德學術和守衛王國的道理。思考張博罪惡格外深重，應當處以死刑。臣下劉欽願意盡心自新，遵照陛下的命令文告，叩頭認罪。」

9 京房及張博兄弟三人都在鬧市執行死刑以示眾，他們的妻子兒女強制遷至邊地。

10 至漢成帝即位，因淮陽王作為親屬是他的叔父，尊敬寵愛他，不同於對待其他王國。淮陽王向成帝上書陳述說舅父張博在世時發生的事，很受石顯等人所迫害，於是為張博家屬被強制遷徙的人請求能夠返回故里。丞相、御史大夫再次彈劾淮陽王劉欽：「以前劉欽與張博互相私通書信，其意旨不是諸侯王所應當有的，蒙受恩賜而不治罪，此事之前已獲赦免。如今不思悔過而又引證往事，自以為正確，失去諸侯王應有的規矩，犯了大不敬的罪過。」成帝施加恩惠，准許淮陽王有關遷回被徙者的請求。

11 淮陽憲王在位三十六年後去世。兒子文王劉玄繼承王位，在位二十六年後去世。兒子劉縯繼承王位，至王莽時斷絕王位的繼承權。

楚❶孝王囂，甘露二年❷立為定陶❸王，三年徙楚。成帝河平❹中入朝，時被❺疾，天子閔❻之，下詔曰：「蓋聞『天地之性人為貴，人之行莫大於孝❼』。楚王囂素行❽孝順仁慈，之國❾以來二十餘年，孅介❿之過未嘗聞，朕甚嘉之。今迺遭命，離于惡疾⓫，夫子所痛，曰：『蔑之，命矣夫，斯人也而有斯疾也！』⓬朕甚閔焉。夫行純茂而不顯異，則有國者將何勗哉⓭？書⓮不云乎？『用德章厥善⓯。』今王朝正月⓰，詔與子男一人俱⓱，其以廣戚縣⓲戶四千三百封其子勳為廣戚侯。」明年，囂薨。子懷王文嗣，一年薨，無子，絕。明年，成帝復立文弟平陸⓳侯衍，是為思王。二十一年薨，子紆嗣，王莽時絕。

初，成帝時又立紆弟景為定陶王。廣戚侯勳薨，諡曰煬侯，子顯嗣。平帝崩，無子，王莽立顯子嬰為孺子⑳，奉㉑平帝後。莽篡位，以嬰為定安公。漢既㉒誅莽，更始㉓時嬰在長安，平陵㉔方望等頗知天文，以為更始㉕必敗，嬰本統當立者也㉖，共起兵將㉗嬰至臨涇㉘，立為天子。更始遣丞相李松擊破殺嬰云。

【章　旨】以上敘述楚孝王劉囂為人孝順仁慈，得到成帝的肯定。

【注　釋】❶楚　王國名。治彭城，在今江蘇徐州。❷甘露二年　西元前五二年。甘露，漢宣帝年號。❸定陶　郡、國名。治定陶，在今山東定陶西北。❹河平　漢成帝年號。❺被　遭遇。❻閔　憐恤；哀傷。❼天地之性二句　謂天地的本性以人為貴重，人的品行沒有什麼比孝更大。❽素行　平常的品行。素，平素；平常。❾之國　前往封國。之，前往；去到。❿孅介　細微。⓫今迺遭命二句　謂如今居然遭遇厄運，身患痛苦難治的疾病。離，遭遇。⓬夫子所痛五句　夫子，孔子。《論語》云伯牛有疾，孔子問之，自牖執其手，曰：「蔑之，命矣夫，斯人也而有斯疾也！」蔑，無也。言命之所遭，無有善惡，如斯善人而有如此惡疾，深痛之。見《論語・雍也》。蔑之，《論語》作「亡之」。命矣夫，命吧。矣夫，語氣詞連用。斯人，這個人。斯疾，這種病。⓭夫行純茂二句　謂他的品行善良美好而不能顯示出特異之處，那麼領有國家的人將要怎樣勉勵他呢。⓮書　指《尚書》。⓯用德章厥善　謂褒賞有德以明其善行。用，以。章，同「彰」。彰明。厥，其。善，美好。⓰朝正月　謂正月入朝。⓱詔與子男一人俱　子男，兒子。俱，偕；同。⓲廣戚縣　縣名。在今江蘇沛縣東南。⓳平陸　縣名。在今山東汶上北。⓴王莽立顯子句　嬰即劉嬰，廣戚侯劉顯之子。因在宣帝玄孫中年紀最幼，被王莽選中繼平帝後嗣。孺子，小子；子孩。㉑奉　承受；接受。㉒既　已經。㉓更始　更始帝劉玄年號。㉔平陵　本為西漢昭帝劉弗陵陵墓，後在此置縣。位於今陝西咸陽西北。㉕更始　指更始帝劉玄。㉖嬰本統當立者也　按正統嬰是可以立的。㉗將　帶領。㉘臨涇　縣名。在今甘肅鎮原東南。

【語　譯】楚孝王劉囂，甘露二年立為定陶王，三年後遷往楚國。成帝河平年間入朝，當時身患疾病，成帝憐惜他，頒布詔書說：「聽說『天地的本性以人為貴重，人的品行沒有什麼比孝更大』。楚王劉囂平常的品行孝順仁慈，前往封國以來二十餘年，細微的過錯不曾聽到，我很讚美他。如今居然遭遇厄運，身患痛苦難治的疾病，孔子所痛惜的，他說：『沒有辦法的，命吧，這個人而患有這種病啊！』我很憐惜。他的品行善良美好而不能顯示出特異之處，那麼領有國家的人將要怎樣勉勵他呢？《尚書》不是說嗎？『褒賞有德的人以彰明他的美好的品行。』如今楚王正月入朝，詔令一個兒子與楚王一同前來，以廣戚縣四千三百戶封給他的兒子劉勳為廣戚侯。」第二年，劉囂去世。兒子懷王劉文繼位，一年後去世，因沒有兒子，斷絕王位。第二年，成帝又立劉文的弟弟平陸侯劉衍，於是為思王。在位二十一年去世，兒子劉紆繼位，王莽時斷絕王位。

起初，成帝時又立劉紆的弟弟劉景為定陶王。廣戚侯劉勳去世，諡號稱煬侯，兒子劉顯繼位。平帝去世，因沒有兒子，王莽立劉顯的兒子劉嬰為孺子，承接為平帝後繼者。王莽篡位後，以劉嬰為定安公。漢朝誅滅王莽以後，更始時劉嬰在長安，平陵人方望等略微知曉天文，認為更始帝劉玄必定要失敗，劉嬰本屬正統應當立為皇帝，於是共同起兵帶領劉嬰到臨涇，立為皇帝。更始帝派遣丞相李松打敗擁戴劉嬰的隊伍並殺死了劉嬰。

1 東平思王宇，甘露二年立。元帝即位，就國❶。壯大，通姦犯法❷，上以至親貰弗罪❸，傅相連坐❹。

2 久之，事太后❺，內不相得❻，太后上書言之，求守杜陵❼園。上於是遣太中大夫張子蟜❽奉璽書敕諭之❾，曰：「皇帝問東平王。蓋聞親親❿之恩莫重於孝，尊尊⓫之義莫大於忠，故諸侯在位不驕以致⓬孝道，制節謹度以翼天子⓭，然後富貴不離其身，而社稷可保。今聞王自修有闕⓮，本朝⓯不和，流言紛紛，謗自內興，朕甚憯⑯焉，為王懼之。詩不云乎？『毋念爾祖，述修厥德，永言配命，自求多福⑰。』朕惟王之春秋方剛⑱，忽於道德⑲，意有所移，忠言未納⑳，故臨遣太中大夫子蟜諭王朕意㉑。孔子曰：『過而不改，是謂過矣㉒。』王其深惟孰思之㉓，無違朕意。」

3 又特以璽書賜王太后，曰：「皇帝使諸吏宦者令承問㉔東平王太后。朕有聞㉕，王太后少㉖加意焉。夫福善之門莫美於和睦，患咎之首莫大於內離㉗。今東平王出繈褓㉘之中而託于南面之位㉙，加以年齒㉚方剛，涉學㉛日寡，驁忽㉜臣下，不自它於太后㉝，以是之間㉞，能無失禮義者，其唯㉟聖人乎！傳曰：『父為子隱，直在其中矣。』㊱王太后明察此意，不可不詳。閨門㊲之內，母子之間，同氣異息㊳，骨肉之恩，豈可忽哉！豈可忽哉！昔周公戒伯禽㊴曰：『故舊無大故，則不可棄也，毋求備於一人㊵。』夫以故舊之恩，猶忍小惡，而況此乎！已遣使者諭王，王既㊶悔過服罪，太后寬忍以貰之，後宜㊷不敢。王太后強餐㊸，止思念，慎疾㊹自愛。」

4 宇慙懼，因㊺使者頓首謝死罪，願洒心㊻自改。詔書又敕傅相曰：「夫人之性皆有五常㊼，及其少長㊽，耳目牽於耆欲㊾，故五常銷㊿而邪心作(51)，情亂其性，利勝其義，而不失厥[52]家者，未之有也。今王富於春秋，氣力勇武，獲師傅之教淺，加以少所聞見，自今以來，非五經之正術[53]，敢以游獵非禮道[54]王者，輒以名聞[55]。」

5 宇立二十年，元帝崩。宇謂中謁者信等曰：「漢大臣議天子少弱，未能治天下，以為我知文法[56]，建[57]欲使我輔佐天子。我見尚書晨夜[58]極苦，使我為之[59]，不能也。今暑熱，縣官[60]年少，持服恐無處所[61]，我危得之[62]！」比至下[63]，宇凡三哭[64]，飲酒食肉，妻妾不離側。又姬[65]朐臑故親幸[66]，後疏遠，數歎息呼天。宇聞，斥[67]朐臑為家人子[68]，掃除永巷[69]，數笞擊[70]之。朐臑私疏[71]宇過失，數令家[72]告之。宇覺知[73]，絞殺[74]朐臑。有司奏請逮捕，有詔削樊、亢父[75]二縣。後三歲，天子詔有司曰：「蓋聞仁以親親[76]，古之道也。前東平王有闕，有司請廢，朕不忍。又請削，朕不敢專[77]。惟王之至親[78]，未嘗忘於心。今聞王改行自新，尊[79]修經術，親近仁人，非法之求，不以奸吏[80]，朕甚嘉焉。傳[81]不云乎？朝過夕改，君子與之[82]。其復前所削縣如故。」

6 後年來朝，上疏求諸子[83]及太史公書[84]，上以[85]問大將軍王鳳[86]，對曰：「臣聞諸侯朝聘，考文章，正法度[87]，非禮[88]不言。今東平王幸得來朝，不思制節謹度，以防危失[89]，而求諸書，非朝聘之義也。諸子書或反經術，非聖人[90]，或明鬼神，信物怪[91]；太史公書有戰國從橫權譎[92]之謀，漢興之初謀臣奇策，天官災異[93]，地形阸塞[94]：皆不宜在諸侯王。不可予。不許之辭宜曰：『五經聖人所制，萬事靡不畢載[95]。王審樂道[96]，傅相皆儒者[97]，旦夕[98]講誦，足以正身虞意[99]。夫小辯破義，小道不通，致遠恐泥，皆不足以留意[100]。諸益於經術者，不愛於王[101]。』對奏，天子如鳳言，遂不與。

7 立三十三年薨[102]，子煬王雲嗣。哀帝[103]時，無鹽危山[104]土自起覆草，如馳道[105]狀，又瓠山[106]石轉立。雲及后謁自之石所祭，治石象瓠山立石[107]，束倍草[108]，并祠[109]之。建平三年[110]，息夫躬、孫寵等共因幸臣董賢告之[111]。是時，哀帝被疾[112]，多所惡，事下有司，逮王、后謁下獄驗治[113]，言使巫傅恭、婢合歡等祠祭詛祝[114]上，為雲求為天子。雲又與知災異者高尚等指星宿[115]，言上疾必不愈，雲當得天下。石立，宣帝起之表[116]也。有司請誅王，有詔廢徙房陵[117]。雲自殺，謁棄市。立十七年，國除。

8 元始元年[118]，王莽欲反[119]哀帝政，白太皇太后[120]，立雲太子開明為東平王，又立思王孫成都為中山王。開明立三年，薨，無子。復立開明兄嚴鄉侯信子匡為東平王，奉開明後。王莽居攝121，東郡122太守翟義123與嚴鄉侯信謀舉兵誅莽，立信為天子。兵敗，皆為莽所滅。

【章旨】以上敘述東平思王劉宇和母親王太后之間不相投合，漢元帝派遣太中大夫張子蟜帶著璽書兩邊規勸的事。漢成帝時，東平王借故絞殺其妾胸臑，有關部門奏請逮捕。由於東平王表面改過自新，得到漢成帝的原諒。

【注釋】❶就國　到達封國。❷通姦犯法　謂與奸猾之人交往犯了法。❸上以至親貰弗罪　謂元帝因為他是最近之親屬而不治罪。貰，赦免。弗罪，不治罪。❹傅相連坐　謂王之師傅和王國相受牽連而受罰。傅，師傅。相，王國相。連坐，一人犯法，其他人連帶一同受罰。❺事太后　侍奉王太后。❻相得　互相投合。❼杜陵　漢宣帝劉詢陵墓。在今陝西西安東南。❽張子蟜　蟜或作「僑」。❾奉璽書敕諭之　謂遵奉璽書告誡東平王。璽書，用皇帝印璽封記的文書。敕，告誡。諭，曉告。❿親親　謂親其所當親。⓫尊尊　謂尊其所當尊。⓬致　達到。⓭制節謹度以翼天子　謂節制衣食謹慎法度以輔佐皇帝。制節，節制衣食。謹度，謹慎法度。翼，輔佐。⓮闕　過失。⓯本朝　謂東平國之朝。⓰憯　悲痛。⓱毋念爾祖四句　〈大雅・文王〉之詩。無念，念也。言當念爾先祖之道，修其德，則長配天命，此乃所以自求多福。毋，同「無」。語首助詞。爾，你。述，又作「聿」，助詞，無義。厥，其。言，助詞，無義。⓲朕惟王之春秋方剛　謂我考慮到王年少血氣盛。惟，考慮到。春秋，指年齡。⓳忽於道德　謂忽略了道德。忽，遺忘。⓴意有所移二句　顏師古曰：「謂漸染其惡人而移其性，未受忠言也。」㉑故臨遣句　謂親自派遣太中大夫張子蟜以朕的心意告誡王。㉒過而不改二句　見《論語・衛靈公》。㉓王其深惟孰思之　謂王可要深思熟慮啊。惟，思。孰，同「熟」。㉔承問　承旨問候。㉕朕有聞　我聽說。㉖少　稍微。㉗夫福善之門二句　謂富貴積善之家沒有什麼比和睦更美好，災禍之首沒有什麼比內部分離更大的。福善，行善者得福。福善之門，指富貴積善之家。患咎，災禍。㉘繈褓　背負嬰兒的布帶和布兜。㉙南面之位　謂帝王統治天下之尊位。㉚年齒　年歲；年齡。㉛涉學　廣泛涉及學問。㉜驁忽　輕慢；傲慢。㉝不自它於太后　謂對待王太后不同於其他人。㉞以是之間　因此母子之間。以是，因此；所以。㉟其唯　那只有。㊱傳曰三句　見《論語・子路》。父為子隱，父親替兒子隱瞞。直在其中，直道體現在裡面。

㊲閨門　謂古時女子所居內室之門。㊳同氣異息　謂雖有親屬關係但生活習性不同。同氣，有血統關係的親屬。異息，生活習性不同。㊴伯禽　周公旦之子。㊵故舊無大故三句　見《論語・微子》。故舊，也作「舊故」。故交；老友。大故，指殺害父母等大罪過。毋求備，不要求全責備。㊶既　既然。㊷宜　應當。㊸強餐　努力進食。㊹慎疾　小心保養身體。㊺因　通過。㊻洒心　同「洗心」。悔改之意。㊼五常　謂仁、義、禮、智、信。㊽少長　稍微長大。㊾耳目牽於耆欲　謂耳目被嗜欲所牽制。牽，牽制。耆，同「嗜」。㊿五常銷　謂五常的倫理道德被減損。51邪心作　謂邪念興起。作，興起；濫生。52厥　他的。53非五經之正術　謂詆毀《五經》的正確學術。非，詆毀；譏諷。五經，儒家的五部經典，即《易》、《尚書》、《詩》、《禮》、《春秋》。54道　同「導」。55輒以名聞　謂立即把他的姓名向我報告。輒，立即；就。56文法　法制；法令條文。57建議論。58晨夜　從早到晚。59使我為之　謂如果讓我做這件事。使，假使；如果。60縣官　指皇帝。61持服恐無處所　謂守孝恐怕沒有適當的地方。持服，穿喪服；守孝。62我危得之　謂我害怕得到它。危，畏懼；憂懼。之，它。指輔佐之位。63比至下　謂等到元帝遺體下棺的時候。比，等到。下，下棺。64凡三哭　謂總共哭了三次。凡，總共。65姬　妾。66親幸　寵幸。67斥　驅逐；廢棄。68家人子　指宮廷內沒有名號的宮人。69永巷　謂王宮中妃嬪住地。即後宮。70笞擊　謂用鞭、杖、竹板打人背部或臀部。71疏　分條陳述。72令家　謂讓家人。令，使；讓。73覺知　發覺。74絞殺　縊死。75樊亢父　樊，縣名，在今山東濟寧東。亢父，縣名。在今山東濟寧南。76仁以親親　謂仁的根據是親其所當親。77朕不敢專　言不敢專己廢法。78惟王之至親　謂因為王是最近的親屬。79尊　敬重；推崇。80不以奸吏　謂不根據這個去要求官吏。以，根據。奸，要求。81傳　解說經義的書籍。82朝過夕改二句　謂早晨犯的錯誤到晚上就改正了，有才德的人稱譽這種態度。朝過夕改，形容改正錯誤迅速。君子，泛稱有才德的人。與，稱譽。83諸子　指先秦各學派。84太史公書　即《史記》。西漢司馬遷著。85以　去。86王鳳　字孝卿，西漢魏郡元城（今河北大名）人。元帝皇后王政君之兄。成帝即位後，任大司馬大將軍領尚書事，專擅朝政，王氏專權自此始。87考文章二句　謂考察修正禮樂和法令制度。文章，禮樂法度。法度，法令制度。88禮　禮法。即禮儀法度。89危失　謂失道而傾危。90非聖人　謂詆毀聖人。非，詆毀；譏諷。聖人，指人格品德最高的人。儒家典籍中多以泛指堯舜禹湯文武周公孔子。91明鬼神二句　謂尊敬鬼神，信仰鬼怪。明，尊敬。信，信仰。物，鬼怪。92從橫權譎　謂縱橫家機巧詭詐。權譎，機巧詭詐。93天官災異　謂天文災異。天官，天文。災異，指自然災害和有些特異的自然現象，如地震、日月蝕等。94阸塞　謂險要之地。阸，險要之地。95萬事靡不畢載　謂萬事無不全載。靡，無。畢，皆；全。96王審樂道　審，確實。道，儒家學說。97儒者　對儒家學說有研究的學者。98旦夕　早晚。99正身虞意　謂修身又愉悅心

緒。正身，指修養自身。虞，歡樂。意，心緒；情意。(100)夫小辯破義四句　謂小的辯術往往會毀壞大的道理，非儒學派往往學識淺薄，雖然有遠大理想但卻很難實現，這些都不必去留意。見《論語・子張》。小辯，小的辯術。破，毀壞。義，大的道理。小道，儒家對宣揚禮教以外的學說、技藝的貶稱。不通，學識見聞淺陋，不精通。致，達到；極。泥，滯陷不通；難。(101)不愛於王　謂不對王吝惜。愛，惜。(102)立三十三年薨　周昌壽曰：「表作三十二年。」(103)哀帝　西漢皇帝劉欣。(104)無鹽危山　無鹽，東平國治所，在今山東寧陽西北。危山，在今山東東平湖東。(105)馳道　謂專供皇帝馳行的道路。(106)瓠山　王先謙曰：「官本考證云：〈息夫躬傳〉作無鹽危山，有石自立，開道。與此稍異。」瓠山，在今山東東平湖東。(107)治石句　蘇林曰：「於宮中作山象。」宋祁曰：「作山象瓠山。」治，修造。(108)束倍草　謂以菩草捆紮作為神主。束，捆紮。倍草，菩草。(109)祠　通「祀」。祭祀。(110)建平三年　西元前四年。建平，漢哀帝年號。(111)息夫躬句　謂息夫躬、孫寵等人一起通過寵臣董賢告發劉雲。息夫躬，本書卷四十五有其傳。孫寵，哀帝時為南陽太守，封方陽侯。因，通過。董賢，本書卷九十三有其傳。(112)被疾　謂身患疾病。被，遭遇。(113)驗治　謂拷問。(114)詛祝　謂念咒語求神加禍以害人。(115)星宿　泛指天上列星。(116)表　標記。(117)房陵　縣名。在今湖北房縣。(118)元始元年　西元一年。元始，漢平帝年號。(119)反　改變。(120)白太皇太后　謂稟告太皇太后。白，稟告。太皇太后，哀帝祖母。即元帝皇后王政君。(121)居攝　謂暫居皇帝之位。(122)東郡　郡名。治濮陽，在今河南濮陽西南。(123)翟義　本書卷八十四〈翟方進傳〉附其傳。

【語譯】東平思王劉宇，甘露二年立。元帝即位後，他到達封國。長大後，與奸猾壞人交往犯了法，元帝因為他是最近之親屬而不治罪，師傅和王國相受牽連而受罰。

2 過了一段時日之後，劉宇侍奉王太后，母子之間不相投合，王太后向元帝上書談起此事，請求守護杜陵園。元帝於是派遣太中大夫張子蟜拿著璽書告誡東平王說：「皇帝問候東平王。聽說親親之恩沒有什麼比孝更重要的，尊尊之義沒有什麼比忠更大的，所以諸侯在位不驕傲以做到孝敬之道，節制衣食謹慎法度以輔佐皇帝，然後富貴不離開自身，政權也可以保全。現在聽說王自身修養有過失，本朝不和睦，流言四起，誹謗之事從內部滋長，朕十分痛心，替王恐懼。《詩經》不是說嗎？『懷念你的先祖，修養你的德行，則長配天命，自求多福。』朕考慮到王年少血氣盛，忽略了道德，意向有所偏移，未能採納忠告之言，所以親自派遣太中大夫張子蟜以朕的心意告誡王。孔子說：『有了過錯卻不改正，是真的過錯。』王可要深思熟慮啊，不要違背朕的意願。」

3 又特別以璽書賜給王太后說：「皇帝使諸吏宦者令承旨問候東平王太后。我有所聽說，王太后稍加留意。富貴積善之家沒有什麼比和睦更美好，災禍之首沒有什麼比內部分離更大的。如今東平王從小就託付給治理王國的尊位，加以年紀還輕，廣泛涉及學問的日子還不多，傲慢對待臣下，對待王太后不同於其他人，因此母子之間，能夠不失禮義的，那只有聖人哪！《論語》說：『父親替兒子隱瞞，直道體現在裡面了。』王太后明白察考其中含意，不可不詳細。閨門之內，母子之間，雖有親屬關係但生活習性不同，骨肉之間的恩情，難道可以忽略嗎！難道可以忽略嗎！以前周公告誡伯禽說：『故舊沒有大罪過，就不能拋棄他，對一個人不要求全責備。』以故舊的恩情，還要忍讓小過失，何況母子之間呢！我已經派遣使者告誡王，王既然悔過服罪，王太后應以寬忍的態度對待他，王以後應當不敢再做錯事。王太后努力進食，停止憂慮，好好保養身體自我愛惜。」

4 劉宇慚愧而恐懼，通過使者向元帝叩頭謝死罪，願意洗心革面改過自新。詔書又告誡師傅和王國相說：「人的本性都有五常，等到稍微長大後，耳目被嗜欲所牽制，所以五常的倫理道德被減損而邪念興起，情慾攪亂他的本性，利欲勝過他的恩義，如此而不家庭失和，是從來沒有的。如今王年紀少壯，氣力勇猛旺盛，得到師傅的教誨不多，加之見聞少，從今以後，如有詆毀《五經》的正確學術，敢以遊冶打獵不合禮教的行為引導王的人，立即把他的姓名向朕報告。」

5 劉宇在王位二十年，元帝去世。劉宇對中謁者信等人說：「漢朝的大臣們議論皇帝弱小，不能治理天下，認為我了解法律制度，議論想要讓我輔佐皇帝。我看見尚書從早到晚非常辛苦，如果讓我做這件事，是不能勝任的。現在天氣炎熱，皇帝年幼，守孝恐怕沒有適當的地方，我害怕得到它！」等到元帝遺體下棺的時候，劉宇總共哭了三次，既飲酒又吃肉，妻子及妃妾都不離開他的身邊。又有一小妾朐臑原來很受他寵愛，後來被他疏遠了，多次對著天歎息。劉宇知道後，廢免朐臑為沒有秩位的宮女，叫她打掃後宮，並經常抽打她。

胸臑私下記述劉宇的過失，並多次讓家人告發他。劉宇發覺後，縊死胸臑。有關部門奏請逮捕劉宇，成帝下詔削去東平國樊、亢父二縣封地。三年以後，成帝下詔有關官吏說：「聽說仁的根據是親其所當親，這是自古以來的道理。以前東平王有過失，有關官吏請求廢免，朕不忍心。又請求削減王國封地，朕不敢專斷。因為王是最近的親屬，在心中從來沒有忘記過。現在聽說東平王已改過自新，敬重學習經學，親近有道德的人，凡是非法的要求，不根據這個去要求官吏，我很讚賞。古書上不是說過嗎？早晨犯的錯誤到晚上就改正了，有才德的人稱譽這種態度。可以恢復以前所削減的縣像過去一樣。」

6 後年來朝見成帝，上書給成帝請求賜給諸子的書籍及《太史公書》，成帝派人去問大將軍王鳳，王鳳應答說：「我聽說諸侯來朝聘時，考察修正禮樂和法令制度，不符合禮法的不說。如今東平王有幸得以來朝聘，不考慮節制欲望謹慎法度，以防備因違背原則而動搖王國的地位，卻求賜諸子書籍，不符合朝聘的道理。諸子書籍有的反對經學，詆毀聖人，有的尊敬鬼神，信仰鬼怪；《太史公書》有戰國縱橫家機巧詭詐的計謀，漢朝初年謀臣的奇異策略，天文災異的敘述，地形險要的記載等等，都不適合在諸侯王手中。不能給予。不允許給他的辭語應當說：『《五經》是聖人所編製的，萬事無不全載。東平王如果確實喜愛儒家學說，師傅和王國相都是對儒家學說有研究的學者，早晚講誦，足以修身又愉悅內心。小的辯術往往會毀壞大的道理，非儒學派往往學識淺薄，雖然有遠大理想但卻很難實現，這些都不必去留意。許多有益於經學的，不會對東平王吝惜。』」王鳳應答的話上奏給成帝，成帝依照王鳳所說的話去做，終於沒有給東平王。

7 劉宇在位三十三年去世，兒子煬王劉雲繼位。漢哀帝時，無鹽縣危山上的土層自行鼓起並長滿了野草，像馳道一樣，又瓠山有石能轉動並自行起立。劉雲及王后謁親自到該石所立之處舉行祭祀，並在宮中修造山石像瓠山立石的樣子，以菩草捆紮作為神主，並祭祀它。建平三年，息夫躬、孫寵等人一起通過寵臣董賢告發劉雲。這時，哀帝身患疾病，凡事都感到厭惡，他把劉雲案件下達有關部門，有關部門逮捕煬王、王后謁下獄拷問，煬王、王后供說讓巫師傅恭、婢女合歡等人在祭祀時念咒語求神加禍以害皇帝，替劉雲祈求當皇帝。劉雲又和了解災異的高尚等人指著星宿，說哀帝的病一定不會痊癒，劉雲應當得天下。大石立起，本是宣帝被立的標記。有關部門奏請處死煬王，哀帝下詔廢除劉雲王位並徙居房陵縣。劉雲自殺，王后謁處以死刑。劉雲在位十七年，封國被廢除。

8 元始元年，王莽想要改變漢哀帝的朝政，稟告太皇太后，立劉雲的太子開明為東平王，又立思王的孫子劉成都為中山王。劉開明在位三年，去世，沒有兒子。又立劉開明的哥哥嚴鄉侯劉信之子劉匡為東平王，做為開明後繼者。王莽暫代皇位時，東郡太守翟義和嚴鄉侯劉信共謀舉兵誅滅王莽，立劉信為皇帝。出兵被打敗，最後都被王莽所消滅。

中山❶哀王竟，初元二年❷立為清河❸王。三年，徙中山，以幼少未之國。建昭四年❹，薨邸❺，葬杜陵❻，無子，絕。太后歸居外家❼戎氏。

【章　旨】以上敘述中山哀王劉竟早年夭折之事。

【注　釋】❶中山　郡國名。治盧奴，在今河北定州。❷初元二年　西元前四七年。初元，漢元帝年號。❸清河　郡國名。治清陽，在今河北清河縣東南。❹建昭四年　西元前三五年。建昭，漢元帝年號。❺邸　謂中山國在京都設置的住所。❻杜陵　縣名。在今陝西西安東南。❼外家　謂太后的娘家。

【語　譯】中山哀王劉竟，在初元二年被立為清河王。在位三年，被調往中山國，因年幼沒能到封國。建昭四年，死在京都王邸，葬在杜陵，沒有兒子，絕了後。太后回娘家戎氏居住。

孝元皇帝❶三男。王皇后生孝成帝❷，傅昭儀❸生定陶共王康❹，馮昭儀❺生中山孝王興。

定陶共王康，永光三年❻立為濟陽❼王。八年，徙為山陽❽王。八年，徙定陶。王少而愛❾，長多材❿藝，習知音聲⓫，上奇器之⓬。母昭儀又幸⓭，幾⓮代皇后太子。語在元后及史丹傳⓯。

成帝即位，緣⓰先帝意，厚遇⓱異於它王。十九年薨，子欣嗣。十五年，成帝無子，徵⓲入為皇太子。上以太子奉大宗⓳後，不得顧私親，乃立楚思王⓴子景為定陶王，奉共王後。成帝崩，太子即位，是為孝哀帝。即位二年，追尊共王為共皇帝，置寢廟㉑京師，序昭穆㉒，儀如孝元帝㉓。徙定陶王景為信都㉔王云。

【章　旨】以上敘述定陶共王劉康和兒子劉欣先後都被元帝和成帝所器重。成帝死後，劉欣即皇帝位，是為漢哀帝。

【注　釋】❶孝元皇帝　漢元帝劉奭。本書卷九有其傳。❷王皇后生孝成帝　王皇后，即王政君。本書卷九十八有其傳。孝成帝，即漢成帝劉驁。本書卷十有其傳。❸傅昭儀　漢元帝昭儀，哀帝祖母。❹定陶共王康　定陶，王國名。治定陶，在今山東定陶西北。❺馮昭儀　馮奉世之女，漢元帝昭儀，平帝祖母。❻永光三年　西元前四一年。永光，漢元帝年號。❼濟陽　王國名。治濟陽，在今河南蘭考東北。❽山陽　郡國名。治昌邑，在今山東金鄉西北。❾王少而愛　言少小即為元帝所愛。❿材　通「才」。⓫習知音聲　謂熟知音樂。習，通曉；熟悉。聲，音樂。⓬上奇器之　謂元帝感到奇異而器重他。⓭幸　寵愛。⓮幾　幾乎。⓯元后及史丹傳　元后，即本書卷九十八〈元后傳〉。史丹傳，即本書卷八十二〈史丹傳〉。⓰緣　因襲；遵循。⓱厚遇　謂優厚的待遇。⓲徵　徵召。⓳大宗　謂皇帝正妻所生的長子。⓴楚思王　即劉衍。是漢宣帝的孫子。㉑寢廟　謂古代宗廟的組成。前為廟，是接神之處。後為寢，是衣冠所藏之處。㉒序昭穆　謂排列昭穆的次序。昭穆，指古代宗廟或墓地的輩次排列次序，以始祖居中，位於始祖左方的稱昭；位於始祖右方的稱穆。㉓儀如孝元帝　謂像元帝的禮儀一樣。

㉔信都　郡國名。治信都，在今河北冀州。

【語譯】孝元皇帝劉奭有三個兒子。王皇后生孝成帝劉驁，傅昭儀生定陶共王劉康，馮昭儀生中山孝王劉興。

定陶共王劉康，永光三年立為濟陽王。在位八年，調任為山陽王。又在位八年，調任定陶王國。王少年時即為元帝所喜愛，長大後多才多藝，熟知音樂，元帝感到奇異而器重他。母親傅昭儀又受到元帝的寵愛，母子二人幾乎取代了皇后和太子的高位。有關內容在〈元后傳〉和〈史丹傳〉。

成帝即位，遵循先帝的意願，對定陶共王的優厚待遇不同於其他的王。在位十九年去世，兒子劉欣繼位。劉欣在位十五年，成帝沒有兒子，徵召入朝為皇太子。成帝因為太子要奉命繼承大宗，不能只照顧自己的親屬，於是立楚思王的兒子劉景為定陶王，做為共王後繼者。成帝去世，太子即皇帝位，是為孝哀帝。即位二年，追尊共王為共皇，在京都設立寢廟，排列昭穆的次序，像元帝的禮儀一樣，調任定陶王劉景為信都王。

中山孝王興，建昭二年❶立為信都王。十四年，徙中山。成帝之議立太子也，御史大夫孔光❷以為尚書有殷及王❸，兄終弟及❹，中山王元帝之子，宜為後。成帝以中山王不材，又兄弟，不得相入廟❺。外家王氏與趙昭儀皆欲用哀帝為太子，故遂立焉。上乃封孝王舅馮參❻為宜鄉侯，而益封孝王萬戶，以尉❼其意。三十年，薨，子衎嗣。七年，哀帝崩，無子，徵中山王衎入即位，是為平帝。太皇太后❽以帝為成帝後，故立東平思王孫桃鄉頃侯子成都為中山王，奉孝王後。王莽時絕。

【章　旨】以上敘述漢哀帝死後，中山王劉衎繼承皇位，是為漢平帝。

【注　釋】❶建昭二年　西元前三七年。建昭，漢元帝年號。❷孔光　本書卷八十一有其傳。❸有殷及王　謂商朝王位的繼承。有，虛字。殷，即商朝。及，繼承。王，王位。❹兄終弟及　顏師古曰：「謂兄死以弟代立，非父子相繼，故言及。」❺不得相入廟　宋祁曰：「入字上當有繼字。」❻馮參　馮奉世之子。本書卷七十九〈馮奉世傳〉有附傳。❼尉　通「慰」。安慰。❽太皇太后　即元帝皇后王政君。

【語　譯】中山孝王劉興，建昭二年立為信都王。在位十四年，調任中山國為王。成帝召集群臣議立太子時，御史大夫孔光認為《尚書》對商朝王位的繼承，提到哥哥死後可以由弟弟代立為王，中山孝王是元帝的兒子，應當為後繼者。成帝因中山孝王沒有才能，又是兄弟，不能相繼進入宗廟。娘家王氏和趙昭儀都想用哀帝為太子，於是立為皇太子。成帝便封孝王的舅父馮參為宜鄉侯，因而更加封孝王食邑一萬戶，以安慰他的心意。在位三十年，去世，兒子劉衎繼位。在位七年，哀帝去世，沒有兒子，徵召中山王劉衎入朝即帝位，是為漢平帝。太皇太后因平帝是成帝的後代，所以立東平思王的孫子桃鄉頃侯的兒子劉成都為中山王，奉為中山孝王的後繼者。王莽時斷絕王位的繼承。

贊曰：孝元之後，徧有天下❶，然而世❷絕於孫，豈非天哉！淮陽憲王於時諸侯為聰察❸矣，張博誘之，幾陷無道❹。詩云「貪人敗類❺」，古今一也。

【章　旨】以上是作者的論贊。前者把元、成帝以後西漢政治的衰敗歸咎於天命。後者認為淮陽憲王是「貪人敗類」的犧牲品。反映作者無奈的心態。

【注　釋】❶徧有天下　謂都擁有天下。徧，周遍；都。天下，指全國。❷世　謂世系的繼承。❸聰察　聰明。❹無道　暴虐；沒有德政。❺貪人敗類　貪惡的人陷害善良的人。語見《詩・大雅・桑柔》。

【語　譯】史官評議說：孝元皇帝的後代子孫，大都擁有天下，然而世系的繼承卻被孫輩所斷絕，這難道不是天命嗎！淮陽憲王在當時諸侯中可說是聰明的人，由於張博的誘惑，幾乎陷入暴虐的泥潭。《詩經》說「貪惡的人陷害善良的人」，從古到今都是一樣的。

【研　析】本篇是漢宣帝四子、漢元帝二子的合傳。漢代皇帝中，以景帝子孫最多，東漢以後劉氏人物託名漢皇室之後者，多稱為景帝後代。考慮到皇帝後宮成群的嬪妃來說，宣帝五子、元帝三子，幾乎與《漢書》中所記一般平民無異，漢成帝竟然沒有兒子，而他的兩個弟弟，即見於本篇的定陶共王劉康、中山孝王劉興，亦均只一子，無孫輩。史家以至於感嘆元帝雖為皇帝，「世絕於孫」，歸因於天意絕漢。漢末帝王生子率如此之低，究竟是皇室這一群體特殊的原因，還是社會的普遍情形，倒真是值得社會史家關注的問題，茲不予討論。至於淮陽憲王劉欽、東平思王劉宇，均曾萌生政治野心，試圖干預朝政，這在漢武帝以前本是宗室諸王的常態，亦不足為奇。西漢後期，皇帝子孫人丁不旺，劉姓王侯在朝廷的嚴密控制下，幾乎成了「衣食租稅」的富人，大都缺乏政治熱情，一定程度上為王莽取劉氏天下而代之，減少了不少麻煩。

下面就篇中涉及的淮陽憲王劉欽，與外家關係中所蘊含社會與政治文化意義，略予申說。

〈淮陽憲王傳〉稱：劉欽「有外祖母，舅張博兄弟三人歲至淮陽見親」，後又請求朝廷，「請徙外家張氏於國」，三個舅舅中張博不願遷居，劉欽因而心懷不滿。後來又予張博黃金以使其不將外祖母迎回原籍。其後，張博及其弟張光，慫恿劉欽設法入朝執政。事發之後，張光兄弟三人被朝廷處死，老婆孩子流放。成帝即位後，劉欽試圖翻案未成，成帝還是按劉欽的要求，解除對其三個舅舅家屬的流放。這些事實，都說明劉欽對其舅家頗為關照，並願意聽信舅父的意見，染指其兄元帝的朝政。

劉欽與舅家的關係密切，有著深刻的社會背景，並非只是劉欽個人的親情行為。研究者通過眾多史實揭示：漢代人們的觀念中，父系血緣雖日益被重視，但後世那樣強烈的宗族認同尚未形成，以「母」為中心的親族觀念仍有著強有力的影響。當時存在子從母姓、重視異父同母關係，女性出嫁後所生之子，仍被看成是母族的成員。如〈司馬相如傳〉所示，卓文君出嫁之後，仍能與其在家兄弟平分父親的家產。在這種親族認同觀念下，母親的父母、兄弟，亦即外祖父母、舅氏，被視為最為親近的人，而外祖父母、舅氏對於外孫或外甥的養育、庇護責任，甚至重於祖父母、叔伯。相應的是，保護、親近舅氏、母族，亦是當時人的常態。如宣帝早年雖被認定為皇族，仍「依倚（於妻父許）廣漢兄弟及祖母家史氏」。正是由於這種親族觀念，在漢代，皇舅封侯，從而享有政治經濟特權，成為慣例；皇帝幼弱時，輔政大臣往往是皇太后甚至太皇太后的本家兄弟，而不是劉氏宗親。皇帝外家被認為是政權穩定的重要因素。如《後漢書》卷二十九〈申屠剛傳〉所說「漢家之制，雖任英賢，猶援姻戚。親疏相錯，杜塞閑隙，誠所以安宗廟，重社稷也」。

明乎此，我們便可以理解為何漢成帝時，「委政外家，諸舅持權」，為何王莽能以外戚身分篡奪西漢政權，為何東漢時外戚干政局面不斷地出現。

卷八十一

匡張孔馬傳第五十一

【題解】本卷是西漢後期四位丞相的合傳，他們皆以名儒居相位，但卻沒有做到儒者該有的操守。匡衡，明於經術，但其學問議論與行為操守判然二物，因「專地盜土」被免官。張禹，少喜占卜，長大後「經學精習」，官至丞相，為持祿固寵而攀附外戚。孔光，孔子十四世之孫，為人周密謹慎，不敢強諫，因懼怕王莽而稱疾辭位。馬宮，為王莽所寬容，並在王莽建立的新朝任職。

1 匡衡，字稚圭，東海❶承❷人也。父世農夫❸，至衡好學，家貧，庸❹作以供資用❺，尤❻精力過❼絕❽人。諸儒❾為之語❿曰：「無⓫說詩，匡鼎⓬來；匡語詩⓭，解人頤⓮。」

2 衡射策⓯甲科⓰，以不應令⓱除⓲為太常掌故⓳，調⓴補㉑平原㉒文學㉓。學者多上書薦衡經明㉔，當世少雙，今為文學就官㉕京師㉖；後進㉗皆欲從衡平原，衡不宜在遠方。事下太子太傅[28]蕭望之[29]、少府[30]梁丘賀[31]問，衡對詩諸大義[32]，其對深美[33]。望之奏衡經學精習，說有師道[34]，可[35]觀覽。宣帝[36]不甚[37]用儒，遣衡歸官[38]。而皇太子[39]見衡對，私[40]善之[41]。

3 會[42]宣帝崩，元帝[43]初即位，樂陵侯史高[44]以外屬[45]為大司馬[46]車騎將軍[47]，領尚書事[48]，前將軍[49]蕭望之為副[50]。望之名儒，有師傅[51]舊恩[52]，天子任[53]之，多所貢薦[54]。高充位[55]而已，與望之有隙[56]。長安令[57]楊興說[58]高曰：「將軍以[59]親戚[60]輔政[61]，貴重於天下無二，然眾庶[62]論議令問[63]休譽[64]不專在[65]將軍者何也？彼[66]誠有所聞[67]也。以將軍之莫府[68]，海內[69]莫不卬[70]望，而所舉不過私門賓客，乳母子弟。人情忽[71]不自知[72]，然一夫竊議[73]，語流[74]天下。夫富貴在身而列士[75]不譽[76]，是有狐白之裘[77]而反衣[78]之也。古人病[79]其若此[80]，故卑體[81]勞心，以求賢為務[82]。傳[83]曰：以賢難得之故因[84]曰事不待[85]賢，以食難得之故而[86]曰飽不待食，惑之甚者也。平原文學匡衡材智有餘，經學絕倫[87]，但以無階[88]朝廷，故隨牒[89]在遠方。將軍誠[90]召置[91]莫府，學士歙然[92]歸仁。與參[93]事議[94]，觀其所有[95]，貢之朝廷，必為國器[96]，以此顯示眾庶，名流於世。」高然[97]其言，辟[98]衡為議曹史[99]，薦衡於上[100]，上以為郎中[101]，遷博士[102]，給事中[103]。

4 是時，有日蝕[104]地震之變[105]，上問以政治得失[106]，衡上疏[107]曰：

「臣聞五帝[108]不同禮，三王[109]各異教，民俗殊[110]務，所遇[111]之時[112]異也。陛下
5 躬[113]聖德，開太平之路，閔[114]愚吏民觸法抵[115]禁[116]，比[117]年大赦，使百姓得改行自
新，天下幸甚[118]。臣竊見大赦之後，姦邪不為衰止[119]，今日大赦，明日犯法，相
隨[120]入獄，此殆[121]導[122]之未得其務也。蓋保[123]民者，『陳之以德義』，『示之以好惡』[124]，
觀其失而制其宜，故動[125]之而和，綏[126]之而安。今天下俗貪財賤義，好聲色，上[127]
修靡[128]，廉恥之節[129]薄，淫辟[130]之意縱[131]，綱紀[132]失序，疏者[133]踰[134]內[135]，親戚之恩
薄，婚姻之黨隆，苟合[136]僥幸[137]，以身設利。不改其原[138]，雖[139]歲赦[140]之，刑猶難
使錯[141]而不用也。

「臣愚[142]以為宜壹[143]曠然[144]大變其俗。孔子[145]曰：『能以禮讓[146]為國[147]乎，何
6 有[148]？』朝廷者，天下之楨幹[149]也。公卿大夫[150]相與[151]循[152]禮恭讓，則民不爭；好
仁[153]樂施[154]，則下[155]不暴；上義高[156]節，則民興行[157]；寬柔和惠[158]，則眾相愛。四者，
明王之所以[159]不嚴而成化也。何者[160]？朝有變色[161]之言，則下有爭鬭之患；上有自
專[162]之士，則下有不讓之人；上有克勝[163]之佐，則下有傷害之心；上有好利之臣，
則下有盜竊之民：此其本[164]也。今俗吏之治，皆不本禮讓，而上克暴，或忮害[165]

好陷人於罪，貪財而慕勢，故犯法者眾，姦邪不止，雖嚴刑峻法，猶不為變。此非其天性，有由[166]然[167]也。

7 「臣竊考國風[168]之詩，周南、召南[169]被[170]賢聖之化深，故篤[171]於行而廉於色[172]。鄭伯[173]好勇，而國人暴虎[174]；秦穆[175]貴信，而士多從死[176]；陳夫人[177]好巫，而民淫祀[178]；晉侯[179]好儉，而民畜[180]聚；太王躬仁，邠國貴恕[181]。由此觀之，治天下者審[182]所上而已。今之偽薄[183]忮害，不讓極矣。臣聞教化之流，非家至而人說[184]之也。賢者在位，能者在職，朝廷崇禮，百僚[185]敬讓。道德之行，由內及外，自近者始，然後民知所法[186]，遷善日進而不自知。是以百姓安，陰陽[187]和，神靈應[188]，而嘉祥[189]見。詩曰：『商邑[190]翼翼[191]，四方之極[192]；壽考[193]且寧，以保[194]我後生[195]。』此成湯[196]所以建至治，保子孫，化異俗而懷[197]鬼方[198]也。今長安天子之都，親承聖化，然其習俗無以異於遠方，郡國[199]來者無所法則[200]，或見侈靡而放效[201]之。此教化之原本，風俗之樞機[202]，宜先正者也。

8 「臣聞天人之際[203]，精[204]祲[205]有以[206]相盪[207]，善惡有以相推[208]，事作乎[209]下者象[210]動乎上。陰陽之理各應其感，陰變則靜者動[211]，陽蔽則明者晻[212]，水旱之災隨類[213]而至。今關東[214]連年饑饉[215]，百姓乏困[216]，或至[217]相食，此皆生於賦斂[218]多，民所共[219]者大，而吏安集[220]之不稱[221]之效也。陛下祇[222]畏[223]天戒[224]，哀閔[225]元元[226]，大自減損[227]，省[228]甘泉[229]、建章宮[230]衛，罷[231]珠崖[232]，偃武行文[233]，將欲度[234]唐虞[235]之隆，絕[236]殷[237]周[238]之衰也。諸見罷珠崖詔書者，莫[239]不欣欣[240]，人自以將見太平也。宜遂[241]減宮室之度[242]，省靡麗[243]之飾，考制度，修外內，近忠正，遠[244]巧佞[245]，放[246]鄭衛[247]，進雅頌[248]，舉異材[249]，開直言，任溫良之人，退刻薄之吏，顯[250]絜白[251]之士，昭[252]無欲之路，覽六蓺[253]之意，察上世之務，明自然之道[254]，博[255]和睦之化，以崇至仁，匡[256]失俗[257]，易[258]民視，令海內昭然咸見本朝之所貴，道德弘[259]於京師，淑[260]問揚乎疆外[261]，然後大化可成，禮讓可興也。」

9 上說其言，遷衡為光祿大夫[262]、太子少傅[263]。

10 時，上好儒術[264]文辭，頗[265]改宣帝之政，言事[266]者多進見，人人自以為得上意。又傅昭儀[267]及子定陶[268]王愛幸[269]，寵於皇后、太子。衡復上疏曰：

11 「臣聞治亂安危之機[270]，在乎審所用心。蓋受命[271]之王務在創業垂統[272]傳之無窮，繼體[273]之君心存於承宣[274]先王之德而褒[275]大其功。昔者[276]成王[277]之嗣位[278]，思述[279]文武[280]之道以養[281]其心，休[282]烈[283]盛美皆歸之二后[284]而不敢專其名，是以上天歆[285]享，鬼神祐焉。其詩曰：『念我皇祖[286]，陟[287]降廷止。』言成王常思祖考[288]之業，而鬼神祐助其治也。

12 「陛下聖德天覆[289]，子愛[290]海內，然陰陽未和，姦邪未禁者，殆[291]論議者未丕[292]揚先帝之盛功，爭言制度不可用也，務變更之，所更或不可行，而復復之[293]，是以群下更相[294]是非[295]，吏民無所信[296]。臣竊恨國家釋樂成之業[297]，而虛為此紛紛也[298]。願陛下詳覽統業之事，留神[299]於遵制揚功，以定群下之心。大雅[300]曰：『無[301]念爾祖，聿[302]修厥[303]德。』孔子著[304]之孝經[305]首章，蓋至德[306]之本也。傳曰：『審好惡，理[307]情性，而王道畢[308]矣。』能盡其性[309]，然後能盡人物之性；能盡人物之性，可以贊[310]天地之化[311]。治性之道，必審己之所有餘，而彊[312]其所不足。蓋聰明[313]疏通[314]者戒於大察[315]，寡聞少見者戒於雍蔽[316]，勇猛剛彊者戒於大暴[317]，仁愛溫良者戒於無斷[318]，湛靜[319]安舒[320]者戒於後時[321]，廣心[322]浩大者戒於遺忘[323]。必審己之所當戒，而齊[324]之以義[325]，然後中和[326]之化應，而巧偽[327]之徒不敢比周[328]而望進。唯[329]陛下戒所以崇聖德。

13 「臣又聞室家[330]之道修，則天下之理得。故詩始國風[331]，禮本冠婚[332]。始乎國風，原[333]情性而明人倫[334]也；本乎冠婚，正基兆[335]而防未然也。福之興莫不本乎室家，道之衰莫不始乎梱內[336]。故聖王必慎妃后[337]之際，別適[338]長[339]之位。禮之於內也，卑不踰[340]尊，親不先[341]故，所以統[342]人情而理陰氣也。其尊適而卑庶[343]也，適子冠乎阼[344]，禮之用醴[345]，眾子不得與列，所以貴正體而明嫌疑[346]也。非虛加其禮文[347]而已，乃中心[348]與之殊異，故禮探[349]其情[350]而見之外也。聖人動靜[351]游燕[352]，所親物得其序[353]；得其序，則海內自修[354]，百姓從化[355]。如當親者疏，當尊者卑，則巧佞之姦因時[356]而動，以亂國家。故聖人慎防其端[357]，禁於未然，不以私恩害公義。陛下聖德純備[358]，莫不修正，則天下無為而治[359]。詩云：『于以四方[360]，克[361]定厥[362]家。』傳[363]曰：『正家而天下定矣。』」

14 衡為少傅數年，數上疏陳便宜[364]，及[365]朝廷有政議[366]，傅[367]經[368]以對，言多法義[369]。上以為任[370]公卿，由是為光祿勳[371]、御史大夫[372]。建昭三年[373]，代韋玄成[374]為丞相[375]，封樂安侯，食邑[376]六百戶。

15 元帝崩，成帝[377]即位，衡上疏戒妃匹[378]，勸經學威儀[379]之則[380]，曰：

16 「陛下秉[381]至孝，哀傷思慕[382]不絕於心，未有游虞[383]弋射[384]之宴[385]，誠隆[386]於慎終[387]追遠[388]，無窮已也。竊願陛下雖聖性得之，猶復加聖心焉[389]。詩云『煢煢[390]在疚[391]』，言成王喪[392]畢思慕，意氣[393]未能平也，蓋所以就[394]文武之業，崇大化之本也。

17 「臣又聞之師曰：『匹配之際，生民[395]之始，萬福[396]之原。』婚姻之禮正，然後品物[397]遂[398]而天命全。孔子論詩以關雎為始，言太上[399]者民之父母，后夫人[400]之行不侔[401]乎天地，則無以奉神靈之統而理萬物之宜。故詩曰：『窈窕[402]淑[403]女，君子好仇[404]。』言能致[405]其貞淑，不貳[406]其操，情欲之感無介乎容儀[407]，宴私[408]之意不形[409]乎動靜[410]，夫然後可以配至尊[411]而為宗廟[412]主。此綱紀[413]之首，王教[414]之端也，自上世[415]已[416]來，三代[417]興廢，未有不由此者也。願陛下詳覽得失盛衰之效以定大基[418]，采[419]有德，戒聲色，近嚴敬，遠技能[420]。

18 「竊見聖德純茂，專精詩書，好樂無厭[421]。臣衡材駑[422]，無以輔相[423]善義，宣揚德音[424]。臣聞六經者，聖人所以統天地之心，著[425]善惡之歸，明吉凶之分[426]，通人道之正，使不悖[427]於其本性者也。故審六蓺之指，則天人之理可得而和，草木昆蟲[428]可得而育，此永永[429]不易之道也。及論語[430]、孝經，聖人言行之要[431]，宜究[432]其意。

19 「臣又聞聖王之自為動靜周旋[433]，奉天[434]承親[435]，臨朝享臣[436]，物有節文，以章[437]人倫。蓋欽[438]翼[439]祗栗[440]，事天之容也；溫恭敬遜，承親之禮也；正躬[441]嚴恪[442]，臨眾之儀也；嘉[443]惠和說，饗下之顏也。舉錯[444]動作，物遵其儀，故形[445]為仁義，動為法則。孔子曰：『德義可尊，容止[446]可觀[447]，進退可度[448]，以臨其民，是以其民畏而愛之，則[449]而象[450]之。』大雅云：『敬慎威儀，惟[451]民之則。』諸侯正月朝覲[452]天子，天子惟[453]道德，昭穆穆[454]以視[455]之，又觀以禮樂，饗醴迺歸。故萬國莫不獲賜祉福[456]，蒙化而成俗。今正月初幸[457]路寢[458]，臨朝賀，置酒以饗萬方[459]，傳曰『君子慎始』，願陛下留神動靜之節，使群下[460]得望盛德休光[461]，以立基楨，天下幸甚！」

20 上敬納其言。頃之[462]，衡復奏正南北郊[463]，罷諸淫祀，語在郊祀志[464]。

21 初[465]，元帝時，中書令[466]石顯[467]用事[468]，自前相韋玄成及衡皆畏顯，不敢失其意[469]。至成帝初即位，衡迺與御史大夫甄譚共奏顯，追[470]條[471]其舊惡[472]，并及黨與。於是司隸校尉[473]王尊[474]劾奏[475]：「衡、譚居大臣位，知顯等專權勢，作威福，為海內患害，不以時白奏[476]行罰，而阿諛曲從[477]，附下罔上[478]，無大臣輔政之義。既奏顯等，不自陳不忠之罪，而反揚著[479]先帝任用傾覆[480]之徒，罪至不道[481]。」有詔勿劾。衡慚懼，上疏謝罪，因稱病乞骸骨[482]，上[483]丞相樂安侯印綬[484]。上報[485]曰：「君以道德修明[486]，位在三公[487]，先帝委政[488]，遂及朕躬。君遵修法度，勤勞公家，朕嘉與君同心合意，庶幾[489]有成。今司隸校尉尊妄[490]詆欺[491]，加非[492]於君，朕甚閔焉。

方下有司(493)問狀(494)，君何疑而上書歸侯(495)乞骸骨？是章朕之未燭(496)也。傳不云乎？『禮義不愆(497)，何恤(498)人之言！』君其察焉。專精神，近醫藥，強食(499)自愛。」因賜上尊酒(500)、養牛(501)。衡起視事(502)。上以新即位，褒優(503)大臣，然群下多是王尊者。衡嘿嘿(504)不自安，每有水旱，風雨不時(505)，連乞骸骨讓位。上輒以詔書慰撫，不許。

22 久之，衡子昌為越騎校尉(506)，醉殺人，繫詔獄(507)。越騎官屬與昌弟且(508)謀篡(509)昌。事發覺，衡免冠徒跣(510)待罪(511)，天子使謁者(512)詔衡冠履。而有司奏衡專地(513)盜土(514)，衡竟坐免。

23 初，衡封僮(515)之樂安鄉，鄉本田提封(516)三千一百頃，南以閩佰(517)為界。初元元年(518)，郡圖(519)誤以閩佰為平陵佰(520)。積(521)十餘歲，衡封臨淮(522)郡，遂封(523)真平陵佰以為界，多四百頃。至建始元年(524)，郡迺(525)定國界(526)，上計簿(527)，更定圖(528)，言丞相府。衡謂所親(529)吏趙殷曰：「主簿(530)陸賜故居(531)奏曹(532)，習事(533)，曉知國界，署(534)集曹掾(535)。」明年治計時，衡問殷國界事：「曹欲奈何(536)？」殷曰：「賜以為舉計，令郡實之。恐郡不肯從實，可令家丞(537)上書。」衡曰：「顧(538)當得不耳，何至上書？」亦不告曹使舉也，聽曹為之。後賜與屬(539)明舉計曰：「案(540)故圖，樂安鄉南以平陵佰為界，不從[541]故而以閩佰為界，解何[542]？」郡即復以四百頃付樂安國。衡遣從史[543]之僮，收取所還田租穀千餘石入衡家。司隸校尉駿[544]、少府忠行廷尉事[545]劾[546]奏：「衡監臨[547]盜所主守[548]直[549]十金[550]以上。春秋[551]之義，諸侯不得專地，所以一統[552]尊[553]法制也。衡位三公，輔國政，領計簿，知郡實，正國界，計簿已定而背法制，專地盜土以自益，及賜、明阿承衡意，猥[554]舉郡計，亂減縣界，附下罔上，擅以地附益[555]大臣，皆不道。」於是上可[556]其奏，勿治[557]，丞相免為庶人，終於家。

24 子咸亦明經[558]，歷位[559]九卿[560]。家世多為博士者。

【章　旨】以上為〈匡衡傳〉，敘述匡衡以經術起家，歷任博士、給事中、太子少傅、光祿勳、御史大夫而至丞相，終因「專地盜土」被罷免的過程。

【注　釋】❶東海　郡名。治郯縣（今山東郯城西北）。❷承　縣名。在今山東棗莊南。❸父世農夫　從父親以上世代都是農夫。世，世世代代。❹庸　受人雇傭，出賣勞動力。❺資用　生活費用。❻尤　通「猶」。❼過　過於；過分。副詞。❽絕　超過。動詞。❾諸儒　儒生們。❿語　編造韻語。動詞。⓫無　通「毋」。不要。⓬鼎　方；正將。⓭詩　我國最早的詩歌總集，也是儒家的重要經典之一。漢武帝獨尊儒術，置《五經》博士，將《詩》列入儒家經典。此後又稱《詩經》。其內容分為「風」、「雅」、「頌」三大類，共三百零五篇。編成於春秋時代，反映了周代初至春秋中葉的社會生活。不僅對我國的文學發展有深廣的影響，而且具有珍貴的史學價值。⓮解人頤　使人會心一笑。解，開；脫。頤，下巴；腮幫子。⓯射策　漢代考試取士的方法之一。由考官拿政事或經義設問，問題寫在簡策上，分甲、乙科，應試者取策作答，主試者按成績而定優劣。

⑯甲科　匡衡取得的是甲科簡冊。⑰不應令　所對文辭意旨不合甲科的條令。⑱除　任命。⑲太常掌故　官名。西漢置，掌禮樂制度，屬太常。太常，官名。秦代稱「奉常」，為「九卿」之一。景帝中六年（西元前一四四年）改為「太常」。掌宗廟禮儀，並掌文教。⑳調　顏師古注曰：「調，選也。」㉑補　這裡指因官職空缺而補任。㉒平原　郡名。治平原（今山東平原南）。㉓文學　官名。此官略如後世的教官，郡和王國均置，也稱「郡國文學」。㉔經明　經學明達。㉕就官　任官。㉖京師　國都，即漢長安城（今陝西西安西北）。㉗後進　學識較淺的後輩。㉘太子太傅　官名。與太子少傅同領太子官屬，掌輔導太子。太子太傅執弟子禮，太傅不稱臣。㉙蕭望之　宣帝時為太子太傅（皇太子的老師），曾主持石渠閣會議，評議《五經》異同。元帝時，以師傅甚受尊重。後遭宦官排擠，被迫自殺。本書卷七十八有傳。㉚少府　官名。為九卿之一。掌山海池澤收入和皇室手工業製造，為皇帝私府。㉛梁丘賀　從京房學《易》，後入宮為帝說經，頗得賞識，歷任太中大夫、給事中、少府。為人小心周密。㉜大義　要旨；重要意義。㉝深美　精深善美。㉞師道　師法；師承。㉟可　值得。㊱宣帝　即漢武帝曾孫劉詢，為戾太子劉據之孫。他起自民間，了解社會下情。即位後，強調「王道」、「霸道」雜用，重視吏治，考核實效，嚴行賞罰，使漢朝得以中興。詳見本書卷八〈宣帝紀〉。㊲甚　很。㊳歸官　回原職。即歸任平原文學。㊴皇太子　指後來的元帝劉奭。㊵私　私下。㊶善之　即「以之為善」。善，這裡用作動詞，意動用法。㊷會　適逢；恰巧。㊸元帝　即漢宣帝之子劉奭。詳見本書卷九〈元帝紀〉。㊹史高　史皇孫（宣帝之父）舅父之子。㊺外屬　即外戚。㊻大司馬　官名。「三公」之一。漢初置丞相、御史大夫、太尉。武帝元狩四年（西元前一一九年），廢太尉，設大司馬。㊼車騎將軍　官名。「車騎」為將軍之號。西漢初地位尚不顯赫，及武帝時，衛青以車騎將軍出擊匈奴，已為僅次於大將軍的高級將領。此外，輔政文官多加此銜，宣帝時張安世以車騎將軍兼大司馬領尚書事，權重一時。東漢時此職權勢更重，位比三公。㊽領尚書事　漢兼官名。即以他官兼領尚書職務。始於霍光以大將軍、大司馬領尚書事。後權臣多兼此職，或以數大臣同領之。尚書，官名。秦時為少府屬官，掌管殿內文書，職位較低。武帝時提高皇權，因尚書在皇帝左右辦事，掌管文書奏章，地位逐漸重要。㊾前將軍　武官名。將軍為古代高級武官的通稱。漢代將軍的名目較多，有大將軍、驃騎將軍、車騎將軍、衛將軍及前、後、左、右將軍等。㊿副　第二位；輔助。(51)師傅　老師的通稱。(52)舊恩　舊日恩德。(53)任　信任。(54)貢薦　舉薦；推舉。(55)充位　意思是在官位上充數，徒占其位，多為任職者的自謙之辭。(56)隙　嫌隙。(57)長安令　長安縣的縣令。長安，縣名。為當時的都城。在今陝西西安西北。令，縣令，為縣的最高行政長官。漢代在萬戶以上的縣設令，萬戶以下的縣設長。(58)說　勸說。(59)以　憑。(60)親戚　這裡指外戚。(61)輔政　輔佐皇帝治理政事。(62)眾庶　庶民；百姓。(63)令問　善良的名聲。令，善；美。

問，名。(64)休譽　美好的名譽。休，美好。(65)不專在　不單獨在。實為「不在」，這是委婉的說法。(66)彼　他們。代詞，指「眾庶」。(67)有所聞　聽到些什麼話。指下文說的不能推薦賢士。(68)莫府　將帥出征時駐紮的帳幕，代指將帥的官署。莫，通「幕」。(69)海內　四海之內。古代傳說我國疆土的四周有海環繞，故稱國境以內為「海內」。(70)卬　通「仰」。(71)忽　忽略。(72)自知　知道自己的錯誤。(73)竊議　私下議論。(74)流　流傳；散布。(75)列士　眾士。(76)不譽　不稱讚。(77)狐白之裘　用狐狸腋下之皮製成的皮衣，其色純白，很名貴。(78)反衣　反穿著。古人穿衣以毛朝外為正，「反衣」則朝裡，則狐白之裘的華貴不為人所見。比喻富貴在身而列士不譽，則其華貴亦不為人所知。(79)病　擔心；憂慮。(80)若此　像這樣。(81)卑體　屈尊；降低自己的身分。(82)務　要務。(83)傳　解釋經義的著作。(84)因　於是。(85)待　等待；依靠。(86)而　因而。(87)絕倫　獨一無二。(88)階　階梯。這裡指向上的憑藉或途徑。(89)隨牒　謂隨從選補之文書，不被越級提拔。牒，文書；簿冊。(90)誠　如果。(91)召置　召請來並給予安置。(92)歙然　和順、協調一致的樣子。(93)與參　參與；參加。(94)事議　關於政事的議論。(95)所有　所具有的才智。(96)國器　國家的寶器。比喻治國的人才。(97)然　對。這裡用作動詞，使動用法。(98)辟　徵召。(99)議曹史　官名。議曹，官署名。西漢丞相府所屬諸曹之一，職主謀議，曹屬正職稱掾，副職稱史。曹，分職治事的部門。(100)上　皇上。指元帝。(101)郎中　官名。為郎中令屬官（漢武帝改名光祿勳），掌守門戶，出充車騎。(102)博士　官名。為太常屬官，備顧問。(103)給事中　漢加官官名。漢承秦置。給事中即給事禁中之意。凡加此官者，即可侍從皇帝左右，掌顧問應對。(104)日蝕　即日食。古人以日食、地震等自然現象附會施政的得失。(105)變　災異。(106)得失　得當或失誤。(107)疏　臣下分條言事的奏章。(108)五帝　傳說中的上古帝王。有多種說法。顏師古注為：伏羲、神農、黃帝、堯、舜。(109)三王　夏、商、周三代開國之王，指夏禹、商湯、周文王與周武王。(110)殊　不同。(111)遇　碰到；逢。(112)時　時代；時勢。(113)躬　自身；親身。(114)閔　通「憫」。憂慮；哀憐。(115)抵觸犯。(116)禁　禁令。(117)比　頻；連。(118)幸甚　很值得慶幸。(119)衰止　削弱停止。(120)相隨　一個跟著一個。(121)殆　大概；恐怕。(122)導　引導；教導。(123)保　養育；撫育。(124)陳之以德義二句　語出《孝經・三才章》：「陳之以德義而民興行，……示之以好惡而民知禁。」陳，施加。示，展示。(125)動　發動；使用。(126)綏　綏靖；安撫。(127)上　通「尚」。崇尚。(128)侈靡　奢侈浪費。(129)節　氣節；節操。(130)淫辟　淫亂邪僻。(131)縱　放縱；無拘束。(132)綱紀　法度；法紀。(133)疏者　指關係較疏遠的外戚。(134)踰　超過。(135)內　指同姓同宗的親屬。(136)苟合　無原則地附和。(137)儌幸　意外地獲得利益或免去不幸。(138)原　根本。(139)雖即使。(140)歲赦　每年一次大赦。(141)錯　通「措」。廢置。(142)愚　自謙之辭。(143)壹　通「一」。一切；都。(144)曠然　開闊地；明朗地。(145)孔子　即孔丘，魯國人，春秋末年儒家學派的創始人。幼孤家貧，學無常師，後曾任魯國司寇。曾周遊列國十四年，宣揚其政治觀點及主張，終不見用。晚年返魯，刪定《六經》。其學說為中國傳統思想文化之正統。(146)讓 謙遜。(147)為國 治理國家。(148)何有 有什麼難處。(149)楨幹 支柱；骨幹。築土牆時兩端豎立的木柱叫「楨」，兩旁豎立的木柱叫「幹」。(150)公卿大夫 泛指朝廷高級官員。(151)相與 共同。(152)循 遵循。(153)好仁 愛好仁德。(154)施 施予；給人財物。(155)下 指在下位的人。(156)高 崇敬。動詞。(157)行 品行；德行。(158)惠 仁慈；仁愛。(159)所以 名詞性結構。在因果關係的句子中表原因。(160)何者為什麼呢。(161)變色 改變臉色；發怒。(162)自專 獨斷專行。(163)克勝 忌刻好勝。克，通「刻」。苛刻。(164)本 根本；根源。(165)忮害 忌恨毒害。忮，忌恨。(166)由 原由；原因。(167)然 如此；這樣。(168)國風 風，《詩經》的三大類之一。風是具有地方民間特點的樂歌，包括十五個地區和國家的土風歌謠，故稱十五〈國風〉，有詩一百六十篇。(169)周南召南 皆為十五〈國風〉之一。(170)被 蒙受。(171)篤 忠厚。(172)廉於色 不淫女色。(173)鄭伯 指鄭莊公。(174)暴虎 空手和老虎搏鬥。(175)秦穆 即秦穆公，春秋時期的秦國國君。(176)從死 殉葬。《史記》載，秦穆公死後「從死者百七十七人」。(177)陳夫人 指陳胡公夫人，周武王之女。好祭祀、用巫。(178)淫祀 濫用祭祀。(179)晉侯 指晉昭公。不修道治國而吝嗇好財。(180)畜 通「蓄」。積聚。(181)太王躬仁二句 太王親行仁德，邠國人就崇尚寬恕。太王，周文王之祖，即古公亶父。世代立國於邠（今陝西旬邑西南），修德行義，因戎狄攻之而遷居岐山（今陝西岐山與鳳翔一帶），邠人慕其德義，歸之。貴，重視；崇尚。恕，寬恕。(182)審 慎重；審慎。(183)偽薄 欺詐；刻薄。(184)家至而人說 顏師古注曰：「言非家家皆到，人人勸說也。」(185)百僚 百官。(186)法 效法；學習。(187)陰陽 古人用陰陽來解釋萬物的生成變化消長，凡天地、日月、四季、晝夜、男女以至氣血等都分別屬於陰陽。陰陽和則萬物順，如果陰陽不和，不論是自然界還是人類社會，就會有異常現象發生。(188)應 感應。指神明對人事的感應。人以精誠的舉動感動神明，神明則以相應的祥瑞感應。(189)嘉祥 祥瑞；吉祥的徵兆。(190)商邑 指商朝的京都亳邑，在今河南商丘。(191)翼翼 整齊而莊嚴。(192)極 準則。(193)壽考 高壽。(194)保 保佑。(195)後生 後世子孫。(196)成湯 即商朝的建立者商湯。(197)懷 撫慰。(198)鬼方 部族名。商周時代活動於陝西西北，為商周的強敵。這裡代指四方部族。(199)郡國 漢代地方行政區劃名稱。郡由朝廷直接管轄，下設縣。國即諸侯王的封國。(200)法則 效法。(201)放效 仿效。放，通「仿」。(202)樞機 關鍵。(203)天人之際 指天道與人事之間的相互關係。(204)精 指生成萬物的元氣。(205)祲 不祥之氣。(206)有以 有條件；有辦法。(207)相盪 相互激盪、衝擊。(208)相推 相互推移演變。(209)乎 相當於「於」。介詞。(210)象 日月星辰、晝夜寒暑、風雨雲霧等現象。(211)靜者動 指地震。靜，靜止。(212)明者晻 指日食。(213)類 同類的事物。(214)關東 指函谷關以東的地區。函谷關，關名。舊址在今河南靈寶東北。(215)饑饉 農作物歉收；饑荒。(216)乏困 貧窮；困苦。(217)至 甚至。(218)賦斂 徵收錢糧。(219)共 通「供」。供給。(220)安

集　安定輯睦。集，通「輯」。和睦；安定。(221)不稱　不合適；不得當。(222)祗　恭敬。(223)畏　害怕。(224)天戒　天給予的警戒。(225)哀閔　憐惜；同情。閔，通「憫」。(226)元元　百姓；庶民。(227)減損　減少。(228)省　減少。(229)甘泉　即甘泉宮。宮殿名。本為秦二世林光宮，漢武帝時擴建。舊址在今陝西淳化西北甘泉山。(230)建章宮　宮殿名。舊址在今陝西西安漢故長安城西。(231)罷　廢除。(232)珠崖　郡名。治瞫都（今海南海口東南）。(233)偃武行文　指停止戰鬥活動或武備，轉而致力於文教。偃，停止。(234)度　超過。(235)唐虞　傳說中古代部落聯盟領袖陶唐氏（堯帝）和有虞氏（舜帝）的合稱。陶唐氏即唐堯，名放勳。有虞氏即虞舜，名重華。當時實行禪讓制，堯傳位於舜。堯舜都是儒家稱道的聖明君主，所以常常「唐虞」或「堯舜」連稱。(236)絕　斷絕。(237)殷　朝代名。西元前十六世紀商湯滅夏後建立商朝。國都屢遷，後商王盤庚遷都至殷（今河南安陽小屯村），因而商也被稱為殷。(238)周　朝代名。西元前十一世紀周武王滅商後建立，都鎬（今陝西長安灃河東岸），西元前七七〇年平王東遷至洛邑（今河南洛陽），西元前二五六年亡於秦。史稱東遷以前為西周，以後為東周（又分為春秋、戰國兩個時期）。(239)莫　沒有人。無定代詞。(240)欣欣　高興喜悅。(241)遂　就。(242)度　制度；規模。(243)靡麗　奢侈華麗。(244)遠　疏遠。(245)巧佞　指奸詐機巧、阿諛奉承之人。(246)放　拋棄。(247)鄭衛　即鄭衛之樂，本指春秋戰國時鄭、衛兩國的民間音樂。因同儒家提倡的雅樂大相逕庭，受到儒家排斥。此後，凡與雅樂相背的音樂，都被斥為「鄭衛之聲」。(248)雅頌　指〈雅〉〈頌〉之樂。〈雅〉為王畿和宮廷之詩，〈頌〉詩用於宗廟祭祀。詩既可以誦讀，又可配樂演唱，還可用樂器演奏。(249)異材　傑出的人才。(250)顯　顯揚；表彰。(251)絜白　指操行高潔。(252)昭　明白。(253)六蓺　即《六經》，為《詩經》、《書經》、《禮經》、《樂經》、《易經》、《春秋》的合稱。(254)自然之道　自然的規律。(255)博　擴大；推廣。(256)匡　正；糾正。(257)失俗　放蕩、淫佚的風俗。失，通「佚」。放縱；放蕩。(258)易　改變。(259)弘　光大。(260)淑　善良；美好。(261)疆外　國境之外。(262)光祿大夫　官名。原稱中大夫，為九卿之一郎中令的屬官。漢武帝太初元年（西元前一〇四年），郎中令更名為光祿勳，中大夫改稱為光祿大夫。掌議論，相當於皇帝顧問，在諸大夫中地位最尊。(263)太子少傅　官名。古時為儲君而設的師傅之官，以輔導太子為職，與太子太傅同領太子官屬，位次太子太傅。(264)儒術　以孔孟為代表的儒家學術思想和治國方法。(265)頗　很；甚。(266)言事　對君主談論政事或進諫。(267)傅昭儀　為元帝昭儀。其子劉康，封定陶王。昭儀，女官名。元帝時設。(268)定陶　封國名。建都定陶（今山東定陶北）。(269)愛幸　喜愛寵幸。被動用法。(270)機　契機；關鍵。(271)受命　受天之命。古代帝王自稱「受命於天」，並將自己的意志假託為天帝的命令，稱為「天命」，作為統治人民的合理根據。(272)創業垂統　開創基業，傳給子孫以治國綱領。垂，傳留後世。統，綱紀；法制。(273)繼體　繼位。(274)承宣　繼承並宣揚。(275)褒　褒獎；讚揚。(276)昔者　從前。(277)成王　周成王姬誦。武王之子，年幼繼位，由周公輔政。

史稱他與其子康王統治時期社會秩序穩定，百姓生活安康。278嗣位　繼承皇位。279述　傳述；遵循。280文武　指周文王姬昌和周武王姬發。文王為周朝的建立奠定了基礎，武王滅商建立了周朝。史稱文王敬老愛幼、禮賢下士，武王繼承父業並發揚光大，故父子二人皆被奉為帝王楷模。281養　修養；保養。282休　美。283烈　功績；功業。284二后　指周文王、周武王。后，君主。285歆　古代祭祀時鬼神享受祭品的香氣。286皇祖　成王稱祖父文王。287陟　升。288祖考　祖與父。考，父死後稱考。289天覆　上天覆蓋萬物。古代用以稱美帝王仁德廣布。290子愛　如愛己子一樣愛人。291殆　大概；恐怕。292丕　大。293復復之　再次恢復。前者為副詞，後者為動詞。294更相　互相；交替。295是非　辯論正誤；褒貶得失。296無所信　沒有什麼可信任。297釋樂成之業　顏師古注曰：「釋，廢也。樂成，謂已成之業，人情所樂也。」298虛為此紛紛也　白白地為此忙亂一番。虛，空；徒。紛紛，忙亂。299留神　留心。300大雅　這裡指《詩．大雅．文王》。301無　句首助詞。302聿　陳說。303厥　其。304著　寫作；撰述。305孝經　書名，儒家經典之一。書的作者說法不一，《史記．仲尼弟子列傳》以為孔子弟子曾參所作，亦有說孔子所作或曾參弟子子思所作，學界多以孔門後學所作一說較為合理。其主要內容論述封建孝道，宣揚宗法思想，漢代被列為《七經》之一。306至德　最高尚的道德。307理　調理。308畢　完；盡。309能盡其性　能夠充分發揮自己天賦的本性。310贊　促進。311化　指化育萬物的功能。312彊　同「強」。勤勉。313聰明　視聽靈敏。314疏通　通曉事理。315大察　苛察；過於精明。大，通「太」。316雍蔽　蒙蔽；隔絕。雍，通「壅」。317暴　暴躁；急躁。318無斷　沒有決斷。319湛靜　沉靜；平靜。湛，通「沉」。320安舒　安詳；舒緩。321後時　落在時機後面。322廣心　志意宏大；胸懷寬大。323遺忘　忘記；忘卻。324齊　通「劑」。調劑。325義　合理的行為或事情。326中和　儒家以中庸（不偏叫「中」，不變叫「庸」）為最高道德標準，認為中庸之道能達到「中和」，即事事和諧的境界。327巧偽　虛偽不實。328比周　結黨營私。329唯　祈使副詞。表示希望。330室家　夫婦。331詩始國風　《詩經》從〈國風．關雎〉開始。332禮本冠婚　《禮經》以〈冠義〉、〈婚義〉為根本。冠，古代男子二十歲舉行加冠禮，以示成人。333原　溯源。334人倫　指父子、君臣、夫婦、長幼、朋友之間的等級關係。335基兆　根本；基礎。兆，開始。336梱內　門內。指家室。梱，通「閫」。門限。337妃后　指皇后、妃嬪。338適　通「嫡」。正妻，元配。339長　排行第一。340踰　通「逾」。超過。341先　居前；超越。342統　統制；制約。343庶　與「嫡」相對，非正妻所生子。344阼　堂前東面的臺階，為主位所在。345醴　甜酒。346嫌疑　疑惑難辨的事理。347禮文　指禮節儀式。348中心　核心；本質。349探　探尋；推究。350情　實情；實際情況。351動靜　行動與止息；起居作息。352游燕　遊玩宴樂。燕，通「宴」。353得其序　指大小尊卑皆有次序。354自修　自治。355從化　順從教化。356因時　利用時機。357端　開始。358純備　純潔完備。

修正，善良端正。(359)無為而治　無為，道家的哲學思想，即順應自然的變化之意。老子主張人應效法「道」的「無為」，使「萬物自化」。後來其說與刑名法術相結合，成為君主統治的一種方法。(360)于以四方　欲治四方。此句引自《詩經・周頌・閔予小子》。(361)克　能。(362)厥　其。(363)傳　指《周易・家人・彖》。(364)便宜　指利於治國、合乎時宜的辦法或建議。(365)及　等到。(366)政議　關於政事方面的議論。(367)傅　通「附」。依附；附會。(368)經　儒家經典。(369)法義　法度義理。(370)任　勝任。(371)光祿勳　官名。掌管宮殿門戶。原稱「郎中令」，武帝時改名光祿勳。(372)御史大夫　官名。與丞相、太尉合稱三公，執掌監察執法，兼掌重要文書圖籍。(373)建昭三年　西元前三六年。建昭，元帝的年號（西元前三八－前三四年）。(374)韋玄成　韋賢之子。少好學，明於《詩》、《論語》，元帝時任丞相。本書卷七十三有傳。(375)丞相　官名。古代中央政權的最高行政長官，協助皇帝處理國家政務。(376)食邑　即封地。封侯者對其封地無統治權，只收取封地民戶的租稅以供食用，故曰食邑。(377)成帝　漢元帝之子劉驁。本書卷十有傳。(378)妃匹　配偶。妃，通「配」。配偶。(379)威儀　莊嚴有威的容貌舉止。(380)則　法則；原則。(381)秉　秉性。(382)思慕　思念愛慕。(383)虞　通「娛」。(384)弋射　射獵。弋，用尾端有繩的箭去射鳥。(385)宴　安樂。(386)隆　盛；隆厚。(387)慎終　慎孝道之終。(388)追遠　謂不忘本。(389)雖聖性得之二句　雖天性已然，又當加意。聖性，聖明的天性。(390)煢煢　同「惸惸」。孤獨無依的樣子。(391)疚　憂傷；痛苦。(392)喪　哀葬死者的禮儀。(393)意氣　思想感情。(394)就　成就；完成。(395)生民　生育人民。(396)萬福　多種福氣。(397)品物　即萬物。(398)遂　成就。(399)太上　至高無上。(400)后夫人　皇后和眾妃。皇帝的正妻稱后，妾稱夫人。(401)侔　等同。(402)窈窕　幽閒；文靜秀麗。(403)淑　美好；善良。(404)好仇　美好的配偶。仇，通「逑」。配偶。(405)致　致力。(406)不貳　專一。貳，通「二」。(407)容儀　容貌儀表。(408)宴私　指遊宴玩樂等私生活。(409)形　現形；表現。(410)動靜　指行動。(411)至尊　至高無上的地位。指帝王。(412)宗廟　帝王、諸侯祭祀祖先的場所。古代帝王把天下據為一家所有，世代相傳，故以宗廟作為皇室、國家的代稱。(413)綱紀　法度；法紀。(414)王教　王道教化。(415)上世　遠古時代。(416)已　通「以」。(417)三代　指夏、商、周三代。(418)大基　大業；國家基業。(419)采　採擇。(420)技能　指有奇技淫巧的無德之人。(421)厭　滿足。(422)駑　才能低下。自謙之辭。(423)相　輔助。(424)德音　仁德的言語。(425)著　著明。(426)分　分際；界限。(427)悖　違背；違反。(428)草木昆蟲　泛指動物植物。(429)永永　永久；永遠。(430)論語　書名。是孔子的弟子和再傳弟子記錄整理而成，約成書於戰國前期。內容記載孔子及弟子的言語行事，集中反映了孔子的政治主張和教育思想，語言簡煉，用意深遠，富有深刻的社會哲理。(431)要　綱要。(432)究　盡；貫徹。(433)動靜周旋　舉止進退。指進退揖讓等禮儀。(434)奉天　事奉上天。(435)承親　事奉父母。(436)享臣　舉行宴會，用酒食款待臣下。享，通「饗」。(437)章　通「彰」。彰明；顯示。(438)欽　敬佩；仰慕。(439)翼　嚴肅；謹慎。(440)祗栗　敬畏。栗，通「慄」。恐懼;害怕。441 正躬　挺直身子。442 嚴恪　莊嚴恭敬。嚴,通「儼」。恭敬;莊重。恪,恭謹。443 嘉　歡樂。444 舉錯　舉止進退。錯,通「措」。445 形　容貌表現。446 容止　儀容舉止。447 可觀　值得觀瞻。448 可度　可作法度。449 則　法則。用作動詞。意動用法。450 象　法式;榜樣。用作動詞。意動用法。451 惟　是。452 朝覲　諸侯朝見天子。春叫朝,秋叫覲。453 惟　思念。454 穆穆　莊敬的儀表。455 視　通「示」。給人看。456 祉福　幸福。祉,幸福。457 幸　封建時代稱皇帝親臨為「幸」。458 路寢　古代天子、諸侯的正室。459 萬方　即萬國、諸侯。460 群下　集會的臣下。461 休光　盛美的光華。462 頃之　不久。463 南北郊　古制祭天於南郊,義在就陽;祭地於北郊,義在即陰。漢武帝於雲陽立泰畤祭天,於汾陰立后土祠祭地,皆遠離國都長安,且方位不正。成帝建始元年(西元前三二年),匡衡等奏言應依古制祭天地,遂作長安南北郊,罷雲陽、汾陰祠。464 語在郊祀志　這些事記載在〈郊祀志〉(本書卷二五)中。465 初　當初。古書中常用以追述往事。466 中書令　官名。為九卿之一少府的屬官,多選用明習法令舊例者任之。宣帝時,中書宦官地位提高,至元帝時,中書令典機密、參決政事,權力達到頂峰。467 石顯　初坐法受腐刑,為中黃門,後代弘恭為中書令。元帝時,政事無大小,都由他決定,貴幸傾朝。成帝即位後失權,被免官徙歸故郡,憂而不食,病死於道。本書卷九十三有傳。468 用事　執政;當權。469 失其意　違其意;不合他的意見。470 迫上溯以往。471 條　分條列舉。472 舊惡　過去的罪惡。473 司隸校尉　官名。漢武帝征和四年(西元前八九年)置。掌京畿七郡,督捕奸猾,察舉百官,職責與州刺史略同。474 王尊　為人強硬剛直。本書卷七十六有傳。475 劾奏　向皇帝檢舉官吏的過失或罪行。476 白奏　向皇帝稟報上書。477 曲從　違法聽從。478 罔上　欺騙蒙蔽皇上。479 揚著　公開宣揚。480 傾覆　顛覆。指邪僻不正,反覆無常。481 不道　刑罪名。亦稱「無道」,漢代以來以「不道」作為刑律的名目,為十大罪惡之一。482 乞骸骨　古時官員因年老自請退休的委婉之辭。乞,討求。骸骨,屍骨。意思是使骸骨得以歸葬故鄉。483 上　上繳。484 印綬　指印信。綬,繫印的絲帶。485 報　回文批示。486 修明　謹飭而清明。487 三公　西漢時期以丞相(後改為大司徒)、太尉(後改為大司馬)、御史大夫(後改為大司空)合稱三公,是協助皇帝掌理朝政的最高長官。488 委政　付以政柄。489 庶幾　希望。490 妄　胡亂。491 詆欺　汙衊欺詐。492 非　通「誹」。誹謗。493 下有司　交付給主管官吏。下,交付。有司,古代設官分職,各有所司,故稱有司。494 問狀　審問罪狀。495 歸侯　歸還侯印。496 燭　照。引申為察見。497 愆　過錯。498 恤　擔憂;憂慮。499 強食　努力進食。500 上尊酒　上等好酒。尊,古代盛酒器。501 養牛　指蓄積備食用的牛。養,意為蓄積。502 視事　治事任職。503 褒優　寬厚優容。504 嘿嘿　通「默默」。沉默;鬱悶。505 不時　不適時;不合時。506 越騎校尉　官名。漢武帝初置,為北軍八校尉之一,掌越騎戍衛京師。507 詔獄　奉皇帝詔令關押犯人的監獄。508 且　將要。509 簒　強力奪取。510 徒跣　赤腳。511 待罪　等待處分；等待處置。512謁者　官名。漢承秦置。掌賓贊受事。為九卿之一郎中令的屬官。513專地　指擅自處理封地。514盜土偷盜國家土地。515僮　縣名。在今安徽泗縣東北。516提封　舉封界內之總數。517閩佰　阡陌名。518初元元年　西元前四八年。初元，漢元帝年號（西元前四八－前四四年）。519郡圖　以郡為單位繪製的所屬縣的地圖。520平陵佰　阡陌名。521積　積累。522臨淮　郡名。治徐縣（今江蘇泗洪南）。523封　堆土植樹作為劃分疆界區域的標誌。524建始元年　西元前三二年。建始，漢成帝年號（西元前三二－前二九年）。525迺　才。526國界　侯國的地界。527計簿　記載地方行政區戶口、賦稅的簿籍。按漢朝規定，郡國守相每年十月派人到京呈送本年度的計簿向朝廷彙報。528更定圖　更定的國界圖。529所親　所親信的。530主簿　官名。漢代中央及地方長官手下多設此職，以典領文書、經辦事務。由長官自行選任。531故居　原先任職。532奏曹　官署名。西漢丞相府諸曹之一，執掌奏議。533習事　熟悉業務。534署　代理。535集曹掾　官名。集曹，官署名。西漢丞相府諸曹之一，主郡圖上計。掾，曹主管官，正曰掾，副曰屬。536奈何　怎麼辦。537家丞　官名。侯國主管家事的官吏。538顧　只；只是。539屬　參見前「集曹掾」條。540案　通「按」。依照；根據。541不從　原作「不足」。《漢書補注》云：「殘卷本作『從』。」542解何　如何解釋。543從史　散吏名。漢代郡國置，即不列入諸曹的散吏，只隨行政長官，不主文書。544駿　指王駿。王吉之子，舉孝廉為郎。本書卷七十二有傳。545少府忠行廷尉事　少府張忠兼管廷尉事務。忠，指張忠。行，兼管。廷尉，官名。為九卿之一。掌刑辟。546劾　彈劾。547監臨　監察。臨，居高臨視之意。548主守　負責守護。549直　通「值」。價值。550金　漢代黃金一斤謂一金。551春秋　書名。是一部魯國編年史，依年、時、月、日時間順序記載魯國自隱公至哀公凡十二公時期的史事。相傳《春秋》曾經孔子修訂，成為儒家經典之一。552一統　統一。553尊　尊崇。554猥　鄙陋；卑劣。555附益　增益；增加。556可　許可。557治　懲治；治罪。558明經　通曉經術。559歷位　經歷之官位。560九卿　秦漢時以奉常（後改為太常）、郎中令（後改為光祿勳）、衛尉、太僕、廷尉、典客（後改為大鴻臚）、宗正、治粟內史（後改為大司農）、少府為九卿，是中央各行政機關的總稱。

【語　譯】 匡衡，字稚圭，是東海郡承縣人。他的父親以上世世代代都是農民，到匡衡這代愛好學習，因為家裡貧窮，他必須靠受雇做工供應生活學習費用，但在學問上還能做到見解精到，功力深厚，遠遠超過別人。儒生們給他編造韻語說：「不要講說《詩經》，匡衡正要過來；匡衡講說《詩經》，使人會心而笑。」

2 匡衡應考策問，取得的是甲科的試題，由於答案不合甲科的條令，被任命為太常掌故，後被選調補缺為平原郡文學。很多學者上書推薦匡衡經學明達，說當代很少有可以跟他相比的，應該讓他到京師來擔任文學官；學界後輩都想跟隨他到平原郡學習經學，匡衡不應在邊遠地方任職。皇帝把這件事交給太子太傅蕭望之和少府梁丘賀考核問難，匡衡對答《詩經》各篇要旨，他的對答精深美善。於是蕭望之上奏皇帝說匡衡經學熟習精到，有師法，值得觀摩覽閱。宣帝不大重用儒生，打發匡衡歸任平原文學。皇太子看到匡衡的應對，私下覺得好。

3 適逢宣帝去世，元帝剛登上皇位，樂陵侯史高憑外戚的身分擔任大司馬車騎將軍，兼領尚書事務，前將軍蕭望之擔任副手。蕭望之是著名儒家，和皇帝有老師的舊日恩情，皇帝信任他，他舉薦的人很多。史高在官位湊數而已，與蕭望之產生了嫌隙。長安縣令楊興遊說史高說：「將軍憑外戚身分輔佐國政，地位高貴重要在天下沒有第二個，然而百姓的輿論、美名榮譽不單獨落到將軍身上，是什麼原因呢？他們實在是聽到了些什麼話。就拿將軍的官署來說，天下沒有誰不敬慕仰望，可是將軍推舉的人不過是自家門下的賓客和奶媽的子弟。人之常情在於往往輕忽大意不知道自己的問題在哪裡，可是外邊只要有一個人私下議論，他的話就會散布到天下。您富貴在身，可士人們不稱讚，這等於有狐白之裘卻反穿著它。古人擔心這種局面，所以降低身分、用心思考，把尋求賢才作為要務。書傳上說：由於賢才難得就說治理國家不用依靠賢才，由於精美的食物難以得到就說飽肚強身不需依靠精美的食物，這是糊塗到極點了。平原郡文學匡衡才智有餘，經學成就無人可比，只是由於朝廷無人引薦，所以隨從選補之文書被安排在邊遠地方任職。將軍如果徵召他，把他安排在您的官署，治學的士人們一定會和順一致地稱讚您的仁德。讓匡衡參與國家政事的論議，顯示他所具有的才智，把他推薦給朝廷，必定成為治國之才，將此事顯示給百姓，您的美名就會流傳到世上。」史高認為他的話對，便徵召匡衡為議曹史，將匡衡推薦給皇帝，皇帝任命他當郎中，後遷升博士，為給事中，在禁中供職。

4 這時，有日食地震的災異，皇上問他在政治措施方面有何得失，匡衡呈上奏章說：

5 「臣聽說五帝的禮制不同，三王在政教方面各不相同，民眾風俗志趣不同，這是因為他們所遇到的時勢不同。陛下親行聖人的德行，開闢天下太平的道路，憐憫愚昧的吏民觸犯法律違背禁令，連年大赦，使百姓能夠改正錯誤行為，重新做人，天下非常慶幸。臣私下看見大赦之後，奸邪之徒並未因此削弱停止，今天大赦，明天就犯法，一個接著一個地被拘捕入獄，這恐怕是引導他們沒有得到要旨。保養民眾，『在於施行恩德正義』，『展示愛好和厭惡』，考查他們的過失而制定合適的措施，所以能趨動他們達於和諧，鎮撫他們得到安定。如今天下的風俗貪圖錢財，賤視德義，愛好歌舞女色，追求奢侈浪費，清廉有恥的節操薄弱，淫亂邪僻的思想氾濫，國家的綱常法紀失去正常秩序，與較為疏遠的外戚家族的關係超過了與同宗骨肉的關係，對待同宗的恩情淡薄，給予外戚的賞賜隆厚，讓他們無原則地附和，冀望意外地得利或免去不幸，謀取自身之利益。不從根本上改正，即使年年大赦，刑罰仍然難以廢置不用。

6 「臣愚以為應該大刀闊斧地改變這種習俗。孔子說：『能夠用禮讓來治理國家，那還有什麼困難呢？』朝廷是國家的基幹。公卿大夫共同遵循禮法，恭敬謙讓，百姓就不會爭執；愛好仁德，樂於施捨，百姓就不會剛暴；崇尚正義氣節，百姓就會修養品行；寬厚溫柔，和藹慈惠，百姓就會互相親愛。這四點是英明的君王不用嚴刑峻法而能使百姓受到教化的原因。為什麼呢？朝廷上有發怒的言談，下面就會有爭鬥的禍患；上面有獨斷專行的官員，下面就會有不知謙讓的人；上面有忌刻好勝的佐吏，下面就會有傷人害命的心思；上面有愛好財利的臣子，下面就會有搶劫偷盜的庶民：這些就是社會風氣不正的根源。現在才智凡庸的官吏治理百姓，都不以禮讓為本，卻崇尚峻刻暴虐，或者忌恨毒害，喜歡用各種罪名陷害人，貪圖錢財愛慕權勢，所以犯法的人多，奸邪之徒無法禁止，即使施行嚴厲的刑法，還是不能改變。這不是他們天然的本性，是有原因才這樣的。

7 「臣私下考察〈國風〉的詩篇，〈周南〉、〈召南〉蒙受賢聖君主的教化很深，所以人民品行篤厚，不淫女色。鄭莊公愛好勇力，百姓竟敢空手和老虎搏鬥；秦穆公貴重信義，士人們遵守諾言殉葬的很多；陳夫人愛好祭祀信巫，老百姓就濫用祭祀；晉侯愛好省儉，百姓就多有積聚；太王親行仁德，邠國人就崇尚寬恕。由這些情況看來，治理天下的人應慎重考慮崇尚什麼而已。如今的人欺詐刻薄，忌恨毒害，不謙讓到了極點。

臣聽說教化的流行，不是需要家家都到且對每人都加以勸說。賢良的人在官位上，能幹的人任職，朝廷崇尚禮儀，百官莊敬謙讓。道德的推行，由內部達到外部，從近旁的人開始，然後百姓才知道效法什麼，向好的方面天天發展而不自知。所以老百姓安定，陰陽調和，神靈感應，各種祥瑞出現。《詩經》說：『商王的都城齊整莊嚴，是四方各國的準則；高壽而且安寧，來保佑我們後代子孫。』這是成湯創建最完美的政治，保佑子孫、教化不同風俗的百姓、安撫四方部族的辦法。如今長安是天子的京都，親身承受聖皇的教化，但是人們的習俗同邊遠地方沒有什麼不同，從地方來的人沒有什麼可以效法的，有的人看到奢侈浪費而效仿。這是教育感化的根本，移風易俗的關鍵，應該首先端正。

8 「臣聽說天道與人事相互之間的關係，精氣與不祥之氣有機會相互激盪衝擊，善惡有條件相互推移演變，事件發生在下方，星象卻變動於天上。陰陽運動的規律是各自感應它的同類，陰有變化，於是發生地震；陽受蒙蔽，於是出現日食，水旱災害隨著人們所作的同類事項到來。如今關東地方連年饑荒，老百姓貧窮困苦，有的甚至出現人吃人的慘況，這都是徵收錢糧過重，人民供應太多造成的，是地方官吏安定輯睦不得當的後果。陛下敬畏上天顯示的警戒，憐惜百姓，自己大量削減開支，減少甘泉、建章兩宮的衛兵，撤消珠崖郡的建制，停止武備，實行文教，將要超越唐虞時期的興盛，斷絕商周衰微的因素。凡是看到撤消珠崖郡詔書的人，沒有誰不高興喜悅，每個人都認為將要看到太平世界了。應該就此縮減宮室的規模，削減奢侈華麗的服飾，考察制度，修正朝廷內外，接近忠良正直的大臣，疏遠奸詐機巧的佞臣，放棄淫靡的鄭衛之樂，採用〈雅〉〈頌〉之樂，舉薦傑出的人才，開直言之道，任用溫和善良的人，斥退刻薄無情的官吏，表彰操行高潔的士人，闡明反對貪欲的道理，學習儒家《六經》的要旨，考察前代的要務，明白自然的規律，推廣和睦的教化，以推崇最高的仁政，匡正淫佚的習俗，改變民眾的觀點，使全國百姓都明白地看到朝廷所尊崇的事物，道德在京師發揚光大，美好的名聲顯揚到國境之外，然後偉大的教化才可形成，禮讓才可興盛。」

9 皇上喜歡他的話，遷升匡衡擔任光祿大夫、太子少傅。

10 當時，皇上愛好儒家學術和文章詞采，頗為改變宣帝當年的政治措施，談論政事的人多數進朝受到接見，人人都自認為符合皇上的心意。又傅昭儀和她兒子定陶王受到皇上喜愛寵幸，超過了皇后和太子。匡衡又上奏疏說：

11 「臣聽說國家太平或混亂、安定或傾危的關鍵在於慎重地審察用心的所在。承受天命的帝王的要務在於開創基業，留下治國綱領，傳給後代子孫至於無窮；繼位的國君用心於繼承並宣揚先王的德政，褒顯他們的功業。從前周成王繼承王位，想傳述文王武王的道統來培養自己的心志，事業盛美都歸功於文王、武王，不敢專享美名，因此上天享受祭祀，鬼神保佑他。《詩經》說：『想念我的祖父文王，好像常看見他降臨朝廷。』這是說周成王常常思念祖父和父親的功業，鬼神保佑並幫助他治理國家。

12 「陛下聖德廣布，有如上天覆蓋萬物，像愛己子一樣慈愛百姓，但是陰陽未調和，奸邪還未禁絕的原因，大概是議論國政的人們沒有大揚先帝盛大的功業，卻爭著說制度不可沿用，一定要改變它，改變後有的行不通，又再恢復過來，因此百官互相辯論是非，吏民沒有什麼可以信任。臣私下悵恨國家放棄成效卓著的功業，卻白白地為此忙亂一番。希望陛下詳細觀察創業垂統的大事，留心於遵循制度宣揚先帝功業，來安定百姓的心思。〈大雅〉說：『想念你的祖先，陳說並繼承發揚他們的功德。』孔子把它編撰到《孝經》第一章，就因為它是最高道德的根本。傳書說：『審察愛好和厭惡的感情，調理好本性，王道盡在這裡了。』能夠充分發揮自己天賦的本性，然後才能充分發揮一切人和物的本性；能夠充分發揮一切人和物的本性，才可以促進天地的化育功能。修養本性的方法，一定要審查自己有哪些長處，而勤勉地彌補自己的不足。大概視聽靈敏、通曉事理的人要慎於苛查過細，信息不靈、見識不廣的人要慎於受人蒙蔽，勇猛剛強的人要謹慎過於暴躁，仁愛溫良的人要慎於優柔寡斷，沉靜舒緩的人要慎於落在時機的後面，心胸寬廣的人要慎於遺忘大事。一定要審查自己應當警惕什麼，採取合宜的措施加以調劑，然後中和的教化才會相應出現，虛偽巧詐的人不敢結黨營私，妄圖進用。希望陛下警惕，使聖明的德行更加崇高。

13 「臣又聽說夫婦之道修明，天下就會太平。所以《詩經》從〈國風．關雎〉開始，《禮經》以〈冠義〉、〈婚義〉為根本。從〈國風．關雎〉開始，是為了溯源情性，闡明人倫關係；以〈冠義〉、〈婚義〉為根本，是為了端正基礎，防患於未然。福運的興起沒有不以夫婦為根本的，世道的衰微沒有不從家門之內開始的。所以聖明的帝王必定謹慎處理妃嬪和皇后之間的關係，區別突出嫡妻長子的地位。禮制實施於宮門之內，身分低下的不能超越身分尊貴的，親幸的不能超越舊有的，這是為了制約人們的感情，調理陰氣的方法。禮制尊重嫡長降低眾庶，嫡子在堂前東面的主階加冠，行禮時用名貴甜酒，庶子們不能跟他平列，這是用來尊貴嫡宗、明辨嫌疑的方法。這不是憑空加上一些禮節儀式而已，乃是本質上與眾不同，所以禮節儀式是深入探索嫡庶間這種實情而表現在外面。聖人在起居作息遊玩宴樂中所親近的事物，大小尊卑都應有次序；有了次序，那麼國家自然治理好，百姓順從教化。如果應當親近的卻加以疏遠，應當尊貴的卻降低地位，巧詐的奸人就會利用時機活動，從而擾亂國家。所以聖人謹慎地防備它的開端，禁止於沒有形成之前，不因私人恩情損害公正大義。陛下聖德純潔完美，沒有哪一處不端正，這樣的話，天下就可以無為而治了。《詩經》說：『想要治理好天下四方，先要能安定自己的家。』《易經》說：『端正好家，天下就能安定了。』」

14 匡衡擔任少傅幾年，多次上奏疏陳說有利國家、合乎時宜的辦法或建議。等到朝廷有了關於政事方面的爭議，他就依附儒家經典來對答，言論大多符合法度義理。皇上認為他可以勝任公卿之職，由此他擔任過光祿勳、御史大夫。建昭三年，他接替韋玄成擔任丞相，被封為樂安侯，食邑六百戶。

15 元帝去世，成帝登上皇位，匡衡上奏疏，希望皇上在配偶方面警惕，並拿儒家經典中有關威儀的法則以勸勉，他說：

16 「陛下秉性最為孝順，哀傷先帝，思念愛慕之情沒有停止過，沒有遊玩射獵的娛樂，的確在慎終追遠方面感情隆厚，沒有止境。臣私下希望陛下雖然是聖明的本性表現如此，還能在聖明的心志方面加以注意。《詩經》說『煢煢孤獨處在喪事的悲痛中』，這是說周成王服喪已畢還在思慕他的先人，思想感情還不能平靜，這大概就是成就文王武王的功業，崇尚偉大教化的根本原因。

17 「臣又聽到老師說：『配偶間的關係是生育人類的開始，各種福分的根源。』婚姻之禮端正，然後萬物成就，天命得以保全。孔子論《詩經》以〈關雎〉為第一篇，他說處在最高地位的人是老百姓的父母，皇后和眾妃的德行如果不能等同於天地，就沒有資格奉承神靈的統緒，治理萬物各各適宜。所以《詩經》說：『幽靜秀麗的女子，是君子的美好配偶。』就是說能夠致力於貞操善行，不動搖操守，情慾的感發不在容貌舉止方面顯露，遊宴玩樂等私生活的情意不在行動中表現，這樣才可以匹配帝王為宗廟朝廷的主事。這是綱常法紀之首，王道教化的開端。從遠古以來，夏、商、周三代的興盛和衰廢，沒有不是因為這個原因的。希望陛下詳細觀察這些得失盛衰的效果來安定國家根基，選擇有德的配偶，警戒歌舞女色，親近嚴敬之人，疏遠具有奇技淫巧的無德之人。

18 「臣私下看到陛下聖德純潔盛美，專心研究《詩經》、《書經》，愛好它們沒有滿足。臣匡衡才質低劣，沒什麼來輔助美善的義旨，宣揚仁德的聲音。臣聽說《六經》是聖人用來秉承天地的心意、著明善惡的歸宿、明辨吉凶的界限、疏通人倫的正理，使人們不違背本性的。所以審察《六經》的義旨，那麼天道與人事之間的關係可以和諧，草木昆蟲可以養育，這是永遠不變的準則。至於《論語》、《孝經》，它們是聖人言論行事的綱要，應該貫徹它們的意旨。

19 「臣又聽說聖王自己制定進退揖讓等禮儀，祭祀上天，奉承父母，臨朝聽政，宴享群臣，事事都有禮節儀式來顯示人們的倫常關係。謹慎恭敬，是祭祀上天的儀容；溫和恭敬謙遜，是奉承父母的禮節；挺直身子、莊嚴恭敬，是臨朝聽政的儀表；歡樂仁慈、柔和愉悅，是宴享臣下的容顏。舉止動作，事事遵循各自的禮儀，所以形容表現為仁義，行動成為法則。孔子說：『道德仁義值得尊敬，儀容舉止值得觀瞻，進退周旋可作法度，以此監臨百姓，因此百姓對他敬畏而又愛慕，效法而且模仿。』〈大雅〉說：『恭敬慎重地保持莊嚴的儀容，成為民眾的楷模。』王侯們正月朝見天子，天子思念道德，公開表現莊嚴溫靜的儀表給他們瞻仰，又行禮奏樂給他們觀覽，用甜酒宴饗他們才讓他們回去。所以各國全都獲賜幸福，蒙受感化成為風俗。如今陛下正月初次駕臨大殿，接受朝賀，大排筵宴款待各國王侯，書傳說『君子謹慎對待事情的開始』，希望陛下留心於行動禮節，使集會的臣下能夠仰望您的盛德光華，以此樹立準則，天下的人都會感到非常慶幸！」

20 皇上莊敬地接受了匡衡的建議。不久，匡衡又上奏章改正了南北郊祭的地點，廢除了很多不合禮制的祭祀，這些事記載在〈郊祀志〉中。

21 起初，元帝在位時，中書令石顯當權，從前丞相韋玄成到匡衡都畏懼石顯，不敢違背他的意旨。等到成帝剛剛登上皇位，匡衡就與御史大夫甄譚共同呈上奏章彈劾石顯，一條一條地追述他過去的罪惡，並涉及他的同黨。這時司隸校尉王尊就上奏章彈劾說：「匡衡、甄譚身居大臣職位，知道石顯等仗勢專權，作威作福，成為國家禍害，不及時稟報給予懲罰，反而阿諛奉承，違法聽從，附和下級，欺矇皇上，沒有大臣輔政的道義。已經奏明石顯等人的罪行，不自己陳述不忠的罪責，卻反而公開宣揚先帝任用邪僻不正、反覆無常的奸人，犯了不道的罪行。」詔書下來，成帝不讓彈劾。匡衡內心慚愧害怕，呈上奏疏，自認有錯，請求原諒，於是託病請假，自請退職，交上丞相和樂安侯印。皇上批覆說：「您由於道德謹飭清明，位列三公，先帝把政務交付給您，並接續到朕即位之後。您遵紀守法，為國事操勞，朕高興和您同心合意，希望有所成就。如今司隸校尉王尊胡亂詆毀欺詐，把誹謗加給您，朕很同情您。正要把他交給有關部門審問罪狀，您懷疑什麼而上書要歸還侯印，自請退職？這是彰顯朕的察見不明。書傳上不是說過嗎？『禮法道義上沒有過錯，何必擔心別人的閒話！』您應當考察。希望您打起精神，請醫用藥，努力進食，自己愛惜身體。」便賞賜匡衡上等好酒、養牛。匡衡只好起身，治事任職。皇上由於剛登皇位，寬厚優容大臣，然而下面群臣很多人認為王尊是正確的。匡衡沉默鬱悶，內心不安，每次有水災、旱災或不合時令地颳風下雨，就接連自請退職讓位。皇上總是下詔書慰問安撫，不許可。

22 過了多時，匡衡的兒子匡昌擔任越騎校尉，因喝醉酒殺了人，被關進詔獄。越騎校尉的官屬與匡昌的弟弟要合謀搶走匡昌。事情被發覺，匡衡脫帽打赤腳不敢居位，等待處置，天子派遣謁者下詔書給他，要他戴帽穿鞋視事。可是有關部門呈上奏章，揭發他牽涉「專地盜土」，匡衡終於坐罪免官。

23 起初，匡衡封邑在僮縣的樂安鄉，這鄉本田共三千一百頃，南邊以閩佰作地界。元帝初元元年，郡繪的地圖錯誤地把閩佰寫作平陵佰。過了十多年，匡衡封到臨淮郡樂安鄉，就在真平陵佰上堆土植樹作為鄉界，多了四百頃。到成帝建始元年，郡裡才勘定匡衡侯國的地界，送上計簿和更正的侯國圖，報告丞相府。匡衡對他的親信吏員趙殷說：「主簿陸賜原先在奏曹任職，熟悉業務，清楚國界，讓他代理集曹掾。」明年研究處理計簿時，匡衡詢問趙殷侯國界的事說：「集曹準備怎麼辦？」趙殷說：「陸賜認為應提出計簿中的問題，要求郡改定平陵佰為實界。恐怕郡不肯落實，可以讓家丞送報告來。」匡衡說：「只是考慮應當得到還是不應當得到罷了，何必送上報告？」他也不告訴集曹讓他們提出計簿中的問題，聽任集曹去辦。後來陸賜跟副職叫明的人提出計簿中的問題說：「根據老圖，樂安鄉的南邊以平陵佰為界，不依從老圖卻以閩佰為界，理由是什麼？」郡便又劃出四百頃付給樂安國。匡衡派從史到僮縣去收取所退還的田地的租穀千多石給自家。司隸校尉王駿、少府張忠兼管廷尉事務上奏章彈劾說：「匡衡監守自盜，價值在十金以上。《春秋》的義理說，諸侯不容許擅自處置封地，以此來統一尊崇法制。匡衡位列三公，輔佐國政，統領計簿，知道郡實際已經勘正國界，計簿已經定妥，卻違背法制，『專地盜土』給自己增加收益，還有陸賜、明曲意秉承匡衡的意旨，卑劣地舉發郡的計簿，亂減僮縣的地界，附和下臣欺矇皇上，擅自拿國家土地非法加給大臣，都犯了『不道』之罪。」這時皇上認可了他倆的奏章，但不同意治匡衡的罪，只免掉丞相的官職，讓匡衡做老百姓，匡衡後來死在家裡。

24 匡衡兒子匡咸也通曉儒家經術。做過九卿之職。他家世世代代當博士的很多。

1 張禹，字子文，河內❶軹❷人也，至禹父徙家蓮勺❸。禹為兒，數隨家至市，喜觀於卜相❹者前。久之，頗曉其別著❺布卦❻意，時從旁言。卜者愛之，又奇❼其面貌，謂禹父：「是兒多知❽，可令學經。」及禹壯❾，至長安學，從沛郡❿施讎⓫受易⓬，琅邪⓭王陽⓮、膠東⓯庸生⓰問論語，既皆明習，有徒眾，舉為郡文學。

甘露⑰中，諸儒薦禹，有詔太子太傅蕭望之問。禹對易及論語大義，望之善焉，奏禹經學精習，有師法⑱，可試事⑲。奏寢⑳，罷歸故官。久之，試為博士。初元中，立皇太子，而博士鄭寬中㉑以尚書㉒授太子，薦言禹善論語。詔令禹授太子論語，由是遷光祿大夫㉓。數歲，出為東平㉔內史㉕。

2 元帝崩，成帝即位，徵㉖禹、寬中，皆以師賜爵關內侯㉗，寬中食邑八百戶，禹六百戶。拜為諸吏㉘光祿大夫，秩中二千石㉙，給事中，領尚書事。是時，帝舅陽平侯王鳳㉚為大將軍㉛輔政專權，而上富於春秋㉜，謙讓，方鄉㉝經學，敬重師傅。而禹與鳳並領尚書，內不自安，數病㉞上書乞骸骨，欲退避鳳。上報曰：「朕以幼年執政，萬機㉟懼失其中㊱，君以道德為師，故委國政。君何疑而數乞骸骨，忽忘雅素㊲，欲避流言㊳？朕無聞焉。君其固心㊴致思㊵，總秉㊶諸事，推以孳孳㊷，無違朕意。」加㊸賜黃金百斤、養牛、上尊酒，太官㊹致餐，侍醫㊺視疾，使者臨問。禹惶恐㊻，復起視事，河平四年㊼代王商㊽為丞相，封安昌侯。

3 為相六歲，鴻嘉元年㊾以老病乞骸骨，上加優㊿再三，迺聽許。賜安車(51)駟馬(52)，黃金百斤，罷(53)就第(54)，以列侯朝朔(55)望(56)，位特進(57)，見禮如丞相，置從事史(58)五人，益封四百戶。天子數加賞賜，前後數千萬。

4 禹為人謹厚(59)，內(60)殖(61)貨財(62)，家以田(63)為業。及富貴，多買田至四百頃，皆涇、渭(64)溉灌，極膏腴(65)上賈(66)。它財物稱是(67)。禹性習知音聲，內奢淫(68)，身居大第(69)，後堂理(70)絲竹筦弦(71)。

5 禹成就弟子尤著者，淮陽(72)彭宣至大司空(73)，沛郡戴崇至少府九卿。宣為人恭儉(74)有法度，而崇愷弟(75)多智，二人異行。禹心親愛崇，敬宣而疏之。崇每候(76)禹，常責(77)師宜置酒設樂與弟子相娛。禹將(78)崇入後堂飲食，婦女相對，優人(79)筦弦鏗鏘(80)極樂，昏夜(81)乃罷。而宣之來也，禹見之於便坐(82)，講論經義，日宴賜食，不過一肉(83)卮酒(84)相對。宣未嘗得至後堂。及兩人皆聞知，各自得(85)也。

6 禹年老，自治冢塋(86)，起祠室(87)，好平陵(88)肥牛(89)亭部(90)處地，又近延陵(91)，奏請求之，上以賜禹，詔令平陵徙亭它所(92)。曲陽侯根(93)聞而爭(94)之：「此地當平陵寢廟衣冠所出游道，禹為師傅，不遵謙讓，至求衣冠所游之道，又徙壞舊亭，重(95)非所宜。孔子稱『賜愛其羊，我愛其禮』，宜更賜禹它地。」根雖為舅，上敬重之不如禹，根言雖切(96)，猶不見從，卒以肥牛亭地賜禹。根由是害(97)禹寵，數毀惡(98)之。天子愈益敬厚禹。禹每病，輒(99)以起居聞，車駕自臨問之。上親拜禹牀下，禹頓首謝恩，歸誠(100)言：「老臣有四男一女，愛女甚於男，遠嫁為張掖(101)太守[102]蕭咸妻，不勝[103]父子私情，思與相近。」上即時徙咸為弘農[104]太守。又禹小子未有官，上臨候禹，禹數視其小子，上即禹牀下拜為黃門郎[105]，給事中。

7 禹雖家居，以特進為天子師，國家每有大政，必與定議。永始、元延[106]之間，日蝕地震尤數，吏民多上書言災異之應，譏切[107]王氏[108]專政所致。上懼變異數見，意頗然之，未有以明見，迺車駕至禹第，辟[109]左右[110]，親問禹以天變，因用吏民所言王氏事示禹。禹自見年老，子孫弱，又與曲陽侯不平[111]，恐為所怨。禹則謂上曰：「春秋[112]二百四十二年間，日蝕三十餘，地震五十六，或為諸侯相殺，或夷狄[113]侵中國。災變之意深遠難見，故聖人[114]罕言命[115]，不語怪神。性與天道，自子贛[116]之屬不得聞，何況淺見[117]鄙儒[118]之所言！陛下宜修政事以善應之，與下同其福善，此經義意也。新學小生[119]，亂道誤人，宜無信用，以經術斷之。」上雅信愛禹，由此不疑王氏。後曲陽侯根及諸王子弟聞知禹言，皆喜說，遂親就[120]禹。禹見時有變異，若上體不安，擇日絜齋[121]露著[122]，正衣冠立筮[123]，得吉卦則獻其占[124]，如有不吉，禹為感動憂色[125]。

8 成帝崩，禹及事哀帝，建平二年薨，謚曰節侯。禹四子，長子宏嗣侯，官至太常，列於九卿。三弟皆為校尉[126]散騎[127]諸曹[128]。

9 初，禹為師，以上難129數對己問經，為論語章句獻之。始魯130扶卿131及夏侯勝132、王陽、蕭望之、韋玄成皆說論語，篇第133或異。禹先事王陽，後從庸生，采獲134所安135，最後出136而尊貴。諸儒為之語曰：「欲為論，念張文。」由是學者多從張氏，餘家寖微137。

【章旨】以上為〈張禹傳〉，記述張禹以經學起家官至丞相的經歷，刻劃了他言行迥異，為保自己和子孫祿位而趨炎附勢的卑劣人格。

【注釋】❶河內　郡名。治懷縣（今河南武陟西南）。❷軹　縣名。在今河南濟源南。❸蓮勺　縣名。在今陝西蒲城南。❹卜相　占卜看相以占吉凶。❺別蓍　把蓍草莖分開。蓍，草名。古人用其莖占卜。❻布卦　排列卦象以視吉凶。❼奇　奇異；不平常。意動用法。❽知　通「智」。聰明。❾壯　長大成年。❿沛郡　郡名。治相縣（今安徽淮北西北）。⓫施讎　人名。本書卷八十八有傳。⓬易　即《周易》，也稱《易經》。是我國最古老的一部占卜書，其中也含有一些哲學思想，闡發人們立身處世、齊家治國的社會倫理哲學，是儒家的主要經典。其內容包括經、傳兩部分，主要通過象徵天、地、風、雷、水、火、山、澤等八種自然現象的八卦形式，推測自然和人事變化，以陰陽二氣的交感作用為產生萬物的本源。⓭琅邪　縣名。在今山東膠南琅邪臺西北。⓮王陽　即王吉。王吉字子陽，省稱「王陽」。本書卷七十二有傳。⓯膠東　諸侯國名。建都即墨（今山東平度東南）。⓰庸生　曾從孔安國門生受《古文尚書》，時《論語》有齊、魯之學，他治齊《論語》。⓱甘露　漢宣帝年號（西元前五三－前五〇年）。⓲師法　經師所傳授之法。特指漢代的經學傳授。某一經的大師被立為博士後，其經說便叫「師法」。⓳試事　試以職事。⓴寖　扣住不批。㉑鄭寬中　西漢儒者。與李尋同從張山拊受小夏侯《尚書》。有俊才，時小夏侯《尚書》有鄭、張、秦等五家之學，他為其中一家。㉒尚書　先秦時稱《書》，漢初稱《尚書》。尚，通「上」。以其記上古之事，故名。為儒家經典之一，亦是中國古代著名史籍，其中保存商周特別是西周初年的一些重要史料。漢武帝獨尊儒術，置《五經》博士，將其列入必授儒家經典之一，故又名《書經》。㉓光祿大夫　官名。原稱中大夫，為九卿之一郎中令的屬官。

漢武帝太初元年（西元前一〇四年），郎中令更名為光祿勳，中大夫改稱為光祿大夫。掌議論，相當於皇帝顧問，在諸大夫中地位最尊。㉔東平　諸侯國名。建都無鹽（今山東東平東）。㉕內史　官名。掌諸侯國之民政。㉖徵　徵召。㉗關內侯　爵位名。秦漢二十等爵位的第十九級，僅次於列侯。㉘諸吏　漢加官名。漢武帝始置。加此官的官員可以監察彈劾百官。㉙中二千石　漢代官吏級別，亦為漢代俸祿等級。漢制，官吏級別為中二千石者，一年的俸祿為二千一百六十石（月俸一百八十斛穀）。中，滿。㉚王鳳　元帝王皇后之弟，成帝即位，以外戚輔政。㉛大將軍　將軍的最高稱號。多由貴戚擔任，掌握政權，職位很高。從漢武帝起，還冠以大司馬之號，成為朝廷中的最高軍政長官。㉜富於春秋　指年方少壯。㉝鄉　通「向」。㉞病　託病；藉口有病。㉟萬機　指帝王處理的紛繁事物。㊱中　正；恰當。㊲雅素　故舊。指師傅故舊之恩。㊳流言　沒有根據的話。㊴固心　堅定意志。㊵致思　極力思索。㊶總秉　全面掌握。㊷孳孳　勤勉；努力不懈。孳，通「孜」。㊸加　加意。㊹太官　官名。負責皇帝膳食，屬少府。㊺侍醫　為皇室成員看病的宮廷醫生。㊻惶恐　驚慌害怕。㊼河平四年　西元前二五年。河平，漢成帝的年號（西元前二八—前二五年）。㊽王商　元帝王皇后之弟，以外戚輔政。㊾鴻嘉元年　西元前二〇年。鴻嘉，漢成帝的年號（西元前二〇—前一七年）。㊿加優　嘉獎優慰。加，通「嘉」。(51)安車　一種可以坐乘的小車。古代乘車一般為立乘，這種車坐乘，故稱安車。高官告老或徵召有重望的人，往往賜乘安車。(52)駟馬　四匹馬。(53)罷　罷官。(54)就第　回到自己的府第。(55)朔　農曆每月初一。(56)望　農曆每月十五。(57)特進　官名。始置於西漢末。實際為一種表示政治位次的稱號。凡列侯、諸侯王功德優盛，為朝廷所敬異者，賜以此號，享有政治上的特殊地位。(58)從事史　官名。本為州部吏員，但對個別德高望重的大臣，其退休後，朝廷亦為之特別設置此官。(59)謹厚　謹慎厚重。(60)內　暗地裡。(61)殖　經營。(62)貨財　財產；財物。(63)田　耕種。(64)涇渭　涇水和渭水。涇水是渭水的支流。在今陝西境內。(65)膏腴　肥沃。(66)上賈　高價。賈，通「價」。(67)稱是　與此相稱。(68)奢淫　奢侈淫逸；放蕩荒淫。(69)大第　高大寬廣的住宅。(70)理　演奏。(71)絲竹筦弦　泛指各種樂器。(72)淮陽　郡國名。治陳縣（今河南淮陽）。(73)大司空　官名。即御史大夫。漢成帝綏和二年（西元前七年）更名為大司空，哀帝時曾一度恢復原稱，後又改作大司空。與大司徒（丞相）、大司馬（太尉）並稱三公。(74)恭儉　嚴謹樸素。(75)愷弟　顏師古注曰：「愷，樂也。弟，易也。言性和樂而簡易。」(76)候　問候；探望。(77)責　要求。(78)將　帶。(79)優人　古代以樂舞戲謔為職業的藝人的統稱。(80)鏗鏘　形容樂器聲音響亮而有節奏。(81)昏夜　夜間；夜深。(82)便坐　別室。(83)一肉　一樣肉食。(84)卮酒　一杯酒。卮，古代一種盛酒器。(85)各自得　各自滿意，認為得宜。(86)冢塋　墓地。(87)祠室　祠堂。舊時祭祀祖先的廟堂。(88)平陵　漢昭帝的陵墓。在今陝西咸陽西北。(89)肥牛　亭名。(90)亭部　亭的辦事處所。亭，秦漢時在鄉村每十里設一亭，設亭長，主求捕盜賊，兼掌民事、理訴訟。[91]延陵　漢成帝的陵墓，漢代皇帝在位時便開始修建陵墓。[92]它所　其他地方。[93]根　王根。元帝皇后王政君的同父異母弟，成帝之舅。封曲陽侯，官至大司馬驃騎將軍，驕奢淫逸。[94]爭通「諍」。[95]重　甚；更加。[96]切　切合；切當。[97]害　妒忌。[98]毀惡　毀謗中傷。[99]輒　就；總是。[100]禹頓首謝恩二句頓首，頭叩地而拜。歸誠，說衷心話。[101]張掖　郡名。治觻得（今張掖西北）。[102]太守　官名。秦置，掌治其郡，為一郡的最高行政長官。漢代沿設。景帝中二年（西元前一四八年）更名為太守。[103]不勝　不堪；不能忍受。[104]弘農　郡名。治弘農（今河南靈寶北）。[105]黃門郎　官名。郎官的一種。黃門，官署名。為奉事皇帝的近侍機構。[106]永始元延　皆為漢成帝年號。[107]譏切　譏刺切責。[108]王氏　指成帝母王政君的家族。[109]辟　通「避」。屏退；要求旁人走開。[110]左右　指皇帝身邊的近侍。[111]不平　不和；不睦。[112]春秋　時代名。因魯國編年史《春秋》而得名。《春秋》編年自魯隱公元年（西元前七二二年）到魯哀公十四年（西元前四八一年）。後人一般以周平王元年（西元前七七〇年）至周敬王四十四年（西元前四七六年）為春秋時代。這一時期出現大國爭霸局面。[113]夷狄　泛指四方各部族。[114]聖人　這裡指孔子。[115]罕言命　很少談到天命。[116]子贛　端木氏，名賜，孔子學生。善於辭令，經商致富，歷仕魯、衛等國。贛，通「貢」。[117]淺見　見識膚淺，沒有遠見。[118]鄙儒　見識鄙陋的儒生。[119]小生　後生。[120]親就　親近；接近。[121]絜齋　沐浴齋戒。古人在祭祀或舉行典禮前必須整潔身心，以示恭敬。[122]露蓍　前一晚把占卦用的蓍草露於星光下，明日才用。意在得到上天的元氣。[123]筮　用蓍草占卜。[124]占　占卜的結果。如卦象、占辭。[125]憂色　憂形於色。[126]校尉　武官員。職位低於將軍。[127]散騎　加官名。無常職。皇帝出行，可騎馬護衛車駕。[128]諸曹　加官名。武帝時設尚書在皇帝左右辦事，掌管文書奏章，稱左右曹，或統稱諸曹。[129]難　不容易；不便於。[130]魯　諸侯國名。建都魯縣（今山東曲阜）。[131]扶卿　漢武帝時魯國人，官至荊州刺史。傳《魯論語》。[132]夏侯勝　西漢名儒，《今文尚書》學「大夏侯學」的開創者。初從夏侯始昌學《今文尚書》，又從歐陽生問學，稱「大夏侯」（夏侯建稱「小夏侯」）。宣帝時立為博士。詳見本書卷七十五。[133]篇第　篇數次第。[134]采獲　採擇。[135]所安　妥當的文義。[136]出　出現；問世。[137]寖微　逐漸衰微。

【語　譯】張禹，字子文，是河內郡軹縣人，到他父親時把家遷到蓮勺縣。張禹還是孩子時，多次跟隨家裡人到集市中，喜歡到卜相人的跟前觀看。時間長了，很懂得他分開蓍草把它們排列成卦象的意思，不時在旁邊插話。卜相人喜歡張禹，又認為他的面貌奇異，對他父親說：「這孩子很聰明，可以讓他學習經書。」等到張禹長大成年，到長安求學，跟從沛郡施讎學習《易經》，向琅邪郡王陽、膠東郡庸生問學《論語》，已經明曉熟習後，有了眾多的門徒，被舉薦為郡文學。宣帝甘露年間，儒生們推薦張禹，皇上下詔書讓太子太傅蕭望之考核問難。張禹對答《易經》、《論語》的要旨，蕭望之認為對答得好，上奏說張禹經學精通熟習，有師法，可試以職事。奏章被扣住不批，張禹回去擔任原職。過了多時，他試用為博士。元帝初元年間立皇太子，博士鄭寬中用《尚書》教授太子，他推薦說張禹善講《論語》。皇帝下詔書命令張禹教授太子《論語》，由此張禹遷升光祿大夫，幾年後，調出京城擔任東平國內史。

2 元帝去世，成帝登上皇位，徵召張禹、鄭寬中，他們都憑老師的身分賜給關內侯爵位，鄭寬中食邑八百戶，張禹食邑六百戶。拜張禹為諸吏光祿大夫，祿秩為中二千石，為給事中，供職禁中，兼領尚書事務。這時皇帝的舅父陽平侯王鳳擔任大將軍輔佐國政，獨攬大權，皇上年方少壯，為人謙讓，正嚮往經學，敬重老師。張禹跟王鳳共領尚書事務，內心不安，多次藉口有病呈上奏疏，自請退職，想要退讓迴避王鳳。皇上批覆說：「朕年輕執掌政權，處理紛繁國事生怕不恰當，您憑道德當我的老師，所以把國家政務交付給您。您懷疑什麼而多次自請退職，忽略忘記了故舊的關係，想要迴避流言蜚語？朕沒聽到什麼流言。您應當堅定意志，集中思想，全面掌握諸般大事，孜孜不倦推動工作，不要違背朕的心意。」加意賞賜黃金百斤、養牛、上等好酒，太官送致膳食，侍醫看病，使者代表皇帝前來問候。張禹感到惶恐，開始治事任職。成帝河平四年，張禹接替王商擔任丞相，被封為安昌侯。

3 張禹擔任丞相六年，成帝鴻嘉元年，由於年老有病自請退職，皇上嘉獎優慰，一而再、再而三才聽從許可。賞賜他安車駟馬、黃金百斤，免官回家，以列侯身分每月初一、十五日朝見皇上，加「特進」官，朝見皇上的禮儀像丞相一樣，為他設置從事史五名，加封四百戶。天子多次給予賞賜，前後價值有幾千萬。

4 張禹為人謹慎厚重，暗地經商增殖貨物，其家以耕種為業。等到他發財做大官，買田多到四百頃，都是涇水、渭水灌溉的極肥沃高價的田地。其他財物與此相當。張禹天性熟悉通曉音樂，內心奢侈淫逸，他住在深宅大院裡，後院廳堂時時演奏各種樂器。

5 張禹的弟子中成就特別顯著的，有淮陽郡彭宣，官做到大司空，沛郡戴崇官做到少府。彭宣為人恭敬節儉，遵守法度，戴崇為人卻和樂簡易，多有智謀，這兩人操行不同。張禹內心親愛戴崇，敬重彭宣卻疏遠他。戴崇每次問候張禹時，常常要求老師應該擺酒設樂，與弟子共同娛樂。張禹就帶戴崇到後堂喝酒開宴，婦女們也不迴避，面對面地坐著，聽藝人們演奏樂器，鏗鏘悅耳，極其歡樂，直到深夜才散。可是彭宣來的時候，張禹在廂房裡會見他，談論儒家經典義理，天晚留他用餐，也僅一樣肉食，杯酒相對。彭宣從來不曾到過後堂。等到兩人聽人說，知道一切後，各自滿意，認為得宜。

6 張禹年老，自己修治墓地，起造祠堂，他喜歡平陵縣肥牛亭的亭部所在地，這地又靠近成帝正在營建的延陵，張禹奏請皇上批給他這塊地，皇上就把它賜給張禹，下詔書命令平陵縣把亭部遷到其他地方。曲陽侯王根聽到這事就上奏章諫諍說：「這塊地正處在從昭帝平陵的寢殿取出昭帝衣冠出遊到祠廟的道路中間，張禹作為老師，不遵循謙讓美德，甚至求取先帝衣冠出遊經過的道路，又遷徙毀壞舊有亭部，更加不適宜。孔子說過『你端木賜愛惜那隻羊，我卻愛賞這莊嚴的禮儀形式』，應該改賜其他地方給張禹。」王根雖然是皇帝的舅父，但皇帝敬重他的程度比不上張禹，他的話雖然切當，仍然不被聽從，終於把肥牛亭部這塊地賜給了張禹。王根由此妒忌張禹所受的寵愛，多次毀謗中傷他。天子卻更加尊敬厚待張禹。張禹每次得病，總要把他的飲食起居報告皇上，皇上親自前來問候。皇上親自在張禹床邊行禮，張禹磕頭謝恩，趁機講心事說：「老臣生有四男一女，疼愛女兒超過男孩，女兒遠嫁給張掖郡太守蕭咸做妻子，我不堪父女離別的私情，想跟她接近。」皇上立即把蕭咸調任為弘農郡太守。又張禹最小的兒子沒有官職，皇上問候張禹時，張禹好幾次注視他的小兒子，皇上立即在張禹床邊任命他的兒子為黃門侍郎，到禁中供職。

7 張禹雖然住在家裡，但以特進的身分當天子的老師，國家每次有重要政事，他一定參與討論決定。成帝永始、元延年間，日食、地震尤其頻繁，吏民中有很多人上書論說這些災異的應現，譏刺切責是外戚王氏家族獨攬大權所導致的。皇上對頻繁出現的災異感到恐懼，覺得吏民的說法很對，只是沒有什麼根據弄明白，於是駕臨張禹的府上，屏退近侍，親自將上天變異的事請教張禹，隨即把吏民關於王氏專權的上書給張禹看。

張禹自己覺得年老了，子孫軟弱，又與曲陽侯王根不和，恐怕遭他怨恨。張禹就對皇上說：「春秋二百四十二年中間，發生日食三十多次，地震五十六次，有的是因為諸侯間互相殘殺，有的是因為四方部族侵略中國。災變的含意高深幽遠難以弄清，所以聖人很少講到天命，不談論怪異、鬼神。人性與天道的關係，即使子贛那樣聰明的人都不曾聽聞受教，何況見識膚淺的鄙陋儒生們所說的話！陛下應該修明政事來應和災異，同吏民共同享有幸福和善慶，這是經書義理的意旨。新學的後生小子，擾亂正道，貽誤他人，應該不要相信採用，要用儒家經典所載原則來決斷它。」皇上向來很信任寵愛張禹，從此不懷疑王氏家族。後來曲陽侯王根以及諸多王氏子弟聽到了張禹的話，都很高興，於是親近張禹。張禹看到有變異或者皇上身體不安康，就選擇日子沐浴齋戒，夜晚把蓍草露在星光下，第二天端正衣服帽子，筆直站立，用蓍草占卜，得到吉利的卦象就獻上它的占辭，如果得到不吉利的卦象，張禹就為此心急不安，憂形於色。

8 成帝去世，張禹接著事奉哀帝，建平二年去世，諡號叫節侯。張禹有四個兒子，長子張宏繼承侯位，官做到太常，列於九卿之中。張宏的三個弟弟都任校尉、散騎、諸曹等職。

9 起初，張禹當皇上老師，由於皇上不便頻繁地向他詢問經書義理，就編寫《論語章句》獻上。早先魯國扶卿及夏侯勝、王陽、蕭望之、韋玄成都講授《論語》，篇章次第有的不同。張禹起先師事王陽，後來從學庸生，採擇各家學說中妥當的文義，最後編撰出《論語章句》，受到大家尊崇重視。儒生們給他編造韻語說：「要想研究《論語》，注文熟讀張禹的。」由此學者們多數依從張禹之說，其餘各家逐漸衰微。

1 孔光，字子夏，孔子十四世之孫也。孔子生伯魚鯉❶，鯉生子思伋，伋生子上帛，帛生子家求，求生子真箕，箕生子高穿。穿生順，順為魏❷相❸。順生鮒，鮒為陳涉❹博士，死陳❺下。鮒弟子襄❻為孝惠❼博士，長沙❽太傅。襄生忠，忠生武及安國⑨，武生延年。延年生霸，字次儒。霸生光焉。安國、延年皆以治尚書為武帝⑩博士。安國至臨淮太守。霸亦治尚書，事太傅夏侯勝，昭帝⑪末年為博士，宣帝時為太中大夫，以選授皇太子經，遷詹事⑫，高密⑬相。是時，諸侯王相在郡守上⑭。

2 元帝即位，徵霸，以師賜爵關內侯，食邑八百戶，號褒成⑮君，給事中，加賜黃金二百斤，第一區⑯，徙名數⑰于長安。霸為人謙退，不好權勢，常稱爵位泰過⑱，何德以堪之！上欲致霸相位，自御史大夫貢禹⑲卒，及薛廣德免，輒欲拜霸。霸讓位，自陳至三⑳，上深知其至誠，迺弗用。以是敬之，賞賜甚厚。及霸薨，上素服㉑臨弔㉒者再，至賜東園祕器㉓錢帛，策㉔贈以列侯禮，謚曰烈君。

3 霸四子。長子福嗣關內侯。次子捷、捷弟喜皆列校尉諸曹。光，最少子㉕也，經學尤明，年未二十，舉為議郎㉖。光祿勳匡衡舉光方正㉗，為諫議大夫㉘。坐議有不合㉙，左遷㉚虹㉛長㉜，自免歸教授。成帝初即位，舉為博士，數使錄㉝冤獄㉞，行㉟風俗，振贍㊱流民㊲，奉使㊳稱旨㊴，由是知名㊵。是時，博士選三科，高㊶為尚書，次為刺史㊷，其不通政事，以久次㊸補諸侯太傅。光以高第㊹為尚書，觀故事㊺品式，數歲明習漢制及法令。上甚信任之，轉為僕射㊻，尚書令㊼。有詔光周密謹慎，未嘗有過，加諸吏官，以子男放為侍郎[48]，給事黃門[49]。數年，遷諸吏光祿大夫，秩中二千石，給事中，賜黃金百斤，領尚書事。後為光祿勳，復領尚書，諸吏給事中如故。凡典樞機十餘年，守法度，修[50]故事。上有所問，據經法以心所安而對，不希指[51]苟合；如或不從，不敢強諫[52]爭，以是久而安。時有所言，輒削草稾[53]，以為章主之過，以奸[54]忠直，人臣大罪也。有所薦舉，唯恐其人之聞知。沐日[55]歸休，兄弟妻子燕語[56]，終不及朝省政事。或問光：「溫室[57]省中樹皆何木也？」光嘿不應，更答以它語，其不泄如是。光帝師傅子，少以經行[58]自著，進官蚤[59]成。不結黨友，養游說，有求於人。既性自守[60]，亦其勢[61]然也。徙光祿勳為御史大夫。

4 綏和[62]中，上即位二十五年，無繼嗣[63]，至親有同產弟[64]中山孝王[65]及同產弟子定陶王[66]在。定陶王好學多材，於帝子行。而王祖母傅太后陰為王求漢嗣，私事[67]趙皇后[68]、昭儀[69]及帝舅大司馬票騎將軍[70]王根，故皆勸上。上於是召丞相翟方進[71]、御史大夫光、右將軍廉褒、後將軍朱博，皆引[72]入禁中[73]，議中山、定陶王誰可為嗣者。方進、根以為定陶王帝弟之子，禮曰「昆弟之子猶子也」，「為其後者為之子也」，定陶王宜為嗣。褒、博皆如[74]方進、根議。光獨以為禮立嗣以親，中山王先帝之子，帝親弟也，以尚書盤庚[75]殷之及[76]王為比，中山王宜為嗣。上以禮兄弟[77]不相入廟，又皇后、昭儀欲立定陶王，故遂立為太子。光以議不中意，左遷[78]廷尉。

5 光久典[79]尚書，練[80]法令，號稱詳平[81]。時定陵侯淳于長[82]坐大逆誅，長小妻[83]迺始等六人皆以長事未發覺時棄去[84]，或更嫁。及長事發，丞相方進、大司空[85]武議，以為「令，犯法者各以法時[86]律令論[87]之，明有所訖[88]也。長犯大逆時，迺始等見為長妻，已有當坐之罪，與身犯法無異。後迺棄去，於法無以解[89]。請論[90]」。光議以為「大逆無道[91]，父母妻子同產無[92]少長皆棄市[93]，欲懲[94]犯法者也。夫婦之道，有義則合，無義則離。長未知當坐大逆之法，而棄去迺始等，或更嫁，義已絕，而欲以為長妻論殺之，名不正，不當坐」。有詔光議是。

6 是歲[95]，右將軍褒、後將軍博坐定陵、紅陽侯[96]皆免為庶人。以光為左將軍，居右將軍官職[97]，執金吾[98]王咸為右將軍，居後將軍官職。罷後將軍官。數月，丞相方進薨，召左將軍光，當拜[99]，已刻侯印書贊[100]，上暴崩[101]，即其夜於大行[102]前拜受丞相博山侯印綬。

7 哀帝初即位，躬行儉約，省減諸用，政事由己出，朝廷翕然[103]，望至治焉。

褒賞大臣，益封光千戶。時成帝母太皇太后[104]自居長樂宮[105]，而帝祖母定陶傅太后在國邸[106]，有詔問丞相、大司空：「定陶共王太后宜當[107]何居？」光素聞傅太后為人剛暴[108]，長於權謀[109]，自帝在襁褓[110]而養長教道至於成人，帝之立又有力。光心恐傅太后與政事，不欲令與帝旦夕相近，即議以為定陶太后宜改築[111]宮。大司空何武曰：「可居北宮[112]。」上從武言。北宮有紫房[113]復道[114]通未央宮[115]，傅太后果從復道朝夕至帝所，求欲稱尊號[116]，貴寵其親屬，使上不得直道行[117]。頃之，太后從弟[118]子傅遷在左右尤傾邪，上免官遣[119]歸故郡。傅太后怒，上不得已復留遷。光與大司空師丹[120]奏言：「詔書『侍中[121]駙馬都尉[122]遷巧佞無義，漏泄[123]不忠，國之賊[124]也，免歸故郡』，復有詔止。天下疑惑，無所取信，虧損聖德，誠不小愆。陛下以變異連見，避正殿，見群臣，思求其故，至今未有所改。臣請歸遷故郡，以銷[125]姦黨，應天戒[126]。」卒不得遣，復為侍中。脅[127]於傅太后，皆此類也。

8 又傅太后欲與成帝母俱稱尊號，群下多順指[128]，言母以子貴，宜立尊號以厚[129]孝道。唯師丹與光持[130]不可。上重違大臣正議，又內迫傅太后，猗違[131]者連歲。丹以罪[132]免，而朱博代為大司空。光自先帝時議繼嗣有持異之隙矣，又重忤傅太后指，由是傅氏在位者與朱博為表裡，共毀譖光。後數月遂策免光曰：「丞相者，朕之股肱[133]，所與共[134]承宗廟，統理海內，輔朕之不逮[135]以治天下也。朕既不明，災異重仍[136]，日月無光，山崩河決[137]，五星[138]失行[139]，是章朕之不德而股肱之不良也。君前為御史大夫，翼輔[140]先帝，出入八年，卒[141]無忠言嘉謀[142]，今相朕，出入三年，憂國之風[143]復無聞焉。陰陽錯謬[144]，歲比[145]不登[146]，天下空虛，百姓饑饉，父子分散，流離道路，以十萬數[147]。而百官群職[148]曠廢[149]，姦軌[150]放縱，盜賊並起，或攻官寺[151]，殺長吏[152]。數以問君，君無怵惕憂懼之意，對毋能為。是以群卿大夫咸惰哉莫以為意[153]，咎[154]由君焉。君秉社稷[155]之重，總百僚之任，上無以匡朕之闕，下不能綏安百姓。書不云乎？『毋曠[156]庶官[157]，天工[158]人其代[159]之。』於虖[160]！君其上丞相博山侯印綬，罷歸。」

9 光退閭里[161]，杜[162]門自守。而朱博代為丞相，數月，坐承傅太后指妄奏事自殺。平當[163]代為丞相，數月薨。王嘉[164]復為丞相，數諫爭忤指[165]。旬歲間[166]閱[167]三相，議者皆以為不及光。上由是思之。

10 會元壽元年[168]正月朔日有蝕之，後十餘日傅太后崩。是月徵光詣公車[169]，問日蝕事。光對曰：「臣聞日者，眾陽之宗[170]，人君之表[171]，至尊之象[172]。君德衰微，陰道[173]盛彊[174]，侵蔽[175]陽[176]明，則日蝕應之。書曰『羞[177]用五事[178]』，『建用[179]皇極[180]』。

如貌、言、視、聽、思失，大中[181]之道不立，則咎徵[182]荐臻[183]，六極[184]屢降。皇之不極，是為大中不立，其傳曰『時則有日月亂行』，謂朓[185]、側慝[186]，甚則薄蝕[187]是也。又曰『六沴[188]之作』，歲之朝[189]曰三朝[190]，其應至重[191]。乃[192]正月辛丑[193]朔日有蝕之，變見[194]三朝之會。上天聰明，苟無其事，變不虛生[195]。書曰『惟先假王[196]正厥事』，言異變之來，起事[197]有不正也。臣聞師曰，天左[198]與[199]王者，故災異數見，以譴[200]告之，欲其改更。若不畏懼，有以塞除[201]，而輕忽[202]簡誣[203]，則凶罰加焉，其至可必。詩曰：『敬[204]之敬之，天惟顯[205]思[206]，命不易[207]哉！』又曰：『畏天之威，于時[208]保[209]之。』皆謂不懼者凶，懼之則吉也。陛下聖德聰明，兢兢業業[210]，承順天戒，敬畏變異，勤心虛己，延見[211]群臣，思求其故，然後敕躬[212]自約[213]，總正萬事，放遠[214]讒說之黨，援納[215]斷斷[216]之介[217]，退去貪殘之徒，進用賢良之吏，平刑罰，薄[218]賦斂，恩澤加於百姓，誠為政之大本，應變之至務[219]也。天下幸甚。書曰『天既付命正厥德』，言正德以順天也。又曰『天棐[220]諶辭[221]』，言有誠道，天輔之也。明承順天道在於崇德博施，加精致誠，孳孳而已。俗之祈禳[222]小數[223]，終無益於應天塞異[224]，銷禍興福，較然[225]甚明，無可疑惑。」

11 書奏，上說，賜光束帛[226]，拜為光祿大夫，秩中二千石，給事中，位次[227]丞相。詔光舉可尚書令者封上[228]，光謝曰：「臣以朽材，前比歷位典大職，卒無尺寸[229]之效[230]，幸免罪誅，全保首領[231]，今復拔擢[232]，備內朝臣[233]，與聞政事。臣光智謀淺短，犬馬[234]齒[235]臷[236]，誠恐一旦顛仆[237]，無以報稱。竊見國家故事，尚書以久次轉遷，非有踔絕之能，不相踰越。尚書僕射敞，公正勤職[238]，通敏於事，可尚書令。謹封上。」敞以舉故，為東平[239]太守。敞姓成公，東海人也。

12 光為大夫月餘，丞相嘉[240]下獄死，御史大夫賈延免。光復為御史大夫，二月為丞相，復故國博山侯。上迺知光前免非其罪，以過[241]近臣毀短光者，免傅嘉，曰：「前為侍中，毀譖[242]仁賢，誣愬[243]大臣，令俊艾[244]者久失其位。嘉傾覆巧偽，挾姦以罔上，崇黨以蔽朝，傷善以肆意。詩不云乎？『讒人[245]罔極[246]，交亂[247]四國。』其免嘉為庶人，歸故郡。」

13 明年，定三公官[248]，光更[249]為大司徒。會哀帝崩，太皇太后以新都侯王莽為大司馬，徵立中山王，是為平帝。帝年幼，太后稱制[250]，委政於莽。初，哀帝罷黜[251]王氏，故太后與莽怨丁[252]、傅[253]、董賢[254]之黨。莽以光為舊相[255]名儒，天下所信，太后敬之，備[256]禮事光。所欲搏擊，輒為草，以太后指風光令上之，睚眥[257]莫不誅傷。莽權日盛，光憂懼不知所出[258]，上書乞骸骨。莽白太后：「帝幼少，宜置師傅。」徙光為帝太傅，位四輔[259]，給事中，領宿衛[260]供養[261]，行內[262]署門戶，省[263]服御[264]食物。明年，徙為太師[265]，而莽為太傅。光常稱疾，不敢與莽並。有詔朝朔望，領城門[266]兵。莽又風群臣奏莽功德，稱宰衡[267]，位在諸侯王上，百官統焉。光愈恐，固稱疾辭位。太后詔曰：「太師光，聖人之後，先師之子，德行純淑，道術通明，居四輔職，輔道[268]于帝。今年耆[269]有疾，俊艾大臣，惟國之重，其猶不可以闕焉。書曰『無遺耇老[270]』，國之將興，尊師而重傅。其令太師毋朝，十日一賜餐。賜太師靈壽杖[271]，黃門令[272]為太師省中坐置几[273]，太師入省中用杖，賜餐十七物[274]，然後歸老于第，官屬按職如故[275]。」

14 光凡為御史大夫、丞相各再，壹為大司徒、太傅、太師，歷三世[276]，居公輔[277]位前後十七年。自為尚書，止不教授，後為卿[278]，時會門下大生[279]講問疑難，舉大義[280]云。其弟子多成就為博士大夫者，見師居大位，幾[281]得其助力，光終無所薦舉，至[282]或怨之。其公如此。

15 光年七十，元始五年薨。莽白太后，使[283]九卿策贈以太師博山侯印綬，賜乘輿[284]祕器，金錢雜帛。少府供張[285]，諫大夫持節[286]與謁者[287]二人使護[288]喪事，博士護行禮。太后亦遣中謁者[289]持節視喪[290]。公卿百官會弔[291]送葬。載以乘輿轀輬[292]及副[293]各一乘[294]，羽林孤兒[295]諸生合四百人輓送[296]，車萬餘兩[297]，道路皆舉音以過喪[298]。將作[299]穿復土[300]，河東[301]卒五百人，起墳[302]如大將軍王鳳制度。謚曰簡烈侯。

16 初，光以丞相封，後益[303]封，凡食邑萬一千戶。病甚，上書讓還七千戶，及還所賜一第。

17 子放嗣。莽篡位後，以光兄子永為大司馬，封侯。昆弟子至卿大夫四五人。始光父霸以初元元年為關內侯食邑。霸上書求奉孔子祭祀，元帝下詔曰：「其令師褒成君關內侯霸以所食邑八百戶祀孔子焉。」故霸還長子福名數於魯，奉夫子祀。霸薨，子福嗣。福薨，子房嗣。房薨，子莽嗣。元始元年，封周公[304]、孔子後[305]為列侯[306]，食邑各二千戶。莽更封為褒成侯，後避[307]王莽，更名均。

【章旨】以上是〈孔光傳〉，記載孔光的仕宦經歷。刻劃了他為人周密謹慎、不敢強諫諍的特點。

【注釋】❶伯魚鯉　名鯉，字伯魚。先言字後言名，以尊其祖先。下皆類此。❷魏　戰國七雄之一。建都安邑（今山西陽夏西北），後遷都大梁（今河南開封）。被秦國所滅。❸相　為一國最高行政長官，協助國君處理國家政務。❹陳涉　秦末農民起義領袖。本書卷三十七有傳。❺陳　縣名。在今河南淮陽。❻子襄　名遷。❼孝惠　漢高祖劉邦之子。詳見本書卷二〈惠帝紀〉。❽長沙　諸侯國名。建都臨湘（今湖南長沙）。❾安國　即孔安國，西漢著名經學家。❿武帝　即漢武帝劉徹。詳見本書卷六〈武帝紀〉。⓫昭帝　即漢武帝之子劉弗陵。詳見本書卷七〈昭帝紀〉。⓬詹事　官名。掌太子家事。⓭高密　封國名。建都高密（今山東高密西南）。⓮諸侯王相在郡守上　漢制，諸侯王國相統眾官，內史治民，位在郡守上；至成帝時省內史，而令相治民，則與郡守位等。諸侯王相，掌管諸侯國軍政大權的高級官員。漢代各諸侯王國的相均由中央選派。郡守，官名。為一郡的最高行政長官。戰國時設郡守，秦、漢沿設。景帝時改稱郡守為太守。⑮褒成　意謂嘗為帝師，教之成就，後來王莽諡孔子為褒成宣尼公，褒成之名源於此。⑯區　所；處。量詞。⑰名數　名籍。⑱泰過　過分超過。泰，通「太」。⑲貢禹　西漢大臣。以明經潔行著聞，元帝時因目睹朝政腐敗，多次上書，要求選賢能、誅奸臣、修節儉。官至御史大夫。本書卷七十二有傳。⑳至三　多次。㉑素服　白色的衣服。㉒弔　哀悼死者。㉓東園祕器　指棺木。東園，漢官署名，屬少府。掌負王公貴族墓內器物的製作，故稱棺木為「東園祕器」。㉔策　帝王封贈、任免臣下的文書。㉕最少子　最小的兒子。㉖議郎　官名。為九卿之一郎中令（光祿勳）的屬官，參與朝廷評議，充當顧問。㉗方正　漢代察舉科目名，為常見特科之一，始於文帝二年（西元前一七八年）。其多與賢良並稱，稱「賢良方正」。所察舉的對象必是才幹出眾、德高望重之人。㉘諫議大夫　官名。為九卿之一郎中令（光祿勳）的屬官，掌議論。㉙不合　不合天子意。㉚左遷　降職。㉛虹　縣名。在今安徽五河西北。㉜長　縣長。萬戶以下的縣的行政長官稱縣長。㉝錄　審察並記錄犯人的罪狀。㉞冤獄　冤案。㉟行　巡視。㊱振贍　救濟。振，通「賑」。㊲流民　流浪外地，無家可歸的民眾。㊳奉使　奉命出使。㊴稱旨　適合皇帝的旨意。㊵知名　有名於時，為人所知。㊶高　高等的。㊷刺史　官名。漢武帝元封五年（西元前一〇六年）始置。分全國為十三部（州），各設刺史一人，常以八月巡視所部郡國，省察治政，黜陟能否，斷理冤獄，以六條督察郡國，歲盡詣京師奏事，官階低於郡守。後地位逐漸提高。㊸久次　指年資長短。㊹高第　凡選士、舉官、考績，成績優秀者稱高第。㊺故事　先例；以前的典章制度。㊻僕射　官名。漢承秦置。凡侍中、尚書、博士、謁者、郎等官，都有僕射，根據所領職事定稱號，意即首長。㊼尚書令　官名。掌章奏文書。漢武帝以後職權漸重。㊽侍郎　官名。為光祿勳屬官。掌守門戶，出充車騎。㊾給事黃門　在黃門官署供職。㊿修　熟習。(51)希指　希望窺測皇帝的旨意。指，通「旨」。(52)強諫　極力諫諍。(53)草稾　底稿。(54)奸　通「干」。求。(55)沐日　休假日。漢制，官吏每五天休假一天，進行洗沐。沐，洗頭髮。(56)燕語　閒談；聊天。(57)溫室　殿名。在未央宮中。(58)經行　指學習經義和道德品行，即經明行修之意。(59)蚤　通「早」。(60)自守　自覺遵守法度。(61)勢　情勢；客觀形勢。(62)綏和　漢成帝的年號（西元前八—前七年）。(63)繼嗣　繼承人。(64)同產弟　同母異父弟。(65)中山孝王　劉興。元帝的馮昭儀所生。中山，諸侯國名。建都盧奴（今河北定州）。(66)定陶王　指劉欣，定陶恭王劉康（元帝的傅昭儀所生）之子，即後來的哀帝。定陶，諸侯國名，建都定陶（山東定陶）。(67)私事　暗中事奉。(68)趙皇后　漢成帝皇后，號飛燕。本書卷九十七有傳。(69)昭儀　宮中女官名。趙皇后之妹為成帝昭儀。(70)票騎將軍　「票騎」為將軍之號，取驍勇之意。此號將軍始置於武帝時，以霍去病任之，秩同大將軍。(71)翟方進　西漢大臣。明習經學，以射策為郎。成帝時任丞相，任相十餘年，持法深刻，兼通文法吏事、天文星曆，后被逼自殺。本書卷八十四有傳。(72)引　延引；邀請。(73)禁中　皇帝宮中稱禁中，意為門戶有禁。(74)如　依照。(75)盤庚　殷商君主。繼承其兄陽甲之位，死後將王位傳給弟弟小辛和小乙。四兄弟相繼為王，是商代「兄終弟及」制度的典型。(76)及　兄傳位於弟。(77)兄弟　指兄弟死後兩人的牌位。(78)左遷　降職。(79)典　主持；主管。(80)練　熟悉；熟練。(81)詳平　審慎公平。(82)淳于長　元帝王皇后外甥。本書卷九十三有傳。(83)小妻　妾；小老婆。(84)棄去　被拋棄離婚。(85)大司空　官名。即御史大夫。漢成帝綏和二年（西元前七年）更名為大司空，哀帝時曾一度恢復原稱，後又改作大司空。與大司徒（丞相）、大司馬（太尉）並稱三公。(86)法時　犯法之時。(87)論　定罪。(88)訖　限止。(89)解　免。(90)請論　請求皇上批准判處死刑。(91)大逆無道　封建時代稱犯上作亂等重大罪行。(92)無　無論。(93)棄市　古代在鬧市執行死刑，陳屍街頭示眾，表示為人所棄，稱作「棄市」。(94)懲　戒止；警戒。(95)是歲　這年。(96)紅陽侯　指王立。成帝母王政君同父弟。(97)居右將軍官職　管理原來屬於右將軍管理的事務。(98)執金吾　官名。秦稱中尉，漢武帝時改名。掌巡查京師。(99)拜　授予官職。(100)書贊　書寫贊辭於簡策上。(101)暴崩　皇帝得急病突然去世。(102)大行　指剛去世的皇帝。(103)翕然　安定。(104)太皇太后　皇帝的祖母。指王政君。(105)長樂宮　宮殿名。漢高祖五年（西元前二〇二年）以秦興樂宮改建，漢初皇帝視朝於此，惠帝後朝會移至未央宮，長樂宮改為太后居所。舊址在今陝西西安西北。(106)國邸　漢諸侯王為朝覲而在京城設立的住所。(107)宜當　應當。(108)剛暴　剛強暴烈。(109)權謀　權術；陰謀。(110)襁褓　背負嬰兒的布兜和包裹嬰兒的被子。(111)改築　重新建築。(112)北宮　漢宮名。在未央宮北。(113)紫房　飾以紫色的居室，太后所居。(114)復道　樓閣之間有上下兩重通道，稱複道。(115)未央宮　宮殿名。漢初蕭和主持修造。舊址在今陝西西安漢故長安城西南隅。(116)尊號　尊崇皇帝、皇后或先王及宗廟等的稱號。(117)不得直道行　不能依據正直的道理去做。(118)從弟　堂弟。(119)遣　放逐；貶謫。(120)師丹　西漢大臣。哀帝時曾任大司馬、大司空，亦主張限田、限奴婢。本書卷八十六有傳。(121)侍中　加官名。加此官者得入禁中。(122)駙馬都尉　官名。侍從皇帝左右，掌管皇帝侍從車輛之馬。(123)漏泄　洩漏；走漏消息。(124)賊　禍害。(125)銷　減少；消除。(126)天戒　上天給予的警戒。(127)脅　脅迫；脅制。(128)順指　順從意旨。(129)厚　加厚；加深。(130)持　堅持。(131)猗違　依從或違背。指模稜兩可，猶豫不決。猗，通「依」。(132)以罪　因有罪。(133)股肱　大腿和胳膊。(134)共　通「恭」。(135)不逮　不及；不足。(136)重仍　嚴重頻繁。仍，頻繁。(137)決　河水沖毀堤岸。(138)五星　指水、金、火、木、土五行星。(139)失行　失次；不按軌道運行。(140)翼輔　輔佐。(141)卒　終於。(142)嘉謀　嘉美的謀略。(143)風　通「諷」。微言勸說。(144)謬　錯誤。(145)比　頻；屢屢。(146)登　莊稼成熟。(147)數　計算。(148)群職　各種職務。(149)曠廢　荒廢。(150)姦軌　指違法作亂的人。(151)官寺　官署。(152)長吏　地位較高官吏的統稱。秦漢時一般指秩六百石以上的官吏，而縣丞、縣尉秩雖低（二百石到四百石），也可稱長吏。153莫以為意　沒有人把事情放在心上。154咎　過失。155社稷　社為土神，稷為穀神。社稷代指國家。156曠　空。157庶官　百官。158天工　天命之事。159代　代替治理。160於虖　同「嗚呼」。表示歎息。161閭里　鄉里；民間。162杜　塞；閉。163平當　西漢大臣。以明經為博士，歷任光祿勳、御史大夫、丞相等職。164王嘉　初以明經射策甲科為郎，成帝時任太中大夫、九江太守等職，後為丞相。為人剛直嚴毅有威重。本書卷八十六有傳。165忤指　不順從皇帝旨意。忤，違背；不順從。166旬歲間　一年多時間內。旬，滿；足。167閱　經歷。168元壽元年　即西元前二年。元壽，漢哀帝的年號（西元前二—前一年）。169公車　官署名。漢代衛尉的下屬機構設公車司馬令，簡稱「公車令」，負責警衛宮殿中的司馬門和夜間巡邏。凡臣民上書或朝廷徵召，均由「公車令」掌管。170宗　宗主。171表　標誌。172象　星象。173陰道　象徵臣下、子女、妻妾等陰性事物。174盛彊　旺盛強大。175侵蔽　侵犯遮蔽；侵害欺矇。176陽　象徵君上、父親、丈夫等陽性事物。177羞　進獻；敬。178五事　貌、言、視、聽、思。179建用　立事；施政。180皇極　大中；中正。皇，大。極，中；中道。181大中　即皇極。182咎徵　災禍的徵兆。183荐臻　接連到來。184六極　六種不幸的事。185朓　夏曆月底月亮在西方出現，意思是運行過快。186側匿　夏曆初一月亮在東方出現，意思是運行過慢。187薄蝕　日月虧損，黑暗無光。這裡指日食、月食。188六沴　指六氣不和。六氣，指天地四時之氣，謂陰陽、風雨、晦明六種壞惡氣象。沴，因氣不和而產生的災害。189歲之朝　一年的頭一天。190三朝　指正月一日。它是一年中年、月、日的開始。故三朝又稱「三始」。191至重　最嚴重。192乃　近時；乃者。193辛丑　正月初一日。194變見　變異出現。195虛生　憑空出現。196假王　至道之王；聖王。假，通「格」。197起事　辦理政事。198左　佐助。原作「右」。據景祐本改。199與　援助。200譴　責備；責罰。201塞除　回報天譴，使之消除。202輕忽　輕視怠忽。203簡誣　怠慢欺誣。簡，怠慢；忽視。不易，不變易；不會有差錯。204敬　警惕。205顯　高明。206思　語助詞。207不易　不改變；不會有差錯。208于時　於是。209保　安；安寧。210兢兢業業　顏師古注曰：「兢兢，戒也。業業，危也。」211延見　召見；接見。212敕躬　整飭己身。213自約　自己檢束。214放遠　放逐疏遠。215援納　援引吸收。216斷斷　誠懇專一。217介　耿介正直。指耿介正直的臣子。218薄　減輕。219至務　最重要的事。220棐　輔導；輔助人。221諶辭　至誠之辭。222祈禳　祈求福祥，禳除災禍。祈，祈福。禳，除禍。223小數　術數。指陰陽占卜等。224塞異　消除災異。225較然　明顯地。226束帛　捆為一束的五匹帛。227位次　在朝廷中的地位次於。228封上　密封奏章上報皇上。229尺寸　形容事物細小或低微。230效　功效。231首領　頭頸。232擢　提升。233內朝臣　即內朝官。皇帝的近臣稱內朝官，也稱中朝官，與以丞相為首的外朝官相對應。234犬馬　自謙之辭。235齒　歲數；年齡。236耋　老。237顛仆　倒翻在地。比喻死亡。238勤職勤於職守。(239)東平　郡國名。治無鹽（今山東東平東）。(240)嘉　指王嘉。(241)過　過失。引申為追究罪責。(242)譖　說壞話誣陷別人。(243)誣愬　誣告。(244)俊艾　才德出眾。(245)讒人　說壞話陷害別人的人。(246)罔極　沒有止境。(247)交亂　交相惑亂。(248)定三公官　改定三公官名、分職。哀帝元壽二年（西元前一年）改丞相為大司徒，位在大司馬下，改御史大夫為大司空，皆增俸如丞相，以備三公。(249)更　改。(250)稱制　代皇帝執政。(251)罷黜　免職廢退。(252)丁　指哀帝生母丁氏家族。(253)傅　指哀帝祖母傅太后家族。(254)董賢　哀帝寵臣，任大司馬。哀帝死後，被罷官，自殺。本書卷九十三有傳。(255)舊相　老丞相。(256)備　周到完備。(257)厓眥　發怒時瞪眼睛。形容小的怨恨。厓，通「睚」。眼角；張開眼角。(258)不知所出　不知道該怎麼辦。(259)四輔　官名。相傳為古代天子身邊的四個輔佐。王莽託古改制，置四輔以配三公。(260)宿衛　在宮禁中值宿，擔任警衛。(261)供養　指奉養的物品。(262)行內　顏師古注曰：「行內，行在所之內中，猶言禁中也。」(263)省　視察；檢察。(264)服御　衣服車馬之類。(265)太師　官名。古三公之一。秦以來未置。漢平帝時，王莽攝政，一味仿古，始置。(266)城門　指城門校尉，掌京師城門屯兵。(267)宰衡　官名。漢平帝時置。古時稱周公為太宰，伊尹為阿衡。王莽採伊、周之尊，成此官號，由平帝授予王莽自己，意謂可比美伊、周。(268)道　通「導」。(269)耆　年老。(270)耇老　年老而又老成的人。耇，高壽。(271)靈壽杖　扶老杖。靈壽，木名。製杖無須太多加工。(272)黃門令　官名。為黃門長官。屬於少府。(273)几　憑几。老年人坐時需靠著几案，古代常以賜几杖表示敬老。(274)賜餐十七物　顏師古注曰：「食具有十七種物。」(275)官屬按職如故　其屬官照常各行職務。(276)三世　指成帝、哀帝、平帝、三朝。(277)公輔　古代三公、四輔，均為天子之佐。借指宰相一類的大臣。(278)卿　指九卿之職。(279)大生　猶言高足，高才生。(280)大義　要義；要旨。(281)幾　通「冀」。希望。(282)至　甚至於。(283)使　派遣。(284)乘輿　帝王所用的車輿。也用為帝王的代稱。(285)供張　指喪禮所用的帷帳用具等物。(286)節　符節。(287)謁者　官名。為九卿之一郎中令（光祿勳）屬官。掌賓贊受事。(288)護　護理；主持。(289)中謁者　官名。宮中設此官，常奉使外出視疾護喪，或奉引車駕。(290)視喪　治理喪事。(291)會弔　會合祭奠。(292)輼輬　本為安適的臥車，後因載喪，用指喪車。(293)副　副車。(294)乘　一車四馬；輛。(295)羽林孤兒　西漢常備軍名。漢武帝始置。係取從軍死事者子孫，隸養羽林中，號稱羽林孤兒，及壯，常從征伐。西漢末亦用為大臣葬儀之儀仗。(296)輓送　拉車送葬。(297)兩　通「輛」。(298)道路皆舉音以過喪　意思是說喪到之處，行路人都得發出哭聲，直到喪車過去才停止。(299)將作　即將作大匠。掌宮室、宗廟、陵園等的土木營建。(300)穿復土　指建造墳墓。(301)河東　原作「可甲」。王念孫認為「可甲」當為「河東」。《太平御覽》引作「河東」，卷六十八〈霍光傳〉「發三河卒穿復土」。此應為「河東」。河東，郡名。治安邑（今山西夏縣西北）。(302)起墳　堆土成丘。(303)益　加。(304)周公　姬姓，名旦。周武王之弟，因采邑在周（今陝西岐山東北），故又稱周公。武王死後，因成王年幼，故由他攝政，前後攝政約七年。曾出師東征、平定管蔡叛亂、大封諸侯。又制作禮樂，建立典章制度。為後世所敬慕。305後　後代。306列侯　爵位名。是當時二十等爵制的最高一級。本稱「徹侯」，因避漢武帝劉徹之諱，改稱「通侯」，也稱「列侯」。307避　避諱。古代君主或尊長的名字不能直接說出或寫出，亦不能與之相同。

【語譯】孔光，字子夏，是孔子的十四代孫。孔子生孔鯉字伯魚，孔鯉生孔伋字子思，孔伋生孔帛字子上，孔帛生孔求字子家，孔求生孔箕字子真，孔箕生孔穿字子高。孔穿生孔順，孔順在魏國任丞相。孔順生孔鮒，孔鮒在陳涉部下擔任博士，死在陳縣。孔鮒的弟弟孔遷字子襄，任漢惠帝的博士、長沙國太傅。孔遷生孔忠，孔忠生孔武和孔安國，孔武生孔延年。孔延年生孔霸，字次儒。孔霸生孔光。孔安國和孔延年都憑研究《尚書》擔任漢武帝的博士。孔安國官做到臨淮郡太守。孔霸也研究《尚書》，師事太傅夏侯勝，昭帝末年擔任博士，宣帝時擔任太中大夫，被挑選教授皇太子經書，後遷任詹事，為高密國相。這時諸侯國相的祿秩在郡太守之上。

2 元帝登上皇位，徵召孔霸，憑老師身分賜給關內侯爵位，食邑八百戶，賜號褒成君，加官給事中，在禁中供職，加恩賞賜黃金二百斤，住宅一所，把戶籍遷徙到長安。孔霸為人謙遜退讓，不愛好權力威勢，常說自己爵位太高，有何功德能夠承受！皇上想提升孔霸為丞相，自御史大夫貢禹去世以及薛廣德被免職，總想讓孔霸繼任。孔霸讓出官位，自己多次陳述原因，皇上深知他是真心誠意，才不進用。因此尊敬他，賞賜很豐厚。等到孔霸去世，皇上穿著白色喪服來到孔霸家中弔唁兩次，甚至賜給他東園製作的上好棺材和金錢布帛，下封策，贈給列侯級禮儀，諡號為烈君。

3 孔霸有四個兒子。長子孔福繼承關內侯爵位。次子孔捷、三子孔喜都官居校尉、諸曹。孔光是最小的兒子，經學尤其精明，年齡不到二十，被舉薦為議郎。光祿勳匡衡察舉孔光為方正，擔任諫議大夫。由於議事不合皇上意旨，降職為虹縣縣長。他自己辭去官職，回到家鄉教授門徒。成帝剛登上皇位，孔光被舉薦為博士，皇上多次派他複查冤案，巡視風俗，救濟流民，他奉命出使合皇上意旨，由此有名於時，為人所知。這時，博士選用分為三科，高等擔任尚書，其次擔任刺史，那些不通政事的憑年資長短補任諸侯王國太傅。孔光由於考核成績優秀擔任了尚書，他查看以前的典章制度各種標準，幾年後明白熟悉了漢朝的制度及法令。皇上很信任他，調任他為僕射、尚書令。皇帝下詔說孔光辦事周密謹慎，不曾有過失，在本職外加「諸吏」官，任用他的兒子孔放為侍郎，在黃門官署供職。幾年後，他升遷為諸吏光祿大夫，祿秩為中二千石，又加官為給事中，賞賜黃金一百斤，兼領尚書事務。後來孔光擔任光祿勳，仍兼領尚書事務，像以前一樣加諸吏、給事中官。他總計主理中樞政務十多年，遵守法度，熟習舊情。皇上有什麼要問他，他就依據儒家經學義理，拿內心認為安妥的對答，不窺測皇帝的意旨無原則地附合；如果皇帝有時不聽從，他也不敢極力諫諍，因此在位時間長久而安穩。每次上過奏言，過後就削毀底稿，他認為留下底稿是顯示皇上的過錯，求取忠直的美名，這是臣子的大罪。他有什麼舉薦，惟恐被所舉薦的人聽到，知曉內情。他休假日歸家休息，跟兄弟、妻子、兒女閒談，始終不涉及朝廷省禁中的政事。有人問孔光：「溫室殿中的樹木都是些什麼樹？」孔光沉默不應聲，另外用其他的話回答，他保密不洩漏到這種地步。孔光是皇帝老師的兒子，年輕時憑經明行修而著名，進入官場很早就有成就。他不結交黨羽友朋，不收養遊說之士，不有求於人。既是本性能夠自覺遵守法度，也是客觀形勢使他這樣做。他從光祿勳升為御史大夫。

4 綏和年間，成帝即位已經二十五年，沒有繼承人，血統最親的人中有同母異父弟中山孝王和同母異父弟的兒子定陶王在世。定陶王好學多才，與皇帝是子姪行輩。而且他的祖母傅太后暗地裡替他謀求做漢朝繼承人，祕密地巴結趙皇后、趙昭儀及皇帝的舅父大司馬驃騎將軍王根，所以三人都勸說皇上立定陶王為皇位繼承人。皇上就召集丞相翟方進、御史大夫孔光、右將軍廉褒、後將軍朱博，把他們都邀請到宮禁中，議論中山王、定陶王哪個適宜當繼承人。翟方進、王根認為定陶王是皇上弟的兒子，《儀禮》說「兄弟的兒子如同自己的兒子」，「給別人做後代就是給別人做兒子」，定陶王適合做繼承人。廉褒、朱博都跟翟方進、王根所議的相同。惟獨孔光認為禮規定確立繼承人要憑血親關係。中山王是先帝的兒子，皇上的親弟弟，拿《尚書》中殷朝盤庚繼承兄位並將王位傳給弟弟為王的先例作比，中山王適宜為繼承人。皇上認為《周禮》規定兄弟牌位不能相繼進入宗廟，又趙皇后、趙昭儀想要立定陶王，所以就確定立定陶王為太子。孔光由於議論不合皇上意旨，降職為廷尉。

5 孔光長時間主管尚書事務，熟習法令，所以在廷尉任上號稱審慎公平。當時定陵侯淳于長由於犯大逆罪被處死，淳于長的小老婆迺始等六人都在淳于長之事沒有被發覺時被拋棄離開，有的已改嫁。等到淳于長之事被揭發，丞相翟方進、大司空何武評議此事，認為「法令規定，犯法的人各依犯法時的法律條令論定罪責，表明有一個限止的時間。淳于長犯大逆罪時，迺始等這時正是淳于長的妻室，已有應當連坐的罪責，跟本身犯法沒有區別。後來才被拋棄離去，在法律上沒有什麼可以免罪的。請求皇上批准判處死刑」。孔光評議認為「犯大逆無道的人，他的父母、妻子、兒女、兄弟、姊妹不論年少年長都處以死刑，這是要懲戒後來犯法的人。夫妻的關係是有情義就共同生活，沒有情義就分開。淳于長自己不知道會犯大逆之罪而拋棄趕走迺始等人，她們有的已改嫁，情義已斷絕。而把她們當作淳于長的妻室定罪處死，罪名不正當，不當連坐」。皇上下詔書說孔光的評議對。

6 這一年右將軍廉褒、後將軍朱博因定陵侯、紅陽侯之罪連坐，都被免官為庶民。皇上任命孔光為左將軍，管理原來屬於右將軍管理的事務，執金吾王咸為右將軍，管理原先屬於後將軍管理的事務。取消後將軍的官名。幾個月後，丞相翟方進去世，皇上召令左將軍孔光準備授給丞相之職，已經刻了侯印並書寫了贊辭，皇上突然得急病去世，就在這天夜晚孔光在剛去世的成帝遺體前磕頭接受丞相和博山侯之印。

7 哀帝剛登上皇位，親自省儉節約，省掉或削減諸般費用，政事由自己做出決定，朝廷安定，希望出現真正的太平。皇上褒獎大臣，加封孔光一千戶。當時成帝的母親太皇太后住在長樂宮，而哀帝的祖母定陶傅太后住在該國設在京城的府邸，皇帝下詔書問丞相和大司空：「定陶共王太后應當住在哪裡？」孔光平素聽說傅太后為人剛強暴烈，擅長權術陰謀，自從皇帝在嬰兒時就餵養撫育管教指導至於長大成人，對皇帝的登位又有功勞。孔光恐怕傅太后參與政事，不想讓她跟皇帝早晚接近，便建議認為定陶太后應該重新建築宮殿。大司空何武說：「可以住在北宮。」皇上聽從何武的話。北宮有紫房複道通到皇帝的未央宮，傅太后果然從這條複道早晚都來到皇帝住所，要求稱尊號，讓皇上尊貴寵愛她的家族，使得皇帝不能依據正直的原則辦事。不久，傅太后堂弟的兒子傅遷在皇帝身邊行為特別邪僻不正，皇上免除了他的官職，讓他回老家。傅太后發怒，皇上沒辦法只好又留下傅遷。孔光和大司空師丹上奏說：「詔書上說『侍中駙馬都尉傅遷奸詐乖巧，阿諛奉承，沒有道義，漏洩機密，對國不忠，是國家的禍害，解除官職，遣歸老家』，又有詔書說停止遣送。天下之人猜疑迷惑，沒有什麼可以信任，虧損您聖明的德行，的確不是微小的過失。陛下由於災異變怪之事接連出現，不居正殿，接見群臣，想尋求災變的原因，可舊有不善之事，至今都沒有什麼改變。臣請求將傅遷遣歸老家，以便消除奸黨，回應上天的警戒。」哀帝最終還是沒能遣送傅遷歸家，傅遷又擔任侍中。哀帝被傅太后脅迫挾制，都是這類情況。

8 又傅太后想跟成帝的生母一樣稱尊號，臣下們多順從意旨，說母親因兒子得立而尊貴，應該加上尊號來加深孝道。只有師丹和孔光堅持不同意。皇上以違背大臣們的正當建議為難，可宮內又被傅太后脅迫，連年猶豫不決。後來師丹因有罪被免官，朱博接替他擔任大司空。孔光從先帝商議繼承人的時候起已有持不同政見的嫌怨了，又嚴重地違背傅太后的意旨，因此傅氏有官位的人跟朱博表裡呼應，共同毀謗誣陷孔光。過後幾個月哀帝下策文罷免孔光說：「丞相是朕的重要助手，與朕恭敬地奉承宗廟社稷，統治天下，輔助朕彌補不足來治理天下。朕不能顯揚德行，天災變異嚴重地頻繁出現，日月無光，山陵崩塌，河水決堤，五星不按軌道運行，這些都表明朕的德行不好，朕的輔佐大臣不良。您先前擔任御史大夫，輔佐先帝上下達八年，始終沒有進過忠言，出過好的謀策。如今輔佐朕，上下達三年，為國擔憂的勸諫又沒聽您說過。如今陰陽失序，收成連年不好，穀菜不熟，天下空虛，百姓飢餓，父子離散，流浪於道路的百姓以十萬為單位計算。百官職務諸多荒廢，違法作亂的人放縱不已，盜賊紛紛起事，有的攻打官署，殺死地方長官。朕多次拿這些事問您，您沒有警惕擔憂的意思，回答說盜賊不能為害。因此百官都懈怠鬆弛，沒有誰把事情放在心上，過失是由您造成的。您主持國家的重大政事，總攬百官之任，對上沒有什麼可以匡正朕的過失，對下不能安撫百姓。《書經》不是說過嗎？『不要空設百官，天命之事，人們應當代替辦好。』嗚呼！您應上交丞相和博山侯之印，免官回家。」

9 孔光退居家鄉里巷，閉門自我修養。朱博接替他做丞相，幾個月後，由於順承傅太后的意旨，虛妄奏事而自殺。平當接替朱博為丞相，幾個月後去世。王嘉又擔任丞相，多次諫諍，忤逆皇帝意旨。一年多時間裡經歷了三個丞相，評議的人都認為比不上孔光。皇上由此思念起他來。

10 適逢元壽元年正月初一日發生了日食，過十多天傅太后去世。這個月皇上徵召孔光到公車署，向他詢問日食之事。孔光回答說：「臣聽說太陽是眾多陽性事物的宗主、君王的標誌、至高無上的星象。君主德行衰微，陰性事物就會旺盛強大，侵犯遮蔽陽性的光明，那麼就會出現日食現象來感應。《書經》說『敬用五件事』，『施政要採用大中之道』。如果貌、言、視、聽、思五件事有失誤，大中之道不能建立，那麼災禍的徵兆就接連到來，六種極不幸的事頻繁降臨。皇帝如果沒有準則，這叫大中不立，經傳說『這時就會出現日月不按規律運行的情況』。指的就是月亮運行過快或過慢，嚴重的就會出現日食月食現象。又說『六種壞惡氣象的發生』，如果是在正月初一，那麼應驗得最厲害。近時正月初一發生日食，變異出現在年、月、日三個開始的交點。上天耳聰目明，如果沒有那些事件，天象變異不會憑空發生。《書經》說『先代聖王遭遇變異必端正自己的政事』，意思是說怪異之來是因辦理政事有不正的地方。臣聽老師說，上天輔佐援助君王，所以天災變異多次出現來譴責警告他，想要他改正。假若不害怕，用什麼辦法回答天譴使之消除，卻輕視怠忽，怠慢欺誣，那麼重罰就會加到他頭上，它的到來可以絕對肯定。《詩經》說：『警惕警惕，上天高明，天命不會有差錯！』又說：『敬畏上天的威嚴，於是得到安寧。』這些都是說不畏懼上天的警戒就凶險，畏懼它就吉利。陛下品德聖潔，耳聰目明，謹慎畏懼，接受順應上天的警戒，敬畏天象的變異，多動腦筋，虛心平氣，召見群臣，想尋求變異的原因，之後整飭己身，約束自己，總理匡正各種政事，放逐疏遠用壞話遊說的奸黨，援引吸收誠懇專一、耿介正直的臣下，斥退清除貪殘害義之徒，引進任用賢良的官吏，平正刑罰，減輕田賦稅收，恩惠加到百姓身上，這些確是治理國家的根本，順應天變的要務。天下的人都會感到非常慶幸。《書經》說『上天既已授命就要正其德』，說的是端正德行來順應天命。又說『上天輔助至誠之辭』，說的是君有誠道，上天就輔助他。這些都說明承順天道的方法在於尊崇德行，廣泛地施予恩惠，集中精力，表達誠意，孜孜不倦而已。

世俗流行的祈求福祥、禳除災禍的把戲，始終無益於應和天變、消除災異，消除禍害、引來福運，這個道理十分清楚，沒有值得疑惑的。」

11 奏疏上報皇上，皇上高興，賞賜孔光絲帛，任命他為光祿大夫，祿秩為中二千石，加官給事中，地位次於丞相。皇上下詔讓孔光舉薦可以擔任尚書令的人密封上報，孔光謝恩說：「臣憑枯朽之材，以前接連經歷官位主管重大職務，始終沒有什麼功效，僥倖免除罪責懲處，保全了性命，如今又蒙提拔，充當內朝近臣，參與得知國家政事。臣孔光智謀淺顯短小，年已衰老，實在擔心一旦死去，沒有什麼可以報答您的恩惠，令您滿意。私下看到國家先例，尚書官員憑年資長短轉調升遷，沒有高超卓絕的才能，不相互超越。尚書僕射成公敞公平正直，勤於職守，辦事通達敏捷，可以擔任尚書令。恭敬地密封報上。」成公敞憑孔光舉薦的緣故，擔任了東平郡太守。敞姓成公，是東海郡人。

12 孔光擔任光祿大夫一個多月，丞相王嘉被關進牢獄死了，御史大夫賈延被免職。孔光又擔任御史大夫，兩個月後擔任丞相，恢復原先的博山侯國。皇上才知道孔光先前被免職不是因為他本人的罪過，便追究詆毀敗壞孔光的近臣的過失，免除傅嘉的官職說：「你以前擔任侍中，詆毀誣陷仁賢之士，誣告大臣，使才德出眾的人長久失去他的官位。傅嘉邪僻不正，反覆無常，乖巧虛偽，運用奸詐來欺騙君上，抬高黨羽來蒙蔽朝廷，傷害善良以恣其意。《詩經》不是說過嗎？『讒人沒有止境，使得四方惑亂。』應該免除傅嘉官職，降為平民，回到故郡去。」

13 次年，改定三公的官名，孔光所任丞相改名為大司徒。適逢哀帝去世，太皇太后任用新都侯王莽為大司馬，徵召中山王來京城並立其為皇帝，這就是平帝。皇帝年幼，太皇太后代為執政，把政務委託給王莽處理。起初，哀帝罷免貶黜王氏家族，所以王太后和王莽怨恨丁家、傅家及董賢的黨羽。王莽認為孔光是老丞相、著名儒學大師，是天下所信任的人，王太后敬重他，就禮節周到地事奉孔光。王莽有想要打擊的人，就起草文稿，用王太后的意旨暗示孔光讓他奏上，即使與王莽有很小的仇怨，也沒有誰不被懲處傷害。王莽威權一天天擴大，孔光憂愁害怕，不知道該怎麼辦，他上書自請退職。王莽稟告太后說：「皇帝幼小，應該設置師傅。」於是詔孔光做皇帝的太傅，擔任四輔職務，加官給事中，兼管宿衛供養、禁中門戶，檢查皇帝用的衣服車馬膳食等物品。第二年，升孔光為太師，王莽為太傅。孔光時常託病請假，不敢跟王莽平起平坐。皇上下詔書讓孔光只在每月初一、十五日朝見皇帝，兼管城門校尉統率的屯兵。王莽又暗示群臣上奏章稱頌自己的功德，王莽加官稱宰衡，位在諸侯王之上，文武百官受他統管。孔光更加恐懼，堅持稱病辭去官職。王太后下詔說：「太師孔光，聖人的後代，先師的兒子，德行純潔善良，道術通達精明，位居四輔官職，對皇帝進行輔導。如今年老有病，才德出眾的大臣是國家的重寶，尤其不可以缺少。《書經》說『不要遺棄老成』，國家要興盛，就要尊重師傅。應讓太師不必朝見皇帝，十天賜一次膳食。賜給太師靈壽杖，黃門令給太師在省中的座位設置憑几，太師入省中使用手杖，賜膳食應有十七個種類。然後回到自己家中養老。所屬官吏按照官職履行職務，像往常一樣。」

14 孔光共擔任御史大夫、丞相各兩次，任大司徒、太傅、太師各一次，經歷三代皇帝，居三公四輔官位前後十七年。自從他擔任尚書官職，就停止教授，後來擔任九卿，時常會集門下高才生講說討論疑難問題，總括精義要旨。他的弟子中有許多有成就擔任博士或大夫的，他們看到老師身居要職，希望得到他的扶助，孔光始終沒有薦舉誰，甚至有的弟子因此怨恨他。他的公正就是這樣。

15 孔光年七十，平帝元始五年去世。王莽稟告太后，派九卿級官員持皇帝策文贈給太師和博山侯之印信，賜給皇帝用的棺材和金錢雜帛，少府備辦喪葬用具等物。諫大夫持節跟兩個謁者被派去主持喪事。博士主持行禮司儀。王太后也派中謁者執節去治理喪事。公卿百官會合祭奠並送葬。拿皇帝用的轀輬車裝載他的靈柩，還配有副車一輛。羽林孤兒們和眾儒生共四百人拉喪車送葬。送葬車有一萬多輛，喪車所過之處，行人都得發出哭聲，直到喪車過去才停止。將作大匠負責建造墳墓，徵用河東郡兵卒五百人在墓穴上堆土成山，依照埋葬大將軍王鳳的制度。謚號為簡烈侯。

16 起初，孔光憑丞相封侯，後又加封，總計食邑一萬一千戶。他病得厲害時，上書讓還七千戶，並退還所賜的一處住宅。

17 孔光的兒子孔放繼承爵位。王莽篡位後，任命孔光哥哥的兒子孔永為大司馬，封他為侯。孔光兄弟們的兒子官做到九卿和大夫的有四、五人。起初孔光的父親孔霸在元帝初元元年封為關內侯有食邑。孔霸上書，請求供奉孔子的祭祀。元帝下詔說：「令老師褒成君關內侯孔霸拿他的食邑八百戶祭祀孔子。」所以孔霸把長子孔福的戶籍遷回魯國，供奉孔夫子的祭祀。孔霸去世，兒子孔福繼承爵位。孔福去世，兒子孔房繼承爵位。孔房去世，兒子孔莽繼承爵位。平帝元始元年，封周公、孔子的後代為列侯，食邑各為二千戶。孔莽改封為褒成侯，後避王莽名諱，改名為孔均。

馬宮，字游卿，東海戚❶人也。治春秋嚴氏❷，以射策甲科為郎❸，遷楚❹長史❺，免官。後為丞相史❻司直❼。師丹薦宮行能高絜，遷廷尉平❽，青州❾刺史，汝南❿、九江⓫太守，所在見稱⓬。徵為詹事，光祿勳，右將軍，代孔光為大司徒，封扶德侯。光為太師薨，宮復代光為太師，兼司徒官。

初，宮哀帝時與丞相⓭御史⓮雜議⓯帝祖母傅太后謚，及元始中，王莽發⓰傅太后陵徙歸定陶，以民葬之，追誅⓱前議者。宮為莽所厚，獨不及⓲，內慙懼，上書謝罪乞骸骨。莽以太皇太后詔賜宮策曰：「太師大司徒扶德侯上書言『前以光祿勳議故定陶共王母謚，曰「婦人以夫爵尊為號，謚宜曰孝元傅皇后，稱渭陵⓳東園⓴」。臣知妄不得體君㉑，卑不得敵㉒尊，而希指雷同㉓，詭㉔經辟㉕說，以惑誤上。為臣不忠，當伏斧鉞之誅，幸蒙洒心自新，又令得保首領。伏自惟念，入稱四輔，出備三公，爵為列侯，誠無顏復望闕廷㉖，無心復居官府，無宜復食國邑。願上太師大司徒扶德侯印綬，避賢者路』。下君章有司，皆以為四輔之職為國維綱㉗，三公之任鼎足㉘承君，不有鮮明固守，無以居位。如君言至誠可聽，惟君之惡在洒心前，不敢文過㉙，朕甚多㉚之，不奪君之爵邑，以著『自古皆有死㉛』之義。其上太師大司徒印綬使者，以侯就第。」王莽篡位，以宮為太子師，卒官。

本姓馬矢㉜，宮仕學，稱馬氏云。

【章旨】以上是〈馬宮傳〉，記載了馬宮的仕宦經歷，以及被王莽所優待，終保爵祿之事。

【注釋】❶戚　縣名。在今山東微山。❷嚴氏　當作「顏氏」。周壽昌曰：「〈儒林傳〉：眭孟弟子以嚴彭祖、顏安樂為明；安樂授淮陽泠豐，豐授馬宮。《春秋》自分嚴氏、顏氏兩家學。此當云『治《春秋》顏氏』，不當云『嚴氏』也。」❸郎　官名。亦稱「郎官」、「郎吏」。秦置，漢沿設，為九卿之一郎中令的屬官。有議郎、中郎、侍郎、郎中等名目，職責為護衛陪從、隨時建議、備顧問及差遣。❹楚　諸侯國名。建都彭城（今江蘇徐州）。❺長史　官名。秦置。西漢三公、將軍府皆設，為諸掾史之長。郡國亦或設之。❻丞相史　官名。漢代時遣丞相史分刺諸州，無常官。❼司直　即丞相司直。官名，為丞相府中的最高屬官，執掌協助丞相檢舉不法。❽廷尉平　官名。漢宣帝時初置，掌平決詔獄，為廷尉屬官。❾青州　漢十三刺史部之一。約當今山東北部。❿汝南　郡名。治平輿（今河南平輿北）。⓫九江　郡名。治壽春（今安徽壽縣）。⓬見稱　受人稱讚。⓭丞相　指王嘉。⓮御史　御史大夫的簡稱。指賈延。⓯雜議　集議。⓰發　挖掘。⓱追誅　追究責任，加以懲處。⓲不

及 沒有涉及。⑲渭陵 漢元帝陵墓。⑳東園 在渭陵之東，故稱「東園」。㉑妾不得體君 出自《儀禮・喪服》。體，一體。意動用法。君，這裡指嫡妻。㉒敵 匹敵；相當。㉓雷同 隨聲附和。㉔詭 違。㉕辟 通「僻」。㉖闕廷 指朝廷。闕，宮殿門外兩旁可供瞭望的高建築物。泛指帝王宮殿。㉗維綱 綱紀；法度。㉘鼎足 一鼎三足，比喻非常重要。㉙文過 掩飾過錯。㉚多 讚美。㉛自古皆有死 出自《論語》。下句為「民無信不立」，強調「信」的重要。指馬宮不文過是有信的表現。太后曾下詔禁止檢舉赦前事，故不奪馬宮的爵邑以示守信。㉜馬矢 兩漢習見的複姓。矢，通「屎」。馬宮以矢有馬糞之嫌，故改稱馬氏。

【語　譯】馬宮，字游卿，是東海郡戚縣人。研究《春秋》顏氏學，因射策甲科擔任郎官，升遷為楚國長史，後被免除官職。後來他擔任丞相史、司直。師丹舉薦馬宮品行才能高潔，升遷為廷尉平，後擔任青州刺史，汝南郡、九江郡太守，所到之處受人稱讚。皇上徵召他擔任詹事、光祿勳、右將軍，後接替孔光擔任大司徒，被封為扶德侯。孔光擔任太師時去世，馬宮又接替孔光擔任太師，兼任大司徒一職。

起初，馬宮在哀帝時跟丞相、御史大夫共同商議哀帝祖母傅太后的諡號，等到平帝元始年間，王莽挖掘傅太后陵墓把她的屍骨遷回定陶縣，把她按照平民之禮埋葬，王莽追究以前議定諡號的人並加以懲處。馬宮被王莽優待，只有他沒有被涉及，他內心慚愧恐懼，上書請罪，自請退職。王莽以太皇太后的名義下詔賜給馬宮策文說：「太師大司徒扶德侯上書說『以前憑光祿勳身分商議已經死去的定陶共王母親的諡號，說「婦人依據丈夫官爵尊位為諡號，她的諡號應該叫做孝元傅皇后，她的陵墓稱為渭陵東園」，臣本來知道妾不能與嫡妻視為一體，卑下者不能匹敵尊貴者，卻迎合旨意，隨聲附和，違背經義，亂發邪說來蠱惑誤導皇上。為臣不忠，應當被處死刑。幸蒙恩典，准許我洗心改過，重新做人，又讓我能夠保全性命。伏地自思，臣入宮號稱四輔，出朝備位三公，爵位是列侯，實在沒有臉面再望朝廷，臣沒有心思再任官職，不應該再食國邑田租。願意呈上太師、大司徒、扶德侯的印信，避讓賢者進用之路』。把您的奏章交付給有關部門，他們都認為四輔的職位是國家的總綱，三公的任務有如一鼎三足支持君主。沒有鮮明堅固的操守，就沒有資格占居這些高位。像您說的這些最真誠的話是可以聽從的。只是您的過惡發生在自新之前，您又不敢掩飾罪過，我很讚賞，不削奪您的侯爵食邑，以便表明『自古皆有死，民無信不立』的原則。可交上太師、大司徒印信給來使，以侯爵身分回到家中。」王莽篡位後，任命馬宮為太子師傅，後來馬宮死在官位上。

馬宮本來姓「馬矢」，馬宮治學為官後，改稱「馬氏」。

贊曰：自孝武興學，公孫弘❶以儒相❷，其後蔡義❸、韋賢❹、玄成❺、匡衡、張禹、翟方進、孔光、平當、馬宮及當子晏❻咸❼以儒宗居宰相❽位，服儒衣冠❾，傳先王語，其醞藉❿可也，然皆持祿保位⓫，被阿諛之譏。彼以古人之迹⓬見繩⓭，烏⓮能勝其任乎！

【章旨】以上是作者對所傳人物的評論。作者譏刺他們為保持爵祿官位而不能以直道事君。

【注釋】❶公孫弘　西漢大臣，因通經學、兼習文法吏事深得武帝賞識，數年從平民升至丞相。本書卷五十八有傳。❷相　丞相。這裡用作動詞。❸蔡義　初以通曉經書給事大將軍霍光幕府。昭帝時詔求通《韓詩》者，他應詔解《詩》，帝悅，擢為光祿大夫，後任丞相。本書卷六十六有傳。❹韋賢　為人質樸少欲，篤志好學，兼通《詩》、《禮》、《尚書》。歷任博士、光祿大夫等職，後任丞相。本書卷七十三有傳。❺玄成　即韋玄成，韋賢之子。❻晏　即平晏，平當之子。平帝時任大司徒，為王莽心腹。王莽代漢後，任太傅。❼咸　都。❽宰相　官名。即丞相、相國。❾服儒衣冠　穿著儒生衣服，戴著儒生帽子。服，這裡用作動詞。❿醞藉　寬博厚重有涵養。⓫持祿保位　保持爵祿官位。⓬古人之迹　顏師古注曰：「古人之迹，謂直道以事人也。」⓭繩　衡量。⓮烏　哪；何。

【語譯】史官評議說：自從漢武帝興辦儒學，公孫弘以儒生身分擔任丞相，其後蔡義、韋賢、韋玄成、匡衡、張禹、翟方進、孔光、平當、馬宮以及平當的兒子平晏都以儒家大師的身分居於宰相之位，他們穿著儒生衣服，戴著儒生帽子，宣傳上古賢明君王的言論，那種寬博厚重有涵養的姿態是足夠的，但是他們都因為保持爵祿官位，蒙受阿諛奉承的譏評。拿古人的行跡來衡量，他們哪裡能夠勝任宰相之職啊！

【研　析】本篇是西漢後期四位丞相的合傳，作者在卷末概述立傳之旨說：本篇所傳四人，「咸以儒宗居宰相位，服儒衣冠，傳先王語，其醞藉可也，然皆持祿保位，被阿諛之譏。」認為他們根本就不勝任宰相之職。茲就篇中所述相關史事，分析漢末政治特徵及其影響。

自漢武帝時儒學取得官方獨尊地位開始，越來越多的儒生進入漢帝國官僚隊伍中，他們在漢武帝、漢宣帝時尚不成氣候，難以與精通法律制度、熟悉辦事章程的官吏抗衡，皇帝對於儒學，實際上也只是表面上的尊崇，骨子裡仍舊迷戀法家所強調的法、術、勢等帝王權術。〈元帝紀〉稱：漢元帝為太子時，「柔仁好儒」。對其父漢宣帝「所用多文法吏，以刑名繩下」提出不同意見，建議重用儒生，引來宣帝痛斥：「漢家自有制度，本以霸王道雜之，奈何純任德教，用周政乎！且俗儒不達時宜，好是古非今，使人眩於名實，不知所守，何足委任。」漢元帝「好儒術文辭，頗改宣帝之政」，以「名儒」為丞相，儒生出身的官員取得政治上的發言權，不再只是政治上的點綴。

漢代丞相，沿於秦制，「掌丞天子助理萬機」，原本責任重大，「蕭規曹隨」被用來概括漢初政治軌轍，表明當時丞相對於政治的影響甚至超過皇帝。隨著儒學被尊為漢代的政治哲學，丞相被比附為周代「三公」。「坐而論道，謂之王公。作而行之，謂之士大夫」。也就是說丞相只需要講原則、講大道理，具體事務則由下面的官吏負責。匡衡以精通《詩經》著名，根本沒有像樣的從政經歷，宣帝不加任用，元帝引入朝廷任職。他在太子少傅任上，「數上疏陳便宜，及朝廷有政議，傳經以對，言多法義」。實際上，〈匡衡傳〉中所錄他關於政治問題的意見，雖引經據典，大都空洞無物，並無實際可操作的方案。如他稱：「審六藝之指，則人天之理可得而和，草木昆蟲可得而育。此永永不易之道也。」只要弄明白了儒家經典，一切社會、政治問題便迎刃而解，迂腐之極。張禹以通《論語》為成帝師傅，後擔任丞相六年，亦未見有何作為，傳中記述更多的是他貪財重利的醜事，而不是好義重道的正直行為。張禹著有《論語章句》，他對《論語》的注釋不見得最有學術價值，但因他受皇帝尊重，官當得最大，「諸儒為之語曰：『欲為《論》，念張文。』由是學者多從張氏，餘家浸微」。隨著這批所謂「名儒」走上政治高層，儒學本身也喪失了學術尊嚴，學習儒家經典不再是為了追求知識與真理，而是趨於利祿，儒學也就成為真正意義上的「儒術」。

西漢後期之所以能讓一批「不達時宜」的「俗儒」居於丞相高位，空發議論，除了儒學的政治影響增大這一原因外，還因為制度的變化。漢武帝為強化皇權，引用各種人才以侍中、散騎、常侍等身分進入皇宮，替自己出謀劃策，被稱為「中朝」，丞相原本擁有的決策權及用人權被逐漸分割；昭帝、宣帝時，霍光輔政，進一步利用原為「中朝」掌管機要文件的尚書臺，遏止以丞相為首的外朝官員，使尚書臺這個皇宮內的小機構，逐步演變為國家行政中樞。其時尚書臺的主官尚書令、尚書僕射及數名尚書，在職官序列上屬於中下層官員，卻掌握著漢帝國實際運作的權力。高高在上的丞相大可以坐而空談，地位低下的尚書臺官員卻必須擁有行政能力。孔子後人、同樣以儒學晉升的孔光被選為尚書，便不可空發議論，所以要「觀故事品式，數歲明習漢制及法令」。後又任尚書僕射、尚書令，「久典尚書，練法令，號稱詳平」，成為儒學、政事兼通的人才，又能正身而行，遵紀守法，成為儒生與文吏完美結合的典範。

西漢後期政治的上述現象，預示著三個重要的變化：其一，以儒術進身的官僚必須熟悉制度法令，才能真正擔當起治國重任。這在東漢成為政治的常態，形成學人所稱的「士大夫政治」。其二，任丞相者，可以空發議論，實際上此職在國家實際政治運作中，變得無足輕重，所以西漢末一度廢丞相而置「三公」。到了東漢，漢光武帝進一步推行「文治」，但「雖置三公，事歸臺閣」。位居文官最高層的三公，坐而論道，實際權力有限，尚書臺成為真正的最高權力機構。其三，政治上合格，思想上過硬，與主流意識形態合拍的人，儘管毫無實際行政能力，仍可以擔任高級官員，而具體辦事者則被視為微不足道的「刀筆吏」，從秦及漢前期的官吏不分的狀態，走向官、吏分途。

◎新譯商君書

貝遠辰／注譯　陳滿銘／校閱

《商君書》是匯集商鞅及其同派言論而成的一部重要典籍。書中含有商鞅個人及商鞅一派法家其他成員的思想觀點，並且伴隨著秦國歷史的演進，有著明顯的嬗變軌跡。本書注譯者借鑑明清兩代的研究成果，也採納了近人的校勘意見，並於全書後附錄〈戰國兩漢文集中有關商鞅的記述〉與〈校勘〉兩篇，能使現代讀者對原典中存在的疑難，獲得合理的解釋。

◎新譯鹽鐵論

盧烈紅／注譯　黃志民／校閱

《鹽鐵論》是根據漢昭帝時召開的鹽鐵會議之記錄，整理加工而成。鹽與鐵是關係國計民生的兩大商品，也是漢武帝實行一系列官營政策後國家的重要財源。會議中官方與民間代表兩派人馬針對官營或私營、征伐或安撫、法治或禮治、適度消費或盡量儉樸等議題展開激烈的論戰，從中我們不僅能了解當時大環境的樣貌，更可一窺漢武帝獨尊儒術後的學術風氣。本書各篇的題解提綱挈領，注釋與語譯則力求雅俗共賞，允稱最佳的《鹽鐵論》讀本。

◎新譯貞觀政要

許道勳／注譯　陳滿銘／校閱

唐太宗李世民不僅雄才大略，且能任賢納諫，勵精圖治，在位期間政績顯赫，開創了歷史上少有的盛世，史稱「貞觀之治」，其言行和文治武功皆堪為後世帝王效法。玄宗時期史臣吳兢鑑於玄宗晚年日漸奢靡，乃「參詳舊史，撮其指要」，編成《貞觀政要》一書獻上，意欲玄宗知所戒惕。書中選錄唐太宗和四十五位大臣間的言論，通過君臣之間生動而形象的言談，反映了貞觀時期的人倫之紀和軍國之政，可作為有國有家者政教之參考。

◎新譯洛陽伽藍記

劉九洲／注譯　侯迺慧／校閱

《洛陽伽藍記》以北魏京城洛陽之佛寺、園林為記敘主線，繫以當時的政治、經濟、人文、風俗、地理、掌故傳聞等等，其目的在對北魏王公貴族建寺造塔、勞民傷財的惡行加以貶斥，表明佞佛誤國的觀點。書中行文結構巧妙，手法多樣，語言穠麗秀逸，優美生動，記敘傳說掌故，趣味盎然。不僅是一本地理著作，同時也是歷史著作和文學著作，相當值得一讀。

三民網路書店 會員

獨享好康大放送

通關密碼：A3236

憑通關密碼

登入就送100元e-coupon。

(使用方式請參閱三民網路書店之公告)

生日快樂

生日當月送購書禮金200元。

(使用方式請參閱三民網路書店之公告)

好康多多

購書享3%~6%紅利積點。

消費滿250元超商取書免運費。

電子報通知優惠及新書訊息。

三民網路書店

http://www.sanmin.com.tw

超過百萬種繁、簡體書、外文書5折起